普通高等教育国家级规划教材系列

普通高等教育“十一五”国家级规划教材

国际商事仲裁法学

著 邓瑞平 赵生祥 刘想树 邓 杰
唐青阳 刘 颖 徐 鹏

法律出版社

始创于1954年

www.lawpress.com.cn

好书，同好老师和好学生分享

出 版 说 明

法律出版社是中国历史最悠久的法律专业出版社，与国际出版同仁论剑，本社之专业出版品牌亦广受肯定。

本社素来注重法学教材出版。从20世纪50年代中国法学教材建设的起步，到20世纪70年代末中国法学教材的复兴，法律出版社均走在前列。1949年以来，我国第一部法理学、宪法、中国法律思想史、外国法制史、刑法、民法、民事诉讼法、国际法、国际私法、国际经济法教材，均出自法律出版社。

从20世纪80年代到90年代，再到21世纪，本社对于法学教材的出版更投入移山心力。而本社与权威法学家合作，渊源有自。作者中有法学宿耋，有中年英士，有青年才俊，均来自杰出法学学府与研究机构。本社教材，正旨在秉继法学先辈之思想财富，与新一代法律人分享。

自我国建设国家级教材以来，本社延揽名家，于此多有收获。从更早的国家级规划教材，到"九五"、"十五"，再到2006年评定的"十一五"国家级规划教材，法律出版社之法学类国家级教材，积累已多，忝居诸社首列。为整体性展现这批品质教材，本社乃以"普通高等教育国家级规划教材系列"为题，统一推出。

"好书，同好老师和好学生分享"，本社愿与法律共同体诸同仁，与中国法学与法律实践的学习者和建设者一起，分享好书，分享智识，分享法治进程中的点点滴滴。

法律出版社

作者简介

（以撰稿章次为序）

邓瑞平，男，1963年生，武汉大学国际经济法专业博士，西南政法大学教授、博士生导师，重庆市中青年骨干教师，重庆市首届、第二届学术技术带头人，中国国际经济法学研究会常务理事、中国国际经济法学会理事，重庆、上海仲裁委员会仲裁员，主要从事民商法、海商法、国际经济法和国际商事仲裁法的教学、科研和实务工作，独立、合作出版专著、教材、译著24部，发表具有重要影响的学术论文近20篇，主持、参加省部级、国家级科研项目9项，获省部级教学科研奖4项。

赵生祥，男，1963年生，西南政法大学经济法学专业博士，西南政法大学法学教授、研究生导师，重庆市中青年骨干教师，重庆市首届、第二届学术技术带头人后备人选，中国国际私法学会常务理事，贵州遵义仲裁委员会专家咨询委员，主要从事国际私法、国际知识产权法、国际民事诉讼法、国际商事仲裁法的教学、科研和实务工作，出版个人专著1部，主编和合作出版专著、教材10多部，在《中国法学》、《现代法学》等刊物发表学术论文20余篇，主持和参与省部级、国家级教学科研项目6项 。

邓　杰，女，1972生，武汉大学国际法学专业博士，华侨大学法学教授，厦门大学法学博士后，中国国际私法学会常务理事，《北京仲裁》杂志社顾问，上海、武汉、泉州等仲裁委员会仲裁员，主要从事国际私法、国际商事仲裁法、电子商务法教学、科研和实务工作，独著、合著、合译各类著作23部，在《武汉大学学报》、《法商研究》等核心期刊上发表论文40余篇，获省部级科研成果奖3项、省十佳“优秀青年法学人才”称号。

刘　颖，男，1962年生，武汉大学国际经济法专业博士、暨南大学应用经济学博士后，暨南大学教授、博士生导师，中国法学会国际经济法研究会常务理事，主要从事网络与电子商务法、国际经济法、比较民商法教学科研工作，独立出版专著2部、合作出版2部，在《中国法学》发表学术论文3篇，在《暨南学报》等学术刊物发表学术论文、译文20余篇，主持国家社会科学基金项目2项、省部级科研项目2项，参与国家和地方立法论证2项，获省部级科研奖6项。

刘想树，男，1965年生，西南政法大学教授、博士研究生导师，重庆市首届学术技术带头人后备人选、第二届学术技术带头人，中国国际私法学会常务理事，重庆、西安等仲裁委员会仲裁员，重庆市精品课程“国际私法”负责人，主要从事国际私法学、国际商事仲裁法的教学、科研和实务工作，出版个人专著2部，合作出版专著、教材、工具书近10部,在《法学家》、《现代法学》等刊物上发表40余篇专业论文和教学改革论文,参加国家级科研项目2项,主持省部级研究课题2项,获重庆市教学成果二等奖1项。

唐青阳,男,1968年生,法学博士,西南政法大学法学教授、国际法学院院长,兼有中国国际经济法学会理事、中国法学会WTO法研究会理事、中国法学会经济法研究会理事、重庆市法学会常务理事兼国际经济法研究会副会长等学术职务,中国国际经济贸易仲裁委员会仲裁员、重庆市人民政府立法评审委员、重庆仲裁委员会专家咨询委员会委员、深圳仲裁委员会仲裁员等社会职务,长期从事国际经济法、涉外经济法和国际商事仲裁法的教学科研和实务工作,出版个人专著1部,合作出版专著、教材、译著10余部,发表高水平学术论文近30篇,主持和参加国家级、省部级教学科研项目6项。

徐　鹏,男,1973年生,香港大学普通法专业硕士,武汉大学国际法专业博士,西南政法大学教师,中国国际私法学会理事,主要从事国际私法、国际商事仲裁法的教学、科研和实务工作,在《现代法学》、《环球法律评论》、《比较法研究》、《法商研究》等核心期刊发表高水平学术论文十余篇,参加国家级、省部级教学科研项目3项,指导西南政法大学辩论队获中国第五届“贸仲杯”冠军。

目　录

第一章 导 论

国际商事仲裁法学以国际商事仲裁法及其发展规律为研究对象，国际商事仲裁法以国际商事仲裁关系为调整对象。国际商事仲裁与国际商事仲裁法属国际商事仲裁法学的基本范畴。本章将阐述国际商事仲裁的定义与种类、性质与特征、历史演进，国际商事仲裁法的定义、渊源、价值、历史发展，国际商事仲裁法学的定义、研究对象、体系和研究方法等基本理论问题。

第一节 国际商事仲裁的定义

一、仲裁的含义

"仲裁"一词，英文为"arbitration"，法文为"arbitrage"，德文为"Schiedsspruch"。对仲裁的含义，不同国家有不同理解，即使在同一国家，不同历史阶段有不同的含义。

（一）中外辞书中的定义

在汉语中，《汉语大字典》中的解释是，"仲"是居间介绍调停之意，而"裁"是裁断、决定之意。[1]《辞海》中的解释是，"仲裁亦称'公断'，由当事人双方以外的第三者对民事、经济、劳动等争议作出裁决。第三者可以是仲裁人，也可以是仲裁机构。"[2]《法学大辞典》的解释是，"仲裁又称'公断'，双方当事人按照有关规定，事先或事后达成协议，把他们之间发生的争议提交到仲裁机构（又称公断机关），由该机构的仲裁人（又称公断人）以第三者的身份，对争议的事实和权利义务关系作出判断和裁决以解决争议的一种方式。"[3]《中国大百科全书·法学》中的含义是，"仲裁是解决民事争议的方式之一。民事争议通常可以采取向法院起诉和申

---

〔1〕 汉语大字典编辑委员会：《汉语大字典》（三卷本），四川辞书出版社、湖北辞书出版社，1995年版，第122、3086页。

〔2〕 辞海编辑委员会：《辞海》（上），上海辞书出版社，1999年版，第618页。

〔3〕 曾庆敏主编：《法学大辞典》，上海辞书出版社，1998年版，第518页。

请仲裁机构审理两种方法，仲裁指争议双方在争议发生前或争议发生后达成协议，自愿将争议交给第三者作出裁决，双方有义务执行的一种解决争议的方式。”[1]

在英文中，《不列颠百科全书》中的含义为，“仲裁是在通常的法庭程序以外，将一项争议付托一个由双方同意的第三者作出有约束力的决定，即裁决，以作出解决争议的一种法律手段。”[2]《布莱克法律辞典》中的含义为，“仲裁是一种涉及一个或多个中立第三方的争端解决方式。该第三方通常须经争议双方当事人同意，且由其作出的裁决对双方当事人均有拘束力。”[3]

（二）中外学者的表述

各国学者对仲裁概念有不同看法。在我国，有的学者认为仲裁是“解决争议的一种方法，即由双方当事人将其争议交付第三者居中评断是非并作出裁决，该裁决对双方当事人均具有拘束力。”[4]有的学者把仲裁理解为“是指根据有关规定或者当事人之间的协议，由一定的机构以第三者的身份，对双方发生的争议，在事实上作出判断，在权利义务上作出裁决的一种方式”。[5] 还有学者认为仲裁是“指纠纷当事人在自愿的基础上达成协议，将纠纷提交非司法机构的第三者审理，并作出对争议各方均有约束力的裁决的一种解决纠纷的制度或方式。”[6]

外国学者对仲裁概念的把握较为具体。英国学者豪德斯沃斯（Holdsworth）从仲裁的起源加以界定，“仲裁的实践自然出现在原始的法律主体中；在国家设立法院并且诉诸法院成为当然的争议解决方式后，由于争议的当事人希望争议的解决较之诉诸法院更为灵活、费用更为低廉，因此仲裁的做法仍然继续。”[7]意大利学者莫鲁·鲁比诺－萨马塔诺（Mauro Rubino－Sammartano）认为，“仲裁一词是既包括理论又包括法律适用的一系列机制。该术语正是将规则界定为一个整体，因为在仲裁的法律适用中，不同法系之间表现出来的相同之处远比它们之间的差异更明显。实际上，仲裁不仅是解决国内争议的一种广泛需要，也是解决国际争议的广泛需要。”[8]法国学者认为，传统上仲裁被认为是“争议解决的一种机制，该争议

---

〔1〕 中国大百科全书出版社编辑部：《中国大百科全书 · 法学》，中国大百科全书出版社，1984 年版，第 807 页。

〔2〕 中国大百科全书出版社不列颠百科全书编辑部：《不列颠百科全书》，中国大百科全书出版社，1994 年版，第 430 页。

〔3〕 Bryan and Garner, ed., *Black's Law Dictionary*, 8th ed., West Publishing Co., 1990, p. 112.

〔4〕 韩德培主编：《国际私法》，武汉大学出版社，1989 年修订版，第 452 页。

〔5〕 谭兵主编：《中国仲裁制度研究》，法律出版社，1995 年版，第 1 页。

〔6〕 杨树明主编：《国际商事仲裁法》，重庆大学出版社，2002 年版，第 2 页。

〔7〕 [英]艾伦 · 雷德芬、马丁 · 亨特等：《国际商事仲裁法律与实践》（第四版），林一飞、宋连斌译，北京大学出版社，2005 年版，第 2 ~ 3 页。

〔8〕 [英]莫鲁 · 鲁比诺－萨马塔诺：《国际仲裁法律与实践》（第二版），中信出版社，2003 年版，第 3 页。

中的两个或两个以上的当事人将处理事项的权利托付给一个或多个人(一个仲裁员或多个仲裁员),他们的权利来源于一份私人协议,而非国家的授权,他们在此协议的基础上对该仲裁事项进行审理及裁决。"[1]美国学者盖·波恩(Gray B. Born)认为,"国际仲裁和国内仲裁一样,是一种根据当事人之间的自愿协议,由一个无利害关系的非政府的决定者确定的解决争议的一种方法。换句话说,按照美国最高法院的说辞,'将争议交付给特定仲裁庭的协议,实际上是一种特别的择地行诉的条款,它不仅安排了诉讼地,而且确定了解决争议使用的程序'。"[2]

(三)仲裁定义应具备的要素

比较分析上述各类概念,可以发现其基本含义是一致的,即仲裁是指发生争议的双方当事人,根据双方达成的协议自愿将该争议提交中立的第三方进行裁决,且该裁决对双方当事人均有拘束力的争议解决方式和制度。根据这一界定,仲裁应具备以下要素:

1. 仲裁是一种争议解决方式和制度。仲裁当初与调解、和解、斡旋类似,只是众多争议解决方式中的一种,后来通过长期的实践和理论发展,现已成为一种争议解决制度。

2. 仲裁的基础是双方当事人为解决争议而达成的协议。该协议既可以在争议发生前达成,也可以在争议发生后达成。关于协议的形式各国有不同规定,有的国家规定当事人之间要形成书面协议,但有的国家承认口头协议。

3. 仲裁是由双方当事人自愿选择的中立第三方按照一定仲裁程序进行裁决。该中立第三方不是各国的法庭,他既可以是一个自然人,也可以是一个仲裁机构。仲裁程序既可以是双方当事人约定的程序,也可以是仲裁机构自身设置的仲裁程序或仲裁员指定的其他程序。

4. 经由双方当事人自愿选择的中立第三方作出的裁决对双方当事人均具有拘束力。裁决一经作出,即对双方当事人产生法律效力,当事人承担了毫不迟延地履行裁决的义务,并放弃任何形式的上诉或诉诸法院或其他司法机构的权利。

二、商事的含义

对何种争议可提交仲裁,各国规定不一。虽然有些国家将某些争议排除在仲裁管辖的范围,但对商事争议可提交仲裁,各国已形成一致。例如,1923年日内瓦《仲裁条款议定书》和1958年《关于承认和执行外国仲裁裁决的公约》(以下简称《纽约公约》)规定了"商事保留"。确定一项争议是否属于商事争议,是商事仲裁

---

[1] Emmanuel Gaillard and John Savage, ed., *Fouchard, Gaillard, Goldman on International Commercial Arbitration*, Kluwer Law International, 1999, p. 9.

[2] Gray B. Born, *International Commercial Arbitration in the United States—Commentary & Materials*, Kluwer Law International, 1994, p. 1.

制度的先决事项。

“商事”一词，英文为“commerce”，德文为“handles”。《韦氏新国际辞典》中的解释是，商事系指商品交换行为或买卖行为；[1]《布莱克法律辞典》认为，商事是货物、生产品或任何种类的财物之交换。[2]《牛津法律大辞典》认为商事是“商品交换和与商品交换有关的一切活动，包括广告代理、缔结合同、买卖、运输、保险、担保、银行和金融（包括汇票、支票、信用证）及破产。”[3]

关于“商事”的理解，学理上有狭义、中义与广义三种。狭义的理解，是指严格意义上的商人与商人之间所进行的商品交换；中义的理解，是指商人与商人、商人与非商人以及非商人与非商人之间所进行的商品交换；广义的理解，是指商人与商人、商人与非商人、非商人与非商人之间所进行的商品交换及他们在进行民事交往时所产生的财产交换。[4] 因各国对“商事”的理解仍未趋一致，有必要从国内、外立法与实践、国际法律文件与惯例探讨“商事”的含义。

（一）主要国家的立法与实践

1. 美国

美国关于“商事”的解释持广义态度。如美国《联邦仲裁法》中有关实施1958年《纽约公约》的第262条规定，因商事法律关系所产生的仲裁协议或仲裁裁决，属于公约范围内的仲裁协议或仲裁裁决。这类商事法律关系是指该法第2条中所规定的海事交易或证明属商事的合同。在一起有关库拉索岛（Island Curasao）上的电子制造业经营事项的合同争议中，仲裁中的被诉人称，由于为履行该合同曾雇佣了几千名当地工人，因此，该争议不是商事争议，不应交付仲裁，有关裁决不是商事仲裁裁决。但纽约地区法院驳回了被诉人的辩解。该法院认为，商事保留只是排除了“婚姻和其他家庭关系的裁决、政治上的裁决以及诸如此类的裁决。”[5]

2. 法国

法国国内法最初始对“商事”持狭义态度，把“商事”与“民事”合同界分得比较清晰，双方当事人只能就“商事”争议事项缔结仲裁条款，如果这些争议的性质不属于商事法院的管辖范围，法院通常会对该仲裁协议的效力持否定态度。

在1972年Hecht v. Buisman's案[6]中，法院裁定，对“民事”仲裁事项所作的限制不适用于国际仲裁，在国际仲裁中无须像国内法那样去区分“商人”和“商事行为”，“仲裁条款的有效性依据国际仲裁中具体的实体规则得以确立，而毋论该

---

〔1〕 赵万一主编：《商法》（第二版），中国人民大学出版社，2006年版，第2页。

〔2〕 同上。

〔3〕 ［英］沃克：《牛津法律大辞典》，李双元等译，法律出版社，2003年版，第226页。

〔4〕 谢石松主编：《商事仲裁法学》，高等教育出版社，2003年版，第1页。

〔5〕 韩健：《国际商事仲裁法的理论与实践（修订版）》，法律出版社，2000年版，第18页。

〔6〕 Hecht v. Buisman's, 99 *J. D. I.* 843 (1972).

仲裁是商事、民事,抑或两者的结合,商事性概念在国际仲裁领域中已丧失其相关性。"[1]但商事仲裁是否包括因雇佣合同引发的仲裁尚存争议。针对一般性的消费合同,在V2000(formerly Jaguar France) v. Renauld一案中,法国法院认为,"购买消费货物的国际性足以使该协议中的仲裁条款发生效力。"[2]法国法律还规定,争议的可仲裁性要受到国际公共政策的影响,仲裁庭作出的裁决要受到法院的司法审查。

3. 中国

在我国,法律未对何为"商事"作出明文规定。但在最高人民法院1987年发布的《关于执行我国加入的〈承认及执行外国仲裁裁决公约〉的通知》中对"商事"进行了界定。"根据我国加入该公约时所作的商事保留声明,我国仅对按照我国法律属于契约性和非契约性商事法律关系所引起的争议适用该公约。所谓'契约性和非契约性商事法律关系',具体是指由于合同、侵权或者根据有关法律规定而产生的经济的权利义务关系,例如货物买卖、财产租赁、工程承包、加工承揽、技术转让、合资经营、合作经营、勘探开发自然资源、保险、信贷、劳务、代理、咨询服务和海上、民用航空、铁路、公路的客货运输以及产品责任、环境污染、海上事故和所有权争议等,但不包括外国投资者与东道国政府之间的争端。"因此我国的司法实践已接受对"商事"争议的广义解释,但在范围上仍与国外存在一些差别。

(二)国际法律文件与惯例的规定

1.《纽约公约》

《纽约公约》第1条第3款规定:"任何国家得于签署、批准或加入本公约时,或于本公约第10条通知推广适用时,本交互原则声明该国适用本公约,以承认及执行在另一缔约国领土内作成之裁决为限。任何国家亦得声明,该国唯于争议起于法律关系,不论其为契约性质与否,而依提出声明国家之国内法认为系属商事关系者,始适用本公约。"但是,为了扩大公约的适用范围,该公约并没有对商事和商事法律关系作出界定,而留给各国国内法解决。从公约行文的整体逻辑看,只要是各国国内法认定的商事关系,即使不是商事合同关系,如侵权关系,公约也一概加以承认。

2. 联合国《国际商事仲裁示范法》

联合国国际贸易法委员会在起草《国际商事仲裁示范法》(以下简称《示范法》)的过程中,曾就"商事"定义问题展开讨论,但一直难以达成一致意见,只得在条文中对"商事"一词作出注释予以说明:"对'商事'一词应作广义解释,使其包括

---

[1] Emmanuel Gaillard and John Savage, ed., *Fouchard, Gaillard, Goldman on International Commercial Arbitration*, Kluwer Law International, 1999, p. 37.

[2] ibid, p. 38.

不论是契约性或非契约性的一切商事性质的关系所引起的种种事情。商事性质的关系包括但不限于下列交易：供应或交换货物或服务的任何贸易交易；销售协议；商事代表或代理；代理；租赁；建造工厂；咨询；工程；许可证；投资；银行；保险；开发协议或特许；合营和其他形式工业或商业合作；货物或旅客的天空、海上、铁路或公路的载运。"[1]

3.《国际商事合同通则》

2004年《国际商事合同通则》对"商事"合同没有按大陆法系国家对"民事"和"商事"合同进行传统界分，也没有对"商事"合同作出任何明确的界定，仅假定对"商事"合同这一概念应在尽可能宽泛的意义上来理解，使之不仅包括交换货物或服务的一般贸易交易，也包括其他类型的经济交易。[2]

综上，各国对"商事"的界定并未达成一致意见，但从国际法律文件与惯例对"商事"的界定看，其外延比较广，不仅包括国际货物贸易，还包括技术贸易、服务贸易，甚至包括产品责任，其外延不断扩大的深层因素来自商事主体在经济全球化的背景下促进国际经济贸易不断扩大的结果。随着国际商事行为的类型多元化，"商事"范围必将不断丰富。

三、国际的含义

（一）区分国际仲裁与国内仲裁的意义

是否区分国际仲裁与国内仲裁，在许多国家具有重要意义。有的国家对国内仲裁与国际仲裁作较严格的区分，一般对具有涉外因素的仲裁采取较宽容的司法监督，对国内仲裁采取较严格的司法监督。这种内外有别的制度设计来自于国际经济交往的需要和本国利益的考虑。近年来国际商事仲裁实践表明，在争议的可仲裁性、仲裁的司法监督、仲裁的承认与执行及判定仲裁是否违反公共秩序等方面，国际仲裁所执行的标准要比国内仲裁宽松得多。可见，在商事仲裁中，区分国际仲裁与国内仲裁有特殊的意义。

（二）区分国际仲裁与国内仲裁的标准

各国区分国际仲裁与国内仲裁的标准不同，大致有以下三种：

1. 实质性连结因素标准

一些国家以仲裁的实质性连结因素（Material Connecting Factors）作为判断该商事仲裁是否具有国际性，如仲裁地点、当事人国籍、住所或居所，法人注册地、公司管理中心地等。因这类标准通常与某一特定地域相联系，故被称为地理标准（geographic criterion）或司法标准（juridical criterion）。

---

〔1〕 宋连斌、林一飞：《国际商事仲裁资料精选》，知识产权出版社，2004年版，第574页。

〔2〕 张玉卿主编：《国际统一私法协会（UNIDROIT）国际商事合同通则（2004）》，中国商务出版社，2005年版，第67页。

采此标准的有英国、意大利、瑞士、丹麦等欧洲国家及叙利亚、埃及、利比亚等中东北非国家。如1996年英国《仲裁法》第85条第2款规定，如果仲裁在英国进行，而且订立仲裁协议时，当事人都是英国国民或其惯常居所都在英国，或者作为法人团体当事人的组建地或中心管理地都在英国，所订立的仲裁协议属国内仲裁协议。按照该法律规定，如果仲裁在英国国外进行，或者订立仲裁协议时，当事人一方或双方不是英国国民或其惯常居所不在英国，或者作为法人团体当事人的组建地或中心管理地不在英国，此时订立的仲裁协议属于国际仲裁协议。

有的国际公约也采此标准。如1961年《关于国际商事仲裁的欧洲公约》（以下简称《欧洲公约》）第1条第1款第（1）项规定："本公约适用于自然人或法人为解决其相互间在国际贸易中发生的争议而缔结的仲裁协议，但以签订协议时，该自然人或法人的惯常居住地或所在地在各缔约国家中为限。"

2. 争议性质标准

争议性质标准是指依争议性质来确定仲裁的归属，当争议"涉及国际商事利益"时，则将该项仲裁视为国际仲裁。较早采此标准以确定仲裁国际性质的是国际商会，后为法国、美国和加拿大等国家。该标准的产生旨在克服仅基于仲裁地点、当事人的国籍、住所或营业地等简单的连结因素来确定仲裁的国际性而给国际仲裁带来的种种不便。

1981年法国《民事诉讼法典》第1492条规定："凡涉及国际商事利益的仲裁是国际仲裁。"根据该条规定，只要争议涉及国际商业利益，有关的仲裁属于国际仲裁。在具体操作中，除了考虑当事人的国籍、营业地、住所地及合同的履行地外，还要适当考察交易的其他事实和情节，如一项交易涉及货物或服务跨越国界的活动，或者涉及跨越国界的支付，就可认定该仲裁为国际仲裁。

3. 综合标准

以实质性连结因素作为认定标准存在着选择有限、模式僵化等缺陷，而以争议性质作为认定标准存在适用上的不确定性等缺陷。商事仲裁的实践要求国际社会对仲裁的"国际性"作出明确的界定，以便于仲裁裁决的承认与执行。经过多方的磋商与妥协，1985年联合国国际贸易法委员会在《示范法》第1条第3款中对"国际"一词作出了界定："一项仲裁是国际性的，如果（a）仲裁协议双方当事人在签订该协议的时候，它们的营业地位于不同的国家；或者（b）下列地点之一位于双方当事人营业地共同所在的国家之外；（i）仲裁协议中或根据仲裁协议确定的仲裁地；（ii）商事关系义务的主要部分将要履行的任何地点或与争议的客体（subject - matter）具有最密切联系的地点；或者（c）双方当事人已明示约定仲裁协议的客体与一个以上的国家有联系。"

以上定义实际上是将实质性连结因素认定标准和争议国际性质认定标准在一定范围内结合成一个新的综合标准。定义中的（a）款和（b）款（i）项是以当事人营业地和仲裁地作为认定标准，而(b)款(ⅱ)项和(c)款则是以争议的性质和所涉及的国际商事利益作为认定标准。

在上述三种认定标准中，综合标准兼具前两种标准的优点，虽然未对“国际”作具体的概念界定，但对“国际”的外延作了最广义的解释，有利于国际商事仲裁的发展。因此，在认定一项仲裁是否为“国际”仲裁时，可综合考量双方当事人的国籍、住所地、营业地是否位于不同国家，或者仲裁涉及的商事法律关系的建立、变更或终止的法律事实是否发生在国外；或者双方争议标的是否位于国外等因素。

四、国际商事仲裁的定义

关于国际商事仲裁的定义，国内外学界有不同看法。在国内学者中，有的认为，国际商事仲裁是指国际经济贸易活动的当事人依据事先或者争议发生后所达成的仲裁协议，自愿将有关具有国际因素的商事争议提交给某临时仲裁庭或常设仲裁机构进行审理，由后者依据法律或公平原则作出对双方均有约束力的仲裁裁决的一种争议解决制度；[1]有的认为，国际商事仲裁主要是指自然人、法人和其他组织相互之间因商事交易而产生的具有国际因素或涉外因素的仲裁；[2]有的从字面上对国际商事仲裁进行拆分，即认为国际商事仲裁是具有“国际性质”和“商事性质”的一种仲裁。[3] 在国外学界，也有不同看法。如有的认为，国际商事仲裁是一种混合体，由当事人之间的一种私人协议开始，并通过私人(私力)程序的方式继续，在这种程序当中，当事人的意愿具有重要的意义；但它的终结是一份有法律约束力的裁决，且在适当的条件下，世界上大多数国家的法院会承认和执行这份裁决。[4]

通过上述对国际商事仲裁中所含“仲裁”、“商事”、“国际”三个要素的分析，我们认为，国际商事仲裁是指，争议双方当事人根据其达成的协议自愿将具有国际因素的商事法律争议提交中立的第三方裁决、该裁决对双方当事人有拘束力的争议解决方法。

第二节　国际商事仲裁的种类

国际商事仲裁可按不同标准进行分类。目前主要有以下几种分类。

---

〔1〕 陈治东:《国际商事仲裁法》,法律出版社,1998年版,第14页。

〔2〕 韩健:《国际商事仲裁法的理论与实践(修订版)》,法律出版社,2000年版,第1页。

〔3〕 于喜富:《国际商事仲裁的司法监督与协助——兼论中国的立法与司法实践》,知识产权出版社,2006年版,第1页。

〔4〕 [英]艾伦·雷德芬、马丁·亨特等:《国际商事仲裁法律与实践》(第四版),林一飞、宋连斌译,北京大学出版社,2005年版,第2~3页。

一、机构仲裁与临时仲裁

以商事仲裁机构的组织形式为标准，商事仲裁可以划分为机构仲裁（Institutional Arbitration）和临时仲裁（ad hoc Arbitration）。

（一）机构仲裁

机构仲裁是当事人协商一致选择常设性仲裁机构解决其争议的商事仲裁，即由该常设仲裁机构按照自己的仲裁规则来管理仲裁程序。例如，常设仲裁机构通常制订组织章程和仲裁规则，拥有自己的办事机构和管理制度和一批可供当事人选择的仲裁员。常设仲裁机构还具备管理和监督的职能，一些仲裁机构还对仲裁程序是否符合规则及仲裁裁决书的形式要件进行审查，以确保仲裁的公正。因此，虽然机构仲裁出现的时间晚于临时仲裁，但随着仲裁业的不断发展，它成为当今世界最主要的仲裁方式。机构仲裁具有如下利弊：

1. 优点

（1）选择上的便利性。当事人选择机构仲裁，很大程度是基于仲裁机构本身已制订了一套经专家起草并经实践考验的规则与程序，当事人不必再创设一种新的规则，这为当事人的选择提供了便利。

（2）程序的严密性和实用性。在机构仲裁中，常设仲裁机构都有自己的仲裁规则，仲裁机构在仲裁当事人没有作出其他排他性选择的情况下，一般会严格按照该规则进行仲裁，并且仲裁规则会随着仲裁实践的发展而不断修订，具有较高的科学性和实用性。

（3）仲裁质量可得到充分保证。主要表现在两个方面：首先，机构仲裁能够严格依照仲裁程序进行仲裁，从而减少处理过程的随意性。其次，各仲裁机构在仲裁员名册中选列的仲裁员大多是经济贸易、技术和法律方面的专家，能最大程度保证裁决的质量。

（4）仲裁费用的确定性。仲裁机构通常对仲裁人员的报酬及仲裁收费有明确的规定，这给当事人是否选择仲裁作为解决争议的方式及缴交具体的仲裁费用提供了重要参考。

（5）易得到各国司法机关的承认。自各国缔结《纽约公约》以来，常设仲裁机构作出的仲裁裁决书得到越来越多的国家承认与执行，且各国民事诉讼法对仲裁救济的审查内容多限于仲裁程序方面，为争端当事人通过仲裁方式解决争议提供了制度保障。

2. 缺点

（1）仲裁机构渐趋官僚化。仲裁机构本身的组织架构以及长期从事处理大量案件的实务工作，使仲裁机构逐渐出现官僚化的趋势。主要表现在，对双方当事人权利的漠视，把仲裁权利当作仲裁权力，审理案件严格按照固定标准步骤进行，等等。

(2)仲裁程序僵化。仲裁程序是常设仲裁机构最重视的事项。所有的仲裁案件必须严格遵守仲裁规则,除非当事人同意,一般不能更改。仲裁员不能根据每一个仲裁案件本身的实际情况采取灵活的办法审理案件,其审理程序缺乏弹性。

(3)案件处理时间较长。仲裁庭按预先制定的仲裁规则审理案件,使当事人向仲裁机构提交的申请需经过较为严格的程序才有所进展。仲裁机构设置的若干期限不甚合理。如,多数仲裁机构的仲裁规则虽然给当事人设定了较为充足的准备时间,但在接到当事人一方延长仲裁时限的申请时,仍会同意延长时限。此种做法明显不利于仲裁案件的快速处理。

(4)仲裁费用较高。仲裁机构收取的费用,除支付仲裁员的费用外,还要用于整个仲裁机构的行政运行。机构仲裁提供的服务和仲裁过程中某些程序性步骤的拖延可能使仲裁费用增高。仲裁机构收取的较高仲裁费用不利于机构仲裁与其他仲裁形式进行竞争。

(二)临时仲裁

临时仲裁是指双方当事人不将争议事项提交常设仲裁机构解决,而是将争议提交给由当事人选定的仲裁员根据当事人自身制定或设计的仲裁规则进行审理并作出裁决的仲裁形式。临时仲裁是国际商事仲裁的初始形态,在常设仲裁机构未出现之前,临时仲裁是唯一的仲裁形式。它具有以下利弊:

1. 优点

(1)能充分体现当事人的意思自治。机构仲裁虽然赋予了当事人一定的选择性,但与临时仲裁相比,其选择范围及内容都受到一定的限制。临时仲裁在仲裁庭的组成、仲裁地点、仲裁程序、仲裁规则方面给了当事人更多的选择权,使当事人能够更好地按照自己的需要行事,更像是“做你自己的事”。[1] 仲裁庭依当事人更多意思自治所作出的裁决,具有更多的透明度,更易执行。

(2)灵活性原则贯彻始终。临时仲裁具有更多的灵活性。在仲裁过程中,具体仲裁事项的处理方法、程序均由当事人双方根据争议事项状况及解决的需要灵活地协商确定,具有融通性与多样性。争议双方及其代理人为完成既定目标,必须进行完全的合作。仲裁庭还能根据案件的具体情况,采取灵活的处理方式。

(3)具有较高的效率。临时仲裁中,仲裁庭无须严格按仲裁程序审理案件,也不必遵照既定的仲裁规则处理争议。如常设仲裁机构要求填写的审理事项文书以及审理、裁决程序,可以在当事人的要求下缩短日程。在此种情形下作出的裁决,更能体现当事人的利益,有利于仲裁效率的提高。

(4)仲裁费用较低。临时仲裁中的双方当事人,只需支付仲裁员的仲裁费用

〔1〕 W. Michael Reisman, W. Laurence Craig and William Park, Jan Paulsson, *International Commercial Arbitration*, The Foundation Press, Inc., 1997, p. 271.

及其他相关费用,而无须支付仲裁机构运行的行政费用,给争议双方节省了较大的费用。而且临时仲裁一般不需当事人预付仲裁费用,其费用通常通过仲裁员留置仲裁裁决书等途径来收取,此种收费方式增加了争议双方对仲裁的信赖。

2. 缺点

(1)临时仲裁的随意性不利于仲裁程序的正常进行。临时仲裁是以假设争议双方充分合作为基本前提,如果没有这种充分的合作,临时仲裁无法正常进行,尤其是一方当事人不愿仲裁时,仲裁庭无法成立,仲裁便失去继续进行的基础。

(2)仲裁员选定的任意性不利于保障仲裁裁决的质量。由于仲裁员是由双方当事人协商选定,对仲裁员的资格及能力没有形成统一的标准,有可能造成不具备仲裁员的资格及能力的人成为审理该案的仲裁员,影响仲裁裁决的质量。

(3)不易得到法院的承认与执行。各国对临时仲裁所形成的仲裁裁决是否予以承认与执行没有达成一致意见,有可能造成由临时仲裁庭作出的仲裁裁决无法得到执行地国法院的承认与执行。

将国际商事仲裁划分为机构仲裁与临时仲裁的法律意义在于:机构仲裁因其所具优势,是目前国际商事仲裁中最为常见的仲裁形式,成为国际商事仲裁法规制的主要类型和国际商事仲裁法学的主要研究对象之一。临时仲裁在整个现代国际商事仲裁中所占比例非常少,不是国际商事仲裁法调整的主要类型和国际商事仲裁法学关注的重点。

二、本国仲裁与外国仲裁

根据仲裁地点的不同,可以将国际商事仲裁分为本国仲裁和外国仲裁。

(一)本国仲裁

本国仲裁是指仲裁地点在本国国内、对具有国际商事因素的争议作出仲裁裁决的仲裁形式。在这种仲裁中,仲裁地点是在本国国内,而不论仲裁机构的性质如何,或者仲裁程序适用的是何国仲裁机构的仲裁规则或者法律。例如,国际商会(International Chamber of Commerce,ICC)仲裁院(以下简称ICC仲裁院)总部在巴黎,但由该机构管理的且适用该机构仲裁规则进行的仲裁案件所涉及的仲裁地点遍及世界各地。就ICC仲裁院成立以来八十多年的仲裁实践而言,该院所受理的仲裁案件中,约只有三分之一的案件的仲裁地点在巴黎。[1] 该院的正式出版物在2003年6月公布的数字表明,自2002年1月到2003年1月间,该院共受理了593个仲裁案件,当事人来自126个国家和地区,负责庭审的964名仲裁员分别来自62个国家和地区,仲裁地点分布在全世界43个国家和地区。[2] 就ICC仲裁院管理

〔1〕 W. L. Craig, W. W. Park and J. Paulsson, *Internationl Chamber of Commerce Arbitration*, 2nd ed., 1990, App. I, Table8; Ronald Bemstein etc., *Handbook of Arbitration Practice*, Sweet & Maxwell, 1998, p. 537.

〔2〕 ICC Publication 810, 2003, p. 10.

下适用该院仲裁规则作出的仲裁裁决而言，多数情况下的裁决不是在仲裁院所在国——法国作出，而是在法国以外的国家和地区作出。当仲裁地点在法国以外的国家和地区时，即使适用 ICC 仲裁院仲裁规则，但所作出的裁决不具有法国国籍，而具有裁决地国的国籍。

（二）外国仲裁

外国仲裁是指仲裁地点在本国以外、对具有国际商事因素的争议作出仲裁裁决的仲裁形式。以仲裁地点作为划分本国裁决与外国裁决的标准，已得到绝大多数国家的认可。《纽约公约》第 1 条第 1 款中规定的承认与执行的外国仲裁裁决，主要是指在执行地国法院之外的国家和地区的领土内作出的裁决。在制定《纽约公约》时，德国代表坚持在采用仲裁地点标准的同时，允许缔约国采用仲裁适用法律的标准。如今，德国的态度有了改变，并可以从德国《民事诉讼法典》1998 年的修订中得以证明。德国政府在解释《德国民事诉讼法典》的备忘录中，明确抛弃了将仲裁程序适用法律的标准作为决定仲裁裁决的标准，完全采用了单一的地域标准："《德国民事诉讼法典》第十编的变更是必要的，因为新法遵循了地域原则。今后在德国作出的裁决受德国法律支配，无论裁决根据哪一个国家的法律作出。在外国作出的裁决视为外国裁决，而在德国作出的裁决均为德国裁决。"〔1〕

将国际商事仲裁分为本国仲裁与外国仲裁的法律意义在于：各国对本国裁决与外国裁决在承认或执行程序的司法监督体制、司法监督程度不同。

三、传统仲裁与在线仲裁

依据仲裁程序是否采取网络手段或方式，可将国际商事仲裁分为传统仲裁与在线仲裁。

（一）传统仲裁

传统仲裁是指仲裁程序主要采取书面纸质或听审的手段进行的仲裁形式。在因特网时代到来之前，几乎所有的仲裁程序通过书面或纸质媒介来进行。

在传统仲裁中，仲裁程序的启动采取当事人依据仲裁协议提交书面仲裁申请的方式进行。仲裁程序启动后，仲裁的审理以传统的口头审理或者书面审理方式进行。其中口头审理又称开庭审理，是指仲裁庭在当事人及其他仲裁参与人的参加下，对争议案件进行听审的一种仲裁审理方式。书面审理是指仲裁庭根据当事人提供的证据和书面材料，对争议案件进行审理的一种仲裁审理方式。书面审理通常由当事人各方协议选择适用。在合议制仲裁庭审理争议案件时，无论是采取口头审理，还是采取书面审理，合议制仲裁员都需要集中在某一地点对争议案件进行审理。传统仲裁是国际商事仲裁的通常做法。

---

〔1〕 Albert Jan van den Berg, The German Arbitration Act 1998 and the New York Convention 1958, Robert Briner etc., *Law of International Business and Dispute Settlement in the 21th Century*, 2001, p. 789.

(二)在线仲裁

在线仲裁是指仲裁程序的全部或主要环节在互联网上进行的仲裁形式。在线仲裁作为新兴事物,与传统仲裁相比,主要不同在于仲裁程序进行所采取的手段不同。传统仲裁一般采用电话、传真、会面等沟通方式以及纸质文书;在线仲裁主要通过互联网进行沟通并使用电子文书。但在线仲裁未改变传统仲裁的本质、基础和基本制度,而是对传统仲裁的发展。传统仲裁的自愿性、强制性、专业性、独立性等特点仍然适用于在线仲裁。人们选择在线仲裁是因为在线仲裁比传统更加经济、快捷。网络的虚拟性极大地节约了仲裁成本,网络沟通的即时性加快了案件的审理速度。在线仲裁极大地显示了其高效性。

在线仲裁具有以下特征:

1. 在线仲裁的主要程序通过因特网进行

在线仲裁不仅是在传统仲裁融入了"在线"(online)因素,更重要的是将仲裁的主要程序通过互联网来完成。这是在线仲裁与传统仲裁的主要区别。一些常设仲裁机构规定,当事人可以通过电子邮件递交部分仲裁材料,这种"离线"仲裁并不是在线仲裁,如美国 National Arbitration Forum 使用一种网上立案系统来处理(非域名争议的)仲裁申请的受理。这些形式没有改变传统仲裁的基本功能和特征,不能称之为网上仲裁。

2. 在线仲裁并非要取得当事人一致同意

虽然大多数在线仲裁和传统仲裁一样强调当事人的自愿性,但有的在线仲裁具有强制性质。如,因特网名称与分配组织(ICANN)在解决域名争议案件时,要求域名申请者在接受《域名注册协议》中的条件时自动地同意服从在线仲裁庭的管辖。该注册协议还要求域名申请人在第三人主张其知识产权被侵犯时必须参与在线仲裁程序。[1]

3. 在线仲裁的裁决并非都具终局性

传统商事仲裁的裁决都是一裁终局。当事人不得因不服该仲裁裁决书的结果向法院提起诉讼。根据目前在线仲裁的实践,其仲裁裁决是否具有终局性,尚有争论。如,由蒙特利尔法学院发起的萨博仲裁庭(Cyber Arbitration Tribunal)的仲裁规则规定,仲裁裁决一经作出,即为终局。ICANN《统一域名争议解决政策》规定,当事人在仲裁庭作出裁决后仍可向法院提起诉讼,只有双方当事人均同意裁决的效力时,该裁决书才具终局性。

将国际商事仲裁分为传统仲裁和在线仲裁的意义在于:在线仲裁在某种意义上是传统仲裁的延伸,但它毕竟是国际商事仲裁领域中的新事物,其国内法律规制和国际协调规范尚不健全,随着网络技术不断更新,法律和技术风险逐渐上升。仲

〔1〕 参见 ICANN《统一域名争议解决政策》第4条第a款。

裁当事人在选用在线仲裁形式时,需慎重行事。

四、依法仲裁与友好仲裁

根据仲裁裁决所依据的实体规范的不同性质,可将其分为依法仲裁和友好仲裁。

(一)依法仲裁

依法仲裁是指仲裁庭根据一定的法律规定对争议进行裁决。依法仲裁是国际上普遍使用的商事仲裁方式。依这种方式进行的商事仲裁,必须有明确的法律依据,必须严格遵守由法律认可的仲裁规则所确定的商事仲裁程序。依法仲裁作出的商事仲裁裁决更具可预测性且易被执行地法院承认与执行。

(二)友好仲裁

友好仲裁,亦称友谊仲裁、依原则仲裁,是指仲裁庭依据当事人的授权,以公平原则或公平善良原则等标准作出对当事人有约束力的裁决。尽管友好仲裁具有很大程度的灵活性,但必须以当事人的授权为前提、遵循仲裁地法的公共政策和强制性规定。友好仲裁方式得到了法国、比利时、荷兰以及瑞士等大陆法系国家的承认。在普通法系的英国和美国,只要当事人授权,仲裁员可以进行友好仲裁。

将国际商事仲裁划分为依法仲裁和友好仲裁的法律意义在于:多数国家仲裁立法及国际仲裁条约承认依法仲裁,对友好仲裁持有不同程度的异议,最终涉及仲裁裁决在执行地国的承认与执行问题。

五、综合仲裁与专业仲裁

根据国际商事仲裁机构受理案件范围之不同,可将其分为综合仲裁和专业仲裁。

综合仲裁是指国际商事仲裁机构可以受理不同种类案件的仲裁。综合性的仲裁机构可以受理不同类型的案件,如美国仲裁协会、伦敦国际仲裁院、荷兰仲裁协会、瑞典斯德哥尔摩商会仲裁院和中国国际经济贸易仲裁委员会等仲裁机构受理多种类型案件,其中主要以商事纠纷为主,但有些仲裁机构的受案范围还包括劳动纠纷、交通事故纠纷等。

专业仲裁是指国际商事仲裁机构只受理某一专业范围内案件的仲裁。如,英国的海事仲裁协会、中国海事仲裁委员会只受理海商海事仲裁案件;英国伦敦橡胶交易所仲裁机构、谷物和食品贸易协会仲裁机构、瑞士电灯工业协会常设仲裁院、荷兰咖啡贸易仲裁委员会、鹿特丹谷物交易所仲裁机构属于专业性的仲裁机构,不对所有的商事仲裁案件开放。

将国际商事仲裁划分为综合仲裁和专业仲裁的法律意义在于:各仲裁机构都有自己特定的受案范围,当事人在选择机构仲裁时,必须知道各仲裁机构的受案范围,以免将争议提交无仲裁管辖权的仲裁机构,最终导致仲裁协议的无效。

六、普通仲裁与特殊仲裁

根据当事人的地位不同,可分为普通仲裁和特殊仲裁。

普通仲裁是指对不同国家的私人之间商事争议进行的仲裁。私人包括自然人、法人和其他组织。此种仲裁实际是指对平等主体之间的商事争议的仲裁。其特点是,尽管当事人双方受不同国家的法律管辖,但在国际商事活动中所处的法律地位相同,享有对等的权利与义务。国际商事仲裁多指此类仲裁。

特殊仲裁是指对非平等主体之间争议进行的仲裁。根据当事人性质的不同,又可分为国家与他国国民之间的国际商事仲裁和国家(地区)之间的国际商事仲裁。前者的特点是一方为主权国家、政府或政府主管部门,另一方为他国自然人、法人或其他组织。此类争议通常由主权国家对跨国商事交往的管理引起,按照许多国家的法律,一般不通过仲裁方式解决。但随着国际公约的缔结,使此类争议有可能通过仲裁方式解决。如,由世界银行主持制定的1965年《解决国家与他国国民间投资争议公约》旨在设立解决投资争议国际中心,通过仲裁方式解决一国与他国投资者之间因在东道国投资而产生的商事法律争议。后者的特点是两方均为享有经济主权的国家或地区,此类争议一般指缔约方因双边或多边经济贸易条约项下的权利与义务引起的争议,如一些国家间订立的双边贸易或投资条约中有关于通过仲裁解决争议的规定。这类争议不属于通常意义上的国际商事仲裁范畴。

将国际商事仲裁划分为普通仲裁和特殊仲裁的法律意义在于:由于当事人身份、选择的仲裁机构、适用的法律、解决争议的原则和程序不同,导致仲裁裁决的效力不同、执行程序不同。如,在普通仲裁中,当事人可以选择任何有仲裁管辖权的仲裁机构,甚至选择临时仲裁方式来进行仲裁,其裁决的执行按有关仲裁法或民事诉讼法的规定;在特殊仲裁中,当事人须严格遵守约定,将已发生的和未发生的争议提交特定的仲裁机构,适用特殊仲裁程序进行仲裁,其裁决的执行按有关特别法律或国际条约规定。

第三节　国际商事仲裁的性质与特征

一、国际商事仲裁的性质

国际商事仲裁作为解决双方当事人之间争议的一种方式,已被普遍接受,但对国际商事仲裁的性质,仍存在众多分歧。由于一种学说的成形,不仅能对实践产生一定的指导作用,也会对一国的司法制度和仲裁制度产生重要影响。综观各国学界,关于国际商事仲裁的性质,有以下四种较为成熟的学说。

（一）司法权论

1. 观点

司法权论（Jurisdictional Theory）又称国家授权说，认为仲裁是一种审判权，而审判权只能由国家司法机关行使或授予并且被国家法律所认可。[1] 该理论承认仲裁源于当事人之间的仲裁协议，但认为，从仲裁的开始、进行以及最后的裁决无不受国家法律的控制和调整，仲裁的权威完全有赖于执行地国的法律，国家具有控制和管理发生在其管辖领域内的所有仲裁的权力。除非国内法承认当事人有权提交仲裁，授权仲裁员审理和裁决争议，并使仲裁员的裁决具有强制性，否则仲裁是无意义的、无效的。

司法权理论可分为判决理论和代表权理论两种。前者认为仲裁员的任务是判案，所作出的裁决是行使司法权的产物。后者认为仲裁是国家出于公共利益需要而授权仲裁员在其职权范围内行使国家独有的部分司法判案权，仲裁员的权威来自于其履行职责地的国家，这是仲裁员代行判案职责的必然结果。因仲裁员所享有的每一权利或权力均由国内法赋予或来源于国内法体系，该理论又被称为国内法理论。[2]

2. 理论基础

司法权论的根据是，判案通常是由国家设立的法院实施的一种主权职能（sovereign function），当事人只能在仲裁地法明示允许或默示接受的范围内提交仲裁。[3] 具体表现在：第一，仲裁员的任务是判案，而作出的仲裁裁决具有执行力。一般而言，只有国家作出的强制性法律文书才有执行力，仲裁裁决是行使司法权的产物。第二，仲裁员并非国家司法人员，但享有判案的权力。其权力来自国内法体系的赋予。故仲裁员与法官相似，二者都有义务依法对当事人提交的争议进行裁决，都必须尊重和遵守本地法的基本原则。仲裁员与法官之间唯一的不同在于，前者的权力虽然最终来自于主权国家，但其任命是当事人作出的，后者的权力和任命直接来自于主权国家。

3. 评价

（1）该理论从法院对国际商事仲裁的支持和监督的情形中得出国际商事仲裁的性质是司法权的结论，充分认识到国家司法权的支持对国际商事仲裁存在与发展的重要性。

---

[1] 陶春明、王长生：《中国国际经济贸易仲裁程序理论与实务》，人民中国出版社，1992年版，第104页；薛德明："论仲裁的法律性质"，黄进主编：《国际私法与国际商事仲裁》，武汉大学出版社，1994年版，第142页。

[2] 宋连斌：《国际商事仲裁管辖权研究》，法律出版社，2000年版，第11～12页。

[3] 韩健：《现代国际商事仲裁法的理论与实践（修订版）》，法律出版社，2000年版，第35页。

(2)该理论对仲裁协议的重视不够,它着重强调仲裁地法在仲裁程序中的作用,要求仲裁员必须遵守仲裁地国的程序法和冲突规则,对当事人和仲裁员的意思自治有较大限制。这种限制已受到实践的批判。如ICC仲裁院成立以来所受理的仲裁案件中,大约只有三分之一的案件的仲裁地点在巴黎,但这没有影响其余裁决的效力;而在仲裁地被撤销的裁决在外国得到执行的事实,使该理论的观点受到冲击。[1]

(3)忽视当事人意思自治原则,没有充分认识到国际商事仲裁的民间性及其与司法权完全不同的特性,妨碍了国际商事仲裁的进一步推广与发展。

(二)契约论

1. 观点

契约论(Contractual Theory)又称合同授权说,强调仲裁的契约性,认为仲裁基于当事人之间的合意和约定而成立。[2] 契约论又分为传统契约论与现代契约论。

(1)传统契约论。认为裁决是仲裁员作为当事人的代表或代理人所订立或完成的合同,因而仲裁被看作是合同性质的关系;仲裁员权力的唯一依据是当事人无须国家干预的那部分意志,国际商事仲裁与买卖合同、租赁合同中提交第三者确定价格或租金一样。

(2)现代契约论。仲裁员不是当事人的代理人,其职能类似于法官,其任务是决定当事人的权利、义务,目的在于改变当事人的法律地位;国际商事仲裁本质属于私权,仲裁协议和裁决的遵守均来自于"合同必须信守"原则。当事人的合意是仲裁的基础,当订立作为主合同一部分的仲裁协议时,当事人便确立了他们认为更具优越性的有关仲裁的各项权利。

2. 理论基础

(1)国际商事仲裁基于当事人之间的协议而产生,当事人间若无仲裁协议,仲裁不可能产生,一方当事人不能强迫另外一方当事人参与仲裁。

(2)商事仲裁的仲裁体系是由双方当事人通过自由协商而确定的。如,仲裁员的选任、仲裁规则与仲裁时间和地点的确定通过双方当事人合意作出选择。

(3)仲裁裁决得以履行,不是国家司法权的强制力使然,而是当事人对仲裁协议的自觉遵守。

3. 评价

(1)现代契约论抓住了国际商事仲裁的本质特征,即契约性。无论是从国际

---

[1] 赵健:"已撤销国际商事仲裁裁决的承认与执行问题初论",《仲裁与法律通讯》,1998年第2期,第25页。

[2] 陶春明、王长生:《中国国际经济贸易仲裁程序理论与实务》,人民中国出版社,1992年版,第104页。

商事仲裁的起源看,还是就国际商事仲裁的实践而言,契约性贯穿于国际商事仲裁的始终。

(2)契约论否定或排除国家对仲裁的影响,或者仅承认国内法对仲裁程序和仲裁裁决的某些影响,实质上部分扭曲了仲裁的性质。仲裁员的任务是审理案件并对争议的实体作出有拘束力的决定,这是决定仲裁性质的基本面,国际商事仲裁应纳入合同的范畴。

(3)契约论者认为仲裁裁决可作为合同在任何国家得到执行,仲裁不是司法权的行使,仲裁地点无关紧要。这种观点与国际通常做法不符。仲裁裁决的效力依附于其作出国,一国不能像对待国内仲裁裁决那样可以撤销外国裁决。除少数例外,仲裁裁决如在作出国被撤销将不能在外国得到执行。因此,国际商事仲裁中的当事人意思自治有边界,须受一国的司法监督与审查。

(三)混合论

1. 观点

混合论(Mixed or Hybrid Theory)认为国际商事仲裁的性质应该兼具司法和契约双重性质。索瑟·霍尔在1952年国际法协会会议的报告中详细阐述了混合理论。他认为,仲裁不能超越出所有法律体系,总存在着一些能确定仲裁协议的效力和裁决可执行性的法律。同时他现实地承认,仲裁起源于私人契约,仲裁员的人选和支配仲裁程序的规则的确定,主要取决于当事人之间的协议。因此他认为仲裁的契约和司法因素是相互关系和不可分割的。索瑟·霍尔将仲裁的性质确定为"一种混合的特殊司法制度。它起源于当事人的协议,并从民事法律中获取司法效力。"[1]目前这一理论比较流行,有相当数量的学者持这种观点。[2]

混合理论在我国表现为准司法理论,认为仲裁是一种自愿解决争议的准司法方法。一方面,只有当事人双方同意将其争议提交仲裁解决时,仲裁机构才能取得对争议案件的管辖权;另一方面,根据各国仲裁立法与实践,仲裁庭作出的裁决具有法律上的拘束力,如果当事一方不执行裁决,另一方当事人可以请求法院强制执行。[3]

2. 理论基础

混合论者认为,尽管司法权理论和契约理论是相互对立的理论,但是在现实的仲裁中,这两种理论是可以协调的。现实中的仲裁既遵循了私法,又遵循了程序

---

〔1〕 韩健:《现代国际商事仲裁法的理论与实践(修订版)》,法律出版社,2000年版,第38页。Sauser Hall, *L'arbitrage en Droit International Privé*, Annuaire de L'institut de Droit International, 1952, p. 469.

〔2〕 A. Redfern & M. Hunter, *Law and Practice of International Commercial Arbitration*, 2nd ed., Sweet&Maxwell, 1991, p. 8; 王生长:《仲裁与调解相结合的理论与实务》,法律出版社,2001年版,第72~73页。

〔3〕 郭寿康、赵秀文:《国际经济贸易仲裁法》,中国法律出版社,1995年版,第2~3页。

法。按杰·罗伯特(J. Robert)的观点,仲裁是一种"自由的司法制度",所谓"自由",是因为仲裁庭的设立和权限取决于当事人间的决定;所谓有"司法"是因为仲裁程序一般要遵守法院的权限范围;如果裁决违背了法院地公共政策,或者仲裁员无视公正裁定的基本原则,或者仲裁的标的属国家法院专属管辖,有关法院有否定仲裁裁决或拒绝承认和执行仲裁裁决的权力。[1]

3. 评价

(1)混合论具有一定的合理性。施米托夫认为,在理论上,仲裁包括两方面的因素:契约因素与司法因素。契约因素明确地表现在各国普遍接受的各项因素中,如仲裁必须建立在当事人之间的仲裁协议基础上。司法因素出现在许多规则中,如仲裁员必须公正、遵守自然正义的各项要求、仲裁裁决与法院判决原则上可以采用同样的执行方式等。[2]

(2)抽象混合论者认为契约理论和司法权理论都要兼顾,强调契约性难以确保仲裁效力,强调司法权则会使仲裁失去独立地位。这种观点从反面论述了非混合理论的不足,没有从正面论证契约论与司法权论的有机混合。实际上,强调契约性并不会使仲裁失去独立,也不会使其成为与调解、协商无差异的争议解决方式。

(3)有的混合论者认为契约性是国际商事仲裁的本质属性,司法性是非本质属性。有的则认为司法性是国际商事仲裁的本质属性,契约性是其非本质属性。这种将国际商事仲裁具有的两种属性截然分开的做法,人为地割裂了国际商事仲裁性质的整体性。

(四)自治论

1. 观点

自治论(Autonomous Theory)又称商业需要说,[3]认为商事仲裁的发展是商人们注重实效的实践结果,是商人首先在顾及法律的情况下发展了仲裁,而后才得到了法律的确认。它是由法国学者鲁贝林·德维丝(Rubellin. Devichi)提出并发展起来的一种理论,认为,只有考察仲裁的效用和目的,才能确定仲裁的真实性质,不能把仲裁绝然分为司法的或契约的,仲裁不是一种"混合制度","问题是应该知道仲裁是否在司法性和契约性这两种构成之外形成了一种自治体系。确定该体系的性质不应参照合同或司法体系,而应根据仲裁的目的以及不愿诉诸国家法院的当事

[1] 韩健:《现代国际商事仲裁法的理论与实践(修订版)》,法律出版社,2000年版,第39页。

[2] [英]施米托夫:《国际贸易法文选》,赵秀文译,中国大百科全书出版社,1993年版,第598页。

[3] 陶春明、王长生:《中国国际经济贸易仲裁程序理论与实务》,人民中国出版社,1992年版,第106页。

人所作的保证或许诺，对仲裁的法律权威进行论证。"[1]

2. 理论基础

自治论的理论依据是，商事仲裁是一种适应社会需要而发展起来的解决争议的独立体系，超越了契约和司法权，是一种独立于国家法院体系之外的自治体系。具体表现在以下方面：(1)就契约性而言，仲裁当事人缔结仲裁协议并非仅为了缔结一项契约，而是为了解决发生在当事人之间的争议。(2)就司法性而言，从商事仲裁的历史发展看，它是商人们在商事交往中为解决商事纠纷的实际需要而发展起来的一种解决争议的方式，后来演变成一种制度。(3)商事仲裁在其发展初期没有得到法律的支持或确认，仲裁协议具有效力、仲裁裁决得到履行，并非基于国家法院的强制力而是基于商人之间道德和行业惯例的约束力。

3. 评价

(1)自治论将国际商事仲裁的发展归结于商人注重实效的实践结果，将仲裁协议的效力和仲裁裁决的履行归结于商人之间的商业惯例，并从国际商事仲裁的目的和功能出发，强调国际商事仲裁的发展趋势，对推动国际商事仲裁的理论发展具有积极作用。

(2)自治论完全承认国际商事仲裁是一种自治体系，实际上是承认国际商事仲裁的非内国化、当事人具有控制仲裁的无限制意思自治。其"自治"就是商业界内的自治，是企业、公司和其他商人意思自治的体现。但这种自治不可能产生出没有契约、没有协议的商事仲裁。[2] 该理论单纯强调国际商事仲裁的目的与功能，既脱离社会和经济制度的背景，也与现今国际商事仲裁实践不符。[3] 国家法院对国际商事仲裁的监督与审查，虽然是一种干预，但有时是必要的。这种干预在某种程度上是对当事人权益的一种保护，如法院强制执行仲裁协议、采取保全措施、指示合并审理等。

上述四种理论虽然从不同侧面反映了国际商事仲裁的特点，具有一定合理性，但均未从根本上、整体上把握国际商事仲裁的性质问题。

对国际商事仲裁的性质可从以下几方面予以把握：

第一，从国际商事仲裁的起源看，其最初不受国家法律约束，是商人间解决商事争议的行业惯例或制度。国际商事仲裁起始不具有法律性质，是商人间为解决国际商事争议的一种契约。随着这种争议解决方式影响力的逐渐扩大，国家放弃了对其遏制的态度，转而以法律形式对其确定。但早期的国际商事仲裁立法过分

---

〔1〕 韩健：《现代国际商事仲裁法的理论与实践（修订版）》，法律出版社，2000 年版，第 40 页。Rubellin Devichi, *L'arbitrage, Nature Juridigue, Droit Interne et Droit International Privé*, 1965, para. 14.

〔2〕 康明：《商事仲裁服务研究》，法律出版社，2005 年版，第 47 页。

〔3〕 宋连斌：《国际商事仲裁管辖权研究》，法律出版社，2000 年版，第 21 页。

强调国家对仲裁的司法干预，在一定程度上阻碍了国际商事仲裁的发展。20世纪70年代以后，随着世界范围经济交往的日益频繁，各国为适应形势的发展，纷纷颁布新的仲裁法律，进一步放宽对国际商事仲裁的限制，给予当事人充分的自治权，使其成为解决国际商事争议最有效的方式之一。因此国际商事仲裁是国际经济贸易发展到一定阶段的产物，其产生与发展存在于特定的客观物质条件中，即商人间为解决国际商事交易争议而作出努力，反映在法律规范中，其内容必然反映国家对国际商事仲裁一定程度的干预。

第二，从国际商事仲裁本身的构成要素看，当事人之间的仲裁协议、管辖权的非强制性以及仲裁裁决的承认与执行的约束性等特性成为国际商事仲裁区别于诉讼、调解和斡旋等方式的显著因素，反映在仲裁性质上即为契约性、司法性和自治性的有机联系和结合，而不仅仅是某一方面的特征。其中，契约性是其基础，自治性是其动因，司法性是其保障。

第三，从国际商事仲裁发展趋势看，国际商事仲裁中的意思自治因素逐渐起主导作用，法院对国际商事仲裁的监督与审查被限制在一定的范围内。现代许多国家国内法赋予国际商事仲裁免于司法干预的自由，使之在国际经济交往中发挥积极作用。进而现代国际商事仲裁已成为一种高度自治的法律制度，其司法性因素正在逐渐减弱。但是在民族国家还大量存在的现代，国际商事仲裁不可能超越一国的主权，在一定程度上仍受到国内法的控制。

综上，现代国际商事仲裁源于有关国家法律规定，而这些国家基于现实生活需要对国际商事关系、解决国际商事争议进行法律调整，制定有关法律，赋予国际商事仲裁享有很大程度的自治权。国际商事仲裁作为一种独特的制度，自被法律确认以来，本质上具有法的一般特性，但其本身是契约性、司法性和自治性的有机结合，是以当事人一致同意为基础的、高度自治的、被国家法律确认和保证实施的解决国际商事争议的一种方法和制度。

二、国际商事仲裁的特征

国际商事仲裁作为国际上一种争议解决方式和制度，既与国内商事仲裁有所不同，也与国际上其他商事争议解决方式（如斡旋、调停和诉讼）存在着本质区别，其特征如下：

（一）国际性

国际性是国际商事仲裁区别于国内商事仲裁的显著特征，主要体现在商事争议的性质上，但区别国际与国内商事仲裁的意义并不限于此，关键在于不同国家（地区）对待内国、外国商事仲裁的态度。有些国家（地区）对国内商事仲裁施以严格的司法监督程序，对国际商事仲裁采取较宽的审查标准。因此，许多国家和地区，如比利时、巴西、哥伦比亚、法国、尼日利亚、新加坡、瑞士、中国香港等，对国际商事仲裁采取单独的法律制度。

（二）自治性

自治性是意思自治原则在国际商事仲裁中的体现，主要表现为当事人的意思自治和仲裁庭的自治。

1. 当事人的意思自治

当事人的意思自治表现为：(1)双方当事人可以选择仲裁机构和仲裁的组织形式。双方当事人既可以选择任何一家仲裁机构作为争议的处理机构，也可以选择将争议提交常设性或临时性的仲裁机构处理。(2)双方当事人可以选择仲裁地点。双方当事人在选择具体常设仲裁机构时，除非该常设仲裁机构对仲裁地点作出强制性规定，可以选择仲裁机构所在地以外的地方作为仲裁地点。(3)双方当事人可以选择审理案件的仲裁员。无论当事人选择常设仲裁机构还是临时仲裁庭进行仲裁，均可依所约定的仲裁规则中的规定，选择一名或数名仲裁员组成仲裁庭审理争议。(4)双方当事人可以选择仲裁审理的程序。当事人可以对仲裁申请的提出、仲裁员的指定、仲裁庭的组成、仲裁审理以及仲裁裁决的作出等进行约定。(5)双方当事人可以选择仲裁所适用的法律。在不违反强制性规定的前提下，当事人可以选择仲裁过程所应适用的实体法与程序法。

2. 仲裁庭的自治

仲裁庭享有一定的自治权，如：仲裁庭有权决定自身的管辖权；除双方当事人另有协议外，仲裁庭有权决定仲裁举行的地点、仲裁适用的程序规则、冲突规则或实体规则；仲裁庭有权就相关事项作出临时、中间或部分裁决，有权对争议作出终局裁决等。

（三）灵活性

灵活性在整个仲裁过程中能得到明显体现。在仲裁申请的提出、仲裁申请的受理、仲裁的预备步骤、开庭日期的确定、仲裁审理方式等方面，只要双方当事人达成一致意见，仲裁庭即可按照他们的意见删减相关程序，从而减少繁琐的步骤，节约仲裁时间与成本。和解在仲裁过程中的运用远较诉讼程序灵活。在双方当事人同意的前提下，仲裁庭可以调解，并可以根据调解达成的和解协议的内容作出裁决，使双方当事人合意达成的结果具有可强制执行力。

（四）专业性

国际商事仲裁所涉案件一般是与经济、贸易、运输、保险、海事和投资等有关的争议案件。为处理好这些案件，由仲裁机构提供的仲裁员名单，或由双方当事人选定的仲裁员，一般是相关方面的知名人士或专家。专家作为仲裁员审理国际商事仲裁案件，一方面对案件的审理质量提供了保证，另一方面能加快作出裁决的时间，节约仲裁成本。

（五）强制性

处理国际商事争议的仲裁机构虽是一种民间性质的组织，不是国家司法机构，但各国立法和司法实践明确承认仲裁庭所作出的仲裁裁决和法院判决具有同等的强制执行效力,具体表现在:(1)双方当事人一旦达成协议,任何一方当事人都无权再向有关法院提起审理该争议的诉讼;(2)仲裁裁决一旦作出,如一方当事人不按照事先约定自觉履行仲裁裁决所确定的义务,另一方当事人可依执行地国的法律申请强制执行。

第四节 国际商事仲裁的历史演进

国际商事仲裁基于其依托的手段、方式不同,可分为传统仲裁和网络仲裁,处于这两种环境下的国际商事仲裁,各有特点。传统仲裁环境下的国际商事仲裁,依据其特征不同,可分为萌芽期、发展期和成熟期。以下从三个阶段对国际商事仲裁的历史发展作简单梳理。

一、国际商事仲裁的萌芽期

作为定分止争的一种方式,仲裁的起源可以追溯到古希腊时期,当时的古希腊人已经开始采用仲裁方式来解决各种各样的争议。[1] 公元前621年,希腊有了成文的法律制度,其中包含有仲裁的内容。城邦之间发生争议,常常采用仲裁方式解决。公元前5世纪,古罗马共和国时代,曾制定了举世闻名的《十二铜表法》,其中对仲裁有记载。如该法第2表"审理"中规定:"审理之曰,如遇承审员(Jndex)、仲裁员或诉讼当事人患重病,或者审判涉及外国人(hoste)……则应延期审讯。"在第7表"土地和房租"中规定:"疆界发生争执时,由长官委任仲裁员三人解决之。"古罗马著名法学家保罗视仲裁与诉讼为并行的两种纠纷解决方式,其表示"为解决争议,正如可以进行诉讼一样,也可以进行仲裁"。[2] 当时地中海沿岸一带,海上交通发达,商品经济取得了长足发展,各城邦和港口之间的商事往来增多,商人之间的商事纠纷亦逐渐增多。为及时解决商人之间的各种商事纠纷,促进商事关系发展,在纠纷当事人自愿的基础上,共同委托人们信赖、德高望重、办事公道、熟悉情况的第三人对纠纷进行居中裁判。这种方法简便易行,逐渐为商人们所接受,逐步形成了纠纷双方当事人共同约请第三者居中裁决其纠纷的习惯。[3] 可见,在民族国家未出现之前,仲裁已经广泛用于解决发生在城邦、帝国之间的当事人商事交易争端。

---

〔1〕 谢石松主编:《商事仲裁法学》,高等教育出版社,2003年版,第15页。

〔2〕 陈忠谦:"仲裁的起源、发展及展望",《仲裁研究》(第九辑),法律出版社,2006年,第44页。

〔3〕 黄进主编:《仲裁法学》,中国政法大学出版社,2002年版,第15页。

在古代中国，仲裁方式是否用于不同国家间的商贸纠纷鲜见记载。但在国家间的政治争议和国内民事争议中采取仲裁方式来解决争端则有所见。如《左传·成公四年》中记载：鲁成公四年，郑、许二国发生纠纷，“郑伯伐许，取角鉏任冷敦之田”。郑、许二国同意将争端交给楚臣子反仲裁。[1] 在民事争端解决中，古代中国没有对仲裁与调解进行严格意义上的区分。据史料记载，中国古代调解最早可追溯到奴隶社会的周代。如《周礼·地官》所载官名中记有“调人”，“调人掌司万民之难而谐和之”。及至秦汉时期，设有啬夫，“啬夫职听讼”。再及唐宋元时期，分别由里正、坊正和社长等进行调解工作。[2] 这种调解工作依据调解人身份不同，可分为官府调解与民间解调。上述的“调人”与“啬夫”应为官府所设的特别职位，而“里正、坊正和社长”则为民间调解的代表。

从西方、中国仲裁萌芽期的表现形式看，西方在萌芽期的仲裁已与其他争议解决方法有较明显的区别。这主要与西方社会的重商主义和崇尚自由、平等的精神相契。中国自古重农轻商，追求的是“无讼是求”，力图通过调解达到息争的目的，调解（仲裁）与其他争端解决方式没有截然的区分。例如，大都强调调解是诉讼的前置程序，调解贯穿于整个诉讼过程中。这种调解不是现代意义上的仲裁，双方当事人的调解意愿也不是在自愿和平等的基础上达成，更多体现的是一种自上而下的统治意志，而非双方当事人的平等对话。它们之间有类似点，即采取仲裁的形式通常为临时仲裁，没有形成统一的仲裁规则和仲裁机构。

二、国际商事仲裁的发展期

按照国际商事仲裁发展程度的高低，可分为初级、高级两个阶段。初级阶段的国际商事仲裁有两个显著特点，即仲裁规则初步形成，出现了非现代意义上的“仲裁机构”。高级阶段以现代商事仲裁制度的确立为核心，涌现出大量的专业仲裁机构，各国为此制订了与国际商事仲裁相关的法律法规。

（一）发展的初级阶段

公元11世纪左右，随着商事活动在地中海沿岸、意大利各城邦之间的日益频繁，专门用调整跨国商事关系的商人习惯法逐渐产生，其中极为重要的一项内容是商事仲裁。当时的商事法院，包括市场法院、集市法院、商人行会法院和城市法院，性质上是非专业的社会共同体法院。法官由商人们从同行中选出，或由行会首脑和成员组成。英国出现了为商会裁判案件而组成的“泥脚法庭”和审理海商案件的专门法庭。所有类型商事法院的程序具有迅速、简捷、非正式的特点，裁决的依据是商人习惯，在没有相应支配有关问题的商人习惯时，依据良心和公平原则处理案件，形成了与王室法院、教会法院截然不同的审判制度。这种商事法院类似现代

---

[1] 孙玉荣：《古代中国国际法研究》，中国政法大学出版社，1999年版，第172页。

[2] 常怡主编：《中国调解制度》，重庆出版社，1990年版，第3～4页。

意义上的仲裁机构,而商人习惯则类似现代意义上的仲裁规则。13、14 世纪意大利商事仲裁比较活跃,出现了国际商事仲裁。[1] 与此同时,在地中海沿岸各港口所采用的《商事法典》中提到了以仲裁方式解决不同国家之间商事争议的情况。瑞典的一些地方法院开始承认以仲裁方式解决商事争议的合法性,甚至在当时编纂的一部地方法典中还包含有承认商事仲裁是解决争议的一种方法的成文条款。英国在 1347 年的一部年鉴中记载了有关商事仲裁的问题。[2]

中国到了明清时期,随着资本主义的萌芽,具有工匠和商人协会性质的"行会"出现,其产生源于共同参与宗教庆典与共同救助的需要,随后行会为共同的商业利益而在买卖过程中起着积极作用。行会的功能之一是解决行会成员的内部纠纷。按一些外国学者的看法,这种行会应当看作非正式的仲裁委员会,依据是这些行会有正式的规章。如有的行会章程规定:"若有任何争议,本会将本着有利于每个人的态度,排忧解难。遇事应维持公正,公开实情,依理裁决。应彰显公理,不可隐瞒真相。"[3] 甘伯(Gamble)在一个案例报道中作了如下描述:"调解委员会,有关当事人及证人在一座寺庙见面。在那儿,引发这场纠纷的货物,摆在委员会面前,各方都简短作了证。听了证人发言,经短暂商议之后,委员会作出裁决。双方接受这一终局裁决,站了起来,向委员会鞠躬,彼此相互鞠躬……倘若告官……会带来诸多不便。"[4]

在此阶段,仲裁规则不及现代仲裁制度中的规则精细、缜密、有序,仲裁机构不及现代意义上的仲裁机构固定、专业、成熟,但仲裁规则的产生、仲裁机构的出现为商事仲裁脱离其他纠纷解决机制创造了条件,为现代商事仲裁制度的出现奠定了基础。

(二)发展的高级阶段

随着商品经济在西方社会的日益发达,国际商事仲裁得到了较大的发展,法律意义上的国际商事仲裁制度逐渐确立。英国于 1697 年率先颁布了第一个仲裁法案,其中涉及国际商事仲裁的相关内容。英国自此以后的相当长时期内不禁止当事人之间通过订立仲裁协议的方式解决他们之间的争议以及执行根据此协议作出的裁决,但法院有权撤销仲裁协议。到了 18 世纪,英国出现了一种较为普遍的看法,仲裁协议被认为"剥夺了法院的管辖权",通常被认定违反公共政策。根据法院管辖权不容剥夺的原则,一般法院对法律问题的管辖权不得通过当事人协议予

---

〔1〕 陈忠谦:"仲裁的起源、发展及展望",《仲裁研究》(第九辑),法律出版社,2006 年,第 45 页。

〔2〕 谢石松主编:《商事仲裁法学》,高等教育出版社,2003 年版,第 15 页。

〔3〕 [英]S. 斯普林克尔:《清代法制导论——从社会学角度加以分析》,张守东译,中国政法大学出版社,2000 年版,第 117 页。

〔4〕 同上,第 115 页。

以排除。[1] 对仲裁中涉及的法律问题,仲裁庭不能管辖,必须以"特别案件"的方式提交法院解决,任何当事人可通过此项程序,请求法院对仲裁中的法律问题作出规定。尽管英国是率先颁布仲裁法并建立了仲裁法院的国家,但仲裁的独立性问题直到1979年仲裁法颁布后才得以彻底解决。紧随英国颁布仲裁法的国家是瑞典,于1887年正式制定了该国第一部有关仲裁的法律。受到英国和瑞典等国仲裁立法的影响,欧洲和亚洲的一些国家诸如法国、德国、日本等国开始采用仲裁制度并使其在本国内获得发展。法国在1877年修订的《民事诉讼法典》、德国在1877年制定的《民事诉讼法典》、日本在1890年制定的《民事诉讼法典》中,规定了国际商事仲裁制度。美国最高法院于1854年认可仲裁员可以作出有拘束力的裁决,美国国会在1925年颁布《联邦仲裁法》中承认将仲裁作为解决争议的方法和依据仲裁协议作出的仲裁裁决的效力。与此同时,国内和国际性的商事仲裁机构渐次设立。自英国于1892年在伦敦成立伦敦国际仲裁院以后,瑞典于1917年成立了斯德哥尔摩商会仲裁院,美国于1922年在纽约成立了美国仲裁协会,国际商会于1923年在巴黎成立了国际商会仲裁院,日本于1950年成立了日本国际商事仲裁协会,世界银行于1966年成立了"解决投资争端国际中心",中国香港于1985年成立了香港国际仲裁中心,世界知识产权组织于1994年成立了世界知识产权组织仲裁中心。

中国国际商事仲裁制度肇始于20世纪初。国民政府于1912年颁布了《商事公断处章程》,次年颁布了《商事公断处办事细则》。根据这两个法律文件的规定,商事公断处设在商会内,处理商事争议。在处理争议时,应当由当事人双方基于合意提出申请或者在起诉后由法院委托调处;仲裁裁决必须经当事人双方同意才发生法律效力;当事人不同意仲裁裁决,可以起诉至法院。上述章程和细则后经多次修改,但基本内容没有多大变化。据史料记载,这是我国第一个关于仲裁的专门规定。[2] 在中国共产党领导的新民主主义革命时期,也建立了仲裁制度,如1942年晋察冀边区《关于仲裁委员会的工作指示》。1949年天津市政府颁布的《天津市调解仲裁委员会暂行组织条例》对仲裁机构的设置、受案范围和工作原则作了规定。[3] 新中国成立以后,于1956年成立了中国国际贸易促进委员会对外贸易仲裁委员会(后改称中国国际经济贸易仲裁委员会),1959年成立了中国国际贸易促进委员会海事仲裁委员会(后改称中国海事仲裁委员会)。这两个机构受理了我国绝大多数国际商事仲裁案件。

---

〔1〕 [英]施米托夫:《国际贸易法文选》,赵秀文译,中国大百科全书出版社,1993年版,第605页。

〔2〕 刘景明、乔世明:《仲裁法理论与适用》,人民法院出版社,1997年版,第9页。

〔3〕 刘敏、陈爱武主编:《现代仲裁制度》,中国人民公安大学出版社,2002年版,第25页。

综上,国际商事仲裁从其萌芽发展到法律制度的正式确立,作为争议解决方式的属性没有发生太大的变化。但自从国家公权介入后,它已演变成为一种全新的解决国际民商事争议的方式,具体表现在:第一,国际商事仲裁已从初始纯粹的民间自救性的争议解决方式演变成以国家强制力为后盾的争议解决方式;第二,国际商事仲裁已从初始的临时仲裁转向机构仲裁,机构仲裁成为国际商事仲裁的主要类型;第三,国际商事仲裁已从初始的商业行规、习惯发展到以仲裁规则为依托。

三、国际商事仲裁的成熟期

随着国际商事仲裁的深入发展,其已成为解决国际民商事争议的最主要形式之一。无论在国际商事仲裁的可受理范围、国际商事仲裁机构规则的订立,还是各国在国际商事仲裁实践的协调方面,已渐趋成熟。

(一)国际商事仲裁范围扩大,仲裁方式多样化

仲裁范围的扩张主要表现在对国际性、商事性两个概念的理解上比以前更具有开放性和弹性。

首先,在判断仲裁的国际性上,由以前单一的当事人国籍标准逐渐转向以当事人国籍、住所、惯常居所、争议实质的国际因素等多种弹性连接因素作为认定标准,综合确定国际性的范围。[1] 国际上,对仲裁案件国际性的界定有两种标准:一是实质性联结标准,通常以仲裁地点、当事人国籍、住所或营业地为判断因素;二是争议性质国际性标准,即当争议"涉及国际商事利益"时,则将该项仲裁视为国际仲裁。为了协调上述两个标准的对立和分裂,联合国国际贸易法委员会采取了合二为一的做法,在其主持制定的1985年《示范法》第1条第3款中确立了一种新的认定标准,即综合标准,既可以实质性联结因素确定案件的国际性质,又可以案件性质确定其国际性。

其次,在判定仲裁的商事性上,多数国家趋向于将"商事"一词作广义解释。有学者认为,"'商事'这一术语应被给予宽泛的解释以便包括所有种类的贸易或商业交易。"[2]《示范法》对之也采取了开放的态度,没有直接对"商事"作出界定,但给出了一个宽泛的外延:"商事"一词应给予广义的解释,以便包括产生于所有具有商业性质关系的事项,不论这种关系是否为契约关系。

综上,国际社会对"国际"和"商事"的判断都趋于开放,直接导致国际商事仲裁范围扩大,可仲裁事项增多。

在仲裁方式方面,除机构仲裁外,临时仲裁、友好仲裁得到应用,其效力和合法性日渐得到确认。如在国际商事仲裁实践中,尤其在一些海商和海事仲裁案件中,

---

〔1〕 宋航:《国际商事仲裁裁决的承认与执行》,法律出版社,2000年版,第18页。

〔2〕 李虎:《国际商事仲裁裁决的强制执行——特别述及仲裁裁决在中国的强制执行》,法律出版社,2000年版,第13页。

临时仲裁庭还存在。由临时庭审理当事人之间争议的方法,可以为当事人节省更多的费用,并能在最短的时间内作出仲裁裁决,因此受到当事人欢迎。

(二)常设性国际商事仲裁机构数量增加,作用增大

早期的国际商事仲裁多为临时仲裁。如今各国、国际商会或其他组织相继成立了常设仲裁机构,并制定了各自的仲裁规则,同时常设仲裁机构的权力得到加强,如仲裁员的指定、仲裁庭的确认、仲裁员的回避等问题,仲裁机构都有决定权。常设仲裁机构因其本身所具有的一些优势,如拥有自己的仲裁规则和示范仲裁条款、仲裁员自身素质和他们所具备的出色能力与水平、方便当事人联系的办事机构、规范的办事程序、仲裁裁决容易得到执行地法院的承认与执行,以及各仲裁机构的仲裁规则趋于协调与统一,使之成为国际商事仲裁实践中最受青睐的仲裁类型。各主要国际商事仲裁机构在实践中不断积累经验,不仅为解决当事人的争议发挥了重大作用,还建立起了自己良好的声誉。如ICC仲裁院自成立以来的八十多年间,截至2007年3月,累计处理了180多个国家和地区的14000个仲裁案件。[1] 又如中国国际经济贸易仲裁委员会,从1995年至2005年间共受案8336件,其中涉外仲裁案件6634件,是该会有史以来最繁荣的发展阶段,被世界誉为最繁忙的国际商事仲裁机构之一。仅在1995年,涉外案件受案数量达902件,创历史新高,为其他国际商事仲裁机构受案量的2倍以上。[2]

(三)各主要仲裁规则逐渐趋同化

各主要仲裁机构虽然制定了自己的仲裁规则,但就其主要内容,都大同小异,一般包括仲裁庭组成、仲裁员的指定、仲裁庭的管辖、仲裁地点及仲裁所使用的文字、仲裁申请书、答辩状及其他书状的形式、仲裁审理方式、仲裁裁决的作出及其应当适用的法律等。联合国国际贸易法委员会于1976年制定的仲裁规则在协调和统一各主要仲裁机构仲裁规则方面,发挥了重要作用。除了内容的趋同外,各仲裁机构仲裁规则还有两个特点:其一,当事人的意思自治原则得到了充分尊重。如1998年《斯得哥尔摩商会仲裁院仲裁规则》第16条规定当事人可以自由约定仲裁员的人数,而不是惯常规定的3人;第20条规定仲裁庭应适当考虑当事人的意愿来确定仲裁的方式,即当事人可以通过协商改变仲裁方式。其二,仲裁庭在仲裁过程中拥有更多的权利。直接的体现是仲裁庭在适用法律方面有比以前更多的权利,拓宽了仲裁庭可适用的法律的范围,包括现代商人习惯法。如ICC仲裁院1998年《调解与仲裁规则》第17条第1款规定,"当事人有权自由约定仲裁庭处理案件实体问题所应适用的法律规则。当事人对此没有约定的,仲裁庭将决定适用其认为适当的法律规则"。按此规定,仲裁庭所适用的法律规则,不一定是某一特

---

〔1〕 ICC Publication 810,2002,p.2.

〔2〕 http://www.cietac.org/50/index,2008年3月1日访问。

定国家的国内法,可能是一个或数个国家的法律规则,或者国际公约中特定的规则,或者国际商事惯例。

（四）国际商事仲裁的国际协调显著增强

仲裁作为解决争议的一种方式,最初游离于国家的法律体系之外,后来被纳入国家的法律体系。从这个过程可知,仲裁已成为解决双方争议的一种常态方式,得到私人、国家、国际组织的充分肯定。尤其在国际层面,各国司法制度因囿于其管辖领域之内而无法发挥其法律调整功能的情况下,国际商事仲裁更显示出在解决国际民商事纠纷中的独特价值。这一点可以国际商事仲裁裁决的承认与执行为例证。

国际商事仲裁裁决的承认与执行的国际认同过程有四个方面:其一,以双边司法协助条约为代表的国别认同,表明国际商事仲裁向国际化进程迈出了第一步。其二,以 1889 年的《关于国际民事诉讼法的公约》（即《蒙得维的亚公约》）为代表的区域性认同。该公约和以后 1961 年《欧洲公约》、1966 年《统一仲裁法的欧洲公约》、1972 年《关于以仲裁方式解决经济、科学与技术合作方面所引起的民事法律争议的公约》（原经互会 8 个社会主义国家签订,以下简称《莫斯科公约》）、1975 年《美洲公约》、1979 年《美洲国家间关于外国判决和仲裁裁决域外效力的公约》等,先后确立了区域性多边合作模式,迈出了国际化认同的第二步。其三,以 1923 年《仲裁条款议定书》和 1927 年《关于执行外国仲裁裁决的公约》为代表的初级全球化认同。这两个公约是在国际联盟主持下制定,标志着国际商事仲裁协议和仲裁裁决的承认与执行迈向国际化道路的第一步,在国际商事仲裁发展的历史中有着重要的地位和作用。其四,以 1958 年《纽约公约》为代表的高级全球化认同。在此之后的 1965 年《解决国家与他国国民之间投资争端公约》（以下简称 1965 年《华盛顿公约》）、1976 年《联合国国际贸易法委员会仲裁规则》和 1985 年《示范法》等为国际商事仲裁的全面国际统一化提供了新的契机。[1]

四、现代网络环境下的国际商事仲裁

国际互联网和电子商务的兴起,使人们可以足不出户地与国外商人进行商贸往来。之前需花费很长时间才能完成的交易,现在只需在网络上轻敲鼠标键便可完成。这种交易方式的革命性变化使世界各国电子商务交易额呈几何数的上升态势,同时产生了大量的商事争议。作为解决商事争议行之有效的方式之一,国际商事仲裁在现代网络环境下有了新的发展,但也遭受到新的冲击和影响,产生了一系列新的法律问题。

（一）网络环境下国际商事仲裁的新发展

目前国际上已有 20 多个网站建立了网上纠纷解决机制。国际上一些主要的

---

〔1〕 汪祖兴:《国际商会仲裁研究》,法律出版社,2005 年版,第 9 ~ 10 页。

仲裁机构开发在线仲裁,以扩大自己的业务范围,如加拿大萨博裁决庭仲裁机制、美国仲裁协会在其网站主页上设置的在线仲裁专栏、[1]世界知识产权组织(WIPO)制定的《世界知识产权组织网上加速仲裁规则》等。

1. 萨博裁判庭仲裁机制

萨博裁判庭(Cyber Tribunal)由加拿大蒙特利尔法学院发起成立,主要通过网络以调解和仲裁方式解决电子商务纠纷,涉及纠纷的领域为电子商务竞争、版权、商标、言论自由、隐私以及刑法范围之外的其他合适领域。萨博裁判庭制定了在线仲裁规则。该规则以联合国国际贸易法委员会仲裁规则和国际商会仲裁院仲裁规则为蓝本,兼顾在线仲裁的特殊性。该规则明确规定,凡规则未予规定的事项,参照联合国国际贸易法委员会规则。该规则的特点在于要求当事人使用强制性的通讯格式。凡有强制性格式,当事人必须使用该格式,没有固定格式的,当事人可以用电子邮件或任何其他方式与秘书处或仲裁庭联系。

2. 美国仲裁协会在线仲裁

美国仲裁协会的在线仲裁已有了成功的实践范例。在 Tierney v. Email America 案中,美国仲裁协会的网络虚拟法官成功使用在线仲裁方式,对该案作出了裁决,其裁决得到了执行。案情大致是:Email America 公司在 America Online System (AOL)网站上刊登广告以出售500万个大量投邮的电子邮件地址。仲裁申请人 Tierney 认为,这种促销行为不但违反美国公共政策和 AOL 自身政策,而且广告隐含的通过使用所购买的电子邮箱可获得巨大利益的承诺存在欺骗性。申请人请求美国仲裁协会责令被请求人从网站上撤销该广告。美国仲裁协会在网上受理了该案,网络虚拟法官认定该广告属于欺骗性质并将其撤销。[2]

3. 世界知识产权组织在线仲裁机制

世界知识产权组织(WIPO)仲裁与调解中心已经修订了其仲裁规则以适用在线仲裁。根据其新修订的《世界知识产权组织网上加速仲裁规则》,当事人如果要通过在线仲裁解决其纠纷,应通过该中心电子文本格式提交材料,以电子形式传送文件,通过加密的在线频道交换信息。仲裁员和当事人均可采用在线通讯方式,并可利用视频和音频设施。WIPO 仲裁与调解中心的在线设备具有自动回复功能,并能提供文件归档处理的数据库。它还制定了域名争议的专家解决程序,该项程序被公认为是解决域名争议的一项国际标准。自1999年12月以来,仲裁中心共受理纠纷6000多起,所涉域名达1万个。[3] 世界的著名企业,如福特汽车、微软、美国在线等,均通过该机制夺回了被抢注的域名。该在线仲裁机制通过网上域名

---

[1] http://www.adr.org/index2.1.jsp,2006年8月3日访问。

[2] http://vmag.vclip.org/doksys/96-0001,2006年8月3日访问。

[3] http://news.xinhuanet.com/it/2004-02/12/content_1310806.htm,2005年2月24日访问。

侵权纠纷的处理,有力地维护了当事人的合法权益和网络正常秩序。

4. 中国国际经济贸易仲裁委员会在线仲裁机制

2000 年 12 月,中国国际经济贸易仲裁委员会设立了域名争议解决中心。该中心先后获得中国互联网络信息中心(CNNIC)和美国互联网络名称和数码分配公司(ICANN)的授权,负责处理中文域名争议、通用网址争议。2002 年 9 月 2 日,该中心获得 CNNIC 的授权开始受理.CN 域名争议。此外,2001 年 12 月 3 日,中国国际经济贸易仲裁委员会和香港国际仲裁中心合作成立"亚洲域名争议解决中心",该中心在北京成立秘书处,其主要业务是在 ICANN 的授权下,处理国际通用顶级域名争议等问题。该中心于 2002 年 2 月 28 日正式受理顶级域名争议案件,并于 2005 年 5 月 18 日开始受理短信网址争议,业务范围进一步扩大。[1]

(二)国际商事仲裁在网络环境下受到的冲击和影响

现代网络技术的兴起,对国际商事仲裁造成的冲击和影响,主要表现在两个方面:

1. 现代通讯技术对国际商事仲裁的冲击

信息技术和计算机技术的迅猛发展正在将人类带入一个全新的计算机网络化空间,改变着人类的争议解决规则。新兴信息技术的发展给国际商事仲裁带来了前所未有的挑战。从实践和技术可行性看,在线仲裁已涉及国际商事仲裁的各个主要环节,诸如仲裁协议的提交、开庭审理、提供证据、作出仲裁裁决等,使用的技术包括了电子邮件(E-mail)、交谈组(chat groups)、电子或可视会议(tele or video conference)、数字签字和公证、数字审理等。这些技术的介入,使国际商事仲裁活动更为复杂,需要国内立法、国际公约对这些在线仲裁活动的程序和法律效力予以规范和确认。

2. 网络经济对国际商事仲裁的影响

计算机网络的建立和革新,推进了网络经济的发展,而网络经济中尤以电子商务发展最为迅猛。这种新型经济发展模式已对国际商事仲裁产生了深远的影响。当事人在进行网络交易时,尤其在双方发生争议时,诸如在网络环境下商事合同成立、效力、履行的争议或域名权或其他知识产权的争议,呈现出网络环境下的特质。又如,域名权与商标权争议的解决会因域名权法律性质而涉及具体法律适用问题,来自不同国家的仲裁员共同审理案件时仲裁地的确定问题,当"裁决"是一个集体作出的存贮于网络空间的多媒体文件时现有法律所定义的仲裁地在何处的问题等,都会涉及传统国际商事仲裁中没有遇到过的问题。网络经济飞速发展给国际商事仲裁带来的深刻影响,必将推动国际商事仲裁及其法律的变革与创新。

---

[1] http://www.cietac.org/50/index,2008 年 3 月 1 日访问。

第五节 国际商事仲裁法的定义、渊源与价值

一、国际商事仲裁法的定义与特点

(一)国际商事仲裁法的定义

由于对“国际”、“商事”两个基本概念存在着分歧,中外学者在给国际商事仲裁法下定义时态度不一。外国学者没有对国际商事仲裁法作具体界定,而是分别从“仲裁”、“商事”、“国际”三个基本概念入手,进而探讨国际商事仲裁法的具体内容。[1] 中国大部分学者步外国学者后尘,对何谓国际商事仲裁法避而不谈,只有陈治东教授在其《国际商事仲裁法》一书中作出如下定义:“国际商事仲裁法是指由国家或者国际组织所制定或认可的调整国际间商事仲裁关系法律规范的总称”。

对新兴的法律部门,如果不对其进行定义、不明确其调整的对象及其范围,不利于对该法律部门的进一步发展,故有必要对国际商事仲裁法进行定义。上述关于国际商事仲裁法定义的表述存在一定缺陷:(1)仅提及制定或认定法律规范的主体,忽略了参与国际商事仲裁关系的各个主体。(2)国际商事仲裁法的渊源除了国内国际法律规范外,还有国际国内的各种商事仲裁规则。作者认为,国际商事仲裁法是指调整不同国家或地区的自然人、法人、其他组织和国家(或地区)、国际组织相互间在参与国际商事仲裁活动中所形成的国际商事仲裁关系的法律规范和规则的总称。

(二)国际商事仲裁法的特点

1. 主体的多元性

国际商事仲裁法的主体具有多元性,不仅包括国家和国际组织,还包括不同国家或地区的自然人、法人和其他组织,有时还包括具有一定独立地位的地区。

国际商事仲裁法的主体是指在国际商事仲裁关系中依法享有权利和承担义务的人,包括国家或地区、国际组织、自然人、法人和其他组织。它们在国际商事仲裁法律关系中的权利与义务各有不同。

国家(或地区)、国际组织在国际商事仲裁关系中具有双重角色。一方面,国家(或地区)、国际组织可制订调整国际商事仲裁关系的法律或规则,与其他主体

---

[1] 代表性的著作有:Emmanuel Gaillard, John Savage, ed., *Fouchard, Gaillard, Goldman On International Commercial Arbitration*; A. Redfern, & M. Hunter, *Law and Practice of International Commercial Arbitration*; Mauro Rubino – Sammartano, *International Arbitration Law and Practice*.

的关系是非平等主体之间的关系，对其他主体进行管理、监督和引导。另一方面，国家（或地区）、国际组织可作为仲裁协议中的一方当事人，与其他主体一样享有仲裁协议项下的权利，承担相应的义务。

自然人、法人和其他组织有两类：一是仲裁协议的当事人；二是与仲裁程序有关的参与人。前者为国际商事交易争议的当事人，后者为仲裁机构、仲裁庭、法院以及依据仲裁程序加入到仲裁过程中的其他人。

2. 调整对象的特定性

任何一个法律部门都有其特定的调整对象，即特定的社会关系。这是划分法律部门的主要依据。国际商事仲裁法调整的特定社会关系是国际商事仲裁关系。国际商事仲裁关系，是指国家或地区、国际组织、自然人、法人和其他组织在参与国际商事仲裁活动中所形成的社会关系，主要有以下三方面：

（1）仲裁当事人之间的关系

仲裁当事人在订立仲裁协议后，双方均有在发生争议后将该争议提交仲裁机构进行仲裁的义务，除非仲裁协议无效，任何一方不得再将该争议提交法院以诉讼方式解决，并在仲裁庭作出仲裁裁决后，双方当事人应遵照履行，不得以任何借口不履行仲裁裁决。

（2）仲裁庭与当事人之间的关系

在这种关系中，当事人的主要权利与义务是向仲裁庭陈述其对争议的看法，向仲裁庭提交各种证据材料。仲裁庭在听取双方当事人对争议事实的陈述后，分清各方当事人的责任，依据双方当事人的约定规则或相关法律，作出独立、公正的裁决。

（3）法院对仲裁的监督关系

法院对仲裁的监督关系体现在以下几方面：第一，在与仲裁有关的事项中，法院通过执行仲裁法，保证仲裁程序顺利进行；第二，在当事人违反仲裁协议的约定而将争议提交法院诉讼时，裁定当事人将仲裁协议项下的争议事项提交仲裁解决；第三，法院可在仲裁过程中对争议所涉及的标的采取临时保全措施；第四，承认与执行仲裁庭作出的仲裁裁决；第五，仲裁裁决存在撤销或不予执行的情形，法院可对仲裁裁决作出撤销、拒绝承认或执行的决定。

3. 规范构成的多重性

构成国际商事仲裁法的法律规范和规则包括国际规范（如国际商事仲裁公约、国际商事仲裁惯例）、国内规范（如国内立法、判例）、国际商事仲裁机构所制定的仲裁规则，程序性规范、实体性规范和冲突规范，公法规范和私法规范。

4. 本质上的程序性

国际商事仲裁法在本质上属于自成一类的程序法。调整国际商事关系的法律为实体法、冲突法，如国际贸易法、国际金融法、国际证券法等。调整国际商事诉讼关系的国际民事诉讼法为程序法。国际商事仲裁法的调整对象决定了它属于程序法,但在实施中贯彻了实体法和冲突法,因此它本质上是自成一体的程序法,为一种争议解决方法的法。

二、国际商事仲裁法的渊源

国际商事仲裁法的渊源是指调整国际商事仲裁关系的法律规范和规则的表现形式,包括国际法渊源、国内法渊源和其他渊源。

(一)国际法渊源

国际商事仲裁法的国际法渊源主要为有关国际商事仲裁的国际条约,其基本类型有两类,一是双边条约、多边条约,二是条约、专约、协定、公约、议定书等。目前,国际商事仲裁国际法律规范主要表现形式是普遍性国际公约和区域性国际公约。

1. 普遍性国际公约

在20世纪初,国际联盟主持制定了1923年《仲裁条款议定书》和1927年《关于执行外国仲裁裁决的公约》。前者规定了各缔约国应当承认合同中的仲裁条款以及当事人之间订立的仲裁协议的效力。后者规定了缔约国应当承认与执行仲裁庭根据有效仲裁协议作出的仲裁裁决,以及不予执行外国仲裁裁决的理由。但由于参加国家有限,其作用受到很大限制。

第二次世界大战后,在联合国主持下制定了1958年《纽约公约》,主要规定了缔约国应当承认当事人之间订立的书面仲裁协议的效力,以及承认与执行据此协议作出的仲裁裁决。该公约自实施以来,截至2008年10月,已有143个成员国,成为当今世界上适用最普遍的国际公约之一。[1]

另一个比较有影响的国际公约是由世界银行主持制定的、于1965年在华盛顿签署的《解决国家与他国国家间投资争端公约》。根据该公约设立的解决投资争端国际中心(简称ICSID)旨在为解决一缔约国与另一缔约国国民之间的投资争议提供便利。该公约于1966年10月14日生效。截至2008年10月,有144个国家已交存了批准书,成为正式缔约国。[2]

2. 区域性公约

在区域性国际商事仲裁公约中,有重要影响的是1961年《欧洲公约》和1975年《美洲公约》。

(1)《欧洲公约》

由联合国欧洲经济委员会主持制定,1961年4月21日在日内瓦签署,1964年1月7日生效。主要内容包括:公约适用范围、仲裁组织、对仲裁管辖权的抗辩、法

---

[1] http://www.uncitral.org/,2008年11月1日访问。

[2] http://www.worldbank.org/,2008年11月1日访问。

院管辖权、解决仲裁争议应适用的法律、裁决的形式及其撤销等。该公约的目的是尽可能排除欧洲各国的自然人或法人相互之间在有关国际商事仲裁组织工作中的困难,特别是临时仲裁情况下仲裁程序规则上的问题,以期推动欧洲贸易的发展。

(2)《美洲公约》

该公约由美洲国家组织主持制定,1975 年 1 月 30 日在巴拿马城召开的国际私法特别会议上通过,又称为《巴拿马公约》,于 1976 年 6 月 16 日生效。有 12 个国家签署该公约,其中有 8 个国家批准了加入该公约。美国于 1978 年 6 月 9 日签署加入该公约。该公约对仲裁裁决的有效性、仲裁员的选任、仲裁程序规则、裁决的执行等作了规定,对当事人未在仲裁协议中明确规定仲裁规则的,公约规定,应依"美洲国家商事仲裁委员会"的仲裁规则。

除上述外,还有 1889 年的《蒙得维的亚公约》(是全球最早、拉美国家间签订的第一个有关国际商事仲裁的区域性公约),1928 年泛美会议通过的《国际私法法典》(简称《巴斯塔曼特法典》),1972 年经互会成员国签订的《莫斯科公约》和 1987 年《阿拉伯国家商事仲裁公约》(即《安曼公约》)。这些区域性公约推动了各国国际商事仲裁法的现代化和区域统一化。

(二)国内法渊源

各国制订的调整国际商事仲裁关系的法律法规、规章,是国际商事仲裁法的重要渊源。随着越来越多的国家采纳联合国《示范法》和成为《纽约公约》的缔约国,在国际商事仲裁法领域,各国的国内法在很大程度上趋于统一。

(三)其他渊源

1.《示范法》

1985 年 12 月 11 日,联合国大会一致通过了批准《国际商事仲裁示范法》的 40/72 号决议。《示范法》的诞生是联合国继 1958 年《纽约公约》和 1976 年《联合国国际贸易法委员会仲裁规则》之后,对现代国际商事仲裁法的统一化和现代化所做出的又一卓越贡献,对当代各国的仲裁立法、仲裁实践和国际商事仲裁法理论的发展,产生了深远影响。

《示范法》的制定充分考虑了现代国家商事仲裁的特点和需要,力求兼顾发达国家和发展中国家的利益,具有如下特点:(1)广泛采用了当事人意思自治原则;(2)"非内国化"趋势得到体现;(3)承认和执行仲裁裁决的普遍化;(4)《示范法》具有广泛的适用性和灵活性。

《示范法》的制定开创了商事仲裁法国际统一化的现实途径,反映了国际商事仲裁领域的最新发展,促进了各国仲裁立法新发展。迄今为止,已有澳大利亚、保加利亚、加拿大、塞浦路斯、香港、尼日利亚、马来西亚、新加坡、俄罗斯等国家和地区,或者完全采纳了《示范法》,或者稍加修改后采用。在一国境内的很多州、省也采纳了《示范法》,如美国的加利福尼亚州、康涅狄格州、俄勒冈州和得克萨斯州,英国的苏格兰等。埃及、匈牙利、芬兰、匈牙利、爱尔兰、肯尼亚、新西兰、秘鲁等国在积极考虑采用《示范法》。在1986年以后颁布的国内仲裁法,如1986年荷兰仲裁法,受到了《示范法》的影响。1988年日本《仲裁法草案》以《示范法》为蓝本,其基本结构和基本原则与《示范法》大同小异。中国内地1994年《仲裁法》和英国1996年《仲裁法》,都参考了《示范法》。可以预见,在不久的将来,会有更多的国家依据《示范法》进行仲裁立法或对已有的仲裁法进行修改。

2. 国际组织的仲裁规则

目前,具有代表意义的国际性或区域性常设仲裁机构和国际组织的仲裁规则如下:

(1)国际商会仲裁院仲裁规则

国际商会仲裁院现行的仲裁规则是《国际商会调解与仲裁规则》,于1975年6月1日开始生效,由任择性调解和仲裁两个部分构成。

(2)美洲国家商事仲裁委员会仲裁规则

美洲国家商事仲裁委员会成立于1934年,现已成为美洲国家间重要的商事仲裁机构,其现行的仲裁规则是1978年1月1日修订的《美洲国家商事仲裁委员会仲裁规则》。

(3)亚洲及远东经济委员会商事仲裁规则

亚洲及远东经济委员会商事仲裁中心设于曼谷,其适用的仲裁规则是该委员会仲裁规则。依据此仲裁规则,双方当事人可以自由选定一名仲裁员或三名仲裁员进行仲裁,可指定由某个特定的仲裁机构进行仲裁,但该机构必须按照仲裁中心的仲裁规则进行仲裁。

(4)原经济互助委员会成员国商事仲裁法院仲裁规则

原经济互助委员会成员国为了更好地执行《莫斯科公约》,于1974年2月批准了《经济互助委员会成员国商事仲裁法院统一规则》。该规则规定,在各成员国建立商事仲裁法院解决各成员国法人之间在外贸方面和其他国际经济、科学技术方面的合同关系或其他民事法律关系中发生的争议。在成员国设立商事仲裁法院不是一个统一的常设仲裁机构,而是多个常设仲裁机构。

(5)联合国国际贸易法委员会仲裁规则

联合国国际贸易法委员会仲裁规则(UNCITRAL Arbitration Rules)于1976年4月26日由联合国第三十一次大会正式通过。该规则对各国不具有约束力,仅供合同双方当事人自愿以书面方式约定。该仲裁规则虽然供临时仲裁时使用,但当事人可在书面协议中指定一个常设仲裁机构。该仲裁规则在国际上产生较大影响,被许多国际性常设仲裁机构作为制定或修订仲裁规则的依据。

3. 国内常设仲裁机构仲裁规则

各国常设商事仲裁机构,如瑞典斯德哥尔摩商会仲裁院、伦敦国际仲裁院、日本东京海事仲裁委员会、美国仲裁协会、中国国际经济贸易仲裁委员会、中国香港国际仲裁中心等,都有自己的仲裁规则。虽然这些仲裁规则的具体条款各异,但涉及的基本内容有相似性,如仲裁庭的组成及其权限范围、仲裁地点、仲裁审理、仲裁裁决、仲裁使用的文字、仲裁费用等。

4. 判例

作为国际商事仲裁法渊源的判例分为两类:一是由仲裁庭作出的仲裁裁决。仲裁庭作出的仲裁裁决能否成为国际商事仲裁法的渊源尚存在争议。但有些学者认为之前存在的仲裁裁决的确对以后类似情形的裁决作出产生重要影响。如Derains在对一项仲裁裁决时评论:"该仲裁员就此事项给出的裁决理由完全依据之前已公布的一项仲裁裁决先例。"[1]这些仲裁裁决有时会公布在一些较著名的期刊上。如ICC的Clunet(Journal du Droit International),Geneva的Journal of International Arbitration,Pairs的Revue de l'arbitrage,London的Arbitration International,New York的The American Review of International Arbitration等。二是法院作出的判决。在英美法系国家和法国、德国、日本等传统大陆法系国家,法院作出的判决作为法律的重要渊源,当属无疑。即使在其他国家,法院之前的判决也会对之后类似情形判决的作出起着重要的指导作用,如中国内地实施的案例指导制度。

三、国际商事仲裁法的价值及其实现

(一)国际商事仲裁法的价值

关于国际商事仲裁法的价值和价值取向问题,理论界和实务界一直存在着激烈的争论,大致有如下几种不同的观点和学说:(1)公正说。认为,法律是公正的化身,国际商事仲裁法的价值追求是公正,仲裁机构被认为是"准司法"机构,其仲裁裁决要受到法院的监督和审查。还认为,仲裁的公正应当包括仲裁程序的公正和仲裁结果的公正(即实体公正)两方面的内容。[2] (2)效率说。认为,国际商事仲裁法作用于市场交易行为,以平等主体间的合同纠纷和其他财产性纠纷为裁决对象,基于当事人意思自治原则,效率应为其最高价值准则。[3] (3)双重价值说。认为,效率和公平都是国际商事仲裁法的价值。但在效率和公平的关系问题上,又存在三种观点。其一是效率优先说。持此说的学者主张,国际商事仲裁法追求的首要目标是效率,其次才是公平,在二者发生冲突时应当效率优先。[4] 该说目前

---

〔1〕 [意]莫鲁·鲁比诺-萨马塔诺:《国际仲裁法律与实践》(第二版),中信出版社,2003年版,第79页。

〔2〕 陈安:"中国涉外仲裁监督机制评析",《中国社会科学》,1995年第4期,第19~30页。

〔3〕 宋连斌:《国际商事仲裁管辖权研究》,法律出版社,2000年版,第30页。

〔4〕 肖永平:"也谈我国法院对仲裁的监督范围",《仲裁与法律通讯》,1997年第6期,第5页。

在我国学界占主导地位。其二是公平优先说。持此说的学者认为,国际商事仲裁法追求的首先是公平,其次才是效率,当二者发生冲突时应当公平优先。"仲裁的首要目标是公平,第二价值目标为经济。"[1]其三是公平效率兼顾说。认为,公平与效率都是解决争议替代方法(ADR)的最重要的价值目标之一,不必区分二者的位次。[2]

公平、效率、秩序应是国际商事仲裁法的基本价值目标。对公平价值的追求,贯穿于国际商事仲裁法的始终。双方当事人对仲裁方式的选择,其中隐含着公平解决双方争议的追求;在仲裁过程中,仲裁庭(员)不偏不倚,居中裁决;双方当事人在仲裁活动中地位完全平等;仲裁庭与争议当事人之间的关系,比诉讼中法院与双方当事人之间的关系更趋于平等,等等,都是国际商事仲裁法公平价值的体现。国际商事仲裁法还应追求效率。从国际商事仲裁机制的产生及发展轨迹看,其本身符合市场经济发展规律,在快速、便捷地解决国际商事争议的同时在全球范围内优化资源配置;其机制本身所具有的经济便利、一裁终局等特点是争议当事人选择其作为争议解决方式的主要因素。在某种意义上,对效率的追求是国际商事仲裁机制优于国际民商事诉讼机制的显著特征之一。秩序作为与法永远相伴的基本价值之一,也应是国际商事仲裁法最基本的价值取向。国际商事仲裁法的秩序目标,是通过对仲裁机制的合理设置,使失衡的国际民商事法律关系恢复平衡,使国际商事仲裁法律关系的产生和发展有一个共同的规范和流程,达到秩序治理的目标。

1. 国际商事仲裁法的公正价值

公正是法律的普适性价值目标。国际商事仲裁法的任务是预先设定合理的争议解决程序,并在争议解决过程中对当事人的权益进行合理再分配。在此意义上,公正实际上包括两个方面:一是在仲裁过程中所体现的公正;二是仲裁结果所体现出的公正。因此,国际商事仲裁法的公正价值有仲裁过程的程序公正和仲裁结果的实体公正,是程序法和实体法在公正目标下的有机统一体。国际商事仲裁法的公正价值有以下几方面的要求。

(1)仲裁规范统一性

仲裁规范的统一性强调的是调整仲裁活动参与人的仲裁规范应当是统一的,同一范畴的主体受制于不同的行为规范就不可能有平等的仲裁法律地位和法律待遇。这种不平等的法律待遇在国内商事仲裁存在。在国际商事仲裁具体实践中,要做到仲裁规范的统一性并非易事。随着国际经济贸易交往的日益频繁,解决国际商事争议的方式或手段渐趋一致,各国仲裁法律规范和各仲裁机构仲裁规则在联合国的仲裁规则和《示范法》指引下逐渐趋同。

---

[1] 谭兵主编:《中国仲裁制度研究》,法律出版社,1995 年版,第 30 ~ 59 页。

[2] 范愉:《非诉讼纠纷解决机制研究》,中国人民大学出版社,2001 年版,第 363 页。

(2)仲裁组织中立性

裁决者的中立是程序公正的基本要求。相对于法院和居间裁决纠纷的行政机关,仲裁组织的中立性应更为鲜明,原因在于仲裁组织的权力不是来源于国家授权,而是来自于双方当事人自愿达成的仲裁协议。如果仲裁组织的中立性不鲜明,就不可能赢得双方当事人的充分信任,双方当事人就不能选择仲裁作为解决争议的方式,最终导致仲裁组织形同虚设。仲裁组织的中立性不仅是实现公正价值目标的要求,也是仲裁组织赖以存在的前提。

(3)仲裁过程规范性

除了友好仲裁外,在整个仲裁过程中,公正价值要求秉持"以事实为依据,以法律为准绳"的理念。"以事实为依据"即要求尽可能查明案件真相,以事实作为定案依据,"以法律为准绳"要求当事人在仲裁过程中能够充分行使有关程序权利,仲裁庭依据有关仲裁法律或规则作出裁决,裁决所依据的实体法律应当准确。

(4)裁决结果可预测性

公平价值不仅要求仲裁裁决的实体结果具有可预测性,符合法律的预期,还要求在同类案件中前案与后案的裁决结果保持一致性,使当事人能对裁决结果有一个合理的预期。

(5)裁决结果可接受性

仲裁程序过程中的平等对待并非必然产生公正结果。在双方当事人的地位和资源处于极不平衡的情况下,僵硬适用仲裁规则只会出现表面上的公正、实体上的不公正。因此公平价值要求在仲裁过程中考虑裁决结果对双方当事人的可接受程度。

2. 国际商事仲裁法的效率价值

国际商事仲裁法的效率价值,是指国际商事仲裁法以低成本和高效率实现对争议的解决。效率价值的存在是当事人选择仲裁而不选择诉讼解决争议的根本因素之一。

法律的效率价值要求静态的法律规范符合效率价值,也要求动态的法律运行活动符合效率价值。在国际商事仲裁法领域,效率价值包括仲裁规范的效率价值和仲裁行为的效率价值。

(1)仲裁规范的效率价值

仲裁规范的效率价值是指仲裁立法、仲裁规则要体现效率价值目标和效率价值精神。仲裁规范是仲裁理念的规则化,是仲裁活动的前提。仲裁规范设置科学、合理,可能取得良好的高效运行效果。良好的高效运行效果会带给整个仲裁机制的高效率。在国际商事仲裁中,仲裁规范的效率价值应体现于仲裁过程中每个环节、每个环节的各方面。如,对当事人意思自治的高度尊重、仲裁协议的效力及独立性、仲裁员的资格与选任、法院干预仲裁的程度及范围、仲裁裁决的效力问题、不完善仲裁裁决的补救、程序公正与实体公正在仲裁规范中的体现。随着经济社会的发展,仲裁规范的效率价值会呈现出不饱和态势,国际商事仲裁法会处在追求高效率的动态发展中。

(2)仲裁行为的效率价值

在国际商事仲裁活动中,仲裁行为包括实施程序性规范的行为和实施实体性规范的行为。仲裁行为的效率价值应当涵括仲裁过程的效率价值和仲裁结果的效率价值。

A. 仲裁过程的效率价值。从仲裁的申请到仲裁裁决的承认与执行的整个过程中,当事人、仲裁员和其他每个仲裁参与人都要耗费一定的时间、人力、物力和财力,是一种"资源消耗"过程。要追求效率的最大化,必须从每个环节入手,减少"仲裁成本",产生出公正、合理的仲裁结果。

B. 仲裁结果的效率价值。仲裁结果包括对当事人利益重新配置的直接结果和仲裁裁决产生的社会效应。对前者的效率追求,直接表现为仲裁结果在依法作出的前提下,有利于资源在当事人之间的重新分配。对后者的效率追求,要考虑仲裁裁决的结果是否有利于形成良好的仲裁预期,是否能支持仲裁机制的有效运转,是否会造成社会资源的浪费等因素。

对效率价值的追求,不能以牺牲公正价值为代价。相反,仲裁的效率取向特别强调程序公正,程序公正会促进实体公正的实现,规范的仲裁程序和仲裁活动能产生"效率"。

3. 国际商事仲裁法的秩序价值

随着贸易活动全球化的不断增强,日益增长的经济往来必然产生越来越多的贸易争端,而争端的日益外显意味着国际商事秩序的失衡,国际商事仲裁作为解决商事争议的一种方式,在矫正失位的国际商事秩序中发挥重要作用,其本身作为规范所体现的秩序价值和在解决争议过程中所呈现的秩序价值得到彰显。国际商事仲裁的秩序价值有静态的秩序价值和动态的秩序价值。

(1)静态的秩序价值

国际商事仲裁活动依赖于相关的仲裁规范。仲裁规范可以是仲裁机构自身制定的仲裁规则,也可以是国家法律法规、国际公约和国际组织制定的仲裁规则,还可以是双方当事人自己制定的规则或选择的商人习惯法。规范的特征在于它含有一种允许、命令、禁止或调整人的行为与行动的概括性声明或指令,[1]目的在于把有序关系引入人的群体活动中,从而体现其普遍性。仲裁规范的确立本身是秩序价值的体现。从仲裁庭的组成、仲裁员的产生、仲裁过程所必须遵守的各种程序、

---

〔1〕[美]E. 博登海默:《法理学——法律哲学与法律方法》,邓正来译,中国政法大学出版社,2004年修订版,第246页。

仲裁裁决作出的方式和格式，到仲裁裁决的执行，都应有详细的规范，形成科学、完整、有序的规范体系，指引国际商事仲裁活动。

(2)动态的秩序价值

完善的国际商事仲裁法尚不足以自行体现其秩序价值，需要通过国际商事仲裁实践才能充分体现。国际商事仲裁法的动态秩序价值有直接秩序价值和间接秩序价值。

A. 直接秩序价值。直接秩序价值的作用对象是具体仲裁案件的当事人。每个国际商事仲裁活动都有特定的当事人，仲裁庭通过对双方商事争议事项的了解，依据仲裁规则，合理地作出仲裁裁决。当事人之间的权利、义务在仲裁裁决作出之后已得到重新分配，彼此之间纠缠不清的法律关也重新得到梳理，原本"失衡"的关系得到"恢复"。同时，仲裁裁决的作出，表明双方当事人权利、义务的重新确定，意味着彼此之间新秩序的产生。这种新秩序的产生不仅将"某种程度的一致性、连贯性和客观性引入了法律过程之中……并且为公平和公正的司法奠定了基础"。[1]

B. 间接秩序价值。间接秩序价值的作用对象是国际间经济、政治等关系。国际商事仲裁制度的建立，在一定范围和程度上为维护国际经济秩序起到了作用。虽然这个制度在目前还不够完善，措施尚显不足。但为了充分发挥国际商事仲裁的作用，需要更多的国家加入《纽约公约》等公约和采纳《示范法》，需要国际社会更广泛地采用仲裁方式解决国际商事争议。国际商事仲裁制度的建立及其在国际社会中广泛运用，为维护国际经济政治秩序起到了积极作用。在早期的国际关系中，各国政府几乎包揽了本国及其国民所有的对外事务，商事争端通常由其插手处理，国家在处理国际商事争端时的手段和方式比较僵化，有时可能造成矛盾的激化，引起国家间的对立。国际商事仲裁制度的建立，为国际经济贸易争议的解决提供了便利的途径和有效的手段，为民间性国际交往提供了必要的法律保障，使各种可能危及国家间关系的民间争议及早地消除在萌芽状态，为国际和平的法律秩序进一步提供保障。

国际商事仲裁法的上述三种价值会随着社会、经济、法律和仲裁理论的发展而呈现出多种演变轨迹，它们的内涵也将随之不断丰富和完善，从而推动国际商事仲裁法及其实践向纵深拓展。

4. 公正、效率、秩序三者之间的关系

公正、效率、秩序是国际商事仲裁法的基本价值。国际商事仲裁法作为解决争议的规则或制度，必须公正地确认当事人的权利义务，仲裁机构必须在合理的

---

〔1〕［美］E. 博登海默：《法理学——法律哲学与法律方法》，邓正来译，中国政法大学出版社，2004 年修订版，第 251 页。

成本内作出公正的裁决。公正裁决是对已失衡的法律关系的恢复,新型法律关系的创设。

三种价值之间既存在一致性,也可能产生矛盾,在立法及仲裁实践中应妥善处理好三者之间的关系。

(1)三者间的统一

一项合理的仲裁裁决应当是公正、效率、秩序三种价值的结合体。国际商事仲裁机制能够保持旺盛生命力,是三者价值共同协调、统一的结果。公正价值作为法律追求的一种价值,内在地包含了效率、秩序两种价值。在国际商事仲裁法中,当事人对公正价值的追求表现在纠纷的合理解决上,即,尽可能地将当事人的法律关系状态恢复到纠纷发生前。要达到这一目标,一方面要求仲裁机制做到正确确认当事人之间的应然法律关系,使当事人通过纠纷的解决得到他们应得的利益;另一方面要求仲裁机制在纠纷解决的耗费上,做到尽量节约,提高效率。效率价值对公正、秩序两种价值有一定的涵摄力,表现在:第一,仲裁的目标应当是获取公正结果,失去公正目标而单纯追求效率的仲裁终将失去生命力。换言之,效率的追求以公正为前提。仲裁结果的质量最终应依据公正标准判断。第二,效率价值在秩序价值的推动下才得以实现。效率的产出不能单纯依靠投入的减少。在国际商事仲裁实践中,国际商事仲裁法拥有的一整套较为完善的程序设计为其效率价值的实现提供了技术基础,是在秩序价值的实现过程中促成了其效率价值的实现。秩序价值蕴涵了公正、效率两种价值的合理因素。公正、合理的仲裁规范必定构建在对秩序价值目标的追求上。国际商事仲裁对秩序价值的追求应当保持对效率价值的合理尊重,唯此,它才能成为国际商事争议解决的首选方式。

(2)三者间的冲突

在国际商事仲裁中,对公正价值的追求构成了所有仲裁参与人的内心底线。仲裁解决机制所求的最终目标是公正的裁决,使之前已失衡的法律关系在公正的仲裁程序、公正的仲裁员、公正的仲裁裁决中得到恢复。但理想中的公正价值要求仲裁员绝对不偏不倚,当事人充分的意思自治和仲裁结果的绝对公正。这种公正的取得需要时间、程序、经费的保证。这对国际商事仲裁法的效率价值提出了一个难题。效率价值要求用尽可能少的消耗来获取尽可能大的成果,在国际商事仲裁实践中,用尽可能快捷的方式、尽可能少的时间、尽可能低的费用获取一个尽可能公正的裁决,是其效率价值追求的所在。而规范的仲裁程序、仲裁规范乃至仲裁机制的构建,能从秩序价值上促使案件仲裁过程中程序公正的实现,进而实现实体公正。经历漫长时段、花费高昂费用所得到的公正并非是当事人心中理想的公正。因此对效率价值的过分追求会损伤公正价值与秩序价值,而对秩序价值的刻意遵循会放慢仲裁对公正价值的追求,削减仲裁的效率价值。在国际商事仲裁实践中,这三种价值的冲突无所不在。

（二）国际商事仲裁法价值的实现

国际商事仲裁法价值的实现，既要树立正确的仲裁观念，又要通过合理的制度设计来保障三者之间的衡平，还要提升仲裁参与者的意识。

1. 树立“公正优先，兼顾效率与秩序”的仲裁观念

国际商事仲裁法价值的充分实现取决于人们尤其是立法者树立正确的仲裁意识。公正是国际商事仲裁法追求的首要价值目标。当事人选择仲裁，正是相信它能解决当事人之间的争议，在当事人之间重新分配公正。但在国际商事仲裁机制中追求公正的方式不同于诉讼。国际商事仲裁本身所具有的自主性、专业性、保密性、便捷性等特点显示出效率价值在该机制中的独特魅力，而秩序价值更是如影相随，始终陪伴国际商事仲裁法追求公正价值的步伐。但对这三者的关系应当有清醒的认识：第一，公正只能是相对的，国际商事仲裁法所追求和实现的只能是相对公正。相对公正的评价标准为人们普遍接受或认可的公正，且这种评价标准随着社会的发展而不断变化。换言之，在国际商事仲裁中，法律只能保障在一定社会经济条件下的相对公正。第二，对公正的强调并不意味着对效率、秩序的忽视。效率与秩序均为国际商事仲裁法追求的重要价值目标。“正义的第二种涵义，也许是最普遍的涵义，是效率。”[1]“法律不仅是秩序的保证，而且是秩序的化身。”[2]对效率与秩序的追求，已内化为国际商事仲裁法的一种特性。第三，在三者发生冲突时，应秉持“公正优先，兼顾效率与秩序”的仲裁理念。这是基于国际商事仲裁的契约性本质属性和对国际商事仲裁及其法律发展规律所得出的结论。综观近半个世纪主要国家的仲裁立法和国际上缔结的有关仲裁公约，国际商事仲裁法的公正与自由主义的倾向已越来越明显。1958年《纽约公约》的签订标志着国际上弱化法院对仲裁的干预、强化仲裁效率的精神得以确立；1960年代以来，国际商事仲裁领域涌现的“非内国化”理论，为摆脱仲裁地法的多过干预、实现当事人意思自治开辟了道路；《示范法》的制定，更是拓宽了仲裁庭与仲裁员自由裁量权的范围，使当事人意思自治原则受到前所未有的重视。

从国际商事仲裁实践的发展看，“公正优先，兼顾效率与秩序”的仲裁观念已外化为追求自由主义的一种趋势，即强调当事人的意思自治、削弱法院对仲裁的过多干预。这种趋势的发展，对充分体现国际商事仲裁的特性、发挥国际商事仲裁法的优势、实现国际商事仲裁法的价值起了积极的推动作用，国际商事仲裁法的价值

---

〔1〕［美］理查德 A. 波斯纳：《法律的经济分析》（上），蒋兆康译，中国大百科全书出版社，1997年版，第31页。

〔2〕卓泽渊：《法的价值论》，法律出版社，1999年版，第184页。

也在其发展过程中不断得到彰显。在新型仲裁观念的指引下,不断推动国际商事仲裁自由主义的发展,必将实现国际商事仲裁法的价值目标。

2. 通过合理的制度设计保持三者之间的衡平

公正、效率和秩序虽然都是国际商事仲裁法的基本价值目标,但鉴于三者之间关系的复杂性,要实现三者之间的绝对衡平是不可能的,所能做的是通过合理的制度设计尽可能保持三者之间的衡平。

(1)完善现有的仲裁规则

完善现有仲裁规则的主要措施有三:第一,设立简易仲裁程序。针对一些金额较小、案情较为简单的争议制定简易、快捷、收费低廉的小额索赔程序规则或快速低费规则,以供当事人选择。第二,限定仲裁时间。对仲裁程序的各个环节设置时间限制,以防止当事人和仲裁庭在仲裁程序中随意拖延。第三,赋予仲裁庭更多的权力。可以在认定仲裁庭的权力、如何进行仲裁程序、查明案情的方式、法律适用、作出裁决的理由等方面赋予仲裁庭更多的权力。这种权力赋予既符合效率价值的要求,又符合当事人意思自治原则。

(2)统一仲裁司法监督的标准

各国对国际商事仲裁的司法监督有两项标准。一是"单轨制",即对国内商事仲裁活动与国际商事仲裁实行统一的监督模式;二是"双轨制",即对国内商事仲裁活动与国际商事仲裁活动实行不同的监督模式。根据国际商事仲裁发展的趋势,实行"单轨制"有利于仲裁裁决在各国的承认与执行。

(3)建立、健全与仲裁员相关的机制

建立和完善与仲裁员有关的机制,主要有三个方面:一是仲裁员选任机制。要求主管机关在授予仲裁员资格时必须注意考察申请者的道德品行与专业能力。在指定仲裁员时要充分尊重双方当事人的意愿。二是仲裁员披露机制。披露,是指认为自己与案件有利害关系的被指定仲裁员向仲裁组织、当事人公布利害关系的事实。这有助于回避制度的有效施行,是保障仲裁员中立性的重要途径。三是仲裁员责任制度。仲裁员公正是保证国际商事仲裁公正的基础,但仲裁员是生物学上的人和社会的人,是人就会犯错误。正因仲裁员的某些不当行为,导致对仲裁员的责任诉讼日益增多。在法律上有必要明确仲裁员承担责任的范围。

(4)构建国际商事仲裁责任制度

国际商事仲裁责任制度,除上述的仲裁员责任制度外,还有仲裁机构的责任制度。各国对仲裁机构是否课以责任,有所不同。美国纽约州法院在 Ruberstein v. Otterbourg 案[1]中认为,仲裁机构是准司法组织,给予仲裁员的豁免应该扩及仲裁

---

〔1〕 邓瑞平、易艳:"商事仲裁责任制度简论",《重庆大学学报》(社会科学版),2005 年第 1 期,第 119 页。

机构。但根据法国法,当事人与仲裁机构之间是合同关系,法国法院不把仲裁机构当作司法机构看待,若仲裁机构疏于管理和监督而致当事人损害,仲裁机构的责任不应该豁免。[1] 鉴于仲裁机构在整个仲裁过程中所起的特殊作用(仲裁机构职能主要是管理职能和服务职能),法国法院的做法是可取的,应当通过立法完善仲裁机构责任制度以保证国际商事仲裁的公正性。

3. 提高仲裁参与者的意识

新型的仲裁观念与合理的制度设计只是静态地反映出国际商事仲裁法价值实现的可能性,要促成这些价值的真正实现,还需通过个体积极参与到仲裁活动中,其中,提高仲裁参与者的意识显得尤为重要。

(1)双方当事人要有积极参与仲裁的态度

作为仲裁程序主要参加人的双方当事人,要积极配合仲裁庭、仲裁员开展仲裁工作,不得借故拖延或阻碍仲裁程序的正常进行。为了双方价值目标的实现,当事人要尽可能地在仲裁过程中履行自己的各项义务,在公正、合理的仲裁裁决作出后,及时履行仲裁裁决。

(2)仲裁员要公正、独立、勤勉地行使权力

仲裁员是整个仲裁案件的驾驭者,不仅要具备良好的职业道德素养和良好的声誉,还能够在仲裁过程中基于当事人对他的信任,公正、独立地行使仲裁权,在规定或合理的时间内作出高质量、高水平的仲裁裁决,以满足当事人的期待,实现国际商事仲裁法的价值。

(3)法官要审慎监督仲裁

综观国际商事仲裁发展史,法官对国际商事仲裁过度干预会导致国际商事仲裁优势的丧失、价值目标的偏离和仲裁方式的减损。从目前国际商事仲裁自由主义的发展趋势看,尽量减少法官干预仲裁的范围,最大程度尊重当事人的意思自治,不随意推翻仲裁裁决是促进国际商事仲裁健康发展的重要因素。因此,法官不仅要审慎监督国际商事仲仲裁,还要以实际行动支持国际商事仲裁的发展。

(4)大众树立参与仲裁的意识

国际商事仲裁的蓬勃发展离不开大众的推动。有关机构和组织要大力宣传国际商事仲裁的优势,让大众切实体会到国际商事仲裁在解决国际商事争端中所具的独特优势,使其成为国际商事仲裁发展的潜在推动力量。

---

〔1〕 邓瑞平、易艳:"商事仲裁责任制度简论",《重庆大学学报》(社会科学版),2005 年第 1 期,第 119 页。

第六节　国际商事仲裁法的产生与发展

一、国际商事仲裁法的产生与发展

国际商事仲裁法后于国际商事仲裁的产生。虽然在公元前，仲裁方式已存在于历史记载中，但严格意义的现代国际商事仲裁制度起源于中世纪的地中海沿岸。在中世纪，地中海沿岸各港口商业比较发达，来自不同港口的商人们通过自行设立的行商法院(Piepowder)解决他们之间的商事交易争议。因这些商人来自不同的城邦国家，行商法院所处理的争议性质属于国际性的商事争议，且行商法院的法官是由商人自行组成。这种行商法院不是现代意义上的法院，而是具有现代仲裁庭的性质。[1] 行商法院所适用的规则统一适用于商人之间发生的争议，故被称为中世纪的商人习惯法。行商法院所适用的商人习惯法，应是国际商事仲裁法的雏形。

民族国家兴起后，中世纪的商人习惯法逐渐被纳入各国国内法，如法国1681年《海事条例》、1807年的《商法典》、德国1861年《商法典》分别吸纳中世纪的《奥列隆海法》、《维斯比海法》，英国15、16世纪的普通海事法吸纳了《奥列隆海法》。虽然此间的商人习惯法已纳入国内法范畴，但仍具国际法的一些特性，一些国家在解决国际商事争议时所适用的法律仍是商人习惯法的实体内容，只是其表现形式从初始的商人习惯法变化为当时的国家制定法。为了从程序上更好地规范国际商事仲裁活动，一些国家在制定民事诉讼法典或国内仲裁法时，纳入了国际商事仲裁的相关内容。如：1809年法国《民事诉讼法典》、1887年德国《民事诉讼法典》、1890年日本《民事诉讼法》、1925年美国《统一仲裁法》、1929年瑞典《仲裁法》，以及之后的荷兰《民事诉讼法典》、瑞士《国际私法法案》、比利时《司法法典》、韩国《仲裁法》、加拿大《商事仲裁法案》，对国际商事仲裁都作了相应规定。

随着国际贸易交往的日渐增多和现代科学技术的飞速发展，国际商事争议的解决方式日趋协调和统一，国际商事仲裁作为解决国际商事争议的手段，已受到各国极大关注。与此同时，国际层面的国际商事仲裁立法开始出现。1889年在蒙得维的亚签署的《关于国际民事诉讼法的公约》是涉及仲裁的第一个区域性公约。1923年国际联盟主持在日内瓦缔结的《仲裁条款议定书》第一次在国际上承认仲裁条款作为仲裁协议的效力。随后，各国于1958年签订了《纽约公约》，该公约是

---

〔1〕［英］施米托夫：《国际贸易法文选》，赵秀文译，中国大百科全书出版社，1993年版，第6～7页。

国际商事仲裁领域最重要的国际公约,也是最成功的国际性法律文件,是"整个商法历史中国际立法最有成效的典范"。[1] 1965年在华盛顿签订了《解决国家与他国国民间投资争端公约》。为使各国仲裁立法更趋一致,联合国大会在1976年通过了《联合国国际贸易法委员会仲裁规则》。联合国国际贸易法委员会1985年的《示范法》,成为各国制定或修订仲裁法的蓝本。在区域层面上,欧洲国家1961年签订了《欧洲公约》、美洲国家1975年签订了《美洲公约》、1987年阿拉伯国家签订了《阿拉伯国家商事仲裁公约》。上述公约为推动国际商事仲裁法的发展作出了重要贡献。

二、国际商事仲裁法的发展趋势

随着贸易自由化、经济全球化进程的加深,法律趋同现象逐渐凸显。国际商事仲裁法在回应经济全球化的过程中,不断呈现新的发展趋势。

(一)法律适用的新发展

国际商事仲裁的法律适用问题存在于国际商事仲裁的各个阶段。国际商事仲裁协议的有效性、仲裁程序的法律适用、裁决所适用的法律等,都直接影响到仲裁的公正与合法和裁决的承认与执行,对维系正常的国际商事关系起重要作用。近几十年来,伴随国际私法中法律选择理论的发展,国际商事仲裁的法律适用也得到新的发展,主要表现如下:

1. 当事人意思自治原则在国际商事仲裁法中得到普遍承认和运用

当事人意思自治原则虽是确定合同准据法的首要原则和主要方法,但在国际商事仲裁领域,被有关商事仲裁国际公约和示范法所接受,在更大范围内得到承认和运用。当事人享有广泛的法律选择自由和高度的自治,是当代国际商事仲裁法律适用理论和实践的重要发展趋势。具体表现为:(1)确定仲裁协议效力的准据法可依当事人明示选择的法律。1958年《纽约公约》、1961年《欧洲公约》、1975年《美洲公约》以及1985年《示范法》均有类似的规定。(2)依当事人意思自治原则决定仲裁适用的程序法。各国仲裁法一般赋予当事人有选择适用合适的仲裁规则和程序法的权利。1958年《纽约公约》、1961年《欧洲公约》、1965年《华盛顿公约》、1975年《美洲公约》均明确规定当事人有决定仲裁程序的权利。(3)国际商事仲裁所适用的实体法依当事人意思自治原则。有关国际商事仲裁公约、1976年《联合国国际贸易法委员会仲裁规则》、各国仲裁法、常设仲裁机构仲裁规则对此都予以认可。(4)当事人选择法律的范围越来越广,可以选择某国的国内法,也可以选择非国内法规则。

2. 确定仲裁所适用的法律的方法朝灵活性、多样性方向发展

---

[1] Mustill, Arbitration - History and Background, *Journal of International Arbitration*, vol. 6, 1989, p. 49.

在国际商事仲裁实践中,如当事人未指明所适用的法律时,仲裁庭有权选择适用的法律或规则。当代国际商事仲裁法发展的趋势之一是:有关国际公约和仲裁规则赋予仲裁庭有法律选择的权力,同时不排除仲裁庭在作法律选择时遵从适当的或可适用的冲突规则。[1] 一些国家抛弃相关的冲突规则,允许仲裁庭适用其认为适当的法律规则解决争端。在确定可适用冲突规则的方法上,最密切联系原则受到普遍重视,增加了法律适用的灵活性和多样性。

3. 国际商事仲裁出现"非内国化"趋势

"非内国化"仲裁理论是在20世纪80年代后国际商事仲裁迅速发展的历史条件下产生的。该理论旨在尽量减少国家法院对仲裁活动的干预,包括在仲裁程序进行之中和仲裁裁决作出之后的干预,以便保持仲裁程序的完整性和仲裁裁决的终局性,最大限度地尊重当事人的意思自治。其核心内容是当事人在向法院寻求承认与执行之前,法院不得采取任何形式的干预,包括撤销该仲裁裁决。即使仲裁裁决被裁决地法院依法撤销,执行地法院可以无视此项撤销而依据其本国的法律作出是否承认与执行已经被仲裁地法院撤销的仲裁裁决。应当指出,这类"非内国化"仲裁和裁决在仲裁实践是极其例外的。[2] 尽管如此,在有关公约、国内立法和常设仲裁机构仲裁规则中出现了承认和支持国际商事仲裁"非内国化"的规定,还有"非内国化裁决"的成功案例,如"利比亚美国石油公司案"、"戈塔布肯案"、"SEEE 案"等案件的仲裁裁决,得到荷兰、法国、瑞士等国的承认和执行。

(二)国际商事仲裁公约与立法不断加强,仲裁裁决的承认与执行制度国际统一化

国际商事仲裁公约在协调和统一各国仲裁立法和实践方面发挥着重要作用,在促进仲裁裁决的承认和执行制度国际统一化方面成效显著。1889 年拉丁美洲国家间达成的历史上第一个关于国际商事仲裁的区域性公约即《蒙得维的亚公约》,主要规定了仲裁协议的承认与执行。由国际商会发起、在国际联盟主持下于1923 年在日内瓦签署的《仲裁条款议定书》和 1927 年《关于执行外国仲裁裁决的公约》是真正现代意义上的国际商事仲裁公约。这两个公约虽然没有从根本上解决仲裁协议和仲裁裁决的承认与执行问题,但其制定标志着国际仲裁协议和裁决的承认与执行走上了国际统一化道路的第一步,在国际商事仲裁法的历史发展中有重要的地位和作用。[3]

---

[1] A. Redfern & M. Hunter, *Law and Practice of International Commercial Arbitration*, 2nd ed., Sweet & Maxwell, 1991, pp. 127 – 128.

[2] A. J. Van den Berg, Recent Enforcement Problems under and New York and ICSID Conventions, *Arbitration International*, vol. 5, 1989, p. 5.

[3] A. Redfern & M. Hunter, *Law and Practice of International Commercial Arbitration*, 2nd ed., Sweet & Maxwell, 1991, pp. 61 – 62.

继1958年《纽约公约》以后,1961年在日内瓦签署的《欧洲公约》是重要的仲裁公约,对1958年《纽约公约》起着补充作用。1965年《华盛顿公约》在以仲裁方式解决国家与他国国民间投资争端方面具有重要的影响和作用。1966年《关于统一仲裁法的欧洲公约》、1972年《莫斯科公约》和1975年《美洲公约》等区域性公约,在协调和统一各国仲裁立法方面起到了一定的影响和作用。联合国1985年《示范法》开辟了统一仲裁法的新途径,许多国家已通过立法采纳《示范法》,大大促进了各国国际商事仲裁立法的现代化与统一化。

(三)联合国国际商事仲裁法律体系促进了国际商事仲裁法的巨大发展

1958年《纽约公约》奠定了国际商事仲裁法新发展的基础。1968年成立的联合国国际贸易法委员会(简称UNCITRAL)的任务之一是统一和协调各国商事仲裁立法和国际商事仲裁程序规则,先后制定了1976年《仲裁规则》、1985年《示范法》。上述三项共同构筑了国际商事仲裁法的国际法律框架,标志着国际商事仲裁法的普遍性国际法律体系初步形成。UNCITRAL在国际商事仲裁国际法制建设的工作,不仅为未来国际商事仲裁法的发展打下了坚实的基础,且为新独立国家和发展中国家对国际商事仲裁从不信任转向信任提供了公平的国际法律环境。这些国家不仅将提供国际商事仲裁服务作为提高自身国际地位和改善法律环境的重要措施,而且在制定仲裁法和参与国际仲裁活动中承认、接受和实施联合国制定的国际法律规则。

(四)国际互联网的发展催生出国际商事纠纷在线仲裁,推动国际商事仲裁法新发展

随着计算机国际互联网的建立和快速发展,国际互联网成为国际商事交易的重要快捷手段,并逐渐用于国际商事仲裁。国际商事争议在线仲裁日渐成为国际商事仲裁的一种有益手段和新型形式,引发了国际商事仲裁法的变革。

1. 国际互联网对传统国际商事仲裁法的发展

(1)国际互联网本身对国际商事仲裁类型与法律的发展。随着国际互联网的建立和快速发展,各国和国际的商事仲裁机构建立了自己的网站。这些机构通过其网站,采取一些新型的网络技术来审理案件。各国和有关国际组织为适应此种仲裁方式,纷纷制定或修改有关法律和规则对这种仲裁方式进行规范,进而推动国际商事仲裁法的发展。国际互联网本身还会产生诸如域名权、商标权、版权等知识产权方面的争端,将这类争端纳入国际商事仲裁解决的范围,不仅需要有与此相适应的实体法、冲突规则,还需要特殊的仲裁法律或规则。这些法律或规则的形成,丰富和发展了国际商事仲裁法。

(2)电子商务对国际商事仲裁法的发展。国际互联网的建立和完善促使国际电子商务的产生和迅猛发展。国际电子商务作为一种特殊的交易方式所产生的法律问题促进了传统国际商事仲裁法的发展。当事人在国际电子商务活动中所产生

的各种商事争端，如网上国际商事合同的成立、效力、履行等问题，通过国际商事仲裁方式解决，不仅涉及传统国际商事法中的实体法、冲突法，还涉及仲裁程序法问题。

2. 国际商事纠纷在线仲裁的主要法律问题

（1）由仲裁的形式要件引起的问题

A. 书面形式要求。《纽约公约》、《示范法》和多数国家的仲裁法一样，要求仲裁协议是书面形式，而且提交法院的仲裁裁决必须是经适当签证的原件或复印件并附以同样方式提交的仲裁协议才是可执行的。但是对于“书面”形式的构成要件，从电子信件上打印的信息是否构成“书面”形式，人们没有形成统一的认识。仲裁庭是否接受以网络通讯方式出具的仲裁协议（包括仲裁协议和合同中的仲裁条款）和仲裁裁决成为一个问题。

B. 签字要求。各国仲裁法除要求书面形式外，还有签字的要求。《纽约公约》规定仲裁协议需有双方当事人签字。网上仲裁中双方当事人的数字签字是否符合《纽约公约》的要求是一个有待解决的问题。

（2）仲裁地真空引起的问题

《纽约公约》在采用意思自治原则决定仲裁准据法问题上采取了比较激进的步骤。作为一项法律选择原则，仲裁适用的准据法由双方当事人确定，仲裁地法只具有辅助作用。如果仲裁机构和当事人选择了准据法而准据法并不包含仲裁实际所需的一切规则，在此情况下，根据国际私法理论，仲裁地法将作为第二性的准据法，在决定仲裁协议的效力、仲裁庭的组成、仲裁程序等方面发挥作用。在确定何国法院有权干预仲裁、有权执行或拒绝执行裁决的问题上，确定仲裁地是必须的。如果双方当事人未选定一个仲裁地或仲裁地不能由仲裁规则来确定，将无法确定何国法院对案件行使管辖权。

（3）在线仲裁裁决能否得到承认与执行的问题

一份在线仲裁裁决能否在他国得到承认与执行的障碍主要来自两方面：一是形式方面，即在线仲裁裁决的书面形式和电子签名问题；二是实质方面，主要是如何保障在线仲裁裁决执行力的问题。对于形式方面的问题前已述及，不再赘言。第二个问题的实质是在线仲裁裁决是否具有确定的强制执行力。裁决只有在被执行后才具有真正的意义。仲裁能够与诉讼一起成为当今解决民商事纠纷的两大方式，其中一个重要原因是仲裁接受法院的支持与监督，仲裁裁决同法院判决一样具有强制执行力。在线仲裁的发展同样离不开法院的支持与监督，但现阶段在世界范围内还没有法院实行网上承认和执行在线仲裁裁决的先例。

第七节 国际商事仲裁法学

一、国际商事仲裁法学的定义

随着国际商事交往的发展,解决国际商事争端的国际商事仲裁法已发展成为一个独立的法律部门。与之相适应,以国际商事仲裁法为研究对象的国际商事仲裁法学也日渐形成,成为一门独立的法学学科。国际商事仲裁法学,是指以国际商事仲裁法及其发展规律为研究对象的法律科学,是法学中的新兴学科,属于国际法学科中的一个重要分支学科。

(一) 国际商事仲裁法学是新兴的独立法学学科

国际商事仲裁法学是国际法学中一门新兴的分支学科,它是主要研究国际商事仲裁关系中的法律及其发展规律为主要对象的一门独立的法律学科。

国际商事仲裁法学作为新兴的独立法学学科而存在,既是国际商事仲裁实践的真实反映,也是科学精细分工的必然要求。随着国际商事仲裁实践的纵深发展,在客观上形成了交错复杂的关系,引起跨国性的法律问题。这种跨国性的法律问题仅依据国内层面的法律规范或国际层面的规范性文件无法解决。由此产生的国际商事仲裁关系,广泛涉及到国际法和国内法、公法和私法、实体法与程序法等各个部门,它已成为综合国际法规范和国内法规范的统一法律制度,具有独立的调整对象和自身的特点。科学日渐精细的分工促成了国际商事仲裁法学的产生。交叉学科或边缘学科的大量衍生在自然科学和社会科学并非少见,如在自然科学中先后产生了物理化学、仿生学、生物化学、生物物理学等学科,在社会科学中产生了法哲学、法社会学、社会法学等学科。在国际法领域,出现了国际刑法、国际航空法、国际投资法、国际贸易法等法律部门和相应的独立分支学科。国际商事仲裁法学是综合仲裁法学、民事诉讼法学、国际公法学、国际私法学等诸学科的部分内容而发展起来的一门新兴、独立的法学学科。

(二)国际商事仲裁法与国际商事仲裁法学的关系

作为法律部门的国际商事仲裁法与作为法学学科的国际商事仲裁法学,两者之间既存在紧密联系,又存在重大区别。其主要联系在于:国际商事仲裁法是国际商事仲裁法学的研究对象,没有国际商事仲裁法就没有国际商事仲裁法学;国际商事仲裁法学以国际商事仲裁法的存在为前提,国际商事仲裁法学的研究能够提高人们对国际商事仲裁法律现象的认识,以促进和完善国际商事仲裁法。其主要区别在于:国际商事仲裁法是一个法律部门,它所规范是国际商事仲裁中所发生和存在的各种社会关系,所要处理的是国际商事仲裁过程中所发生和存在的各种法律问题，它具有法律约束力，是国际商事仲裁关系中各方进行仲裁活动的行为准则。而国际商事仲裁法学是一个法学部门，所研究的是国际商事仲裁法及其变迁，既包括对现行的国际商事仲裁法律制度的研究，也包括对以往和以后的国际商事仲裁法律制度的研究。这些研究是学理上的阐释，不具有法律约束力。

二、国际商事仲裁法学的研究对象

国际商事仲裁法学研究的对象是国际商事仲裁法及其发展规律，也就是与国际商事仲裁活动有关的法律现象。由于法律现象纷繁复杂、多种多样，作者仅从下列三个层次考察国际商事仲裁法学研究的法律现象。

（一）法律制度

国际商事仲裁法学的研究对象之一是国际商事仲裁法律制度，包括本国和外国国际商事仲裁法律制度。对其研究，既可以是对国际商事仲裁法律制度纵向发展的考察，也可以是对各国同一时期法律制度的横向比较；既可以研究国际商事仲裁法律制度的实施现状，也可以探究国际商事仲裁法律制度有效的理论根据。离开了国际商事仲裁法律制度，国际商事仲裁法学将无以存在。

（二）社会现实或社会生活关系

国际商事仲裁法学所研究的社会现实或社会生活关系，特指与国际商事仲裁活动有关的各种社会现实或社会生活关系。对此研究时所采取的视角应当是法律的视角，即注重“法律制度的关联性”，以此与社会学、经济学、人类学、文学等学科的研究视角相区别。国际商事仲裁法学更多关注的是社会现实或社会生活关系中的法律联系，研究者应当以此作为理解和评价研究对象的起点，并以此推进和深化国际商事仲裁法学的研究。

（三）法律制度对社会现实的回应

国际商事仲裁法学不能单纯地研究法律制度或社会现实，既不能脱离社会现实或社会生活来思考、观察或构建法律制度，又不能离开法律制度来考察纯粹的社会现实或社会生活关系。在现实生活中，国际商事仲裁法学遇到的大量问题是法律制度如何回应社会现实的问题。这决定了国际商事仲裁法学所关注的应当是两者之间的互动联系，而不是单一个体的静态研究。它还应当关注法律制度产生的基础及其实际运行状况，为法律制度的不断完善提供现实基础与理论依据。

三、国际商事仲裁法学的体系

科学是体系化的知识。国际商事仲裁法学作为国际法学的一个重要分支，其体系的建构主要围绕如何通过仲裁方式解决国际商事争议这一问题展开。作为体系化知识的组合，它必然包括国际商事仲裁协议、国际商事仲裁机构、国际商事仲裁程序的法律适用、国际商事仲裁的申请与受理、国际商事仲裁庭、国际商事仲裁的审理程序、国际商事仲裁的裁决、国际商事仲裁裁决的承认与执行、法院的司法监督等问题。因此，国际商事仲裁法学的体系结构如下：

第一章　绪论
第二章　国际商事仲裁协议
第三章　国际商事仲裁机构
第四章　国际商事仲裁程序的法律适用
第五章　国际商事仲裁的申请与受理
第六章　国际商事仲裁庭
第七章　国际商事仲裁的审理程序
第八章　国际商事仲裁裁决
第九章　国际商事仲裁裁决的承认与执行
第十章　国际商事仲裁的司法监督

四、国际商事仲裁法学的研究方法

为了研究和发展国际商事仲裁法学，应当运用适合国际商事仲裁法学自身特点的研究方法，其主要研究方法如下：

（一）综合研究方法

国际商事仲裁法学是一个新型的法学学科。作为该学科研究对象的国际商事仲裁法，其主体具有多元性、调整对象具有特定性、法律规范具有多重性、调整方法具有综合性，与国际公法学、国际私法学、民商法学、仲裁法学等法学学科有着紧密联系，与国际经济学、国际贸易学、国际政治学等非法学学科也存在密切联系。国际商事仲裁法学的研究方法应当是综合性研究方法，突破传统的单一研究方法，才能对国际商事仲裁法有深入、全面、系统、多角度的研究，发现国际商事仲裁法产生、发展和未来走向的规律，才能对国际商事仲裁法的具体制度作出公正评判，预见其在调整国际商事仲裁关系中的实际作用。

（二）比较研究方法

各国在自身的历史发展过程中，形成了既有共同点又有较大差异的商事仲裁法律制度，国际社会在诸多领域通过国际公约或条约的方式建立了相应的国际商事仲裁法律制度。这些法律制度是人类法律文化遗产和宝贵财富。采取比较研究方法，对不同国家和国际社会的相关法律制度进行研究，找出相互间的共同点与不同点，深究其相同与不同的成因，分析有关利弊，提出借鉴与建议，为建立和完善本国相关法律制度提供理论根据。因此在国际商事仲裁法学的研究过程中，应当比较研究各国有关国际商事仲裁法立法和实践、国际层面的法律制度，找出其规律，提出我国的立法、司法对策，以此丰富我国国际商事仲裁法学理论。

（三）理论联系实际的方法

国际商事仲裁法学是一门理论性与实践性非常强的法学学科，与各国法律实践和国际法律实践紧密结合在一起。各国参与国际商事仲裁活动，直接涉及国家利益。各国对经济利益的立足点不同，必然在各国的国际商事仲裁法律制度中有所体现，必然导致各国在国际商事仲裁实践中的诸多冲突。因此国际商事仲裁法学的研究必须面对国际商事仲裁活动本身，从实际出发，分析现实存在的矛盾与问题，结合国际商事仲裁的实际情况，提出对策。同时应当加大案例分析等实证研究方法在国际商事仲裁法学中的运用，以此检验国际商事仲裁法学的相应理论，以完善相应的国际商事仲裁法律制度。

在运用上述研究方法时，应特别注意研究中国国际商事仲裁立法与实践所涉及的重大理论与实践问题，从中找出我国国际商事仲裁立法与实践的特点、与他国和国际相关立法与实践的差距，使我国国际商事仲裁立法与实践同国际社会同步。

第二章 国际商事仲裁协议

当事人自愿达成的将其具有国际因素的商事法律争端以仲裁方式解决的仲裁协议,是国际商事仲裁程序得以进行的基础。在整个国际商事仲裁立法与实践中,国际商事仲裁协议处于核心地位。它既是任何一方当事人将国际商事争端提交仲裁解决而不付诸司法解决的先决条件,又是国际商事仲裁机构受理商事争端案件、仲裁员裁决争端事项的法律根据,还是国际商事仲裁裁决得以承认和执行的重要依据,国际商事仲裁协议是整个国际商事仲裁制度的基石。本章主要阐述国际商事仲裁协议的概念与类型、形式与内容、有效成立与效力、自治性、转让与终止和法律适用等重要问题。

第一节 国际商事仲裁协议的概念与类型

一、国际商事仲裁协议的概念

国际商事争端通过仲裁方式解决,须有由争端双方当事人达成的商事仲裁协议。这种协议是当事人间自愿通过仲裁方式解决争端的法律依据和先决条件。商事仲裁协议的概念直接关系到通过仲裁解决商事争端的效力。随着国际经济贸易的迅速发展,商事争端日益增多,商事争端的范围处于发展和不稳定状态,如果法律对商事仲裁协议予以界定,可能会出现因法律定义过于具体而不适应形势或因过于笼统而对商事仲裁协议的实质无法把握的局面。基于此,许多国家的仲裁立法和一些国际商事仲裁公约、国际商事仲裁规则很少对商事仲裁协议作出明确界定。

由于商事仲裁协议概念与仲裁协议定义密切相关,且目前各国法律、国际公约、示范法、仲裁规则和仲裁法理论界主要是对仲裁协议进行定义,而很少对国际商事仲裁协议定义,因此须通过仲裁协议法律定义来探讨国际商事仲裁协议的概念。

(一)有关规则中的表述

对仲裁协议的概念,许多国家的国内立法、国际公约、仲裁规则并未作出一个比较完善的定义。国内立法如：1996 年英国《仲裁法》只规定了仲裁协议的书面形式和仲裁协议的种类，1999 年瑞典《仲裁法》只笼统规定仲裁协议的适用范围，1998 年比利时《司法法典》只规定了仲裁协议的标的，中国内地《仲裁法》只规定了仲裁协议的种类，2000 年美国《统一仲裁法》未对仲裁协议作出定义。国内仲裁规则如 1998 年《德国仲裁协会仲裁规则》、1998 年《印度仲裁委员会仲裁规则》、1999 年《斯德哥尔摩商会仲裁院仲裁规则》、1998 年《伦敦国际仲裁院仲裁规则》均未规定仲裁协议的定义，2000 年《中国国际经济贸易仲裁委员会仲裁规则》规定了仲裁协议的种类。1958 年《纽约公约》规定了书面仲裁协议的含义与种类。[1]

仲裁法与仲裁规则对仲裁协议定义表述各异，且有些表述并非严格意义上的仲裁协议定义，但具有代表性的表述有以下几种：

1. "仲裁协议是指当事各方同意将他们之间的契约性或非契约性的特定法律关系上已经发生或可能发生的一切或某些争端提交仲裁的协议。"[2]

2. "仲裁协议是指当事人约定将产生于特定法律关系（无论契约性与否）的现存或将来之争端提交仲裁的协议（分别称协议或仲裁协议和仲裁条款）。"[3]

3. "仲裁协议系指将现在或将来之争端（无论其为契约性与否）提交仲裁的协议"。[4]

4. "有关现在或将来之争端，当事人得订立仲裁协议，约定由仲裁人一人或单数之数人成立仲裁庭仲裁之。"[5]

5. " 1. 已经产生或可能产生于特定法律关系且允许和解之任何争端，均得成为仲裁协议的标。2. 能够或有权订立合同者，均可缔结仲裁协议。"[6]

6. "当事人得以和解解决的事项争端，可以通过协议提交给一名或数名仲裁员予以解决。此协议可用于因协议中特定的法律关系引起的将来争端。争端可以涉及特定事实存在与否。除解释合同外，填补合同空白的问题也可以提交仲裁。"[7]

7. "当事人将争端提交一名或数名仲裁员解决所依据之仲裁协议得以下列任一形式为之：a. 约定以现存之争端为标的，包括正受司法法院审理之争端，以仲裁协议形式；b. 约定以某一特定法律关系可能产生之争端为标的，不论是否属合同

[1] 1958 年《关于承认和执行外国仲裁裁决的公约》第 2 条 1、2 款。

[2] 1985 年《国际商事仲裁示范法》第 7 条第 1 款。

[3] 1998 年《荷兰仲裁协会仲裁规则》第 1 条。

[4] 1996 年英国《仲裁法》第 6 条。

[5] 1998 中国台湾地区"仲裁法"第 1 条第 1、2 款。

[6] 1998 年比利时《司法法典》第 1676 条第 1、2 款。

[7] 1999 年瑞典《仲裁法》第 1 条。

关系,以仲裁条款形式。"[1]

8. "仲裁协议是当事人达成的将他们之间业已产生或可能产生的关于特定的无论是契约性还是非契约性的法律关系的所有或某些争议提交仲裁的协议。"[2]

9. "仲裁协议是指当事人将已经产生或可能产生的全部或某些争议提交仲裁的协议,此类争议涉及特定的法律关系,而不论是否具有契约性。"[3]

10. "当事人以书面协议承允彼此间所发生或可能发生之一切或任何争端,如关涉可以仲裁解决事项之特定法律关系,不论为契约性质与否,应当提交仲裁时,各缔约国应当承认此项协议。""称'书面协议'者,谓当事人所签订或在交换函电中载明之契约仲裁条款或仲裁协定。"[4]

从上述定义可以看出,各国或国际仲裁法与实务在对仲裁协议定义时对内涵各有所强调和侧重,体现出对仲裁协议定义在内涵与外延上的差异性。尽管上述第一种定义受到各国和地区的普遍认同,为一些国家和地区的仲裁法所接受或仿效,[5]但与其他定义一样,仍然不够完善。

(二)仲裁协议概念应具有的内在性

一个较完善的仲裁协议概念须同时具备上述定义的内在性。综合分析上述仲裁协议定义后,作者认为,仲裁协议的概念应当具有以下内在性:(1)仲裁协议是当事人之间自愿达成的一种协议,具有契约性和自治性。(2)仲裁协议是争端当事人间一致同意采取仲裁方式解决其争端的一种意思表示。(3)仲裁协议的当事人具有缔约能力,这种能力为能够或有权缔结合同。(4)仲裁协议的标的是当事人之间在某种特定法律关系上已经产生或将来可能产生的所有或某些争端。其中,某种特定法律关系是指那些具有权利义务内容的社会关系,它可以是契约性质的,也可以是非契约性质的。(5)能够提交仲裁解决的争端并不是所有的争端,它受一定程度的法律限制,如争端具有法律性质、争端可仲裁性与和解性等。在特定情况下,争端可以涉及特定事实是否存在。对此项内在性,不同的法律有不同的具体要求。(6)仲裁协议的表现形式为仲裁协议条款、仲裁协议书和其他形式的仲裁协议。

根据仲裁协议的上述内在性,对仲裁协议作如下定义:仲裁协议是指双方当事人合意签订的自愿将他们之间业已发生或将来可能发生的法律争议交付给中立的

---

[1] 1996年中国澳门《核准仲裁制度》第4条第1款。

[2] 1998年德国《民事诉讼法典》(第十编)第1029条。

[3] 1999年韩国《仲裁法》第3条第2款。

[4] 1958年《关于承认和执行外国仲裁裁决的公约》第2条1、2款。)

[5] 德国和我国澳门仲裁法对仲裁协议定义的规定与此规定类似,见1998年德国《民事诉讼法典》第1029条第1款、1998年中国澳门《涉外商事仲裁专门制度》第7条。我国香港仲裁法直接援引这一定义,见2000年中国香港《仲裁(修订)条例》第2条。

第三方仲裁解决的一种书面协议。

（三）国际商事仲裁协议的定义

尽管各国仲裁法与仲裁规则主要调整产生于商事争端之解决程序，国际商事仲裁公约、示范法和国际性仲裁规则主要调整国际商事争端之解决程序，在立法与实践中，仲裁协议定义与国际商事仲裁协议之定义并无太大区别。[1] 但在法学理论上，区分二者概念实为必要。国际商事仲裁协议是仲裁协议的一种，国际商事仲裁协议的概念除应当具有仲裁协议定义的一般内在性外，还应当具有其特殊内在性即国际性质与商事性质。根据上述仲裁协议概念、有关仲裁法的规定，国际商事仲裁协议可定义为：国际商事仲裁协议是指国际商事关系中的双方当事人合意签订的自愿将他们之间业已发生或将来可能发生的商事法律争议交付中立的第三方仲裁解决的一种书面协议。

二、国际商事仲裁协议的类型

以国际商事仲裁协议书面表现形式的不同为标准，可将其分为国际商事仲裁条款、国际商事仲裁协议书和其他形式的国际商事仲裁协议。

（一）国际商事仲裁条款

国际商事仲裁条款是指当事人签订有关商事合同或协议书时，在该合同或协议书中订立的约定将可能发生的商事争端提交仲裁解决的条款。在当代国际商事仲裁实践中，仲裁条款是国际商事仲裁协议最常用的一种方式，更适应国际商事交易的需要。[2] 在当代国际商事交易领域所使用的各种格式合同中，大都订有仲裁条款。关于仲裁条款的有效性问题，在19世纪初，许多国家法律规定只允许将已发生的争端提交仲裁，不允许将可能发生的争端提交仲裁。但这种看法随着国际条约和大多数国内立法对将来争议提交仲裁的认可而有所改变。如1958《纽约公约》规定，每一个缔约国应该承认双方当事人把“已产生或可能产生的全部或任何争执提交仲裁”的书面协议；[3] 1961年《欧洲公约》要求缔约国承认任何仲裁协议，不论是仲裁协议书还是关于将来争议的仲裁协议，只要求争议产生于国际贸易中即可。[4]

（二）国际商事仲裁协议书

国际商事仲裁协议书是指当事人在国际商事争端发生前、发生时或发生后订立的独立于商事合同书或协议书的一种书面仲裁协议。它是当事人按平等协商原

---

〔1〕 如《国际商事仲裁示范法》之“仲裁协议”定义即为“国际商事仲裁协议”定义。

〔2〕 W. Laurence Craig, William W. Park and Jan Paulsson, *International Chamber of Commerce Arbitration*, 2nd ed., Oceana Publication Inc., 1990, p. 49.

〔3〕 《关于承认和执行外国仲裁裁决的公约》第2条1款。

〔4〕 1961年《关于国际商事仲裁的欧洲公约》第1条第1款。

则共同签署的将有关商事争端提交仲裁解决的专门性文件，通常是在争端发生时或之后达成。国际商事仲裁协议书是一种传统的商事仲裁协议，但它在当今商事领域特别是国际商事领域已少见，原因有二：其一，绝大多数国际商事合同中订有仲裁条款；其二，在争端发生后订立仲裁协议书的可行性低，当事人在争端发生后通常因其利益与立场的不同而不愿达成仲裁协议。

（三）其他形式的国际商事仲裁协议

其他形式的国际商事仲裁协议是指双方当事人针对有关国际商事合同关系而在相互往来的信函、电传、电报、传真和其他书面材料中所包含的商事仲裁协议。在国际商事交易中，当事人对交易合同的订立或履行而来往书面函电，通过这些书面材料的交换与接受，可以共同约定将他们之间已经或可能发生的商事争端提交仲裁解决。这类仲裁协议与前述两种不同，主要表现在当事人将争端提交仲裁解决的意思表示不是集中在一个合同文本或一份单独的协议书中，而是分散在当事人往来的函电中，甚至体现在其他有关文件中。这类形式的商事仲裁协议常见于国际商事仲裁实践。原因在于，国际商事活动的跨国性，使在地理上相距很远的当事人共同签订一份仲裁协议书具有交通与经济上的不便，而国际通讯的高速发展又使当事人的距离缩小，因此在国际商事仲裁中，常见当事人以函电形式达成仲裁协议。

除上述基本的分类外，在理论与实践中还有其他的分类，如按争端的性质可分为契约性的国际商事仲裁协议和非契约性的国际商事仲裁协议，按提交仲裁解决之争端所涉及的领域可分为一般商事仲裁协议和特殊商事仲裁协议，按选择的仲裁机构是常设的还是特设的可分为常设机构仲裁协议和临时机构仲裁协议等。

三、国际商事仲裁协议的特征

在大多数国家和国际法律与实践中，“协议”与“合同”、“契约”的含义是相同的，被认为是合同的一种，受合同法一般法律原则和规则的约束，具有一般合同所具有的普遍性法律特征。但在一些国家的某些立法与实务中，“协议”与“合同”是两个不同的概念。[1] 就国际商事仲裁协议而言，其在目的、形式、内容与履行方面，与普通国际商事合同不同，具有普通国际商事合同所不具备的法律特征。

（一）国际商事仲裁协议是当事人一致的意思表示

国际商事仲裁协议作为协议的一种，在某些法律领域不同于商事合同。在英美法中，“协议”强调当事人一致同意或意思表示一致，而“合同”则是一个或一系列的许诺，通常是单方面的意思表示，如作为合同存在之证明的由承运人、保险人单方面签发的货运单据、保险单据。当事人之间一致同意将争端提交仲裁解决的意思表示是仲裁的基本要素，没有当事人的一致同意，则不存在有效的仲裁。

[1] 如中国内地《中外合资经营企业法》第3条。

(二)国际商事仲裁协议确定当事人解决国际商事纠纷的仲裁途径

国际商事仲裁协议为当事人对已经或将来发生的有关争端规定了仲裁解决方式。任何一方当事人意图解决他与对方当事人间的商事争端,应依据仲裁协议通过仲裁解决,而不能通过诉讼方式解决。当事人通过仲裁方式终结其纷争,实现其实体权利义务。因此国际商事仲裁协议为当事人解决国际商事争端确定了仲裁这种法律途径,排除了其他法律途径。

(三)国际商事仲裁协议的效力及于当事人和有关第三人

有效国际商事仲裁协议的效力不仅及于各方当事人,而且约束第三人。第三人是指国际商事仲裁协议指定的仲裁机构或仲裁员,被国际商事仲裁协议排除了司法管辖权的法院,承认和执行仲裁协议的法院。国际商事仲裁协议的履行不仅要求有关当事人的作为或不作为,还须借助国际商事仲裁机构的仲裁活动和通过法院的司法协助与监督才能实现。

(四)国际商事仲裁协议的效力具有独立性

不论是体现于国际经济贸易合同中的商事仲裁条款,还是单独签署仲裁协议书、存在于其他文件中的国际商事仲裁协议,一经订立,即具有独立性,不因主合同无效而无效。这一法律特征被大多数国家的立法、有关国际条约和国际商事仲裁规则确立为国际商事仲裁协议的法律原则。

(五)国际商事仲裁协议的书面性

国际商事仲裁协议在形式有效性上,不同于普通国际商事合同。多数国家法律和有关国际公约对普通国际商事合同的书面形式没有作严格的要求,但对国际商事仲裁协议的书面形式予以严格要求,即口头国际商事仲裁协议无效。如1958年《纽约公约》规定仲裁协议必须以书面形式作出,中国内地《仲裁法》规定仲裁协议为书面形式,[1]英国现行的1996年《仲裁法》亦要求仲裁协议为书面形式。[2]

第二节 国际商事仲裁协议的形式

一、"书面形式"的含义及其拓展

作为一种特别协议的国际商事仲裁协议,大多数国家的仲裁立法与实践和有关仲裁的国际公约或示范法要求国际商事仲裁协议必须是书面形式,否则仲裁协议无效。

---

〔1〕 中国内地《仲裁法》第16条第1款。

〔2〕 1996年英国《仲裁法》第5条。

(一)对"书面形式"的要求

1. 国内法与实践的要求

在国内立法上,1996 年英国《仲裁法》第 5 条第 1 款规定仲裁协议必须是书面形式;法国《民事诉讼法典》第 1443 条规定,"仲裁条款应在主要协定中或主要协定所援引的文件中书面规定之,否则无效。"按 1998 年德国《民事诉讼法》第 1031 条第 1—5 款规定,仲裁协议须是书面形式。瑞士《国际私法法规》第 178 条规定,"关于仲裁协议的形式,如果以电报、电传、传真或任何其他通讯方式,其内容可作为证据的书面形式作成,仲裁协议应为有效"。我国内地《仲裁法》第 16 条、1996 年澳门地区《核准仲裁制度》第 6 条、1998 年台湾地区"仲裁法"第 1 条第 3 款、2000 年香港地区《仲裁(修订)条例》第 2AC 条对仲裁协议均要求必须是书面形式。在国内仲裁实践中,许多国家仲裁机构之仲裁规则要求仲裁协议为书面形式或要求申请人提交仲裁协议副本或以书面文件证明。如:1998 年《英国伦敦国际仲裁院仲裁规则》要求申请人提交书面的仲裁协议;[1] 1998 年《印度仲裁委员会仲裁规则》要求书面仲裁协议并提交协议副本或其他书面资料;[2] 2000 年《中国国际经济贸易仲裁委员会仲裁规则》要求仲裁协议是书面形式。[3] 对商事仲裁协议书面形式的要求,有的国家国内法要求更严格,如西班牙、葡萄牙、哥伦比亚等国家要求仲裁协议以公证文书的形式作出。

在国内立法与实践中,有些国家对仲裁协议的书面形式要求有一些例外,如有的国家的法律没有强制性要求书面形式,有些国家法律还允许以口头形式订立仲裁协议。希腊、瑞典、丹麦、日本等国家对仲裁协议书面形式虽有要求,但在特殊情况下可以是非书面形式的。如,希腊《民事诉讼法》规定,如果协议双方当事人均已出席,在仲裁员面前毫无保留地进行仲裁程序,可不要书面文件。[4]

2. 国际规则的要求

国际商事仲裁公约对仲裁协议形式的要求因时代不同而异。早期的国际仲裁公约对仲裁协议形式没有明确的要求。如 1923 年《仲裁条款议定书》和 1927 年《关于执行外国仲裁裁决的公约》对仲裁协议的形式没有明确规定,而是要求各缔约国根据其国内法确定仲裁协议在形式上的有效性。自二战以后,随着国际商事仲裁的发展和商事仲裁法的国际统一化不断加强,国际商事仲裁公约和联合国《示范法》对商事仲裁协议的书面形式要求趋于严格。1958 年《纽约公约》要求仲

---

[1] 1998 年《英国伦敦国际仲裁院仲裁规则》第 1 条第 1 款第 2 项,"申请人所依据的书面仲裁条款或单独的书面仲裁协议,以及含有仲裁条款或与提起仲裁有关的契约性文件。"

[2] 1998 年《印度仲裁委员会仲裁规则》规则 1 之(ii)、规则 14 之(c)。

[3] 2000 年《中国国际经济贸易仲裁委员会仲裁规则》第 3 条第 2 款。

[4] 1971 年希腊《民事诉讼法》第 869 条。

裁协议必须是书面的,并以此作为各缔约国承认和执行其他缔约国仲裁裁决的条件之一。1975 年《美洲公约》和 1985 年联合国《示范法》也要求仲裁协议须是书面形式。

国际商事仲裁协议的书面形式能够证明当事人在主观上同意将争议提交仲裁解决的真实意图,而口头形式很难证明此种意图,因而国际商事仲裁协议的书面形式已经成为国际商事仲裁法与实践的普遍要求。

(二)"书面形式"的含义

1.《纽约公约》的规定

为了消除各国在国际商事仲裁协议书面形式要求上的分歧,1958 年《纽约公约》对仲裁协议作出了统一的书面形式的要求。根据《纽约公约》第 2 条第 2 款规定,书面仲裁协议,"指当事人所签署的或在互换信函、电报中所载明的合同中的仲裁条款或仲裁协议"。该款表明书面仲裁协议包括两类:一是当事人通过签署书面文件订立的仲裁条款或仲裁协议书;二是当事人虽未直接签署,但在互换函电中书面载明的仲裁条款或仲裁协议书。

《纽约公约》的规定虽然对消除各国的分歧、防止国内法对仲裁协议的形式施以严苛的要求起着积极的作用,但随着科技的发展和人们在商贸活动中交往手段的日益更新,《纽约公约》对"书面"的规定显得过于狭窄,"要求都是不现实,太严格与太局限",〔1〕不利于国际商事仲裁实践的发展。

2. 联合国《示范法》的规定

1985 年联合国《示范法》对仲裁协议的书面形式作出了比《纽约公约》更为宽松的规定。按其第 7 条第 2 款规定,仲裁协议满足下列情况之一者即为书面的:(1)仲裁协议载于当事人签字的文件中;(2)仲裁协议载于当事人往来的书信、电传、电报或者提供记录的其他电讯手段中;(3)在申诉书和答辩书中一方当事人声称有仲裁协议,而他方未作否认表示的;(4)当事人在合同中提出援引载有仲裁条款的一项文件,如果该合同是书面的并且这种援引足以使该仲裁条款成为该合同的一部分,该仲裁条款即构成书面。

与《纽约公约》第 2 条第 2 款相比,《示范法》已拓宽了"书面形式"的范围,但仍然遭到许多批评。在《示范法》起草过程中,英国特许仲裁员协会的观察员指出:"在当今的贸易中,有许多合同,甚至一些书面合同,都没有书面签字。将示范法的范围起草得如此狭窄,把这些合同排除在示范法之外是目光短浅。"〔2〕

从上述规定可以看出,虽然对"书面形式"作出了规定,并以此指导国际商事

〔1〕 杨良宜:《国际商务仲裁》,中国政法大学出版社,1997 年版,第 121 页。

〔2〕 Neil Kaplan:"《纽约公约》和《示范法》对书面协议的要求与商业惯例相悖吗?(续)",《仲裁与法律通讯》,1996 年第 3 期,第 14 页。

仲裁理论与实践的发展,但随着国际商事仲裁范围的日渐拓宽及仲裁方式的广泛采用,上述两种含义无疑显得过于狭窄,与快速发展的国际商事仲裁实践严重脱节。对"书面形式"的进一步拓展显得尤为必要。

(三)"书面形式"的拓展

1. 1996年英国《仲裁法》的拓展

随着国际商事仲裁实践的发展,各国仲裁立法开始进一步拓展仲裁协议书面形式的范围。1996年英国《仲裁法》的修订具有代表性。根据该法第5条的规定,书面的仲裁协议是指:(1)以书面形式达成的协议,无论当事人签署与否;(2)以书面通讯交换方式达成的协议;(3)有书面证明的协议;(4)当事人非以书面方式同意援引某项条款,只要该条款是书面的,当事人之间的协议即是书面的;(5)非以书面形式达成的协议已由协议双方当事人授权的一方当事人或第三方记录下来,该协议即被证实为书面的;(6)当事人在仲裁或司法程序中进行文件交换时,一方当事人书面主张他们之间存在一项非书面的协议,而对方当事人在书面答复中未作否认表示的,该文件交换即在他们之间构成一项具有所主张效力的书面协议。该法第5条第6款还规定,仲裁协议的书面形式包括其得以记录的任何形式。

2. 中国内地的拓展

我国内地《仲裁法》和《中国国际经济贸易仲裁委员会仲裁规则(2000年)》、《中国海事仲裁委员会仲裁规则(2000年)》未对何谓仲裁协议的书面形式作出界定,但其他法律和实践不仅予以界定且有所拓展。《合同法》第11条规定:"书面形式是指合同书、信件和数据电文(包括电报、电传、电子数据交换和电子邮件)等可以有形的表现所载内容的形式。"《电子签名法》第4条规定:"能够有形地表现所载内容、并可以随时调取查用的数据电文,视为符合法律、法规要求的书面形式。"2005年最高人民法院《关于适用〈中华人民共和国仲裁法〉若干问题的解释》第1条规定:"仲裁法第16条规定的'其他书面形式'的仲裁协议,包括以合同书、信件和数据电文(包括电报、电传、传真、电子数据交换和电子邮件)等形式达成的请求仲裁的协议。"《北京仲裁委员会仲裁规则》第2条第2款规定,"仲裁协议应当采取书面形式。书面形式包括但不限于合同书、信件和数据电文(包括电报、电传、传真、电子数据交换和电子邮件)等可以有形表现所载内容的形式。"

3. 联合国《电子商务示范法》的拓展

该示范法第6条规定符合下列条件之一的视为书面形式:(1)如法律要求信息须采用书面形式,则假若一项数据电文所含信息可以调取以备日后查用,即满足了该项要求;(2)无论本条第(1)款所述要求是否采取一项义务的形式,也无论法律是不是仅仅规定了信息不采用书面形式的后果,该款将适用;(3)本条的规定不适用于下述情况:……(由各国自主决定适用除外情形)。

由上可见,目前关于仲裁协议书面形式的理解已逐渐扩大,主要体现在以下几个方面:第一,仲裁协议不必当事人签署;第二,仲裁协议可以不是书面的,只要有书面证据证明即可;第三,仲裁协议可以通过当事人在仲裁程序中的行为予以默示认定;第四,将“书面”由传统理解扩大到一些以可以感知的形式,如重新恢复的电子数据或者其他介质。

需特别注意的是,上述一些规定已涉及关于电子数据交换(EDI)形式的仲裁协议的效力认定问题。EDI是指按照某种协议,把约定的一定结构的标准经济贸易信息,经过公营或私营的电子数据网络,在贸易伙伴的计算机之间进行电子数据交换和信息处理的一种系统。[1] 它是现代社会数字技术和通讯传输技术发展的必然结果。由于该系统在国际经贸领域的广泛使用,法律和实践必然对书面形式作扩大解释。

二、特殊情形下仲裁协议书面形式的认定

(一)以函电方式达成的仲裁协议或缔结的合同中包括仲裁条款

双方当事人通过互换或往来信函、电报、电传、传真和电子邮件所订立的合同中包含仲裁条款或专门达成仲裁协议,各国法律、有关国际公约、示范法和仲裁或司法实践普遍视为书面形式的一种。

在国内法中,1987年瑞士《联邦国际私法法规》第178条规定,关于仲裁协议形式,如果以电报、电传、传真或其他通讯方式,其内容可作为证据的书面形式作出,仲裁协议应有效;1998年德国《民事诉讼法典》第1031条第1、2款规定,“仲裁协议应当包括在……交换的信件、电传、电报或其他可提供协议记录的电讯中,如仲裁协议已经包括在一方传递给另一方或第三方传递给双方的文件中且(在有效期内没有被提出异议)其内容根据惯例被视为合同一部分,则应认为已经符合上述形式要件”;2000年我国香港地区《仲裁(修订)条例》第2AC条第2款第b、c项和第4款规定,“协议是以互换书面通讯的形式作出,或虽然该协议本身不是以书面作出的但备有该协议的书面证据,即属以书面形式作出,书面包括藉以将资料记录的任何形式”;1996年我国澳门《核准仲裁制度》第6条第3款规定,“能证明仲裁协议存在之往来书信、专线电报、电报、图文传真或其他电讯方式之文件内,均视为具有书面形式”;1996年英国《仲裁法》第5条第2款的规则与我国香港地区的法律规定相同。

在国际条约中,《纽约公约》第2条第2款规定,书面仲裁协定包括在互换函电中所载明的契约仲裁条款和仲裁协定。

在示范法中,联合国《示范法》第7条第2款规定,如协议载于往来的书信、电传、电报或提供协议记录的其他电讯手段中,即为书面协议。

在实践中,如在中国CIETAC的一个案例中,被诉方因中国1985年《涉外经济

---

[1] 李井杓:《仲裁协议与裁决的法理研究》,中国政法大学出版社,2000年版,第47页。

合同法》第7条关于书面形式的列举中不包括传真,要求确认双方通过传真方式签订的合同不具备书面形式而无效。但仲裁庭认为被诉人这一理解是对法律的曲解,传真已广泛用于国际商事领域,其作为书面证据符合立法的本意。[1]

在认定函电方式的书面仲裁协议时,需注意函电型的书面形式无须以双方当事人签名为条件。在信函中,当事人亲自签署是存在的,但在电报、电传、传真或电子邮件等电子通讯方式中,当事人亲自签名是不可能,只能以其他方式确认。以互换或往来函电的方式达成的仲裁协议,通常是当事人将自己的具体仲裁意见告知对方,如果双方意见一致,互换本身构成当事人对仲裁的意思表示一致,证明当事人之间的共同认可或一方接受另一方的意见。

(二)包含仲裁条款之文件被合同援引或指明

无论采取双方当事人直接签署或采取互换函电方式订立合同,均可能存在该合同中提及或援引含有仲裁条款的有关文件。这种提及或援引是否表明当事人认可了有关仲裁条款,达成了一项书面仲裁协议,则有分歧。由于合同所提及或援引的有关文件中仲裁条款是合同的组成部分,双方当事人一致同意合同的内容,也就同意了体现该仲裁条款的文件,因而当事人间存在仲裁协议无疑。但该协议是否构成书面协议,则有不同的规定。目前典型的法例规定须符合一定的条件,即合同须是书面的,该仲裁条款是书面合同的组成部分。联合国《示范法》第7条第2款规定,在合同中援引载有仲裁条款的一项文件,即构成仲裁协议,但该合同须是书面的且这种援引足以使该仲裁条款构成该合同的一部分。1996年英国《仲裁法》第5条第3款规定,如当事人以非书面形式同意援引书面条款,则其达成书面协议。1998年德国《民事诉讼法》第1031条第3款规定,符合签署之文件和函电文件形式要件的合同中援引包含仲裁条款的文件,如该援引是为了使该仲裁条款成为合同的一部分,则该援引构成书面仲裁协议。2000年我国香港《仲裁(修订)条例》第2AC条第3款规定,任何协议如提及书面形式的仲裁条款或载有仲裁条款的文件(且如果该提及是使该仲裁条款成为协议之一部分),则该提及构成书面仲裁协议。

在各国的司法和仲裁实践中,对以此形式的仲裁协议均认定为有效的仲裁协议。国外司法实践的案件如加拿大高等法院在1999年的 Corporacion Transnacinal de Inversioners, S. A. de C. V. et al. v. STET International, S. p. A. et al. 案[2]中认为,仲裁庭对所有的仲裁被申请人(本案撤销仲裁裁决之申请人为四家墨西哥公司)均有管辖权,因为联合国《示范法》第7条和墨西哥法律都规定,当事人可以通

---

〔1〕 宋连斌:《国际商事仲裁管辖权研究》,法律出版社,2000年版,第73~74页。

〔2〕 O. R. (3d) 183; (2000)49 O. R. (3d) 414, O. J. No. 3408 (C. A., Catzman, Abelle & Rosenberg J. A.); [2000] S. C. C. A. No. 581. 案件简况又见 A/CN. 9/SER. C/ABSTRACTS/34, p. 10。

过签订采纳规定有仲裁的另一份文件的合同方式达成一项有效的仲裁协议。我国司法实践也认定这类仲裁协议有效。如1996年12月14日最高人民法院在给内蒙古自治区高级人民法院的函中认为,中外双方当事人订立的外贸合同中约定未尽事宜适用中国与蒙古国之间的交货共同条件的,因该交货共同条件即1988年11月4日《中华人民共和国对外经济贸易部与蒙古人民共和国对外经济供应部关于双方对外贸易机构之间相互交货共同条件的议定书》规定了因合同所发生或者与合同有关的一切争议在双方达不成协商解决的协议时,应以仲裁方式解决,并规定了具体办法,故应当认定当事人自愿选择通过仲裁方式解决其纠纷,人民法院不应受理因该类合同引起的纠纷。[1]

(三)载有或援引仲裁条款的商业单据

在国际商事交易中,与交易有关的商业单据如货运单据(特别是提单)、保险单据(特别是保险单)、信用证、发货票等是非常重要的书面文件,一般具体规定了仲裁条款或援引或指明包含仲裁条款的另一单独文件。这些单据是一方当事人单方面制作,体现的是制作单据方的意志而不是双方当事人共同意志的书面文件,一方发出以后,另一方接受后凭其办理提货、结汇、发货等相关后续事项,接受单据的一方不能互换,也不能提出异议,要么全部接受,要么全部拒绝。虽然这些单据不符合包括仲裁条款的一般合同的形式和其缔约程序,但这些单据在法律性质上是合同或合同关系存在和合同履行的书面证明。因此,如果这些文件载有仲裁条款或提及包含仲裁条款的另一文件,只要经过有关当事人的认可,或按商业习惯它们已经成为交易惯例的一部分,可以构成书面形式之仲裁协议。

对这些单据是否可以被认定为当事人已经达成书面仲裁协议,有关法律与实践持不同的意见。有些国家承认其为书面仲裁协议,有些国家认为其不能构成约束双方当事人的有效仲裁条款,有的国家规定须具备一定条件(即构成合同之一部分)才为有效书面仲裁协议。

1. 持肯定说或有条件肯定说的立法与实践

1998年德国《民事诉讼法》第1031条第4款规定,“如海运提单明确援引了租船合同的仲裁条款,则提单的签发也可以达成仲裁协议。”按1996年英国《仲裁法》第5条第2款第3项“仲裁协议有书面证据证实者为书面仲裁协议”的规定,对包含或援引或指明仲裁条款的商业单据之使用,当事人间有协议并有书面证据证明,这些单据即构成书面仲裁协议,因此单纯的商业单据不构成书面仲裁协议。英国海事法院曾在一判例[2]中认为,提单的关联条文特别提及仲裁条款,租船合

---

〔1〕 1996年12月14日最高人民法院《关于涉蒙经济合同未直接约定仲裁条款如何认定案件管辖权的复函》(法函[1996]177号)。

〔2〕 赵威主编:《国际仲裁法理论与实务》,中国政法大学出版社,1995年版,第104页。

同中的仲裁条款已经有效合并在提单中,有关提单之争议应当提交仲裁解决。在 Bobbie Brooks Inc. v. Laniffcio Walter Banci S. a. S. 案中,美国仲裁协会仲裁庭认为提及定货单中仲裁条款的发货票构成有效书面仲裁协议,意大利佛罗伦萨上诉法院认为 Laniffcio Walter Banci S. a. S. 发货票中专门提及订货单号码,已经构成《纽约公约》第 2 条第 2 款意义内的文件交换,发货票上号码的提示为一种充分的书面证明,Laniffcio Walter Banci S. a. S. 接受了订货单中所列各种条款包括仲裁条款。[1]

2. 持否定说的实践

1992 年我国香港法院在 Hissan Trading Co. v. Orkin Shipping Corp. 案[2]中根据《纽约公约》第 2 条第 2 款和联合国《示范法》的规定,对仲裁协议书面要求作严格解释,判决提单中的仲裁条款无效,理由是提单既没有双方当事人签字,也没有书面互换达成仲裁协议的证明。

(四)记录

当事人双方谈判仲裁协议或谈判交易事项(如双方在一起口头谈判、电话谈判)而涉及将争议提交仲裁解决时,有时候双方并不以书面形式达成仲裁协议。在这种情形下,当事人双方授权一方当事人或第三方将谈判的内容进行记录,该记录是否构成书面形式,目前仲裁立法与实践的总趋势是视为书面形式。如 1996 年英国《仲裁法》,书面形式包括仲裁协议得以记录的任何方式;如非以书面形式达成之协议由协议双方当事人授权的一方当事人或第三方予以记录,该协议被证明具备书面形式。[3] 2000 年我国香港《仲裁(修订)条例》规定,该协议不是以书面的方式作出的,但由该协议的其中一方或由第三方(在该协议的每方授权下)记录下列的,属于以书面作出;书面包括借以将资料记录的任何方式。[4]

(五)默示接受与书面仲裁协议的推定

一方当事人以信函或其他书面形式向另一方表示仲裁的意愿,另一方当事人没有明确回复,是否构成默示接受,如果构成,是否可以认定双方已达成书面仲裁

---

〔1〕 在该案中,美国公司 Bobbie Brooks Inc. 通过订货单从意大利公司 Laniffcio Walter Banci S. a. S. 进口一批纺织品,定单包含有在俄亥俄依美国仲裁协会仲裁规则进行仲裁的条款,意大利公司在给美国公司开具的发货票中特别提及定货单上的号码,后因货物的数量、质量发生争议,美国仲裁协会仲裁庭基于上述观点作出了有利于美国公司的裁决,败诉方 Laniffcio Walter Banci S. a. S. 对美国 Bobbie Brooks Inc. 向意大利法院申请执行裁决提出异议,理由是他没有同意仲裁。转引自赵威主编:《国际仲裁法理论与实务》,中国政法大学出版社,1995 年版,第 100 页。

〔2〕 杨良宜:《国际商事仲裁》,中国政法大学出版社,1997 年版,第 122 ~ 123 页。

〔3〕 1996 年英国《仲裁法》第 5 条第 6、4 款。

〔4〕 2000 年中国香港《仲裁(修订)条例》第 2AC 条第 2(e)、3 款。

协议。

按合同订立的一般程序和法律原则,如果发出要约的一方在要约中明确规定在要约规定的有效期限内受要约人默示接受而订立合同外,受要约一方默示或不行为本身不等于接受,因而不能订立合同。就《纽约公约》规定的书面形式仲裁协议的类型而论,仲裁协议的书面形式表现为当事人签署仲裁协议文件和互换函电形式的仲裁协议。在当事人双方签署的情形下,另一方当事人不可能默示接受。在互换函电的情形下,在严格意义上,当事人必须对仲裁协议或提交仲裁的意思进行书面互换,即一方以书面形式明确提出,另一方以书面形式明确回复。在此意义上,一方以书面形式提出,另一方缄默或不作为,则不能构成函电的互换,据此不能达成仲裁协议。

在立法与仲裁实践中,少数国家持肯定态度,大多数国家持否定态度,在理论上绝大多数学者持否定说。持肯定态度的有德国、荷兰等。根据德国法,默示接受了仲裁协议的,为有效仲裁协议。德国法院根据这项规定作出了一些判决。荷兰法院的一些判例持肯定观点。由其中一个案例可见一斑。在一桩国际货物买卖中,以色列买方向荷兰卖方发出订货单,卖方接到订货单后向买方发出一份含有特别条件的合同确认这项交易,但买方收到合同后未按要求返回合同副本。后来双方对货物质量发生争议,买方向鹿特丹初审法院提起诉讼,要求解除合同并赔偿损失,卖方以已经寄给买方的合同中有仲裁条款为由要求法院放弃司法管辖权,将争议提交仲裁。该法院认为,买方对仲裁条款的沉默应当被视为对仲裁条款的接受,因为买方在收取货物后两个月才对仲裁条款提出异议,这足以证明买方接受了仲裁条款。

意大利法院只承认有明确回复的仲裁协议有效,不承认默示接受仲裁协议。如那不勒斯上诉法院于1974年在一案中将默示接受与书面接受相区别,对有回复的仲裁协议确认有效,确认没有回复的仲裁协议无效。在该案中,四家奥地利公司各自按合同将木材出售给一家意大利公司,四份合同均约定了仲裁条款,如发生争议在维也纳商品交易所仲裁。意大利公司只回签了两份合同。四家出口商因进口商未及时支付货款而发生纠纷后,向维也纳商品交易所提起仲裁,并获得了四项有利的裁决,理由是,已经回签的两项合同中的仲裁条款构成有效的书面仲裁协议,另两项没有回签的合同中的仲裁条款构成默示接受,属于有效仲裁协议。仲裁庭认为,没有回签的书面仲裁是有效的仲裁协议的理由是:买方已经收取木材,等于默示接受,两项没有回签的合同已经有效成立,这一推论也适用于仲裁条款。在申请承认和执行该四项仲裁裁决中,那不勒斯上诉法院只同意承认和执行两项有回签的裁决,拒绝承认和执行没有回签的两份仲裁裁决,理由是没有回签合同中的仲裁条款,当事人间不存在书面文件的互换或往来,该仲裁协议不符合《纽约公约》

第2条第2款规定的书面要求。[1]

在仲裁实践中会遇到这样的情形,即一方当事人在仲裁程序的文件交换阶段,一方当事人声称存在仲裁协议,另一方当事人缄默,不反对也不肯定,是否构成有效接受,可认定存在有效仲裁协议,并因此认定是书面形式。目前仲裁立法与《示范法》的总趋势是持肯定说,推定存在书面仲裁协议。如1996年英国《仲裁法》第5条第5款规定,"仲裁或法律程序之文件交换中,一方当事人宣称存在非书面形式的协议,且对方在其答复中不作反对,该文件交换构成具有所宣称效力的书面协议。"2000年我国香港地区《仲裁(修订)条例》第2AC条第2款第f项规定,"在仲裁程序或法律程序中,有书面陈词的互换,由其中一方向另一方指称存在以非书面形式作出的协议,而该指称并未由回应该指称的其他方否认",即属书面作成仲裁协议。联合国《示范法》第7条第2款规定,"……在申请书或答辩书的交换中当事人一方声称有协议而当事他方不否认,即为书面协议。"

第三节　国际商事仲裁协议的一般内容

国际商事仲裁协议的内容直接涉及仲裁协议的效力及其可执行性。在仲裁协议制度中居核心地位。但是,一项国际商事仲裁协议应具体包括哪些内容,各国的仲裁立法及国际商事仲裁公约并没有作出明确的规定。一般而言,一项完善的国际商事仲裁协议至少应包括如下内容:仲裁意愿、仲裁事项、仲裁机构、仲裁地点、仲裁规则以及仲裁裁决的效力。

一、仲裁意愿

仲裁意愿是指争议双方当事人愿意将已经发生或将要发生的国际商事争议提交仲裁的意思表示。一般言之,当事人订立的仲裁协议中对仲裁意愿都作出了明确的表示。但在有些情况下,或因当事人疏忽仲裁协议表述的重要性,或因当事人出于对仲裁法规的不明晰,在解决争议条款中做出了既可以提交仲裁又可以诉诸法院解决争议的决定。在有些国家和地区,包括中国内地,对这种约定可能认定为仲裁意愿表示不明确,从而否定该解决争议条款中关于仲裁约定的有效性。如,1992年深圳某公司与香港某公司签订一项承包经营合同,在合同中双方约定争议解决条款:"双方协调不成时,应提交中国国际贸易仲裁委员会深圳分会仲裁或上诉当地人民法院按法律程序判决。"双方因在合作中出现纠纷,深圳公司遂向广东省高级人民法院提起诉讼。广东省高级人民法院经审查认为,该仲裁条款既约定

---

〔1〕 赵威主编:《国际仲裁法理论与实务》,中国政法大学出版社,1995年版,第105~106页。

了仲裁,同时约定了可向人民法院起诉,属于内容约定不明确,无法执行,裁定广东省高级人民法院对该案有管辖权。广东省高级人民法院根据最高人民法院的相关规定,向最高人民法院请求答复。最高人民法院认为,当事人既约定进行仲裁又约定进行诉讼的,该仲裁协议应认定无效,因为一项争议的解决如果约定了提交仲裁,那么它本身应排斥诉讼。仲裁和诉讼不能同时进行,否则就违背了仲裁制度的根本原则。如果当事人间的仲裁协议既约定了仲裁又约定了诉讼,人民法院就可以该条款无效而拥有对该争议案件的管辖权。[1]

但有些国家对既约定仲裁又约定诉讼的情况并不断然否认仲裁约定的有效性。如,德国联邦最高法院在一判例中认为,如果仲裁协议中规定,让任何一方当事人在仲裁程序和法院诉讼程序之间作出选择,不影响该协议的有效性,原因是各方当事人都能够控制仲裁庭的管辖权,没有超出德国《民事诉讼法典》第 1025 条第 2 款规定的限制。[2]

比较上述两个案例,德国法院的做法更趋合理。如果仅仅因为当事人既约定了仲裁又约定了诉讼就认定当事人仲裁意愿不明确,仲裁协议不可执行,显得过于武断和片面。根据大多数国家的立法和实践,当事人只要表明仲裁意愿,仲裁协议就是有效的。法院在解释仲裁协议时,对仲裁协议的内容放松限制,尽量解释其为有效,尊重当事人的仲裁意愿并帮助当事人实现其仲裁意愿,已经成为当今仲裁司法监督的一个趋势。[3] "在今天法院支持国际仲裁的大气候下,去说一条仲裁条款或协议无效,因为它写得不好、有矛盾、太不肯定的机会是很低的。法院一般会尽所有可能给予一条不太妥善的仲裁条款或协议有可行的解释,重要是有"arbitration(仲裁)"这个字出现,表示双方确有此意图解决将来争议。"[4] 中国内地最高人民法院为适应该趋势,于 2005 年在《关于适用〈中华人民共和国仲裁法〉若干问题的解释》第 7 条中规定:"当事人约定争议可以向仲裁机构申请仲裁也可以向人民法院起诉的,仲裁协议无效。但一方向仲裁机构申请仲裁,另一方未在仲裁法第 20 条第 2 款规定期间内提出异议的除外。"该条规定在一定程度上纠正了法院之前断然否定的做法。

二、仲裁事项

仲裁事项是指当事人提交仲裁解决的争议内容。它决定了仲裁庭的管辖权范围,原因在于仲裁庭的管辖权源自于双方当事人达成的仲裁协议。当事人请求仲

---

〔1〕 李国光主编:《经济审判指导与参考》,1999 年第 1 卷,法律出版社,1999 年版,第 173 ~ 174 页。

〔2〕 *Yearbook Commercial Arbitration*, vol. 19, 1994, p. 202.

〔3〕 赵健:《国际商事仲裁的司法监督》,法律出版社,2000 年版,第 58 页。

〔4〕 杨良宜:《国际商务仲裁》,中国政法大学出版社,1997 年版,第 113 页。

裁的事项与反请求事项只限于仲裁协议所规定的争议事项。仲裁庭审理和裁决的事项也只限于仲裁协议所规定的提交仲裁的事项。如果当事人在仲裁协议中未约定仲裁事项,仲裁庭即无权审理案件和作出裁决,否则仲裁庭就超越了权限,会导致其作出的裁决全部或部分无效。因此当事人在仲裁协议中必须明确规定将何种商事争议提交仲裁解决。

对于仲裁事项范围的规定,可因当事人的具体情况而定。

如果双方当事人在争议发生前甚至在签订合同时决定将他们之间将来可能发生的商事争议提交仲裁解决,但又无法预料以后将会发生何种具体争议,即提交仲裁的争议事项具有不确定性,一般应采取比较概括、抽象地规定争议范围的方法,其文字表述方式有二种,其一:"因本合同所产生的一切争议,提交××(仲裁机构)仲裁解决";其二:"因本合同所产生的或与本合同有关的一切争议,提交×××(仲裁机构)仲裁解决。"这样规定的好处在于,事前赋予了仲裁员较为广泛的权力,仲裁员可以裁决有关合同本身的争议,也可以裁决有关合同是否存在、合同是否有效、合同解释、当事人一方是否违约与违约程度及责任、合同终止等方面的争议。

下述两个案例,从反面说明了这种比较概括、抽象地规定争议范围的方法的优越性。在米切尔·艾莫拉索及辉格里诉渔业者开发公司(Michele Amoruso & Figli v. Fisheres Development Corporation)一案中,意大利商业捕鱼者与纽约一家公司缔结了一项合同,合同规定:"产生于本协议的无论任何性质的任何争议应在纽约按纽约州法仲裁。"后来意大利方声称该协议的陈述中存在欺诈,法院判令该争议由法院解决,理由是仲裁条款仅提及"产生于本协议的争议"而没有规定"与本协议有关的争议"。[1] 另一案件是,一法国人与一西班牙人在西班牙签订了一份前者许可后者采用某种工艺检修汽车的合同,并规定"任何关于合同解释的争议最后应当由数目为奇数的若干名仲裁员按《国际商会调解与仲裁规则》解决。"后来取得许可证的西班牙人决定终止合同,法国人提起仲裁并取得了西班牙人向其赔偿损失的裁决。西班牙人向法国法院起诉要求撤销裁决,理由是仲裁条款中规定提交仲裁的只限于"对合同解释的争议",仲裁庭关于损害赔偿的裁决超越了仲裁协议规定的范围。法国法院采纳了西班牙人的意见。[2]

如果双方当事人在争议发生后订立仲裁协议,通常情形下可采取比较明确、具体地规定争议范围的方法,将较为明确、具体的商事争议提交仲裁。其文字表述如"因×××合同所产生的×××争议提交×××(仲裁机构)仲裁解决。"

---

〔1〕 赵威主编:《国际仲裁法理论与实务》,中国政法大学出版社,1995年版,第86页。

〔2〕 赵威主编:《国际仲裁法理论与实务》,中国政法大学出版社,1995年版,第87页。

三、仲裁机构

在国际商事仲裁协议中规定仲裁机构或仲裁员，是各国仲裁立法和实践中的普遍要求。这是由各国法律要求仲裁协议对仲裁机构或仲裁庭的约定具有确定性所决定的。

在常设仲裁机构方面，一个国家可能有多个常设仲裁机构，并对各仲裁机构的仲裁案件管辖权进行了明确的划分，每一个或每一类型的仲裁机构都有其自身的仲裁规则。如中国内地常设仲裁机构有3类：(1)中国国际经济贸易仲裁委员会，按其仲裁规则，主要是对国际经济贸易争议进行仲裁；(2)中国海事仲裁委员会，按其仲裁规则，主要是对国际、国内的海事、海商争议进行仲裁；(3)各地仲裁委员会，按其仲裁规则，主要是对国内经济贸易法律争议进行仲裁。当事人必须在仲裁协议中明确约定由哪个常设仲裁机构仲裁，否则，仲裁协议无法执行。同时，当事人在选择常设仲裁机构时，只能选择一个仲裁机构，并采取规范性的约定方法。下述约定方法是不规范的，会影响仲裁协议的效力："凡本合同所产生的或与本合同有关的一切争议，提交中国仲裁机构仲裁解决"；或"凡因本合同所发生的一切争议，提交中国国际经济贸易仲裁委员会仲裁或双方同意的任何中立国家的国际商事仲裁机构仲裁"；或"凡因本合同所发生的或与本合同有关的一切争议，提交中国海事仲裁委员会或英国伦敦国际仲裁院仲裁解决"等。

在当事人选择临时仲裁机构仲裁时，还必须在仲裁协议中特别就仲裁庭的组成方法作出约定。商事关系中的双方当事人不能就选择某一常设仲裁机构仲裁达成协议而又期望通过仲裁方式解决其争议时，通常会选择临时仲裁，并在仲裁协议中明确选定仲裁员或规定指定仲裁员的方法、组建仲裁庭、制定仲裁规则。在仲裁庭的组成方法上，主要有3种：(1)由1名仲裁员组成独任仲裁庭。(2)由双方当事人各选定1名仲裁员组成2人仲裁庭。当2人在裁决中达不成一致意见时，由该2名仲裁员或双方当事人共同推选1名公断人审理并作出裁决。(3)由3名仲裁员组成仲裁庭。双方当事人各选定1名，第3名仲裁员由双方当事人共同推选；或当事人选定的2名仲裁员共同推选；或由双方当事人共同申请有关仲裁机构或任何有管辖权的法院代为指定。

中国司法实践承认国际商事关系中的双方当事人对国外临时仲裁机构的约定。如1995年最高人民法院在给广东省高级人民法院的函件中确认：当事人事先在合同中约定或争议发生后约定由国外的临时仲裁机构或非常设仲裁机构仲裁的，中国法院应当承认该临时仲裁条款的效力。[1]

比较而言，常设仲裁机构的仲裁是国际、国内商事仲裁中较为普遍采用的仲裁方式，比临时仲裁机构的仲裁具有更多的优越性。常设仲裁机构在受理争议案件

---

〔1〕 1995年10月20日最高人民法院法函[1995]135号。

后,都会按其适用的法律和仲裁规则的规定,对争议的可仲裁性、仲裁协议的可执行性等进行严格审查,以确保仲裁的合法性。

四、仲裁地点

当事人选择常设仲裁机构仲裁时,如果没有其他约定,通常以被选定的常设仲裁机构所在地作为仲裁地点。但是,一些常设仲裁机构在不同的地方设立有分支机构,且大多数常设仲裁机构不禁止当事人选择其机构所在地以外的地点作为仲裁地点。在选择临时仲裁机构仲裁时,由于临时仲裁机构没有机构所在地,所以当事人在仲裁协议中必须明确约定仲裁地点。

在国际商事仲裁中,仲裁地点是一个至关重要的事项,对仲裁协议效力的确定、仲裁所适用的实体法的确定、仲裁裁决的执行等有极为重要的影响。

(一)仲裁地点影响仲裁协议的效力

由于各国对商事仲裁协议有效成立的条件规定不一,因而在国际商事仲裁协议效力的确定问题上存在法律冲突。在确定仲裁协议的效力时,除当事人另有约定外,一般以仲裁地国家的法律作为准据法。如中国内地《仲裁法》规定,当事人无行为能力和限制行为能力、一方胁迫另一方而订立仲裁协议、仲裁协议不具备《仲裁法》规定的基本内容,仲裁协议无效。有的国家法律规定仲裁协议无效的事由比中国内地《仲裁法》更宽,有的国家规定更窄。在中国签订的有效仲裁协议,在其他国家仲裁时,依仲裁地法该仲裁协议可能无效。反之,在中国签订的无效仲裁协议,在其他国家仲裁时,依仲裁地法可能有效。例如,依中国内地《仲裁法》的规定,选定仲裁委员会是仲裁协议应当具备的基本内容之一,因而是有效条件之一,没有选定仲裁委员会的仲裁协议在中国属无效的仲裁协议。但是,如果仲裁地在英国,依英国法律,没有选定仲裁委员会的仲裁协议因没有违反英国法而有效。又如,根据美国《联邦仲裁法》的规定,仲裁协议有效的实质要件是仲裁意愿,没有规定具体仲裁机构或缺少除仲裁意愿以外的内容,并不影响仲裁协议的效力。

(二)仲裁地点影响仲裁程序的进行

在国际商事仲裁实践中,当事人没有明确约定仲裁程序法时,一般适用仲裁地国家的法律。即使当事人选择了仲裁程序法,审理其案件所适用的仲裁程序不能违反仲裁地国家仲裁程序法的强制性规定。如果当事人在仲裁协议中没有约定解决争议所适用的仲裁规则,或者约定不明确,有关仲裁机构有可能直接适用仲裁地国家的仲裁程序法进行仲裁程序。《纽约公约》规定,当事人可以确定仲裁程序所适用的法律,如果没有确定,适用仲裁地法律。[1] 适用仲裁地法会对仲裁案件产生实质性的影响,原因在于仲裁地法控制着仲裁规则和当事人在有关合同中未涉及的某些具体问题。而且仲裁地的民事诉讼程序不同程度地控制着仲裁程序。例

---

〔1〕《关于承认和执行外国仲裁裁决的公约》第5条第2款。

如,在大陆法系国家,诉讼时效属于实体法的问题,而在英美法系国家属程序法问题,如果某一大陆法系国家对产生争议的法律关系没有规定诉讼时效,仲裁在一普通法系国家进行,该普通法国家的诉讼时效法将适用于仲裁程序,从而决定当事人的权利是否受到时效制度的保护。又如,虽然多数国家的商事仲裁立法对仲裁监督的规定较为宽松,但英国法的规定较严格,在英国仲裁比在其他国家仲裁,会受到更为严格的监督。

(三)仲裁地点影响解决争议所适用的实体法

在国际商事仲裁中,当事人一般会就解决争议所适用的实体法作出选择。但是如果当事人对此没有作出明确选择,仲裁庭一般会根据国际惯例,按仲裁地国家的国际私法规则确定所应适用的实体法,或直接适用仲裁地国家的实体法。即使当事人明确选择了解决争议所适用的实体法,有可能出现仲裁地国家法律不允许当事人作出某种选择而仲裁庭最终适用仲裁地国家法律的情况。

(四)仲裁地点影响仲裁裁决的承认和执行

仲裁地决定了国际商事仲裁裁决作出的国家。在仲裁地国家作出的裁决如在该国以外的国家申请承认和执行,会产生外国仲裁裁决的承认与执行的问题。如果仲裁裁决作出国与承认和执行国都是《纽约公约》的成员国,该仲裁地国家的裁决可以按照该公约的规定在其他缔约国得到承认和执行。在《纽约公约》140 多个成员中,有 50 多个国家按公约的规定作了如下保留:本国只对在另一缔约国领土内所作的仲裁裁决的承认与执行适用本公约。如果在仲裁作出地国家与承认和执行国之中,任何一国不是该公约的成员国,甚至不是其他有关国际条约的缔约国,则只能按互惠原则予以承认和执行。如果不存在互惠,在仲裁地国家所作出的裁决有可能得不到有关国家的承认和执行。

仲裁地还会影响仲裁裁决的可执行性。根据《纽约公约》的规定,如果依据仲裁地国家的法律,裁决对当事人尚未发生效力或被主管机关撤销或停止执行,被请求承认或执行裁决的主管机关可根据当事人的请求拒绝承认和执行该裁决。

鉴于仲裁地点在国际商事仲裁中具有重要影响,中国当事人在签订国际商事仲裁协议时,对仲裁地点的选择应当特别注意。在国际商事交往中,中方当事人与外方当事人协商仲裁地点,主要采取以下三种方式:(1)在中国国际经济贸易仲裁委员会或中国海事仲裁委员会所在地的北京仲裁,如仲裁地对双方当事人便利,则选择中国国际经济贸易仲裁委员分会所在地仲裁。(2)在被申请人所在国仲裁。(3)在第三国仲裁。选择在第三国仲裁时,通常选择与中国有友好关系、其仲裁规则公平、在国际上享有很高声誉的国家的仲裁机构,如瑞士苏黎世商会仲裁院、瑞典斯德哥尔摩商会仲裁院、英国伦敦国际仲裁院等,并在该仲裁机构所在地进行仲裁。

五、仲裁规则

仲裁规则即仲裁程序规则，是双方当事人和仲裁庭在整个仲裁过程中所必须遵守的程序性规则。仲裁规则主要规范仲裁机构的管辖权、仲裁申请的提出与答辩、仲裁员的指定和仲裁庭的组成、案件审理、裁决的作出与效力等内容。它直接涉及当事人双方实体权利和仲裁程序权利的保护，不同的仲裁规则会产生不同的裁决。鉴于仲裁规则的重要性，当事人在订立仲裁协议时，应当明确约定仲裁所适用的程序规则。

当事人约定的仲裁规则会因其选择仲裁机构的类型不同而不同。

在选择常设仲裁机构仲裁的情况下，当事人通常在仲裁协议中订明“按该仲裁机构现行仲裁规则进行仲裁”。因为各国和国际组织所设立的常设仲裁机构制定有自己的仲裁规则并会随时代发展作出修订。在通常情况下，当事人选择在某一常设仲裁机构仲裁，也就选择按该机构的仲裁规则进行仲裁，这是因为各常设仲裁机构一般实行仲裁机构与仲裁规则一体化制度。例如，中国内地《仲裁法》没有规定当事人可以选择仲裁机构以外的仲裁规则，各地方常设仲裁机构大都实行一体化制度，不允许当事人选择其他仲裁规则。中国内地的国际商事仲裁机构以前也实行一体化制度，规定选择中国国际常设仲裁机构仲裁也就选择了该机构的仲裁规则。如，中国国际经济贸易仲裁委员会和中国海事仲裁委员会 1995 年《仲裁规则》第 7 条规定：“凡当事人同意将其争议提交仲裁委员会仲裁的，均视为同意按照本仲裁规则进行仲裁。”

有的常设仲裁机构，如瑞典斯德哥尔摩商会仲裁院、中国香港国际仲裁中心、中国国际经济贸易仲裁委员会、上海仲裁委员会等，允许当事人选择他们认为合适的其他仲裁规则，实行仲裁机构与仲裁规则分离制。如，2000 年《中国国际经济贸易仲裁委员会仲裁规则》改变了以前的一体化做法，允许当事人另外约定仲裁规则，其第 7 条规定：“当事人另有约定且经仲裁委员会同意的，从其约定。”《上海仲裁委员会仲裁规则》第 9 条规定：“当事人将争议提交本会仲裁的，均视为同意按照本规则进行仲裁；当事人另有约定，经本会同意的，可以从其约定。”在这种情况下，当事人可以自行制定或选择对其最适合的仲裁规则。在国际商事仲裁中，当事人自行拟定仲裁规则时，一般以《联合国国际贸易法委员会仲裁规则》为蓝本，加入适合双方的内容。

在选择临时仲裁机构仲裁的情况下，仲裁庭与仲裁规则是分离的。双方当事人必须在仲裁协议中选择或制定仲裁规则，或者指明确定仲裁规则的方法。当事人可以选择一方当事人所属国家或仲裁地国家的某一套仲裁规则，也可以选择国际组织的商事仲裁规则，如《联合国国际贸易法委员会仲裁规则》中规定双方当事人可以自行制定一套仲裁规则甚至可以授权仲裁员选择一套仲裁规则。

六、裁决的效力

仲裁裁决的效力是指仲裁裁决的法律效力，即仲裁裁决具有终审性质、对双方当事人有约束力，任何一方当事人不得向法院或其他权威机构申请变更裁决的内容。

绝大多数国家的仲裁立法和实践确认，国际商事仲裁机构所作出的裁决具有终审效力，对双方当事人具有法律约束力，任何一方当事人都不得上诉或申诉。

各国仲裁立法有如：中国内地《仲裁法》规定"仲裁实行一裁终局的制度。裁决作出后，当事人就同一纠纷再申请仲裁或向人民法院起诉的，仲裁委员会或者人民法院不予受理。"〔1〕1998 年德国《民事诉讼法典》规定，"仲裁裁决在当事人间产生的效力等同于终审的、具有约束力的法院判决。"〔2〕

各国商事仲裁规则有如：2000 年《中国国际经济贸易仲裁委员会仲裁规则》规定，"作出仲裁裁决书的日期，即为仲裁裁决发生法律效力的日期"；"仲裁裁决是终局的，对双方当事人均有约束力。任何一方当事人不得向法院起诉，也不得向其他任何机构提出变更仲裁裁决的请求。"〔3〕1998 年《伦敦国际仲裁院仲裁规则》规定，"所有裁决均是终局的，并对当事人有拘束力。同意按本规则进行仲裁，当事人即承诺立即和无拖延地履行裁决；且在当事人可以有效放弃其权利的范围内，当事人不可撤回地放弃了向任何国家法院或其他司法机构提出任何形式的上诉、再审或追诉的权利。"〔4〕

国际商事仲裁规则有如：《联合国国际贸易法委员会仲裁规则》规定，"裁决……是终局的，并对当事人双方均有拘束力，双方承担立即履行裁决的义务。"〔5〕《国际商会仲裁规则》规定，"双方当事人提交国际商会仲裁时，就应视为已经承担了毫不迟延地执行最终裁决的义务，并在依法可以放弃的范围内放弃任何形式的权利。"〔6〕

但是有的国家仲裁立法允许当事人对仲裁裁决提出上诉。如沙特阿拉伯《仲裁条例》规定，法院有权力对仲裁裁决进行监督；仲裁员作出的所有裁决，均应在 5 日内向有权审理案件的机关备案，并应将副本发送给双方当事人；当事人在得到仲裁员的裁决通知之日起 15 日内，可就仲裁员的裁决向已备案的有权审理案件的机构提出异议；如果当事人一方或双方在前述规定的期限内就仲裁员的裁决提出了异议，有权审理案件的机构应当考虑该争议，并应当驳回异议并作出执行裁决的命

---

〔1〕 中国内地《仲裁法》第 9 条第 1 款。

〔2〕 1998 年德国《民事诉讼法典》第 1055 条。

〔3〕 2000 年《中国国际经济贸易仲裁委员会仲裁规则》第 56 条第 4 款、第 60 条。

〔4〕 1998 年英国《伦敦国际仲裁院仲裁规则》第 26 条第 9 款。

〔5〕 1976 年《联合国国际贸易法委员会仲裁规则》第 32 条第 2 款。

〔6〕 1975 年《国际商会调解与仲裁规则》第 24 条第 2 款。

令，或者接受异议并就案件另行决定。[1] 1996年英国《仲裁法》尽管确认了仲裁裁决的终审效力，但又确认当事人有通过上诉、复审程序对仲裁裁决提出异议的权利，即仲裁裁决的终审效力“不影响任何人依据可利用的上诉或复审的程序或本编（即第一编“依据仲裁协议的仲裁”）的规定，对裁决书提出异议的权利。”[2]

综上观之，各国仲裁立法与实践，对仲裁裁决的终审效力，总体上持肯定态度，但裁决的终审效力的实际效用在很大程序上取决于当事人在仲裁协议中对仲裁裁决终审性质的明确约定。当事人在仲裁协议中约定仲裁裁决的终审效力，可以避免一方当事人就已定案的问题重新提交法院审理的风险。绝大多数国家商事仲裁立法与实践承认当事人之间这种约定的效力。即使按有关国家的规定，当事人有权对具有终审效力的仲裁裁决提出上诉，也只能是对仲裁裁决的一种救济措施，仲裁裁决的终审效力和对终审裁决的上诉是两种不同的法律制度，两者之间没有实质性冲突。

第四节　国际商事仲裁协议的有效性及其认定机构

一、国际商事仲裁协议的有效要件

综观各国仲裁立法、有关国际条约和国际商事仲裁实践，国际商事仲裁协议有效成立的实质性要件有：当事人具有缔结国际商事仲裁协议的民事行为能力；当事人间提交仲裁的意思表示真实、一致；仲裁协议的标的具有可仲裁性；仲裁协议的形式合法；仲裁协议的内容合法。

（一）当事人具有缔结国际商事仲裁协议的民事行为能力

商事关系中的双方当事人具有民事行为能力，是保证其签订的国际商事仲裁协议合法有效的前提。根据各国立法和司法实践，国际商事仲裁协议的双方当事人在订立仲裁协议时必须具有民事行为能力，否则所签订的国际商事仲裁协议无效。

1. 自然人缔结国际商事仲裁协议的民事行为能力

关于自然人缔结国际商事仲裁协议的民事行为能力，各国仲裁立法、有关国际条约和《示范法》等有严格规定，强调欠缺民事行为能力的自然人所订立的国际商事仲裁协议无效。如中国内地《仲裁法》规定，无民事行为能力或者限制行为能力

---

〔1〕 1983年沙特阿拉伯《仲裁条例》第18、19条。

〔2〕 1996年英国《仲裁法》第58条第2款。

人订立的仲裁协议无效。[1] 中国澳门《核准仲裁制度》规定,具有民事行为能力的人都有订立仲裁协议的能力。[2]《纽约公约》规定,仲裁协议的当事人依对其适用的法律有某种无民事行为能力情形者,被申请承认和执行的外国仲裁裁决的国家可依当事人一方的请求,拒绝承认和执行。[3]《示范法》规定,仲裁协议的一方当事人欠缺民事行为能力,可以拒绝承认和执行仲裁裁决,不论该裁决在何国作出。[4]

2. 法人缔结国际商事仲裁协议的民事行为能力

法人通常分为私法人和公法人两种基本类型。私法人有权订立国际商事仲裁协议,为各国法律所确认。

关于公法人是否有权签订国际商事仲裁协议,能签订何种国际商事仲裁协议,各国立法与实践、国际公约反映不一。

在国内法中,总体上有三种模式。(1)经国家立法授权或经主管机关批准,公法人可以订立仲裁协议,但对仲裁协议订立设立了限制条件。采取这种模式的有比利时、英国、美国、日本、丹麦、荷兰、意大利、德国、挪威、瑞典、瑞士等国家。其中比利时的法律规定具有代表性。1998 年比利时《司法法典》规定,"除法律另有规定外,公法人仅可就有关合同成立或履行的争议的解决订立仲裁协议。这种仲裁协议的订立条件与其履行属仲裁事项的合同相同。而且公法人得就法律或部长会议通过的法令所确定的事项缔结仲裁协议。这种法令亦得确定有关协议成立的条件和规则。"[5](2)禁止公法人订立仲裁协议。采取这种模式的有利比亚、印度尼西亚、伊朗、乌拉圭、沙特阿拉伯、委内瑞拉等国。(3)原则上不允许公法人通过仲裁协议将其争议提交仲裁解决,但允许将国际经济贸易领域的争议提交仲裁。例如,法国不允许将国家合同争议提交仲裁解决而应由法院解决,但 1986 年颁布的一项法令中规定,允许国家和公共实体将国际经济贸易中产生的争议提交仲裁。

在国际公约中,1961 年《欧洲公约》和 1965 年《华盛顿公约》允许公法人签订仲裁协议。前者规定,"依对其适用的法律被认为是'公法法人'的法人有权订立有效的仲裁协议。"[6]后者规定,解决投资争议国际中心的管辖权适用于缔约国指派到该中心的该国任何下属单位或机构与另一缔约国国民之间的投资争议,缔约

---

〔1〕 中国内地《仲裁法》第 17 条第 2 项。

〔2〕 1996 年中国澳门《核准仲裁制度》第 5 条第 1 款。

〔3〕《关于承认和执行外国仲裁裁决的公约》第 5 条第 1 款第 1 项。

〔4〕 1985 年《国际商事仲裁示范法》第 36 条第 1 款第 A(a)项。

〔5〕 1998 年比利时《司法法典》第 1676 条第 2 款第 2 项。1996 年中国澳门《核准仲裁制度》允许公法人订立商事仲裁协议,其第 5 条第 2 款规定:"特别法允许或仲裁协议以涉及民事商事性质法律关系之争议标的时,澳门地区及其他公法人均有订立仲裁协议之能力。"

〔6〕 1961 年《关于国际商事仲裁的欧洲公约》第 2 条。

国可以自由指派适合的公共实体为该中心的程序的当事人,将这类争议提交中心仲裁需经缔约国批准。

(二)当事人之间有提交仲裁的意思表示且真实一致

当事人双方将有关国际商事争议提交仲裁解决,须有明确的、肯定的意思表示,这是国际商事仲裁协议的基本要素。请求仲裁的意思表示须明确、肯定,并符合现代商事仲裁制度一裁终审、排除司法管辖权的特性。如果当事人在协议中规定既可提交仲裁又可提起诉讼,该仲裁协议可能会因违反仲裁法所规定的"或裁或审"的基本法律原则而属无效仲裁协议。但具体情况需视双方当事人事后能否就提交仲裁达成一致意见而定。

当事人双方请求仲裁的意思表示必须真实、一致,即双方当事人都同意将争议提交仲裁解决,而不是一方当事人的意思。这是国际商事仲裁协议作为协议的一种基本要求。以欺诈、胁迫等违背当事人真实意思的手段迫使一方当事人订立的商事仲裁协议应当无效。对此,各国仲裁立法与司法实践都确立了这一制度。如中国内地《仲裁法》规定,一方采取胁迫手段,迫使对方订立仲裁协议的,该仲裁协议无效。[1]

在实践中,国际商事仲裁协议通常是体现于格式合同或商业单据中的仲裁条款。这些格式合同与商业单据通常是由一方当事人(或其所属专业协会)制定的,体现的是一方当事人的意志。对这类仲裁条款要视具体情形来确定是否符合合意与真实。就格式合同而论,通常是由一方当事人提交给对方当事人的作为双方谈判商事合同的基础与草案文本,接受格式合同的一方可以对格式合同的有关条款作进一步的删除、修改、补充,双方当事人最终达成的正式合同是在变更格式合同的基础上订立的,体现了接受格式合同一方的意志,因而是双方当事人的真实意思表示。对于商业单据,如提单、保险单、信用证等,其签发与接受在国际商事交易中已成为商事惯例,凡参与这类商事交易的当事人,特别是接受单据的当事人都接受,且这些单据的签发与接受通常是以相关合同存在为前提,往往构成相关合同的组成部分,因此只要这些单据的签发者没有采取法律禁止的胁迫手段迫使接受方接受,接受方接受了这些单据,应当认定双方当事人对单据中的仲裁条款达成一致、合意真实。

(三)国际商事仲裁协议的标的具有可仲裁性

国际商事仲裁协议的标的是指双方当事人在特定国际商事交易中已经或可能发生的争议事项。当事人协议提交仲裁解决的争议事项具有可仲裁性,是国际商事仲裁协议有效的一项重要条件。所谓争议事项具有可仲裁性,是指当事人提交具有一裁终审效力的仲裁机构解决的争议事项是法律允许采取仲裁方式处理的事

---

〔1〕 中国内地《仲裁法》第17条第3款。

项。各国基于本国社会公共利益、习惯和法律政策，在其仲裁立法中，不允许当事人将所有争议事项提交具有一裁终审效力的仲裁机构解决，而是明确规定哪些争议事项可以由这类仲裁机构解决，哪些争议事项不得提交这类仲裁机构解决。1999年瑞典《仲裁法》规定，提交仲裁解决的争议是可以和解解决的事项的争议、涉及特定事实存在与否的争议、填补合同空白的问题（解释合同除外）、当事人之间有关竞争法具有民法效力的问题。[1] 1998年德国《民事诉讼法典》规定，提交仲裁的可以是涉及经济利益的任何请求，如不涉及经济利益，则以当事人就争议问题能缔结和解协议的范围为限，其他成文法规定的只在特定情况下才可提交仲裁的争议，有关德国境内住宅租赁合同关系存在与否的争议不得提交仲裁（但涉及《德国民法典》第556a条第8款所指的住宅种类除外）。[2] 美国相关的立法和司法实践一直将工业产权和反托拉斯问题的争议事项排除在可仲裁性之外，但近年来通过司法判例确认，反托拉斯法、证券法、知识产权法、侵权法等方面的纠纷可以提交仲裁解决，甚至认为国有化是否有效也可通过仲裁解决。[3]

中国内地《仲裁法》对可仲裁和不可仲裁的争议事项都作了规定。该法规定，平等主体的公民、法人和其他组织之间发生的合同纠纷和其他财产权益纠纷，可以仲裁，但下列纠纷不能仲裁：(1)婚姻、收养、监护、抚养、继承纠纷，(2)依法应由行政机关处理的行政纠纷。[4] 此外，根据中国有关规定，劳动争议、农村土地承包争议等，虽然涉及合同纠纷和财产权益纠纷，但不具有《仲裁法》意义上的可仲裁性，而是具有行政法、劳动法等法律领域的可仲裁性。

对争议事项的可仲裁性问题，国际商事仲裁条约也有明确规定。1923年《仲裁条款议定书》规定，仲裁协议仅限于商业事项或任何其他可以通过仲裁解决的事项，任何缔约国有权将这些争议保留在依其国内法被认为是商事合同上。《纽约公约》虽然没有明确规定仲裁协议标的的可仲裁性，但从其有关条文可以认定其默示规定了可仲裁性。根据是，《纽约公约》规定：任何国家可以声明，本国仅对根据本国法属于商事法律关系的争议适用本公约，无论其是否为契约性质；依被要求承认和执行国的法律，仲裁的争议事项系不能以仲裁解决者，承认和执行国可以拒绝承认和执行。[5] 可见，《纽约公约》允许各缔约国按其本国法将提交仲裁的争议限于商事法律关系的争议，并可拒绝承认和执行不具有可仲裁性的争议事项的外国仲裁裁决。

---

〔1〕 1999年瑞典《仲裁法》第1条。

〔2〕 1998年德国《民事诉讼法典》第1030条。

〔3〕 A. Redfern and M. Hunter, *Law and Practice of International Commercial Arbitration*, Sweet & Maxwell, 1986, p. 107.

〔4〕 中国内地《仲裁法》第2、3条。

〔5〕《关于承认和执行外国仲裁裁决的公约》第1条第3款、第5条第2款第1项。

(四)国际商事仲裁协议的形式合法

一项有效的国际商事仲裁协议必须具备合法形式。虽然各国仲裁法关于仲裁协议的形式要求不一致,但绝大多数国家规定仲裁协议必须用书面形式作出。如1996年英国《仲裁法》在题为“依据仲裁协议仲裁”的第一部分规定,只有在仲裁协议为书面形式的情况下,本部分规定才予适用;当事人之间就任何问题订立的任何其他协议,只有在其为书面形式时,为了本部分的目的,该协议才是有效的。[1] 1981年法国《民事诉讼法典》规定:“仲裁条款应在主要协定中或主要协定所援引的文件中书面规定之,否则无效。”该法典还规定:“仲裁协议应是书面的,可采用仲裁员和当事人签名的记录形式。”[2]

1958年《纽约公约》、1975年《美洲公约》、1985年《示范法》都对仲裁协议的书面形式作出了相应的规定。[3]

要求仲裁协议必须采用书面形式的目的主要是证实当事人有将争议提交仲裁的主观意愿。而国际规则中作出这一要求则是为国际商事仲裁协议的有效性提供一个统一准则,以避免因各国标准不一而导致作出的仲裁裁决无法得到执行。

(五)国际商事仲裁协议的内容合法

国际商事仲裁协议内容合法也是有效国际商事仲裁协议所必须具备的基本要素。内容合法,是指仲裁协议的各项规定符合法律要求,不得违反强制性规定。具体言之,国际商事仲裁协议的内容要具有法律所要求的基本内容,而且该内容不得违反强制性规定。各国仲裁立法对这项条件作了具体的要求和规定。除规定其内容涉及不具有可仲裁性的争议事项的仲裁协议无效外,各国法律还规定有其他要求。如1996年英国《仲裁法》规定,当事人对列于该法附录一的强制性规定有相反约定者,不影响这些强制性规定的效力。[4] 1998年比利时《司法法典》规定,仲裁协议给予一方当事人委任仲裁员之特权地位者,应为无效。[5] 1996年中国澳门《核准仲裁制度》规定,仲裁协议没有规定争议之标的、指定仲裁员或指定仲裁员的方式、争议所涉及的法律关系的,仲裁协议无效;仲裁协议中约定一方当事人在指定仲裁员方面有任何特权时,视为无此约定。[6] 1998年中国台湾地区“仲裁法”规定,仲裁协议非关于一定法律关系及由该法律关系所生的争议而为者,不生

---

[1] 1996年英国《仲裁法》第5条第1款。

[2] 1981年法国《民事诉讼法典》第1443、1449条。

[3] 《关于承认和执行外国仲裁裁决的公约》第1条第1款、第2条第1款,1975年《美洲国家间关于国际商事仲裁的公约》第1条,1985年《国际商事仲裁示范法》第7条第2款。

[4] 1996年英国《仲裁法》第4条第1款。其强制性规定所涉及的具体事项见宋连斌、林一飞编译:《国际商事仲裁新资料选编》,武汉出版社,2001年版,第53页。

[5] 1998年比利时《司法法典》第1678条第1款。

[6] 1996年中国澳门《核准仲裁制度》第7条第1、2、4、5款。

效力。[1]

二、国际商事仲裁协议有效性的认定机构

(一)仲裁机构

在当代,一些国家的仲裁立法和仲裁规则、有些国际性仲裁规则规定,仲裁机构有认定商事仲裁协议有效性的权力。在国内仲裁立法和仲裁规则方面,典型的是中国内地的《仲裁法》和仲裁规则。中国内地《仲裁法》规定,"当事人对仲裁协议的效力有异议的,可请求仲裁委员会作出决定。"[2]2000 年《中国国际经济贸易仲裁委员会仲裁规则》规定,"仲裁委员会有权对仲裁协议的存在、效力以及仲裁案件的管辖权作出决定。"[3]在国际性仲裁规则方面,1998 年《国际商会仲裁规则》规定,被申请人对仲裁协议的存在、效力或范围提出异议,仲裁院如依表面证据即可认定可能存在按照国际商会仲裁规则进行仲裁的协议,可决定仲裁程序继续进行,如果仲裁院认为相反,则通知当事人仲裁程序不能进行。[4]

对中国内地规定由仲裁机构而不是仲裁庭认定商事仲裁协议是否有效的问题,仲裁理论界有人提出质疑,认为这种规定事实上剥夺了仲裁庭的案件管辖权,使仲裁庭无权决定自己的管辖权,而依附于仲裁委员会,从而使得商事仲裁的独立性与公正性受到怀疑。[5]

(二)仲裁庭

仲裁庭有权对一项商事仲裁协议是否有效予以认定。许多国家的仲裁立法和商事仲裁规则明确规定,仲裁庭有权就商事仲裁协议有效与否的问题作出管辖权决定。原因在于,商事仲裁协议的有效与否直接关系到案件的仲裁管辖权,如果有效,仲裁庭即有管辖权,否则,仲裁庭无管辖权。仲裁立法和仲裁规则赋予仲裁庭对商事仲裁协议有效性进行认定的权力,使仲裁庭将其决定仲裁管辖权的权力与决定仲裁协议有效性的权力结合在一起,有助于当事人间的争议顺利解决。

在各国仲裁立法和仲裁规则方面,1998 年德国《民事诉讼法典》规定,"仲裁庭可以决定自己的管辖权并同时对仲裁协议的存在或效力作出决定。"[6]1996 年英国《仲裁法》规定,除当事人另有约定外,仲裁庭可以裁定其实体管辖权,包括是否存在有效的仲裁协议。[7] 1998 年比利时《司法法典》规定,"仲裁庭得就其管辖权

---

〔1〕 1998 年中国台湾地区"仲裁法"第 2 条。

〔2〕 中国内地《仲裁法》第 20 条第 1 款。

〔3〕 2000 年《中国国际经济贸易仲裁委员会仲裁规则》第 4 条。

〔4〕 1998 年《国际商会仲裁规则》第 6 条第 2 款。

〔5〕 高菲:《中国海事仲裁的理论与实践》,中国人民大学出版社,1998 年版,第 102 页。

〔6〕 1998 年德国《民事诉讼法典》第 1040 条第 1 款。

〔7〕 1996 年英国《仲裁法》第 30 条第 1 款。

作出裁定,为此目的,得审查仲裁协议的有效性。"[1] 1998 年英国《伦敦国际仲裁院仲裁规则》规定,"仲裁庭有权决定其管辖权,包括对仲裁协议是否自始存在、有效性或效力的异议作出决定。"[2]

国际法律文件和国际性仲裁规则也明确赋予仲裁庭拥有这项权力。《示范法》规定,"仲裁庭有权就对其管辖权包括对仲裁条款或单独的仲裁协议的存在或效力所提出的任何异议,作出裁决。"[3]《联合国国际贸易法委员会仲裁规则》也有类似的规定。[4]

值得注意的是,有些仲裁规则将这项权力赋予给组成仲裁庭的仲裁员,不直接赋予给仲裁庭。《国际商会调解与仲裁规则》具有典型性,其对仲裁员的权力作了比较详细、具体的规定。"如果一方当事人对就仲裁协议的存在或效力提出一种或多种理由,而仲裁院确信存在这种协议时,在不影响对这种或多种理由的可接受性和实质性的条件下,仲裁院得决定继续仲裁。在此情况下,有关仲裁员的管辖权应当由该仲裁员自己决定。""如无另外规定,仲裁员不因有人主张合同无效或不存在而丧失管辖权,如果仲裁员认定仲裁协议有效……仲裁员仍应继续行使其管辖权,以确定当事人各自的权利。"[5]可见,仲裁院对仲裁协议的有效性作出初步决定以决定仲裁是否继续进行,如继续进行,则由仲裁员对管辖权问题作出裁定。

(三)法院

法院对商事仲裁协议的是否存在、效力和对其效力提出的异议享有管辖权,并借此确定仲裁机构或仲裁庭是否具有仲裁管辖权,得到了各国仲裁立法和实践、国际规则的普遍认可。

1. 国内立法与实践

法院对国际商事仲裁协议有效性的认定享有管辖权,为各国仲裁立法和实践普遍承认,但对法院在认定仲裁协议有效性问题上是否具有最终权力,各国立法有不同的规定。有些国家规定,法院与仲裁庭享受平等的权力。如 1998 年比利时《司法法典》规定,除非在同一程序中对主要问题亦同时作出裁决,仲裁庭关于其有管辖权的裁定不得向司法当局提出异议;司法当局可以应一方当事人的请求,就仲裁庭关于其无管辖权的裁决是否有依据的问题作出决定。[6] 有的国家规定,法院享有最终决定权。如 1996 年英国《仲裁法》规定,应仲裁程序一方当事人的申

---

[1] 1998 年比利时《司法法典》第 1697 条第 1 款。

[2] 1998 年《英国伦敦国际仲裁院仲裁规则》第 23 条第 1 款。

[3] 1985 年《国际商事仲裁示范法》第 16 条第 1 款。

[4] 1976 年《联合国国际贸易法委员会仲裁规则》第 21 条第 1 款。

[5] 1975 年《国际商会调解与仲裁规则》之仲裁规则,第 8 条第 3、4 款。

[6] 1998 年比利时《司法法典》第 1697 条第 3 款。

请,法院可决定有关仲裁庭实体管辖权的任何问题。[1] 按 1998 年德国《民事诉讼法典》规定,法院有权认定仲裁协议绝对无效或相对无效或不可执行;经当事人申请,法院有权决定是否允许仲裁。[2]

中国内地《仲裁法》采取法院享有最终决定权的立法例。如该法第 20 条规定:“当事人对仲裁协议的效力有异议的,可以请求仲裁委员会作出决定或者请求人民法院作出裁定。一方请求仲裁委员会作出决定,另一方请求人民法院作出裁定的,由人民法院裁定。”

但是在中国内地的司法实践中,虽然法院依法拥有认定商事仲裁协议有效性的最终权力,但对这项权力的行使开始向有利于仲裁机构的方向发展,主要表现在以下 2 个文件中。一是 1995 年最高人民法院《关于人民法院处理与涉外仲裁及外国仲裁事项有关问题的通知》。该《通知》规定,决定对人民法院受理具有仲裁协议的涉外经济纠纷案件、不予执行涉外仲裁裁决以及拒绝承认和执行外国仲裁裁决等问题建立报告制度,“凡起诉到人民法院的涉外、涉港澳和涉台经济、海事海商纠纷案件,如果当事人在合同中订有仲裁条款或者事后达成仲裁协议,人民法院认为该仲裁条款或者协议无效、失效或者内容不明确无法执行的,在决定受理一方当事人起诉前,必须报请本辖区所属高级人民法院审查;如果高级人民法院同意受理,应将其审查意见报最高人民法院。在最高人民法院未作出答复前,可暂不予受理。”[3]按该《通知》规定,法院对有关涉外仲裁协议有效与否的认定,在受理之前必须遵守报告制度,在没有得到最高人民法院最终答复之前,不受理这类案件。这一文件的规定也有缺陷,即仲裁协议有效性的认定在法院系统被延迟,对当事人产生不利影响。二是 1998 年最高人民法院《关于确认仲裁协议效力的几个问题的批复》。该《批复》规定,“当事人对仲裁协议的效力有异议,一方当事人申请仲裁机构确认仲裁协议效力,另一方当事人请求法院确认仲裁协议无效,如果仲裁机构先于法院接受申请并已作出决定,人民法院不予受理;如果仲裁机构接受申请后尚未作出决定,人民法院应予受理,同时通知仲裁机构中止仲裁。”[4]

中国内地的商事仲裁规则明确规定了法院对商事仲裁协议有效性的认定权或最终认定权。例如,2000 年《中国国际经济贸易仲裁委员会仲裁规则》第 4 条的规定与《仲裁法》的规定相同。

---

〔1〕 1996 年英国《仲裁法》第 32 条第 1 款。

〔2〕 1998 年德国《民事诉讼法典》第 1032 条第 1、2 款。

〔3〕 1995 年 8 月 29 日最高人民法院《关于人民法院处理与涉外仲裁及外国仲裁事项有关问题的通知》(法发[1995]18 号)第 1 项。

〔4〕 1998 年 10 月 21 日最高人民法院《关于确认仲裁协议效力几个问题的批复》(法释[1998]27 号)第 3 项。

2.《纽约公约》

国际商事仲裁国际性规则对法院享有认定仲裁协议效力管辖权的规定，主要体现在《纽约公约》中。《纽约公约》第2条规定，当事人就诉讼事项订有仲裁协议者，缔约国法院在受理该诉讼时，应依当事人一方的请求，命当事人提交仲裁，但仲裁协议经法院认定无效、失效或不可执行者不在此限。[1]

第五节　国际商事仲裁协议的补救

一项仲裁协议必须具备法定的形式要件和实质要件，否则就是不完善的国际商事仲裁协议。不完善的国际商事仲裁协议根据其有效与否，可分为无效仲裁协议和瑕疵仲裁协议。不完善的国际商事仲裁协议对当事人、仲裁机构和法院会造成一些消极后果。为了达成当事人通过仲裁解决其争议的真实意图，有必要从尊重当事人的意思自治原则出发，对无效或瑕疵的仲裁协议进行补救。

一、无效仲裁协议的救济

（一）无效仲裁协议的情形

本章第三节对国际商事仲裁协议基本内容的阐述，是从理论与实践阐明一项有效、可执行的较完善的国际商事仲裁协议一般应该具备的内容，并不是指不具备这些内容的国际商事仲裁协议就当然无效。一项国际商事仲裁协议应当具备的有效条件与国际商事仲裁协议所具备的基本内容是两个完全不同的概念。一项仲裁协议具备前述所有基本内容，并非是一项有效的仲裁协议；不完全具备前述基本内容或只具备前述基本内容的一部分的仲裁协议也非是一项无效的仲裁协议。一项国际商事仲裁协议具备以下条件即为有效：当事人具有行为能力、明确表示当事人仲裁的意愿、仲裁协议的达成是当事人的真实合意、提交仲裁的争议事项具有可仲裁性以及仲裁协议形式、内容的合法性。如果国际商事仲裁协议不具备这些条件，则整个仲裁协议无效。仲裁协议的某些条款违反有关国家的强制性规定，在理论上和按有关国家立法与司法实践，并不一定导致整个国际商事仲裁协议无效，而可能导致仲裁协议中的该部分条款无效，即违反强制性规定的条款无效。

综观有关立法与实践，具有下列情形之一的国际商事仲裁协议无效：缔约当事人无民事行为能力或限制行为能力，当事人之间对仲裁解决争端无真实合意，对仲裁事项没有约定或约定不明确或约定的仲裁事项不具可仲裁性，对仲裁机构没有约定或约定不明确或不存在，仲裁协议的形式、内容不合法。

---

〔1〕《关于承认和执行外国仲裁裁决的公约》第2条第3款。

（二）无效仲裁协议的种类

从可否对无效仲裁协议进行救济的角度，可分为不可救济的无效仲裁协议、可救济的无效仲裁协议。

1. 不可救济的无效仲裁协议

如果一项仲裁协议被判定为没有达到法定最低的必备有效条件，该项仲裁协议是不可救济的无效仲裁协议。这主要是指当事人订立仲裁协议时没有完全行为能力，或者当事人意思表示不真实（如因一方当事人欺骗、胁迫另一方当事人订立的仲裁协议）。在这两种情况下，仲裁协议因不具备其有效性的最基本条件而无效。

2. 可救济的无效仲裁协议

如果当事人在缔约时具有完全的行为能力，且双方均真正愿意将争议提交仲裁，仲裁协议通常是可以补救的。如，当事人在仲裁协议中没有指定仲裁员或没有约定指定仲裁员的方法、没有约定仲裁地点、没有选定仲裁机构、没有约定仲裁规则等类似情况，可能导致仲裁协议无效，但这些情况没有构成实质性违法，可以由当事人自行完善，或者在仲裁机构、法院的帮助下予以完善。

（三）无效仲裁协议救济的立法与实践

1. 法国的司法实践

在 Sté des Economats du Centre v. Perez et al 一案中，争议产生于一家房地产企业的股东之间，他们签订了一份包含禁止竞争和仲裁条款的共同所有权协议，随后又签署了一份补充的仲裁协议。法国法院在判决中持如下意见：仲裁条款的无效并不当然地影响随后签署的仲裁协议的有效性，法院的判决应更多地关注事实本身而不是无效仲裁条款本身与仲裁协议的联系，因此随后签署的仲裁协议应当有效。[1] 在 Prince Ben Saud v. Crédit industiel et Commercial de Paris 一案中，法国上诉法院采取同样态度，认为部分无效仲裁协议可以得到救济，但要注意对原有仲裁条款的救济与重新签署一份新的仲裁协议的区别，前者的效力只要阻碍其生效的因素消除，其效力从其原有仲裁条款存在期间就一直保留；而后者的效力只有从签署新的仲裁协议那刻起重新计算。[2]

2. 中国内地的立法与实践

中国内地《仲裁法》第 18 条规定："仲裁协议对仲裁事项或仲裁委员会没有约

〔1〕 Sté des Economats du Centre v. Perez et al. , Court of Cassation (France), Octorber 10 1978, Rev. arb. , 1979, 352, with comments by Moreau; Mauro Rubino – Sammartano，《国际仲裁法律与实践》，中信出版社，2003 年版，第 265 页。

〔2〕 Prince Ben Saud v. Crédit industiel et Commercial de Paris, Court of Appeal, Paris, March 25, 1995, Rev. Arb. 1996, 81; Mauro Rubino – Sammartano，《国际仲裁法律与实践》，中信出版社，2003 年版，第 264 ~ 265 页。

定或约定不明确的，当事人可以补充协议；达不成补充协议的，仲裁协议无效。”该规定实际上是对因缺乏重要内容而又无法执行的仲裁协议的处理，即允许当事人对仲裁协议所缺乏的两项内容进行补充，达成补充协议，如果当事人达不成补充协议，该仲裁协议整体无效。

中国内地以前的司法实践对没有指定仲裁委员会或指定不明确或不存在的仲裁协议，一般不进行补救，直接按整体无效处理。如，1996年10月10日最高人民法院在给四川省高级人民法院的复函中认为，当事人在合同中约定的仲裁机构不存在，由法院对案件行使管辖权。〔1〕1996年9月9日、1996年11月3日最高人民法院在分别给浙江省高级人民法院、福建省高级人民法院的复函中认为，合同中的仲裁条款约定仲裁机构不明确，无法执行，该仲裁条款无效，由法院行使管辖权。〔2〕1996年12月20日最高人民法院在给海南省高级人民法院的复函中认为，当事人合同中的仲裁条款因无明确的仲裁机构而无法执行，法院对案件有管辖权。〔3〕1997年3月19日最高人民法院在给浙江省高级人民法院的复函中认为，仅约定仲裁地点而没有约定仲裁机构的仲裁条款，事后当事人就仲裁机构达不成补充协议的，仲裁协议无效，由法院行使管辖权。〔4〕但1996年最高人民法院在对福建省高级人民法院《关于厦门维哥木制品有限公司与台湾富源企业有限公司购销合同纠纷管辖权异议案的复函》〔5〕中采取了相反做法，其答复如下：“本案双方当事人在其合同中约定‘解决合同纠纷的方式为双方进行友好协商解决或以国际商会仲裁规则为准’，按照国际商会仲裁规则第8条规定：‘双方当事人约定提交国际商会仲裁时，则应视为事实上接受本规则。’国际商会仲裁院是执行国际商会仲裁规则的唯一仲裁机构。故双方当事人合同中的仲裁条款实际约定了由国际商会仲裁院依据国际商会仲裁规则对本案当事人之合同纠纷进行仲裁。该仲裁条款有效，当事人应按仲裁条款进行仲裁，人民法院对本案没有管辖权。”2005年12月最高人民法院《关于适用〈中华人民共和国仲裁法〉若干问题的解释》中改变了以前将未约定仲裁机构的仲裁协议一律视为无效的一般做法，为部分无效仲裁协议提供了新的救济途径，其第4条规定：“仲裁协议仅约定纠纷适用的仲裁规则的，视为未约定仲裁机构，但当事人达成补充协议或者约定的仲裁规则能够确定仲裁机构的除外。”

由上可见，对可救济的无效仲裁协议可以采取两种救济途径：一是根据仲裁规

〔1〕1996年9月9日最高人民法院法函[1996]141号、1996年10月10日最高人民法院(1996)经他字第26号。

〔2〕1996年11月3日最高人民法院(1996)经它字第27号。

〔3〕1996年12月20日最高人民法院法经[1996]449号。

〔4〕1997年3月19日最高人民法院法函[1997]36号。

〔5〕1996年5月16日法函[1996]78号。

则的内容判断是否可以确定仲裁机构;二是由当事人自行达成补充协议。实践中,争议一旦发生,当事人之间另行达成的可能性较小,此时可根据当事人之间的行为对其真实意思表示进行推断。

二、瑕疵仲裁协议的补救

(一)瑕疵仲裁协议的含义

瑕疵仲裁协议,又称有缺陷的仲裁协议,是指具备法律规定的有效条件但缺乏法律所要求的基本内容或执行上有一定问题或有困难的仲裁协议。对瑕疵仲裁协议,应当针对不同情况分别处理。如果仲裁协议因为缺乏法律所要求的基本内容而导致该协议不可执行或者违反仲裁制度基本原则的,可以允许当事人进行补救,达成补充协议,达不成补充协议,该仲裁协议无效,即按前述处理无效仲裁协议的方式处理。如果仲裁协议的内容不完备,但是可执行,可通过仲裁机构或法院依法进行补救,完善其内容。

(二)瑕疵仲裁协议的表现形式

常见的瑕疵仲裁协议主要有以下表现形式:(1)同时选择两个仲裁机构。如"合同争议应提交中国国际贸易促进委员会对外经济贸易仲裁委员会或瑞典斯德哥尔摩商会仲裁院仲裁"。(2)选定的仲裁机构与其适用的仲裁规则不一致。如"合同争议应提交上海仲裁委员会按国际商会仲裁院仲裁规则仲裁"。(3)选定仲裁机构但没有约定仲裁规则。如"因本合同所产生的一切争议应提交国际商会国际仲裁院仲裁"。(4)选定的仲裁机构名称不准确。如"本合同之一切争议应交由中国对外贸易仲裁委员会仲裁解决"。(5)约定了仲裁地点与仲裁机构,但未明确规定仲裁机构的名称。如"双方因执行本合同发生争议,任何一方均可向甲方所在地仲裁机关申请仲裁"。(6)其他方面有较完整的规定,但指定具体仲裁机构不可能进行仲裁。如"如发生争议,以在巴黎的国际商会按国际商会仲裁规则所作的仲裁裁决为准。"

(三)瑕疵仲裁协议的补救

1. 对同时选择两个仲裁机构的补救

同时选择两个仲裁机构的仲裁协议称为浮动仲裁协议(floating arbitration agreement)。对此情形的仲裁协议,有的国家和地区的商事仲裁立法和司法实践采肯定态度,有的采否定态度。这类仲裁协议虽然赋予了两个或两个以上的仲裁机构对争议享有管辖权,但有关仲裁机构及其管辖权是完全可以确定的,因而该类仲裁协议应该是可以执行的,是有效的。理由是,这类约定是选择性规定,当事人只可以选择其中一个仲裁机构仲裁,至于选择哪一个仲裁机构,由当事人视情况自由决定。在商事仲裁制度较为发达的国家和地区,一般规定仲裁机构对这类仲裁协议项下的争议案件享有管辖权。中国内地现行的司法实践也确认这类仲裁协议的效力,排除法院对争议案件的司法管辖权,并将争议案件交由先向其提起仲裁的仲裁机构管辖。如1996年12月12日最高人民法院在给山东省高级人民法院的复函中对“齐鲁制药厂诉美国安泰国际贸易公司”合资合同纠纷一案仲裁条款效力问题所作的司法解释认为,仲裁条款对仲裁机构的约定是明确的,也是可执行的,当事人只要选择约定的仲裁机构之一即可进行仲裁,本案纠纷应由当事人提交仲裁解决,人民法院对本案无管辖权。[1]

2. 对选定的仲裁机构与其适用的仲裁规则不一致的救济

对此种情形的仲裁协议,一些国家和地区的商事仲裁机构是不允许的。理由是,在这些机构的仲裁规则中,一般对当事人的这种约定作了明确的规定,强调当事人选择了该机构仲裁,也就选定了该机构的仲裁规则,即使当事人选择了其他仲裁规则,仍然按所选定仲裁机构的仲裁规则仲裁。如中国内地大多数地方仲裁委员会不允许当事人选择其他的仲裁规则。但是有的国家和地区仲裁立法和仲裁机构的仲裁规则允许当事人的这种选择。如2000年《中国国际经济贸易仲裁委员会仲裁规则》允许当事人约定按其他仲裁规则进行仲裁,只是附加了一个条件,即需经中国国际经济贸易仲裁委员会的同意。[2]《上海仲裁委员会仲裁规则》有类似的规定。[3] 中国内地现行的司法实践对这类仲裁协议的效力明确予以承认。1999年6月21日最高人民法院在给湖北省高级人民法院的复函中认为,当事人在合同的仲裁条款中约定在香港依据国际商会仲裁规则进行仲裁,该仲裁条款按香港法律是有效的、可执行的,人民法院无管辖权。[4]

3. 对选定仲裁机构但没有约定仲裁规则的救济

对此种情形的仲裁协议,一般都认为是有效的、可执行的仲裁协议,其缺陷可由仲裁机构、仲裁庭或法院协助当事人补充完善。各商事仲裁机构的通行做法是,如果当事人选择了特定的仲裁机构仲裁,视为当事人选择了该仲裁机构的仲裁规则。如2000年《中国国际经济贸易仲裁委员会仲裁规则》第7条规定:“凡当事人同意将争议提交仲裁委员会仲裁的,均视为同意按本仲裁规则进行仲裁。”1998年《国际商会仲裁规则》第6条第1款规定,双方当事人按国际商会仲裁规则仲裁的,除双方已经约定适用订立仲裁协议时有效的仲裁规则外,应当视为事实上接受本规则。中国内地的司法实践也认定这类仲裁协议是有效的仲裁协议。如:1996年5月16日最高人民法院在给福建省高级人民法院的复函中认为,国际商会国际仲裁院是执行国际商会仲裁规则的唯一仲裁机构,合同中的仲裁条款实际约定了

---

〔1〕 1996年12月12日最高人民法院法函[1996]176号。

〔2〕 2000年《中国国际经济贸易仲裁委员会仲裁规则》第7条。

〔3〕 《上海仲裁委员会仲裁规则》第9条规定:“当事人将争议提交本会仲裁的,均视为同意按照本规则进行仲裁;当事人另有约定,经本会同意的,可以从其约定。”

〔4〕 1999年6月21日最高人民法院法经(1999)143号。

由国际商会国际仲裁院依据国际商会仲裁规则对案件当事人之间的合同纠纷进行仲裁，该仲裁条款有效，当事人应按仲裁条款进行仲裁。[1]

4. 对选定的仲裁机构名称不准确的救济

对此种情形的仲裁协议，如果仲裁机构与仲裁地紧密地联系在一起，或能够进行同一认定，则该仲裁协议是可执行的，若一方当事人对仲裁协议的效力提出异议，该异议不应成立。例如，当事人在仲裁协议中规定，“因本合同所生的一切争议交由上海市仲裁委员会在上海仲裁解决”，上海仲裁委员会就有管辖权。根据是，按中国内地《仲裁法》和国务院的有关规定，中国内地地方仲裁机构不按行政区设立，目前总机构设在上海的唯一常设仲裁机构是“上海仲裁委员会”。再如，当事人在协议中约定由中国对外贸易仲裁委员会仲裁，中国国际经济贸易仲裁委员会对当事人间的争议享有管辖权，因为中国国际经济贸易仲裁委员会的前身是中国对外贸易仲裁委员会。需注意的是，必须将这种情形的仲裁协议与约定的仲裁机构根本不存在的仲裁协议区分开。按中国内地的立法和司法实践，后者是无效仲裁协议而非瑕疵仲裁协议。

5. 对已约定仲裁地点、仲裁机构但未确定仲裁机构名称的救济

对此种情形的仲裁协议，只要仲裁机构是明确的，应该认定为有效。中国内地的司法实践承认这类仲裁协议的效力。例如，在石家庄东方城市广场有限公司与中国香港拓能有限公司一案中，最高人民法院在给河北省高级人民法院的复函中认为，虽然合同未写明仲裁委员会的名称，仅约定仲裁机构为“甲方所在地的仲裁机关”，但鉴于在甲方当地只有一个仲裁委员会，即石家庄仲裁委员会，故该约定是明确的，该仲裁条款合法有效。[2]

6. 对指定的具体仲裁机构无法仲裁的救济

对此种情形的仲裁协议，应当视案件具体情况而定。虽然当事人指定仲裁机构有错误，或未明确指定具体的仲裁机构，或所指定的仲裁机构不可能进行仲裁，但如果从当事人在仲裁协议中的其他规定或有关语言文字或其他情形中能合理地表明当事人在订立仲裁协议时的真实意图包含了某个仲裁机构，或能合理地推定进行仲裁的机构，则该仲裁协议有效。如，前述1996年6月12日最高人民法院复函所涉及的案件，能合理地推断出能进行仲裁的机构是国际商会国际仲裁院，而不是国际商会。

---

〔1〕 1996年5月16日最高人民法院法函[1996]78号。

〔2〕 1998年7月6日最高人民法院法经(1998)287号。

第六节　国际商事仲裁协议的效力

国际商事仲裁协议的效力,是指有效的国际商事仲裁协议对有关主体和相关事项的法律拘束力,有积极效力和消极效力两方面。

一、积极效力

(一)对当事人的效力

1. 当事人有义务将争议提交仲裁解决

国际商事仲裁协议对当事人最主要的法律效力是,当事人任何一方都有义务将争议提交仲裁解决。国际商事仲裁协议一旦有效订立,双方当事人都要受其约束,履行协议规定的义务,任何一方应当将他们之间的特定争议提交仲裁解决,而不得提交法院解决。这是因为,一项有效的国际商事仲裁协议排除了当事人将争议提交法院解决的权利,使当事人承担了将争议提交仲裁解决的义务。如果一方当事人违反仲裁协议规定的这一义务而向法院起诉,另一方当事人有权依据仲裁协议要求法院终止司法诉讼程序,并将争议交由仲裁机构解决。

2. 当事人有履行仲裁裁决的义务

当事人在仲裁协议中已同意将有关争议提交仲裁解决,并承认仲裁机构有作出裁决的权力,仲裁协议就使当事人承担了履行由仲裁机构所作出的裁决的义务,除非该裁决经有关国家的法院裁定无效或被撤销。

3. 当事人须履行一定的附随义务

当事人履行的附随义务基于以上两项义务而产生,是当事人为了仲裁程序的顺利进行和仲裁裁决的顺利履行而应当承担的附带义务,诸如任何一方当事人不得随意解除、变更已经发生效力的仲裁协议;当事人在仲裁过程中应与仲裁机构、仲裁庭和仲裁员积极配合等。

各国仲裁立法和司法实践、有关国际条约明确规定了商事仲裁协议对当事人的这项法律效力。如中国内地《仲裁法》规定,当事人达成有效仲裁协议,一方向法院起诉的,法院不予受理。[1] 前述中国内地司法实践的有关规定和做法说明了这一原则在中国内地司法实践中的运用。在法国,法院在主张商事仲裁协议对当事人的法律效力时拒绝适用不承认商事仲裁协议有约束力的外国法律,即使因当

〔1〕 中国内地《仲裁法》第5条。

事人的国籍或争议的标的或支配争议实质问题的法律而使该争议与该国法律有联系。[1] 1923年《商事仲裁条款议定书》默示确认了这项原则，“分别属于不同缔约国管辖区域的合同当事人之间同意将可能产生的、涉及商事事项或能通过仲裁予以和解的任何其他事项的、与合同有关的所有或任何分歧提交仲裁的协议，无论是有关现存分歧还是未来分歧的协议，也不论仲裁是否在当事人所属管辖区域的国家进行，每一缔约国均承认其有效性。”[2]《纽约公约》第2条有类似的规定。

(二)对仲裁机构和仲裁庭的效力

国际商事仲裁协议是仲裁机构和仲裁庭对争议案件行使仲裁管辖权的根据，其受理、审理、裁决争议案件必须以有效的仲裁协议为基础。它进一步决定仲裁机构和仲裁庭与当事人之间的关系，以及仲裁员和仲裁庭的权利义务。没有有效的仲裁协议，当事人一方无权将争议交由仲裁解决，仲裁机构无权受理该争议案件。任何一方当事人有权以不存在仲裁协议或仲裁协议无效为由，对仲裁机构和仲裁庭的管辖权提出异议。仲裁协议对仲裁机构和仲裁庭的法律效力主要有二：

1. 决定仲裁管辖权的范围

国际商事仲裁协议决定仲裁管辖权的范围。具体言之：(1)它赋予仲裁庭审理当事人提交仲裁的争议并作出裁决的权力。(2)决定仲裁庭可以审理和裁决何项争议或何种问题。例如，仲裁协议只规定了一项争议，在仲裁程序的进行过程中，如果无进一步的仲裁协议，仲裁庭就无权审理其他的争议。如果仲裁庭审理其他的争议，就会出现超越其管辖权范围。

2. 确定仲裁庭具有决定自身管辖权的权力

国际商事仲裁协议可以确定仲裁庭是否具有决定自身管辖权的权力。如果仲裁协议合法有效，即使没有明确规定这项授权，根据有关国家仲裁立法、司法实践和相关的商事仲裁规则，也可以基于仲裁协议的存在确定仲裁庭具有该项权力。

仲裁庭所拥有的决定自身管辖权的权力，被称为“权限－权限”(competence－competence)规则或原则。该原则最早起源于德国，后被法国和其他欧洲大陆法系国家的理论界与司法实践所采纳。联合国国际贸易法委员会在制定《示范法》时的工作文件和评述中提及了这一规则。目前该原则得到主要国际性规则、多数国家仲裁立法和司法实践、重要仲裁规则的承认。

在国际性规则中，1961年《欧洲公约》规定，按仲裁庭所在地国家的法律规定，仲裁庭受对其管辖权提出异议的任何后续司法管制的约束，但它应该有权继续仲

---

[1] 法国司法实践的案例可见CA. Paris, Apr. 20, 1988, Clark International Finance v. Sud Matériel Service, 1988 REV. ARB. 570. 这一方法因法国最高法院于1993年12月20日在Comité Populaire de la Municipalité de Khoms El Mergeb v. Dalico Contractors案(121 J. D. I. 432[1994])的判决而普遍化。

[2] 1923年《商事仲裁条款议定书》第1条。

裁程序,决定其管辖权并决定仲裁协议或仲裁协议为组成部分的合同的存在或效力。[1]《解决国家与他国国民间投资争议公约》有类似的规定。[2]《示范法》规定,“仲裁庭可以对有关仲裁庭没有管辖权的抗辩,作为一个初步问题或在实体裁决中,进行裁定”,即使发生要求撤销有关管辖权裁决的诉讼,“仲裁庭仍然可以继续仲裁程序,并作出裁决。”[3]

在各国仲裁立法中,承认这项权力极为普遍。[4] 如1981年法国《民事诉讼法典》规定,“如果一方当事人对仲裁庭的管辖权及其范围提出异议,仲裁庭应对其管辖权的有效性或范围作出裁定”。[5] 在法国的国际商事仲裁中,如果仲裁受法国法支配,上述规定同样适用。[6] 基于法国1981年法令的规定,这项原则在法国国际商事仲裁法律制度中具有普遍性。法国最近的判例也确认了这项原则,并赋予其更广泛的适用范围。按照法国的立法和司法实践,“审理案件的仲裁庭具有决定自身管辖权的权力,这项权力来源于当事人的协议,它对这类协议拥有审查其存在和有效性的管辖权。”[7]

在仲裁规则中,《联合国国际贸易法委员会仲裁规则》第21条第1款、1998《国际商会仲裁规则》第6条第2款、1998年英国《伦敦国际仲裁院仲裁规则》第23条第1款,1997《美国仲裁协会国际仲裁规则》第15条第1款等,都有类似规定。

(三)对仲裁裁决执行的效力

国际商事仲裁协议是仲裁裁决得以执行的根据,包括当事人自动履行和法院强制执行仲裁裁决。在通常情形下,仲裁败诉的一方当事人会以种种理由为借口,不会主动、自觉地履行仲裁裁决所确定的实体义务。胜诉的一方当事人只有依据有效的仲裁协议和仲裁裁决书依法请求法院强制执行,迫使败诉方履行义务,以实现自己的权利。如中国内地《仲裁法》第62条规定,一方当事人不履行仲裁裁决,

---

〔1〕 1961年《关于国际商事仲裁的欧洲公约》第5条第3款。

〔2〕 1965年《解决国家与他国国民间投资争端公约》第41条。

〔3〕 1985年《国际商事仲裁示范法》第16条第3款。

〔4〕 如1987年瑞士《联邦国际私法法规》第186条、1972年比利时《司法法典》第1697条第1款、1986年荷兰《民事诉讼法典》第1052条第1款、1988年西班牙《仲裁法律》第23条第3款、1986年葡萄牙《关于自愿仲裁的法律》第21条第1款、1993年土尔其《仲裁法典》第61条、1996年英国《仲裁法》第30条、1998年德国《民事诉讼法典》第1040条。

〔5〕 1981年法国《民事诉讼法典》第1466条。

〔6〕 同上,第1495条。

〔7〕 法国在此以前的重要案例有:Cass. com., Feb. 22, 1949, Caulliez – Tibergien v. Caulliez – Hannart, JCP, Ed. G., Pt. II, No. 4899 (1949); Trib. civ. Seine, Oct. 17, 1956, Kohorn v. Dimitrov, JCP, Ed. G., Pt. II, No. 9647 (1956); CA. Colmar, Nov. 29, 1968, Impex v. P. A. Z., Ed. G., Pt. II, No. 16246 (1970)。

另一方当事人可以按民事诉讼法的有关规定向人民法院申请执行,受理申请的人民法院应当执行。1958 年《纽约公约》第 4 条规定:“为了使裁决能在另一缔约国得到承认和执行,申请人应该在申请时提供:(1)经正式认证的裁决书正本或经正式证明的副本;(2)仲裁协议正本或经正式证明的副本。”1985 年《示范法》规定,仲裁裁决不论在何国境内作出,都应该被承认为具有约束力,且经向有管辖权的法院提出书面申请,即应按本法的有关规定予以执行。[1]

在当事人向法院申请强制执行时,国际商事仲裁协议的存在与否、有效与否是申请成功与否的重要条件。如果存在合法有效的国际商事仲裁协议,强制执行申请就会成功;否则,法院会以国际商事仲裁协议不存在、无效为由撤销该仲裁裁决或裁定不执行该仲裁裁决。如:中国内地《仲裁法》和《民事诉讼法》规定,一方当事人提出证据证明仲裁裁决具有无仲裁协议的情形的,可以向人民法院申请撤销裁决,人民法院经组成合议庭审查核实不存在仲裁协议的,应当裁定撤销仲裁裁决;被申请人提出证据证明仲裁裁决具有无仲裁条款或没有达成书面仲裁协议的情形的,经法院组成合议庭审查核实,裁定不予执行。[2] 1958 年《纽约公约》第 5 条第 1 款规定:“若仲裁协议无效,或仲裁裁决载有关于交付仲裁范围以外事项之决定者,可以构成受理申请案的法院拒绝执行仲裁裁决的理由。”

由上可见,仲裁协议不仅是仲裁机构取得对争议案件管辖权的依据,而且是法院执行仲裁裁决的依据之一。法院在被请求承认与执行裁决时,要求申请人提供仲裁协议,其目的是为了审查仲裁机构、仲裁庭是否获得了当事人的书面授权,裁决内容是否超出仲裁协议所确定的范围、裁决事项是否具有可仲裁性等,以便作出是否予以承认和执行的裁定。拒不执行仲裁裁决的一方当事人有权以不存在有效仲裁协议为由,对申请人的执行裁决申请和法院的强制执行程序提出抗辩。

二、消极效力

国际商事仲裁协议的消极效力主要表现为排除法院的司法管辖权。这是国际商事仲裁协议的法律效力所产生的主要的、最直接的效果之一。这种效果不仅能够排除法院一般的司法管辖权,而且排除其专属管辖权。如果一方当事人在争议发生后不按仲裁协议将争议提交仲裁解决,而诉诸法院,法院因其无管辖权而要求当事人交由仲裁解决。如果法院已经受理了有关当事人所提起的诉讼,另一方当事人有权以他们之间存在仲裁协议、法院无管辖权为由,要求法院终止有关的诉讼程序、驳回该当事人的起诉。

---

〔1〕 1985 年《国际商事仲裁示范法》第 35 条第 1 款。

〔2〕 中国内地《仲裁法》第 58 条第 1 款第 1 项和第 2 款、第 63 条,1997 年《民事诉讼法》第 217 条第 1 项、第 260 条第 1 项。

国际商事仲裁协议排除法院的司法管辖权,已经得到了各国仲裁立法和司法实践、国际商事仲裁公约、示范法的认可,并已成为国际商事仲裁法律制度中的一项基本原则。

在仲裁立法和司法实践方面,1981 年法国《民事诉讼法典》规定:“按仲裁协议提交仲裁庭解决的争议在国内法院起诉的,法院应拒绝管辖;如果仲裁庭仍未受理此案,法院也应拒绝管辖,除非仲裁协议是明显无效的。”〔1〕法国最高法院在 Eurodif v. République Islamique d'Iran 等案件〔2〕的判决中确认,这条规定适用于国内、国际商事仲裁。1987 年瑞士《联邦国际私法法规》规定:“除非被诉人已就实体问题提出答辩,未提出任何异议,或者仲裁协议无效、失效或不能实行,或显而易见由于被诉人的原因仲裁庭不能组成等,如果当事人已订立了关于可仲裁事项之仲裁协议,瑞士法院不得对其行使管辖权。”〔3〕1993 年俄罗斯《联邦国际商事仲裁法》规定:“如果向法院提起诉讼的争议是仲裁协议的标的,且一方当事人在不迟于就争议实体提出第一次申述时要求仲裁,法院应终止程序并让当事各方付诸仲裁,除非法院认为仲裁协议无效、失效或不能执行。”〔4〕1996 年英国《仲裁法》规定,“如诉讼针对仲裁协议的一方当事人提出(无论是本诉还是反诉),所涉及的事项依仲裁协议应当提交仲裁,该方当事人(经向对方发出通知后)可向诉讼进行地法院提出申请,要求法院中止上述事项的程序。”〔5〕1998 年德国《民事诉讼法典》规定:“在向法院提起的诉讼中,如涉及仲裁协议项下的事项,如被申请人在就争议实体问题进行辩论之前提出异议,法院应当拒绝此项诉讼,除非法院认定仲裁协议无效、失效、不可或不能履行。”〔6〕美国《联邦仲裁法》也有类似的规定。〔7〕中国内地《仲裁法》的规定与法国法的规定相似。目前,其他主要国家仲裁立法也确认了有效商事仲裁协议的情况下法院无管辖权的原则。〔8〕

在国际商事仲裁公约与示范法方面,1923 年《商事仲裁条款议定书》规定,“缔约国的法院在受理第 1 条所适用的当事人之间产生的与其缔结的合同有关的争议时,如该当事人之间订立有仲裁协议,根据一方当事人的请求,应当命令双方当事

---

〔1〕 1981 年法国《民事诉讼法典》第 1458 条。

〔2〕 Cass. 1e civ., June 28, 1989, Eurodif v. République Islamique d'Iran, 1989 Bull. Civ. I, No. 255.

〔3〕 1987 年瑞士《联邦国际私法法规》第 7 条。

〔4〕 1993 年俄罗斯《联邦国际商事仲裁法》第 8 条(1)款。

〔5〕 1996 年英国《仲裁法》第 9 条第 1 款。

〔6〕 1998 年德国《民事诉讼法典》第 1032 条第 1 款。

〔7〕 1925 年美国《联邦仲裁法》第 3 条。

〔8〕 如 1986 年荷兰《民事诉讼法典》第 1022 条、2003 年西班牙《仲裁法律》第 11 条、1998 年比利时《司法法典》第 1679 条。

人提请仲裁裁决。"[1]《纽约公约》的规定与此相似:"缔约国法院受理一案件,而对该案件所涉及的事项,当事人之间已经达成本条意义内的协议,除非该法院查明该协议无效、未生效或不可执行,应当根据一方当事人的请求,令当事人提交仲裁。"[2]1961年《欧洲公约》间接承认了存在有效仲裁协议时法院无管辖权原则。[3]《示范法》规定:"就仲裁协议的标的向法院提起诉讼时,如果一方当事人在不迟于其就争议实体问题提出第一次申述时要求仲裁,法院应当让当事各方交付仲裁,除非法院认定仲裁协议无效、不能实行或不能履行。"[4]

需注意的是,国际商事仲裁协议排除法院司法管辖权的规定不是绝对的。有关的商事仲裁法对法院的有关管辖权给予了不同程度的保留。第一,法院对仲裁协议的存在与否、有效性和可执行性有审查和裁判的权力。当法院认定仲裁协议不存在、无效、或无法执行时,法院即对案件享有司法管辖权。从上述的引证即可略见一斑。第二,根据有些国家法律的规定,一方当事人向法院起诉,而一另方当事人应诉,且对法院的管辖权在法定时间内不提出异议,即使存在有效的仲裁协议,也视为该当事人默示接受了法院的司法管辖权,法院对争议案件享有管辖权。第三,在整个仲裁程序过程中,法院对仲裁庭的组成,证据材料的收集,强制措施方面起着一定的作用。[5]

第七节 国际商事仲裁协议自治理论

一、国际商事仲裁协议自治理论的含义

国际商事仲裁协议自治理论(doctrine of autonomy of international commercial arbitration agreement),又称国际商事仲裁协议的独立性(independence)、可分离性(separability)或可分割性(severability)理论或学说,是指国际商事仲裁协议在与包含它或与它相关的主合同的关系问题上的自治或相分离。它是在20世纪60年代产生并发展起来的关于仲裁协议有效性的理论或学说,目前已得到各国的广泛接受和采纳,成为现代国际商事仲裁的重要理论。普通法系国家学者长期不愿意接

〔1〕 1923年《商事仲裁条款议定书》第4条第1款。

〔2〕 《关于承认和执行外国仲裁裁决的公约》第2条第3款。

〔3〕 1961《关于国际商事仲裁的欧洲公约》第6条第3款。

〔4〕 1985年《国际商事仲裁示范法》第8条第1款。

〔5〕 Emmanuel Gaillard, John Savage, ed., *Fouchard, Gaillard, Goldman On International Commercial Arbitration*, Kluwer Law International, 1999. pp. 413 - 414.

受这一"自治"理论,[1]而将其称为"可分割性"(severability)或"可分离性"(separability)原则;大陆法系国家的学者经常使用"可分离性"、"独立性"或"超然性"(detachment)的表述。但是在欧洲大陆各主要国家仲裁立法和司法实践中,在确定国际商事仲裁协议的效力独立于主合同的效力时,通常依据自治理论来援引法律规则,使得自治理论被牢固地确定。

无论国际商事仲裁协议自治理论是否得到普遍接受,其表述方式如何,在现代国际商事仲裁立法和司法实践中,已经得到了充分的肯定和普遍的认同,其含义有较为一致的认识。综观国际商事仲裁立法和司法实践,国际商事仲裁协议自治理论一般是指:国际商事仲裁协议的效力不因合同不存在、无效、失效或不可执行而受影响,合同中的仲裁条款是与合同相分离的、独立存在的条款,仲裁庭依据有效的仲裁协议或仲裁条款对争议案件享有管辖权,排除法院管辖权。

根据这一含义,国际商事仲裁协议自治理论的基本内容为:国际商事仲裁协议与主合同或合同条款是相分离的、各自独立的契约,其效力不受主合同效力的影响,即使主合同不成立、不存在、无效、失效或不可执行,仲裁协议的效力不能因此受任何影响;当事人对主合同存在与否、有效与否的异议,应当由仲裁机构而不是法院来解决。

二、国际商事仲裁协议自治理论的确立与发展

(一)仲裁协议自治理论的确立

合同中的仲裁条款本身是合同的一部分。争议发生前后由当事人达成的其他形式的仲裁协议是对主合同中关于争议解决条款的补充或重新达成的协议,仍然是主合同的组成部分,对主合同具有依附性。[2] 合同有效,仲裁协议因主合同有效而有效,自然不存在问题。但是如果主合同不存在、无效、解除、终止或不可执行,是否导致仲裁条款或仲裁协议具有相同或相应的效果,则不无问题。

按照一般的、传统的合同法理论与司法观念,因仲裁条款是合同的一部分,事先或事后达成的仲裁协议对主合同具有附属性仲裁条款是合同的组成部分,合同的效力自然对其产生影响。事后达成的仲裁协议因它是达成的一个新协议,可以视为一个单独的合同,其有效性可以不受主合同的影响,但从其对主合同的依附性而言,则应受主合同的影响。因此,如果按照一般的、传统的合同法理论和司法观念,仲裁条款是合同的一部分,事先或事后达成的仲裁协议具有附属性,合同不存

---

[1] Pierre Mayer, L'autonomie de l'arbitre international dans l'appréciation de sa proper compétence, *Collected Courses of Hague Academy of International Law*, vol. 217, 1989, part 5, s. 10; Pierre Mayer, The Limits of Severability of the Arbitration Clause, *ICCA Congress Series No.* 9, 1998 REV. ARB. 359.

[2] 正是因为考虑到除仲裁条款以外的仲裁协议形式与有关商事合同之间同样有着这种实质性的联系,我们在这里将一般的国际商事仲裁法论著中所探讨和表述的"国际商事仲裁条款自治理论"表述为"国际商事仲裁协议自治理论"。

在、无效、解除、终止或不可执行，仲裁协议应因此具有相同效果。对合同中的仲裁条款，英美法系国家以前的立法和司法实践、早期的国际商事仲裁公约持这种观点。按照传统的合同法理论和司法观念，仲裁协议是针对合同的法律关系而起作用的，主合同不存在，附属于合同的仲裁协议丧失了存在的基础，主合同无效，仲裁协议尤其是合同中的仲裁条款当然应该归于无效。因此当事人对合同的存在、效力提出异议时，如果当事人试图以仲裁方式解决合同纠纷，首先应当由法院对合同和仲裁协议的效力作出决定，仲裁庭对仲裁协议的有效性问题无管辖权。

随着时代的发展和商事仲裁法律制度的发达，仲裁协议的效力依附于主合同的传统理论和司法观念受到了新的理论与司法实践挑战。新的理论和实践认为，无论仲裁协议的表现形式是仲裁条款，还是其他形式的仲裁协议，虽然对主合同具有附属性，但都体现了当事人的自由意志，是当事人缔约自由、当事人意思自治的法律原则在以仲裁方式解决合同纠纷方面的体现，其法律效力应该独立于主合同的效力。理由是：

首先，当事人在争议发生前或争议发生后自愿达成的专门仲裁协议，体现了当事人不愿意将争议诉诸司法程序而自愿交付仲裁解决的意志，从仲裁协议的订立、形式、内容等都与主合同相独立，是当事人之间达成的一项新的、独立的协议。因此主合同的存在与否、有效与否、可执行与否，不应影响仲裁协议的有效性。

其次，合同中的仲裁条款虽然是构成该合同内容的一部分，但它具有与合同中的其他条款完全不同的性质，不仅是当事人协商一致的结果，是一方当事人对另一方当事人承担将争议提交仲裁解决的一项义务，而且是当事人双方彼此同意授权第三方解决其争议，一方当事人向另一方当事人承担了将争议提交共同约定的仲裁机构解决的义务。[1] 如果仲裁条款的效力仅仅因为它是合同的一部分而受主合同效力的影响，实质上剥夺了或者歪曲了当事人在争议解决方法上的共同意志，也对有权解决当事人争议的仲裁机构产生影响，即剥夺了仲裁机构对争议案件的管辖权。这对当事人和仲裁机构都是不合理的。如果仲裁条款的效力不受合同的制约，合同无效、不存在、不可执行不影响仲裁条款本身的效力，则实质上承认了当事人在争议解决方式问题上的自由意志及其独立性，并有利于当事人之间的有关争议的解决，也有助于仲裁制度的发展。

基于上述原因，国际商事仲裁协议的自治理论得以逐步确立和发展起来。

在实践中，英国上议院在 1942 年 Heymann v. Darwins Ltd 案[2]中已提出有关仲裁协议具有自治性的观点。在该案中，英国的钢铁制造商达尔文公司，与营业地在纽约的海曼订立了关于指定海曼为独家销售代理人的合同，并约定此合同于

〔1〕 谢石松：《国际民商事纠纷的法律解决程序》，广东人民出版社，1996 年版，第 116 ~ 118 页。

〔2〕 Heymann v. Darwins Ltd. ,363 CA (1942).

1938 年开始执行,“凡由于本合同引起的任何争议应通过仲裁解决。”后来达尔文拒绝履行合同,海曼诉诸法院指控达尔文违约。达尔文请求法院中止对本案的审理,并按合同中的仲裁条款将争议提交仲裁解决。初审法院 Macmillan 法官认为,如果合同自始不成立,作为合同一部分的仲裁协议也就不存在,因为大合同中包含小协议。但上议院 Diplock 法官认为,仲裁条款是一个从属于主合同的独立合同,可以独立于主合同而存在,没有违约的一方是否可以继续履行合同的问题应交由仲裁庭而不是法院决定。在此案中,无论是涉及一方当事人是否违约,还是涉及另一方当事人能否继续履约,都属于仲裁条款的管辖范围,因为这些问题都是与合同有关的问题。1963 年法国最高法院在 Ets. Raymond Gosset v. Carapelli 案[1]中确立了仲裁协议可独立于主合同存在的重要法律原则。

(二)仲裁协议自治理论的发展

仲裁协议自治理论在最初确立时是有条件和受限制的,仅适用于合同的解除、终止等情况,如果合同自始无效或者合同根本不存在,仲裁协议当然无效。但随着国际商事仲裁的进一步发展,仲裁协议自治理论不断得到发展和完善。人们逐渐认识到,不仅在主合同终止和解除时,仲裁条款是独立存在的;即使在主合同可撤销、自始无效时,仲裁条款也可以脱离主合同而独立存在。这种观点得到各国仲裁立法、司法与仲裁实践、国际常设仲裁机构的支持与采纳。国际法院的 Stephen M. Schwebel 法官曾经指出,全面承认仲裁条款自治理论是各国仲裁立法的方向。[2]

1. 主要仲裁规则的规定

当事人在仲裁协议中规定仲裁规则,产生了当事人的授权。如果当事人所规定的仲裁规则规定了仲裁协议自治原则,就可以推定当事人有使仲裁协议与主合同相分离的意图。这种推定在国际商事仲裁实务和司法实践中具有重要作用。由于存在着支配仲裁协议但不承认仲裁协议自治原则的法律,在这种情形下,如果涉及的法律既不明确反对也不明确承认仲裁协议自治原则,仲裁庭或法院可以通过以当事人意图为基础的决定,将仲裁协议与其主合同相分离,从而使仲裁规则对仲裁协议自治原则的确认具有了非常重要的意义。

国际商会在 1955 年的仲裁规则中确认了仲裁协议自治原则。1998 年《国际商会仲裁规则》第 6 条第 4 款规定:“除非有相反的约定,只要仲裁庭认为仲裁协议有效,不应因合同被指无效或不存在而终止对仲裁案件行使管辖权。即使合同本

---

〔1〕 Cass. 1e civ., May 7, 1963, Ets. Raymond Gosset v. Carapelli, *JCP, Ed. G.*, Pt. II, No. 13405 (1963); 91 J. D. I. 82 (1964).

〔2〕 Harbour Assurance Co. (U. K.) Ltd. v. Kansa General International Insurance Co. Ltd., *Lloyd's Law Reports*, vol. 1, 1992 p. 92. 赵健:《国际商事仲裁的司法监督》,法律出版社,2000 年版,第 78 页。

身可能不存在或无效,仲裁庭仍然应该继续行使管辖权,以决定当事人的权利,并对其请求和主张作出裁判。"这项规定明确肯定了仲裁协议的自治性。因此,即使仲裁庭认为主合同无效、不存在,也必须继续审理案件,并作出裁决。仲裁庭只能在它认为仲裁协议本身无效或不存在的情况下拒绝管辖。

1976 年《联合国国际贸易法委员会仲裁规则》明确规定了仲裁协议自治原则,其第 21 条第 2 款规定:"为第 21 条(仲裁庭决定自己管辖权)的目的,构成合同的组成部分和规定按本规则提交仲裁的仲裁条款应当作为一种与合同其他条款相独立的协议。仲裁庭对合同无效的决定不应当在法律上导致仲裁条款无效。"

普通法系国家的常设仲裁机构仲裁规则也采纳了仲裁协议自治原则。1985 年《伦敦国际仲裁院仲裁规则》第 14 条第 1 款的规定与《联合国国际贸易法委员会仲裁规则》的规定相似。1998 年《伦敦国际仲裁院仲裁规则》第 23 条有明确的规定。1991 年《美国仲裁协会国际仲裁规则》第 15 条第 2 款的规定与《联合国国际贸易法委员会仲裁规则》的规定非常相似。1997 年《美国仲裁协会国际仲裁规则》第 15 条第 2 款明确规定,"仲裁条款应被视为独立于合同其他条款的一项协议,仲裁庭不得仅因合同无效而认定仲裁条款无效"。英美两国仲裁机构仲裁规则承认仲裁协议自治原则具有特别重要的意义。

2. 主要国家仲裁立法的规定

主要国家仲裁立法承认仲裁协议自治原则。1986 年荷兰《民事诉讼法典》第 1053 条规定:"应当将仲裁协议作为一项分离的协议加以考虑和决定","仲裁庭应当有权决定仲裁协议为其构成部分或与仲裁协议有关的合同的有效性"。1988 年西班牙《仲裁法规》第 8 条规定,合同无效、不存在或已经失效的事实并不必然使与合同相关的仲裁协议无效。1987 年瑞士《联邦国际私法法规》第 178 条第 3 款规定,"不得基于主合同无效对仲裁协议的有效性提出异议。" 1998 年比利时《司法法典》第 1697 条第 2 款规定:"合同无效的裁决不应当在法律上导致其中的仲裁协议无效。"1998 年德国《民事诉讼法典》第 1040 条第 1 款规定:"仲裁庭可以决定自己的管辖权,并同时对仲裁协议的存在或效力作出决定。为此,构成合同一部分的仲裁条款应被视为独立于合同其他条款的协议"。1999 年瑞典《仲裁法》第 3 条规定:"构成其他协议一部分的仲裁协议,其效力如必须和仲裁庭的管辖权同时确定,则仲裁协议视为独立的协议"。

中国内地在 20 世纪 80 年代的有关合同立法中,间接承认了仲裁协议自治原则。1985 年《涉外经济合同法》第 35 条承认了仲裁协议自治原则,该条规定:"合同约定的争议解决条款,不因合同的解除或终止而失去效力。"但按当时的立法体制,该规定只适用于中国内地的国际经济合同,不适用于国内合同。因此这项规定不适用于对国内商事仲裁协议的效力的确定,决定了中国内地当时只部分承认仲裁协议自治原则。20 世纪 90 年代,局面得以改变。1994 年《仲裁法》和 1999 年

《合同法》明确承认商事仲裁协议自治原则,并同时适用于国内和国际商事仲裁协议。《仲裁法》第19条第1款规定:“仲裁协议独立存在,合同的变更、解除、终止或者无效,不影响仲裁协议的效力。”《合同法》第57条规定:“合同无效、被撤销或者终止的,不影响合同中独立存在的有关解决争议方法的条款的效力。”

3. 司法实践的发展

在各国商事仲裁司法实践中,如前所述,1963年法国最高法院在Ets. Raymond Gosset v. Carapelli案中确认这项原则,并使其在法国司法实践中得到普遍认可。1967年美国联邦最高法院在Prima Paint v. Food & Conklin案[1]的判决中确认,仲裁条款与包含仲裁条款的合同相分离。美国其他法院和美国商事仲裁机构对这一原则也给予了充分的肯定。[2] 日本、德国、意大利等国家的法院在其仲裁立法采纳这一原则之前采取了与其他国家法院同样的态度。[3] 中国内地目前的司法实践普遍接受了这一原则,如前述有关最高人民法院对瑕疵仲裁协议的处理遵循了仲裁协议自治原则。

三、国际商事仲裁协议自治理论的依据

国际商事仲裁协议自治理论被各国仲裁立法及实践广泛接受的依据有三:

(一)当事人意思自治原则

仲裁协议是双方当事人将已经发生或将要发生的商事争议提交仲裁的一种意思表示。这种意思表示表达的是双方当事人意图将争议提交给中立的第三方仲裁,从而排除法院管辖权的意图。在争议解决方法的选择上,双方当事人完全具有自主权。争议解决方法的选择可以与具体的争议内容相分离。在实践中,一方当事人采取欺诈手段诱使另一方当事人通过仲裁方式来解决争议的情况较少出现。如果因为商事合同的终止、解除、无效或者不存在而否决双方当事人将争议提交仲裁的真实意思表示,无疑是对当事人意思自治原则的违背。因此,国际商事仲裁协议自治理论是当事人意思自治原则在国际商事仲裁协议领域中的具体体现。

---

〔1〕 Prima Paint v. Food & Conklin Mfg Co. ,388 U. S. 395 (1967).

〔2〕 如Belship Navigation, Inc. v. Sealift, Inc. , No. 95 CIV. 2748(RPP), 1995 WL 447656 (S. D. N. Y. July 28, 1995) ; 1996 A. M. C. 209; 6 *World ARB. & RRP.* 226(1995); 10 *INT'L ARB. REP Al*(Aug. 1995)。

〔3〕 日本的案例见Kokusan Kinzoku Kōgyō K. K. v. Guard - Life Corp. , 29 MINSHū 1061 (Sup. Ct. , July 15, 1975); IV *Y. B. COM. ARB.* 122 (1979)。德国的案例见Landgericht Hamburg, Mar. 16, 1977, Italian company v. German (F. R.) Firm, III Y. B. COM. ARB. 274 (1978)。澳大利亚的案例见QH Tours Ltd and Another v. Design Management(Aus) Pty Ltd and Another, James S Read。Peter E Slinn, ed. , Law Reports of the Commonwealth(1992), *Commercial Law Reports*, Butterworths, 1993, p. 650.

（二）仲裁协议的特殊性

仲裁协议是一种特殊类型的协议，[1]主要表现在其内容和作用上。仲裁协议规定的是发生争议后解决争议的方式；其他合同条款调整的是双方当事人在商事方面的具体权利义务关系。当事人签订主合同的目的在于切实履行合同，实现预期利益，但当事人订立仲裁协议旨在约定何种争议解决方法，其实施以当事人主合同发生争议为前提，并作为解决当事人纠纷的救济手段而存在。主合同确立的是一方当事人对另一方当事人的权利或义务，仲裁协议则是双方当事人共同达成的通过仲裁解决争议的意思表示。两者意旨迥然不同。

仲裁协议的特殊性决定了其效力可独立于主合同。在一般的主从合同关系中，从合同关系对主合同关系所起的作用是保证履行，而仲裁协议不具备这种作用，其目的在于合同发生争议时按照双方当事人约定的仲裁方式解决。因此主合同生效的条件并不必然是仲裁协议生效的条件；仲裁协议的存在和生效不应取决于它所依附的主合同是否有效，而应看它自身是否是一个存在的和有效的仲裁协议。[2]

（三）国际商事仲裁实践的需要

国际商事仲裁协议自治理论的确立是国际商事仲裁实践的需要。如果仲裁协议不具有自治性，一旦一方当事人提出因主合同终止、解除、无效或者不存在而导致仲裁协议当然终止、解除、无效或者不存在，那么当事人的仲裁意愿就会落空。即使一方当事人关于主合同的上述主张得不到仲裁庭或法院的支持，仲裁程序很容易受到当事人的恶意阻碍，从而影响国际商事仲裁的快捷与经济等优势的发挥。这显然违反当事人约定将争议提交仲裁解决的本意。如果仲裁协议不具有自治性，一旦当事人对主合同的效力提出异议，则须由法院对主合同的内容进行审查以确定主合同及仲裁协议的效力，必然会导致法院过早介入合同争议的是非曲直问题，而这些问题恰恰是当事人希望提交仲裁而不是法院解决的。因此承认仲裁协议的自治性，可以有效地减少和限制法院对国际商事仲裁的司法干预。[3]

---

〔1〕［英］施米托夫：《国际贸易法文选》，赵秀文译，中国大百科全书出版社，1993年版，第612、626页。

〔2〕李双元主编：《国际经济贸易法律与实务新论》，湖南大学出版社，1996年版，第392～395页。

〔3〕邓杰：《商事仲裁法理论与实务》，兰州大学出版社，2005年版，第77页。

第八节 国际商事仲裁协议的转让与终止

国际商事仲裁协议订立之后，一方或双方当事人将其在合同中的权利义务转让给第三方，该仲裁协议是否约束合同的受让方，国际商事仲裁协议的效力何时终止，在主合同效力终止时其效力如何，是本节探讨的两个主要问题。

一、国际商事仲裁协议的转让

国际商事合同转让后，因合同主体变更导致合同当事人之间权利义务的变化，在此情况下合同中的仲裁条款是否约束合同受让方，需要加以研究。

（一）两种观点

当国际商事合同转让时，仲裁协议是否随之一起转让，在国际上有两种截然相反的观点：

1. 赞同论

该种观点认为，包含仲裁协议的国际商事合同是一个整体，在国际商事合同转让时，仲裁协议亦随之转让。此种观点的依据是，仲裁协议的权利是从属于主合同项下的权利，是主合同的组成部分，受支配附属权利转让规则的支配，应该与主合同其他条款项下的权利一并随主合同转让。[1]

2. 反对论

该种观点认为，仲裁协议独立于主合同，不随主合同转让而转让，除非双方当事人另有约定。此种理论的依据是，仲裁协议中的权利是程序上的权利，不受支配合同实体权利的规则的约束；仲裁协议中的权利属于个人的权利，还包括相关的义务，即不得将协议项下的争议提交法院解决的义务。对此义务，若没有得到受让人的明示同意，则不能转让。[2]

作者赞同上述第一种观点，理由如下：

（1）反对仲裁协议的自动转让的理由，即“仲裁协议是基于人身关系考虑订立的，不适用于第三人”，不能成立。仲裁协议的订立不是基于人身关系，而是基于仲裁程序的便利、高效及其它优点。[3] 在商业实践中，当事人之间以存在人身信任关系订立仲裁协议的情况极罕见。

---

〔1〕 赵秀文：《国际商事仲裁及其适用法律研究》，北京大学出版社，2002 年版，第 49 页。

〔2〕 赵秀文：《国际商事仲裁及其适用法律研究》，北京大学出版社，2002 年版，第 51 页。

〔3〕 Daniel Grisberger and Christian Hausmaniger, Assignment of Rrights and Agreement to Arbitrate, *Arbitration International*, vol. 8, No. 2, 1992, p. 141.

(2)仲裁协议具有从属于主合同的附属性。仲裁协议自治理论推动了国际商事仲裁事业的发展,其重要性不容回避,但对仲裁条款独立性理论不宜过于宽泛地解释和不加限制地滥用,以免使仲裁条款独立性理论的实际运用违背其宗旨,成为国际商事仲裁发展的障碍。仲裁条款具有对主合同的依赖性,表现有三:第一,它必须以合同为载体;第二,它所要解决的争议通常是在其他条款履行过程中引发的争议;第三;其效力的实现须以主合同其他条款发生争议为条件。

(3)国际商事仲裁新理论促成了仲裁协议效力的扩张。在国际商事仲裁新理论中,力主仲裁协议效力应扩张的理论有两种:一是"长臂"仲裁协议理论。有学者称这种仲裁协议效力扩张的情形为"仲裁协议对未签字人的效力",实现效力扩张的仲裁协议被称为"长臂的仲裁协议",并预言在一定程度上仲裁协议的"胳膊"正在"伸长",[1]主要表现在放宽对仲裁协议的形式要求。二是仲裁自动转移理论。由瑞典著名学者 Grisberger 提出。根据自动转移理论,仲裁协议的转让无须受让人进行任何行为或表示,即自动延展到受让人。[2] 该理论得到多数学者认同,认为出于对合同非转让当事人的保护,不能因合同一方当事人的转让而使原合同当事人将争议提交仲裁的意愿落空。

(4)国际商事仲裁蓬勃发展的需要。国际商事仲裁为国际商事领域中最常见的争议解决方法,与其灵活、快捷、专业、一裁终局等特点密切相关。如果仲裁协议不能随主合同一起转让,或者受让人以新合同没有经过其明示同意而不能提交仲裁为借口阻碍仲裁协议转让,不利国际商事仲裁实践的进一步发展。从保护交易安全、鼓励交易的立场出发,在全面综合考虑当事各方的合理利益的基础上,国际商事合同转让后,认定仲裁协议可以自动转移较为妥当,即承认仲裁协议同样适用于变更后的合同当事人,除非当事方另有约定。

(二)国际商事仲裁协议转让的效力

1. 合同债权转让时仲裁协议的效力

按照合同法的一般原理,债权转让只需要通知债务人即可,不需要取得受让人的同意,除专属于债权人的权利外,从权利均由受让人取得。[3] 国际商事仲裁协议作为国际商事合同的从合同,理应随主合同一并转移给受让人,但是否应征得原合同的另一方当事人(即债务人)的同意。作者认为,在国际商事仲裁实践中,从保护受让人和债务人的实际需要出发,原合同中的仲裁协议应当适用自动转移原

---

〔1〕 赵健:"长臂的仲裁协议:论仲裁协议对未签字人的效力",《仲裁与法律》,2000 年第 1 期,第 30 页; (1986)2 Lloyd's Rep. 225。

〔2〕 Felix Weinacht, Party Succession in Agreements To Arbitration, *Mealey's International Arbitration Reports*, No. 9, 1999, p. 55.

〔3〕 《中华人民共和国合同法》第 80、81 条。

则随合同债权一并转让，不须单独取得债务人的同意。理由有二：

（1）有利于保护受让人合同债权。仲裁协议作为国际商事合同的一个组成部分，由此产生的权利与义务属于主合同的附属权利，这类权利属于合同中争议解决的选择条款，是从属于主合同项下的权利。[1] 根据合同法的一般原理，仲裁权的选择作为一项从属权利，应该自动随主合同转让给受让人。对受让人的保护，除强调债权的全部转让外，还应特别注意对债权的保护，即允许仲裁协议自动转让给受让人。若不允许仲裁协议自动转移，会造成对受让人不公。第一，若债务人不同意与受让人之间重新签订仲裁协议，则受让人与债务人之间解决争议的唯一途径是诉讼。如果诉讼在债务人所在国进行，这对受让人极为不利：一方面可能使争端解决成本大大增加；另一方面可能遭受债务人所在国法院司法不公所带来的不利后果。第二，如果要求受让人与债务人签订一份新的仲裁协议，有可能使债务人处于相对有利的位置，使他有机会通过挑选法院或仲裁而获取不当的好处。[2] 因此，基于保护受让人利益，原主合同中的仲裁协议应该自动转让给受让人，而无须债务人同意。

（2）有利于保护债务人。主合同中的仲裁协议是原合同当事人之间共同意愿的表示。债务人与转让人之间签订仲裁协议，表明债务人意图通过仲裁方式解决合同争议。如果在合同具体的权利义务均没有变更的情况下，只因转让人将其债权转让给受让人而致其通过仲裁方式解决争议的意愿落空，这与债务人当初缔结仲裁协议的意愿是相悖的。因此基于保护债务人，应当让仲裁协议自动转移而对受让人产生相应的约束力。

2. 合同债务承担时仲裁协议的效力

关于合同债务承担，合同法一般规定，债权人同意是使债务承担有效的最主要条件。[3] 债是在特定当事人之间发生的，债权人在缔约过程中对债务人的履约能力应有充分了解，若债务人将其债务转让给债权人不了解的第三方，对债权人能否顺利实现其债权影响巨大。因此债务人转移其债务须得到债权人的同意。

在债权人同意债务转移的情况下，为了保障债权人债权的实现，应考虑在何种情况下仲裁协议随着主合同一起转移给受让人。一般而言，如果债权人同意债务人将债务转移给受让人而没有提出特别声明，则视为债权人同意仲裁协议随之一起转移给受让人。在受让人不依约履行转让之后的合同时，债权人可以将争议提

---

〔1〕 Daniel Grisberger and Christian Hausmaniger, Assignment of Rights and Agreement to Arbitrate, *Arbitration International*, vol. 8, No. 2, 1992, p. 141.

〔2〕 Sigvard Jarvin, Assignment of Rights under a Contract Containing an Arbitration Clause – Assignee Bound to Arbitration, *Swedish and International Arbitration*, 1997, p. 65.

〔3〕 中国内地《合同法》第 84 条。

交仲裁解决。

受让人在受让债务人的债务后，取代了原债务人的位置，成为新的合同当事人，在受让债务后应该考虑到债权人可能采取的违约救济手段，除非他在受让债务时声明其不接受债权人在原合同中约定的违约救济方式，否则受让人应当受原合同当事人之间仲裁协议的约束。

3. 合同概括转移时仲裁协议的效力

关于合同概括转移，合同法一般都规定，须经双方同意。[1] 此时同意的意思表示可以是单独的声明或通过其他方式达成的协议中的意思表示。在此情况下，原合同的当事人、新合同的受让人既已同意转让，三方直接或间接地达成了一致协议，原合同中的仲裁协议为各方所接受，合同中的仲裁协议对原合同当事人、新合同受让人均有约束力。在此种情形下，各国普遍适用的是仲裁条款"自动移转规则"(automatic assignment rule)。根据该规则，合同的转让人经合同另一方或者其他方当事人的同意，将其在合同中的权利义务概括移转给受让人。如果原合同中订有仲裁条款，该仲裁条款对合同的受让人与合同的其他方当事人具有约束力，除非受让人或债务人在合同转让时或得到合同转让通知时明确反对仲裁条款继续适用。[2]

值得注意的是，法律并未对何谓同意作出明确规定。原合同双方当事人既已同意原合同的权利义务一概转移，在转移时未对仲裁协议是否随之转移作出特殊的声明或保留，则可视为原合同双方当事人对仲裁协议的可转移采取了默示态度，仲裁协议既可约束原合同双方当事人，也对新合同的双方当事人有同样的约束力。

(三)各国立法与司法实践

1. 英国

英国早期的立法与司法实践认为，"原合同当事人之间的权利及他们与仲裁员之间的权利彼此独立，仲裁协议不能转让。"[3] 此种观点认为，合同具有相对性原则，不允许合同权利或义务转让。在 Cottage Club Estates v. Woodside Estates Co. 案[4] 中，承包商 Cottage Club Estates 与房主 Woodside Estates Co. 之间的建房合同中包含了仲裁协议，承包商将该合同项下的应得款项转让给了银行，但合同双方对该应得款项产生争议，承包商提起仲裁，房主辩称因合同权利转让，承包商不能提

---

〔1〕 中国内地《合同法》第88、89条。

〔2〕 刘晓红：《国际商事仲裁协议的法理与实证》，商务印书馆，2005年版，第219页。

〔3〕 Cottage Club Estates Ltd. v. Woodside Estates Co. Ltd., [1928] 2 *K. B.* 463; James M. Hosking, The Third Party Non－Signatory's Ability to Compel International Commercial Arbitration－Doing Justice Without Destroying Consent, 4 Pepp. Disp. Resol. L. J. (2004), p. 491.

〔4〕 Daniel Grisberger and Christian Hausmaniger, Assignment of Rights and Agreement to Arbitrate, *Arbitration International*, vol. 8, No. 2, 1992, p. 126.

起仲裁。法官认为,仲裁协议本质上是个人之间的约定,只约束签署合同的当事人,因此合同权利的转让不涉及该合同中仲裁协议的转让。如果当事人同意转让,仲裁协议可以转让。

随着国际商事仲裁实践的发展,英国法院逐渐对仲裁协议转让持赞同态度。在 Shayler v. Woolf 案中,被告与 Mrs. Iris Ethel Peacock 订立了包含了仲裁协议的买卖合同,原告受让 Mrs. Iris Ethel Peacock 的合同权利与义务,向法院起诉被告违约,被告以存在仲裁协议为由提出异议。在该案中,法官不同意仲裁协议仅是个人之间的合约,认为仲裁协议可以转让,并对受让人产生约束力。[1] 司法实践得到了英国立法的认同。1999 年英国《合同法(第三方权利)》规定,如第三方权利与仲裁协议相关,且争议是在执行该权利时产生,则第三方受仲裁协议约束。[2]

2. 美国

美国的国际商事仲裁一直由《联邦仲裁法》调整,但涉及第三人的仲裁问题与仲裁协议有效性等问题一样,适用"规制契约形式的一般州法原则"和"可仲裁性的联邦实体法"。[3] 纽约州的一些判例认为,仲裁协议被认为主要是创设义务而非权利,并因此要求受让人一方的明确同意,以对该方当事人产生效力。[4] 在这种观点的影响下,认定一项有效的仲裁协议转让需具备如下三个要件:第一,一项有效仲裁协议的转让只能涉及债权转让,不能涉及债务转移;第二,仲裁协议的转让须遵守一般契约之原理,即仲裁协议的转让不会延伸到一项私人义务;第三,因纯个人身份关系而缔结的仲裁协议不能成为一项协议的转让标的。[5]

但在 Bell – Ray Company, Inc. v. Chemrite Ltd. and Lupritene 案[6]中,上述观点被重新审视。Bell – Ray 是一家新泽西州的公司,Chemrite 是一家来自南非的公司。两者为了方便混业经营签订了包括仲裁条款在内的一系列贸易协议。Chemrite 公司将上述全部协议转让给另外一家南非公司 Lupritene。过了一段时间,Bell – Ray 针对 Chemrite 和 Lupritene 两公司提起了仲裁,随后接到一张旨在对仲裁

---

[1] [1946] *Ch.* 320;115 *L. J. Ch. D.* 131.

[2] 该法第 8 条规定,当出现以下情况时:(a)在本法案第 1 条实施合同条款("实质条款"的权利受制于有关事先规定的针争议提交仲裁("仲裁协议")的条款时,且(b)仲裁条款是按照 1996 年仲裁法令第 1 部分而书面缔结的:基于该法目的,第三方应被视为仲裁协议的一方,该仲裁协议是第三方与缔约方之间就第三方实施实质条款的争议而产生的。

[3] Moses H. Cone Mem'l Hosp. v. Mercury Constr. Corp., 460 *U. S.* 1, 24 (1983).

[4] [英]艾伦·雷德芬、马丁·亨特等:《国际商事仲裁法律与实践》(第四版),林一飞、宋连斌译,北京大学出版社,2005 年版,第 161 页。

[5] James M. Hosking., The Third Party Non – Signatory's Ability to Compel International Commercial Arbitration – Doing Justice Without Destroying Consent, 4 *Pepp. Disp. Resol. L. J.* (2004), p. 494.

[6] Bell – Ray Co., Inc. v. Chemrite (Pty.) Ltd. and Lupritene (Pty.), 181 F. 3d 435, 445 (D. N. J. 1999).

提出异议的来自美国新泽西州地区法院的指令。该指令中,两个被申诉人声称他们都不是仲裁协议的当事人,要求法院裁令该转让无效。他们辩称,上述协议中已明白无误地表明在任何转让发生之前需要 Bell - Ray 的同意,而 Bell - Ray 并没有作出同意的意思表示,因此转让是无效的。美国新泽西州地区法院审理此案后,依据新泽西州法律,判定"合同承诺条款仅限制合同一方当事人转让合同的权利,但在合同意向缺乏应有的明确性时,该条款并不限制上述权利"。[1] 也就是,在主合同双方当事人没有明确约定未经一方当事人同意的转让无效时,一方当事人将主合同转让给第三方且另一方没有明示提出反对或保留的,主合同转让有效,其包含的仲裁协议也随之转让并对受让人产生约束力。

3. 法国

《法国民法典》没有对仲裁协议的转让予以明确规定。法国法院对仲裁协议能否随主合同一起转让未形成一致意见。在 Fraser v. Compagnie Européenne des Pétrales 案[2]中,中间卖方与最初卖方订立了包含仲裁协议的买卖合同,中间卖方将该合同项下的权利义务转让给了最终买方,最终买方认为货物不符合要求,起诉中间卖方和最初卖方,最初卖方认为合同中包含了仲裁协议,不应通过诉讼解决争议。法院认为,仲裁协议受合同相对性原则约束,不能适用于合同链上的所有合同,除非当事人另有明确约定。

但在另外一些案件中,法国法院持相反意见。如在 SNTM Hyproc v. Banque Generale du Commerce 案[3]中,巴黎上诉法院驳回了非转让方认为其不受经转让的胶卷开发合同中的仲裁条款约束的申请,法院在解释合同中的仲裁条款时认为其中不存在对转让的限制,并指出:"转让方在转让主合同的同时,将仲裁条款下的权利作为合同经济效益的一部分转让给了受让人"。鉴于该仲裁条款的非特定性并考虑到仲裁已经成为解决国际贸易争端的常见方式,法院认定非转让方接受仲裁条款转让是合法的,在裁决中指出:"国际合同中的仲裁条款具有效力,其适用范围延展至受让方,即使其受让的仅是部分权利。"法国最高法院对此持支持态度,并在以前的 1950 年一案件判决中承认了两家外国公司在国外缔结的合同中包含的仲裁条款对作为受让一方的法国公司的效力,并判定该法国公司不能援引《法国民法典》第 14 条规定向法国法院起诉。该案的评述指出:"从法律上看,在

---

[1] James M. Hosking, The Third Party Non - Signatory's Ability to Compel International Commercial Arbitration - Doing Justice Without Destroying Consent, 4 *Pepp. Disp. Resol. L. J.* (2004), p. 495.

[2] 彭小宁:《合同转让时仲裁协议的效力问题研究》,中国政法大学硕士学位论文,2007 年,第 5 页。

[3] C. C. C. Filmkunst v. E. D. I. F., 1988 *REV. ARB.* 565; 116 *J. D. I.* 1021 (1989), see Emmanuel Gaillard, John Savage, ed., *Fouchard, Gaillard, Goldman On International Commercial Arbitration*, Kluwer Law International, 1999, p. 427.

没有相反的明确表示的情况下,受让人从转让方得到的权利应保持其原有形态,所以法国公司接受合同转让的同时放弃了在本国诉讼的权利。将合同实体部分与争端解决部分割裂开来的做法不符合国际贸易的需要,如果允许受让人不受争端解决条款的约束,就完全忽略了当事人的本来意图。”法国最高法院在1999年的一个判决中明确指出:“国际仲裁协议随(相关)合同权利转让而转让,其转让后对非转让方和受让人的效力等同于转让前对原合同双方当事人的效力。”[1]合同受让方在享有受让权利时即受到合同中的仲裁条款的约束。仲裁条款的转让并不需要得到受让人的明确认可,相反,受让人只有作出明确的意思表示,才能排斥仲裁条款随主合同转让,不受仲裁条款的约束。

4. 中国内地

我国内地《仲裁法》第19条第1款规定:“仲裁协议独立存在,合同的变更、解除、终止或者无效,不影响仲裁协议的效力。”但对合同的变更是否包括合同主体的变更、合同权利义务的转让,未作出规定,在学界也未形成一致意见。《合同法》对合同变更采狭义的理解,排除了合同主体发生变化的情况。简言之,我国立法对仲裁协议在合同转让时的效力问题无明确规定。

在司法实践中,法院对仲裁协议是否随主合同一起转移的认识经历了逐渐深化的过程。武汉中苑科教公司(下称中苑公司)与香港龙海(集团)有限公司(下称龙海公司)案是一个极好的例证。中苑公司与武汉东湖新技术开发区进出口公司(下称东湖公司)于1992年2月18日签订了《合资经营企业合同》。双方在合同中约定:“与本合同有关的一切争议,应提交中国国际经济贸易仲裁委员会仲裁。”同年12月,东湖公司与中苑公司签订协议,将其全部股权转让给中苑公司。随后,中苑公司与龙海公司签订协议,规定由中苑公司替代东湖公司作为合资企业的中方,并将公司更名为“武汉金龙高科技有限公司”,但该协议并未对原合资合同中仲裁条款进行约定。中苑公司与龙海公司发生争议后,中苑公司向武汉市中级人民法院起诉,请求确认仲裁条款对当事人的效力。武汉中级人民法院于1998年3月作出裁定,中苑公司与龙海公司之间的协议没有明确规定仲裁条款,由于仲裁条款具有相对独立性,并根据《纽约公约》有关规定,原合同中约定的仲裁条款对该合同的新的受让人无法律效力,判定被申请人龙海公司所依据《武汉金龙高科技有限公司合同》的仲裁条款及《协议书》不能作为确认双方接受中国国际经济贸易仲裁委员会管辖的依据。龙海公司不服裁定,中国国际经济贸易仲裁委员会亦向最高人民法院反映情况。最高人民法院认为武汉中院的裁定是错误的,并指令湖北省高级人民法院按审判监督程序予以纠正,后者于1999年初作出终审裁定,肯

[1] Emmanuel Gaillard, John Savage, ed., *Fouchard, Gaillard, Goldman On International Commercial Arbitration*, Kluwer Law International, 1999, pp. 427-435.

定了该案应提交仲裁,中国国际经济贸易仲裁委员会对该案具有管辖权。[1] 2005年最高人民法院《关于适用〈中华人民共和国仲裁法〉若干问题的解释》第9条规定:“债权债务全部或者部分转让的,仲裁协议对受让人有效,但当事人另有约定、在受让债权债务时受让人明确反对或者不知有单独仲裁协议的除外”。我国司法实践最终确立了仲裁协议应随主合同一起转移的规则。

除了上述国家外,1997年瑞典最高法院在MS Emja Braack Shiffnhrts KG v. Wartsila Diesel Aktiebolag案[2]中,瑞士联邦法院在Muller v. Bossard案[3]中确认,随主合同一起转移的仲裁协议的效力应得到延伸,对受让人产生约束力。

由上可见,由主合同引发的作为其组成部分的仲裁协议的效力问题,应当根据当事人的意愿及合理利益原则对其进行推定。一般情况下应适用效力自动移转规则,除非受让人在受让时明确改变或排除了仲裁协议,在受让人没有提及或声明保留时,仲裁协议的效力应约束受让人。此种观点既有利于保护交易的安全,又符合支持国际商事仲裁的世界潮流。

二、国际商事仲裁协议的终止

国际商事仲裁协议作为国际商事合同的从合同,其效力既受到主合同的影响,也与其自身效力变化有关。当出现如下情形时,国际商事仲裁协议的效力可能终止:

1. 主合同未发生争议履行完毕

仲裁协议作为主合同的一个组成部分,是以主合同不能履行或不能完全履行为条件的一种救济手段而存在。如果主合同当事人能严格按照合同约定履行完全部义务,仲裁协议就丧失其继续存在的价值,其效力自然终止。当然,仲裁协议的效力不能严格依照合同法的主从合同关系来确定,基于仲裁协议自治理论,主合同的不存在、无效、撤销、变更、和解、转让或终止等情形并不能导致仲裁协议的效力终止。

2. 双方当事人终止仲裁协议

双方当事人在不终止主合同的情况下,可以通过明示或默示的方式终止仲裁协议的效力。明示的方式主要是通过签订补充协议而放弃原来的仲裁协议。默示的方式主要是通过共同的书面协议或共同的默示行为选择诉讼而非仲裁解决争

---

〔1〕 湖北省武汉市中级人民法院(1997)武经终字第0277号民事裁定书;最高人民法院法经(1998)212号函;湖北省高级人民法院(1999)鄂法审监经再字第4号民事裁定书。

〔2〕 Emmanuel Gaillard, John Savage, ed., *Fouchard, Gaillard, Goldman On International Commercial Arbitration*, Kluwer Law International, 1999, pp. 428 - 429.

〔3〕 1979 REV. ARB. 511. See Daniel Grisberger and Christian Hausmaniger, Assignment of Rrights and Agreement to Arbitrate, *Arbitration International*, vol. 8, No. 2, 1992, p. 128.

议。在法国巴黎上诉法院1987年裁定的Acadi v. Thomson－Answare案[1]中，合同双方当事人签订了一系列合同，其中第二份合同是仲裁协议，协议规定双方应将“某项”争议提交巴黎商事法庭仲裁，而后一份合同约定应将合同“任何”事项提交竞争法庭审理。双方发生争议后，巴黎第一初审法院认为，既然所有合同均由同样的双方当事人签订，其中包含的仲裁协议的效力应延伸到每一份合同，由此推定法院对这些事项没有管辖权。巴黎上诉法院则以双方当事人重新签订的合同已实际终止了原仲裁协议效力为由，推翻了巴黎第一初审法院的裁定。

3. 仲裁协议的废止

仲裁协议的废止主要有如下四种情形：(1)当事人约定的仲裁协议期限届满致使仲裁协议不能实施。例如当事人约定仲裁协议在签订后一个月内有效，而双方当事人均未在签订仲裁协议之日起一个月内提请仲裁，则仲裁协议到期失效；(2)仲裁协议不能实施。如仲裁协议中约定仲裁员必须为某人，其它人员不能代替。而该人在发生争议需要提请仲裁时已经死亡或丧失行为能力，致使仲裁协议无法实施；(3)仲裁裁决发生既判力，且当事人已经履行了该裁决。在此种情况下，仲裁协议已经完成了当事人约定的使命，当事人之间的争议已经彻底解决，仲裁协议自然失去了效力。(4)仲裁裁决被法院撤销或裁定不予执行，已裁争议的仲裁协议终止。裁决被法院撤销或裁定不予执行后，当事人可以通过重新签订仲裁协议申请仲裁或向法院提起诉讼，已裁争议的仲裁协议自然失去原有效力。值得注意的是，如果仲裁协议项下包含多项争议，其中只是某些争议提交了仲裁并由仲裁机构作了裁决书，而另外一些争议没有提交仲裁。对仲裁协议项下未经裁决的事项而言，仲裁协议的效力不受影响。

第九节　国际商事仲裁协议的法律适用

任何一项国际商事仲裁协议的有效性都涉及到当事人缔约能力、协议形式、协议成立、协议的内容等方面，在确定国际商事仲裁协议有效性的准据法时，首先应考虑确定准据法的方法，即：将国际商事仲裁协议作为一个整体来确定其准据法，还是将国际商事仲裁协议分解为若干不同方面而分别确定其准据法。综观国内外国际商事仲裁法理论与实践，在此问题上，存在统一论和分割论两种不

[1] CA Paris, Dec. 9, 1987, G. I. E. Acadi v. Thomson－Answare, 1988 *REV. ARB.* 573, 2d decision, and observations by G. Pluyette. See Emmanuel Gaillard, John Savage, ed., *Fouchard, Gaillard, Goldman On International Commercial Arbitration*, Kluwer Law International, 1999, p. 441.

同的方法论。

一、统一论

统一论，亦称整体论，主张将一项仲裁协议视为一个整体，将其所涉及的所有问题统一由一种法律来支配。该观点主要源于国际私法中关于合同准据法确定的“统一论”。[1]

持统一论的根据是：(1)国际商事仲裁协议属于契约范畴，国际私法中决定国际商事契约之准据法的统一论方法，同样适用于确定国际商事仲裁协议的准据法。[2] (2)无论从经济的角度还是从法律的角度，一项国际商事仲裁协议都应当是一个整体，为了保持其整体协调性，应当坚持一项仲裁协议只适用一种法律的原则。(3)就当事人的主观意志而论，当事人不希望将仲裁协议分解为许多方面而分别适用不同的法律。(4)将一项仲裁协议的各方面严格区分开，对不同的问题适用不同的法律，在实践中会遇到诸多困难，只有对国际商事仲裁协议的所有问题统一适用一种法律，才是现实的做法。[3]

国际商事仲裁协议的法律适用统一论拥有国内外支持者。如，英国国际私法学者戴西和莫里斯指出，一项仲裁协议是否合法有效涉及多方面的问题，除当事人的缔约能力外，还涉及协议的形式有效性、协议的内容合法性、仲裁条款的独立性等；被诉人可能以仲裁协议无效或含有仲裁协议的合同无效为由，阻止继续进行仲裁或反对执行仲裁裁决；当事人可能就仲裁员是否有权决定其间的特定争议提出异议或称仲裁协议已不能履行，拒绝将争议提交仲裁；在这些情况下，都要根据仲裁协议准据法作出决定。[4] 有学者认为，在通常情况下，如果当事人明示选择了适用于合同全部的法律，即可认为或推定仲裁协议也受该法律支配。[5] 我国内地少数学者也持此种主张。[6]

二、分割论

(一)分割论的观点

分割论主张对国际商事仲裁协议涉及的所有要素进行分割，使仲裁协议的不

---

〔1〕 谢石松主编：《商事仲裁法学》，高等教育出版社，2003 年版，第 160 页。

〔2〕 赵秀文：《国际商事仲裁及其适用法律研究》，北京大学出版社，2002 年版，第 34 页。

〔3〕 杨树明主编：《国际私法》，中国政法大学出版社，2000 年版，第 222 页。

〔4〕 Dicey and Morris, *The Conflict of Laws*, 12th ed., Sweet & Maxwell, 1993, p. 535.

〔5〕 M. J. Mustill and S. C. Boyd, *The Law and Practice of Commercial Arbitration in England*, 2nd ed., Butterworths, 1989, p. 62. 参见刘晓红：《国际商事仲裁协议的法理与实证》，商务印书馆，2005 年版，第 271 页。

〔6〕 参见郭寿康、赵秀文主编：《国际经济贸易仲裁法》，中国法制出版社，1995 年版，第 65～68 页；杨树明主编：《国际私法》，中国政法大学出版社，2000 年版，第 222 页；赵秀文：《国际商事仲裁及其适用法律研究》，北京大学出版社，2002 年版，第 32～40 页。

同方面分别受不同的法律支配。持"分割论"的根据是:(1)在国际商事仲裁协议中,当事人缔约资格与能力、争议的可仲裁性、协议的形式、协议的成立、协议的内容与效力、协议的解释、协议的转让等问题分别具有不同的性质,对不同性质的问题,可以分别适用不同的法律。(2)国际商事仲裁协议在本质上属于契约范畴,国际私法中有关合同法律适用的"分割论"方法可以作为确定仲裁协议准据法的方法。(3)在国际商事仲裁实践中,分割论的方法有利于仲裁机构和法院较准确地确定当事人在仲裁协议中不同方面的具体权利义务。

在中外仲裁理论界,许多学者持分割论观点。[1] 有关法律、司法实践和仲裁实务中,分割论的方法得到较广泛的体现。[2] 有鉴于此,本节主要按分割论阐述国际商事仲裁协议准据法的确定方法。

(二)分割论下仲裁协议的法律适用

1. 仲裁协议本身的法律适用

仲裁协议本身的法律适用,是指确定仲裁协议本身内容的有效性、解释、效力和适用范围等问题时应该适用的法律,不同于支配仲裁协议当事人的行为能力和争议事项的可仲裁性的法律。

在各国仲裁立法与实践、国际性规则中,支配仲裁协议本身的法律存在一种趋势:如果当事人明示选择了支配其仲裁协议的具体法律,按照当事人意思自治原则,当事人所选择的法律应当适用于仲裁协议;如果当事人没有选择,准据法的确定以当事人在仲裁程序的不同阶段对仲裁协议本身的态度为基础,适用于仲裁协议的法律取决于下列四个阶段:当事人向内国法院请求执行仲裁协议;当事人向仲裁机构或仲裁庭提出管辖异议;当事人申请撤销有关仲裁裁决;当事人请求拒绝承认和执行有关仲裁裁决。

(1)当事人向内国法院请求执行仲裁协议

当事人向内国法院请求执行仲裁协议时,准据法的确定取决于内国法院所依据的该国国际私法中的冲突规范。根据各国国际私法的立法和司法实践,本国法

---

〔1〕 中国内地学者持"分割论"者有如高菲:《中国海事仲裁的理论与实践》,中国人民大学出版社,1998 年版,第 86 - 99 页;赵威主编:《国际仲裁法理论与实务》,中国政法大学出版社,1985 年版,第 135 - 137 页;韩健:《现代国际商事仲裁法的理论与实践》,法律出版社,1993 年版,第 89 - 93 页;宋连斌:《国际商事仲裁管辖权研究》,法律出版社,2000 年版,第 82 - 91 页;葛缨:《论国际商事仲裁的法律适用》,西南政法大学硕士学位论文,2001 年,第 2 ~ 9 页。外国学者持"分割论"者有如:Emmanuel Gaillard and John Savage, ed. , *Fouchard, Gaillard and Goldman on International Commercial Arbitration*, Kluwer Law International, 1999, pp. 218 - 318; A. Redfern and M. Huter, *Law and Practice of International Commercial Arbitration*, 2nd ed. , Sweet & Maxwell, 1991, pp. 74 - 146。

〔2〕 例如《关于承认和执行外国仲裁裁决的公约》第 5 条对当事人行为能力、仲裁协议本身、争议事项可仲裁性等的法律适用进行了分割。

院有义务适用本国冲突规范。按国际私法的一般原则，适用于仲裁协议的法律有二：当事人自己合意选择的法律；当事人没有明示选择时，仲裁程序举行地国家的法律。如1999年瑞典《仲裁法》规定："如仲裁协议具有国际性因素，将受制于双方当事人约定的法律。如双方当事人未能就此达成一致，仲裁协议将受当事人约定的正在进行程序或将要进行程序的国家的法律约束。"[1]《欧洲公约》明确规定："除当事人能力外的其他问题，应当根据当事人确定的仲裁协议所应依据的法律，如未确定时，依据裁决地国家的法律。"[2]

在决定适用于仲裁协议的法律时，允许当事人选择所适用的法律与提交仲裁解决争议的协商一致和意思自治原则相符。但将仲裁举行地国家的法律作为支配仲裁协议的法律的一种选择性和决定性标准，存在一定的缺陷。如果当事人自己选择了仲裁地，将仲裁地法用作一种选择性标准，有其合理的基础，原因在于仲裁地与当事人的仲裁协议有密切联系。但是如果仲裁地是由第三人选择的，适用仲裁地国家的法律会出现赋予第三人有权利决定支配它们不是当事人的仲裁协议的法律的情况。还有可能发生这种情况，即在当事人向法院请求执行仲裁协议时可能不知道仲裁地位于何处。例如，仲裁协议规定由仲裁庭选择仲裁地。显然，这种规定不利于当事人在选择仲裁庭之前执行仲裁协议。

(2)当事人向仲裁庭提出管辖异议

在当事人向仲裁庭提出管辖异议时，会出现如何确定支配仲裁协议的法律的问题，如一方当事人主张其本人受欺诈性误导而同意仲裁协议或该仲裁协议按选定的法律是无效的。在解决这一问题时，仲裁庭会首先适用当事人明示选择支配其仲裁协议的法律。如果当事人没有明示选择法律，各国国际商事仲裁庭采取了不相同的做法，概括起来主要有如下5种：

第一，仲裁协议受仲裁地法支配。在1965年比利时工商会仲裁院的一项裁决中，仲裁庭主张仲裁协议受仲裁地法支配，而不是受适用于有关商事争议实质问题的法律支配。[3]

第二，仲裁协议受适用于商事争议实质问题的法律支配。在1977年荷兰一家私人公司诉伊朗一家私人公司的案件中，当事人在合同中约定，合同受瑞士法律支配的当事人之间所发生的所有争议交由荷兰油脂与油籽贸易联合会仲裁解决。荷兰油脂与油籽贸易联合会仲裁庭在确定仲裁条款的有效性问题时适用了支配争议

---

〔1〕 1999年瑞典《仲裁法》第48条。

〔2〕 1961年《关于国际商事仲裁的欧洲公约》第6条第2款。

〔3〕 Case No. 52/65, 1 *Y. B. Com. Arb.* 123 (1976).

实质问题的法律(即适用主合同的法律)。[1] 在1991年埃及一销售商诉塞内加尔一购买商的案件中,[2]国际商会第(1991)6840号裁决认为,当事人没有明示适用于仲裁协议和主合同的法律时,适用于仲裁条款的法律与适用于主合同的法律相同。[3]

第三,仲裁协议受当事人所选择的仲裁机构的仲裁规则支配。在国际商会第5486号案[4]中,比利时公司与西班牙公司的一项合营企业协议中包括了仲裁条款,该条款规定在马德里、巴黎或纽约仲裁,由提起仲裁程序的一方当事人确定。在确定支配该项仲裁条款的法律时,仲裁庭认为,"为了本案仲裁程序的目的,当事人已经明示地同意适用国际商会仲裁规则而不是某一国家的程序法……这类特别提及一国际仲裁机构的规则将这些规则转化为支配仲裁协议的法源……因此对仲裁条款有效性的评价必须根据国际商会仲裁规则作出。"[5]

第四,仲裁协议受依据国际社会普遍接受的合同关系的法律适用原则所确定的法律支配。在国际商会1982年第3572案中,仲裁庭采用了这一做法。[6]

第五,仲裁协议受能使其保持有效的法律支配。在当前的国际商事仲裁中,出现了一种有利于仲裁解决纠纷的法律适用规则,即在当事人没有选择法律时,按"与其使之无效,不如使之有效"的原则,适用能使国际商事仲裁协议保持有效的法律。在法国,司法实践的普遍作法是尽量使国际商事仲裁协议有效,排除使国际商事仲裁协议无效的任何外国法的适用。1975年巴黎上诉法院在Menicucci v. Mahieux案中认为,"就订立国际合同适用当事人意思自治原则而论,其中规定仲裁解决争议的条款的有效性是独立的,可以不适用任何国家的法律。"[7]国际商会仲裁院1984年第1415号、1985年第4966号案的仲裁庭在当事人选择法律不明确时,推定当事人在起草合同时就期望保持合同和仲裁条款有效,适用瑞士法律。[8]在这一方面,瑞士《仲裁法》成为立法典范,其第178条第(2)项规定,仲裁协议符

---

〔1〕 The Award of the Arbitral Tribunal of the Netherlands Oil, Fats and Oilseed Trade Association, September 5, 1977; (1979) 4 *Y. B. Comm. Arb.* 219.

〔2〕 119 *J. D. I.* 1030 (1992).

〔3〕 采此作法的类似案件有:1978年德国汉堡法院处理的一意大利公司诉一联邦德国公司案,5 *Y. B. Com. Arb.* 262 (1980);1977年国际商会国际仲裁院处理的一德国公司诉一意大利公司案,见国际商会1977年第2626号裁决,105 J. D. I. 980 (1978)。

〔4〕 [1989] 14 *Y. Comm. Arb.* 156.

〔5〕 Ibid., p. 161.

〔6〕 ICC Case No. 3572 of 1982, (1989) 14 *Y Comm. Arb.* 111 at 116.

〔7〕 Menicucci v. Mahieux, Cour d'appel de Paris, 13 Dec. 1975, 65; *Revue critique de droit international prive* 507 (1976).

〔8〕 ICC Case No. 1415/1984, No. 4966/1985; M. Rubino - Sammartano, *International Arbitration Law*, Kluwer, 1990, pp. 149 - 150.

合下列法律,即为有效:(1)双方当事人选定的法律,或(2)支配争议事项的准据法,特别是支配主合同的准据法;或(3)符合瑞士法。

(3)当事人请求撤销仲裁裁决

基于仲裁裁决所依据的仲裁协议无效而请求撤销该仲裁裁决时,支配仲裁协议的法律是裁决地国家法律或申请地国家的法律。《欧洲公约》规定,适用当事人选择的法律,当事人没有选择时,受裁决地国家的法律支配。[1] 但《示范法》的规定有所不同,允许当事人选择法律,当事人没有选择时,受对撤销裁决的申请有管辖权的法院所属国法律支配。[2] 这项规定与请求执行仲裁协议的情形显著不同。在请求执行仲裁协议的情况下,大多数国家法院所适用的法律是仲裁地法。

(4)当事人请求拒绝承认和执行仲裁裁决

《纽约公约》和《示范法》规定了拒绝承认和执行仲裁裁决的情形。根据这些规定,在一方当事人基于商事仲裁协议的效力问题而向有关国家的法院请求拒绝承认和执行某一仲裁裁决时,仲裁协议所适用的法律是当事人选择的法律,当事人没有选择时,适用裁决作出地国家的法律。[3]

2. 仲裁协议当事人行为能力的法律适用

仲裁协议的有效性直接取决于当事人缔结仲裁协议的民事行为能力。如前所述,关于当事人订立仲裁协议时的民事行为能力问题,有关国际条约和各国立法有明确的规定。有关国际公约和示范法规定,当事人双方在签订仲裁协议时,必须是依据某个国家的法律具有民事行为能力。如《欧洲公约》规定,仲裁协议的当事人按对其适用的法律为无行为能力者,仲裁协议无效;依据一方当事人的请求,可以拒绝承认与执行仲裁裁决。[4] 《纽约公约》规定,仲裁协议的当事人依据对其适用的法律有某种无行为能力的情形者,申请承认与执行所在地的主管机关可以依据一方当事人的请求,拒绝承认与执行。[5] 《示范法》有相似的规定。[6] 但是关于在确定国际商事仲裁协议当事人的民事行为能力时应该适用何国法律的问题,目前没有一致的认识,也不存在明确、统一的规定,从而出现了国际商事仲裁协议当事人民事行为能力的法律适用问题。根据目前有关国际条约、《示范法》和各国仲裁立法,决定当事人是否具有民事行为能力的法律,既不是当事人选择的适用于仲裁协议的法律,也不是仲裁地法或仲裁作出地法,而是专门适用于当事人民事行

---

〔1〕 1961年《关于国际商事仲裁的欧洲公约》第9条第1款第1项。

〔2〕 1985年《国际商事仲裁示范法》第34条第2款第A项第a目。

〔3〕 《关于承认和执行外国仲裁裁决的公约》第5条第1款和1985年《国际商事仲裁示范法》第34条第2款。

〔4〕 1961年《关于国际商事仲裁的欧洲公约》第9条第1款第1项。

〔5〕 《关于承认和执行外国仲裁裁决的公约》第5条第1款第1项。

〔6〕 1985年《国际商事仲裁示范法》第36条第1款第A项第a目。

为能力的法律。而且,由于国际条约、《示范法》和国内立法没有对此作出专门、具体的规定,只能按照国际私法的一般规则确定。

(1)自然人民事行为能力的法律适用

根据国际私法中一般的法律适用原则,自然人的民事行为能力适用当事人的属人法,包括国籍国法、住所地法和惯常居所地法。在大陆法系国家,当事人的属人法主要是指当事人的国籍国法,或称本国法。在英美法系国家,当事人的属人法主要是指当事人的住所地法。在一些国际条约和一些国家的国际私法立法中,为了避免国籍国法与住所地法发生冲突,越来越多地采用惯常居所地法作为自然人的属人法。

由于在当事人属人法的确定问题上存在冲突,因此会发生属人法与当事人缔结仲裁协议的所在地法之间的冲突,为了保证国际商事关系的稳定和促进国际商事仲裁制度的发展,自20世纪60年代以来,许多国家确立了另一项冲突法规则,即以行为地法支配当事人的民事行为能力。因此,国际商事仲裁协议当事人的民事行为能力,除可依据当事人国籍国法、住所地法和惯常居所地法外,还可以依据行为地法确定。这里的行为地法,主要是指仲裁协议缔结地法。自1794年普鲁士法创立适用行为地法这一冲突规则以来,已经被大多数国家的立法和司法所接受。[1] 少数国家还适用特定合同或行为的准据法。[2]

中国内地的国际私法立法和司法实践规定,主要依据当事人的属人法决定当事人的民事行为能力,兼采行为地法。如《民法通则》规定,中华人民共和国公民定居国外的,其民事行为能力可以适用定居国法律。[3] 最高人民法院《关于贯彻执行〈民法通则〉若干问题的意见(试行)》规定,定居国外的中国公民的民事行为能力,如其行为是在中国境内所为,适用中国法律,在定居国所为,可以适用定居国法律;外国人在中国领域内进行民事活动,如依其本国法为无民事行为能力,而依中国法律为有民事行为能力,应当认定为有民事行为能力。[4] 对于无国籍或多重国籍的自然人的民事行为能力,中国内地的司法实践主要以住所地法和与当事人有最密切联系的国家的法律作为依据来确定。最高人民法院《关于贯彻执行〈民法通则〉若干问题的意见(试行)》规定,无国籍人的民事行为能力,一般适用其定居国法律,如未定居的,适用其住所地国家的法律;有双重或多重国籍的外国人,以其现有住所或者与其有最密切联系的国家的法律为其本国法;当事人的住所不明

---

〔1〕 参见韩德培主编:《国际私法》,法律出版社,1989年修订版,第115-117页。

〔2〕 参见李双元主编:《国际私法》,北京大学出版社,1991年版,第185-187页;余先予主编:《冲突法》,法律出版社,1990年版,第134-136页。

〔3〕 中国内地《民法通则》第143条。

〔4〕 最高人民法院《关于贯彻执行〈民法通则〉若干问题的意见(试行)》第179、180条。

或不能确定的，以其经常居住地为住所，当事人有几个住所或不能确定的，以其经常居住地为住所，当事人有几个住所的，以与产生纠纷的民事关系有最密切联系的住所为住所。[1] 中国内地上述立法和司法实践的规定，可以用于确定国际商事仲裁协议当事人行为能力的准据法，原因在于当事人签订国际商事仲裁协议的行为，属于缔结契约的民事行为。

(2)法人民事行为能力的法律适用

根据冲突法的一般原则，法人的民事行为能力主要依据属人法确定。法人的属人法主要是指法人的国籍国法。法人的民事行为能力主要是依据法人的国籍国法确定。

关于法人国籍的确定，各国立法和司法实践有不相同的规定。综观各国，确定法人国籍的标准主要有法人成立地或注册登记地，住所地，管理中心所在地或业务所在地，资本控制标准。中国内地确定法人国籍主要采取注册登记地标准。如最高人民法院《关于贯彻执行〈民法通则〉若干问题的意见（试行）》规定，外国法人以其注册登记国的法律为其本国法，法人的民事行为能力依其本国法确定。[2]

法人按其国籍不同可分为内国法人和外国法人。关于外国法人的民事行为能力，除由该外国法人的属人法确定外，在某些情况下，还由外国法人从事跨国活动的所在国内国法律确定即外国法人行为地法确定。

在当代国际经济活动中，以国家或其政府或政府机构（即公法人）作为一方当事人的"国家契约"已经大量存在。为解决主权国家与他国自然人或法人间的法律争议，国家一方当事人能否签订商事仲裁协议将争议交付仲裁解决，各国存在很大分歧。一些国家的法律对公法人签订仲裁协议不加限制，而另一些国家的法律予以禁止，还有一些国家的法律对此予以限制。[3] 针对这三种不同的法律规定，理论界与实务界达成这样一个共识：公法人在缔约仲裁协议后不得援引本国法的规定对其同意提交仲裁的事实提出异议。但是在排除当事人本国法后应适用何种法律决定公法人的缔约能力，理论界与仲裁实践中主要有仲裁地法说（Doctrine of Lex Arbitri）、合同准据法说、国际仲裁普通法说（Doctrine of the Common Law of International Arbitration）三种。仲裁地法说认为，在公法人根据其本国法不具备提交

---

〔1〕 最高人民法院《关于贯彻执行〈民法通则〉若干问题的意见（试行）》第181、182、183条。

〔2〕 最高人民法院《关于贯彻执行〈民法通则〉若干问题的意见（试行）》第184条。

〔3〕 瑞士、英国、德国、荷兰等国家对公法人缔约仲裁协议的能力不加限制，沙特阿拉伯等国家禁止公法人与外国自然人、法人缔约仲裁协议，美国、意大利、澳大利亚、印度、比利时等国家要求公法人缔结仲裁协议时须事先获得批准或特别授权。详细情况分别参见：Switzerland (1987) 3 *Y. Comm. Arb.* 181; U. K. (1997) 2 *Y. Comm. Arb.* 90; India (1997) 2 *Y. Comm. Arb.* 31; Aramco Case; A. Redfern and M. Huter, op. cit., p. 74；1998年比利时《司法法典》第1676条第2、3款。另可参见葛缨：《国际商事仲裁的法律适用》，西南政法大学2001年硕士论文，第3～4页。

仲裁的能力时，应当适用仲裁地法决定这种无行为能力的范围与效力。[1] 合同准据法说认为，应当依据合同的准据法确定公法人的能力。持此学说的典型案例是 Benteler v. Belgium 案。[2] 国际仲裁普通法说认为，国际商事仲裁实践中已经形成大量的具有实质意义的国际仲裁法原则，可以作为"普通法"加以适用。持此说的典型案例是国际商会 1971 年第 1939 号仲裁案。[3]

(3)争议事项可仲裁性的法律适用

争议事项可仲裁性与争议事项不可仲裁性相对，其法律意义在于确定当事人之间的争议事项是否可以提交仲裁解决，它们决定当事人之间所签订的国际商事仲裁协议是否有效、仲裁机构是否具有管辖权，仲裁裁决是否可以得到承认或执行。关于争议事项是否具有可仲裁性的问题，各国仲裁立法、有关国际条约、《示范法》有明确的规定。但是仲裁立法对何种争议事项可以提交仲裁解决，即具有可仲裁性的争议事项的范围，有不同的规定，引起国际商事仲裁中争议事项可仲裁性的法律冲突。为解决此冲突，产生了争议事项可仲裁性的法律适用问题，即依据何种法律确定争议事项是否具有可仲裁性。综观各国仲裁立法和司法实践、国际商事仲裁条约和《示范法》的规定，争议事项可仲裁性的法律适用主要有 4 种规则：

第一，依当事人合意选择的法律

如果当事人双方在国际商事仲裁协议中明确选择了确定争议事项可仲裁性的法律，则依当事人所选择的法律。这项规则已被普遍承认。如：按中国澳门 1998 年《涉外商事仲裁专门制度》规定，仲裁协议的有效性（包括争议事项的可仲裁性），首先根据当事人所同意遵守的法律确定。[4] 《纽约公约》第 5 条、《欧洲公约》第 6 条和《示范法》第 34、36 条明确规定了该规则。[5]

第二，依裁决地国家的法律

如果当事人没有选择确定争议事项可仲裁性的法律，则按裁决地国家的法律确定。《纽约公约》规定，当事人没有指明以何种法律作为确定仲裁协议有效的法

---

[1] F. A. Mann, State Contracts and International Arbitration, (1996) 42 *B. Y. I. L.* 36；葛缨：《国际商事仲裁的法律适用》，西南政法大学硕士论文，2001 年，第 4 页。

[2] Benteler v. Belgium, (1985) *European Economic Cases* 109；葛缨：《国际商事仲裁的法律适用》，同上。

[3] ICC Award No. 1939, Doc. No. 410/2021, 22 September 1971；葛缨：《国际商事仲裁的法律适用》，同上。

[4] 1998 年中国澳门《涉外商事仲裁专门制度》第 36 条第 1 款第 a 项第 1 目。

[5] 《关于承认和执行外国仲裁裁决的公约》第 5 条第 1 款第 1 项，1961 年《关于国际商事仲裁的欧洲公约》第 6 条第 2 款第 1 项，1985 年《国际商事仲裁示范法》第 34 条第 2 款第 A 项第 a 目、第 36 条第 1 款第 A 项第 a 目。

律时,依裁决所在国的法律。[1]《欧洲公约》规定,除当事人的能力外,仲裁协议的其他问题的准据法,当事人在仲裁协议中没有约定的,依裁决地国家的法律;依裁决地国家的法律,仲裁协议无效者,可撤销仲裁裁决,并成为其他国家拒绝承认或执行裁决的理由。[2]《示范法》的规定与《欧洲公约》相同。[3]

第三,依法院地国家的法律

这里的法院,是指对一方当事人申请执行仲裁协议和另一方当事人对仲裁协议提出抗辩具有管辖权的法院,即对仲裁协议是否存在或有效享有管辖权的法院。对依据法院地国家的法律确定争议事项可仲裁性的问题,《欧洲公约》有明确的规定。其规则有两项:(1)按法院地国家的冲突规则确定争议事项可仲裁性的准据法。即在当事人没有约定仲裁协议所依据的法律而向法院提出异议,而且不能确定将在哪一国作出仲裁裁决时,应根据受理争议的法院所属国家的冲突规则确定准据法。(2)直接适用法院地国家的法律确定争议事项是否具有可仲裁性。如果按照法院地国家的法律,该争议事项不能通过仲裁方式解决,法院可以拒绝承认该仲裁协议的效力。[4]

第四,依申请撤销或申请拒绝承认与执行地国家的法律

仲裁裁决作出后,一方当事人以争议事项不具有可仲裁性为理由申请撤销或申请拒绝承认与执行仲裁裁决时,争议事项是否具有可仲裁性成为申请撤销地或申请拒绝承认与执行地国家管辖法院决定是否撤销、或是否拒绝承认和执行仲裁裁决的先决条件。在这一阶段,决定争议事项是否具有可仲裁性的准据法通常是申请撤销、或申请拒绝承认与执行地所在国的法律。《纽约公约》第5条规定,申请承认和执行地国家主管机关,按照该国法律认定争议事项不能以仲裁方式解决的,可以拒绝承认和执行该仲裁裁决。[5]《示范法》第34、36条规定,对撤销仲裁裁决具有管辖权的法院,根据本国法律认定争议事项不能通过仲裁方式解决的,得撤销该仲裁裁决;对申请承认与执行仲裁裁决具有管辖权的法院,依本国法律认定争议事项不能通过仲裁方式解决的,得拒绝承认和执行该仲裁裁决。[6]

---

[1] 1961年《关于国际商事仲裁的欧洲公约》第5条第1款第1项。

[2] 1961年《关于国际商事仲裁的欧洲公约》第6条第2款第2、3项、第9条第1款第1项。

[3] 1985年《国际商事仲裁示范法》第34条第2款第A项第a目、第36条第1款第A项第a目。

[4] 1961年《关于国际商事仲裁的欧洲公约》第6条第2款第3项。

[5] 《关于承认和执行外国仲裁裁决的公约》第5条第2款第1项。

[6] 1985年《国际商事仲裁示范法》第34条第2款第B项、第36条第1款第B项。

第三章　国际商事仲裁机构

国际商事仲裁机构是国际商事仲裁发展到一定历史阶段的产物。国际商事仲裁机构依据其组织形式的不同，可以分为临时仲裁机构和常设仲裁机构两种类型。常设国际商事仲裁机构的职能不在于审理和裁决争议，而是为仲裁程序的进行提供行政管理和组织协调服务，并致力于营造有利于仲裁发展的制度框架和外部环境。包括中国国际经济贸易仲裁委员会在内的一些著名常设国际商事仲裁机构，为满足国际商业社会不同主体解决争议的不同需求，发挥着重要作用。

第一节　国际商事仲裁机构的含义、性质和种类

一、国际商事仲裁机构的含义与特点

国际商事仲裁机构是指依据国际条约、一国国内法、国际组织或者自治性行业组织的决议或当事人的协议设立的、为以仲裁方式解决国际商事争议提供特定服务的仲裁组织。

(一)临时国际商事仲裁机构的含义与特点

临时国际商事仲裁机构是国际商事仲裁发展史上最早的仲裁组织形式，在19世纪常设仲裁机构出现以前，它是唯一的国际商事仲裁机构。在现代，虽然常设仲裁机构普遍存在，但通过临时仲裁机构解决国际商事争议的情况依然存在，临时仲裁机构在当今的国际商事仲裁中仍发挥作用。如，在国家作为争议一方当事人时，因一些国家不愿受常设仲裁机构的制约而选择临时仲裁机构解决其争议。临时仲裁机构所作的临时仲裁为一些国际公约和国内立法所肯定。1961年《欧洲公约》第4条规定，当事人可以选择临时仲裁机构仲裁，在此种情况下，当事人可以自由指定仲裁员或确定仲裁员的产生方式、决定仲裁地点、规定仲裁员必须遵守的程序等事项。美国、英国、法国、德国、意大利、奥地利、瑞典、挪威、丹麦、芬兰、荷兰、日

本、新加坡等国和我国香港地区的仲裁法和实践,[1]承认临时仲裁地位,允许当事人选择临时仲裁机构解决其国际商事争议。[2] 我国内地《仲裁法》对临时仲裁机构或临时仲裁未予规定,但仲裁实践间接承认、司法实践直接承认境外临时仲裁机构或非机构仲裁。[3]

临时国际商事仲裁机构(ad hoc international commercial arbitration institution),又称特别仲裁机构或临时仲裁庭(ad hoc arbitration tribunal),是指根据争议当事人之间达成的仲裁协议中关于仲裁机构组成及其运行的约定,在争议发生后由双方当事人推荐的仲裁员临时组成仲裁庭负责审理其国际商事争议事项,并在作出裁决后自动解散的商事仲裁机构。根据该定义,此种机构具有以下特点:

1. 临时性

临时性是指仲裁机构没有固定的仲裁组织形式、日常管理机构、仲裁程序规则、仲裁员选任与仲裁庭组成规则、仲裁地点等,其设立的目的是专门处理当事人间某一具体争议案件,一旦作出仲裁裁决即完成其仲裁使命,自动解散。

2. 灵活性

灵活性是指仲裁员的选任、仲裁庭的组成、仲裁程序、仲裁地点、实体法的适用、裁决方式和裁决效力等方面确定按当事人在仲裁协议中的约定。这种灵活性是由当事人在相应方面特别是仲裁庭组成和仲裁程序方面的自主权所决定的。在临时仲裁中,双方当事人可以按共同意志创设仲裁庭的组建规则、仲裁程序规则,如,当事人可以共同专门起草一套适用于解决当事人间特定纠纷的仲裁庭组建规则和仲裁庭程序规则,也可以援引已有的有关组织的仲裁规则或授权临时仲裁机构确定相应规则。在实践中,许多当事人基于方便的考虑,通常直接引用某些权威

---

[1] 董连和:"从意思自治原则看中国仲裁法的完善"(四),载深圳仲裁委员会网,http://www.szac.org/zone_details.asp? newsid=60,2008年10月12日访问;"商事争议的解决",载http://zf.qust.edu.cn/jpkc/qu/%B5%DA%C1%F9%D5%C2%B9%FA%BC%CA%C9%CC%CA%C2%D6%D9%B2%C3.doc,2008年7月22日访问;杨树明主编:《国际商事仲裁法》,重庆大学出版社,2003年版,第41页。

[2] 这些国家和地区的仲裁法适用于仲裁地在本国(本地)和外国的国际商事仲裁,并以仲裁协议是否属国际性为标准而不是以仲裁机构是否为常设为标准确定国际商事仲裁,因而在理论和实践的解释上,其仲裁法适用于在本国或外国进行的所有国际商事仲裁,包括临时仲裁机构的仲裁。有些国家或地区仲裁法还规定,解决纠纷的仲裁机构是仲裁庭,因而在理论上仲裁庭包括机构仲裁中的仲裁庭和临时仲裁中的临时仲裁庭。具体规定可参见1996年英国《仲裁法》第2、66、99、100、103条,1999年瑞典《仲裁法》第46、47、50、51、52、53条,1986年荷兰《民事诉讼法典》第1075、1076条,2003年日本《仲裁法》第2、3条,2002年新加坡《国际商事仲裁法》第2、19、27、29、31条,2000年中国香港《仲裁(修订)条例》第2、2AD、2GG、2M、34A、44条。

[3] 如:《中国海事仲裁委员会章程》第2条第3项规定,海事仲裁委员会的主要业务之一是根据当事人的约定和请求为境外进行的非机构仲裁指定仲裁员;1995年10月20日最高人民法院法函[1995]135号。

性国际组织或国内组织制定的仲裁规则，或者以这些规则为蓝本对其中某些条款作一定修改或补充。

3. 便捷性

便捷性是指临时仲裁机构的仲裁方式能为当事人节省费用、提高仲裁效率。这是由其灵活性所决定的。临时仲裁机构因其没有固定的组织形式、日常管理机构、仲裁程序规则，处理案件须按当事人共同意志所确定的规则或授权仲裁机构所确定的规则进行，不仅为当事人节省常设仲裁机构的行政管理费用，还可以免去常设仲裁机构的许多繁琐手续、提高仲裁进程的效率。

临时仲裁机构主要存在以下缺陷：(1)临时仲裁机构的设立或组成及其运行以争议双方当事人和拟选定的仲裁员相互间全面合作为前提。若任何一方当人不合作，或拟选定的仲裁员不能履行其职责，仲裁机构就无法组成或仲裁程序无法进行。(2)在当事人约定仲裁裁决为非终局性时，仲裁裁决对当事人不具有法律约束力，当事人的争议未最终解决，导致当事人浪费仲裁资源、仲裁的效率低。(3)双方当事人在仲裁协议中对仲裁所涉及问题的约定有遗漏或不清楚时，若双方达不成一致，仲裁程序的推进就会遭遇困难和障碍。(4)国家对临时仲裁机构及其活动缺乏有效的司法监督，对临时仲裁裁决的效力缺乏有效的法律保障。(5)临时仲裁机构的仲裁不适合案情复杂、涉及面广、需要有效组织管理的国际商事争议的解决。

(二)常设国际商事仲裁机构的定义与特点

常设国际商事仲裁机构(permanent international commercial arbitration institution)，又称行政管理性国际商事仲裁机构，是指依据国际条约、一国国内法、国际组织或者自治性行业组织的决议设立，具有自己的名称、住所、组织章程，为以仲裁方式解决国际商事争议提供特定服务的商事仲裁机构。根据此定义，该机构具有以下特点：

1. 设立依据多元化

常设国际商事仲裁机构的设立依据有国际条约、国内法，国际组织或者自治性行业组织的决定等。解决投资争议国际中心(ICSID)是依据1965年《解决国家与他国国民间投资争端公约》设立的专门处理国际投资争议的全球性仲裁机构。中心具有完全的国际法律人格，并在各缔约国领土内享有公约规定的豁免和特权。世界知识产权组织仲裁和调解中心是属于世界知识产权组织国际局的一个机构，由1993年9月世界知识产权组织全体会议正式批准成立，负责对争议解决事项实施管理，为当事人通过仲裁或者调解的方式解决争议提供便利。数量众多的国际商事仲裁机构是依据特定国家的国内法设立的。例如，新加坡国际仲裁中心是1990年3月依据新加坡公司法成立的有限(担保)责任公司，其宗旨是为国际和国内的商事法律争议进行仲裁和调解提供服务，促进仲裁和调解在解决商事法律争议中的广泛应用,并培养一批熟知国际商事仲裁法律和商事仲裁实务的仲裁员和专家。另有相当数量的仲裁机构设立于特定国家商会之中,这与仲裁最早是商人之间自行通过中立的第三方解决商事争议的历史有密切关联。如瑞典斯德哥尔摩商会仲裁院是斯德哥尔摩商会设立的机构。其他与商会具有类似功能的行业协会也设立了数量可观的仲裁机构,例如谷物及饲料贸易协会(Grain and Feed Trade Association,简称为 GAFTA)。全球大多数谷物与饲料及豆类贸易是按照 GAFTA 合同执行的,而所有 GAFTA 合同都包含仲裁规则。如果 GAFTA 合同在履行过程中出现无法通过谈判和协商予以解决的争议,当事人原则上应将争议提交协会仲裁。[1]

2. 有自己的名称、住所、组织章程

对此特点,有学者持不同看法。如,有人认为,常设商事仲裁机构除具有名称、固定的场所、组织章程和内部管理制度外,还应具备仲裁规则以及可供选择的仲裁员名单,并且具有完整的行政管理体系和健全的办事机构。[2] 由于不同商事仲裁机构为争议解决所提供服务的性质和类型的差异,并非所有的仲裁机构都制定仲裁规则供仲裁庭遵循或提供仲裁员名单供当事人选择。例如,我国香港国际仲裁中心受理国际商事仲裁案件,但中心没有制定自己的国际仲裁规则,当事人有权自由选择适用于国际仲裁的仲裁规则;中心推荐当事人采用《联合国国际贸易法委员会仲裁规则》。斯德哥尔摩国际商事仲裁院没有设立专门的仲裁员名册。[3] 有些国际商事仲裁机构甚至没有为管理和支持仲裁程序展开的完整的行政管理体系和办事机构。伦敦海事仲裁员协会是一个不同于国际商会和谷物及饲料贸易协会的著名仲裁机构,不直接监督和管理仲裁业务,其秘书处是义务性质的,没有足够的人员管理某个仲裁案件,所提供的服务主要包括:应当事人的请求,根据伦敦海事仲裁员协会规则的规定,由协会主席为当事人指定仲裁员或公断人;及时制定或修改协会条款、规则和章程以指导仲裁的实施;为会员制定担任仲裁员或公断人时应遵守的行为准则;增强伦敦海事仲裁员的专业知识,并为促使争议以快捷的程序获得解决提供建议和意见;为使会员及时地了解仲裁和海商法方面的新发展,举办研讨班或召开研讨会等。[4]

3. 为以仲裁方式解决国际商事争议提供管理和服务

常设国际商事仲裁机构本身不审理和裁判提交的争议案件。在机构仲裁中,

---

〔1〕 参见谷物及饲料贸易协会网站:http://www.gafta.com.cn,2007 年 6 月 15 日访问。

〔2〕 石育斌:《国际商事仲裁研究》,华东理工大学出版社,2004 年版,第 62 页。

〔3〕 贾倞:“斯德哥尔摩国际商事仲裁的理论和实践——在斯德哥尔摩国际商事仲裁院担任访问学者的体会”,《北京仲裁》,2004 年第 3 期,第 51 页。

〔4〕 参见邓杰:《伦敦海事仲裁制度研究》,法律出版社,2002 年版,第 17-18 页。

国际商事争议由依据机构仲裁规则或当事人约定的其他仲裁规则组建的仲裁庭进行审理并做出裁决，仲裁机构在仲裁过程中承担行政管理和组织工作。一些国际商事仲裁机构在其仲裁规则中特别明确自身功能和作用。国际商会仲裁院章程规定“仲裁院的职能是保证国际商会仲裁规则的实施”。[1] 瑞典斯德哥尔摩仲裁院的做法更具特色，其1999年仲裁规则规定，仲裁院“协助解决国内和国际争议”；为了避免对仲裁院职能产生误解，仲裁院2007年1月1日起正式实施的仲裁规则特别强调仲裁院的工作是管理服务。[2]

（三）对国际商事仲裁机构含义的进一步理解

为深入理解国际商事仲裁机构的含义，需要判断商事仲裁机构是否包括临时仲裁机构或临时仲裁庭。有人对仲裁机构持广义理解，认为商事仲裁机构除常设仲裁机构外，还包括临时仲裁机构；强调临时仲裁机构并非临时仲裁庭，它们虽然同时产生，同时存在，形式上基本相似，但两者有本质的区别。作为由有关的仲裁员和临时聘用的工作人员组成的临时仲裁机构，只能行使商事仲裁管理的职能。由有关的仲裁员组成的临时仲裁庭有权行使对有关商事仲裁案件的审理和裁判职能。因此，临时仲裁机构和临时仲裁庭之间的本质区别在于行使的职能不同。但是，在论及仲裁机构的分类时，临时仲裁机构又被认为是“根据当事人的仲裁协议，在争议发生后由双方当事人选任的仲裁员临时组成，负责裁判当事人之间的争议，并在审理终结作出裁决后即行解散的仲裁机构。”因此，“临时仲裁机构设立的目的在于专门解决当事人之间某一特定的争议。”[3] 在这里，先前从职能上划分临时仲裁机构和临时仲裁庭的标准并未得到遵循。临时性商事仲裁机构行使的不再是管理职能，而是应由仲裁庭实施的审理和裁判职能。由此，临时仲裁机构和临时仲裁庭似乎不能明确区分开来，两者之间“剪不断，理还乱”的症结在于它们本来就具有同一性[4]；或者更为准确地说，并不存在所谓的临时仲裁机构，商事仲裁机构就是通常所称的常设仲裁机构。

国际商事仲裁机构和临时国际商事仲裁庭之间的区别较为明显：（1）从设立依据看，商事仲裁机构是指依据国际条约、一国国内法、国际组织的决议或者自治

---

〔1〕《国际商会国际仲裁院章程》第1条第1款。

〔2〕斯德哥尔摩仲裁院2007年仲裁规则附件1《仲裁组织结构》第2条规定，“仲裁院本身并不裁决争议，其职能是根据仲裁院规则管理国内和国际争议；根据当事人约定的其他程序或规则管理国内和国际争议；以及提供与仲裁和调解有关的信息。”

〔3〕谢石松主编：《商事仲裁法学》，高等教育出版社，2003年版，第49、52页。

〔4〕有学者虽然认为广义的商事仲裁机构包括临时仲裁机构和常设商事仲裁机构，临时仲裁机构是根据当事人之间的商事仲裁协议，为了解决特定协议项下的争议而设立的商事仲裁机构，但同时认为“临时仲裁机构就是负责审理具体商事仲裁案件的商事仲裁庭”。参见乔欣主编：《比较商事仲裁》，法律出版社，2004年版，第38页。

性行业组织的决定或当事人关于仲裁机构的特别约定而设立的,临时国际商事仲裁庭是由争议各方当事人通过仲裁协议或仲裁条款中关于仲裁庭组成的约定直接组建,仲裁庭的成立取决于纠纷当事人的意愿。(2)从组织形式看,作为现代国际商事机构的主要类型的常设国际商事仲裁机构具有自己的名称、住所、组织章程,其存在具有持久性和固定性。而临时仲裁庭原则上由当事人自行指定的仲裁员组成,其设立取决于个案需要,无固定的人员构成和组织结构,在案件处理完毕后便结束使命自动解散,其存在具有短暂性和偶然性,属于临时仲裁机构或其下的仲裁庭。(3),从功能和作用看,国际商事仲裁机构一般为仲裁程序提供行政管理和组织方面的服务,自身不直接审理和裁判案件,而临时仲裁庭存在的目的就是为了解决当事人之间的特定纠纷。一般而言,商事仲裁机构和临时仲裁庭分别是机构仲裁和临时仲裁这两种不同仲裁形式的组织载体。

作者认为,狭义的商事仲裁机构不包括临时仲裁机构或临时仲裁庭,广义上应包括在内,本书基于国际商事仲裁实践的需要,从广义理解国际商事仲裁机构的含义,即国际商事仲裁机构包括常设国际商事仲裁机构、临时国际商事仲裁机构和临时国际商事仲裁庭。

二、国际商事仲裁机构的性质

国际商事仲裁机构的性质可以从商事仲裁制度的发展历史,商事仲裁机构发挥的功能和作用等方面予以把握。总体上,国际商事仲裁机构具有民间性和服务性。

(一)国际商事仲裁机构的民间性

1. 国际商事仲裁发展史所决定

从仲裁的历史发展看,商事仲裁制度蕴涵的自治性和契约性决定了商事仲裁机构的民间性。11 世纪晚期到 12 世纪,随着欧洲商业的繁荣和城市的兴起,商法体系逐渐形成,解决跨国商事争议的商事仲裁组织相继成立并得到发展。在这些非专业的社会共同体的争议解决组织中,裁判者或从市场、集市的商人中选出,或由行会首脑、他的代表以及数名行会成员担任。这些民间组织的争议解决程序具有迅速和非正式的特点,使其区别于城市法院和王室法院的形式主义程序,也截然不同于普通案件中教会法的成文程序。[1] 这种民间性的纠纷解决机制游离于国家公权力之外,曾被认为危及国家司法权的统一性,损害国家法律适用的权威性和严肃性,一些国家曾在相当长的时期对商事仲裁施以严格的司法监督。英国法院曾判定,仲裁庭在适用法律时应严格遵循先例,如果法院在裁决书中发现任何法律适用上的瑕疵,就可撤销裁决书;仲裁员如果依赖不被法院所接受的证据(inadmis-

---

〔1〕 [美]哈德罗·J. 伯尔曼:《法律与革命——西方法律传统的形成》,贺卫方、高鸿钧、张志铭、夏勇译,中国大百科全书出版社,1993 年版,第 412 ~ 429 页。

sible evidence)，其裁决书会被撤销；仲裁庭在审理国际商事争议时，应如同英国法院一样在仲裁程序中实行对抗制，须开庭审理，而不能仅仅根据文件判断孰是孰非。[1] 1996 年英国《仲裁法》的颁行标志着英国对仲裁态度的明显转变。该法充分尊重当事人的意思自治，减少了法院对仲裁的实质干预；法院的职责更多在于支持和保障仲裁程序顺利进行。在现代，对国际商事仲裁的支持促进和适度监督已经成为大多数国家仲裁立法的基本政策。尽管对商事仲裁的性质有不同的理解，但仲裁制度所蕴涵的契约性和自治性难以否弃。为保持和发展商事仲裁制度灵活、高效、便捷和灵活的优势，作为仲裁的组织载体的国际商事仲裁机构不能与它产生之初所具有的民间性完全分离。特别提及的是，一些国家和地区的立法明确规定仲裁机构的民间性。日本商事仲裁协会是依据《日本民法典》第 34 条规定于 1950 年成立的社团法人。[2] 香港国际仲裁中心是根据香港《公司条例》第 32 章设立的为法团的有限（担保）公司。[3] 新加坡国际仲裁中心是根据该国公司法成立的有限（担保）责任公司。[4]

2. 与国家法院比较显示出民间性

与行使司法权力的国家法院相比较，国际商事仲裁机构显现出民间性。一国法院的司法管辖权由法律强制规定，民事诉讼原告方一般只能在特定地域和级别的法院提起诉讼；法院受理案件后，双方当事人无权合意选择审理案件的法官；诉讼程序具有程式化和法定化的属性，针对诉讼程序的每一环节和步骤以及诉讼参与人的具体诉讼行为，法律作出了明确规定，当事人和法官不能自行决定适合争议性质的诉讼程序规则，他们须严格依照法律规定行事。但仲裁机构无法院所具有的强制管辖权，其能否受理案件取决于争议双方当事人的共同授权，即依据当事人在合同中订立的仲裁条款或者达成的仲裁协议书。当事人合意选择仲裁方式是在完全自主、没有外在强制的情况下进行的。机构仲裁较之于临时仲裁的特点之一是仲裁机构通常依据既有仲裁规则管理仲裁程序。现有仲裁规则都承认并尊重当事人的意思自治权：双方当事人可以自主选择仲裁员组建仲裁庭，合意决定仲裁中某一环节或步骤的具体实施，合意选择所适用的法律等。从建立在当事人合意基础上的仲裁机构管辖权，到机构仲裁规则管理下国际商事仲裁程序所体现的当事人意思自治，可以看出国际商事仲裁机构体现出不同于国家司法机关的民间性。

---

〔1〕 杨良宜：《国际商务仲裁》，中国政法大学出版社，1997 年版，第 15～18 页

〔2〕 《日本民法典》第 34 条[公益法人的设立]：有关祭祀、宗教、慈善、学术、技艺及其他公益的社团或财团且不以盈利为目的者，经主管官署许可，可以成为法人。

〔3〕 2000 年中国香港《仲裁（修订）条例》第 2 条。

〔4〕 《新加坡国际仲裁中心仲裁规则》（2007 年修订版）第 1 条第 2 款。

3. 仲裁机构的管理与服务体现出民间性

仲裁机构在仲裁程序中提供的行政管理和组织协调服务体现出国际商事仲裁机构的民间性。仲裁机构受理案件后，自身不能审理案件并做出裁决，直接行使仲裁权的是由当事人选任或委托仲裁机构指定的仲裁员组成的仲裁庭。仲裁庭和仲裁机构之间并无隶属关系，仲裁机构不能干涉仲裁庭对仲裁程序的指令、对事实的认定以及对法律问题的决定。仲裁机构所提供的是组织和管理性质的服务，包括向仲裁员和争议当事人提供协助服务，如代仲裁员向争议当事人收取仲裁员报酬并负责管理和分配；协助当事人尽快组成仲裁庭推进仲裁程序等。概言之，只有在仲裁法或仲裁规则规定的情形，仲裁机构才会介入仲裁程序行使管理监督职能。此时，它所发挥的作用从根本上看仍然是保证仲裁程序公平有效地进行，以保证当事人通过仲裁解决争议的意愿顺利实现。

在国际商业社会，来自不同国家和地区的交易主体利益的多元化以及国际商事交易领域和范围的复杂性、广泛性必定引发对争议解决方式的多层次和多维度的需求。就本质而言，国际商事仲裁是当事人自愿选择的诉讼外解决纠纷的私人机制，它在不违背社会公共利益和最低限度消耗公共资源的情况下解决当事人之间的经济利益冲突，能够实现市场机制的有效运作和社会资源的合理配置，使当事人和社会的收益最大化。尽管国际商事仲裁在现代社会须服从法律的适度规制，但这种外在干预的实质是保障仲裁制度的价值得以最大程度的实现，以维护当事人的正当权益和合理诉求，并未否定仲裁机制的内在契约性。对国际商事仲裁机构民间性的认可和尊重，将有力促进商事仲裁制度的健康发展，实现商事仲裁制度的固有优势。

在我国内地，商事仲裁机构实现民间化依然任重而道远。在《仲裁法》颁布前，内地存在两种不同类型的仲裁机构：一是国内仲裁委员会，如经济合同仲裁委员会、技术合同仲裁委员会、房地产仲裁委员会、著作权仲裁委员会等，它们受理国内纠纷；二是涉外仲裁委员会，即中国国际经济贸易仲裁委员会和中国海事仲裁委员会，专门受理涉外纠纷。由于当时国内经济仲裁制度的行政色彩较浓厚，仲裁机构大多附属于行政主管部门，各类仲裁没有形成统一的制度和规范。《仲裁法》根据建立社会主义市场经济体制的要求，对当时国内经济仲裁制度作出了重大改革，主要是：仲裁机构独立于行政机关，与行政机关没有隶属关系；仲裁机构之间也没有隶属关系；仲裁不实行级别管辖和地域管辖；实行当事人自愿原则和或裁或审、一裁终局的制度。为落实《仲裁法》，需要重新组建仲裁机构。[1] 关于新组建的国内仲裁机构是否可以受理涉外案件，理论界曾经历一段时间的争论，现在已经解决：涉外仲裁机构可以受理国内案件，重组后的仲裁机构以受理国内案件为主，如

---

〔1〕 国务院法制局研究室：《重新组建仲裁机构手册》，中国法制出版社，1995 年版，第 4 页。

当事人选择,也可受理具有涉外因素的案件。在受案范围上,中国两类仲裁机构已不存在根本差别。[1] 尽管随着《仲裁法》的实施,我国仲裁机构有了长足的发展,但仲裁机构的民间性未能根本确立,主要表现在三个方面:一是许多新组建的仲裁机构仍未能完全摆脱行政干预,如有的行政机构利用行政权要求合同当事人必须选择当地的仲裁机构;有的地方直接将仲裁委员会按行政模式定编定级,将仲裁机构定性为政府所属的一个行政机构,使仲裁机构成为受制于行政机关的"第二审判机关"[2]。二是多数仲裁委员会组成人员中行政官员比例过大,相当多的仲裁委员会办事机构领导由行政机关领导兼任;有的仲裁机构与行政部门合署办公,行政部门干部到仲裁办事机构中轮流兼职。三是相当多的仲裁机构在财务管理上实行行政事业性单位的"收支两条线"制度,一些仲裁机构仍然依靠财政拨款维持运作而缺乏在法律服务市场中获得生存和发展的动力和能力。[3] 确立商事仲裁机构的民间性,成为内地商事仲裁机构健康发展、应对仲裁服务业激烈竞争所面临的紧迫任务。

(二)国际商事仲裁机构的服务性

若仅着眼于商事争议的具体审理,机构仲裁与临时仲裁没有明显的差异。不论是机构仲裁还是临时仲裁,都是由为具体争议而特别组建的仲裁庭负责审理案件并独立做出裁决。单纯依据直接审理案件和做出裁决的主体,无法在机构仲裁和临时仲裁之间进行有效的区分。但根据机构仲裁为仲裁所提供的服务内容,能够使其与临时仲裁方式区分开来。无论是机构仲裁还是临时仲裁,其功能之一是提供与仲裁有关的服务,只是两者服务的内容不同。以下仅以常设仲裁机构在商事仲裁中的服务功能为例,从宏观促进和微观管理两个方面理解国际商事仲裁机构的服务性。

1. 宏观层面

在宏观层面,常设仲裁机构不仅为某一特定的争议解决程序提供管理和组织服务,而且致力于建立保证仲裁程序顺利运作的制度框架和创设促进仲裁制度发展的外部环境。

(1)常设仲裁机构通常制定有自己的仲裁规则,为仲裁程序有效运作提供制度框架

---

[1] 1996年6月8日国务院办公厅《关于贯彻实施〈中华人民共和国仲裁法〉需要明确的几个问题的通知》第三条规定:"新的仲裁委员会的主要职责是受理国内仲裁案件;涉外仲裁案件的当事人自愿选择新组建的仲裁委员会仲裁的,新组建的仲裁委员会可以受理;新组建的仲裁委员会受理的涉外仲裁案件的仲裁收费与国内仲裁案件的仲裁收费应当采用同一标准。"

[2] 陈治东:《国际商事仲裁法》,法律出版社,1998年版,第47页。

[3] 王红松:"贯彻党的十七大精神,加快推进仲裁机构体制改革",《北京仲裁》,2008年第2期,第73页。

常设仲裁机构制定的仲裁规则由长期从事国际商事仲裁领域研究和业务的专家起草,并在变化的法制和商业环境中为适应商业社会对争议解决的需求而不断修订,具有相当程度的严谨性、实用性和科学性。公开透明和可预见的仲裁规则,为仲裁公平、公正和有效地推进提供了制度保障,当事人无须耗费时间和金钱另行谈判决定程序的具体步骤和环节。仲裁机构自身也必须在争议解决过程中严格依照规则行事,尊重仲裁庭的仲裁权以及当事人的意思自治权。仲裁规则的制定及其适用,有利于树立国际商业界对仲裁机制的信心。

(2)常设仲裁机构为选任、监督和培训仲裁员提供制度化保证

在国际商事仲裁实践中,当事人之间的争议能否得到公正、经济和有效的解决,很大程度上取决于仲裁员的职业道德、专业素质、沟通能力和程序管理水平。大多数常设国际商事仲裁机构设有仲裁员名册供当事人选择,列入名册的仲裁员来自不同的国家和地区,通常为各个领域的专家和学者,具有解决国际商事争议的丰富实践经验。一些商事仲裁机构还制定有仲裁员行为规范,为仲裁员在争议解决过程中的行为提供具体指引,以保证仲裁员独立公正地行使仲裁权。此外,世界上著名的仲裁机构注重仲裁员的培训和交流,通过举办专题研讨会、定期出版仲裁专业资料等方式帮助仲裁员了解商事立法、仲裁实践和各行业领域技术的新近发展,以此不断充实和丰富仲裁员的专业知识和业务经验。

(3)常设仲裁机构参与建设有利于仲裁制度健康发展的外部环境

常设仲裁机构可以通过向立法机关提出建议和意见,与大学、专门机构合作研究,与行会、商业团体以及其他组织谈判协商,以及向国际专业组织建言献策等方式,促进有利于仲裁发展的外部法制环境的形成,并拓展和深化仲裁在商业社会的影响。这些工作虽然不会给具体争议的仲裁解决带来立竿见影的直接效果,但在潜移默化中为商事仲裁服务业的发展夯实了基础。

2. 微观层面

在微观层面,常设仲裁机构对具体争议的解决可以发挥行政管理和组织协调作用,为仲裁程序公正、经济和便捷地展开提供服务。

(1)受理当事人提出的仲裁申请,对仲裁管辖权进行初步审查

在国际商事仲裁中,一方当事人对仲裁机构的管辖权提出异议时,仲裁机构可以对仲裁申请及其依据的仲裁条款或仲裁协议进行初步审查,如认为存在能够证明商事机构具有管辖权的表面证据,便可决定程序继续进行;待仲裁庭组成后,再由仲裁庭根据当事人的主张及掌握的事实证据最终决定是否享有管辖权。例如,《国际商会仲裁院规则》第6条第2款规定,如果被申请人未按照规定提交答辩,或者对仲裁协议的存在、效力或范围提出异议,在不影响其实体主张及其是否应当采纳的情况下,仲裁院如依据表面证据即可认定,可能存在依照国际商会仲裁规则进行仲裁的协议,则可以决定仲裁程序继续进行;在此种情形下,仲裁庭的管辖权由

仲裁庭自行决定。

(2)协助组建仲裁庭并维护仲裁庭的正常运作

在临时仲裁中,当事人可以依据争议的性质和特点"量体裁衣",自行决定仲裁庭的组成以及仲裁程序的具体环节和步骤。但是,当事人不可能在仲裁协议中事无巨细对仲裁涉及的全部问题毫无遗漏地予以规定,在双方缺乏真诚解决彼此争议的愿望,以及将此愿望付诸实施的情况下,如果仲裁协议对特定环节或步骤的规定模糊不清或根本未作考虑,仲裁程序的推进就会遭遇困难和障碍。例如,在独任仲裁员组成仲裁庭审理的情况下,如果临时仲裁的双方当事人不能就独任仲裁员人选达成一致,仲裁协议中又未提出补救办法或措施,仲裁程序就可能陷入僵局。当事人此时可能只得按照仲裁地国的法律,诉诸法院或其他相关机构指定仲裁员,然后再继续仲裁程序。与此相对,协助组建仲裁庭构成大多数国际商事仲裁机构的重要职能。例如,根据《中国国际经济贸易仲裁委员会规则》(2005 年)第 22 条规定,申请人和被申请人应当各自在收到仲裁通知之日起 15 天内选定一名仲裁员或者委托仲裁委员会主任指定;当事人未在上述期限内选定或委托仲裁委员会主任指定的,由仲裁委员会主任指定;双方当事人未能依据规则共同选定首席仲裁员的,由仲裁委员会主任指定。此规定避免了因仲裁庭迟迟不能组成而导致仲裁无法进行的问题。

常设商事仲裁机构还关注仲裁庭组建后是否能够适当运作。在特定情况下,替换仲裁员成为常设仲裁机构承担的另一重要职责。《中国国际经济贸易仲裁委员会规则》(2005 年)第 27 条规定,仲裁员在法律上或事实上不能履行其职责,或者没有按照规则的要求或在规则规定的期限内履行应尽职责时,仲裁委员会主任有权自行决定将其更换;仲裁员因死亡、除名、回避或者由于自动退出等其他原因不能履行职责时,应按照原选定或者指定该仲裁员的程序,在仲裁委员会规定的期限内选定或者指定替代的仲裁员;是否替换仲裁员,由仲裁委员会主任作出终局决定并可以不说明理由。

决定当事人对仲裁员的异议是常设仲裁机构保证仲裁质量的一项重要管理职能。当当事人以仲裁员缺乏公正性和专业水准为由对仲裁员提起异议时,仲裁机构将根据其仲裁规则的规定,对仲裁员的实际情况进行审查,决定是否予以更换。仲裁机构在履行此项职能时,一方面要保证仲裁公平、公正地进行,另一方面要防止当事人故意拖延和阻挠仲裁的顺利进行。

(3)承担仲裁参与人之间的通讯联系工作

常设仲裁机构承担的行政事务工作包括接收争议当事人提交的仲裁申请书,向申请人发送受案通知、向被申请人发出仲裁通知、向争议当事人双方发送组建仲裁庭通知、开庭通知等。例如,香港国际仲裁中心在管理仲裁程序时,充当"邮箱"

的角色，是当事人与仲裁庭沟通的渠道。[1] 中国国际经济贸易仲裁委员会或其分会受理案件后，按其工作流程应指定一名秘书局或秘书处人员协助仲裁庭负责仲裁案件的程序管理工作。

(4)对裁决书草案进行形式审阅

为减少仲裁机构裁决书的形式瑕疵，增强裁决在国际范围内的可执行性，一些国际商事仲裁机构如中国国际经济贸易仲裁委员会和国际商会仲裁院特别规定，机构作为程序管理者有权力并有责任对仲裁庭自主作出的裁决书进行核阅。在行使此职能时，仲裁机构一般不对仲裁裁决的实体方面，即实体法的适用及事实的确定予以审查，而主要关注仲裁的程序事项。中国国际经济贸易仲裁委员会的规定具有一定代表性。该委员会在1995年修订仲裁规则时借鉴了国际商会仲裁院的经验，首次在仲裁规则中规定了裁决书草案的核阅制度。其45条规定，仲裁庭应在签署裁决书之前将裁决书草案提交仲裁委员会核阅；在不影响仲裁庭独立裁决的情况下，仲裁委员会可以就裁决书的有关问题提请仲裁庭注意。"有关问题"既包括程序问题也包括实体问题。对于重大疑难复杂案件，仲裁庭有分歧意见的案件可以提交仲裁委员会的专家咨询委员会进行讨论。当然，仲裁庭应保持作出裁决的独立性，对于委员会提出的意见或专家咨询委员会的建议，仲裁庭可以自主决定是否接受。[2]

(5)决定仲裁费用

在临时仲裁中，当事人需同仲裁员一起在程序的早期阶段就报酬问题做出安排，以避免以后产生误解。但在机构仲裁中，当事人通常没有必要与仲裁庭就报酬如何计算问题进行协商，由仲裁机构确定。仲裁机构有时独立决定，有时在咨询独任仲裁员或首席仲裁员后决定，当事人在该事项上没有发言权。[3] 伦敦国际仲裁院规则第28条规定，仲裁费用应由仲裁院根据仲裁费用表决定，当事人应就此种费用向仲裁庭和仲裁院负连带责任。仲裁庭应在裁决书中详细说明由仲裁院确定的仲裁费用总额。

从宏观层面和微观层面观察国际商事仲裁机构提供的服务只是从学理上予以观察，两者实质上密不可分、相互交织，共同维护和促进国际商事仲裁健康有序地发展。

三、常设国际商事仲裁机构的分类

(一)按成立的依据分类

常设国际商事仲裁机构按照成立依据的不同，可分为国家性国际商事仲裁机

---

〔1〕 莫石、郑若骅编著，傅宇、刘京编译：《香港仲裁实用指南》，法律出版社，2004年版，第9页。

〔2〕 赵箐：《中国国际经济贸易仲裁委员会仲裁规则释义及适用指南》，法律出版社，2006年版，第183页。

〔3〕 [英]艾伦·雷德芬、马丁·亨特等：《国际商事仲裁法律与实践》，林一飞、宋连斌译，北京大学出版社，2005年版，第243页。

构和国际性国际商事仲裁机构。

国家性国际商事仲裁机构是指一国依据其国内法设立的国际商事仲裁机构。它可以附属于国内某一组织,如商会或行业协会,在受理国际商事法律争议的案件时,不受所在组织的干涉而独立行使职能。例如瑞典斯德哥尔摩商会仲裁院隶属于瑞典斯德哥尔摩商会,瑞士苏黎世商会仲裁院是瑞士苏黎世商会下设的一个全国性仲裁机构。国家性国际商事仲裁机构也可以依据相关法律设立成为法人。日本商事仲裁协会是日本工商联合会和其他一些全国性的工商组织共同根据《日本民法典》设立的社团法人。新加坡国际仲裁中心是依据《新加坡公司法》设立的法团。

国际性国际商事仲裁机构是指依据国际条约或国际组织的决议成立的,一般设立于某一国际组织内独立于任何国家运作的国际商事仲裁机构。这种国际商事仲裁机构又可分为地区性仲裁机构和全球性仲裁机构。前者如亚洲及远东经济委员会商事仲裁中心、亚非法律咨询委员会地区仲裁中心和美洲国家商事仲裁委员会等。[1] 后者如解决投资争议国际中心、世界知识产权组织仲裁和调解中心、国际商会仲裁院等。

(二)依仲裁机构的功能分类

依据常设国际商事仲裁机构在仲裁程序中发挥的功能和作用,可将其分为全面管理型仲裁机构和辅助支持型机构。

全面管理型仲裁机构的主要工作是全面管理仲裁程序,甚至其主要的经济来源是靠管理方面的收费。[2] 其中较为典型的有国际商会仲裁院、中国国际经济贸易仲裁委员会、伦敦国际仲裁院等。以伦敦国际仲裁院为例,在申请仲裁环节,任何当事人如果意图提起仲裁,应向仲裁院书记员提交书面仲裁申请,被申请人应在申请书送达被申请人的三十日内向书记员提交一份对申请书的书面答辩。在仲裁庭的组成上,只有仲裁院有权委任仲裁员,仲裁院在委任过程中会适当考虑当事人书面同意选择仲裁员的方法和标准;在仲裁庭由三人组成的情况下,仲裁院将指定仲裁庭的首席仲裁员;在当事人未能指定或迟延指定仲裁员的情况下,仲裁院可以任命仲裁员。在仲裁程序的通讯和信息交流上,仲裁庭组成前,当事人和仲裁员之间的所有通讯应通过仲裁院的书记员进行;在仲裁庭组成后,除非仲裁庭作出指令,当事人和仲裁庭之间的所有书面通讯仍应通过书记员进行。在费用问题上,仲裁院可以按照其认为适当的比例,命令当事人就仲裁费用作出一次或几次中期或最后的支付,担保金应向仲裁院支付并由其保管,仲裁费用应由仲裁院根据仲裁费用表决定,当事人应就此种费用向仲裁庭和仲裁院承担连带责任。在裁决作出后,

---

〔1〕 宋连斌主编:《仲裁理论与实务》,湖南大学出版社,2005 年版,第 39 页。

〔2〕 杨良宜:《国际商务仲裁》,中国政法大学出版社,1997 年版,第 138 页.

独任仲裁员或首席仲裁员有责任将裁决书送交仲裁院,在当事人向仲裁院支付了仲裁费用后,仲裁院应将经证明的裁决书副本发送给当事人。

辅助支持型的国际商事仲裁机构,一般不会积极主动为仲裁程序提供全面广泛的管理和服务,通常只在仲裁程序的特定环节和步骤提供支持。这些机构更多地致力于在国际商务界宣传和推广仲裁,为仲裁业界的交流、沟通和协作创造平台,推进仲裁法制环境的改善、推动仲裁服务质量和水平的提高,促进有利于国际商事仲裁的法律环境的形成。例如,伦敦海事仲裁员协会的宗旨表明,除了应有关请求指定仲裁员或公断人外,它代表会员与其他组织谈判或交易,推动适时修改法律或完善仲裁程序,及时制定或修改协会规则或章程以指导仲裁的实施等。香港国际仲裁中心的主要功能并不在于管理仲裁程序,而是推广在香港仲裁,在当事人要求的情况下,任命仲裁员。如果当事人要求中心对特定仲裁程序提供全面管理,它也会实施,但这样的情况很少发生,中心也未必有足够的人员能够承担这样的工作。因此,立案、传递仲裁文件、提供文字或同声传译等方面的服务都不属于其职责范围,而由所委任的仲裁员自己处理。不论案件标的额大小,香港国际仲裁中心收取的费用只有数千港币。实际的仲裁费用由仲裁员与双方当事人私下议定,与中心无关。仲裁裁决由仲裁员以个人名义作出,无须中心认可、签发。〔1〕

(三)依受案性质与类型分类

依据受理案件的性质和类型,可以将常设国际商事仲裁机构分为综合性仲裁机构和行业性仲裁机构。

综合性仲裁机构是指可以受理具有国际商事领域不同种类和性质仲裁案件的仲裁机构,如中国国际经济贸易仲裁委员会、美国仲裁协会、新加坡国际仲裁中心、伦敦国际仲裁院等。

行业性仲裁机构一般设在行业协会中,主要受理与该行业相关的争议。例如谷物及饲料贸易协会(GAFTA)是国际性的贸易组织,拥有 80 多个国家的 800 多个会员公司。协会的会员从事谷物、动物饲料、豆类以及大米从生产到最终消费供应链各个环节的贸易活动。协会采用的商品交易合同中包含有仲裁条款,规定在发生争议时应提交协会仲裁。每年在 GAFTA 登记的仲裁案件约为 200 – 250 例。当出现争议时,提起仲裁的申请人须向协会提交仲裁申请书与证明文件,同时将他要把争议提交仲裁解决的意向通知被申请人。被申请人须准备答辩书及证明文件,并将答辩书及证明文件发送给 GAFTA 及申请人各一份。申请人有最后一次机会就被申请人的答辩提供进一步陈述及证据。为保证仲裁的顺利进行,仲裁的申请、仲裁员的指定与文件的提交均须符合 GAFTA 仲裁规则中的时间规定。GAFTA 仲裁是二级仲裁制,一级为仲裁,二级为上诉。在一级仲裁中双方可商定

〔1〕 李剑强:"香港仲裁机构的临时仲裁及其启示",《北京仲裁》,2006 年第 3 期,第 91 页。

指定一名仲裁员,或者指定三名仲裁员组成仲裁庭。每一方均有权指定三名仲裁员中的一名,第三名仲裁员则由协会指定。GAFTA 力争在仲裁申请提交后 6 个月内作出裁决。仲裁员主要根据对双方所提交文件的审阅来处理案件,一般无须双方或其代表出席口头听证。仲裁员对所争议的案件进行裁定并以书面形式作出裁决。一经收到仲裁费,仲裁裁决将送交双方。双方均有权对一级裁决提起上诉。由 GAFTA 仲裁员组成的上诉庭听证上诉案。如一级仲裁是由一名仲裁员裁定,则上诉庭由三名仲裁员组成;如一级仲裁庭是由三名仲裁员组成,则上诉庭由五名仲裁员组成。上诉比仲裁更正式,并通常举行听证会,双方派有经验的商务人员参加。大部分 GAFTA 裁决均能得到遵守。如一方拒绝执行最终裁决,GAFTA 理事会可以将此方不执行裁决的情况通知协会全球所有会员。裁决可根据《纽约公约》或《欧洲公约》得到强制执行。[1] 行业性仲裁机构有开放型和封闭型两种。开放型仲裁机构是指对本行业团体成员和非成员的案件都受理的仲裁机构;封闭型仲裁机构指只对本行业团体成员的案件才受理的仲裁机构。[2]

第二节　国家性国际商事仲裁机构

国家性国际商事仲裁机构是依据一国国内法设立的国际商事仲裁机构。它或者隶属于商会和行业协会等民间性机构,或者依据相关法律设立成为法人,为通过仲裁方式解决国际商事争议提供服务。以下介绍在国际商业社会具有较大影响、运作具有特点的商事仲裁机构。

一、外国国际商事仲裁机构

(一)瑞典斯德哥尔摩商会仲裁院

瑞典斯德哥尔摩商会仲裁院(The Arbitration Institute of Stockholm Chamber of Commerce,简称 SCC,以下称为仲裁院)是斯德哥尔摩商会的附设机构,其在行使仲裁程序管理职能时独立于商会。瑞典为规范在其境内进行的国内和国际仲裁,于 1999 年颁布了新的《仲裁法》,斯德哥尔摩仲裁院在当年实施了 1999 年版仲裁规则。2006 年斯德哥尔摩仲裁院专门设立仲裁规则修改委员会,新修订的仲裁规则于 2007 年 1 月 1 日起实施。[3]

---

〔1〕 http://www.gafta.com.cn,2007 年 6 月 30 日访问。

〔2〕 李玉泉主编:《国际民事诉讼与国际商事仲裁》,武汉大学出版社,1994 年版,第 256 页。

〔3〕 新旧规则的对比,可参见李虎:"斯德哥尔摩商会仲裁院 2007 年仲裁规则与 1999 年仲裁规则之比较",《仲裁与法律》(第 108 辑),法律出版社,2008 年,第 38 ~ 48 页。

1. 组织机构与职能

仲裁院由理事会和秘书处组成。理事会由主席、副主席和理事组成，其中主席一人，副主席不超过三人，理事不超过十二人。理事会成员包括瑞典公民和非瑞典公民，由斯德哥尔摩商会理事会指定，成员任期三年，如无特殊情况，可以连任一次。基于特殊原因，商会理事会可以撤换仲裁院理事会成员。仲裁院理事会成员在任期内辞职或被撤换时，商会理事会将指定一名新成员完成剩余任期。理事会的职能是根据仲裁院规则或当事人约定的其他规则或程序管理纠纷；应仲裁院的要求作出各项决定，包括决定仲裁院管辖权、确定预付费用、指定仲裁员、就当事人对仲裁员的异议作出决定、撤换仲裁员以及确定仲裁费等。理事会两名理事意见构成多数意见，如果无法达成多数意见，主席拥有决定权。遇有紧急事项时，主席或者副主席有权代表理事会作出决定。理事会下属委员会可以接受指定，代表理事会作出决定。理事会可以授权秘书处作出决定，包括决定预付费用、延长裁限、因未缴注册费用而撤销案件、解除仲裁员指定、确定仲裁费用等。理事会的决定为终局决定。秘书长领导秘书处工作，秘书处履行仲裁院规则赋予的职责，也可以受理事会的委托作出各项决定。

2. 仲裁管辖异议

在仲裁庭组成前，如果被申请人在针对申请人仲裁申请所作的答复中提出管辖权异议，理事会可以根据表面证据就仲裁协议的存在、有效性或可适用性作出决定，以确定仲裁院对争议是否显然缺乏管辖权。如果确定不具备管辖权，理事会可以全部或部分地撤销案件。

3. 仲裁员的资格与任命

仲裁院没有专门的仲裁员名册。根据《瑞典仲裁法》第 7 条，具有完全行为能力的任何自然人，均可担任仲裁员。只要当事人双方自愿，可以共同选择某一不具备法律背景的自然人作为仲裁员。在实践中，仲裁院对首席仲裁员设置了非常严格的条件。[1] 当事人可以自由约定仲裁员人数。如果当事人未约定，仲裁庭应由三名仲裁员组成，除非理事会考虑到案件的复杂性、争议金额或者其他情形决定争议由一名独任仲裁员审理。申请人在申请仲裁时，应当在仲裁申请书中表明其对仲裁员人数的意见，以便仲裁院理事会在当事人无法就仲裁员人数达成一致时及早就此作出决定。按仲裁规则，当事人可以约定指定仲裁员的程序。当事人如未在约定的时间内，或者当事人没有约定而在理事会设定的时限内未能指定仲裁员，仲裁员的委任应当依照规则确定的程序进行。如果仲裁庭由一名仲裁员组成，当事人应在 30 日内共同指定一名独任仲裁员；如果当事人未在该时限内作出指定，

---

〔1〕 贾倞："斯德哥尔摩国际商事仲裁的理论和实践——在斯德哥尔摩国际商事仲裁院担任访问学者的体会"，《北京仲裁》，2004 年第 3 期，第 51 页。

理事会应当指定仲裁员。在仲裁庭由一名以上仲裁员组成时,每一方当事人应指定同等人数的仲裁员,首席仲裁员由理事会指定。如果一方当事人未能在规定时限内指定仲裁员,理事会应当指定。如果申请人、被申请人均为多方当事人且争议由一名以上仲裁员予以审理,申请人各方、被申请人各方均应各自共同指定同等人数的仲裁员。如果一方未能指定,整个仲裁庭应当由理事会指定。如果当事人双方具有不同国籍,除非双方当事人另有约定或者理事会认为合适,独任仲裁员或者仲裁庭首席仲裁员的国籍应当不同于双方当事人的国籍。仲裁员须保持独立公正。拟被指定为仲裁员的人在接受指定前应当披露可能对其独立公正性产生合理怀疑的任何情形。如果他已经被指定为仲裁员,则应当向秘书处提交业经签署的独立公正性声明,披露可能对其独立公正性产生合理怀疑的任何情形。秘书处将独立公正性声明的副本转交双方当事人。如果存在对仲裁员独立公正性产生合理怀疑的情形或者该仲裁员并不具备双方当事人所约定的资格,当事人一方可对该仲裁员提出异议。当事人一方只能基于在仲裁员得以指定后所知道的理由对其所指定的仲裁员或者其所参与指定的仲裁员提出异议。在遵守规则规定、当事人约定的前提下,仲裁庭可以其认为适当的方式进行仲裁程序。

4. 合并审理与缺席程序

如果根据仲裁院规则进行仲裁的相同当事人基于同一法律关系再次申请仲裁,理事会可以应一方当事人的请求,决定将该仲裁请求与现有程序合并审理。这种决定只能在征得当事人和仲裁庭的同意后作出。

仲裁规则具体规定了当事人三种不同情形的缺席仲裁程序:(1)如果申请人无正当理由而未能依据规则提交索赔书,只要被申请人没有提出反请求,仲裁庭应当裁定终止程序;(2)如果一方当事人无正当理由而未能提交答辩书或其他书面陈述,或者没有出席庭审,或者没有寻求机会陈述案件,仲裁庭可以继续进行仲裁程序,作出裁决;(3)如果一方当事人无正当理由而未能遵守规则的任何规定或规则项下的任何要求,或者仲裁庭所做出的任何程序指令,仲裁庭可以就此作出其认为适当的推论。

5. 法律适用

在法律适用问题上,仲裁庭应当根据当事人约定的法律或法律规则裁决案件。如果没有约定,仲裁庭应当适用其认为最为合适的法律或法律规则。当事人所约定的特定国家的法律均被视为是该国的实体法而非冲突法规则。只有经当事人明示授权,仲裁庭才能以公允善良的原则或以友好调和人的身份裁决争议。在仲裁庭由一名以上仲裁员组成的情况下,仲裁庭的裁决或者决定应当根据多数仲裁员的意见作出;在仲裁庭不能形成多数意见时,根据首席仲裁员的意见做出。仲裁庭可以决定由首席仲裁员单独作出程序指令。仲裁庭的裁决应当以书面形式作出,除非当事人另有约定,仲裁庭应说明裁决的理由。

(二)伦敦国际仲裁院

伦敦国际仲裁院(London Court of International Arbitration,简称为LCIA,以下称为仲裁院)成立于1892年,当时称伦敦仲裁会,1903年改为伦敦仲裁院,1975年与仲裁员协会合并,1981年改为现称。自1986年起,伦敦国际仲裁院改组成为有限责任公司,由董事会管理其活动。仲裁院对产生于商事交易的争议提供全面服务,并为此专门制定仲裁规则。现行规则自1998年1月1日起实施,规定更为详尽,为当事人和仲裁庭提供了具体指引。仲裁院可作为联合国贸易法委员会仲裁规则项下的委任机构和仲裁管理者。[1] 仲裁院受案量逐年增加,2007年达到137件。[2] 仲裁院依据规则所具有的职能应由仲裁院院长或副院长履行;或者依据院长的决定,由仲裁院院长或副院长指定的三名或五名仲裁院成员组成的小组履行。

1. 仲裁开始

当事人向仲裁院提请仲裁时,应向仲裁院书记员提交书面仲裁申请,仲裁开始于书记员收到申请书之日。

2. 仲裁员的资格与任命

进行仲裁的所有仲裁员须始终保持公正并且独立于当事人;仲裁员不应在仲裁中作为任何一方的律师。无论在委任前或委任后,仲裁员都不应就争议的实体或结果为任何人提供建议。仲裁院在指定仲裁员时享有广泛权力,以避免不必要的程序延误,保证仲裁及时启动并顺利推进。仲裁院原则上指定一名独任仲裁员审理案件,除非当事人另有书面约定或者仲裁院根据全部案情认为三人仲裁庭是合适的。只有仲裁院有权委任仲裁员。在委任时,仲裁院应适当考虑当事人书面协议中确定的选择仲裁员的特定方法或标准,同时得考虑案件所涉交易性质、争议性质、案情缘由、当事人的国籍或所在地、语言以及当事人的数目。当仲裁庭由三人组成时,仲裁庭的主席应由仲裁院指定,且不能为当事人提名的仲裁员。除非不同国籍当事人书面同意,否则独任仲裁员或仲裁庭主席不得与任何当事人的国籍相同。当事人提名仲裁员的协议,得经过仲裁院的考量,如仲裁院认定被提名人不合适、不独立或不公正,可拒绝指定其为仲裁员。如各方当事人协议由其中一方当事人或第三人指定一名仲裁员,而提名未能在规定时间内实行时,仲裁院可以在没

---

[1] [英]艾伦·雷德芬、马丁·亨特等:《国际商事仲裁法律与实践》,林一飞、宋连斌译,北京大学出版社,2005年版,第56页。

[2] 英国每年通过仲裁和调解手段解决一万余件案件,其中大多都是国际案件,争议解决地首选伦敦。伦敦有许多著名的仲裁机构和调解组织,例如:伦敦海事仲裁员协会(LMAA)、皇家御准仲裁员学会(CIA)、伦敦国际仲裁院(LCIA)和快速争议解决中心(CEDR)等。2007年,提交给皇家御准仲裁员学会(CIA)的临时仲裁和调解案件,以及由其管理的其他类型的争议案件就达2882件;伦敦海事仲裁员协会(LMAA)指定仲裁员也达2559人次,有344个案件做出了裁决。参见中国海事仲裁委员会:《仲裁通讯》,2008年第5期,http://www.cmac-sh.org/tx/tongxun.htm,2008年12月7日访问。

有提名和无须考虑过迟提名的情况下委任仲裁员。如仲裁协议授权各当事人提名一名仲裁员,争议的当事人如超过两方而各方未能以书面方式达成协议将争议的各方分为代表仲裁庭组成时的申请人和被申请人两方时,仲裁院将不考虑当事人的提名而自行委任仲裁庭成员。仲裁院对仲裁员指定的撤销以及仲裁员的替换等作出了详尽规定。

3. 仲裁管辖异议

如当事人对仲裁协议最初的或继续的存在、有效性和效力进行质疑,从而对仲裁庭的管辖权提出异议时,仲裁庭有权对其是否具有管辖权作出决定。在此情况下,构成或意图构成另一协议组成部分的仲裁条款,应视为独立于该另一协议的一个仲裁协议。仲裁庭对另一协议不存在、无效或不具有效力的裁定不应在法律上产生仲裁条款不存在、无效或不具有效力的后果。但是,被申请人对管辖权的抗辩最迟应在提交答辩书时提出,否则会被视为放弃抗辩权利。仲裁庭在考虑案件的总体情况后,可在管辖权的裁定或其后在关于实体问题的裁决中决定对其管辖权或权限的抗辩。

4. 仲裁程序当事人自治权与仲裁庭裁量权

当事人可以就仲裁程序达成一致,仲裁院也鼓励当事人在此方面自治,只要其合意符合仲裁庭应当履行的一般义务,即:在当事人之间保持公平和公正,给予每一方当事人合理机会以陈述案件并回应对方的陈述;采用适于仲裁具体情况的程序,避免不必要的拖延或开支,为最终解决当事人之间的争议提供公平而富有效率的方式。除非当事人作出以上的约定,仲裁庭享有可予适用的法律和法律规则所允许的最广泛裁量权,以履行其职责。当事人在任何时候应采取一切必要行动以公平、有效和迅速地进行仲裁。当仲裁庭由三人组成时,首席仲裁员在事先征得另两名仲裁员同意后,可以单独裁定程序问题。

5. 仲裁地点与审理方式

在仲裁院仲裁时,仲裁地应为伦敦,除非当事人以书面协议确定仲裁地。仲裁院在综合考虑所有情况并给予当事人发表书面意见的机会后可以决定另一更为合适的地点作为仲裁地。仲裁庭可以自由裁量决定在任何地理上便利的地点举行庭审、会议和审议,如果该地点在仲裁地之外,仲裁仍将被认为是在仲裁地进行,裁决也相应地被认为在仲裁地作出。各方当事人可以通过书面协议同意仲裁采取书面审理的方式,但如果任何当事人要求开庭审理,他有权在仲裁庭得到开庭审理。

6. 仲裁程序事项的决定权

除非当事人就程序如何进行书面审理达成一致意见,仲裁庭在给予各方当事人以合理机会表达意见后,有权根据当事人的申请或依据仲裁庭的动议决定一系列仲裁程序事项,如允许当事人依据仲裁庭决定的条件更改请求、反请求、答辩和答复;延长或缩短仲裁协议或规则规定的有关仲裁进行的任何期限;指令当事人将由其控制并与仲裁事项有关的财产、物件等提供给仲裁庭、其他当事人及其专家或仲裁庭指定的任何专家查验;裁定对一方当事人提出的任何有关事实或专家意见方面的材料的可采纳性、关联性和重要性,是否适用严格的举证规则等。

在当事人没有另行书面约定时,仲裁庭有权根据任何当事人的申请采取临时性的保全措施,包括指令任何请求或反请求的被申请人一方以保证金、银行保证或其他任何方式按照仲裁庭认为合适的条件为争议数额的全部或部分提供担保;指令将任何当事人控制中的、涉及仲裁标的物的财产或物件,进行保管、仓储、销售或以其他方式处理等,临时命令采取仲裁庭有权在裁决中给予的任何救济,包括当事人之间的临时性给付或财产的临时性处置。

7. 法律适用

在法律适用问题上,仲裁程序适用仲裁地的仲裁法,当事人可以书面约定适用其他仲裁法,但该约定不应为仲裁地法所禁止。就争议实体事项应予适用的法律,当事人得自行选择,如仲裁庭认定当事人未作选择时,仲裁庭应适用其认为适当的法律或法律规则。只有在当事人已经明示书面同意时,才可以对争议的实体适用"公允及善良"、"友好和解"或"诚实约定"的原则。

8. 裁决

仲裁庭的裁决须采取书面形式,原则上应说明裁决依据的理由,应写明作出裁决的日期和仲裁地点并由仲裁庭或同意裁决的仲裁庭成员签字。如仲裁庭由三名仲裁员组成而未能就任何事项达成一致意见,应根据多数意见作出裁决;未能形成多数意见的,应由首席仲裁员作出决定。如当事人就争议达成和解,仲裁庭可以按照当事人的书面要求作出记录和解的裁决书,但裁决书须明确说明该裁决是依当事人的协议作出的。和解裁决书无须附具理由。如果裁决中存在任何计算错误、笔误或排印错误或类似性质的任何错误,当事人可以书面通知书记员要求改正。针对已提出但仲裁庭未在裁决书中作出裁决的请求或反请求,当事人可以书面通知书记员要求仲裁庭作出补充裁决。

9. 保密

除非当事人书面作出约定,各方当事人承诺遵守保密原则,即对仲裁中作出的一切裁决以及为了仲裁的目的在仲裁过程中产生的全部材料和另一方当事人在仲裁程序中出示的而不为公众知悉的其他材料予以保密。当然,如果在国家法院或其他司法机关进行善意的法律程序,保护或实现法律权利或者执行或抗辩裁决而要求当事人披露的,不在此限。

10. 豁免

仲裁院、包括其院长、副院长及其成员、书记员、仲裁员和任何仲裁庭的专家均无须就依照规则进行仲裁的任何作为或不作为而对任何当事人承担责任,除非该当事人指控的作为或不作为构成明显和故意的违法行为。

(三)美国仲裁协会

美国仲裁协会(American Arbitration Association,简称 AAA,下称协会)成立于1926 年,是非营利的纠纷解决机构。协会总部设在纽约市,在美国有 34 家分支机构。协会为适应国际商事仲裁快速发展的需要,于 1996 年在纽约建立国际争议解决中心(International Center for Dispute Resolution,简称 ICDR),于 2001 年在爱尔兰都柏林成立欧洲 ICDR。协会的服务包括仲裁、教育培训、独立事实认定、调解、协商和会议推广、出版等。

协会受经济全球化的影响,接受的国际商事仲裁申请显著增加。2007 年,ICDR 受案量为 621 件。当事人可以向任何一个协会办事处提交争议,但仲裁仍在指定的地点进行。一旦案件向协会提交完毕,所有案件均应由 ICDR 集中管理,以便仲裁程序快速、有效、公正进行。

1. 适用的仲裁规则

国际商事纠纷的当事人可以依据 ICDR 国际仲裁规则、联合国贸易法委员会仲裁规则或特定的行业规则进行仲裁。当事人可书面同意依据美国仲裁协会国际仲裁规则仲裁争议;如当事人将国际争议提交国际争议中心或者协会仲裁,但未同时说明应适用何种规则时,应依据仲裁开始之日有效的协会国际仲裁规则进行;当事人可以书面形式对协会国际仲裁规则予以任何修正。

2. 仲裁庭的组成

当事人各方如未就仲裁庭的组成达成一致,原则上由独任仲裁员审理争议;但在 ICDR 认为案件金额大、案情复杂或具有其他情势时,可自行决定由三名仲裁员组成仲裁庭。当事人可以合意约定指定仲裁员的程序;可自行或在 ICDR 协助下共同指定仲裁员。仲裁员一经指定,当事人各方就应通知 ICDR,以便相关文件的传送。当事人在仲裁开始后 45 日内未能就委任仲裁员的程序达成一致,或者不能共同委任仲裁员,ICDR 应根据任何一方当事人的书面请求,委任仲裁员并指定首席仲裁员。如果当事人共同约定了委任仲裁员的程序,但未在该程序规定的时间内委任仲裁员,ICDR 应根据任何一方当事人的书面请求,依据该共同约定的程序完成委任。在实施以上委任时,ICDR 应充分征询各方当事人意见,以选择合适仲裁员;ICDR 可根据当事人的要求或自行决定,委任与各方当事人国籍不同的一国国民为仲裁员。

3. 仲裁地

当事人可以合意选择仲裁地。在当事人未就仲裁地点达成一致时,在仲裁庭成立后 60 日内最终确定仲裁地点前,ICDR 可以初步确定仲裁地。在此类决定作出过程中,当事人的意见和仲裁的具体情况应予考虑。

4. 仲裁庭的权力

仲裁庭被赋予广泛权力以推进仲裁程序快速公平进行。原则上,只要当事人得到平等对待,可以有陈述案件并被听取意见的公平机会,仲裁庭就可以按照适当的任何方式进行仲裁。在庭审中,仲裁庭可以自行决定推动程序进展的措施,例如:可以召集当事人举行预备会议以组织、安排和商定加速后续进程的程序;可自行决定证明的顺序,剔除重复或无关的证词或其他证据;可以要求当事人围绕特定争点展开陈述。如当事人对仲裁庭管辖权提出抗辩,包括对有关仲裁协议的存在、范围或有效性提出异议,仲裁庭有权对自己管辖权作出裁定。如果当事人对包含仲裁条款的合同的存在或效力提出异议,仲裁庭有权作出决定,即该仲裁条款应被视为独立于合同的其他条款,仲裁庭不得因为合同无效而认定仲裁条款无效。

5. 实体法的适用

在审理当事人之间的实体争议时,如当事人合意选择了应予适用的实体法或法律规则,仲裁庭应以其为依据作出裁决;如当事人未就法律适用问题作出安排,仲裁庭应适用其认为适当的实体法或法律规则。在当事人明示授权时,仲裁庭可作为友好仲裁员或依据公允及善良原则作出裁决。在审理涉及合同的争议时,仲裁庭应依据合同条款作出裁决,其间须考虑适用于该合同的贸易惯例。

6. 裁决的作出

当仲裁庭由多数仲裁员构成时,其作出的任何裁决、决定或裁定均应按多数仲裁员的意见作出。如某一仲裁员没有在裁决上签字,应另附声明说明其未签字的原因。首席仲裁员只能在各方当事人或仲裁庭授权时,对程序问题作出决定或裁定,但仲裁庭保留予以变更的权力。仲裁庭应以书面形式作出对各方当事人均有拘束力的终局裁决,并应说明裁决所依据的理由,除非当事人同意无须附具理由。裁决应注明作出裁决的时间和地点。仅在当事人明确同意或法律有规定时,裁决方可公开;但除非当事人另有约定,裁决、决定和裁定经编辑隐匿当事人名称及其他揭示其身份的细节时,或者其在执行过程中或其他情况下已经公开的,ICDR可以出版或公开。如当事人在裁决作出前达成和解,仲裁庭应终止仲裁;当事人可以要求仲裁庭按照他们之间已经达成的条件以裁决的形式将和解记录在案,此时仲裁庭无须附具裁决理由。收到裁决后,任何一方当事人可以在通知其他当事人后,要求仲裁庭解释裁决,或对裁决中任何誊写、打字或计算上的错误进行更正,或对当事人提出而在裁决中遗漏的请求作出补充裁决。仲裁庭可以衡量上述请求是否有正当理由的支持,在考虑各方当事人的意见后,应在收到该项要求后三十日内满足该要求。仲裁费用由仲裁庭在裁决书中确定。仲裁庭可以依据案件的具体情况在当事人之间按比例分摊费用,包括仲裁员的报酬和开支、仲裁庭要求的辅助费用、ICDR的费用和支出、胜方当事人合理的代理费用以及根据规则为实施临时措施或紧急救济措施而产生的费用。仲裁庭成员和ICDR就按照规则进行仲裁有关的任何行为或疏忽不对任何当事人承担责任,但对因其有意和故意的不当行为所造成的后果可能承担责任。

二、中国国际商事仲裁机构

（一）中国国际经济贸易仲裁委员会

1. 基本情况

中国国际经济贸易仲裁委员会（以下简称仲裁委员会）是以仲裁方式独立、公正解决契约性或非契约性经济贸易争议的常设商事仲裁机构。仲裁委员会根据1954年5月6日《中央人民政府政务院关于在中国国际贸易促进委员会内设立对外贸易仲裁委员会的决定》（以下简称《决定》）于1956年4月设立，当时称“对外贸易仲裁委员会”。中国实行对外开放政策后，为适应国际经济贸易关系不断发展，对外贸易仲裁委员会于1980年改名为“对外经济贸易仲裁委员会”、1988年更名为“中国国际经济贸易仲裁委员会”，自2000年10月1日起同时启用“中国国际商会仲裁院”名称。仲裁委员会总会设在北京，根据业务发展的需要，分别于1989年、1990年在深圳和上海设立深圳分会、上海分会。2004年6月18日深圳分会更名为华南分会（以下简称华南分会）。2008年5月7日，中国国际贸易促进委员会与重庆市签署了《设立中国国际经济贸易仲裁委员会西南分会框架协议》，拟在重庆设立西南分会。总会与分会是一个统一的整体，是一个仲裁委员会，使用相同的《仲裁规则》和《仲裁员名册》，在整体上享有一个仲裁管辖权，根据当事人的仲裁协议受理当事人提起的国际、涉外和国内仲裁案件。仲裁委员会还设立域名争议解决中心和亚洲域名争议解决中心，负责解决各种域名争议。域名争议解决中心于2005年7月5日起同时启用“中国国际经济贸易仲裁委员会网上争议解决中心”名称，全面涵盖域名争议解决中心目前业务，并进一步开展电子商务网上调解和网上仲裁等其他网上争议解决业务，为当事人提供快捷高效的网上争议解决服务。仲裁委员会还与中国粮食行业协会、贸促会粮食行业分会联合成立了粮食争议仲裁中心，以仲裁方式解决粮食行业发生的一切争议。仲裁委员会在各地贸促会内及经济比较发达的城市设立仲裁办事处，作为仲裁委员会的仲裁专业联络和宣传机构，从事仲裁宣传和仲裁协议的推广和咨询工作，不能受理仲裁案件。[1]

仲裁委员会现已成为世界上重要的国际商事仲裁机构之一。自1990年以来其受案量居世界仲裁机构的前列，案件当事人涉及除中国外的45个国家和地区。[2] 2005年至2007年，仲裁委员会共受理经贸仲裁案件3078件，审结案件2976件，案涉争议标的额超过人民币327亿元，案件当事人涉及35个国家和地区。其中，2007年受理案件1118件，审结案件1051件，总争议标的额为114.16亿元人

---

〔1〕 中国国际经济贸易仲裁委员会网站 http://www.cietac.org，2007年6月30日访问。

〔2〕 中国国际经济贸易仲裁委员会网站 http://www.cietac.org，2007年6月30日访问。

民币。[1]

2. 组织机构

仲裁委员会设名誉主任一人、名誉副主任一至三人,顾问若干人。仲裁委员会在组织机构上实行委员会制度,设主任一人,副主任若干人,委员若干人。主任履行仲裁规则赋予的职责,副主任受主任的委托可以履行主任的职责。总会设立秘书局,分会设立秘书处,各设秘书长一人、副秘书长若干人。总会秘书局和分会秘书处分别在总会秘书长和分会秘书长的领导下负责处理总会和分会的日常事务。仲裁委员会下设三个专门仲裁委员会:专家咨询委员会、案例编辑委员会和仲裁员资格审查考核委员会。专家咨询委员会负责仲裁程序和实体上的重大疑难问题的研究和提供咨询意见,对仲裁员的培训和经验交流、对仲裁规则的制定和修订提供意见,对仲裁委员会的工作和发展提出建议。案例编辑委员会负责案例编辑和仲裁委员会的年刊编辑工作。仲裁员资格审查考核委员会制定《聘任仲裁员的规定》、《仲裁员守则》和《仲裁员行为考查规定》等各项行为准则,对仲裁员在进入仲裁员队伍和在仲裁程序不同阶段的行为实施动态监督。仲裁委员会建立了裁决书核阅制度,对裁决草案进行事前监督以避免裁决出现不必要的瑕疵。

3. 职能与业务

仲裁委员会的主要职能与业务是:受理平等主体的公民、法人和其他组织之间的国际/涉外仲裁案件及国内仲裁案件,包括香港特别行政区、澳门特别行政区或台湾地区的仲裁案件;受理由政府或其他国内外组织授权仲裁委员会处理的争议案件;提供当事人约定由仲裁委员会处理的其他争议解决服务;根据当事人的约定和请求,为在境外进行的非机构仲裁指定仲裁员;宣传推广和研究仲裁及其它非诉讼解决争议的方式方法;开展国内外业务交流,参加相关的国内外组织。

仲裁委员会还为不同行业的当事人提供适合其行业需要的仲裁法律服务。例如,根据《中国国际经济贸易仲裁委员会金融争议仲裁规则(2005 年)》第 2 条第 2 款的规定,仲裁委员会受理当事人之间因金融交易发生的或与此有关的争议,包括但不限于下列交易:贷款、存单、担保、信用证、票据、基金交易和基金托管、债券、托收和外汇汇款、保理、银行间的偿付约定、证券和期货。仲裁委员会与中国商业联合会、中国贸促会商业行业分会合作设立了商业专业委员会,为商业流通领域的企业、公司和个人提供法律咨询、争议解决等服务。

仲裁委员会网上争议解决中心解决如下争议:域名抢注纠纷(. CN 中文域名争议、. COM 等通用顶级域名争议)、通用网址抢注纠纷、无线网址抢注纠纷、短信

---

[1] 于健龙:"中国国际经济贸易仲裁委员会第十六届委员会工作报告暨第十七届委员会工作计划",《仲裁与法律》(第 109 辑),法律出版社,2008 年版,第 13 ~ 15 页。

网址抢注纠纷、信息名址抢注纠纷。[1]

仲裁委员会近年来受理仲裁案件出现以下特点:(1)国内案件的数量持续增长。2005年,受理的国内案件数量首次超过涉外案件,2005年至2007年,与2002至2004年相比,受理的涉外案件下降3.9%,国内案件增长99.79%。[2] 在国内仲裁案件中,具有一定外资因素的案件仍然占很大比重。(2)争议类型进一步多样化。除传统的一般货物买卖、合资合作、三来一补等争议外,还包括股权转让、房屋出售与租赁、建筑装修工程、承包工程、房地产开发建设、委托合同、特许经营、保险合同、担保、商标许可、资产并购等。其中,货物买卖合同争议的案件数量仍居首位,融资租赁、股权转让争议案件数量增长较快,建筑房地产、房屋出售与租赁、贷款、担保、证券等类型的案件呈增长趋势。同一期间,仲裁委员会网上争议解决中心共受理案件800件,共审结案件658件。[3]

4. 仲裁规则

1954年政务院的《决定》对仲裁委员会的设立、受案范围、委员构成、仲裁庭的组成、仲裁代理人以及仲裁费用的收取等事项作出了规定,确立了协议管辖、专家裁判、一裁终局以及裁决的强制执行制度,符合现代国际商事仲裁理念,为中国涉外商事仲裁确立了基本的发展方向。[4]

中国国际贸易促进委员会于1956年制定《中国国际贸易促进委员会对外贸易仲裁委员会仲裁程序暂行规则》。随着我国经贸形势的发展和仲裁业务的需要,仲裁委员会分别于1988年、1994年、1995年、1998年、2000年和2005年修订、完善其仲裁规则。1988年修改的原因是该仲裁规则实施了30多年,已经远不适应中国经济的发展和仲裁业务的需要。1994年和1995年的修订是由于《仲裁法》的颁布实施。随着《仲裁法》的贯彻实施,国内仲裁机构均可受理国内和涉外仲裁案件,仲裁委员会为适应新的形势,面临着改革和发展的需要,于1998年、2000年、2005年对仲裁规则的受案范围进行修订,其中2000年仲裁规则将受案范围调整为国际的、涉外的和国内仲裁案件。仲裁委员还于2003年颁布实施《金融争议仲裁规则》,于2005年对该规则进行修订。仲裁委员会为解决新型争议的需要,分别于2003年制定了《域名争议解决中心程序规则》、2009年制定了《网上仲裁规则》。

---

[1] 中国国际经济贸易仲裁委员会域名中心简介,http://dndrc.cietac.org/static/ctrintrc/frmainc-trintrc.html,2008年10月20日访问。

[2] 于健龙:"中国国际经济贸易仲裁委员会第十六届委员会工作报告暨第十七届委员会工作计划",《仲裁与法律》(第109辑),法律出版社,2008年版,第14页。

[3] 于健龙:"中国国际经济贸易仲裁委员会第十六届委员会工作报告暨第十七届委员会工作计划",《仲裁与法律》(第109辑),法律出版社,2008年版,第13~15页。

[4] 王文英:"变化中的发展——评贸仲仲裁规则之演进",《仲裁与法律》(第100辑),法律出版社,2006年版,第6~7页。

2005 年修订仲裁规则的指导思想是，最大程度地尊重当事人意思自治原则，充分借鉴国际和国内先进做法，完善程序规则以保障仲裁程序灵活高效地进行，加强仲裁庭对程序的管理权，增强机构对仲裁员及仲裁案件的质量管理，提高机构的服务质量。2005 年规则主要内容如下：

(1)扩张当事人意思自治

表现在四个方面：第一，当事人可以约定适用其他仲裁规则，或约定对贸仲规则有关内容进行变更，但其约定无法实施或与仲裁地法强制性规定相抵触者除外。当事人可以约定适用仲裁委员会制定的行业仲裁规则，如争议属于该规则适用范围的，从其约定。为帮助当事人实现仲裁意愿，虽约定适用仲裁委员会规则但未约定由仲裁委员会仲裁的，视为同意将争议提交仲裁委员会仲裁。第二，当事人选择仲裁员的范围扩大。仲裁委员会原则上实行仲裁员名册制度，当事人从仲裁委员会提供的《仲裁员名册》中选定仲裁员。仲裁委员会设立了《国际(涉外)争议仲裁员名册》、《国内争议仲裁员名册》、《金融专业仲裁员名册》、《建设工程与房地产专业仲裁员名册》、《粮食专业仲裁员名册》和《皮革专业仲裁员名册》，提供给各类案件的当事人使用。更进一步，当事人约定在仲裁委员会仲裁员名册之外选定仲裁员的，当事人选定的或根据当事人之间的协议指定的人士经仲裁委员会主任依法确认后可以担任仲裁员、首席仲裁员或独任仲裁员。此规定突破了强制名册制的限制，在保证当事人选择的仲裁员符合特定条件的情况下，赋予当事人在名册之外选择仲裁员的权利，最大程度地尊重了当事人选定仲裁员的意愿。第三，在仲裁案件审理方式上，明确规定当事人有权约定审理方式。当事人可以约定采用询问式或辩论式审理方式。第四，双方当事人可以书面约定仲裁地，也可以约定开庭地点。

(2)优化管辖权制度

《仲裁法》将仲裁管辖权异议的决定权赋予了法院和仲裁机构。为解决仲裁委员会作出的管辖权决定与仲裁庭经实体审理后得出的结论可能出现矛盾的问题，该规则特别规定仲裁委员会可以根据表面证据作出仲裁管辖权决定，仲裁程序继续进行；但仲裁委员会依表面证据作出的管辖权决定并不妨碍其根据仲裁庭在审理过程中发现的与表面证据不一致的事实及/或证据重新作出管辖权决定。仲裁委员会在必要的情况下，可以授权仲裁庭作出管辖权决定。相应地，仲裁协议独立性原则得到充实。合同中的仲裁条款应视为与合同其他条款分离地、独立地存在的条款，附属于合同的仲裁协议应视为与合同其他条款分离地、独立地存在的一个部分；合同的变更、解除、终止、转让、失效、无效、未生效、被撤销以及成立与否，均不影响仲裁条款或仲裁协议的效力。

(3)完善督促仲裁员机制

仲裁员在法律或事实上不能履行其职责时，或者没有按照规则的要求履行应尽职责时,仲裁委员会主任有权将其更换。该规则赋予仲裁委员会主任在特定条件下依职权自行替换仲裁员的权力。在严格符合仲裁规则规定的条件下,授权仲裁庭继续仲裁程序,作出仲裁裁决,少数仲裁员或其他仲裁员的书面意见应当附卷,并可附在裁决书后,但该书面意见不构成裁决书的组成部分。

(4)强化程序效率

因应当事人要求并考虑实际可操作性,相对缩短仲裁案件的审理时限,涉外案件缩短为组庭后6个月,简易程序的审限为组庭后3个月。并相对缩短答辩、反请求、发出开庭通知的时间。除非当事人另有约定,赋予仲裁庭决定以其认为适当的方式审理案件的权力,并可以根据案件的具体情况采用询问方式或辩论方式审理案件。仲裁庭认为必要时可以发布程序指令、发出问题单、举行庭前会议、召开预备庭、制作审理范围书等。但仲裁庭行使权力的前提是不违反当事人的约定、该规则对仲裁庭的强制性要求,即公平和公正行事,平等对待各方当事人,给予各方当事人陈述与辩论的合理机会。

(5)丰富仲裁与调解相结合机制

当事人在仲裁委员会之外通过协商或调解达成和解协议的,可以凭当事人达成的由仲裁委员会仲裁的仲裁协议和他们的和解协议,请求仲裁委员会组成仲裁庭,按照和解协议的内容作出仲裁裁决。除非当事人另有约定,仲裁委员会主任指定一名独任仲裁员组成仲裁庭,按照仲裁庭认为适当的程序进行审理并作出裁决。具体程序和期限不受该规则其他条款限制。

(二)中国海事仲裁委员会

1. 基本情况

中国海事仲裁委员会(原名中国国际贸易促进委员会海事仲裁委员会,以下简称海事仲裁委员会)是中国国际贸易促进委员会依法设立的以仲裁方式解决契约性或非契约性海事、海商、物流、渔业争议的民间性仲裁机构。[1]

政务院于1958年11月21日决定设立中国的海事仲裁委员会。该机构于1959年在北京正式成立,其章程明确规定,海事仲裁委员会是民间性的,附设于中国国际贸易促进委员会下的非营利性质的专门受理海事仲裁案件的机构。1982年国务院下发《关于海事仲裁委员会扩大受理案件的范围和增加委员人数的通知》,将审理案件的范围由原来的有关船舶碰撞、船舶救助报酬、涉及海上运输合同的争议,扩大到“双方当事人协议要求仲裁的其他海事案件”。1988年,国务院下发《关于将海事仲裁委员会改名为中国海事仲裁委员会和修订仲裁规则的批

---

〔1〕 中国海事仲裁委员会网站 http://www.cmac.org.cn,2007年6月30日访问。

复》,将修订仲裁规则的权限由国务院下放给中国国际贸易促进委员会。[1]

中国海事仲裁委员会总部设在北京。自1999年,为适应业务发展的需要,先后在大连、上海、广州、天津、宁波、青岛等地设立办事处。2002年上海办事处升格为分会。办事处是仲裁委员会的仲裁专业联络和宣传机构,接受仲裁委员会的直接领导,不得从事仲裁案件的收费、立案和审理工作,不得向当事人收取咨询费,不得在仲裁委员会及其分会所受理的仲裁案件中从事仲裁代理。分会可以独立受理和审理案件。双方当事人可以约定将其争议提交仲裁委员会在北京或分会所在地进行仲裁,如无此约定,则由申请人从中选择;双方当事人都提出申请的,以首先申请的为准;如有争议,由仲裁委员会作出决定。为满足当事人的需要,海事仲裁委员会设立了渔业争议解决中心和物流争议解决中心。经中国商会批准,在海事仲裁委员会内成立中国海事仲裁委员会海事调解中心,上海海事调解中心于2006年成立。近年来,海事仲裁委员会的受案量有了一定增加,在2005年至2007年三年间共受理案件119件,其中2005年46件(北京总会28件,上海分会18件)、2006年24件(北京总会12件,上海分会12件)、2007年49件(北京总会16件,上海分会33件),争议标的共计人民币3.8949亿元。2005年至2007年三年间共审结案件113件。[2] 海事仲裁委员会的调解业务有良好的开端,上海调解中心2007年受理6件船舶碰撞案件,涉案标的额达人民币6200万元。[3]

2. 组织机构

仲裁委员会由主任一人、副主任若干人和委员若干人组成。主任、副主任和委员由中国国际贸易促进委员会聘请有关方面的专家和知名人士担任,每届任期三年;如有必要,任期可做适当调整。仲裁委员会委员会议每年召开一次。如有需要,可以召开临时会议。仲裁委员会委员会议,由仲裁委员会主任或主任授权的副主任主持召开。每次会议须有半数以上委员包括主任及/或副主任出席,方能举行。会议的决议须经出席会议的半数以上的委员包括主任及/或副主任通过,方为有效。

仲裁委员会委员会议的主要任务是:讨论有关仲裁委员会工作的方针、原则等重要事项并作出相应的决议;制定和修改仲裁委员会章程;审议、通过关于制定和修改仲裁委员会仲裁规则的草案,报中国国际贸易促进委员会(中国国际商会)核准公布;审议、通过仲裁委员会主任提出的年度工作报告。

---

〔1〕 中国海事仲裁委员会秘书处:《海事仲裁入门指南》,中国政法大学出版社,2001年版,第1~2页。

〔2〕 陈敏:"中国海事仲裁委员会第十六届委员会工作报告和第十七届委员会工作计划",《仲裁与法律》(第109辑),法律出版社,2008年版,第23~25页。

〔3〕 陈敏:"中国海事仲裁委员会第十六届委员会工作报告和第十七届委员会工作计划",《仲裁与法律》(第109辑),法律出版社,2008年版,第25页。

仲裁委员会设秘书长一人及副秘书长若干人。秘书长和副秘书长由仲裁委员会主任聘任。仲裁委员会及其分会设秘书处,在秘书长的主持下,负责仲裁委员会及其分会的日常事务,主要包括:仲裁委员会仲裁规则规定由仲裁委员会及其分会处理或决定的事项,案件的登记管理,仲裁费用的收取与管理,仲裁程序的管理,仲裁委员会交办的其他事项。

仲裁委员会主任、副主任和受邀的秘书长组成仲裁委员会主任会议,在仲裁委员会委员会议闭会期间,负责仲裁委员会的工作,履行委员会议的职责。仲裁委员会的主任会议每三个月举行一次。如有需要,可以召开临时会议。仲裁委员会主任可以指定副主任代其履行仲裁委员会仲裁规则赋予的职责。

仲裁委员会设立仲裁员名册,统一适用于仲裁委员会及其分会。仲裁委员会可以根据仲裁业务发展的需要,设立专业仲裁员名册。仲裁员由仲裁委员会秘书处与仲裁委员会分会秘书处协商后提出名单,经仲裁委员会资格审查考核委员会审查并经仲裁委员会主任会议审核通过后,由仲裁委员会聘任,并报中国国际贸易促进委员会设立仲裁员名册。仲裁员由仲裁委员会从对航海、保险、法律等方面具有专门知识和实际经验的中外人士中聘任。仲裁委员会现有仲裁员名单共计197人,其中外籍以及香港、台湾地区仲裁员40人,占全部名额的1/5。[1] 仲裁委员会及其分会适用统一的仲裁员名册。约定在中国海事仲裁委员会或其物流争议解决中心仲裁的案件,当事人和仲裁委员会主任可以从其认为适当的《中国海事仲裁委员会仲裁员名册》或《中国海事仲裁委员会物流专业仲裁员名册》中选定或指定仲裁员。渔业争议案件,仲裁员仅可从《中国海事仲裁委员会渔业专业仲裁员名册》中选定或指定。

海事仲裁委员会设立专家咨询委员会、案例编辑委员会、资格审查考核委员会等专门委员会。专家咨询委员会负责仲裁程序和实体上重大疑难问题的研究和提供咨询意见,对仲裁员的培训和经验交流、对仲裁规则的制定和修订提供意见,对仲裁委员会的工作和发展提出建议。案例编辑委员会负责已审理终结案件的案例编辑工作。资格审查考核委员会按照仲裁法和仲裁规则的规定,对仲裁员的行为进行监督考核,对仲裁员的聘任提出建议。各专门委员会设主任委员一人、副主任委员一至二人和委员若干人,由仲裁委员会主任会议通过,由仲裁委员会聘任。

3. 仲裁规则

海事仲裁委员会在过去五十年里,实施了1958年、1988年、1995年、2000年和2004年五套仲裁规则。2004年以前,仲裁规则考虑到海事仲裁案件的海事专属性,受案范围严格限定于海事争议。针对仲裁委员会物流中心的受案范围向陆地

---

〔1〕 陈敏:"中国海事仲裁委员会第十六届委员会工作报告和第十七届委员会工作计划",《仲裁与法律》(第109辑),法律出版社,2008年版,第23~25页。

等除航运企业外的所有生产贸易企业的产品流通领域扩展的趋势，而为适应国际海事仲裁机构的普遍做法，2004年规则不再硬性体现海事仲裁案件的专属性，而是一部包括海事仲裁和其他陆上争议仲裁的综合性仲裁规则。海事仲裁委员会在传统管辖范围即海事海商的基础上，拓展到以航运为基础延伸的现代物流范围，并依据当事人意思自治原则受理当事人约定提交的争议案件。[1]

海事仲裁委员会的主要业务是：受理平等主体的公民、法人和其他组织之间的国际/涉外及国内海事、海商、物流、渔业等争议仲裁案件，包括香港特别行政区、澳门特别行政区或台湾地区的仲裁案件；提供当事人约定由仲裁委员会处理的其他争议解决服务；根据当事人的约定和请求，为境外进行的非机构仲裁指定仲裁员；宣传推广和研究仲裁及其它非诉讼解决争议的方式方法；开展国内外业务交流，参加相关的国内外组织。其受案案件的具体类型包括：租船合同、多式联运合同或者提单、运单等运输单证所涉及的海上货物运输、水上货物运输、旅客运输争议；船舶、其他海上移动式装置的买卖、建造、修理、租赁、融资、拖带、碰撞、救助、打捞，或集装箱的买卖、建造、租赁、融资等业务所发生的争议；海上保险、共同海损及船舶保赔业务所发生的争议；船上物料及燃油供应、担保争议，船舶代理、船员劳务、港口作业所发生的争议；海洋资源开发利用、海洋环境污染所发生的争议；货运代理，无船承运，公路、铁路、航空运输，集装箱的运输、拼箱和拆箱，快递，仓储，加工，配送，仓储分拨，物流信息管理，运输工具、搬运装卸工具、仓储设施、物流中心、配送中心的建造、买卖或租赁，物流方案设计与咨询，与物流有关的保险，与物流有关的侵权争议，以及其他与物流有关的争议；渔业生产、捕捞等所发生的争议；双方当事人协议仲裁的其他争议。[2]

现行规则体现了当事人的意思自治权利，即当事人可以根据案件需要以协议的方式约定缩短或延长仲裁规则中规定的程序期限或调整相关程序事项；可以在仲裁程序进行过程中协议要求仲裁委员会或仲裁庭对其予以调整，以适合具体案件的需要；是否准许，由仲裁委员会或仲裁庭决定。

为快速、高效和公平地解决争议，海事仲裁规则对简易程序做了较为详细的规定。除非当事人另有约定，争议金额不超过人民币100万元（含100万元，但不包括利息，融资利息除外）的案件，适用简易程序。争议金额超过人民币100万元的案件，双方当事人同意的，或者经一方当事人书面申请并征得另一方当事人书面同意的，也可适用简易程序。没有争议金额、争议金额不明或者当事人对争议金额或其确定方式有不同意见的，由仲裁委员会根据案件复杂程度、涉及利益的大小和范

[1] 蔡鸿达："公正 高效 适应市场经济需要——中国海事仲裁委员会第五次仲裁规则修改内容介绍"，《仲裁与法律》（第94辑），2004年，第76～77页。

[2] 《中国海事仲裁委员会仲裁规则（2004年）》第2条。

围和其他因素综合考虑并决定是否适用简易程序。仲裁请求变更后的争议金额及(或)反请求的争议金额超过100万元,双方当事人同意的,可继续适用简易程序,否则,变更为适用普通程序,除非当事人另有约定,原独任仲裁员作为首席仲裁员。新的仲裁庭组成前已进行的仲裁程序是否重新进行,由新的仲裁庭决定。在进行简易程序过程中,任何一方当事人没有按照简易程序行事时,不影响程序的进行和仲裁庭作出裁决的权力。

双方当事人应在被申请人收到仲裁通知之日起10天内,在仲裁委员会提供的仲裁员名册中共同选定或者共同委托仲裁委员会主任指定一名独任仲裁员。双方当事人逾期未共同选定也未共同委托仲裁委员会主任指定的,仲裁委员会主任应立即指定一名独任仲裁员成立仲裁庭审理案件。在上述规定的期限内,双方当事人可从仲裁委员会提供的独任仲裁员候选人名单之中或之外推荐一名以上独任仲裁员人选,双方均推荐的人员为双方共同选定的独任仲裁员,但均推荐的人员超过一人的,由仲裁委员会主任从中指定一人为独任仲裁员。通过该方式未产生独任仲裁员时,仲裁员名册中的人员,除当事人明确排除者外,均可接受指定担任独任仲裁员。

开庭审理的案件,仲裁庭应在开庭审理或再次开庭审理之日起30天内作出裁决书;书面审理的案件,仲裁庭应当在仲裁庭成立之日起90天内作出裁决书。在仲裁庭的要求下,仲裁委员会秘书长认为确有必要和确有正当理由的,可以对上述期限予以延长。

仲裁庭有权在裁决书中决定败诉方应当补偿胜诉方因为办理案件所支出的合理费用,但补偿金额最多不得超过胜诉方胜诉金额的10%。[1]

(三)香港国际仲裁中心

香港国际仲裁中心(Hong Kong International Arbitration Center,简称HKIAC,以下称仲裁中心)于1985年5月根据香港《公司条例》第32章以非营利性的法团担保有限公司形式正式成立,同年9月1日正式开展业务。最初由香港政府和香港商界共同出资创设,现在已完全独立于商界和政府,在财政上自给自足。

1. 组织机构

仲裁中心由理事会负责管理,理事会设主席一名、副主席若干名,理事会成员为具有不同国家国籍,具有不同经验和专长的商人和专业人员。该中心的日常工作由秘书长和秘书处人员处理。中心的工作由不同的委员会落实,各委员会受理事会指导。委员会包括管理委员会、评选委员会(仲裁员)、域名仲裁员评选委员会、调解员认可委员会、海事仲裁组、市场和推广委员会、电子商务委员会、香港调

[1] http://www.cmac.org.cn/,2008年7月25日访问。

解会及其下属委员会，如家事委员会、建筑委员会和商事委员会。[1]

2. 受案范围

香港国际仲裁中心受理香港本地仲裁案件和国际商事仲裁案件，但分别适用不同的仲裁规则。香港本地仲裁适用中心制定的仲裁规则。本地仲裁案件是指，在仲裁协议中未作任何明示或默示方式约定该争议将在香港以外的任何国家或地区进行仲裁，且在仲裁开始时，签署仲裁协议或提出仲裁申请的当事人中没有一方是外国的自然人或居住在香港以外地区的自然人，或者是外国公司或法人，或在香港以外地区没有主营业所的公司或法人的案件。国际仲裁是指一方或双方当事人具有外国国籍或在香港无住所的自然人、或者是在外国注册或在香港无主要营业地的公司或法人的仲裁案件。中心没有制定国际仲裁规则，当事人有权自由选择适用支配国际仲裁的仲裁规则，但中心推荐当事人使用《联合国国际贸易法委员会仲裁规则》。

3. 委任仲裁员

香港国际仲裁中心在仲裁活动中不统一管理所有仲裁案件，其发挥的是有限的辅助功能。中心的主要工作是提供仲裁员名册，供当事人选用。自 1997 年，香港《仲裁条例》授权中心履行两项重要的职能，其中之一是委任仲裁员。根据香港 1994 年《仲裁(修订)条例》第 12 条规定，仲裁协议规定仲裁须提交给独任仲裁员，但各方在争议产生后，对仲裁员的委任未能达成一致意见时，如获得委任的仲裁员拒绝或无能力行使职责，或者死亡，而仲裁协议并未表明仲裁员空缺不必填补的意图，以及协议各方没有提供人选填补空缺时；如协议一方或仲裁员须委任或赞同委任一名公断人或仲裁员，或有委任或赞同委任一名公断人或仲裁员的自由，而该方或该仲裁员没有如此行事时，中心有权委任仲裁员或公断人。由此，指定仲裁员的权力已赋予仲裁中心，而非法院行使。

4. 中心的辅助性服务

在委任仲裁员后，仲裁员的收费及案件的进展由仲裁员与当事人共同推进。仲裁裁决书只需仲裁员本人签署，无须仲裁中心盖印以其名义发出，但当事人提出要求时仲裁中心可加盖印章以证明裁决书为其中心的委任仲裁员发出。仲裁中心鼓励仲裁员将裁决书在中心存档，以资记录。仲裁中心扮演的是辅助的角色，既为机构仲裁也为临时仲裁提供设施和服务。仲裁中心还提供诸如持有争议款项或相关费用保证金的有限的行政服务。仲裁中心还为公众提供免费查询服务，提供有关香港仲裁法律和程序的一般信息，为当事人提供有关在其他国家进行仲裁事宜的咨询。仲裁中心不向当事人收取仲裁费用，也不向仲裁员收费。仲裁中心可为仲裁员、当事人提供各种服务及后勤工作，包括提供场所作为聆讯、安排翻译、提供

---

〔1〕 莫石、郑若骅编著，傅宇、刘京编译：《香港仲裁实用指南》，法律出版社，2004 年版，第 7 页。

视像会议服务、存放和保管资料等,但需另行收取费用。[1]

第三节 国际性国际商事仲裁机构

国际性国际商事仲裁机构是指依据国际条约或国际组织的决议成立的,一般设立于某一国际组织内独立于任何国家运作的国际商事仲裁机构。尽管国际性国际商事仲裁机构通常附属于特定国际组织,但在行使纠纷管理职能时独立于该组织。国际性国际商事仲裁机构可分为地区性仲裁机构和全球性仲裁机构。在此对全球性国际商事仲裁机构作简要介绍。

一、国际商会国际仲裁院

国际商会国际仲裁院(以下简称仲裁院)附设于国际商会[2],于1923年成立于巴黎,现已发展成为世界上具有重要影响力的国际商事仲裁机构。仲裁院是一个自治机构,并不隶属于任何国家,独立行使职能,不受国际商会及其任何部门干涉。自1923年创立到2003年底,该仲裁院已经受理了总数达13,101个仲裁案件,其中一半以上的仲裁申请是在1988年至2003年的十五年间提出的。[3]

(一)组织机构

仲裁院由主席一人、副主席数人、委员若干人及替补委员组成。仲裁院主席依据国际商会执行局的推荐由国际商会理事会选举产生,副主席由国际商会理事会从仲裁院委员或其他人士中指定。仲裁院主席有权代表仲裁院作出紧急决定,在主席缺席时或应主席的要求,一位副主席也有同样的权力;但此种决定必须向下一次仲裁院会议报告。仲裁院委员由国际商会的每一个国家委员会根据一国一名的原则推荐,由国际商会理事会进行聘任,任期三年。经主席建议,国际商会理事会可以额外指定委员。仲裁委员独立于推荐他的国家委员会,不得向该国家委员会透露因其委员身份所获得的关于个案的任何信息,但仲裁院主席或秘书长要求他们特别告知其国家委员会的,不在此限。仲裁院由秘书处协助工作,秘书处由秘书长领导,秘书长缺席时可授权总顾问和副秘书长负责。经仲裁院批准,秘书处可以向当事人和仲裁员发出通知和其他文件,告知有关情况,以保障仲裁程序的顺利进

---

〔1〕 有关介绍可参见李剑强:“香港仲裁机构的临时仲裁及其启示”,《北京仲裁》,2006年第3期,第82~95页。

〔2〕 国际商会是1919年成立于巴黎的非政府间国际组织,其会员可分为三类,即国家会员、在国际上有影响的商业组织和个人会员。

〔3〕 [英]艾伦·雷德芬、马丁·亨特等:《国际商事仲裁法律与实践》,林一飞、宋连斌译,北京大学出版社,2005年版,第55页注释210。

行。仲裁院主席和秘书处人员不得担任国际商会仲裁的仲裁员或当事人顾问。仲裁院不得指定副主席或仲裁院委员担任仲裁员，但他们可以由一个或数个当事人指定或经当事人协议的其他程序建议并经仲裁院确认后担任该职务。

（二）职能

仲裁院的职能是保证仲裁院仲裁规则及调解规则的正确适用，并根据需要提出修改规则的建设性方案。仲裁院被赋予必要的权力以管理仲裁程序，如仲裁院有权就仲裁员的指定、确认、回避或替换作出终局决定并且不需说明理由；确定用于支付仲裁员的报酬和开支以及国际商会管理费的预付费用数额；在当事人未约定仲裁员人数时，决定仲裁庭由独任仲裁员还是由三名仲裁员组成；基于其认为适当的国际商会国家委员会的建议，指定独任仲裁员或首席仲裁员；在多方当事人参加的仲裁程序中，如果当事人未能共同指定仲裁员且不能就仲裁庭的组成达成一致意见时，指定仲裁庭的全部成员；自主决定仲裁员在法律上或事实上不能履行职责、或者没有按照国际商会仲裁规则的要求或未在规定期限内履行应尽职责时予以替换；延长裁决期限以及决定仲裁费用等。

（三）仲裁规则

在仲裁院成立前，仲裁规则以英、法两种语言在 1922 年发布。随着国际商会仲裁经验的积累以及国际商事交易的拓展和深化，国际商会分别在 1927 年、1931 年、1933 年、1939 年、1947 年、1955 年、1975 年和 1988 年对仲裁规则进行了修订。现行仲裁规则为 1998 年规则。

仲裁规则中有关管辖权、审理范围书和审查裁决的规定较有特色，对其他国际商事仲裁机构仲裁规则的制定和国际商事仲裁实践产生较大影响。

1. 管辖权

在管辖权方面，被申请人未依照规则提交答辩，或者对仲裁协议的存在、效力或范围提出异议，在不影响其实体主张及其应否采纳的情况下，仲裁院如依表面证据即可认定，可能存在依照国际商会仲裁规则进行仲裁的协议，则可以决定仲裁程序继续进行。在此情形下，仲裁庭的管辖权由仲裁庭自行决定。如果仲裁院认为相反，则通知当事人仲裁程序不能进行。在此情况下，当事人仍有权要求有管辖权的法院对是否存在有拘束力的仲裁协议作出认定。除非有相反约定，只要仲裁庭认为仲裁协议有效，仲裁庭不因合同被指无效或不存在而终止对仲裁案件行使管辖权。即使合同不存在或者无效，仲裁庭仍应继续行使管辖权，以决定当事人的权利并对其请求和主张作出裁决。

2. 审理范围书

在审理范围书方面，仲裁庭在收到仲裁院秘书处转来的案卷后，应尽快根据书面材料或者会同当事人并依据其最新提交的材料，拟定界定审理范围的文件。该文件包括的重要事项有：当事人和仲裁员的基本情况；各方当事人的请求和所寻求救济的摘要，如有可能，应说明请求或反请求的金额；待决事项清单，但仲裁庭认为不适宜时除外；应予适用的程序规则，若当事人授权仲裁庭担任友好仲裁人或依公允及善良原则作出决定，也应说明；仲裁地等。该审理范围书应经当事人和仲裁庭签署；任何一方当事人拒绝参与拟定或签署的审理范围书，应提交仲裁院批准。审理范围书签署或经仲裁院批准后，仲裁将继续进行。在拟定审理范围书时或随后，仲裁庭在与当事人协商后应以独立文件的形式制定临时时间表，供仲裁程序进行时遵循。在审理范围书签署或经仲裁院批准之后，任何当事人均不得在审理范围书之外提出新请求或反请求，除非仲裁庭在考虑新请求或反请求的性质、仲裁进行的阶段以及其他有关情况之后予以准许。国际商会仲裁院审理范围书产生之初，其首要作用是为了加强仲裁协议的稳定性，弥补仲裁协议的缺陷，增强仲裁协议的效力。现在，其主要功能在于通过促使当事人和仲裁员界定争议的范围和待决事项，提高以仲裁方式解决争议的效率。此外，规定请求或反请求尽可能在仲裁程序的初期提出，意味着预先阻止当事人实施导致拖延裁决的程序策略。审理范围书还可以建立仲裁规则所没有的程序环节，以保证仲裁裁决的效力和可执行性。[1]

3. 裁决审阅制度

仲裁院被赋予核阅裁决书的权力。仲裁庭应在签署裁决书之前，将其草案提交仲裁院。仲裁院可以对裁决书的形式进行修改，在不影响仲裁庭自主决定权的前提下，提请仲裁庭注意实体问题。在裁决书形式经仲裁院批准之前，仲裁庭不得作出裁决。仲裁院不干预仲裁员作出的决定，但可以对裁决形式的准确性进行审查，确保仲裁员处理了所有应处理的事项且不存在明显的打印或计算错误。此规定的目的在于使国际商会的裁决获得更为广泛的支持，在尽可能多的国家得到承认和执行。

二、解决投资争端国际中心

(一)基本情况

解决投资争端国际中心(International Center for the Settlement of Investment Dispute，简称 ICSID，以下称为中心)根据 1965 年《解决国家与他国国民之间投资争端公约》(简称《华盛顿公约》，以下称为公约)设立，该公约于 1966 年 10 月 14 日生效。目前共有 155 个国家和地区签署了公约，其中 143 个已经批准了加入公约。[2] 我国于 1990 年 2 月 9 日签署，1992 年 7 月 1 日正式批准加入公约。[3] 订立《华盛顿公约》目的，是依照公约的规定，为解决各缔约国和其他缔约国国民之间的投资争端提供调解和仲裁的便利，以增进相互信任的气氛，促进私人投资的跨

〔1〕 汪祖兴：《国际商会仲裁研究》，法律出版社，2005 年版，第 196～197 页。

〔2〕 http://icsid.worldbank.org/ICSID/ICSID/AboutICSID_Home.jsp，2008 年 12 月 7 日访问。

〔3〕 余劲松：《国际投资法》，法律出版社，1997 年版，第 439 页。

国流动。公约的重要考虑之一是要排除投资者本国政府的介入、使投资争议的解决非政治化。中心本身不直接承担调解和仲裁工作,只为解决国际投资争端提供各种设施和方便,为针对各项具体争端分别组成的调解委员会或国际仲裁庭提供必要的条件,便于其开展调解或仲裁工作。

(二)中心的法律地位

中心具有完全的国际法律人格,其法律能力包括缔结契约的能力、取得和处理动产和不动产的能力、起诉的能力。为使中心能完成其任务,它在各缔约国领土内应享有公约规定的豁免和特权。中心及其财产和资产享有豁免一切法律诉讼的权利,除非中心放弃此种豁免。

依据公约,解决国际投资争议的方式有调解和仲裁两种,均在中心管理下依据中心制定的调解规则或仲裁规则进行。中心的调解独立于仲裁程序,当事人可以选择调解方式,也可以要求首先调解,调解不成再进行仲裁,但仲裁庭应另行组建。调解由双方当事人依据公约规定任命的调解委员会进行,但调解所达成的协议对当事人无拘束力。仲裁由依据公约规定组成的仲裁庭进行,仲裁裁决具有拘束力。仲裁是公约提供的最重要的、实践中最常采用的解决争议方式。

(三)争议具备的条件

依据《公约》规定,如争议当事人希望将有关争议提交中心解决时,必须同时满足三个条件:第一,争议的一方当事人是公约缔约国或其指派到中心的该国的任何下属单位或机构,另一方当事人必须是另一缔约国的国民,即在争议当事人同意将争议提交调解或仲裁之日以及在调解或仲裁申请登记之日,具有争议当事国以外的缔约国国籍的任何自然人和法人。第二,提交中心管辖的争议的性质必须是直接因投资而产生的任何法律争议。根据世界银行《执行董事会报告》的解释,法律争议是指在中心管辖范围内的权利冲突,纯粹的利益冲突不属于法律争议。争议须与法律权利或义务的存在或范围有关,或者与因违反法律义务而引起的赔偿的性质或范围有关。[1] 通说对投资采取广义的理解,凡外国私人投资者为在其所属国籍的国家领域以外使用的目的,对他方所提供的经济的财源,都属于投资范围。无论用何种方式实行的赠与、贷款、保证金、股份或股金的取得,或购买支配权等都可以划入投资的范畴。[2] 第三,争议须经争议双方书面共同同意提交给中心解决。对书面形式的类型,公约未加任何限定。当事人双方一旦作出书面同意,不能单方撤回其所作的同意。

(四)管辖权确定程序

中心管辖权的确定程序包括中心秘书长对管辖权的初步确定、中心仲裁庭或

〔1〕 世界银行:《执行董事会报告》,ICSID/1(1993),第28页。

〔2〕 刘颖、邓瑞平:《国际经济法》,中信出版社,2003年版,第740页。

调解委员会对管辖权的确定和专门委员会对管辖权的最终审查。当事人如果希望将争议提交中心调解或仲裁,必须向中心秘书长提出书面的调解或仲裁请求。在一般情况下,秘书长应登记此项请求,但是他根据请求中所包含的材料发现争议显然不属于中心管辖权范围内时,可以拒绝当事人提交的调解或仲裁请求。如果争议一方当事人提出异议,认为争议不属于中心的管辖范围,或因其他原因不属于调解委员会或仲裁庭的权限范围,应由调解委员会或仲裁庭考虑,是否将该异议作为先决问题处理,或与该争议的实体问题一并处理。仲裁庭对其自身管辖权所作的决定,不受任何其他司法机构的审查。如果当事人认为中心、仲裁庭不具有管辖权,可以仲裁庭明显超越其权限为由申请撤销仲裁庭所作的裁决。行政理事会主席将任命由三人组成的专门委员会对当事人撤销裁决的申请进行审查。

(五)仲裁程序的独立性

中心的仲裁独立于任何程序,对其他任何程序具有排他的效力,表现为对东道国的当地救济、外国法院诉讼或其他仲裁、投资国本国外交保护的排斥。第一,除非另有规定,双方同意根据公约将争端提交中心仲裁,应视为同意排除任何其他补救办法,即当事国一方不能以用尽当地救济原则相对抗,拒绝交付国际仲裁。第二,双方当事人一旦同意中心仲裁,应保证他们将充分利用中心便利,不将争议提交给缔约国国内法院管辖;国内法院不得采取任何可能妨碍中心仲裁的自治性与排他效力的行为。第三,投资者本国对双方当事人已同意中心仲裁的争议,不得行使外交保护权或提出国际要求,除非争议的国家一方未能遵守和履行对此项争议所作出的裁决。

(六)法律适用

公约对中心仲裁庭适用法律作了统一明确的规定。第一,当事人可以选择东道国法律、外国投资者母国法律和第三国法律、国际法或"一般法律原则",或者可以一并选择国内法和国际法。在实践中,多数当事人同意仲裁适用东道国法律。第二,在当事人未选择法律时,仲裁庭可适用东道国国内法(包括它的法律冲突规范)和可能适用的国际法规则。第三,仲裁庭对提交给它解决的争议,即使发现本来应适用的法律缺乏可适用的规范或相关规定模糊不清的情况,也不能拒绝裁判。为此,仲裁庭可以适用一般法律原则或跨国法,即从各国国内法体系和国际法体系中抽出适当的一般原则和规则予以适用。第四,无论是否有法可依或在法律规定不明的情况下,当事人可授权仲裁庭根据公允善良原则进行裁决。

(七)仲裁裁决与补救

仲裁裁决应以全体成员的多数票作出,并应采取书面形式,由投赞成票的成员签署。裁决应处理提交仲裁庭解决的所有问题,并说明裁决所依据的理由。公约一方面意图防止败诉方借口裁决不当拒绝执行裁决,另一方面避免确有明显错误的裁决不能得到适当的救济而被强制执行。为此,公约允许对裁决实施特定类型的补救措施,包括对裁决的解释、修正和撤销,但这些措施不允许在任何国家法院进行,而只能诉诸中心。救济措施中最为重要的是撤销裁决。当事人只有在下列情况下,才能向秘书长提出撤销裁决的申请:仲裁庭组成不当,仲裁庭显然超越其权限范围,仲裁庭的成员有受贿行为,仲裁有严重背离基本程序规则的情况,裁决未陈述所依据的理由。秘书长接到要求后,应予以登记,并请中心行政理事会主席从仲裁人小组中任命由三人组成的专门委员会。委员会的成员有严格的资格要求,不得为作出裁决的仲裁庭的成员,不得具有与上述任何成员相同的国籍,不得为争议一方的国家的国民等。委员会有权根据公约规定的理由撤销裁决或裁决中的任何部分。如果仲裁裁决的全部或部分被专门委员会撤销,任何一方当事人可以请求将此争议重新提交给一个新的仲裁庭审理。但如果原裁决仅有部分内容被撤销,新的仲裁庭不应对未被撤销的任何部分进行重新审理。如果当事人放弃使用或用尽了这些补救措施,裁决就具有绝对约束力,当事人须无条件地遵守和执行。

(八)仲裁裁决的执行

当事人一方不自动履行仲裁裁决,他方可以到相关缔约国请求承认和执行裁决。公约规定每一缔约国应承认中心仲裁裁决具有约束力,并将其视为本国法院最终判决一样加以承认和执行,不得对裁决进行审查和拒绝承认和执行。各缔约国执行裁决的范围限于在其领土履行该裁决所加的财政义务,各缔约国在其领土内对裁决的执行受该国关于执行判决的现行法律的管辖。根据公约的规定,当事人或其他缔约国不按照公约规定履行或执行裁决,可能分别引发下列法律后果:如果争议一方缔约国不能自动履行裁决,或在本国法院或其他缔约国法院提起执行豁免,企图使裁决不能执行,就违反了其遵守裁决的义务而应承担法律责任。在此情况下,作为争议一方的投资者的本国政府可以恢复外交保护权或提出国际请求,投资者本国政府还可以援引公约相关规定在国际法院对争议一方缔约国提起诉讼。如果争议一方投资者不遵守和不履行裁决的后果,争议缔约国可以在本国法院对其实行强制执行,如果需要在其他缔约国履行,则可以要求该第三国给予承认和执行。如果其他缔约国拒绝承认和执行裁决,争议一方缔约国或其他缔约国可以在国际法院对拒绝国提起诉讼,要求其承担不遵守公约的国际责任。[1]

三、世界知识产权组织仲裁与调解中心

世界知识产权组织仲裁和调解中心(World Intellectual Property Organization Arbitration and Mediation Center,以下简称仲裁与调解中心)是属于世界知识产权组织国际局的一个机构,于1993年9月世界知识产权组织全体会议上正式批准成立,是专门提供知识产权方面的法院外争议解决服务的唯一国际机构。中心对根据

---

〔1〕 余劲松主编:《国际投资法》,法律出版社,2007年第三版,第372~373页。

《WIPO规则》进行的争议解决程序提供咨询意见并进行管理，为当事人通过仲裁或调解方式解决争议提供便利。为此目的，中心建立了详细的数据库，收录了1000多名可以担任仲裁员或调解人的知识产权和法院外争议解决专家的资料。仲裁与调解中心除仲裁规则外，还制定了调解规则、加速仲裁规则。根据双方当事人之间的协议，仲裁与调解中心除受理知识产权方面的争议，还受理其他具有商事性质的争议，包括域名争议。向中心提交的案件既包括契约性争议（如专利和软件使用许可、商标共存协议、医药产品经销协议以及研究与开发协议），也包括非契约性争议（如专利侵权）。

为解决知识产权争议，仲裁与调解中心提供的案件管理服务主要有：在当事各方未曾约定接受WIPO条款的情况下，帮助当事各方将现有争议提交WIPO程序；帮助当事各方从中心拥有的在知识产权争议方面有专长的专家数据库中选择调解员和仲裁员；在当事各方和仲裁员或调解人之间进行联络，以确保通信畅通，并提高程序效率；安排支持性服务，其中包括口笔译和秘书服务；经与当事各方和仲裁员或调解人协商，确定仲裁员或调解人费用，并管理程序的财务工作；免费为在日内瓦进行的程序提供会谈室，并为在其他地方进行的程序作出后勤安排。中心除根据WIPO程序规则管理争议这一功能外，还提供以下服务：帮助草拟合同条款，为将来把争议提交WIPO程序解决作出规定；应当事人的请求，并在缴纳一定费用之后，为不由中心管理的争议推荐仲裁员或调解人，并提供详细的专业简介，以便当事人作出指定；根据具体需求制定符合特殊商业情况或工业特点的争议解决程序；为调解员和仲裁员举办培训班，并举行关于知识产权争议解决问题的会议；提供斡旋服务，为当事各方就某具体争议是否应提交WIPO程序解决的问题进行讨论提供便利。[1]

仲裁与调解中心的快速仲裁是一种可在短时间内完成、支出费用较低的仲裁形式。为实现快速和经济的目标，《WIPO快速仲裁规则》规定：仲裁申请必须附申诉陈述；仲裁申请答复须在收到仲裁申请之后20天之内提交，须附答辩陈述；对反诉（如有的话）的答复在收到答辩陈述之后20天之内呈交，在收到仲裁申请答复之后30天之内举行开庭审理；仲裁程序须在答辩陈述或设立仲裁庭（二者中以时间晚者为准）之后3个月之内结束；最终裁决在程序结束之后1个月之内作出；采用独任仲裁员而非3人组建仲裁庭的形式；对不超过1000万美元的争议案件，收取固定费用。

按照仲裁与调解中心现行规则，提交中心仲裁的案件，仲裁庭组成人数应符合当事人的约定。当事人未约定仲裁员人数时，仲裁庭由独任仲裁员组成，除非中心考虑案件的所有情况，认为由三名仲裁员组建仲裁庭审理更为合适。如果当事人

---

〔1〕 参见世界知识产权组织出版物No.779（C）。

已约定不同于中心规则的仲裁员指定程序,该指定程序应予以适用。如仲裁庭未能在该指定程序所确定的时间内组成,或该指定程序中未约定仲裁庭组成时间,而仲裁庭未在仲裁开始后的45天内组成的,应依据中心规则的规定组成仲裁庭。当事人就仲裁员国籍做出的约定应予以尊重。在当事人未就独任仲裁员或者首席仲裁员的国籍做出约定时,在无特殊情况时,如将指定的仲裁员须拥有特殊资质时,独任仲裁员或者首席仲裁员的国籍应不同于双方当事人的国籍。

在不与应适用的仲裁法相抵触并且平等公平对待双方当事人的情况下,仲裁庭可以按照它所认为适当的方式进行仲裁。仲裁庭应根据当事人选择的法律或法律规则解决争议中的实体问题。除非另有明示的约定,当事人选择的特定国家的法律应被理解为该国的实体法而非冲突规范。仲裁庭应始终考虑相关合同的条款和可以得到适用的商业惯例。只有在当事人明确授权的情况下,仲裁庭才可以友好调解人的身份或依公允善良原则作出决定。仲裁程序法应为仲裁地的仲裁法,除非当事人明确同意适用其他的仲裁法且这种约定为仲裁地法所允许。仲裁协议如符合适用于实体问题的法律或法律规则,或者符合仲裁程序法中关于形式、成立、效力及范围的规定,得认为有效。

中心是国际上处理与因特网域名抢注和滥用做法有关的各项挑战的主要争议解决服务提供机构。用以解决域名争议的程序一般都采用省时、省钱的办法,例如示范投诉书、在线提交和电子邮件案件通信。域名案件的结果仅限于转让或撤销域名。案件均由中心指定的专家或由从WIPO特别名单中选定的人员裁决。关于转让的裁决直接由域名注册机构执行,裁决一起争议案件平均需要两个月时间。

第四章　国际商事仲裁程序的法律适用

国际商事仲裁中需要专门解决仲裁程序的法律适用问题。适用于国际商事仲裁程序的法律即国际商事仲裁程序法，在支配国际商事仲裁法律结构中具有相对独立性，并有其特定的适用范围。意思自治原则是用于确定仲裁程序法的基本原则，但仲裁地法对国际商事仲裁程序的重要影响不容忽视。"非当地化"(delocalization)理论进一步彰显了国际商事仲裁的契约性，并使意思自治原则的地位不断提升，对仲裁地法的适用产生极大的冲击和挑战。囿于理论缺陷和现实障碍，"非当地化"理论尚未得到各国普遍接受和认可，但其有利于促进国际商事仲裁国际化、自由化发展的重要价值不容否认。

第一节　国际商事仲裁程序法适用的独立性及其范围

一、国际商事仲裁程序法适用的独立性

在过去很长一段时间内，人们一直认为国际商事仲裁中适用于仲裁程序的法律体系和适用于实体问题的法律体系属于同一法律体系。现代国际商事仲裁实践表明，区分其中所适用的程序法和实体法，承认其各自的独立性，已不存在任何争议。[1] 例如，当事人可以选择法国法支配争议的实体问题，选择在英格兰仲裁而适用英国法来决定仲裁程序问题；仲裁庭可依法国法判定争议的是非曲直，而依英国法指引仲裁程序的进行。

早在1970年，英格兰法院首次确认国际商事仲裁中的仲裁法所属法律体系可独立于实体法所属法律体系。在詹姆斯·米勒与合伙公司诉威瑟沃斯街房地产公司案[2]中，一家英格兰公司与一家苏格兰的建筑公司在英格兰签订了一项建筑合同，其合同采用的是皇家建筑协会提供的标准格式合同，合同中没有明示合同准

---

〔1〕 朱克鹏：《国际商事仲裁的法律适用》，法律出版社，1999年版，第66页。

〔2〕 James Miller & Partners Ltd. v. Withworth Street Estates (Manchester) Ltd., (1970) *A. C. P.* 584.

据法。合同中的仲裁条款仅规定,发生争议后将由皇家建筑协会主席指派一名独任仲裁员进行仲裁。争议发生后,皇家建筑协会指定的仲裁员是一名苏格兰仲裁员,仲裁在苏格兰依苏格兰程序法进行。在仲裁过程中,作为被诉人的英格兰公司要求仲裁员按英格兰法中关于“案件陈述”(case stated)的要求陈述裁决。由于苏格兰法中没有规定“案件陈述”程序,仲裁员拒绝了英格兰公司的要求。英格兰公司遂向英格兰法院提出申请,要求法院指令仲裁员执行“案件陈述”程序。在英格兰公司申请执行“案件陈述”程序期间,仲裁员作出了有利于苏格兰当事人的裁决。在英格兰法院,英格兰公司申辩道,合同的准据法应该是英格兰法,仲裁程序也应受英格兰法支配。最后,英国上诉法院多数法官同意被诉人英格兰公司关于合同准据法是英格兰法的主张,但一致认为仲裁程序法可不同于支配争议实质问题的法律,即不同于“合同准据法”。法官们认为,从当事人在任命仲裁员后依苏格兰程序进行仲裁这一作为来看,已充分表明,英格兰公司一方已同意接受仲裁程序依苏格兰法进行。[1]

1971 年英国上诉法院在阿尔蒙航运公司诉突尼斯航运公司案[2]中作出了类似的判决。在该案中,一家法国公司和一家突尼斯公司在法国巴黎签订了一项石油运输合同。当事人采用的是英文标准格式的租船合同,还订立了一些附加条件。该合同规定,如有争议将在伦敦通过仲裁解决。争议发生后,双方当事人根据该条款将争议提交伦敦仲裁院解决。由于当事人之间对合同的准据法是英国法还是法国法存在分歧,该案被提交至伦敦上诉法院。上诉法院判定,当事人依照英国法律程序将有关合同准据法的争议提交上诉法院这一事实本身说明,仲裁是依英国法进行的,但适用于合同争议实质问题的准据法应是法国法。

同一时期,国际商事仲裁程序法适用的独立性在法国司法实践中得到了承认。在两宗相关联的案件中,被诉方是名为 K. G. 威 · 廉 · 迪芬巴赫的德国公司和迪芬巴赫先生个人,申诉方是一家比利时公司。被诉方同意把开发其专利的专利许可证让与申诉方,所签订的转让合同中的仲裁条款规定,争议的实质问题适用比利时法律。国际商会仲裁庭在巴黎作出了有利于被诉方的裁决。作为申诉方的比利时公司对裁决不服,向巴黎上诉法院提出反对该裁决之诉。上诉法院注意到两点:一是双方当事人约定将他们之间的争议提交位于法国的国际商会并依其仲裁规则进行仲裁;二是双方当事人都同意任命法国仲裁员,并同意仲裁员作出的将巴黎作为仲裁地的决定。基于这些事实,上诉法院的观点是,当事人选择比利时法作为实

---

〔1〕 韩健:《现代国际商事仲裁法的理论与实践》(修订版),法律出版社,2000 年版,第 252 ~ 253 页。

〔2〕 Compagnie d'Armement Maritime S. A. v. Compagnie Tuniscenne de Navigation S. A. ,(1971) *A. C.* 572.

体法,并不等于程序也应适用比利时法,当事人实际上已默示选择法国法作为仲裁程序法。

通过上述案件,英国法院和法国法院将仲裁程序法和实体法相分离,确认了仲裁程序法适用的独立性,是一项重要突破,它承认了当事人可以基于不同的考虑分别选择仲裁程序法和实体法,例如,当事人可基于英国海商法律制度的完备而选择英国法为适用于其实质争议的准据法,但选择在他看来比英国仲裁法更宽松灵活的其他国家法律为支配其仲裁程序的法律。[1]

二、国际商事仲裁程序法适用的范围

关于仲裁程序法的适用范围,各国仲裁立法的规定并不一致,学者们的观点也颇有不同。根据英国法,仲裁程序法主要支配以下事项:仲裁协议中缺乏相关约定时应如何任命仲裁员;一方当事人没有任命仲裁员所产生的影响,例如法院是否可以任命仲裁员或者是否可以另一方当事人任命的仲裁员作为独任仲裁员进行仲裁;决定仲裁员适用的法律,决定是否允许仲裁员依公允善良原则进行仲裁或进行友好仲裁;如果不允许,当事人是否可以授予仲裁员这一权力或科以仲裁员这一义务;决定仲裁员在仲裁过程中的权限和责任;决定当事人在某种情况下可以寻求的司法救济以及在何种条件下可以排除这些救济,例如当事人申请费用担保或申请法院命令他方披露有关文件或证据时,或者当事人在裁决作出后至裁决在国外被申请执行前对裁决有异议时,可以寻求哪些司法救济等。[2] 我国学者主张,除了某些仲裁庭进行仲裁的内部程序规则外,仲裁程序法的适用范围主要应包括:仲裁协议有效性的确定;用以确定实体法的冲突规则;仲裁是否必须适用实体法规则,还是可以依公允善良原则解决争议或进行友好仲裁;法院对仲裁的某些监督或干预,主要涉及仲裁员的任命、对仲裁程序的异议、裁决理由的说明和对裁决的异议(包括撤销裁决程序和承认与执行裁决程序中提出的异议)等问题。[3]

其实,关于仲裁程序法的适用范围,虽然各国立法差异较大,但所涉及的基本事项大体上是一致的,如仲裁协议的效力、仲裁庭的组成、法院对仲裁程序的支持和监督、裁决的异议和执行等。基于各国国情或利益考量,一些国家在其仲裁法中采取较为原则、简略的规定,即除对仲裁涉及的一些基本程序规则作明确规定外,将大多数程序问题留给当事人选择的仲裁规则规定或由当事人协商决定;另有一些国家在其仲裁法中就有关问题作较为详尽、细致的规定,对仲裁程序提出较多的要求,所涉及的强制性规则较多。从理论上讲,各国都有权根据本国的历史传统、

〔1〕 Mary K. Lynch, Conflict of laws in Arbitration Agreement between Developed and developing Countries, *Ga. J. Int'l & Comparative Law*, vol. 11, 1981, p. 684.

〔2〕 Dicey & Morris, *The Conflict of Laws*, 12th ed., Stevens & Sons, 1993, pp. 582 – 583.

〔3〕 韩健:《现代国际商事仲裁法的理论与实践》(修订版),法律出版社,2000 年版,第 251 页。

风俗习惯、社会法律制度等，为满足本国公平有效解决争议的观念和维护本国公共秩序，制定当事人和仲裁庭必须遵守的程序性规则，但这种强制性规则的范围无限扩大，将会严重损害仲裁的便利性和灵活性，妨碍仲裁解决机制功能的发挥，既不利于国际商事仲裁的健康发展，也不符合当代世界各国仲裁立法的发展趋势。[1]因此，对于仲裁程序问题，各国仲裁法一方面可为实现本国公平、正义与效率观念和保护本国公共利益的需要作一些必要的强制性规定，另一方面需就大多数具体的程序问题作出任意性规定，即允许当事人自由协商和约定，而不必严格遵守仲裁法中的相关规定。

总体上，仲裁程序法一般支配或调整以下事项：争议事项的可仲裁性；仲裁协议的效力与仲裁庭的管辖权；仲裁庭的组成与对仲裁员的异议；仲裁程序必须满足的"正当程序"的基本要求或最低标准（包括赋予双方当事人平等的地位并给予其适当的程序通知和充分陈述案情的机会等）；法院对仲裁的支持与协助（如临时保全措施）；仲裁适用的程序法与实体法，以及是否允许仲裁员基于公允善良原则作出裁决；裁决的形式、效力与终局性，对裁决的异议及裁决的承认与执行，等等。

第二节　国际商事仲裁程序法的确定

在国际商事仲裁中，确定支配仲裁程序的法律具有十分重要的意义。违反仲裁程序法，不当进行仲裁，不仅有损仲裁程序的公正性和适当性，使当事人无法获得必要的程序保障，更会直接影响到仲裁裁决的效力，使裁决面临被撤销或得不到承认和执行的风险。

一、当事人协商选择仲裁程序法

基于国际商事仲裁中当事人意思自治原则，当事人无疑有权自由协商选择支配仲裁程序的法律或规则，在当事人未作明示选择的情况下，通常可以根据某些因素推定其默示选择。例如，若当事人约定由某一机构指派首席仲裁员，则该指派机构所在地可能就是一个重要的连结因素；若当事人已选择了可适用于实体问题的法律，该法律体系也可能被确定为仲裁程序法，等等。

允许当事人协商选择仲裁程序法的主要原因有两方面：[2]其一，如果认为法院在诉讼中适用法院地的程序法是出于方便和经济，仲裁中则往往是另外一种情形。在仲裁中，仲裁员通常不在其本国进行仲裁，而是受当事人指定前往作为仲裁

---

〔1〕朱克鹏：《国际商事仲裁的法律适用》，法律出版社，1999年版，第69页。

〔2〕肖永平：《中国仲裁法教程》，武汉大学出版社，1997年版，第251页。

地的另一国家进行仲裁,有时仲裁员自己被授权选择某一外国作为仲裁地。在这种情况下,仲裁员对仲裁地法往往不太熟悉,国际民事诉讼中因便利而适用法院地程序法的理由在国际商事仲裁中不具有相应的意义。同样从便利的角度考虑却导致了另一结果,那就是当事人或仲裁员应该有权选择或确定仲裁地法以外的仲裁程序法。其二,仲裁具有契约性,仲裁协议是私人间的合同,仲裁员的管辖权来自当事人的约定,仲裁员不是法官,不以国家的名义作出裁决。因此,基于契约自由原则,当事人应有权选择仲裁程序法,至少在一定条件下,当事人有权作出这种选择。

当事人可以协商选择仲裁程序法,已为当今大多数国家仲裁立法和实践、有关国际条约和国际法律文件所承认。1981 年《法国民事诉讼法典》第 1494 条明确规定,仲裁协议可以通过直接规定或援引一套仲裁规则来明确仲裁应遵守的程序,也可以选择特定的程序法为准据法;如果协议没有规定,仲裁员应通过直接适用或援引法律或一套仲裁规则来确立所需的程序规则。1988 年瑞士《联邦国际私法法规》第 182 条亦规定,当事人可以直接规定或通过援引仲裁规则的方式决定仲裁程序;当事人也可以约定使仲裁程序服从于某一程序法;当事人未约定仲裁程序的,仲裁庭在必要的范围内可以直接或通过援引其法律或仲裁规则的方式决定仲裁程序。1996 年英国《仲裁法》第 4 条第 3 款至第 5 款规定,当事人可以约定适用仲裁机构的规则或提供可对该事项作出决定的方式;适用于当事人上述约定的法律是否英格兰和威尔士或北爱尔兰法律并无实质区别;有关本编非强制性规定之事项,如选择适用英格兰、威尔士或北爱尔兰之外的法律,则应等同于当事人对该事项作出约定之协议,为此目的,根据当事人协议确定的准据法,或如当事人无明示或默示选择而根据客观因素确定的准据法,均应视为双方当事人已作此选择。1998 年德国《民事诉讼法典》第 1042 条第 3 款规定,当事人得自由决定或援引一套仲裁规则而决定程序,除非本编有强制性规定。此外,丹麦、澳大利亚、荷兰、保加利亚、波兰、葡萄牙、意大利、印度尼西亚、韩国、埃及等国立法,均授权当事人协商选择仲裁应遵循的程序或可适用的仲裁规则。

1958 年《纽约公约》明确承认应依当事人意思自治原则确定仲裁程序法,第 5 条第 1 款第 4 项将“仲裁庭的组成或仲裁程序同当事人间的协议不符,或者当事人间未订此种协议时,而又与仲裁地国的法律不符”作为拒绝承认与执行裁决的理由之一,确认了当事人意思自治原则作为确定仲裁程序法首要原则的地位。1961 年《欧洲公约》和 1975 年《美洲国家间关于国际商事仲裁的公约》采取了与《纽约公约》基本一致的立场。《欧洲公约》第 9 条第 1 款第 4 项规定,仲裁庭的组成或仲裁程序同当事人间的协议不符,或在当事人间没有这种协议时同仲裁地国的法律不符,仲裁地国或裁决据以作成的法律所属国均有权撤销裁决,并且这一撤销可以构成其他国家拒绝承认和执行裁决的理由。《美洲国家间关于国际商事仲裁的公约》采用了与《纽约公约》完全相同的措辞[1]。1985 年联合国《示范法》确立了在支配仲裁程序方面当事人和仲裁员的自治原则。这一原则是现代商事仲裁制度的核心,表明人们对当事人和仲裁员具有以公平、有效方式解决争议能力的充分信心。为此,联合国国际贸易法委员会秘书处对《示范法》第 19 条给予了高度评价,认为该规定与第 18 条的规定是《示范法》中最重要的规定,是仲裁程序的"宪章"(Magna charta)。[2]《示范法》第 19 条确立了三项规则:其一,当事人可以就仲裁庭进行仲裁应遵循的程序自由约定,但应服从《示范法》中的强制性规定;其二,在无此种协议时,仲裁庭可以依照其认为适当的方式进行仲裁,但应服从《示范法》中的强制性规定和非强制性规定;其三,仲裁庭的权力包括确定任何证据的可采性、相关性、实质性和重要性的权力。根据秘书处的评注,当事人既可选择适用一套仲裁规则或某特定国家的仲裁程序法,也可就有关程序问题达成协议而不选择一套详细的规则体系支配仲裁程序。[3] 即使当事人采用了一套仲裁规则,但该规则对特定的程序事项未作规定,仲裁庭仍有权对规则未尽事项应遵循的程序作出决定。可见,在确定可适用的仲裁程序法和仲裁程序规则的问题上,《示范法》明确支持首先依当事人意思自治原则由当事人协商确定仲裁应遵循的程序,仲裁庭在此仅起辅助或补充作用。

二、当事人未协商选择时仲裁程序法的确定

在许多情况下,当事人未就应适用的仲裁程序法作出选择或约定,或者试图选择但未能协商一致,或者所选择的仲裁程序法因违反有关强制性规定而被认为无效或不被采纳。这种情况下,各国立法规定,确定仲裁程序法的权力由仲裁庭行使。例如 1983 年奥地利《民事诉讼法典》第 587 条第 1 款规定,如果仲裁协议中未就仲裁程序作出约定,由仲裁员自由裁量之。1998 年德国《民事诉讼法典》第 1042 条第 4 款规定,若当事人没有约定或援引一套仲裁规则决定仲裁程序,且本编也没有规定,则仲裁庭应以其认为适当的方式进行仲裁。联合国《示范法》第 19 条第 2 款作了类似的规定。仲裁庭在决定仲裁程序的法律适用问题时,需考虑的一个重要连结点就是仲裁地。尽管"非当地化"理论的提出和应用已在某种程度上削弱了仲裁地作为连结点的重要性,但在一般情况下该连结点仍具有决定性意义。

(一)仲裁地法的适用

传统观点认为,支配国际商事仲裁程序的法律应为仲裁地国法。这个观点在相当长的时期里被国际社会普遍接受。原因在于,如果一国法律禁止在其境内进

---

〔1〕《美洲国家间关于国际商事仲裁的公约》第 5 条第 1 款第 4 项。

〔2〕 M. Holtzmann and J. Neuhaus, *A Guide to the UNCITRAL Model Law on International Commercial Arbitration—Legislative History and Commentary*, 1989, p. 564.

〔3〕 Seventh Secretariat Note, *A/C N.* 9/264, Art, 19, para. 2.

行仲裁,仲裁就不可能在该国合法有效地进行。虽然随着当事人意思自治原则在国际商事仲裁中地位的提升,仲裁地法的适用已受到严重挑战,但当事人选择的仲裁程序法无疑不能违反仲裁地法中的强制性规定,也不能违反仲裁地国的公共秩序。

1. 适用仲裁地法的理论依据

国际商事仲裁具有司法性的司法权论是主张国际商事仲裁程序适用仲裁地法的主要理论依据。根据该理论,国家具有控制和管理发生在其管辖领域内所有仲裁的权力。当事人有权协议将争议提交仲裁而非诉讼,仲裁庭有权根据当事人之间有效的仲裁协议受理争议并作出有约束力的裁决,均取决于特定国家法律的授权和认可。如果特定国家法律不赋予当事人和仲裁庭这种权力,则仲裁程序不具有任何法律效力,但国际商事仲裁不可能存在于法律真空中。[1] 根据国家主权中的属地管辖权原则,国家对在其境内发生的任何行为都有管辖权,仲裁的合法性及其效力即来自仲裁地国家的法律。实际上,很少国家完全放弃对在其境内开展的仲裁活动的控制。当事人如果不要求仲裁庭考虑和遵守仲裁地法中的强制性规定,则需承担其裁决可能被撤销或被拒绝承认与执行的风险。因此,仲裁地法与仲裁程序之间实际存在难以割舍的联系,仲裁程序应受仲裁地法支配,仲裁地是决定仲裁程序法适用的最具决定性意义的联结点。这就是传统的“所在地”理论(the “Seat” of theory)。

英国学者曼因(F. A. Mann)是上述传统理论的积极倡导者和坚决支持者,认为:真正法律意义上的国际商事仲裁不存在,所谓的国际私法制度不过是一种国内法制度;任何仲裁都是国内仲裁,都必须服从特定的国内法制度;任何产生于私人契约规定的特定仲裁程序,也都具有国内性质;有关国际条约之所以产生相应的法律效力,也是因为控制仲裁的国家接受了该条约,它们未侵害仲裁地国家国内法制度的最高权;即使是当事人意思自治的观念,也是根据一个既定的国内法制度而存在的,且在不同制度中有不同的特点和效力,私人所享有的每一权利或权力,都是由某一国内法律制度所赋予和创设的,这一法律制度即传统上的法院地法或仲裁地法。[2]

法国学者保尔森(J. Paulsson)将支持适用仲裁地法的理由归纳为六项[3]:(1)当事人有权选择支配合同的法律,这一原则并不存在真空中;如果适用,它是

---

〔1〕 A. Redfern & M. Hunter, *Law and Practice of International Commercial Arbitration*, 2nd ed., Sweet & Maxwell, 1991, p. 71.

〔2〕 F. A. Mann, Lex Facit Arbitrum, P. Sanders ed., *International Arbitration*, 1967, pp. 159 – 160.

〔3〕 J. Paulsson, Arbitration Unbound—Award Detached from the Law of Its Country of Origin, (1981) 30 *I. C. L. Q.*, No. 1, p. 361.

作为某一特定法律体系的一个规则而适用，且在涉及私方当事人的场合，该法律体系必定是一国内法律体系。(2)仲裁程序服从当事人选择的仲裁程序法，当事人有权作出有约束力的仲裁地选择，这一原则必定来自该国内法律体系。(3)仲裁庭的组成和职能受仲裁地法官和法律最有效的限定和控制。(4)如果仲裁地国对当事人所作的任何安排都无法实施控制，这是任何一个主权国家都不能容忍的，除非该国主权者已赋予当事人这种自由。(5)如果因为仲裁不同于司法诉讼，就认为仲裁不能被视为仲裁地国司法制度的一部分，是荒谬的。(6)如果设想仲裁受合同自体法(the proper law of contract)支配，同样是荒谬的。在瑞士进行的仲裁，并不能根据合同受瑞典法支配的事实就推定仲裁员将根据瑞典仲裁法进行仲裁程序。可见上述理由均基于这一前提，即仲裁程序的法律效力必定来自一个单一的国内法律体系。但这一前提是否存在、是否真实，是否反映了当今世界各国法律制度相互作用的现实，仍有待研究和证实。[1]

2. 适用仲裁地法的立法与实践

仲裁程序适用仲裁地法，在各国仲裁立法和实践、有关国际条约、国际法律文件中得到广泛认可。

从各国仲裁立法看，一般要求在其境内开展的仲裁必须遵守其仲裁法或仲裁法中的强制性规定。例如，1996年英国《仲裁法》第2条第1款规定，如果仲裁地在英格兰或威尔士或北爱尔兰，则适用本编规定。该法第4条第1款规定，本编强制性规定的效力不受当事人所作出的相反约定的影响。1998年德国《民事诉讼法典》第1025条第1款规定，如果仲裁地位于德国境内，则本编规定得予以适用。该法第1042条第3款规定，当事人得自由决定或援引一套仲裁规则而决定程序，除非本编有强制性规定。1999年瑞典《仲裁法》第46条规定，本法适用于在瑞典进行的仲裁程序，无论其涉及的争议是否具有国际因素。可见，承认仲裁地法尤其是仲裁地法中的强制性规定对当地仲裁的重大影响，已为各国立法公认。虽然各国一般承认当事人享有协商选择仲裁程序法的自主权，但仲裁地法中的强制性规定仍是无法超越或不能被损抑的。换言之，当事人选择仲裁程序法的自由度及范围须受仲裁地法的限制，当事人意思自治原则只能在仲裁地国家法律、强制性规则允许的范围内发挥作用，否则仲裁的有效性将面临质疑和挑战。

从有关国家司法判例和仲裁实践看，仲裁程序适用仲裁地法亦得到支持。在英国，法院在决定仲裁适用的程序法问题上，首先尊重当事人的选择，当事人未作选择时则推定适用或直接适用仲裁地法。因为在通常情况下，如果当事人选择了仲裁地，即可推定当事人选择了该国的仲裁程序法。在 Bank Mellat v. Helliniki Techniki S. A. 案中，法官柯尔(Kerr)曾指出，根据国际私法规则，在没有相反约定

---

〔1〕 朱克鹏：《国际商事仲裁的法律适用》，法律出版社，1999年版，第86页。

的情况下,支配仲裁的程序法是仲裁地法,无论是在英格兰、苏格兰或一些外国国家,均是如此。[1]

从有关的国际条约和国际法律文件看,仲裁地法的重要地位亦被肯定。《纽约公约》第5条第1款第4项、《欧洲公约》第9条第1款第4项、《美洲国家间关于国际商事仲裁的公约》第5条第1款第4项,均将仲裁程序在当事人没有协议时与仲裁地法的规定不相符作为被请求国法院拒绝承认和执行裁决的理由之一。联合国《示范法》第34条第2款第1项第4目亦持此立场。

(二)仲裁地法的影响

仲裁地国家以本国法对仲裁程序施加一定控制的"所在地"概念,很早在国际商事仲裁的理论和实践中确立起来。1923年《仲裁条款议定书》第2条规定,仲裁程序,包括仲裁庭的组织在内,应当依照当事人的意思和仲裁地国的法律规定。其后,虽有"非当地化"理论的提出,但始终未能对仲裁地法的作用产生实质性的影响,仲裁地法在程序方面所具有的法律地位和重要意义未受到动摇,其作用在一般情况下仍是决定性的和不可忽视的。

仲裁地法有如此重大影响的根本原因在于仲裁地国对其境内进行的仲裁拥有有效的管辖权。除仲裁地国外,没有哪个国家能对有关仲裁行使如此全面、直接和有效的控制。只有在仲裁地法允许的情况下,当事人才可自由选择程序,仲裁庭才可不受仲裁地法的约束。关于一国境内进行的每一仲裁活动是否都必须依从该国的管辖权,当事人自由选择的范围有多大,采用什么方式使当事人服从该国法律等问题,作为仲裁地的各个国家,其回答虽不同,但它们有权作出回答。在客观上,即使仲裁地法允许当事人选择外国程序法,外国程序法所具有的实际效力可能是很有限的。英国学者戴西(Dicey)和莫里斯(Morris)认为,在英国进行仲裁的当事人仅仅选择了外国程序法,是否就不受英国法院对该仲裁所施加的监督,是很值得怀疑的;反之,假如英国法院仅仅因为当事人选择了英国程序法,就对一个在外国进行的仲裁实施监督权,将可能造成英国法院与外国法院之间的矛盾。[2]

国际商事仲裁实践表明,多数国家希望对其境内的仲裁施加一定控制,要取消国家对其境内的仲裁进行控制的主权权力是不可能的。从理论上讲,一国法律有权赋予当事人和仲裁庭基于完全自治的程序规则体系进行仲裁程序,但实际上大多数国家不情愿这样做,对在其境内开展的仲裁或多或少施加控制。而仲裁程序的进行,常常需要仲裁地国法院提供支持和协助,如强制执行仲裁协议,仲裁员的任命、更替或撤换,强制仲裁当事人和第三人提供证据或出庭作证,采取临时保全措施等。法院给予仲裁以支持和协助的职权本身来自仲裁地法。换言之,在仲裁

---

〔1〕 Dicey & Morris, *The Conflict of Laws*, 12th ed., Stevens & Sons, 1993, p. 581.

〔2〕 Dicey & Morris, *The Conflict of Laws*, 12th ed., Stevens & Sons, 1993, p. 582.

程序进行中,无论法院的支持和协助还是控制与监督,其法律依据均源自仲裁地法的规定。没有仲裁地国法院依仲裁地法给予仲裁程序以必要的支持,仲裁庭可能根本无法作出有效的裁决,而裁决有效性本身又取决于仲裁庭是否遵守了仲裁地法中的强制性规定。仲裁程序或仲裁庭的组成违反仲裁地国法,既可构成仲裁地国法院撤销裁决的有力理由,也可构成执行地国法院拒绝承认与执行裁决的充分理由。

关于裁决的有效性问题,不列颠石油(利比亚)公司诉利比亚阿拉伯共和国政府案[1]比较典型。在该案中,仲裁员决定适用仲裁地法即丹麦法。仲裁员在裁决中陈述:"既然仲裁作为解决合同争议的专门方式,则必然可以推定,仲裁协议的当事人是想取得一种有效的救济。无国籍仲裁裁决同根据某一特定法律体系的程序法作出并具有该国国籍的裁决相比,前者的效力一般不如后者的效力。另外,当仲裁员同法官所处情况一样,具有全权决定仲裁程序法时,选定一个完善的法律体系既便利又有益。"可见,在该案中,仲裁员适用仲裁地法所考虑的因素之一是使所作裁决更具有效性,同时考虑仲裁地法的完善可使仲裁的进行更为便利。在国际商事仲裁中,当事人期望获得一份有效的、能在国际上得到强制执行的裁决,而仲裁员有义务作出具有强制执行效力的裁决。如果允许仲裁庭无视或漠视仲裁地法中的强制性规定,当事人可能无法获得他所期望的有强制执行力的仲裁裁决。

基于仲裁地法对裁决有效性有如此重要的影响,为保障仲裁裁决的有效性,当事人和仲裁庭对仲裁地法应给予应有的重视。但在目前,各国仲裁立法差异很大,有些国家已拥有十分完备、细致的现代仲裁法典,有些国家的仲裁法十分简单、落后,远不能适应现代国际商事仲裁的需要。联合国《示范法》虽为各国仲裁立法的现代化、国际化和统一化奠定了基础、指明了方向,但离最终目标的实现还有很长的路。基于这种现状,大多数国家仍坚持其本国法与在其境内进行的仲裁之间的联系,并期望对仲裁施以某种程度的控制。这就要求仲裁员在进行国际商事仲裁程序时,认真考察仲裁地国的有关法律,以判定哪些规定是强制性的、为保障裁决的有效性所必须遵循的;当事人在选择仲裁地时谨慎、务实,尽量选择仲裁立法较为开放、发达、完备,对仲裁较为宽容和支持的国家作为仲裁地。

---

〔1〕 BP British Petroleum [Libya]) Ltd. v. The Government of the Libyan Arab Republic, Arbitral Award of 10 October 1973, *International Law Reports*, vol. 53, 1979, p. 297.

第三节　“非当地化”理论

自20世纪60年代以来，随着国际商事仲裁的发展，传统的“所在地”理论日益受到质疑和挑战，与此同时，一种新的理论即“非当地化”理论被提出并得到发展。该理论的基本内容是：当事人可以在合同中约定，仲裁不依从任何特定国家的程序法、任何特定国家的冲突法规则或任何特定法律体系的实体法，以达到当事人意思自治和符合当事人利益的目的；仲裁所依从的是当事人选择的程序规则而不是仲裁地强制性程序规则；仲裁员不必适用仲裁地的冲突法规则，除非其认为这些冲突法规则是合适的；仲裁员可以适用国际法、跨国法、国际贸易惯例、商事习惯法（lex mercatoria）、一般法律原则等，而不适用任何特定法律体系的实体规则。激进的观点甚至认为，仲裁裁决的强制执行力并不必然来自于仲裁地法，即使有关的仲裁程序违反了仲裁地法，甚至包括其强制性规则，有关裁决在仲裁地以外的其他国家仍能得到强制执行。“非当地化”理论的目的是期望建立一种不受仲裁地法甚至不受任何特定国家国内法支配和约束的“非当地化”的仲裁体系。本节仅阐述仲裁程序的“非当地化”问题。

一、“非当地化”理论的产生与发展

按照传统的“所在地”理论，国际商事仲裁程序应当受某一特定国内法律体系的支配，而这一国内法律体系就是仲裁地国家的法律。现代国际商事仲裁的发展趋势表明，无论仲裁适用的实体法还是程序法，均允许当事人自主选择，只有在当事人未作选择时才适用仲裁地法。基于此，一些学者提出了使国际商事仲裁摆脱特定国家国内法的控制而仅根据当事人协商选择或仲裁庭直接确定的仲裁程序规则进行仲裁的主张。

围绕国际商事仲裁程序的“非当地化”，“非当地化”理论经历了逐渐扩张的两个发展阶段：特殊适用阶段和普遍适用阶段。

（一）特殊适用阶段

这一阶段，“非当地化”理论仅在国际商事仲裁非常有限的范围内得到承认和适用。在20世纪五、六十年代，国际商事仲裁实践中出现了国家为一方当事人的特殊情形。国家作为主权者，享有特权和豁免，给国际商事仲裁程序的法律适用带来了新的问题，即国家为一方当事人的仲裁是否受一国国内仲裁程序法支配的问题。在阿拉伯美国石油公司诉沙特阿拉伯王国案[1]中，仲裁庭特别考虑到了仲

---

〔1〕 Arabian American Oil Company v. the Kingdom of Saudi Arabia, (1963) 27 *I. L. R.* 117.

裁程序的法律适用问题，认为：尽管目前的仲裁不是国家间的而是一个国家与美国公司间的，但仲裁庭并不认为适用于仲裁的应是仲裁地的法律；考虑到国际法所承认的外国国家管辖的豁免问题，仲裁庭不能主张涉及主权国家为一方当事人的仲裁程序应当受其他国家法律的支配；基于这些理由，仲裁地日内瓦的法律不能适用于该仲裁，而应适用国际法。

（二）普遍适用阶段

如果“非当地化”理论的依据仅限于国家主权豁免理论，其在国际商事仲裁中的适用范围就十分有限。“非当地化”理论的倡导者不满足于此，认为这一理论应广泛适用于国际商事仲裁的所有领域，而不论国家是否为仲裁的一方当事人。为此，倡导者提出了新的理由：当事人或仲裁庭关于仲裁地的选择通常是出于找到一个中立的（非任何一方当事人的东道国）、便利的国家的愿望，因此适用仲裁地国的仲裁程序法是不合理的；各国仲裁程序法的极不统一进一步加剧了仲裁程序法适用的不确定性；创立“非当地化”理论的目的是，使国际商事仲裁摆脱不同国内法律体系的束缚，并使仲裁地不再具有决定仲裁程序法适用的法律意义；仲裁庭不必考虑仲裁地国的法律，它所要做的一切就是使其仲裁程序符合国际公共秩序的要求，以保障裁决在国际上的可接受性。

二、承认“非当地化”理论的立法与实践

尽管各国对“非当地化”理论的反应不一，但接受和承认该理论的立法、司法及仲裁实践在逐渐增多。

（一）国际公约

“非当地化”理论于20世纪60年代率先在国际法层面得到承认。1961年《欧洲公约》第4条第1款明确规定，在临时仲裁中，当事人有权自由指定仲裁员或确定仲裁员的方式，有权决定仲裁地点，并有约定仲裁程序的权利。该条第4款还赋予仲裁庭在特殊情况下确定仲裁应遵循的程序规则的自由。该公约还进一步规定，在当事人未作约定、仲裁庭也未确定有关仲裁规则的情况下，由被诉人所在地的商会会长或特别委员会基于当事人的申请而自行确立仲裁员应当遵循的程序规则。[1] 该公约在此没有规定仲裁程序应当或必须适用仲裁地的程序法。根据该公约，依照当事人的约定或在当事人未约定而由仲裁庭确定，或者在当事人既未约定、仲裁庭也未确定而由商会会长或特别委员会来决定程序规则时，有可能使仲裁程序不依循仲裁地的程序规则来行事，从而达到仲裁程序“非当地化”的后果。在该公约中，仲裁地作为确定仲裁程序的一个连结点的重要性大大降低了，反映出“非当地化”的倾向。

1965年《解决国家与他国国民间投资争议的公约》在接受“非当地化”理论上

---

〔1〕《关于国际商事仲裁的欧洲公约》第4条第4款。

走得更远,也更成功。其第44条规定:“任何仲裁程序应依照本节规定,以及除双方另有协议外,依照双方同意提交仲裁之日有效的仲裁规则进行。如发生任何本节或仲裁规则或双方同意的任何规则未作规定的程序问题,则该问题应由法庭决定。”依该公约成立的“解决投资争议的国际中心”所实施的仲裁排除了任何特定国家国内仲裁程序法的适用,所作出的裁决自然是“非当地化”裁决。但是由于该公约还建立了一套不同于《纽约公约》的独特、简便而又有力的裁决承认与执行制度,从而保证了这种“非当地化”裁决在缔约国境内的承认与执行,因此该公约框架下的仲裁是“非当地化”理论最成功的实践。

（二）国内立法

一些国家仲裁立法对“非当地化”理论持肯定态度。1987年瑞士《联邦国际私法法规》第20章专门规定“国际仲裁”,但对仲裁程序规定甚少,将有关问题留给当事人和仲裁庭自行决定。关于国际仲裁适用的程序,该法第182条的规定则明显倾向于使国际仲裁摆脱国内程序法的支配,并为此授予当事人较大的选择权。即使在当事人未约定仲裁程序时,也没有依照传统的做法适用仲裁地国的程序法,而是授权仲裁庭直接确定或通过援引法律或仲裁规则的方式确定。允许当事人自行决定仲裁程序,放弃自身对国际商事仲裁的直接适用,使当事人可以不理会仲裁地国法而援引自己确定的规则或另一程序法,这在各国立法中尚属首次,堪称国际商事仲裁“非当地化”理论发展的顶峰。[1]

法国法对“非当地化”理论亦明确支持和赞同。根据1981年法国《民事诉讼法典》第1494条、第1495条规定,当事人有权自由选择适用于仲裁程序的仲裁规则或现行的仲裁法;在当事人未作选择时,由仲裁庭直接确定仲裁适用的程序法或仲裁规则。这意味着,在法国,有可能依当事人选定的或仲裁庭直接确定的非仲裁地国的仲裁法或仲裁规则进行仲裁。

比利时放宽了对部分仲裁的控制。根据1985年比利时《司法法典》第1717条第4款规定,只有在裁决的一方当事人或双方当事人是具有比利时国籍或居住在比利时的自然人,或者是在比利时成立或拥有分支机构或营业所的法人时,比利时法院才受理撤销裁决的申请;如果双方当事人与比利时没有上述联系,比利时法院对他们在比利时进行的仲裁所作出的裁决不受理有关的撤销申请。这样,对在比利时进行但双方当事人与比利时没有属人法联系的仲裁,比利时法院主动放松控制,在一定程度上反映了“非当地化”倾向。[2]

马来西亚在一定范围内承认“非当地化”理论。1978年马来西亚政府与亚非法律协商委员会(Asian – African Legal Consultative Committee)签订协议成立了吉

〔1〕 朱克鹏:《国际商事仲裁的法律适用》,法律出版社,1999年版,第101~102页。

〔2〕 赵健:《国际商事仲裁的司法监督》,法律出版社,2000年版,第37页。

隆坡地区仲裁中心,该中心由亚非法律协商委员会主办,马来西亚为东道国。该中心采用的仲裁规则是《联合国国际贸易法委员会仲裁规则》。马来西亚对其1952年仲裁法进行了修订,承认该中心的独立性,赋予该中心作出的裁决完全独立于马来西亚法律的地位。在司法实践中,法院拒绝承认对吉隆坡地区仲裁中心及其裁决具有监督的职能。[1]

(三)国际仲裁规则

一些国际仲裁机构的仲裁规则采纳了"非当地化"理论。国际商会仲裁规则是典型例子。1955年《国际商会仲裁规则》第16条规定,仲裁程序应当受本规则支配,本规则未作规定的,受当事人所选定的程序法支配;如果当事人没有选定,则受仲裁地国家法律支配。国际商会1975年修订其仲裁规则时对此作了重大修改。1975年规则第11条规定,仲裁员审理案件的程序应遵循本规则;本规则未作规定的,可依当事人确定的规则或在当事人未确定时由仲裁员确定的规则,但当事人或仲裁庭是否援引适用于仲裁的某一国家的程序法,由其自行决定。对此修改,国际商会前秘书长F. 艾斯曼因(F. Eisemann)曾誉之为"革命性的变革",因为新规则授予仲裁员确定仲裁程序规则的权力,仲裁员要尊重的只是仲裁地的公共政策规则,而不是任何特定的国内法。[2] 其后,国际商会1988年规则及现行的1998年规则均保留了这一修改。根据该规定,是否适用某一国家的程序法完全由当事人和仲裁庭自行决定。这意味着适用某一国家的仲裁程序法并不是必要的,体现了"非当地化"理论的精神。

(四)国际仲裁实践

在国际商事仲裁实践中,许多仲裁员依"非当地化"理论确定仲裁案件所适用的程序法。在利比亚美国石油公司诉利比亚阿拉伯共和国政府案[3]中,独任仲裁员指出,仲裁程序规则应当由当事人约定,在当事人未作选择时应由仲裁庭决定,而不是一定适用仲裁地的法律,这是一项已被接受了的国际法原则。

在得克萨斯海外石油公司诉利比亚阿拉伯共和国政府案[4]中,仲裁员认为,在当事人没有约定仲裁程序时,仲裁庭必须确定适用于仲裁的法律或法律体系,无论是理论上还是实践中都没有确定的理由可以说明仲裁庭应受仲裁地法的支配,因此该仲裁案应受"国际"程序法的调整。

---

[1] 高菲:《中国海事仲裁的理论与实践》,中国人民大学出版社,1998年版,第271~272页。

[2] F. Eisemann, The Court of Arbitration — Outline of Its Changes from Inception to the Present Day, *60 Years of ICC Arbitration—A Look at the Future*, ICC publication No. 412, 1984, p. 398.

[3] Libyan American Oil Co. v. The Government of The Libyan Arab Republic, (1981) 20 *I. L. M.* 42.

[4] Texas Overseas Petroleum Company v. The Government of The Libyan Arab Republic, (1978) 53 *I. L. R.* 389, 431.

(五)国内司法实践

在各国司法实践中,支持“非当地化”理论的司法判例并不鲜见。在戈塔韦肯·阿伦达尔船厂诉利比亚国家海运总公司案[1]中,法国巴黎上诉法院断然拒绝了仲裁地法的适用。在该案中,利比亚国家海运总公司向瑞典的戈塔韦肯造船厂购买船只,因发生争议提交仲裁。在整个仲裁过程中和随后的司法诉讼中,与争议有关的船舶位于瑞典,当事人在法国均不拥有与争议有关的任何财产,因此作为仲裁地的法国与争议无任何利益关系。该仲裁在巴黎依《国际商会仲裁规则》进行,当事人和仲裁员均未指明所适用的仲裁程序法。仲裁庭作出了有利于瑞典申诉人的裁决后,利比亚公司向巴黎上诉法院提起诉讼。巴黎上诉法院认定,法国与争议的唯一联系就是法国是仲裁地,而法国巴黎被选为仲裁地只是出于该地中立性方面的考虑。据此,巴黎上诉法院认为,将法国选为仲裁地不应被看作是“当事人默示”依从法国仲裁程序法,甚至不应被看作是想要补充性地适用法国法。巴黎上诉法院拒绝受理该案,理由是作出裁决的程序不是依循法国法,同法国法无附属关系,不可以认为该裁决是法国裁决。该裁决后来在瑞典得到执行。[2]

三、关于“非当地化”理论的分歧

对于是否应接受“非当地化”理论,学者们的观点是对立的。赞成者与反对者各执一词,并分别提出了种种理由以支持自己的主张。

(一)赞同者的理由

倡导和支持“非当地化”理论的主要理由有[3]:(1)当事人意思自治原则是仲裁法的首要原则。当事人可以选择是否通过仲裁方式解决争议,也应可以自行规定或者援引仲裁程序规则。没有令人信服的理由能够说明,当事人选择的仲裁程序规则必须受制于仲裁地法中的强制性规定。仲裁是当事人之间私人的事务(a private matter),应当尊重当事人的选择。(2)仲裁地的选择通常具有偶然性。当事人选择在某地仲裁并非有意适用该地的程序法,是出于其他因素(如便利或中立)的考虑。依据一个纯属偶然的仲裁地来确定仲裁适用的程序法是极不合理的,并可能导致极不公平的后果。(3)各国仲裁法的分歧阻碍了国际商事仲裁的发展,国际商事仲裁不应受不同国家国内法律体系的支配。(4)各国仲裁法多是针对国内仲裁程序制定的,不能满足现代国际商事仲裁实践的需要。有些国家的仲裁制度尚不完善,甚至没有现代意义上的仲裁制度,仅因仲裁地在这些国家而适

---

〔1〕 Gotaverken Arendal A. B. v. Libyan General National Maritime Co. ,107 *Journal Du Droit International* (*Clunet*),1980,p. 660.

〔2〕 韩健:《现代国际商事仲裁法的理论与实践(修订版)》,法律出版社,2000年版,第269~270页。

〔3〕 赵健:《国际商事仲裁的司法监督》,法律出版社,2000年版,第40~42页。

用这些国家的法律，必将严重阻碍和束缚国际商事仲裁的健康发展，妨碍当事人正当期望和合法权益的实现。(5)即使有必要对仲裁程序施以法律控制，这种控制不应来自仲裁地国家，而应来自被请求承认和执行裁决地国家。(6)各国仲裁制度的内容多为程序规则，当事人可以自行制定这些规则，因而没有必要适用仲裁地国家或任何特定国家的仲裁程序法。(7)仲裁裁决的法律效力不是来自于仲裁地国的国内法律体系，而是源于当事人"意思自治的、非国内的"规则体系。

(二)反对者的理由

反对"非当地化"理论的主要理由有：(1)在理论上，任何一项法律原则都不是存在于法律真空中，当事人选择适用于仲裁的实体法和程序法的权利不是凭空产生的，而是由特定的国内法律体系赋予的。仲裁裁决的法律效力也是如此，同样来自于仲裁地国的法律体系。如果仲裁地国家对在其境内进行的仲裁不能施以法律控制，不仅有悖于国家主权，也是任何国家所不能容忍的。(2)在实践中，"非当地化"理论还存在一些难以克服的缺陷及现实障碍，主要表现在以下几个方面：第一，当事人仲裁协议的不充分性。依常理，当事人对仲裁程序的约定不可能详尽无遗。如果当事人关于仲裁庭的组成或仲裁程序的协议不够充分和明确，将无法通过国内法补充其空白或缺陷，因为当事人已排除了国内法的可适用性。第二，司法对仲裁的支持具有不可或缺性。任何仲裁都离不开法院的司法监督(包括法院的支持和协助，也包括法院的干预和审查)。国际商事仲裁不存在一个国际性司法机构来实施这方面的监督，必须依赖于国内法院。某一仲裁所依从的仲裁法所属国的法院就是该仲裁的司法管辖机关，这是一项普遍承认的国际司法管辖原则。如果排除了国内仲裁法的可适用性，则难以找到一个适当的国内法院，仲裁中采取强制性临时措施(如财产保全、证据保全等)、需撤换仲裁员或撤销裁决等，应向哪一法院提出申请，哪一法院有权管辖，都将成为问题。第三，"非当地化"裁决执行的不确定性。如果使仲裁脱离任何特定的法律体系，在缺少国际统一机制的情况下，当事人在裁决作出后要求承认和执行该"非当地化"裁决时，将难以得到特定法律体系的协助。原因是，此类裁决是基于一个完全自治的程序规则体系作出的，与任何国家的国内法没有直接联系，属于一种无国籍裁决或"浮动裁决"(floating award)[1]，能否依《纽约公约》在有关缔约国得到承认和执行，是各国所需解决的一个现实问题。

四、对"非当地化"理论的评价

(一)"非当地化"理论的合理性

"非当地化"理论的提出是国际商事仲裁国际化、自由化发展的必然产物和重

〔1〕 是指通过当事人之间的协议，使仲裁不附属于任何特定国内法律体系所作出的裁决。韩健：《现代国际商事仲裁法的理论与实践(修订版)》，法律出版社，2000年版，第269～271页。

要成果,与仲裁的民间性、契约性、自治性等属性一脉相承。“非当地化”理论的提出为国际商事仲裁逐步走出国内法律体系的狭隘视野提供了一种新理论根据,为各国以更自由、开放的态度不断拓展国际商事仲裁领域国际合作的空间提出了要求。“非当地化”理论的合理性和积极意义主要表现在以下几个方面:(1)该理论打破了仲裁与仲裁地法之间单一、僵硬、机械的联系,为仲裁庭适用仲裁地国家以外的仲裁程序法提供了理论依据,使之在仲裁地为偶然确定或与仲裁之间仅有松散联系或无任何联系时,免受仲裁地法当然适用的束缚,同时摆脱仲裁地国家不必要的干预或控制,还国际商事仲裁以自治和国际性的本来面目。(2)仲裁员通常不是仲裁地国家的公民,不熟悉和了解仲裁地国家的法律,仲裁员也不同于法官,不是国家任命的公务员,也不一定是法律专家,而只是当事人协议指定的临时解决其争议的民间人士,因而仲裁员没有适用仲裁地法的义务,甚至没有适用法律的义务。这正是仲裁区别于诉讼,也是仲裁优越于诉讼的重要方面。(3)该理论为网上仲裁中出现的有关新问题的解决开启了思路。在网上仲裁中,由于虚拟网络空间缺乏与现实物理空间相对应的地点和场所,使得仲裁地无法确定,出现了仲裁地的落空。“非当地化”理论对仲裁地重要性的削弱和淡化,无疑为网上仲裁在仲裁地之外寻求其他更合适的替代性联结点,以及发展和确立更具针对性的法律原则和规则,提供了理论依据。

(二)“非当地化”理论的局限性

“非当地化”理论并非完善无缺,在其提出和应用的过程中,已暴露出各种缺陷或局限性。这正是该理论发展至今天仍未被广泛接受和采用的原因所在。总体是,迄今接受或倾向于接受“非当地化”理论的国家只是极少数。大多数国家仍坚持认为,仲裁应受仲裁地法支配,并受仲裁地国家法院的监督和管辖;仲裁裁决取得仲裁地国家的国籍,并依《纽约公约》在各缔约国得到承认和执行。英国是不接受“非当地化”理论的典型国家。凡在英国进行的仲裁必须依从英国法中关于仲裁程序的强制性规定,在外国进行的仲裁则应依从外国仲裁地的程序法,对未依支配仲裁程序的法律作出的外国仲裁裁决可不予承认和执行。英国不承认“浮动在仲裁太空中,与任何国内法没有关联的仲裁程序的概念”。[1]

在大多数国家尚不接受“非当地化”理论的情况下,实施“非当地化”仲裁显然难以保证仲裁的有效进行和仲裁裁决的有效执行。虽然有学者主张应通过订立国际条约就“非当地化”仲裁作出规定,以便为“非当地化”的“浮动裁决”提供充分的法律依据,并保证在国内法律体系之外进行的仲裁得到承认,使“浮动裁决”得

〔1〕 Bank Mellat v. Hellink Techniki, S. A., Q. B., 1984, p. 301.

到承认和执行,[1]但要建立这种国际统一机制并使之有效地发挥作用,还有待时日。而且,即使解决了"浮动裁决"的承认与执行问题,对"非当地化"仲裁实施司法监督的法院仍无法确定。正是基于此,虽然"非当地化"理论使得网上仲裁可以放弃对仲裁地的寻求和确定,但无法克服仲裁地落空所导致的游离于特定法律体系之外的网上仲裁程序的不确定性。缺乏相应国内法院的支持和协助或干预和审查,网上仲裁能否顺利开展和有效进行是值得怀疑的,至少现阶段是如此。

[1] 1965年《解决国家与他国国民间投资争端公约》已为各国与其他国家国民间的非国内仲裁裁决的承认与执行提供了一定的法律依据。该公约第53条和第54条规定,裁决对双方有约束力,不得进行任何上诉或采取任何其他除该公约规定外的补救方法;每一缔约国应承认依照该公约作出的裁决具有约束力,并在其领土内履行该裁决所科以的金钱义务,如同该裁决是该国法院的终局判决一样。

第五章　国际商事仲裁的申请与受理

国际商事仲裁中的申请与受理是国际商事仲裁程序的首要环节，申请人的仲裁申请与仲裁机构的受理使申请人与被申请人之间的争议正式进入以国际商事仲裁方式解决，并在仲裁申请人、被申请人及仲裁机构间形成了一系列法律关系。在理论和实践中仲裁机构和当事人高度重视国际商事仲裁的申请和受理。本章将阐述国际商事仲裁的当事人、仲裁程序的开始与推进、仲裁申请与受理、答辩及反请求等问题。

第一节　国际商事仲裁的当事人

国际商事仲裁的当事人是国际商事仲裁程序得以启动、运行的根本因素，其行为对国际商事仲裁程序的开端、延续、中止、结束等具有关键性作用。

一、国际商事仲裁当事人的概念

(一)国际商事仲裁当事人的含义

国际商事仲裁当事人，是指因与他人发生国际商事争议而以自己的名义独立地提起或(和)参加国际商事仲裁程序，并受国际商事仲裁裁决约束的利害关系人。

一般言之，国际商事仲裁当事人就是国际商事仲裁的申请人和被申请人。国际商事仲裁的申请人是指依据国际商事仲裁协议向仲裁机构提出仲裁申请的人。申请人在仲裁申请书中主张权利的对象，即申请人的相对方当事人，被称为被申请人。当被申请人提起反请求时，成为国际商事仲裁反请求的申请人，原申请人成为国际商事仲裁反请求的被申请人。

(二)国际商事仲裁当事人具备的条件

国际商事仲裁当事人一般应具备以下条件：

1. 是国际商事仲裁协议的当事人

国际商事仲裁程序的开始和持续进行以存在有效的国际商事仲裁协议为条件。提起或(和)参与国际商事仲裁程序的当事人必须是相关国际商事仲裁协议的当事人。如果不是合法有效的国际商事仲裁协议的当事人,任何人无权作为当事人提起国际商事仲裁程序,也不能被强制参与到国际商事仲裁程序中。[1]

2. 与仲裁结果有直接的法律上的利害关系

国际商事仲裁的各方当事人是其所诉称的权利享有者或者相对应的义务承担者,是与所争议的具体权利义务纠纷具有直接的法律利害关系的人。不是为维护自己的权益而参与仲裁的人,不能成为国际商事仲裁的当事人。

3. 以自身名义独立参加国际商事仲裁

当事人提起或(和)参与国际商事仲裁程序是为了维护自己的权益,必须以自己的名义独立进行。若以他人名义提起或(和)参与国际商事仲裁,仲裁的结果则由他人承担。国际商事仲裁中代理人的法律地位即如此,以委托人的名义参加仲裁,仲裁的结果由委托人承担。

4. 必须受国际商事仲裁裁决的约束

国际商事仲裁的目的是通过国际商事仲裁法律程序以确定当事人之间的权利与义务关系,解决有关国际商事法律争议。当事人签订国际商事仲裁协议意味着承诺接受国际商事仲裁裁决的约束。作为国际商事仲裁的当事人,必须以服从仲裁裁决为条件。以自己的名义参加国际商事仲裁程序而不受仲裁裁决约束的人,不是当事人,而是证人、鉴定人等国际商事仲裁程序的参与人。

二、国际商事仲裁参加人和参与人

在广义上,国际商事仲裁的主体包括所有参与仲裁的人。参照民事诉讼法的相应分类,国际商事仲裁主体有仲裁当事人、仲裁参加人和仲裁参与人。[2]

国际商事仲裁参加人包括国际商事仲裁的当事人和国际商事仲裁的代理人。在国际商事仲裁实践中,当事人可以委托律师或其他人士作为代理人参加仲裁程序。国际商事仲裁的代理人以委托人的名义参加仲裁,代理人在其授权范围内的行为视为当事人的行为,其代理活动的后果由委托人承担。

国际商事仲裁的代理人并非必须为律师。1996 年英国《仲裁法》第 36 条规定,除非当事人另有约定,仲裁程序的当事人在程序中可以由律师或其选定的其他人代理。有些国家法律规定,律师不得被排斥充任仲裁代理人,如 1998 年德国《民事诉讼法典》第 1042 条规定,仲裁当事人约定排斥律师作代理人的,其约定无效。但有些国家对代理资格作出限制,如日本律师法规定,只有执业律师才能在仲裁中担任代理人。

中国内地《仲裁法》第 29 条规定,当事人、法定代理人可以委托律师或其他代理人进行仲裁活动;委托律师或其他代理人进行仲裁活动的,应当向仲裁委员会提

---

〔1〕 谢石松主编:《商事仲裁法学》,高等教育出版社,2003 年版,第 170 页。
〔2〕 参见黄进等:《仲裁法学》,中国政法大学出版社,1997 年版,第 104 页。

交授权委托书。《中国国际经济贸易仲裁委员会仲裁规则(2005 年)》第 16 条规定,中国公民和外国公民均可以接受委托,担任仲裁代理人。因此,在中国内地,仲裁代理人并非必须为律师。但由于国际商事仲裁案件通常涉及较为复杂和专业的法律问题,大部分案件中有律师代理。[1]

国际商事仲裁参与人,除国际商事仲裁参加人外,还包括参与国际商事仲裁程序的证人、鉴定人、翻译人员等。

三、合并仲裁中的多方当事人

多方当事人仲裁是指申请人或/和被申请人具有多个当事人的仲裁。在仲裁争议涉及数方当事人时,通常被认为争议最好在同一仲裁程序中处理,而不是在一系列的单独仲裁程序中处理,即合并仲裁。它不但有利于节约成本,更重要的是所有相关问题都由相同的仲裁庭解决,避免了就相同的法律和事实作出冲突裁决的可能性。但根据仲裁自愿原则,仲裁一般只能发生在仲裁协议当事人之间,因而使多方当事人仲裁变得较为复杂。[2] 适用合并仲裁的主要情况如下:

(一)一份合同数方当事人

在国际商事交易中,个人、公司或国家机关共同合资构建一个联合体并与其他当事人签订合同的情况日益普遍。在这种情况下,合并仲裁成为通行做法。

在 Dutco 案[3]中,Dutco 与由两家德国公司组成的联合体签订了一份合同,合同争议出现后,Dutco 依据国际商会仲裁规则对两家德国公司提起仲裁。国际商会要求这两家德国公司共同提名一名仲裁员,但两家德国公司认为他们有权各自委任一名仲裁员。对此问题,国际商会 1998 年仲裁规则作出以下规定:"1. 存在数个申请人或被申请人,且争议应由三人仲裁庭审理的,数个申请人或被申请人应当按照第 9 条的规定共同提名一名仲裁员以供确认。2. 未能共同提名且各方当事人不能就仲裁庭的组成方式达成一致意见的,仲裁院可以委任仲裁庭全部成员,并从中指定一人担任首席仲裁员。在这种情况下,仲裁院可自主委任其认为合适的人士担任仲裁员,并在其认为适当的时候援用第 9 条的规定。"

伦敦国际仲裁院 1998 年仲裁规则也采取了类似的立场:"8.1 如仲裁协议授权各当事人提名一名仲裁员,而争议的当事人超过两方且没有书面同意的,为组成仲裁庭,仲裁院将把争议的当事人分别作为申请人和被申请人单独代表独立的双方而不考虑当事人的提名,并自行委任仲裁庭成员"。

---

[1] 林一飞:《国际商事仲裁法律与实务》,中信出版社,2005 年版,第 130 页。

[2] 艾伦·雷德芬、马丁·亨特等:《国际商事仲裁法律与实践》,林一飞、宋连斌译,北京大学出版社,2005 年版,第 181 ~ 188 页。

[3] 艾伦·雷德芬、马丁·亨特等:《国际商事仲裁法律与实践》,林一飞、宋连斌译,北京大学出版社,2005 年版,第 181 页。

这两个规则均承认当事人在能达成一致的情况下，提名一名仲裁庭成员的权利；但如果他们未能达成一致，仲裁机构将剥夺他们的提名权利并由仲裁机构自行委任仲裁员。

（二）数份合同不同当事人

在国际商事交易中，存在数份与争议问题相关的合同但合同的各方当事人不同的情况。在此情况下，可以合并仲裁。

在 Adgas 案[1]中，Adgas 是波斯湾一家生产液化天然气的工厂，与英国的一家公司签订了一份国际建筑合同，该英国公司为主承包商。后 Adgas 声称国际建筑合同项下所建造的大型储气油罐存在缺陷，但主承包商拒绝承担责任并认为，即使油罐存在缺陷，也应由建造该油罐的分包商一家日本公司承担责任。

Adgas 依据仲裁条款针对主承包商在英国提起仲裁。主承包商也可以在伦敦依据其分包合同中的仲裁条款针对日本分包商提起独立的仲裁，但主承包商希望将此两个仲裁程序合并。Adgas 不同意将日本分包商并入其与主承包商的仲裁中，理由是这将会使仲裁程序延长并复杂化。日本分包商也不愿意被并入，宁愿等待先看到主承包商可能承受的后果，以便确定可能的抗辩。英国上诉法院虽然希望可以作出合并两个仲裁程序的指令，以便节省时间和金钱，避免产生相互矛盾的裁决的风险，但承认，没有得到所有当事人的同意，其没有权力命令仲裁程序合并。上诉法院最后决定，法院有权力在两个独立的仲裁中委任相同的仲裁员，以便避免相互矛盾的裁决。

虽然对同一个争议仍然进行了两次单独的仲裁，但这是一个务实的解决方法。如采取这种方法，仲裁员可能命令一个仲裁中披露的文件应可供另一个仲裁中的当事人使用，并且应当对证言、证据进行记录。这样，一个仲裁中提供的证据可在另一个仲裁中使用，当事人得到对这些证据进行质询或评价的机会。

这种合并仲裁方式可以是法院命令的合并，也可以是通过合意进行的合并。

一些国家或地区的法律赋予国内法院命令合并仲裁的权力。依据 1986 年荷兰《仲裁法》，阿姆斯特丹地区法院院长可以命令荷兰两个或多个相关联的仲裁全部或部分合并，除非当事人另有约定。[2] 香港仲裁法允许本地法院在认为适当的时候，命令其中产生共同的法律或事实问题的两个或多个仲裁合并，而无须当事人同意。[3] 依据美国佛罗里达州国际仲裁法，如果所有受影响的当事人均同意，则

---

〔1〕 艾伦·雷德芬、马丁·亨特等：《国际商事仲裁法律与实践》，林一飞、宋连斌译，北京大学出版社，2005 年版，第 182 页。

〔2〕 1986 年荷兰《民事诉讼法典》第 1046 条。

〔3〕 1982 年中国香港《仲裁条例》第 6B 条。

可以由一个仲裁庭解决争议。[1]

在相同或类似的法律和事实问题可能由不同仲裁庭审理的情况下，法院命令合并是确保裁决一致的理想方式。但是不同的仲裁协议对仲裁员人数及委任方式、仲裁的相关规则、作出临时裁决的权力等事项可能有不同的规定；对实体问题的解决也可能规定适用不同的法律。最终在申请和执行合并仲裁的裁决时，可能会产生问题。《纽约公约》第5条第(1)款第(d)项规定，仲裁庭的组成以及裁决程序必须遵守当事人的协议。当裁决是法院为当事人所委任的仲裁庭作出的，依据该项规定，该裁决会被认为可拒绝承认和执行。但有人支持这样一种观点：如法院已经命令合并仲裁，则裁决依据《纽约公约》应是可执行的，但当事人应至少已经对仲裁管辖权表示同意。[2]

当事人合意合并仲裁有两种方式。一是依据仲裁协议合并。国际商会国际仲裁委员会关于多方当事人仲裁的工作小组建议，问题的解决方式之一是由当事人预先同意将所产生的争议提交多方当事人仲裁。工作小组的最终报告指出，在多边关系中，无论涉及单一合同或是独立的数份相关合同，多方当事人订立仲裁条款可能都是适当或必要的。二是依据仲裁机构的仲裁规则合并仲裁。国际商会仲裁规则规定，在其收到涉及某种法律关系的仲裁申请，而对该法律关系，相同当事人之间已经有未决的仲裁程序，可以"经一方当事人请求"，纳入未决的仲裁中。[3]这种合并仲裁至少避免了这种可能性，即两个独立的仲裁、两个不同的仲裁庭在相同当事人之间就相同法律关系进行仲裁程序。伦敦国际仲裁院仲裁规则在授予仲裁庭特别权力的一个条款中，给予仲裁庭在一方当事人申请时将一个或多个第三人加入仲裁的权力，但是该第三人和提出申请的人应已经书面表示同意。此后，仲裁庭可以就"如此参加仲裁"的所有当事人作出单一的终局裁决，或独立的数份裁决。该规则并不要求所有当事人对仲裁的同意，但是要求至少提出申请的一方当事人和拟被加入程序的当事人应当同意。[4]

仲裁机构的此类规则有助于所有相关方由同一仲裁庭进行审理，但要在至少仲裁的一方当事人和拟加入仲裁的所有当事人同意的情况下，才可发挥作用。这种合并仲裁的程序应确保各方当事人均有合理的机会陈述其事实和理由，否则，其裁决可能被拒绝承认和执行。

中国仲裁立法和仲裁机构仲裁规则对合并仲裁问题没有作出规定。在国际商

---

〔1〕 Mauro Rubino - Sammartano, *International Arbitration Law and Practice*, CITIC publishing house, 2003, p. 302.

〔2〕 艾伦·雷德芬、马丁·亨特等：《国际商事仲裁法律与实践》，林一飞、宋连斌译，北京大学出版社，2005年版，第186页。

〔3〕 1998年《国际商会仲裁规则》第4条。

〔4〕 1998年《伦敦国际仲裁院规则》第22条第(h)项。

事仲裁实践中,仲裁机构和仲裁庭对合并仲裁持审慎态度。一般的实践操作是,如果只有一个仲裁协议且该仲裁协议的当事人是三方及以上,在仲裁当事人一方提出请求且仲裁协议的各方当事人都同意(包括同意参加仲裁、采用已经采用的仲裁规则、仲裁庭的组成人员以及其他程序性事项),而且若已经分别成立了仲裁庭,各个仲裁庭也同意的情况下,可以允许两个或两个以上已经开始的仲裁程序的合并。在后一种情况下,当事人同意而形成"合并审理"实际上原来的仲裁协议已被一个由多方共同达成的新仲裁协议所取代。在这种情况下,该第三方已成为仲裁程序的一方当事人。虽然中国仲裁机构一般不允许合并仲裁,但对于相互关联的仲裁案件,在组成仲裁庭时,若由仲裁机构指定仲裁员,仲裁机构尽量指定同一名仲裁员或者相同的首席仲裁员,力求避免仲裁庭作出前后矛盾的认定和仲裁裁决。[1]

(三)链式仲裁

在国际商品市场,卖方与购买者签订合同后,该购买者会将商品通过中间人一环一环转售下去,直至该链条的最后买方。如果随后对商品的质量和状况产生争议,则在各个阶段都对争议进行诉讼或仲裁,显然是极大的社会资源浪费。因而在某些商品市场内部已经发展出这样一种实践:在卖方和最终买方之间进行一次仲裁,其裁决将对所有当事人具有约束力,并且在必要时由各缔约方针对与其签约的人执行。

海事仲裁中发展了类似的方式。例如,船东将船租给某公司,该公司将船租给下一家租船者,下家再租与下下家,如此以往。如果每个租船合同项下都发生相同的争议(如船舶是否适合其使用目的),当事人可同意委任相同的仲裁员并承认该仲裁员的裁决对所有当事人有约束力。[2]

链式仲裁程序可能只适用于某一行业成员之间,这些成员熟悉其交易性质并在迅速有效解决争议上具有共同利益。[3]

四、股东派生仲裁请求权下的当事人

通常情况下,公司可以自己的名义提起诉讼并承担行使这种权利的后果。但当控制公司的人拒绝以公司的名义起诉时,公司就无法行使诉权。如公司的董事、监事或经理等管理层或控制股东给公司造成损害,而控制公司的也是这些人,因此会造成公司不能行使或怠于行使诉权,最终损害投资者即股东的利益。

---

〔1〕 郑文娇:"关于合并仲裁问题的探讨",《商事仲裁》(第二集),法律出版社,2007年版,第58页。

〔2〕 艾伦·雷德芬、马丁·亨特等:《国际商事仲裁法律与实践》,林一飞、宋连斌译,北京大学出版社,2005年版,第184页。

〔3〕 Mauro Rubino – Sammartano, *International Arbitration Law and Practice*, CITIC publishing house, 2003, p. 297.

我国内地《公司法》中规定了股东的派生诉权。当公司的权利被董事、高管人员、控制股东以及他人侵犯的，有限责任公司、股份有限公司连续180日以上单独或者合计持有1%以上股份的股东，可以书面请求监事会、监事提起诉讼，自请求收到之日起30日内监事会未起诉或情况紧急的，股东可以以自己的名义为了公司的利益提起派生诉讼。[1] 在许多实行派生诉讼的国家，派生诉讼的对象一般仅限董事或CEO。我国内地《公司法》还将侵犯公司权益的他人列入其中，包括控制股东或实际控制人。[2]

从诉的广义理解，国际商事仲裁应包括在股东派生诉权中。

在中国国际经济贸易仲裁委员会受理的一个案件[3]中，申请人香港JL发展公司与被申请人JH开发公司成立合资公司。双方发生争议后，申请人依据合同中的仲裁条款向中国国际经济贸易仲裁委员会提起仲裁，要求被申请人赔偿损失，被申请人提出管辖权异议，认为：(1)申请人主张的损失款项是合资公司与被申请人之间的往来资金欠款，与申请人无关；申请人作为合资公司的股东无权主张属于合资公司的权利，申请人没有就本案提起诉讼或申请仲裁的主体资格。(2)被申请人与合资公司就该项欠款纠纷的处理，从未签有仲裁协议或在任何有关协议中约定仲裁条款。

针对被申请人的异议，申请人认为：(1)本案的仲裁协议是在合资合同的争议解决条款中明确约定的。(2)申请人在发现被申请人违反合资合同、章程，侵吞合营企业与外商权益后，曾与被申请人商量以合营企业的名义起诉被申请人，但事实表明，被申请人绝不会同意起诉自己。如果被申请人的管辖权异议得以成立，申请人的合法权益无法得到保障。

中国国际经济贸易仲裁委员会认为：合资合同有关争议解决的条款规定，凡因执行本合同或与本合同有关事宜发生的一切争议，合营合同的双方可提交中国国际经济贸易仲裁委员会，根据该会的仲裁程序进行仲裁；申请人和被申请人作为合营合同的双方都受上述争议解决条款的约束，申请人根据上述有效的仲裁条款就其双方之间的合资合同纠纷以另一方合营者作为被申请人向中国国际经济贸易仲裁委员会申请仲裁，中国国际经济贸易仲裁委员会对此具有管辖权。

在中国国际经济贸易仲裁委员会的另一个案例[4]中，申请人依据合资合同中关于被申请人负责合资公司的产品外销义务的约定，就双方对支付产品外销货

---

〔1〕《公司法》第152条第1款。

〔2〕甘培忠：《企业与公司法学》，北京大学出版社，2007年版，第269页。

〔3〕林一飞：《国际商事仲裁法律与实务》，中信出版社，2005年版，第157页。

〔4〕郭晓文：《中国国际经济贸易仲裁案例分析》（第2卷），三联书店（香港）有限公司，1995年版，第105页。

款所发生的争议提出被申请人应向合资公司支付货款的请求；被申请人依据合资合同中被申请人负责办理合资公司原材料、零配件进口的有关约定，就其要求合资公司支付垫付货款而与申请人发生的争议，提出合资公司应向被申请人支付垫付货款的请求。仲裁庭认为，申请人和被申请人的上述请求，都属于双方当事人在合资合同中约定的“合资各方因执行本合同所发生的或与本合同有关的一切争议”的范围，均有权提出仲裁请求。

在中国国际经济贸易仲裁委员会的又一案例[1]中，仲裁庭认为，当合资企业无法行使其权利时，申请人作为合资企业的股东，有权依据合资合同要求被申请人履行将包销所得货款汇回合资公司的义务，以保护自己在合资公司中的权益；本案争议虽因执行销售合同而发生，但销售合同是为执行合资合同中有关履行外销任务条款而签订的，亦属于合资合同履行的争议，因此申请人有权根据合资合同中的仲裁条款提出仲裁以解决与合资合同有关的销售争议。

从上述案例可知，中国国际经济贸易仲裁委员会承认股东在仲裁中享有派生仲裁权。

投资者可以替代公司向与公司有仲裁协议的当事人提起仲裁，据此申请人是公司投资者，被申请人是与公司有仲裁协议的一方当事人。按照我国内地《仲裁法》的规定，没有仲裁协议，一方申请仲裁的，仲裁委员会不予受理，因此提请仲裁依赖的是合资公司与被申请人所签订的仲裁协议，作为仲裁申请人的股东与被申请人之间并无直接的仲裁协议，只是代替行使仲裁请求权；只要合资公司与被请求人之间有仲裁协议，即使申请人与被申请人之间无仲裁协议，也可以代替提起仲裁。由上，如果公司与另一方之间有仲裁协议，则无论其是公司外主体还是公司内主体，在一定条件下，一方股东均有权代替公司作为申请人对其提起仲裁。[2]

五、国际商事仲裁协议转让后的仲裁当事人

一般情况下，在仲裁协议上签字或盖章的表面当事人即是仲裁的当事人，但当含有仲裁条款的合同被转让给第三方后，该合同中的仲裁条款是否也约束该第三人，则是需要探讨的问题。

(一)仲裁条款与主合同同时被转让

这种理论认为，当国际商事合同被合同的一方当事人概括地转让给第三方时，如果该合同中包含了仲裁条款，则被转让的包括仲裁条款。受让人在接受该整个合同时，就意味着同时接受了该合同中的仲裁条款，即同意将在履行合同中所发生

---

〔1〕 郭晓文：《中国国际经济贸易仲裁案例分析》(第2卷)，三联书店(香港)有限公司，1995年版，第94页。

〔2〕 林一飞：《国际商事仲裁法律与实务》，中信出版社，2005年版，第158~160页。

的与该合同有关的争议提交仲裁解决，除非受让人在接受该合同时对此提出异议。[1]

1977年瑞典最高法院在德国公司与荷兰公司之间因船舶发动机交货质量问题的争议案[2]中，认定仲裁条款随主合同一同转让。在该案中，荷兰一家造船厂与另一家荷兰公司订立了造船合同，该合同的标准格式含有仲裁条款，合同适用瑞典法律。在建造该船的过程中，原来签署合同的当事人把其合同项下的权利转让给了另一方当事人，即本案当事人德国公司和另一家荷兰公司。本案的荷兰公司负责向德国公司交付船舶的柴油发动机，双方当事人在发动机的质量上发生争议，德国公司向瑞典法院提起诉讼，其诉讼分别被一审法院和二审法院驳回，理由是合同中含有仲裁条款，法院对该案无管辖权。德国公司不服，上诉到瑞典最高法院。瑞典最高法院对仲裁协议的转让问题审理后认为，一般而言，合同的受让人应当受仲裁协议的约束，除非有特殊原因，因此德国公司应当受合同中的仲裁条款的约束，驳回其上诉。瑞典最高法院的立场是，如果当事人未明确作出其他约定，则仲裁条款被推定是可转让的，受让人在实际或推定知悉仲裁条款的情况下受仲裁条款的约束。

主张仲裁条款可以与合同的其他条款同时转让的主要依据是：仲裁协议是主合同的一个组成部分，由此产生的权利属于合同的附属权利，在随主合同转让时，同样具有合同转让的后果。因此仲裁条款项下的权利应当与合同其他条款项下的权利处于相同的法律地位，受支配附属权利转让的规则的支配。[3]

（二）仲裁条款不与主合同同时被转让

这种理论认为，仲裁条款的性质不同于合同的其他条款，仲裁条款规范的是如何解决由于合同而产生的争议，仲裁条款独立于合同而存；当主合同转让时，仲裁条款不随主合同同时转让，除非双方当事人同意此项转让。例如，按照美国纽约州的法律，除非受让人明示同意，否则可以不履行合同项下的出让人所承担的义务，这些义务当然包括将合同项下的争议提交仲裁解决的义务，如果受让人没有明示同意合同中的仲裁条款，受让人就不受该仲裁条款的约束。

意大利法院在一案件[4]中认为，在适用《纽约公约》的情况下，合同的转让不足以证明仲裁条款的转让。该案涉及的是一起含有仲裁条款的合同转让，当受让人将该合同项下的争议提交法院解决时，对方当事人提出抗辩，理由是原合同中含

---

〔1〕 Mauro Rubino - Sammartano, *International Arbitration Law and Practice*, CITIC publishing house, 2003, p. 288.

〔2〕 赵秀文：《国际商事仲裁法》，中国人民大学出版社，2004年版，第90页。

〔3〕 赵秀文：《国际商事仲裁法》，中国人民大学出版社，2004年版，第91页。

〔4〕 赵秀文：《国际商事仲裁法》，中国人民大学出版社，2004年版，第91页。

有解决争议的仲裁条款,请求法院裁定终止诉讼,将争议交由仲裁解决。意大利最高法院认为,根据《纽约公约》,转让本身不足以证明受让人对仲裁条款的接受。

主张这种做法的主要理由是:第一,仲裁条款项下的权利是程序上的权利,而不是实体权利,因而不能受支配合同权利的规则的约束;第二,尽管一些国家对仲裁协议的实体或程序上的权利不做区分,但认为仲裁条款项下的权利属于个人权利,因而不能适用一般的转让规则;第三,仲裁协议不仅包括当事人的权利,还包括相关的义务,即不得将协议项下的争议提交法院解决的义务,因此当事人在转让合同的实体权利时,仲裁条款项下的义务如果没有受让人的明示同意,则不能转让。[1]

六、揭开公司面纱下的仲裁当事人

揭开公司面纱是指为了阻止公司独立人格滥用和保护公司债权人利益及社会公共利益,就具体法律关系中的特定事实,否认公司与其背后的股东各自独立的人格及股东的有限责任,责令公司的股东(包括自然人股东和法人股东)对公司债权人或公共利益直接负责,以实现公平、正义目标之要求而设置的一种法律制度。

在一个公司集团中,子公司与母公司在经济上有密切的联系,子公司有可能是母公司的傀儡。当债权人与子公司签订一个合同,子公司对该合同的权利义务实际上由母公司承担。如果母公司利用子公司的独立责任的法人外壳,子公司只是母公司的工具,极易损害债权人的利益。

如果债权人与公司集团中的一个子公司订有仲裁协议,在适用揭开公司面纱理论的情形下,需要考虑的是该仲裁协议是否对母公司具有约束力。这种揭开公司面纱的尝试,是为了找出真正的利害关系方,也是为了让公司集团中更有偿债能力的成员承担清偿责任。

国际商会一仲裁庭曾对某公司股东行使了管辖权,理由是,"在第三人看来,Z先生拥有的公司完全依赖于其,Z先生与公司完全混同。"类似地,纽约州法院认为,如果仲裁协议签字人是非签字人的化身,则非签字人应受仲裁协议约束。[2]

揭开公司面纱理论在仲裁中未得到普遍接受。有些国家,如瑞士,拒绝在仲裁中适用该理论。虽然法国、美国和英国的法院有时允许揭开公司的面纱,承认第三关联方作为仲裁协议的非签字当事人,但有时又拒绝承认。[3]

七、代位求偿中的仲裁当事人

代位求偿,是指与债的履行有利害关系的第三人在为债务人向债权人作出清

---

〔1〕 赵秀文:《国际商事仲裁法》,中国人民大学出版社,2004年版,第92页。

〔2〕 艾伦·雷德芬、马丁·亨特等:《国际商事仲裁法律与实践》,林一飞、宋连斌译,北京大学出版社,2005年版,第160页。

〔3〕 艾伦·雷德芬、马丁·亨特等:《国际商事仲裁法律与实践》,林一飞、宋连斌译,北京大学出版社,2005年版,第160页。

偿后取得代位权,可以在其清偿的范围内以自己的名义代位行使债权人的权利。例如,保险公司在向被保险人作出赔付后,在赔偿范围内取得了被保险人的地位,可以向相对人进行追偿。在担保债务及连带债务中也会出现代位求偿的情况。

代位权的行使一般须通过裁判方式,通过代位诉讼权的行使实现代位求偿已成为共识。但如果被代位人与原债务人之间订有仲裁条款,则该仲裁条款对代位权人与原债务人是否有约束力,是需要明确的问题。

从国际商事仲裁实践看,一些国家的司法实践对上述的仲裁请求权持肯定态度。如在美国最高法院 1995 年 6 月 19 日判决的 Vimar Segurosy Reaseg v. M/V Sky Reefer 案件中,作为保险公司的原告 Vimar Segurosy Reaseg 在向货主 Bacchus 作出赔偿后取得了代位权,然后以自己的名义向被告 M/V Sky Reefer 追偿。由于提单中订有仲裁条款,美国最高法院最终判定仲裁条款对原、被告有效,没有因为 Vimar Segurosy Reaseg 的代位权法律地位而否定其仲裁主体资格。在美国第七巡回法院 2000 年审理的 Grumhaus v. Comerica Securities, Inc. 案件中,法院判定债权人与债务人以及债务人与次债务人之间的两个协议相互关联,尽管债权人与次债务人之间没有直接的交易关系,但在债务人怠于行使到期债权时,准许债权人提起代位仲裁请求,而不以债权人当初并未表示仲裁意思为由否定债权人的代位仲裁请求权。[1]

我国内地《合同法》第 73 条规定:"因债务人怠于行使其到期债权,对债权人造成损害的,债权人可以向人民法院请求以自己的名义代为行使债务人的债权,但该债权专属于债务人自身的除外。"该条虽没有明确准予债权人通过其他裁判途径行使代位权,但也没有排除不能通过其他裁判途径行使代位权。因此,如果债务人与次债务人之间的合同订有仲裁条款,债权人代位行使债务人的债权是否可以依据该合同中的仲裁条款提起仲裁,就难以判断。

最高人民法院《关于适用〈中华人民共和国合同法〉若干问题的解释》第 13 条规定:合同法第 73 条规定的"债务人怠于行使其到期债权,对债权人造成损害的",是指债务人不履行其对债权人的到期债务,又不以诉讼方式或仲裁方式向其债务人主张其享有的具有金钱给付内容的到期债权,致使债权人的到期债权未能实现。这说明我国在立法时已考虑到债务人通过仲裁方式行使其到期债权的可能性。

就理论而言,债务人与次债务人之间存在仲裁协议的前提下,如果以债权人非原仲裁协议当事人为由否定债权人的仲裁请求,使仲裁协议与实体权利不能同时得以代位,导致债权人只能通过诉讼程序实现其债权,不符合合理利益原则。因为在签订仲裁协议时,次债务人已经放弃了通过诉讼解决争议的权利,债权人代位债

---

〔1〕 刘晓红:《国际商事仲裁协议的法理与实证》,商务印书馆,2005 年版,第 212 ~ 213 页。

务人行使仲裁请求权,其提交的仲裁争议仍然是债务人与次债务人之间的权利义务争议,争议的范围、性质和内容没有改变。与同债务人进行的仲裁相比,次债务人面对的代位仲裁,并不因为债权人行使了代位权而对次债务人的权利义务有实质性影响。[1]

目前我国法律没有明文规定以仲裁方式实现代位权,但不论从理论上分析还是从司法实践中的公正性考虑,确立代位权仲裁请求都具有合理性。

八、提单转让情形下的仲裁当事人

提单作为国际货物运输中的重要单据,一般载有仲裁条款。提单本身的法律特性决定提单中的仲裁条款有两个明显的特点:一是提单中的仲裁条款是承运人事先印制的格式条款,未经当事人之间协商;二是提单主体的不特定性决定了仲裁条款当事人的不特定性。提单是一种可转让单证,提单仲裁条款的当事人可以是作为主体一方的签发提单的承运人和作为主体另一方的托运人、收货人或其他合法持有人。

提单是由承运人单方拟定,承运人将其仲裁条款强加给提单持有人,特别是当提单流转后,很难说提单上的仲裁条款体现了提单持有人真实的意思表示,因此有人认为,除非提单持有人明确表示接受,否则仲裁条款对提单持有人不应具有约束力。[2] 但也有人认为,提单的转让即为提单所证明的运输合同的转让,作为运输合同凭证的提单,其条款应视为运输合同的一部分;提单的转让意味着运输合同主体的变更,即运输合同的主体由原来的托运人与承运人变更为承运人与提单持有人,提单转让后承运人和提单持有人应该受提单条款的约束,提单中的仲裁条款约束承运人和提单持有人是有法律依据的。[3]

调整提单法律关系的《海牙规则》和《汉堡规则》认为提单上的条款在善意的第三方提单持有人与提单签发人之间是合同条款的最佳证据,在被转让人手中成为唯一的证据。国际航运界就提单中的仲裁条款对提单持有人的效力普遍持肯定态度。

一些国家立法和实践越来越倾向于对提单中的仲裁条款效力予以认可,并确认了提单转让时仲裁条款的效力。1998 年德国《民事诉讼法典》第 1031 条第 4 款规定:"如海运提单明确援引了租船合同的仲裁条款,则提单的签发也可以达成仲裁协议。"1997 年澳大利亚《海上货物运输法》第 11 条第 3 款规定,提单中的仲裁条款如果订明仲裁在澳大利亚进行,则该仲裁条款即为有效。其他一些国家在实

---

[1] 刘晓红:《国际商事仲裁协议的法理与实证》,商务印书馆,2005 年版,第 215 页。

[2] 李军:"有关提单仲裁协议的若干问题—提单仲裁条款效力的若干问题"(上),《仲裁与法律》,2001 年第 1 期,第 12 页。

[3] 刘晓红:《国际商事仲裁协议的法理与实证》,商务印书馆,2005 年版,第 230 页。

践中也承认提单中的仲裁条款的效力。[1]

另一些国家出现了对提单转让时肯定其仲裁条款效力的判例，如上文提及的美国最高法院1995年6月19日判决的Vimar Segurosy Reaseg v. M/V Sky Reefer案件，[2]美国最高法院没有否定提单总仲裁条款对作为受让人的提单持有人的效力，而是确认了提单中确定的将争议交由国外仲裁机构仲裁的条款的效力。

我国最高人民法院在致广东省高级人民法院的《关于福建省生产资料总公司与金鸽航运公司国际海运纠纷一案中提单仲裁条款效力问题的复函》[3]中指出："本案上诉人福建省生产资料总公司虽然不是租船合同和海上货物运输合同的签约人，但其持有承运人签发的含有合并租约和仲裁条款的提单，并明示接受该仲裁条款，因此，该条款对承运人和提单持有人均有约束力。"可见，最高人民法院承认了提单中的仲裁条款对提单持有人的效力。但如何确定提单持有人"明示接受"，提单持有人未作意思表示或明确表示不接受时，该仲裁条款的效力如何，尚待进一步明确。[4]

九、仲裁程序进行中的当事人变更

仲裁程序进行过程中的当事人变更情形主要有三种：增加当事人、减少当事人或更换当事人。

（一）增加当事人

增加当事人是指将原仲裁程序外的其他人增加到仲裁程序当中作为仲裁的一方。增加当事人是基于作为原受理案件依据的同一份仲裁协议而进行。[5]新加入的当事人也是原仲裁协议的当事人，但在提起申请时未将其作为当事人。因仲裁请求涉及该方当事人，需要其加入到仲裁程序共同进行仲裁。增加当事人对仲裁程序的影响主要有二：一是仲裁程序继续进行。在此情况下，原当事人与新当事人均同意已经进行过的程序有效并具有约束力，仲裁程序无须重新开始。二是仲裁程序重新开始。一方当事人对程序有异议，如提出要行使指定仲裁员的权利，会导致程序的重新进行。第二种影响涉及仲裁庭的组成，除非仲裁庭作出决定，一般很少能增加当事人。但一些仲裁机构可能以机构的名义作出增加当事人的决定。[6]

---

〔1〕 刘晓红：《国际商事仲裁协议的法理与实证》，商务印书馆，2005年版，第233页。

〔2〕 郁志轰："美国对提单外国仲裁条款的立法趋势"，《中国海商法协会通讯》，1999年第5期，第3页。

〔3〕 1995年10月20日最高人民法院[法函]135号。

〔4〕 刘晓红：《国际商事仲裁协议的法理与实证》，商务印书馆，2005年版，第238页。

〔5〕 林一飞：《国际商事仲裁法律与实务》，中信出版社，2005年版，第168页。

〔6〕 林一飞：《国际商事仲裁法律与实务》，中信出版社，2005年版，第169页。

(二)减少当事人

减少当事人指仲裁程序中的多方当事人减少一方或数方当事人,仲裁程序在剩余的相对方当事人之间进行。在某些情况下,原仲裁程序的当事人可能减少,如一方提出多方当事人中的某一方不在仲裁协议的范围内。减少该当事人可以是当事人主动提出,也可以是其他当事人提出。例如,A、B 针对 C 提出仲裁,C 提出仲裁机构对 A 无管辖权的抗辩,若 A 主动撤回,则为主动减少当事人;若 A 在仲裁机构作出无管辖权的决定后撤回,则为被动减少当事人。

减少当事人可能会产生程序问题。如申请人原对两个被申请人提出仲裁,后来其对其中一个被申请人的仲裁请求被撤销,另一个被申请人有可能提出前面已进行的程序不合法,因为它未能行使单独委任仲裁员的权利。

(三)更换当事人

更换当事人指当事人的一方更换为其他当事人。当事人的变更可能使已经进行的仲裁程序重新或部分重新开始。裁程序进行过程中,如上例中 C 提出其不是仲裁协议的当事人而是作为 D 的代理人签订了包含仲裁条款的合同,A、B 可以申请更换当事人,也可以撤销原仲裁,重新开始对 D 的仲裁程序,但仲裁庭不能主动更换当事人。

十、国际商事仲裁第三人

(一)概念

国际商事仲裁第三人是指非仲裁协议表面签订者由于合同或其他财产关系对仲裁标的或相关财产权益有独立请求权,或虽无独立请求权但仲裁结果与其有法律上的利害关系,而主动申请参加或被仲裁当事人要求追加,或被仲裁庭通知加入到即将开始或已经开始的仲裁程序中的当事人。[1]

(二)种类

国际商事仲裁第三人可以分为以下几种:

1. 仲裁协议的第三人

仲裁协议的第三人是指非仲裁协议的表面签订者因合同转让等原因成为仲裁协议的当事人,直接提起或被提起仲裁。

2. 仲裁程序进程中的第三人

仲裁程序进程中的第三人是指非仲裁程序的人申请参加到或被要求追加到,或者被仲裁庭通知加入到已经开始的仲裁程序中的人。通常所称的仲裁第三人即属此类。

3. 裁决执行中的第三人

裁决执行中的第三人是指仲裁裁决作出后裁决的执行针对仲裁当事人以外

---

〔1〕 石育斌:《国际商事仲裁研究》,华东理工大学出版社,2004 年版,第 301 页。

的人。

(三)关于国际商事仲裁第三人的法律和实践

1. 外国的法律和实践

1986 年荷兰《民事诉讼法典》第 1045 条规定了三种第三人参加仲裁:一是第三人与仲裁程序的结果有利害关系,可以自行申请并经仲裁庭同意而参与仲裁;二是一方当事人向第三人索赔,可以申请第三人参与仲裁;三是第三人根据与仲裁协议当事人之间的书面协议,可以参与仲裁。在上述三种情况下,一旦仲裁庭准许第三人参与仲裁程序,第三人就成为仲裁程序的一方当事人。

1998 年比利时《司法法典》规定,仲裁的一方当事人可以要求第三方参加仲裁程序,第三方也可以自动请求加入仲裁程序,仲裁庭必须一致接受第三人的加入,而且原先的当事人和新加入的当事人必须签订一份仲裁协议。[1]

美国南卡罗来纳州和犹他州已经通过了有关第三人被动参加仲裁的立法。南卡罗来纳州的法律没有要求被追加的当事人同意参加仲裁程序;犹他州的法律要求被追加的当事人是仲裁协议的当事人。两州的法律都没有规定第三人主动参加仲裁的问题。根据犹他州的上述规定,该州可能会禁止非协议当事人主动参加仲裁。[2]

有些仲裁机构仲裁规则规定了第三人。《日本商事仲裁协会商事仲裁规则》规定了第三人参加仲裁的条件,只有第三人、当事人及仲裁庭都同意,第三人才能参与仲裁。[3] 2004 年瑞士《国际仲裁规则》第 4 条第(2)款规定,当第三方请求加入依据本规则正在进行的仲裁程序或者依据本规则正在进行仲裁的当事人意图促使第三方加入仲裁时,仲裁庭应在与所有各方当事人协商并综合考虑所有其认为有关的适当的情形后,对该等请求作出决定。

法国在仲裁实践中已经接受仲裁第三人。法国上诉法院在 1995 年 3 月所作出的一项判决中论证了仲裁第三人存在的必要性:国际合同中签订的仲裁条款有其固定的效力,该效力要求仲裁条款对直接负有履行合同义务的主体及因此而产生争议的当事人适用,并且对那些因其表现和行为足以令人断定他们知道仲裁条款的存在和范围的人也适用,虽然他们不是合同的签字一方。[4]

综观外国法律和实践,第三人参加国际商事仲裁主要有以下几种情形:

(1)当事人和第三人的同意。经当事人或第三人要求,在达成仲裁协议的基

---

〔1〕 Mauro Rubino - Sammartano, *International Arbitration Law and Practice*, CITIC publishing house, 2003, p. 294. 参见 1998 年比利时《司法法典》第 1696b 条。

〔2〕 郭玉军:“论仲裁第三人”,《法学家》,2000 年第 3 期,第 45 页。

〔3〕 1997 年《日本商事仲裁协会商事仲裁规则》第 40 条。

〔4〕 石育斌:《国际商事仲裁研究》,华东理工大学出版社,2004 年版,第 315 页。

础上,第三人参与仲裁。第三人仅在受仲裁协议约束或与其他当事人达成书面协议的情况下,方可参加仲裁程序。此种同意不仅是加入仲裁的同意,还应是对诸如仲裁庭组成等所有程序问题的同意,否则不能构成一致同意。这种情况下,实际上是开始了一个新的仲裁程序。

(2)仲裁庭同意和决定。仲裁庭的允许是建立在第三人的主动请求或者当事人的申请或者当事人和第三人均同意的基础上。仲裁庭对此类情形有权决定是否允许第三人参加。例外情况下也可由仲裁庭主动追加。

(3)法院同意。有的国家将是否同意追加仲裁第三人的权力交由法院行使。如支持第三人仲裁的美国一些州在处理仲裁第三人问题上,由法院中止诉讼程序来达到第三人参加仲裁的目的,突出了法院在仲裁程序中的作用。追加案外第三人尤其是强制追加第三人在一定程度上体现了国家的司法权,法院是行使国家司法权的主要机构,因此将追加仲裁第三人的权力赋予法院。[1]

2. 中国内地的法律和实践

我国内地《仲裁法》第4条规定,当事人采用仲裁方式解决纠纷,应当双方自愿达成仲裁协议;没有仲裁协议,一方申请仲裁的,仲裁委员会不予受理。从立法本意看,我国内地《仲裁法》否认仲裁第三人制度。

《中国海事仲裁委员会仲裁规则(2000年)》中增加了第三人的规定。其第45条规定,对当事人的仲裁请求或反请求,当事人以外的利害关系人如认为案件处理结果同其有法律上的利害关系,经与双方当事人达成仲裁协议,并经仲裁庭同意,可以申请作为当事人参加仲裁。可见,该仲裁规则没有脱离以仲裁协议为基础的基本原则。

在中国国际经济贸易仲裁委员会深圳分会1998年受理的香港某地产公司诉澳门某地产公司关于解除合作协议争议案中,争议地产在中国内地,涉及澳门方当事人将其与内地当事人的合同项下权利义务转让给香港方当事人的行为,澳门当事人申请追加内地某公司为第三人以便在仲裁庭主持下进行调解。但仲裁庭认为,内地公司没有签订仲裁协议,不能追加到本案中,如果是为了调解的方便,有关各方可在仲裁庭外进行和解,如需参加仲裁,则必须以仲裁协议为基础。[2]

在江苏省物资集团轻工纺织总公司诉香港裕亿集团有限公司、加拿大太子发展有限公司侵权损害赔偿纠纷上诉案(以下简称轻纺公司案)中[3],上诉人香港裕亿集团有限公司(以下简称裕亿公司)、加拿大太子发展有限公司(以下简称太

---

〔1〕 林一飞:《国际商事仲裁法律与实务》,中信出版社,2005年版,第143页。

〔2〕 林一飞:《国际商事仲裁法律与实务》,中信出版社,2005年版,第146页。

〔3〕 该案例载于《中华人民共和国最高人民法院公报》1998年第3期。转引自谢石松主编:《商事仲裁法学》,高等教育出版社,2003年版,第172页。

子公司）因与被上诉人江苏省物资集团轻工纺织总公司（以下简称轻纺公司）侵权损害赔偿纠纷一案，不服江苏省高级人民法院一审民事裁定，向最高人民法院提起上诉。原审法院经审理查明：1996 年 5 月 5 日原告轻纺公司与被告裕亿公司签订了 CC960505 号销售合同，约定由裕亿公司销售普通旧电机 5,000 吨给轻纺公司，每吨 348.9 美元。同年 5 月 6 日，轻纺公司与被告太子公司签订了 CC960506 号销售合同，约定由太子公司销售普通旧电机 5,000 吨给轻纺公司，每吨 348.9 美元。上述两份合同第 8 条均规定："凡因执行本合约所发生的或与本合约有关的一切争议，双方可以通过友好协商解决；如果协商不能解决，应提交中国国际经济贸易仲裁委员会，根据该会的仲裁规则进行仲裁。仲裁裁决是终局的，对双方均有约束力。"货物到港后，经商检查明，货物总重量为 9586.323 吨，货物主要为各类废结构件、废钢管、废齿轮箱、废圆钢等。轻纺公司遂以裕亿公司和太子公司侵权给其造成损失为由提起诉讼。裕亿公司和太子公司在答辩期内提出管辖权异议称，本案当事人之间对合同纠纷已自愿达成仲裁协议，人民法院依法不应受理。原审法院认为，本案是因欺诈引起的侵权损害赔偿纠纷；虽然原告轻纺公司和被告裕亿公司、太子公司之间的买卖合同中订有仲裁条款，但因被告利用合同进行诈骗，已超出履行合同的范围，构成了侵权；双方当事人的纠纷已非合同权利义务的争议，而是侵权损害赔偿纠纷；轻纺公司有权向法院提起侵权诉讼，而不受双方所订立的仲裁条款的约束；裕亿公司、太子公司所提管辖权异议的理由不成立；依照《民事诉讼法》第 243 条的规定驳回裕亿公司、太子公司对本案管辖权提出的异议。

裕亿公司、太子公司不服一审判决，向最高人民法院提起上诉，诉称：（1）轻纺公司诉讼状中的案由没有事实支持，故意混淆侵权责任和合同责任，企图规避法律规定和合同约定，本案案由应为合同纠纷。当事人之间对合同纠纷已自愿达成仲裁协议，依照法律原审法院不应受理此案。（2）原审法院在审理过程中，未经实体审理，就对轻纺公司指控裕亿公司和太子公司进行欺诈的诉讼请求作出认定，是违法裁定，请求撤销原审裁定，人民法院不应受理本案。轻纺公司辩称：根据仲裁法的规定和有关仲裁惯例，仲裁机构只审理订立仲裁协议双方当事人之间的争议，对双方当事人之间发生的法律事实有利害关系的第三人没有管辖权，不能进行审理，其裁决也不能涉及第三人问题。就本案事实而言，本案并非单纯的合同纠纷，它涉及欺诈侵权及走私犯罪问题。相关的行为与结果直接涉及第三人问题。如果按仲裁程序审理此案，显然不利于查清案件事实，不利于维护当事人的合法权益。人民法院审理此案，可以根据法律赋予的审判权，彻底查清事实，追究不法者的责任，维护当事人的合法权益。故请求维持原审裁定，驳回上诉。

最高人民法院认为：本案争议的焦点在于仲裁机构是否有权对当事人之间的侵权纠纷作出裁决。从被上诉人轻纺公司在原审起诉状中所陈诉的事实和理由看，其所述裕亿公司和太子公司的侵权行为都是在签订和履行两份销售合同过程中产生的，也是在中国内地《仲裁法》和《中国国际经济贸易仲裁委员会仲裁规则》的规定范围内，中国国际经济贸易仲裁委员会有权受理侵权纠纷，因此本案应通过仲裁解决，人民法院无管辖权。原审法院认为轻纺公司提起侵权之诉不受双方所订立的仲裁条款的约束显然是与仲裁法和前述仲裁规则相悖的；且原审法院在轻纺公司起诉称裕亿公司和太子公司利用合同诈骗的情况下，未经实体审理就以实体判决确认，以裁定方式认定两上诉人利用合同进行诈骗，违反了《民事诉讼法》第 140 条关于裁定适用范围的规定，在程序上是错误的，上诉人的上诉理由成立，应予支持。本案双方当事人在合同明确约定发生纠纷通过仲裁方式解决，在该合同未经有关机关确认无效的情况下，当事人均应受该合同条款的约束；即使本案涉及第三人，在仲裁庭不能追究第三人责任的情况下，轻纺公司可以以第三人为被告向人民法院另行提起诉讼，当事人的合法权益仍然可以得到维护。轻纺公司关于"本案涉及第三人，只有人民法院审理此案才能查清事实，保护当事人的合法权益"的答辩理由，不予采纳。综上所述，本案各方当事人均应受合同中订立的仲裁条款的约束，所发生的纠纷应通过仲裁解决，人民法院无管辖权，江苏省高级人民法院所作裁定适用法律错误，应予撤销。依照《民事诉讼法》第 111 条第 2 项、第 257 条第 1 款的规定，最高人民法院于 1998 年 5 月 31 日裁定：(1)撤销江苏省高级人民法院(1996)苏经初字第 78－1 号民事裁定；(2)驳回轻纺公司的起诉。

最高人民法院对本案所作的裁定，除了确认侵权争议的可仲裁性外，就有关仲裁第三人的问题作了裁定。该裁定表明：第三人如与仲裁当事人有利害冲突，不能参加仲裁程序以解决有关争议，仲裁庭不能追究第三人的责任。在这种情况下，当事人可以以第三人为被告向法院提起诉讼或采取其他方法解决争议，当事人的合法权益仍然可以得到维护。这种做法较好地协调了尊重当事人意思自治、效率与公正的问题。显然，在中国内地的司法实践中，仲裁第三人的概念没有得到支持。

(四)关于国际商事仲裁第三人的理论争议

1. 反对国际商事仲裁第三人制度的理由[1]

(1)自愿原则。仲裁的自愿原则是其区别于诉讼的最首要之处，审理仲裁案件的最主要依据是当事人自愿达成的仲裁协议，作为非仲裁协议当事人的第三人，没有与仲裁当事人自愿达成仲裁的意思表示，就没有参与仲裁的权利和义务。

(2)保密性。保密是国际商事仲裁的重要特点之一。仲裁当事人出于某种理由不愿意把争议的有关信息公诸于世，如果有第三方当事人参与仲裁，仲裁的这种特性就会丧失，也有违当事人采取仲裁解决争议的初衷。

(3)民间性。仲裁机构是民间机构，其进行仲裁的权力来源于当事人的授权，赋予仲裁机构追加第三人的权力在法理上没有依据。

---

〔1〕 林一飞：《国际商事仲裁法律与实务》，中信出版社，2005 年版，第 148 页。

(4)经济性。第三人的加入会导致仲裁程序的拖延,增加仲裁当事人的仲裁费用,有悖于仲裁的快速和便捷的优点。

(5)法定性。法律允许当事人双方约定采取仲裁方式解决争议以排除法院管辖权,但司法的强制性并没有放弃对第三人的效力,因此第三人和仲裁一方或双方当事人之间的争议解决方式及其效力不受法律保护。

2. 赞成国际商事仲裁第三人制度的理由

(1)突破意思自治原则的必要性。当事人基于意思自治原则使仲裁程序尽可能地按当事人的合意进行,仲裁程序体现效益、公正的裁决与意思自治制度的特征有密切的关系,前者在一定程度上以后者的存在为基础。但随着国际商事交易的日益复杂,某些情况下严格遵守意思自治原则会损害仲裁裁决的效益和公正,最明显的体现当属不允许仲裁第三人的存在。在某些情况下不允许第三人加入程序会导致当事人之间的争议无法完全解决,还可能导致多次仲裁与诉讼而造成时间和金钱浪费,最严重的是可能导致前后裁决的相互矛盾,使当事人的权益处于不确定中,影响仲裁的公正性。[1]

(2)国际商事仲裁的司法性质所决定。国际商事仲裁具有契约性和司法性两个基本属性,二者具有对立的一面。仲裁的契约性表明了对国家司法权的排斥,仲裁的司法性表明了对当事人自治的限制。仲裁裁决需要主权国家法院的支持,法律赋予仲裁裁决的强制执行力和法院对仲裁裁决的司法审查,都是仲裁具有司法性的体现。国际商事仲裁中第三人的存在是仲裁的司法性质的体现,是仲裁庭部分享有了法院的司法权而对是否引入第三人进行裁断。在这一点上当事人的意思自治与仲裁的契约性应当受到限制。

(3)实体法与程序法之间的关系所决定。实体法中的规定只有在程序法中得以体现,才能使实体法中所确定的权利义务关系得以实现,同时程序法必须以实体法为核心,为实体法服务,否则便失去了存在的合理性。实体法中存在大量的第三人享有民商事实体权利的规定,必然要在仲裁程序法中得以体现,否则仲裁作为程序法的任务就没有得到完全履行。

(4)法经济学的证明。从经济学的角度分析,优良的法律制度会从整体上节省社会的运作成本,反之,会造成社会资源浪费。国际商事仲裁作为当事人自愿选择的商事纠纷解决方式,应对减少当事人纠纷解决成本有较大的裨益。在国际商事仲裁中不引入第三人制度,会导致争议无法完全解决、进行多次仲裁甚至前后裁决矛盾的弊端,增加当事人解决纠纷的成本,造成社会资源浪费,从根本上动摇仲裁优于诉讼的基础,即效益性特征。

---

〔1〕 石育斌:《国际商事仲裁研究》,华东理工大学出版社,2004 年版,第 327 ~ 339 页。

第二节　国际商事仲裁程序的开始与推进

国际商事仲裁程序的及时开始和快速推进，不仅关系到仲裁程序优势的发挥，也影响到当事人一系列程序权利和实体权利的有效行使，影响到案件审理的整体质量和争议解决的最终效果。[1]

一、仲裁程序的开始

仲裁程序的开始，即仲裁机构或仲裁庭就当事人提交的国际商事争议进行解决的程序的启动。仲裁程序始于何时，具有何种法律意义，会影响到当事人能否充分行使其利用国际商事仲裁解决争议的权利。

（一）仲裁程序开始的时间

关于仲裁程序开始的时间，各国国内法、国际法及仲裁机构仲裁规则有以下规定：

1. 仲裁程序依当事人约定的时间开始

国际商事仲裁的基本原则是意思自治，仲裁程序的开始亦可由当事人协商约定，确立当事人约定优先原则。1996 年英国《仲裁法》第 14 条第 1 款规定："当事人可以自由约定仲裁程序何时被视为开始。"

2. 仲裁程序自一方当事人向另一方当事人送达提交争议或指定仲裁员的书面通知之日起开始

2000 年我国香港《仲裁（修订）条例》第 31 条第 1 款规定："仲裁协议的一方向另一方或多于一方送达通知书，要求他或他们委任或赞同委任一名仲裁员时，仲裁即当做展开；如仲裁协议规定争议须提交给协议中所提名或指定的人，则在仲裁协议的一方向另一方或多方送达通知书，要求他或他们将争议呈交该被提名或指定的人时，仲裁即当做展开。"

3. 仲裁程序自被诉方收到仲裁通知之日开始

1976 年《联合国国际贸易法委员会仲裁规则》第 3 条第 2 款规定："自被诉方当事人收到仲裁通知书之日起，仲裁程序应认为即已开始。"1985 年联合国《示范法》第 21 条有类似规定："除非当事人各方另有约定，特定争议的仲裁程序，于被诉方当事人收到将该争议提交仲裁的请求之日开始。"

4. 仲裁程序自仲裁机构收到仲裁申请之日开始

1998 年《国际商会仲裁规则》第 4 条第 2 款规定："秘书处收到申请书的日期

---

〔1〕 本节内容参考了邓杰：《商事仲裁法》，清华大学出版社，2008 年版，第四章第二节，特此说明并致谢。

在任何意义上均被视为开始仲裁程序的日期。”1998 年《伦敦国际仲裁院仲裁规则》第 1 条第 2 款规定：“登记员收到申请书之日应视为开始仲裁之日。”

上述关于仲裁程序开始时间的几种规定中，允许当事人就仲裁程序开始的时间作出约定或达成协议，可使仲裁程序的自主性优势得到充分体现，对仲裁程序开始时间的认定也较为简单明确；而无论规定仲裁程序自一方当事人向另一方当事人送达提交争议或指定仲裁员的书面通知之日起开始，还是规定仲裁程序自被诉方收到仲裁通知之日开始，二者的性质相同，都是以双方当事人之间实施的将争议提交仲裁的有关准备行为作为认定仲裁程序开始的时间；以仲裁机构收到仲裁申请之日作为仲裁程序开始的时间，一般是机构仲裁中的做法，如果当事人已在仲裁协议中约定了仲裁机构，在争议产生后，一方当事人向该仲裁机构提出仲裁申请或提交仲裁申请书，即为该当事人履行其仲裁协议以启动仲裁程序的开始。

（二）确定仲裁程序开始时间的意义

确定仲裁程序何时开始，可据以判断国际商事仲裁的提起是否超过时效，从而督促当事人在时效期间内提请仲裁，还可以确定有关利息能否得到追偿。

1. 督促当事人在时效期间内提请仲裁

仲裁程序必须在有关的时效期间内开始，一旦提起仲裁的时效期间届满，当事人将丧失将争议提交仲裁解决的权利。各国国内法一般规定了仲裁时效。1996 年英国《仲裁法》第 13 条第 1 款规定，《时效法》同时适用于仲裁和诉讼程序。我国《仲裁法》第 74 条规定：“法律对仲裁时效有规定的，适用该规定。法律对仲裁时效没有规定的，适用诉讼时效的规定。”

规定仲裁时效的意义表现在三个方面：其一，督促权利人及时行使权利，尽快了解与对方当事人之间的权利义务关系；其二，确保仲裁庭能够及时、公正地裁决案件，如争议发生后拖延时间过长，有关证据将难以收集或确认，给案件的处理带来困难；其三，通过上述两方面的作用，稳定财产关系，加快财产流转。

仲裁程序开始的时效期间不仅规定在有关法律、法规中，而且体现于实践中。实践中当事人经常在其仲裁协议中对仲裁程序开始的时效期间作出约定，其约定的期间通常短于法律规定的期间。在海事仲裁中，当事人在其仲裁协议中对仲裁程序开始的时效期间予以约定的做法十分普遍。载于租船合同或提单中的仲裁条款大都含有此类约定。如金康 1974（Centrocon 1974）程租格式合同中的仲裁条款规定：“任何索赔都必须以书面方式提出。申诉人的仲裁员须在最后一次卸货结束之后的 3 个月内指定。如果本款规定未获遵守，应当推定当事人已放弃其申请索赔请求权并完全丧失时效。”

2. 确定有关利息能否得到追偿

仲裁程序何时开始对有关利息的追偿具有十分重要的意义。在有些国家和地区，如果债务人在拖欠债务很长时间后，最终仍能抢在仲裁程序开始之前将所欠本金全部清偿,债权人将无法仅仅为追偿利息而提请仲裁。如果债务人在仲裁程序开始之前只是部分偿还了所欠本金,则债权人可以就余下尚未偿付的本金及其利息提请仲裁但对之前已经偿还的本金之上的利息,债权人无法通过该仲裁程序予以追偿,仲裁庭也无权对此作出裁决。如2000年香港《仲裁(修订)条例》第2GH条第1款规定:"在仲裁席前进行的仲裁程序中,仲裁庭可就以下列款项判给自其认为适当的日期起按其认为适当的息率以单利或复利计算的利息:(a)仲裁庭在仲裁程序中判给的款项;或(b)在仲裁程序中所申索的款项,而该笔款项在仲裁程序展开时仍未缴付但在裁决作出前已缴付,结算期按仲裁庭认为适当者而定,但计息期不得超逾付款日期。"

(三)中国内地的有关规定及其完善

《中国海事仲裁委员会仲裁规则(2004年)》第13条规定:"仲裁程序自仲裁委员会或其分会发出仲裁通知之日起开始。"可见,在海事仲裁中,仲裁程序开始的时间为:在仲裁机构就一方当事人向其提出的仲裁申请进行相应审查并决定予以受理,进而分别向双方当事人发出仲裁通知之日。由此,即使当事人已向仲裁机构提出仲裁申请,但在仲裁机构决定受理之前或仲裁机构经审查决定不予受理的情况下,仲裁程序被当做尚未开始或从未开始。这不仅与各国通常立法例不相符,也与国际商事仲裁实际不一致,更违背了当事人的仲裁意愿。

在仲裁实践中,依据当事人意思自治原则,是否选择国际商事仲裁的决定权在当事人,何时启动仲裁程序的决定权也在仲裁当事人。只要当事人开始履行其仲裁协议,即根据协议实施了提出仲裁申请的行为,仲裁程序实际上已被启动。至于仲裁机构是否受理、仲裁庭是否组建等,都应属于仲裁程序开始后继续进行的步骤。如果仲裁程序要等到仲裁机构决定受理之日起才开始,那么在当事人提出仲裁申请至仲裁机构作出受理决定之间始终存在一个时间空隙,在这段时间里一旦有关仲裁程序开始的时效期间届满,当事人将彻底失去通过仲裁解决争议的机会。

《中国国际经济贸易仲裁委员会仲裁规则(2005年)》改变了以上做法,第9条规定,仲裁程序始于仲裁委员会或其分会收到申诉方当事人提交的仲裁申请书之日。该规定与国际上大多数仲裁机构的规定一致,为我国《仲裁法》将来就该问题作出规定、中国海事仲裁委员会修订仲裁规则中的相应规定提供了指引。

二、仲裁程序的推进

仲裁程序自始至终毫不迟延地向前推进,才能体现出仲裁程序快捷、经济的特点。仲裁程序的快速推进,需要仲裁当事人和仲裁庭共同努力。

(一)仲裁庭推进仲裁的职责

仲裁庭不能合理勤勉地行使其仲裁职责,如不能适当安排和驾驭仲裁程序,是导致国际商事仲裁无法快速推进和产生延误的重要原因。为防止仲裁庭怠于履行职责,仲裁立法和仲裁规则通常要求仲裁庭不延误地推进仲裁程序。1998年《伦敦国际仲裁院仲裁规则》第 14 条第 1 款第 2 项规定，仲裁庭应采用适于仲裁具体情况的程序，避免不必要的延迟和开支，为最终解决当事人之间的争议提供公平有效率的方式。2006 年《伦敦海事仲裁员协会条款》第 3 条规定，依据该条款进行仲裁的目的是使海事争议和其他争议能通过一个公正的仲裁庭在避免不必要的延误或花费的前提下得到公平解决。其他一些国际商事仲裁机构的仲裁规则也有类似规定。

为保证仲裁庭切实履行其基本职责，勤勉、高效地推进仲裁，一项重要措施是仲裁员撤换制度。如 1998 年《伦敦国际仲裁院仲裁规则》第 10 条第 2 款规定，如果某一仲裁员没有以合理的勤勉进行或参与仲裁，避免不必要的拖延或开支，则仲裁院可以认为其不适合担任仲裁员，并据以撤销对其之委任。2006 年《伦敦海事仲裁员协会条款》附件 4 明确赋予双方当事人解散原仲裁庭以重新组建仲裁庭的权利。

（二）当事人推进仲裁的义务

在仲裁过程中，如果当事人之间不积极配合，极易造成仲裁延误。为此，一些仲裁立法和仲裁规则对当事人施加了迅速推进仲裁的义务，并针对性地确立了一些防范和救济措施，主要有以下几项：

1. 对一方当事人（通常是被诉方当事人）在仲裁员指定阶段的延误（如一方当事人拒绝指定或不在规定的期间内指定仲裁员），可由积极行事的一方当事人已指定的那名仲裁员担任独任仲裁员，使消极行事的一方当事人既无法达到拖延仲裁的目的，又丧失指定一名仲裁员的机会。

2. 对申诉方当事人在行使请求权时的延误，仲裁庭可裁决驳回或撤销其请求或裁定终止仲裁程序。

3. 对一方当事人在开庭审理或书面审理时无充分理由的延误，仲裁庭可以缺席审理，并依已有证据作出裁决。

4. 对一方当事人无充分理由而未遵从仲裁庭的任何裁定或指令，仲裁庭可就同样问题作出强制性裁定，限期当事人遵守。

5. 对申诉方当事人未能遵守仲裁庭要求其提供费用担保的强制性裁定，仲裁庭可裁决驳回其请求。

6. 对一方当事人未遵从任何其他强制性裁定，仲裁庭可采取以下措施：(1) 指令不作为当事人无权依据强制性裁定所针对的主张或材料；(2) 如情况表明有正当理由，就不遵从行为作出不利的判决；(3) 在已有的经适当提供之材料的基础上进行仲裁直至作出裁决；(4) 就不遵从行为后果产生的仲裁费用的支付作出裁定。

7. 对裁决作出后当事人就裁决提出异议所发生的延误，较有效的防范和应对措施一般是设置严格的时间限制，即规定当事人必须在裁决公布后一定期间内向法院或有关机构提出异议。

第三节 国际商事仲裁的申请

一、国际商事仲裁申请的提出

国际商事仲裁申请,是指有关当事人就他们之间已经发生的合同争议或其他财产权益争议,根据仲裁协议,依法提请有关的国际商事仲裁机构进行仲裁解决的书面请求。中国内地《仲裁法》规定,商事争议发生后,争议的任何一方都可以按照双方在争议发生前或发生后订立的仲裁协议,向其选定的商事仲裁机构提出商事仲裁申请。

关于国际商事仲裁申请提出的条件,各国商事仲裁立法和有关商事仲裁规则一般明确的规定。如当事人必须初步证实存在有效的仲裁协议;需要提出明确的仲裁请求;陈述相应的事实和理由;提供必要的证据和证据来源。对仲裁庭的组成,也应该提供必要的建议或采取必要的行动,如选定仲裁员。1998 年《伦敦国际仲裁院仲裁规则》第 1 条规定,当事人提出商事仲裁申请应该具备如下条件:有可援引的仲裁协议、争议性质和事实陈述、明确的仲裁请求、有关仲裁事项的意见等。[1]

中国内地《仲裁法》第 21 条规定了提出商事仲裁申请的条件。

(一)有商事仲裁协议

商事仲裁的本质特征在于当事人自愿,而商事仲裁协议体现了当事人将其商事法律争议提交仲裁解决的合意。当事人订有商事仲裁协议是申请仲裁的必备条件。没有仲裁协议,当事人不能以仲裁方式解决其争议,仲裁机构不会受理申请人提出的仲裁申请。

中国内地《仲裁法》第 16 条第(1)项规定:仲裁协议包括合同中订立的仲裁条款和以其他书面方式在纠纷发生前或纠纷发生后达成的请求仲裁的协议。按照该条第二款规定,仲裁协议应当具有一下内容:(1)请求仲裁的意思表示;(2)仲裁事项;(3)选定的仲裁委员会。

在个别情况下,如果申请仲裁时当事人之间不存在仲裁协议,而当事人一方又坚决要求申请仲裁,仲裁机构在向其说明法律规定之后,可尝试予以受理,并通知被申请人。如果被申请人明确表示不反对通过仲裁方式解决其争议,可让当事人双方补签仲裁协议,仲裁程序可以继续进行;如果被申请人明示反对通过仲裁方式解决其争议,或者对仲裁申请不予理睬,则仲裁机构应该终止仲裁程序,撤销案件。

---

〔1〕 谢石松主编:《商事仲裁法学》,高等教育出版社,2003 年版,第 177 页。

(二)有具体的仲裁请求和事实及理由

国际商事仲裁请求是仲裁申请人对被申请人提出的权利主张,即希望通过仲裁解决什么问题,应确定被申请人履行什么义务,从而保护自己的什么合法权益。国际商事仲裁请求应当明确具体。例如,在国际货物买卖合同争议中,卖方全面履行了合同,向买方交付了合同项下的产品,买方不按时向卖方支付货款。卖方根据仲裁协议或仲裁条款向仲裁机构申请仲裁,要求买方立即支付一定数额的货款并承担延期付款的利息,这一要求就是申请人提出的具体的仲裁请求。

申请人还必须有一定的事实理由证明自己的仲裁请求成立。事实是一种客观情况,主要指有关纠纷发生的经过。申请人需要提供相关的证据。申请人还应该陈述理由,说明自己提出的仲裁请求的合理性。理由是一种主观认识,主要是指申请人对事实与相应的法规、所提请求之间关系的理解,这种理解可能是正确的,可能是部分正确的,还有可能是完全不正确的。申请人的请求是否合理、事实是否真实、理由是否适当,由仲裁庭作出判断。

(三)属于仲裁机构的受理范围

当事人提请的国际商事仲裁事项,必须是仲裁法或仲裁规则所规定的可仲裁范围内的事项。

中国内地《仲裁法》第2条规定了可仲裁事项的范围,第3条规定了不能仲裁的事项。具体而言,当事人申请仲裁的争议应当是平等主体的公民、法人和其他组织之间发生的合同争议和其他财产权益方面的争议,而不是婚姻、收养、监护、抚养、继承等方面的争议,也不是依法应当由行政机关处理的争议。

如果法律对某类仲裁机构的权限有特别规定,或者某个仲裁机构对受案范围有自己的特殊规定的,当事人提出的仲裁申请不能超越相关的规定。接受仲裁申请的仲裁机构应当是当事人在仲裁协议书中选定的仲裁机构,否则仲裁申请不能被接受。

《中国国际经济贸易仲裁委员会仲裁规则(2005年)》第3条列举了受理范围。受理的争议类型包括国际的或涉外的争议;涉及香港特别行政区、澳门特别行政区或台湾地区的争议;当事人协议由仲裁委员会仲裁的其他国内争议。

二、国际商事仲裁申请书

仲裁申请书是指争议的一方当事人向特定的仲裁机构提交的请求该机构对双方当事人之间的争议进行仲裁的书面文件。

一方当事人提起仲裁程序,必须向对方当事人及其选定的仲裁机构发出书面通知,并初步陈述其主张和相关的事实与理由。依照中国内地《仲裁法》的规定,当事人申请仲裁,应当向仲裁机构递交仲裁协议、仲裁申请书及副本,申请仲裁必须采用书面形式。

申请人向仲裁机构提交仲裁申请书时,应根据被申请人、仲裁员及仲裁机构的设置安排提交相应份数的副本。在中国国际经济贸易仲裁委员会申请仲裁,仲裁申请书和证据材料的份数为被申请人、仲裁庭和秘书局、秘书处三方数量之和。例如,案件有一个被申请人,根据仲裁规则应由三位仲裁员审理,加上秘书局、秘书处各一份,申请人申请仲裁应提交五份仲裁申请书及证据材料。

(一)法律对仲裁申请书内容的要求

根据中国内地《仲裁法》第23条规定,仲裁申请书应载明下列事项:

1. 当事人的基本情况

具体包括申请人和被申请人的姓名、性别、年龄、职业、工作单位、住所、联系方式等。当事人是法人或者其他组织的,应包括其名称、住所和法定代表人或者主要负责人的姓名、职务以及联系方式。如果申请人委托了仲裁代理人的,还应在申请人基本情况之后写明代理人的基本情况,并附具有关的授权委托书。

仲裁申请书在列举当事人的基本情况时,应尽可能写明当事人的通讯地址、邮政编码、电话、传真乃至电子邮箱等资料,以便仲裁机构与各方当事人及时联系。

2. 仲裁请求和事实及理由

这部分是仲裁申请书的主干,应尽可能做到明确提出仲裁请求,详细说明案情,准确援引法律和仲裁规则,逻辑清晰,层次分明。

在国际商事仲裁实践中,由于当事人提出的仲裁请求不具体或不准确而被仲裁庭驳回的情况时有发生。申请人及其代理人要认真分析争议的性质,提出的仲裁请求不能含糊,尽可能明确请求的金额、币种,利息及违约金的计算必须有合理的事实和法律依据。

3. 证据和证据来源

当事人对自己的主张有举证的义务。申请人在提出仲裁申请时,应当同时提供必要的证据和证据来源,包括证人及其住所。申请人举证既能促使申请人提供案件的真实情况,防止申请人滥用权利;又有利于仲裁庭对有关事实予以核实,必要时进行适当的调查,及时处理案件。

(二)仲裁申请书的内容格式

国际商事仲裁申请书分为首部、正文、尾部(含附项)三部分。

1. 首部

该部分依次列明下列事项:(1)文书名称,在上部正中写"仲裁申请书";(2)申请人的身份事项,包括申请人的姓名、性别、年龄、职业、工作单位、住所、联系方式;当事人是法人或者其他组织的,应写明其全称、住所和法定代表人或者主要负责人的姓名、职务以及联系方式;如果申请人委托了仲裁代理人的,还应该在申请人基本情况之后写明代理人及其身份事项。(3)本申请人的身份事项,与申请人的各项相同,如果仲裁申请人或被申请人为两个以上的,应依照上述内容分别书写清楚。

2. 正文

该部分是仲裁申请书内容的主体部分,包括仲裁请求和所根据的事实与理由。(1)仲裁请求。即请求仲裁机构解决民商事权益纠纷的具体事项,也就是申请人要求裁决的事项,如返还货款、支付违约金、提出赔偿损失数额及仲裁费用的承担等。仲裁请求应明确、具体、合法。(2)所根据的事实。这里的事实是指双方争议的发生或被申请人侵权的事实及其证据。事实的具体内容有:当事人之间的法律关系,纠纷发生的发展过程,争议的焦点和主要内容,对方应承担的责任等。事实必须有证据支持,申请人负有举证责任,申请人应写明证据清单。申请人在举证时,要注意下列事项:一是列举证据的名称、内容及证明的对象;二是说明证据的来源和可靠程度;三是提交证据原件或复印件。(3)理由。在事实陈述清楚之后,应概括分析纠纷的性质、危害、结果及责任,同时提出仲裁请求所依据的法律规定以论证仲裁请求的合法性。

3. 尾部

该部分应依次列明呈递仲裁机构的准确名称、仲裁申请人签名盖章、仲裁申请时间、附项。

应当注意的是,仲裁申请书写明的申请人与被申请人的名称和地址一定要与签署合同的各方当事人的名称、地址保持一致。若当事人的名称和地址与合同中所载明的有任何变化,则应提供变更证明,以免被申请人据此不承认是合同的当事人或提出管辖权的抗辩,从而达到拖延仲裁程序的目的。

申请人所附具的事实证明文件是支持仲裁请求的各种证据材料。一般而言,申请书中提出的每一项仲裁请求都要事实来说明其合理性,对事实的证明应通过这些证明来确认,这些材料包括合同的文本、鉴定结论等。申请人的仲裁请求还应当明确具体的请求金额,以便仲裁机构据此计算仲裁费用。

申请人可以修改仲裁申请书,但应当及时作出。如果修改的提出过迟而影响仲裁程序的进行,仲裁庭有权拒绝修改。申请人具有对其申请的撤销权,其撤销可以在仲裁庭组成前后进行。

(三)申请人的身份材料

在申请书的附件中,申请人还应提供下列身份资料:(1)申请人的身份证明。如果申请人为法人的,应当提交营业执照复印件或工商注册登记资料;申请人是其他组织的,应当提供该组织成立的批准文件或其他能够证明其主体资格的资料;境外机构应当提供经公证的有效身份证明;如果申请人为个人,应当提供能够证明其身份的文件,并在需要公证时进行公证。(2)申请人是法人的,应当提供其法定代表人证明;申请人是其他组织的,应当提供其负责人的身份证明;(3)申请人委托代理人的,应当提供授权委托书。[1]

(四)仲裁申请书实例

以下实例根据中国国际经济贸易仲裁委员会受理的一案件仲裁申请书改编:[2]

仲裁申请书

申请人:澳大利亚 AB 棉花公司

地址:(略)

电话:(略)

传真:(略)

法定代表人:BC

职务:执行总裁

委托代理人:北京 CD 律师事务所 DE 律师

地址:(略)

邮编:(略)

电话:(略)

传真:(略)

被申请人:河南 XY 纺织集团股份有限公司

地址:(略)

邮编:(略)

电话:(略)

传真:(略)

法定代表人:YZ

职务:董事长兼总经理

仲裁依据:

3703 号销售确认书中第 11 条仲裁条款确定的仲裁机构为"China International Economic & Trade Arbitration Commission, Chinatex Quality Difference to Apply"。

仲裁请求:

1. 裁决被申请人赔偿申请人由于其违约给申请人造成的经济损失 536,000美元;

2. 裁决被申请人补偿申请人仓储费用所发生的利息损失 10700 美元;

3. 裁决被申请人承担本案的仲裁费、申请人律师费。

---

〔1〕 林一飞:《国际商事仲裁法律与实务》,中信出版社,2005 年版,第 369 页。

〔2〕 程德钧:《国际贸易争议与仲裁》,对外经济贸易大学出版社,2002 年版,第 67 页。

事实和理由：

2000年2月，根据申请人公司的报盘，被申请人于2月13日致函申请人提出购买2000公吨季澳棉，2月14日申请人与被申请人签订了《销售确认书》（见证据1），约定由被申请人向申请人购买2000公吨澳棉，由申请人于年4月、5月、6月和7月分四次向被申请人各发送500公吨。付款方式为被申请人向申请人开具90天远期信用证。

合同签订后，申请人立即组织货源，包括在纽约期货市场下单购进，澳棉已经入库待运（见证据2）。2000年4月，被申请人表示不能履行合同，也未依照合同向申请人开具信用证。虽然申请人同意可以适当推迟船期，最后被申请人仍然拒绝履行合同（见证据3）。

由于被申请人违约，致使2000公吨澳棉滞留在申请人手中迟迟不能发运，给申请人造成了巨大的经济损失。虽然申请人多次派远东地区总经理从国外专程赶来试图与被申请人就此情况进行磋商以妥善解决问题，但被申请人以种种理由进行拖延，致使纠纷至今仍未解决（见证据4）。

为维护申请人的合法权益，为此特向贵仲裁委员会提起仲裁，请依法支持申请人的仲裁请求。

此致

中国国际经济贸易仲裁委员会

附件：

一、申请人的身份材料

二、本案证据

申请人仲裁代理人：DE（签名）

XXXX年XX月XX日

三、国际商事仲裁代理和仲裁时效

（一）国际商事仲裁代理

国际商事仲裁当事人有权授权代理人在授权范围内以委托人的名义从事与仲裁程序相关的仲裁活动。在仲裁实践中，仲裁代理人不受人数和国籍的限制。

依据中国内地《仲裁法》第29条规定，当事人、法定代理人可以委托律师或其他代理人进行仲裁活动。《中国国际经济贸易仲裁委员会仲裁规则（2005年）》第16条规定，当事人可以授权委托仲裁代理人办理有关的仲裁事项，中国公民和外国公民均可以接受委托担任仲裁代理人，接受委托的仲裁代理人应向仲裁委员会提交授权委托书。

授权委托书是委托人单方出具的向代理人授予代理权，并明确代理权范围的书面文书。在授权委托书中应明确下列内容：委托人的姓名、受托人的姓名和所在单位，代理的案由和代理权限等。在仲裁程序中对仲裁请求的修改和放弃、调解等的特别授权一定要明确。实践中,对无特别明确的全权代理的授权,按一般代理处理。

(二)仲裁时效

仲裁时效是指仲裁的提起是否超出了法律规定的期限。超出仲裁时效的仲裁申请人丧失了胜诉权。依据大陆法系和中国法律,仲裁时效是实体问题而不是程序问题,但在提起仲裁申请前,申请人应当认真考虑仲裁请求的时效问题,这直接关系到申请人的合法权益是否得到仲裁机构的保护。

中国内地《仲裁法》第 74 条规定,法律对仲裁时效有规定的,适用该规定;法律对仲裁时效没有规定的,适用诉讼时效的规定。《合同法》第 129 条规定,因国际货物买卖合同和技术进出口合同争议提起诉讼或者申请仲裁的期限为四年,自当事人知道或者应当知道其权利受到侵害之日起计算。《民法通则》第 139 条和第 140 条还对诉讼时效的中止和重新计算作了具体规定。

四、国际商事仲裁语文和仲裁费用

(一)仲裁语文

仲裁语文是指仲裁文书、仲裁审理和裁决等仲裁程序进行所使用的语言文种。国际商事争议当事人通常处在不同国家,使用不同的语言。尽管国际商事仲裁中使用的语文大都是英语,但由于双方当事人在订立涉案合同或仲裁协议时,要考虑合同的履行地因素,也要考虑所约定的仲裁机构所在地或仲裁所在地所使用语言的因素,仲裁语文问题一般在仲裁协议中约定。

仲裁语文首先应当尊重当事人的约定,如果当事人没有约定,使用何种语文进行仲裁主要取决于所适用的仲裁规则的规定,或取决于仲裁庭的决定。

《中国国际经济贸易仲裁委员会仲裁规则(2005 年)》第 67 条规定:仲裁委员会以中文为正式语文;当事人另有约定的,则从其约定。仲裁开庭时,如果当事人或其代理人、证人需要语文翻译,可以由仲裁委员会秘书局提供译员,也可以由当事人自行提供译员。对当事人提交的各种文书和证明材料,仲裁庭及/或仲裁委员会秘书局认为必要时,可以要求当事人提供相应的中文译本或其他语文的译本。

在中国国际经济贸易仲裁委员会仲裁的多数案件中,有的当事人约定使用英文,有的约定使用中文,约定中文的占多数;在少数案件中,当事人有约定使用法文、德文或其他文种。如果约定中文以外的其他语文,一切仲裁文件应使用约定的语文,仲裁裁决书正本应当使用约定的其他语文作成。

1998 年《伦敦国际仲裁院仲裁规则》第 17 条规定:仲裁的首用语言应是仲裁协议的语言,当事人已经另有书面协议者除外,倘若以一种以上的语言书写仲裁协议,除非仲裁协议规定仲裁程序应使用一种以上的语言进行,则仲裁院可以决定其中一种语言作为仲裁的首用语言;仲裁庭组成后,除非当事人已就仲裁使用一种或多种语言达成了协议,仲裁庭应在给予各方当事人发表书面意见的机会并对仲裁首用语言及案情各方面的情况和认为适当的其他事项进行考虑后，确定仲裁使用的一种或多种语言；倘若任何文件以仲裁语言之外的语言书写，而且依据该文件的当事人未提交该文件的译文，仲裁庭可以指令该当事人按照仲裁庭决定的形式提交译文。

(二)仲裁费用

仲裁费用，是指仲裁机构为办理具体仲裁案件按规定向当事人收取的补偿性费用。各国的国际商事仲裁机构是民间机构，向当事人收取仲裁费用是维持仲裁机构管理工作正常运转的需要。

关于仲裁费用的范围，各国仲裁法和各仲裁机构仲裁规则的规定不尽相同。有的仲裁费用包括仲裁机构的管理费和仲裁员的报酬，有的仲裁费用中还包括实际开支。当事人向国际仲裁庭提出或抗辩一项请求的费用，除了通常的仲裁程序费用外，还需要支付仲裁庭的报酬和花费。如果仲裁由仲裁机构管理，当事人还须支付该机构的报酬和费用。国际仲裁员承担仲裁工作的差旅使其承担的义务具备完全意义上的“专业性”，应当得到适当的报酬。

若仲裁是由仲裁机构支持下进行的，当事人没有必要直接与仲裁庭就报酬的依据进行任何直接的协商，而由仲裁机构决定，当事人对报酬事项没有发言权。在临时仲裁中，必须由当事人与仲裁员就报酬问题进行安排。

关于支付仲裁员参与国际商事仲裁的报酬，没有普遍确定的评估方法。目前主要有三种方法：第一种是从价法，即按争议金额的比例计算报酬；第二种是用时法，即对于仲裁员在案件中所作的工作，确定小时费率或每天的费率；第三种是固定报酬法，即支付给仲裁员的报酬金额是固定的。

除非仲裁是在仲裁机构支持下进行的，否则仲裁庭所产生的费用也需要解决。仲裁庭的费用涉及两方面：一是仲裁员的差旅费用。一般基于实际发生给予补偿。二是仲裁员的生活费用。大体上，主要有两种处理方法。第一种为报销法。按照这种方法，仲裁员须对其有关工作的生活开支保留详细的记录，包括宾馆费用及其他生活费，然后向相关的仲裁机构、管理秘书或直接向当事人报销。第二种为按日计算法。按此种方法当事人支付每日费率确定的金额，包括了宾馆费用及其他生活费用。上述两种方法中，按日计算法更好些。它避免了详细的事务性工作，无须对收据或其他票据来核对所支付的款项。在国际商事仲裁中，一般采用按日计算法，仲裁员费用的支付是由当事人自己或仲裁庭委任的管理秘书或书记员负责。

仲裁员在当事人的共同意愿下履行职责，说明了仲裁员获得报酬和费用支付的充分担保的重要性。仲裁员接受赋予其的职责，在当事人与仲裁庭成员之间创设了一种法律关系，这种法律关系隐含的一种承诺是，当事人应对仲裁庭成员的工作和费用进行公平补偿。如仲裁由常设仲裁机构管理，仲裁员无须担心自己的报酬和费用的收取，这部分管理事务由仲裁机构处理。但无论如何，仲裁庭应做好安排，就仲裁员的报酬和费用提供充分的预先担保设计，如收取当事人的担保金，其原因有二：第一，有助于当事人随着案件的进行而监控费用的使用；第二，在仲裁进行时向当事人收取费用，比仲裁程序结束时收取更为容易。[1]

中国国际经济贸易仲裁委员会仲裁规则规定的仲裁费用包括按照仲裁费用表收取的本请求仲裁费和反请求仲裁费，实际上包括了支付给仲裁员的报酬。仲裁委员会还可以向当事人收取其他实际开支，包括仲裁员外地开庭的差旅费、食宿费以及仲裁庭聘请专家、鉴定人和翻译等费用。《中国国际经济贸易仲裁委员会仲裁规则(2005年)》第69条规定：仲裁委员会除按照其制定的仲裁费用表向当事人收取仲裁费外，可以向当事人收取额外的、合理的实际开支费用，包括仲裁员办理案件的特殊报酬、差旅费、食宿费以及仲裁庭聘请专家、鉴定人和翻译等的费用。

仲裁费用的数额通常在案件审结时由仲裁机构或仲裁庭确定，但是为了确保仲裁费用的有效支付，各国仲裁规则专门规定允许仲裁机构或仲裁庭要求当事人交付仲裁预付金。仲裁预付金一般在仲裁机构受理案件或仲裁庭开始进行仲裁之前交付。

仲裁费用的收费标准，各国规定不相同。总的原则是根据争议的金额、争议标的的复杂性、仲裁所花的时间以及其他情况，合理地确定应收仲裁费。有的仲裁机构专门规定了仲裁费用表，使当事人预先了解仲裁费用的收费标准。

在一方或双方当事人预缴了仲裁费用后，仲裁程序终结时由仲裁庭裁决如何分配费用的承担。在中国国际经济贸易仲裁委员会的实践中，除非仲裁庭认定应由承担全部违约责任的一方全部承担仲裁费外，通常由双方分担。在一般情况下，在履行合同过程中并非一方过错引起争议，通常由双方各自承担相应的责任，仲裁庭经过审理后根据双方责任的大小、仲裁请求被支持的程度裁决各方按一定比例分担仲裁费用。

在仲裁程序中，当事人通过仲裁庭主持调解达成和解协议，仲裁庭根据和解协议的内容作出裁决结案的，如果在和解协议中，双方当事人已对仲裁费用作了约定，从其约定；如未约定，仲裁庭通常裁决由双方各承担一半或由各方按不同比例承担。

对胜诉当事人的律师费或代理及其他实际费用的补偿问题，在国际商事仲裁中胜诉方有权获得补偿。但在实践中，一方当事人的仲裁请求并非全部得到支持，仲裁庭对胜诉方律师费和实际费用要求补偿的请求不予支持，而裁定各方所发生的律师费和实际费用各自负担。[2]

---

〔1〕 艾伦·雷德芬、马丁·亨特等：《国际商事仲裁法律与实践》，林一飞、宋连斌译，北京大学出版社，第246～248页。

〔2〕 程德钧：《国际贸易争议与仲裁》，对外经济贸易大学出版社，2002年版，第80～82页。

第四节 国际商事仲裁申请的受理

国际商事仲裁的受理是仲裁申请的进一步发展。在仲裁申请被仲裁机构受理后自仲裁机构向当事人发出仲裁通知之日起仲裁程序才实质性地开始。

一、国际商事仲裁受理的概念

国际商事仲裁受理,是指国际商事仲裁机构收到商事争议当事人向其提交的仲裁申请书后,经审查认为符合申请仲裁的条件、决定予以接受并开始组织实施仲裁活动的行为。

在临时仲裁中,如果某人不愿意担任仲裁员,当事人可以按约定或法定程序另行组成仲裁庭,不存在是否受理案件的问题。

在机构仲裁中,各仲裁机构受理案件的要求和标准不同。如,在国际商会国际仲裁院和斯德哥尔摩商会仲裁院,如果发现没有仲裁协议的初步证据、仲裁院明显缺乏管辖权,或者申请人未缴清立案费,则不受理仲裁申请。但在荷兰仲裁协会,仲裁程序自收到申请人的仲裁申请书之日起开始,是否符合申请仲裁的条件完全由当事人自己决定,即使一方抗辩仲裁庭无管辖权,也不能排除协会对仲裁的管理。按照中国内地《仲裁法》及商事仲裁实践,当事人向仲裁机构提交仲裁申请书后,仲裁程序还没有开始,只有当仲裁机构受理有关的仲裁申请并发出仲裁通知时,仲裁程序才真正开始。

二、国际商事仲裁受理中的立案审查

根据中国内地《仲裁法》第 24 条规定,仲裁机构收到仲裁申请书之日起 5 日内,认为符合受理条件的,应当受理并通知当事人;认为不符合受理条件的,应当书面通知当事人不予受理。受理通知可以是书面形式,也可以是口头形式,但不予受理的通知应当采取书面形式。

在国际商事仲裁实务中,仲裁机构在立案审查方面的作用并不明显。在中国内地的国际商事仲裁实践中,仲裁机构在决定是否受理申请人提出的仲裁申请时,需要对如下问题进行审查:

(一)是否存在仲裁协议

有效的仲裁协议是仲裁管辖权得以确立的前提条件之一。但仲裁机构在这一阶段应是审查形式上是否存在仲裁协议。对仲裁协议效力的认定,应在仲裁过程中进行。在立案审查时,仲裁机构只需审查当事人之间是否存在仲裁条款或者单独的仲裁协议,或者在当事人往来的信函、电报、传真或可以提供书面记录的其他通讯中,是否包含有关仲裁的约定。

在某些情况下,即使申请人不能提供仲裁协议存在的初步证据,仲裁机构在已经向申请人说明有关的法律规定,而申请人仍然坚持要求立案的情况下,可以尝试立案,如果被申请人不提出仲裁管辖权的抗辩,有可能在仲裁过程中达成仲裁协议,以弥补立案时的缺陷。

(二)仲裁当事人是否适格

在立案审查中,仲裁机构应该核实当事人、特别是申请人的主体资格。如申请人是不是仲裁协议的当事人、有无法人资格、当事人名称是否前后一致或者在不一致的情况下是否有合法原因等。

在审查当事人主体资格方面,可能涉及极为复杂的法律问题。作为仲裁机构,应尽量从宽审查,即只进行形式上的、初步的审查。只要申请人提供了初步证据和合理的说明,就应该予以立案;其他有关的问题,待当事人在仲裁过程中提出,并由仲裁庭依法裁定。

在立案审查阶段,由于没有仲裁庭听取当事人的详细陈述,而且时间较短,对于复杂的主体问题,仲裁机构要作出正确的判断是相当困难的。因此在进行形式审查时,仲裁机构应采取有利于当事人通过仲裁方式寻求救济同时要求申请人必须慎重行使此种权利的态度,不必过分干预申请人的仲裁申请。

(三)案件是否属于仲裁机构的受案范围

在目前的中国内地,除中国海事仲裁委员会作为专门的海事仲裁机构专门受理中外海商海事仲裁案件外,其他仲裁机构的受案范围包括国内、国际商事争议。

仲裁机构在立案审查时,应主动询问当事人,确定有关商事争议是否曾经过其他仲裁或诉讼程序。基于一事不再理原则,如果针对同一商事争议,已经存在有效的仲裁裁决或法院判决,仲裁机构不应该再次立案受理申请人的有关仲裁请求。但如何判断某个申请是否属于不可再理的同一事,则存在争议。有学者认为,一事不再理应作宽松理解,即只有在相同当事人(争议方)、相同身份(即争议方所处的申请人或被申请人地位)、相同合同(即产生争议的合同)、相同的仲裁请求(即基于某一方面争议提出某一性质的请求)的情况下,可以归入一事不再理。[1] 在香港 ZH 公司诉河南某公司案件[2]中,当事人先后提出两个仲裁案件。虽然涉案合同为同一个合同,但第一个仲裁案件中当事人提出的请求及所依据的理由与第二个仲裁案不同。虽然一方当事人以一事不再理为由提出异议,但没有得到仲裁机构的支持。

---

〔1〕 林一飞:《国际商事仲裁法律与实务》,中信出版社,2005 年版,第 373 页。

〔2〕 中国国际经济贸易仲裁委员会案例,未公布。

(四)申请仲裁的手续是否完备

申请仲裁的手续是否完备,主要是指申请人提供的仲裁申请书及副本、附件的份数是否足够,证据提交方式是符合法律或仲裁规则的规定、仲裁申请书是否已经签字或盖章、当事人及代理人的通讯地址及方式是否准确、合适等。仲裁机构在收到申请人的仲裁申请书及其附件后,如果认为申请仲裁的手续不完备的,可以要求申请人予以完备。申请人应当按照仲裁机构的通知完备有关手续。如果申请人经要求仍不完备申请仲裁的手续,可能导致仲裁申请被不予受理。

(五)是否缴纳仲裁费用

当事人要正式立案,须按照仲裁机构的缴费通知缴纳仲裁费用。仲裁机构接收或接受了申请人提交的申请仲裁的材料,并不等于仲裁机构就受理了案件,只有在申请人依照缴费通知缴纳了相关费用后,案件才被正式受理。

中国国际经济贸易仲裁委员会在收到申请人的仲裁申请书及其附件后,将依据中国内地《仲裁法》和该会仲裁规则的规定,审查下述内容:当事人之间是否签订有仲裁协议、请求是否明确、是否附有证明文件等。如果仲裁委员会从表面上判断仲裁申请具备这些要件,则发出缴费通知,要求申请人在一定期限内缴纳相关的费用。在实务操作中,仲裁委员对仲裁申请的审查持宽松态度,即只要认为当事人请求仲裁的意思表示明确、有明确的请求及相应证据,均会立案。对于仲裁协议可能产生的某些理解上的歧义,仲裁委员会为了听取当事人的意见以便作出公正判断,可将其留待管辖权决定阶段予以解决。一般情况下,当事人在签订合同时选择了仲裁解决争议,仲裁委员会应当从当事人签订合同时的本意出发受理案件,除非事后被申请人提出有正当理由的管辖权抗辩。

当事人提出的仲裁请求可能已经在仲裁机构受理过,但当时由于某些原因(如双方之间达成和解)申请人请求撤案,之后又由于某些原因(如当事人并未主动执行双方的和解协议)一方当事人重新提起仲裁。这种情况下仲裁机构能否重新受理,根据《中国国际经济贸易仲裁委员会仲裁规则(2005 年)》第 41 条第 3 款规定,当事人就已经撤销的案件再提出仲裁申请时,由仲裁委员会作出受理或不受理的决定。

三、国际商事仲裁申请的受理通知

仲裁机构决定受理案件后,按照仲裁规则的规定及时通知全体当事人,并开始准备进行下一步的仲裁程序。根据中国内地《仲裁法》第 25 条的规定,仲裁机构受理仲裁申请后,应当在仲裁规则规定的期限内将仲裁规则和仲裁员名册送达申请人,并将仲裁申请书副本和仲裁规则、仲裁员名册送达被申请人。

中国内地各仲裁机构仲裁规则对这种期限有不同的规定。

《上海仲裁委员会仲裁规则》第 12 条规定:本会认为收到的仲裁申请符合受理条件的,应在五日内予以受理,并向申请人发送仲裁受理通知书及本会的仲裁规则、仲裁员名册、仲裁庭及仲裁员选定书和当事人须知。认为不符合受理条件的，书面通知申请人不予受理并说明理由。认为申请人提交的材料不全的，可以要求申请人限期补全。申请人补全材料后的五日内予以受理；申请人逾期不补全的，视为未申请。本会发出仲裁受理通知书后，在五日内向被申请人发送仲裁通知书，并连同发送申请书副本及其附件、本会的仲裁规则、仲裁员名册、仲裁庭及仲裁员选定书和当事人须知。

《中国国际经济贸易仲裁委员会仲裁规则(2005 年)》第 11 条第 1 款规定：仲裁委员会经审查，认为申请仲裁的手续已经完备的，应立即向被申请人发出仲裁通知，并将申请人的仲裁申请书及其附件，连同仲裁委员会的仲裁规则、仲裁原名册和仲裁费用表各一份，一并发送给被申请人，同时将仲裁通知、仲裁规则、仲裁员名册和仲裁费用表发送给申请人。

《中国国际经济贸易仲裁委员会的仲裁规则(2005 年)》第 10 条第 3 款规定，申请人在申请仲裁时应按照仲裁委员会制定的仲裁费用表的规定预缴仲裁费，仲裁委员会向申请人发出的受理通知应视为初步受理通知，只有在正式预缴纳仲裁费用之后，并且仲裁委员会规定的其他申请仲裁手续完备后，仲裁委员会才会向被申请人发出仲裁通知及其他文件，正式启动仲裁程序。

上述较短的期限体现出仲裁的快捷性。仲裁机构受理仲裁申请后还应当向各方当事人送达仲裁费用表。在商事仲裁实务中，各仲裁机构一般将自己的费用表附印于仲裁规则之后，与仲裁规则一并送达给各有关当事人。

为方便仲裁程序的顺利进行，仲裁机构在向双方当事人发出仲裁通知时应该提醒当事人及时履行相关的仲裁事宜，如确定仲裁庭的组成方式、选定仲裁员、提交仲裁答辩书等。

以下为中国国际经济贸易仲裁委员会受理一案件后发出的仲裁通知书。[1]

G3703 号澳棉合同争议仲裁案仲裁通知

申请人：澳大利亚 AB 棉花公司

仲裁代理人：北京 CD 律师事务所 DE 律师

兹确认收到你方于 2001 年 x 月 x 日交来的以河南 XY 纺织集团股份公司为被申请人的仲裁请求及其附件一式五份以及 2001 年 x 月 x 日交来的仲裁预付金 xxx 美元。

本会根据你们之间于 2000 年 x 月 x 日签订的编号为 3703 的《销售确认合同》中的仲裁条款已经受理本案，并向被申请人发出通知，要求被申请人按期指定仲裁员并提交答辩。本案适用本会 2000 年 10 月 1 日起施行的仲裁规

---

〔1〕 程德钧：《国际贸易争议与仲裁》，对外经济贸易大学出版社，2002 年版，第 67 页。

则。

请你方在收到本通知后直接与被申请人联系，在本会仲裁员名册中共同选定或共同委托本会主任指定一名首席仲裁员，并将此情况共同或分别以书面形式告知本会。如双方不能就此达成协议，本会主任将在被申请人收到本通知之日起20天后，指定一名首席仲裁员。

随本通知附去本会仲裁规则和仲裁员名册各一式一份，请遵照办理。

凡来函请注明本案案号G3703。

本案秘书　　　　　联系电话：

特此通知

（中国国际经济贸易仲裁委员会秘书局章）

××××年××月××日

附件：如文

抄送：被申请人（无附件）

G3703号澳棉合同争议仲裁案仲裁通知

被申请人：河南XY纺织集团股份有限公司

仲裁代理人：北京CD律师事务所DE律师

申请人澳大利亚AB棉花公司已就你公司与其于2000年x月x日签订的编号为3703的《销售确认书》所引起的争议向本会提出仲裁申请。本会根据该合同中的仲裁条款已予以受理，并适用本会2000年10月1日起施行的仲裁规则。现将申请人提出的仲裁申请书及其附件一式一份寄送你公司，并通知如下：

1. 请你公司于收到本通知之日起20天内，在本会仲裁员名册中选定一人为仲裁员并将其姓名通知本会，或委托本会主任代为指定。

2. 请你公司在收到本通知之日起20天内直接与申请人联系，在本会仲裁员名册中共同选定或共同委托本会主任指定一名首席仲裁员，并将此情况共同或分别以书面形式告知本会。如双方不能就此达成协议，本会主任将在你公司收到本通知之日起20天后，指定一名首席仲裁员。

3. 请你公司在收到本通知之日起45天内向本会提交书面答辩及有关证明文件一式五份，寄至本会。

4. 你公司如有反请求，请最迟在收到本通知之日起60天内书面提出，一式五份，寄至本会。

5. 如你公司委托代理人参与仲裁，请向本会提交授权委托书正本一式一份。

6. 随本通知附去本会仲裁规则（2000年10月1日起施行）和仲裁员名册

各一式一份,请遵照办理。

凡来函请注明本案案号 G3703。

本案秘书　　　　联系电话:

特此通知

中国国际经济贸易仲裁委员会秘书局(章)

××××年××月××日

附件:如文

抄送:申请人(无附件)

第五节　国际商事仲裁的答辩

被申请人对申请人在仲裁申请书中提出的仲裁请求、事实和理由,有合理的机会提出充分答辩,是被申请人一项重要程序性权利,也是国际商事仲裁所确认的正当程序和自然正义。

一、国际商事仲裁答辩的概念

国际商事仲裁答辩,是指国际商事仲裁案件中的当事人为了维护自己的权益,对申请人在仲裁申请书中或被申请人在仲裁反请求书中提出的仲裁请求及该项请求所依据的事实及理由所作的答复和辩解。答辩可分为书面答辩和口头答辩。在通常情况下,被申请人在收到仲裁机构送达的仲裁申请书等有关材料后,应当在规定的期限内提交书面答辩,即答辩书。[1]

国际商事仲裁答辩是国际商事仲裁过程中被申请人用以保障自己权益的重要手段,有利于仲裁庭在仲裁过程中查明事实、公平合理地作出裁决。被申请人进行答辩时,要讲事实摆证据,根据法律或惯例,尊重依法成立的合同,阐明自己的主张和理由。

根据各国商事仲裁立法和商事仲裁规则,国际商事仲裁案件中的被申请人可以在仲裁庭开庭审理案件之前通过书面形式进行答辩,并为被申请人行使该权利规定了明确的期限;被申请人也可以在仲裁庭开庭审理案件时通过书面形式或口头形式进行答辩。

答辩是仲裁当事人的一项基本仲裁权利。无论是针对申请人仲裁申请提出的答辩,还是针对被申请人仲裁反请求提出的答辩,当事人均可对进行修改。修改的

[1] 谢石松主编:《商事仲裁法学》,高等教育出版社,2003 年版,第 183 ~ 184 页。

方式有更正、补充答辩等方式。有些国家仲裁法或仲裁机构仲裁规则对答辩的修改提出了明确的时间限制。

如果仲裁案件有两个或两个以上的被申请人或被反请求人,各被申请人或被反请求人可以分别或共同提出答辩或修改答辩。例如,某个案件有两个被申请人,该两个被申请人可以共同提交一份答辩书,也可以分别以自己的名义提交答辩书。

各国仲裁立法或仲裁机构仲裁规则一般规定,被申请人不在规定期限内提交答辩的,不影响仲裁程序的进行。如中国内地《仲裁法》第 25 条规定:被申请人未提交答辩书的,不影响仲裁程序的进行。《中国国际经济贸易仲裁委员会的仲裁规则(2005 年)》第 12 条第 3 款规定:被申请人未提交答辩书,不影响仲裁程序的进行;第 13 条第 6 款规定:申请人对被申请人的反请求未提出书面答辩的,不影响仲裁程序的进行。

在中国内地国际商事仲裁实践中,有的被申请人有反驳仲裁请求的事实和理由,但不愿意在开庭前向仲裁机构提交书面答辩,而在仲裁庭开庭审理案件时提交答辩书或口头答辩,企图令对方当事人措手不及,无法应对。但这样做可能使仲裁庭因无法全面了解被申请人的观点而作出对其不利的裁定,而且会延迟仲裁程序的进行,降低仲裁庭开庭审理案件的效率,不利于及时解决国际商事争议。

二、国际商事仲裁答辩书

国际商事仲裁答辩书,是指当事人用以提交其国际商事仲裁答辩意见的书面文件。答辩书的内容通常是针对申请人在仲裁申请书中或被申请人在仲裁反请求书中提出的仲裁请求、陈述的事实和所依据的理由进行回答、反驳和抗辩。答辩书中一般应写明案件的事实经过、答辩的理由及证据、双方争议的焦点、被申请人的法律观点等。答辩要针对提出的仲裁请求予以逐项答辩,承认其请求,或者反对其请求,或部分承认部分反对,反对要提出具体的事实和证据并陈述理由。

1997 年《日本商事仲裁协会商事仲裁规则》第 15 条规定,答辩书应该包括:当事人的全称及地址、代理人的姓名和地址、对申请人请求的承认或否认、争议要点、答辩的依据及证明的方式或方法。

在国际商事仲裁实务中,被申请人还需要在答辩期内选定仲裁员或委托有关机构指定仲裁员、申请仲裁员回避、提出反请求、抗辩仲裁庭的管辖权等。这些事项的确定和提出,可以通过提交单独的文件进行,也可以附带在答辩书中进行。

被申请人在收到仲裁申请书副本后,应当在仲裁规则规定的期限内向仲裁机构提交答辩书。关于提交答辩书的时间,各国仲裁法和仲裁规则的规定有所不同。

根据中国内地《仲裁法》第 25 条的规定,被申请人收到仲裁申请书副本后,应当在仲裁规则规定的期限内向仲裁机构提交答辩书,仲裁机构收到答辩书后,应当在仲裁规则规定的期限内将答辩书副本送达申请人。中国内地

《仲裁法》未明确规定提交答辩书的时间，而是将将规定具体期限的权利赋予仲裁机构。

按《中国国际经济贸易仲裁委员会仲裁规则(2005 年)》第 12 条规定，国际经济贸易仲裁案件提交答辩的时间为 45 天，但仲裁机构向申请人送达答辩书副本的时间未作规定。国际商会仲裁规则第 5 条规定，被申请人提交答辩的时间为收到秘书处转来的申请书后 30 天内。

按有关仲裁法和仲裁规则，仲裁机构要求当事人按期提交书面答辩意见。但在实践中，有的当事人不提交书面答辩，而是在仲裁庭开庭审理时提出口头答辩意见，在开庭后亦不提交书面意见。由于国际商事仲裁案件具有跨国性特点，案情相对复杂，审案时间相对较长，国际商事仲裁的习惯做法是要求当事人提交书面意见和证据材料。即使在开庭时口头陈述意见，申请人或被申请人仍应当在开庭前或开庭后提交相应的书面意见和证据材料。这样做，可使该方当事人的意见或证据更加确定，更便于仲裁庭或对方当事人理解其主张。如果当事人不提交书面材料，可能使仲裁庭认为该方当事人的主张或理由不充分。[1]

以下为一份答辩书实例：[2]

仲裁答辩书

答辩人(被申请人)：H 公司

地址：略

法定代表人：×××，职务：

被答辩人(申请人)：T 公司

地址：略

答辩人就被答辩人因货物买卖合同纠纷要求答辩人赔偿损失仲裁一案，提出答辩如下：

一、××出入境检验检疫局技术中心矿产品检验室和×国×××出具的检验报告，无法作为认定答辩人产品质量不符合合同约定的证据

1. 被答辩人在装船时对货物进行检验不符合合同约定

双方当事人签订的本案货物买卖合同并没有约定被答辩人或其代表可以在装船前或装船时进行产品质量检验。合同约定由答辩人提供货物生产商出具的质量和重量证书；对于货物的质量问题，应该在货物到达目的港后 30 日内提出索赔，这才是被答辩人根据合同应该享有的对货物质量提出异议和索赔的权利。

---

〔1〕 程德钧：《国际贸易争议与仲裁》，对外经济贸易大学出版社，2002 年版，第 108 页。

〔2〕 程德钧：《国际贸易争议与仲裁》，对外经济贸易大学出版社，2002 年版，第 112 页。

2. 上述检验报告所依据的样品为被答辩人单方提取

根据商品检验的一般惯例，商品检验的样品应由当事人各方共同采集，检验机构也需共同指定。就本案而言，答辩人并不知道被答辩人之代表在装船时提取了样品，也不知道样品是在什么时间、什么地点、如何提取的，同时，出具检验报告的两家机构也是被答辩人单方指定的。答辩人不能认可该样品，不能认可该检验机构，当然更不能认可该检验结果。

3. 两家检验机构出具不同的检验结果更证明了检验结果的不可信

××出入境检验检疫局技术中心矿产品检验室检验的烧减量为2%，而×国×××检验的烧减量为1.77%，二者差别很大。事实上，如果根据同样的样品进行检验不会得出相差如此之大的检验结果，这从一个方面证明了样品的不可信以及检验结果的不可信。

另一个更能证明该两个检验报告不可信的情况是：货物到达目的港后，经申请人和被申请人共同委托的SGS对货物进行检验，其烧减量为0.85%。根据常理，货物的烧减量随着时间的推移会越来越高，货物在经过近两个月时间的运输抵达目的港后，烧减量反而降低了，这充分证明前两个检验报告的不可信。

二、被答辩人没有理由拒收货物

1. 被答辩人无权依据××出入境检验检疫局技术中心矿产品检验室和×国×××出具的检验报告拒收货物

如前所述，被答辩人早在2001年6月6日，当时货物仍在运输途中即向答辩人提出拒收货物或降价接受货物，其依据是××出入境检验检疫局技术中心矿产品检验室和×国×××出具的检验报告，正如答辩人在本答辩书第一条理由中所陈述，此两个检验报告由于采集样品和检验机构的原因根本不能作为认定货物不符合合同约定的依据，因此，被答辩人据此拒收货物或要求降价销售都是没有理由的。

2. 被答辩人没有按照合同的约定对货物质量提出异议和索赔

关于货物质量异议和索赔问题，本案合同规定得很明确，对于货物质量的索赔应当在货物到达目的港后30日内提出，并应附有买卖双方共同认可的检验机构出具的检验报告。2001年6月26日货物到达荷兰鹿特丹港后，买卖双方共同委托SGS对所争议货物提取样品并进行了检验，SGS于2001年7月6日出具检验结果，该批货物的烧减量为0.85%。但被答辩人在2001年7月25日（即货物到达目的港后的30日内）之前根本没有就此检验结果向答辩人提出任何质量异议和索赔要求。实际上被答辩人已经丧失了提出索赔的权利。

3. 被答辩人不能根据烧减量指标的不符拒收货物

本案所争议货物重烧镁的烧减量是指反映重烧镁中氢氧化镁含量的一

种指标，重烧镁的化学活性很强，容易与水或大气中的水分发生化学反应，从而生成氢氧化镁。重烧镁的烧减量是一个可以变化的值，它是随着时间的推移受气候、自然环境的影响而增加。根据一般的科学原理，这种指标的变化对于该产品的使用没有重大或本质的影响。因此，即使根据货物到达目的港后 SGS 检验结果证明该批货物的烧减量指标不符合合同的约定，仅比合同约定的 0.8% 超出 0.05%，所以答辩人即使违约也未构成根本性违约。联合国《国际货物销售合同公约》第五十一条之(2)规定：买方只有在完全不交付货物或不按照合同规定交付货物等于根本性违反合同时，才可以宣告整个合同无效。据此，根据本案的实际情况，被答辩人不能仅根据重烧镁烧减量指标不符合合同约定而拒收货物。

三、被答辩人拒收货物，构成根本性违约，其损失应该由其自己承担

1. 根据合同，价格条件为 FOBT，因此被答辩人负责租船订舱。被答辩人指示船公司拒放提单，致使超过信用证规定的交单期，信用证超过有效期，最终导致的结果是答辩人没有收到货款，被答辩人实际没有支付货款。

2. 货物于 2001 年 6 月 26 日到达目的港后，被答辩人拒绝接收货物，虽经答辩人在此前后多次请求，希望被答辩人将货物卸船并存储在仓库内以求减少双方的损失，但答辩人拒绝配合，最后使货物被卸到驳船上。

3. 在此期间被答辩人一直以拒收货物为理由向答辩人索要其已支付的海运费、保险费、装船费等费用，在答辩人已经同意支付的情况下，被答辩人仍然向荷兰鹿特丹当地法院申请将所争议的货物扣押，并直接导致所争议货物于 2001 年 6 月 29 日被全部扣押。

答辩人提请仲裁庭注意的是，被答辩人的上述行为均发生在 2001 年 7 月 6 日 SGS 检验结果出来之前，也就是说被答辩人仍然是依据××出入境检验检疫局技术中心矿产品检验室和×国×××出具的检验报告而做出上述行为的。在这两个检验结果不能作为证据的情况下，被答辩人的上述拒收货物的行为已构成严重的、根本性的违约。据此，被答辩人由于自己的违约而导致的损失完全应该由自己承担，同时，答辩人将就因被答辩人违约而使其遭受的损失向被答辩人提起反请求。

综合上述事实和理由，答辩人恳请仲裁庭驳回被答辩人的仲裁请求，依法维护答辩人的合法权益。

此致

中国国际经济贸易仲裁委员会

答辩人：H 公司

××××年××月××日

第六节 国际商事仲裁的反请求

在国际商事仲裁中,与商事仲裁答辩一样,提出反请求是被申请人用以保障其利益的重要手段。允许被申请人提出反请求,体现了当事人在国际商事仲裁中的地位平等。

一、国际商事仲裁反请求的概念与特点

在仲裁过程中,申请人可以放弃或者变更仲裁请求,被申请人可以承认或者反驳仲裁请求,还有权提出反请求。因为仲裁案件的双方当事人法律地位是平等的,并且提交仲裁的事项是当事人有权处分的,这些行为是当事人行使或处分其权利的表现。

国际商事仲裁反请求,是指在国际商事仲裁程序中被申请人为了维护自己的权益,就申请人所提出的事实或法律关系相同的事实或法律关系,针对申请人提出的、与申请人的仲裁请求有直接联系的、独立的仲裁请求。

被申请人提出国际商事仲裁反请求,是为了达到抵消、动摇或者吞并申请人的仲裁请求的目的。商事仲裁反请求存在的基础是申请人和被申请人之间联系的非单一性以及权利的交叉与重叠。反请求是仲裁程序进行过程中被申请人保护自己权益的重要手段。有些案件本应由被申请人作为申请人先行提起仲裁,但由于某种原因,对方当事人先提出仲裁申请而称为申请人,此时被申请人可就同一事实或法律关系提出相应的仲裁反请求。

国际商事仲裁反请求制度的实施,能有效地保护双方当事人的合法权益,节省国际商事仲裁中人、财、物的开支,提高国际商事仲裁的效率。

中国内地《仲裁法》第27条规定,申诉方当事人可以放弃或变更商事仲裁请求,被诉方当事人可以承认或者反驳商事仲裁请求,并有权提出反请求。

国际商事仲裁反请求是特定形式下的一种申请仲裁的做法,具有以下特点:

(一)反请求对象的特定性

反请求只能由被申请人针对申请人提出,即仲裁当事人的数目完全相同,只是申请人和被申请人在仲裁中的地位进行了对换,反请求中的反请求人和被反请求人必须是仲裁请求申请中的被申请人和申请人,即主体应具有同一性。[1]

(二)反请求的独立性

反请求虽然是以仲裁申请的存在为前提,没有仲裁申请就没有反请求,但反请

---

〔1〕 谢石松主编:《商事仲裁法学》,高等教育出版社,2003年版,第185页。

求是独立的请求，须有明确、独立的请求内容。反请求具有仲裁请求的所有要素，被申请人应按提出仲裁申请的方式和程序向仲裁机构提出。被申请人如果不在已经开始的仲裁程序中提出，可以另案申请仲裁。反请求一经受理，不因申请人撤回了仲裁申请而结束，也不因申请人放弃仲裁请求而失效。如同撤销本请求，当事人也可以撤回反请求，除非当事人另有规定，撤销反请求并不影响本请求的继续审理。

由于反请求的独立性，如果在仲裁过程中，被申请人提出了反请求，而申请人撤回了仲裁申请，仲裁程序并不因此而停止或结束，仲裁庭应对被申请人的反请求作出裁决。如果申请人没有撤回原仲裁请求，为节省时间、人力和物力，充分体现仲裁经济、高效解决纠纷的优势，仲裁庭可以对原仲裁请求和反请求进行合并审理。因本请求和反请求系各自独立的请求，仲裁庭应在裁决书中对原仲裁请求和反请求分别加以说明，并依法分别作出裁决。

(三)反请求目的的对抗性

被申请人提出反请求的目的在于对抗申请人的仲裁请求。这种对抗包括抵消、动摇或者吞并申请人的仲裁请求，使申请人的仲裁请求部分或全部失去作用，甚至迫使申请人对被申请人履行一定的义务。在国际商事仲裁实务中，反请求和抵消请求同义，并经常被交替使用。一旦被申请人提出了反请求，申请人也有权对反请求进行答辩。适用于申请人提出仲裁请求的原则和做法，同样适用于被申请人提出的反请求。

(四)反请求理由的关联性

被申请人提出的反请求须与仲裁请求有关联性。反请求与仲裁请求必须基于同一合同或法律关系所引起的争议。反请求是针对原来的仲裁请求提出的，关联性十分明显。例如，在国际货物买卖中，买方作为申请人提出仲裁请求，要求作为被申请人的卖方按照合同的约定提供货物；而卖方提出反请求，要求申请人按合同的约定给付货款。如果两个请求毫无联系，反请求就不能成立。被申请人的反请求必须符合仲裁范围和仲裁协议的要求。

在实践中，被申请人通常在答辩书中提出反请求。例如，申请人请求被申请人支付货款，被申请人在答辩书中要求申请人支付货物质量不符合合同的违约金，但没有单独提出反请求。在这种情况下仲裁机构通常要求被申请人明确该请求是否是反请求。

二、国际商事仲裁反请求的提出和审查

(一)国际商事仲裁反请求的提出

1. 反请求提出的时间

1998 年《国际商会仲裁规则》第 5 条规定，被申请人应当在收到秘书处转来的申请书之后 30 天内提交答辩，被申请人如有反请求，应当与答辩书一起提交。

2005 年《美国仲裁协会国际仲裁规则》第 3 条规定，被申请人在仲裁开始后 30 天内提交答辩，同时可以提出反请求。

《中国国际经济贸易仲裁委员会仲裁规则（2005 年）》第 13 第 1 款规定，被申请人的反请求最迟应在收到仲裁通知之日起 45 天内以书面形式提交仲裁委员会。如果在 45 天内无法提起反请求，但仲裁庭认为有正当理由的，可以适当延长此期限。《中国海事仲裁委员会仲裁规则（2004 年）》第 17 条第 1 款也有相似的规定，但提交反请求申请书的时限为 30 天。国内各地方仲裁委员会仲裁规则规定的这一时限更短一些，如 2004 年《北京仲裁委员会仲裁规则》第 11 条第 1 款规定为 15 日。

2. 反请求成立的条件

《中国国际经济贸易仲裁委员会仲裁规则（2005 年）》第 13 条规定，被申请人提出反请求时，应在其书面反请求中写明具体的反请求、反请求的理由以及所依据的事实和证据，并附具有关的证明文件；被申请人提出反请求应当按照仲裁委员会的仲裁费用表的规定预缴仲裁费。

在实践中，被申请人提出反请求，通常须遵循如下要求：

（1）反请求应以书面形式提出，口头的反请求是不受理的。

（2）反请求必须实际提出。书面的反请求应写明具体的反请求事项、反请求的原因及所依据的事实和理由，并应附具相关的证据材料。如果当事人未提出具体明确的反请求事项，而仅声明保留提出反请求的权利，则视为没有提出反请求。[1]

某些情况下，被申请人在答辩书中提出反请求，如申请人要求被申请人支付货款，被申请人在答辩书中要求申请人支付货物质量与合同约定不符的违约金，但没有单独提出反请求。实践中，中国国际经济贸易仲裁委员会通常要求被申请人明确该请求是不是反请求。

（3）反请求必须在有关的仲裁立法或仲裁机构的仲裁规则规定的期限内提出。逾期提出的反请求，可能不被仲裁庭受理。

（4）反请求人应当按照有关的仲裁立法或仲裁机构仲裁规则的规定缴纳反请求仲裁费用。

（5）反请求所依据的是同一个商事仲裁协议，被申请人的反请求必须向同一仲裁机构提出，并且必须在仲裁程序法或仲裁规则规定的时间内提出。

至于申请人对反请求是否可以再提出反请求，只要符合提出反请求的条件，不存在任何障碍，只是不必称为再反请求，视为申请人修改或增补相关的仲裁请求。

以下为一份仲裁反请求书实例。[2]

---

〔1〕 程德钧：《国际贸易争议与仲裁》，对外经济贸易大学出版社，2002 年版，第 111 页。

〔2〕 程德钧：《国际贸易争议与仲裁》，对外经济贸易大学出版社，2002 年版，第 116 页。

仲裁反请求书

反请求申请人:H公司(以下简称申请人)

地址:略

反请求被申请人:T公司(以下简称被申请人)

反请求事项:

1. 裁决被申请人赔偿申请人实际损失52,817欧元、63,000美元、人民币238,579.69元;

2. 裁决被申请人赔偿申请人上述实际损失自损失发生之日至实际日止的利息;

3. 裁决被申请人赔偿申请人为处理争议而支付的律师费和实际开支;

4. 裁决被申请人承担本案的仲裁费。

事实和理由:

一、被申请人违约的事实经过

2001年4月2日,申请人与被申请人签订了编号为01YHG－3064的货物买卖合同(见证据一)。合同约定,被申请人向申请人购买4,000公吨的重烧镁,货物的烧减量指标为最高不超过0.8%;合同价格为104.5美元/公吨FOBT中国港;申请人提供货物生产商出具的质量和重量证书;在装运港装运的货物质量和重量是最终的;如果出现质量不符,买方(被申请人)应于货物达到目的港后30天内提出索赔要求,并应附有卖方接受的公共检验机构出具的检验报告。

2001年4月6日,被申请人通过香港汇丰银行开具了以H公司为受益人的即期信用证,信用证有效期为中国2001年6月5日到期,其中明确说明:在提单日期起21日内交单。

2001年5月2日至5月5日,申请人将合同项下货物装上被申请人所租用的“深圳海”轮,5月7日该轮全船装货完毕并驶离装运港。申请人同时将产品质量证书(证据二)提供给被申请人。

2001年5月11日,被申请人之代表D公司致函申请人,称货物中混入部分旧货,货物的烧减量指标为2.00%(见证据三)。但被申请人一直未向申请人提供检验报告,直至7月13日才将××出入境检验检疫局技术中心矿产品检验室于5月10日出具的检验结果为2.00%的检验报告和×国×××于5月21日出具的检验结果为1.77%的检验报告(见证据四)提供给申请人。但实际上申请人在货物装船时并不知道被申请人单方取样并单方委托检验机构进行了检验。

2001年5月15日,D公司通知申请人,如果烧减量超过1.5%,则工厂无法使用;如果烧减量确实过高将拒收货物;并提议请SGS在鹿特丹港卸货时共同取样并检验(见证据五)。

2001年6月13日,申请人得到提单(信用证有效期已超过8天,交单日期已超过16天)。6月18日付款行通知代收行,不接受合同项下不符点单据。即被申请人没有向申请人支付货款。

2001年6月13日,被申请人之代表D公司正式通知申请人拒收货物,并要求申请人于6月18日之前将海运费和卸货费支付给被申请人,否则货物到港后将被扣押并拍卖(见证据六)。

2001年6月22日-28日,因轮船即将抵达目的港,申请人要求被申请人将该批货物卸船并存储在仓库内然后再协商处理(见证据七)。

2001年6月28日-29日,在货物到港后,由于被申请人拒绝配合申请人的要求将货物卸到仓库内,货物被迫卸到驳船上(见证据八)。同时,SGS到现场提取货物样品,以进行检验。

2001年6月29日,申请人接到船公司以及申请人之代理E公司的通知,合同项下货物经被申请人请求被鹿特丹当地法院扣押(见证据九)。

2001年7月6日,SGS通知申请人货物的检验结果证明烧减量为0.85%(见证据十)。

2001年7月26日,申请人将16万美元汇至荷兰某银行并由该银行向法院出具保函的方法,合同项下货物才得以解除扣押(见证据十一)。

2001年7月24日,申请人与E公司签订货物买卖合同(01YHG-E3099),将合同项下货物销售给E公司,合同价格为115美元/公吨CIF鹿特丹驳船(见证据十二)。

二、被申请人违约的理由

(一)被申请人以××出入境检验检疫局技术中心矿产品检验室和×国×××出具的检验报告为依据拒收货物构成根本性违约

1. ××出入境检验检疫局技术中心矿产品检验室和×国×××出具的检验报告无法作为认定申请人产品质量不符合合同约定的证据。

根据商品检验的一般商业惯例,商品检验的样品应该由当事人各方共同采集,同样检验机构也需由各方当事人共同指定,只有这样的检验结果才能够被各方当事人认可,也才能够作为判断商品是否符合合同约定的依据。事实上,就本案而言,由于合同中没有规定被申请人在装船时进行检验,因此申请人并不知道被申请人之代表在装船时提取了样品,也不知道样品在什么时间、什么地点、如何提取的,同时,出具检验报告的两家机构并非买卖双方共同指定,而是由被申请人单方指定的。申请人不能认可该样品,不能认可该检验机构,当然更不能认可该检验结果。总之,上述检验结果明显不能作为认定货物不符合合同约定的证据。

2. 被申请人依据上述两个检验结果拒收货物不符合合同约定

关于货物质量异议和索赔问题，合同中规定得很明确，买方对于货物质量的索赔要求应当在货物到达目的港后30日内提出，并应附有卖方认可的检验机构出具的检验报告。但事实上，被申请人是在货物离港后至到港前提出质量问题，提出拒收货物或要求申请人降价销售，并于2001年6月13日正式通知申请人拒收货物，申请人完全有理由拒绝被申请人这种不遵守合同、不履行合同的要求，更何况被申请人所依据的检验报告根本就无法作为证据。另一方面，在货物到港后的30日内，被申请人从来没有按照合同规定其可以行使权利的方式和时间向申请人提出质量异议与索赔，而是在货物到港后经双方确认的检验机构的检验结果出来之前拒收货物并申请法院扣押货物。据此，被申请人之上述行为已构成严重违约。

（二）被申请人其他一系列的违约行为给申请人造成巨大损失

通过上述事实和分析，被申请人不仅严重违约无理拒收货物，而且存在其他一系列违约或放任损失扩大的行为，这些行为都无疑增加了申请人的损失：

1. 被申请人拒绝卸货并存储在仓库内，使申请人额外承担了驳船费用和装、卸费用；

2. 被申请人无理申请将货物扣押，使申请人额外增加了律师费、代理费、担保费利息；

3. 被申请人无理拒收货物，使申请人被迫寻找新的买主，并使货物降价销售，给申请人造成直接降价损失并增加了申请人的实际开支；

4. 被申请人没有按期支付货款，给申请人造成利息损失；

5. 由于被申请人的违约行为使申请人承担了检验费。

综合上述事实和理由，申请人恳请仲裁庭明察本案的是非，裁定被申请人赔偿申请人的全部损失，依法维护申请人的合法权益。

此致

中国国际经济贸易仲裁委员会

反请求申请人：H公司

×××年××月××日

（二）国际商事仲裁反请求的审查与受理

1998年《国际商会仲裁规则》第5条规定，被申请人的反请求书应载明引起反请求的争议的性质及情况，所请求的救济且在尽可能的程度上写明金额。

依据《中国国际经济贸易仲裁委员会仲裁规则（2005年）》第13条规定，仲裁机构收到被申请人提出的反请求后，通常审查如下事项：（1）反请求书中的被反请求人是否是仲裁申请书中的申请人，反请求书中的反请求人是否是仲裁申请书中的被申请人；（2）反请求与仲裁申请书中的本请求是否基于同一事实或同一法律关系;(3)提出反请求的时间是否在仲裁规则规定的期限内。

《中国国际经济贸易仲裁委员会仲裁规则(2005年)》第14条规定,反请求人可以对其反请求提出修改,但仲裁庭认为其修改的提出过迟而影响仲裁程序进行的,可以拒绝其修改。一般而言,修改反请求应在辩论之前提出,在辩论之后提出修改就要重新调查或辩论,将影响仲裁程序的正常进行,其修改请求不会得到仲裁庭的认可。[1]

根据中国国际经济贸易仲裁委员会的实践做法,如果出现以下情形,反请求将不被受理:(1)提出反请求的时间超过仲裁规则规定的期限,除非仲裁庭认为提出反请求的期限可以延长,否则反请求将不予受理。但当事人可以另案提起仲裁。(2)被申请人提出反请求是基于另一法律关系。反请求只能基于与本请求相同的法律关系,如被申请人基于另一法律关系提出仲裁申请,则不能作为反请求,只能另案提起仲裁。(3)反请求书中的当事人与仲裁申请书中的当事人不一致。(4)被申请人未按照仲裁委员会的仲裁费用表的规定预缴仲裁费,视为撤回反请求。

依据《中国国际经济贸易仲裁委员会仲裁规则(2005年)》第13条规定,仲裁委员会认为被申请人提出反请求的手续已经完备的,应将反请求书及其附件发送申请人。申请人应在接到反请求书及其附件后30天内对被申请人的反请求提交答辩;仲裁庭有权决定是否接受逾期提交的反请求答辩书,申请人对被申请人的反请求未提出答辩的,不影响仲裁程序的进行。

如同撤销本请求一样,当事人撤回反请求也应承担适当的仲裁费用,且除非当事人另有约定,撤销反请求并不影响本请求的继续审理。

---

〔1〕 李圣敬:《国际经贸仲裁法实务》,吉林人民出版社,2003年版,第264页。

第六章　国际商事仲裁庭

国际商事仲裁庭是指在国际商事仲裁中审理仲裁案件并作出裁决的组织。无论是临时仲裁还是机构仲裁，当事人意图通过仲裁解决纠纷，必须组成仲裁庭。仲裁庭由一名或者数名仲裁员组成，对其成立方式、仲裁员的资格条件，各国法律和有关仲裁规则有不同规定。鉴于国际商事仲裁庭在纠纷裁决方面具有决定性的意义，各国立法和各机构仲裁规则对非常状态下仲裁庭的组建问题设计了救济性的重组规则。为确保国际商事仲裁庭真正做到独立仲裁，其职能除审理案件和作出裁决外，还有权自行决定自己对所仲裁的案件是否享有管辖权，此为国际商事仲裁自裁管辖原则。

第一节　国际商事仲裁员

一、国际商事仲裁员的资格

（一）一般要求

1. 行为能力要求

仲裁员必须具有完全行为能力，是指拟担任仲裁员者必须依照其本国法律已经成年和具备健全的心智。具备完全行为能力是各国法律对仲裁员的基本要求。例如，1996 年中国澳门《核准仲裁制度》第 12 条第 1 款规定：“仲裁员应为具有完全行为能力之自然人。”1999 年瑞典《仲裁法》第 7 条规定：“对其行为及财产具有完全法律能力的人可充任仲裁员。”

拟担任仲裁员者还必须具有完全的人身自由。理由在于：仲裁员一旦接受委任后，就必须开展工作，如与各方当事人或其律师进行联系或协调，开庭审理，有时仲裁庭需自行调查取证。如果人身自由受到限制，不能自由行动，就无法完成这些工作。某些国家的法律作更严格的规定，禁止某些民事权利部分受到法律限制的人担任仲裁员，如意大利法律规定破产者不能担任仲裁员，埃及法律规定破产和被剥夺了民事权利的人不得担任仲裁员。[1]

2. 道德品质要求

对仲裁员个人道德品质的要求是公道正派、廉洁自律、勤勉尽责。具有良好道德声誉的仲裁员可以增强当事人对仲裁庭公正行事的信心，其作出的裁决容易被接受。仲裁员需具备良好的个人品德不仅是当事人的期盼，也是各仲裁机构对其仲裁员人选的要求。如《中国国际经济贸易仲裁委员会、中国海事仲裁委员会关于聘任仲裁员的规定（修正案）》第2条规定：仲裁员应"热爱仲裁事业，公道正派、品行高尚，坚持独立公正办案原则"。[2] 这一规定适用于所有的仲裁员，无论其是中国籍仲裁员还是外国籍仲裁员。香港国际仲裁中心要求申请进入其仲裁员名册的人士从未被法院裁定有罪或被纪律审裁小组裁定行为失当而令香港国际仲裁中心质疑他/她担任仲裁员的能力。[3] 除仲裁机构的规则外，有些国家立法规定，禁止被开除公职的人或丧失担任公职能力的人担任仲裁员。按照通常理解，仲裁员地位类似于法官，而被剥夺担任公职权利意味着一个人有严重道德缺陷，这样的人不适宜担任仲裁员。仲裁员的勤勉尽责也很重要，原因在于仲裁员的积极态度可以加快推进仲裁程序，促使纠纷尽早解决，实现仲裁的效率优势。美国仲裁协会对愿意加入该协会仲裁员名册的申请人在道德品质上的要求是：不仅在同行中因诚实、公正和良好的判断力获得很高的评价，遵守协会仲裁员道德准则的规定；热心支持协会工作，在担任仲裁员时勤勉热心、无偏见或偏私。[4]

3. 专业素质要求

由于国际商事仲裁的复杂性和某些领域内高度专业性要求，仲裁员具备良好的专业素质，是仲裁案件实体问题和某些程序事项争议得到公正合理的审理和裁决的重要保障。这里的专业素质，既包括仲裁员对某行业业务的熟悉、对相关法律的精通，还包括有效解决纠纷的技巧和能力。当事人之间的纠纷有时涉及法律方面，有时涉及实务方面，有时既涉及法律又涉及实务。在挑选仲裁员时，他们会考虑争议的性质来选择适宜的仲裁员。由于各领域业务上的高度专业性，即使挑选实务界的专家作仲裁员时也要考虑其擅长的专业。有些仲裁机构的名册按专业分类，名册中既有实务界人士，也有法律专家，方便当事人挑选仲裁员。如中国国际经济贸易仲裁委员会2005年3月1日起施行的仲裁员名册分为国际（涉外）争议、国内争议、金融专业、建设工程与房地产专业、粮食专业、中澳新羊毛格式合同争议

---

〔1〕 2006年意大利《民事诉讼法典》第812条，1988年埃及《国际商事仲裁法案》第15条第1款。

〔2〕《中国国际经济贸易仲裁委员会、中国海事仲裁委员会关于聘任仲裁员的规定（修正案）》，http://www.cmac-sh.org/zcy/zhongcaiyuan-2.htm，2008年3月10日访问。

〔3〕 http://www.hkiac.org/HKIAC/HKIAC_English/main.html，2008年3月14日访问。

〔4〕 http://www.adr.org/si.asp?id=4223，2008年4月30日访问。

案件、皮革专业等几种类型。当后四项专业的案件同时是国际(涉外)案件,各专业仲裁员名册和国际(涉外)争议仲裁员名册可一起适用。香港国际仲裁中心对申请进入其仲裁员名册的人士在专业素质上,要求拥有所需的专业、知识和实际经验,以协助争议者以灵活、保密和合乎成本效益的方式去解决他们之间的分歧。[1]美国仲裁协会对愿意加入该协会仲裁员名册的申请人在专业素质上的要求是,其具有所从事行业的教育背景或职业证书、至少十年高级商业或其他职业或法律实务经历、为所从事行业的协会成员,在该行业享有很高声誉,且申请人需具备一定的司法能力,如能推进审理进程、全面细致地衡量证言和其他证据。[2]

4. 语言能力要求

国际商事仲裁中经常有各方当事人使用不同语言的情况。仲裁时所使用的语言一般由仲裁庭来确定,有时仲裁语言不是某一方当事人的母语,但当事人在组庭前选定仲裁员时选择了通晓己方语言的仲裁员,在以后的仲裁进程中,仲裁员和该方当事人的沟通会容易些,并能减少因意思理解歧义产生不必要的误会。

国际商事仲裁庭成员国籍的多样性有可能产生语言的差异。如果仲裁员彼此不懂对方的语言,在仲裁活动中,如庭审、合议等程序中会产生沟通不便或障碍,增加工作难度。虽然仲裁庭可以聘用翻译,但会增加费用,如果翻译的质量得不到保证,会影响案件的审理质量。对此有些仲裁机构对国际商事仲裁员有语言能力上的要求。如中国国际经济贸易仲裁委员会要求中国籍仲裁员掌握一门外语并可以作为工作语言,外籍仲裁员需掌握一定的中文知识。[3]

国际商事仲裁庭使用的语言通常是当事人在仲裁协议中约定的语言,或当事人向仲裁庭提交的仲裁协议的语言。如 1998 年《伦敦国际仲裁院仲裁规则》第 17 条第 1、2 款中规定:"仲裁的首用语言应是仲裁协议的语言,当事人已经另有书面协议者除外。"如果仲裁协议是用一种以上的语言书写的,"除非仲裁协议规定仲裁程序应使用一种以上的语言进行,否则仲裁院可以决定其中一种语言作为仲裁的首用语言。"[4]但这种作法并非绝对,可根据情况需要变通。1997 年《美国仲裁协会国际仲裁规则》第 14 条规定,仲裁语言原则上是包含仲裁协议的文件所使用的语言,但仲裁庭有权根据当事人的意见和仲裁情况另行决定其他语言为仲裁语言。有时仲裁庭使用的语言不只一种。如 1998 年《伦敦国际仲裁院仲裁规则》第 17 条第 3 款规定:"仲裁庭组成后,除非当事人已就仲裁使用一种或多种语言达成

---

[1] http://www.hkiac.org/HKIAC/HKIAC_English/main.html, 2008 年 3 月 14 日访问。

[2] http://www.adr.org/si.asp? id = 4223,2008 年 4 月 30 日访问。

[3] 《中国国际经济贸易仲裁委员会仲裁员聘任规定》第 2 条,http://www.cietac.org.cn/Arbitration/Arbitration PrescribeEngage.shtml,2008 年 3 月 10 日访问。

[4] http://www.lcia - arbitration.com/, 2008 年 3 月 14 日访问。

了协议,仲裁庭应在给予各方当事人发表书面意见的机会且考虑到仲裁首用语言及其他根据案情认为适当的事项后,确定仲裁使用的语言(一种或多种)。"[1]《联合国国际贸易法委员会仲裁规则》第17条第1款规定:"根据当事人双方的协议,仲裁庭在被指定以后应迅速决定程序中所应使用的一种或几种语言文字。这一决定适用于申诉书、答辩书、以及任何进一步的书面陈述,如进行口头审理,也适用于审理中所使用的一种或几种语言文字。"[2]

(二)特殊要求

1. 现有公职或从事公共职能的人员能否担任仲裁员

现有公职或从事公共职能人员主要是指政府工作人员、法官、检察官、公证员等,对他们是否可以担任仲裁员,各国规定不一。

大陆法系国家一般禁止公职人员担任仲裁员。如1983年奥地利《民事诉讼法典》第578条规定:"司法官员在其司法职务的任期内不得接受指定作为仲裁员。"中国内地《仲裁法》第13条第2款规定了担任仲裁员应当符合的资历条件,该款中第3项规定:"曾任审判员满8年的。"从该条暗示的含义中可以得出,我国的现任法官不应担任仲裁员。

有的国家允许公职人员担任仲裁员,理由在于:司法和仲裁都有审理案件、解决纠纷的功能,二者在某些方面具有相同或相似之处;法官适宜从事仲裁工作,他们所受的培训和经历、他的职业素养使他们擅长把法律和公正结合起来,实现当事人选择仲裁的目的。1971年希腊《民事诉讼法》第871条第1款规定:"一个或几个自然人,或者全体法庭人员,可以被指定为仲裁员。"[3]1996年英国《仲裁法》第93条第1款规定:"商事法院的法官或官方裁判官可在其认为合适的情况下,接受仲裁协议约定或通过仲裁协议产生的由其担任独任仲裁员或公断人的委任。"[4]

作者认为,任职期间的法官不宜担任仲裁员,理由如下:(1)虽然仲裁的民间性和自治性为人公认,但法院对仲裁的司法监督权的存在使仲裁程序中对某些问题的争议还需由法院作最后的裁判。各个国家法院对仲裁的司法监督强度张弛不一,但仲裁与法院间不可避免的联系使担任仲裁员的法官有可能产生身份的重合甚至导致大面积的法官的回避,出现不必要的司法资源浪费。(2)由于法官先前以仲裁员的身份介入案件,使法院的审理不容易摆脱先入为主的印象,难以实现司法监督的中立与公正。(3)如果法官担任仲裁员,即使仲裁裁决和法院判决是公

---

[1] http://www.lcia-arbitration.com/,2008年3月14日访问。

[2] 赵秀文、谢菁菁:《国际商事仲裁法参考资料》,中国人民大学出版社,2006年版,第85页。

[3] http://cietac.chinalawinfo.com/Newlaw2002/SLC/SLC.asp?Db=iel&Gid=67109128,2008年3月31日访问。

[4] 宋连斌、林一飞:《国际商事仲裁资料精选》,知识产权出版社,2004年版,第383页。

正合理的，当事人也难免疑虑，对仲裁裁决和法院判决的不服导致的上诉，使仲裁案件长时间悬而未决，丧失了仲裁方便快捷的特点和优势。

2. 法人或者机构能否担任仲裁员

综观世界各国仲裁立法，很少有立法允许法人担任仲裁员，相反，很多国家明文规定，即使当事人协议指定法人或其他机构为仲裁员，该指定视为未指定。

1981 年法国《民事诉讼法典》第 1451 条规定："仲裁员之任务只能交由自然人担任。该自然人应能完全行使其民事权利。如仲裁协议指定一法人，该法人仅享有组织仲裁之权力。"[1]其第 1455 条规定，如果"在由一个自然人或一个法人负责组织仲裁时，仲裁任务交给经全体当事人接受的一名或数名仲裁员完成。"[2]1996 年中国澳门《核准仲裁制度》第 12 条第 1、2 款规定："仲裁员应为具有完全行为能力之自然人。仲裁协议或当事人随后之书面协议指定一法人作为仲裁员，而该法人属专门机构时，仲裁工作之筹组应由该法人按其规章为之；在其余情况下，该指定视为并未订定。"[3]根据上述规定，仲裁员只能由自然人担任，仲裁员的职责必须由自然人来行使，即使当事人达成仲裁协议约定由某一组织来充任仲裁员，被指定充当仲裁员的法人或其他组织也只能从事仲裁的组织工作，例如接收当事人的仲裁申请书，开具收据、协助当事人挑选仲裁员、将当事人的意愿通知被选中的仲裁员等。至于涉及仲裁案件的审理和裁决则必须由自然人组成的仲裁庭来进行。我国台湾地区"仲裁法"第 5 条规定："仲裁人应为自然人。当事人于仲裁协议约定仲裁机构以外之法人或团体为仲裁人者，视为未约定仲裁人。"

3. 外国人能否担任仲裁员

由于国际商事仲裁有不同于国内仲裁的特点，而且当今普遍存在着支持国际商事仲裁发展的趋势，各国对国际商事仲裁庭组成的规定比对国内仲裁庭组成的规定宽松，其中的一个体现是，各国确认外国人可以在国际商事仲裁中担任仲裁员。如 1986 年荷兰《民事诉讼法典》第 1023 条规定："除非当事人另有约定，任何人不应由于其国籍的原因而妨碍指定。"1988 年保加利亚《国际商事仲裁法》、罗马尼亚《民事诉讼法典》[4]等有类似规定。但有些国家作了不同的规定。例如，日本仲裁立法规定外国人可以在日本举行的仲裁程序中担任仲裁员，但《日本国际商事仲裁协会仲裁规则》第 15 条第 2 款规定："除非当事人另有约定，在被指定为仲裁员时实际上未居住在日本的人，不得担任仲裁员。"还有些国家，如捷克，对外

---

〔1〕 罗结珍：《法国新民事诉讼法典》，中国法制出版社，1999 年版，第 306 页。

〔2〕 罗结珍：《法国新民事诉讼法典》，中国法制出版社，1999 年版，第 307 页。

〔3〕 宋连斌、林一飞：《国际商事仲裁资料精选》，知识产权出版社，2004 年版，第 255 页。

〔4〕 http://cietac.chinalawinfo.com/Newlaw2002/SLC/SLC.asp? Db = iel&Gid = 67109122，2008 年 3 月 31 日访问。

国人担任仲裁员采取对等原则，凡是某一国家允许捷克公民担任该国的仲裁员，则捷克也允许该国公民担任捷克的仲裁员。[1] 另一些国家不允许外国人担任国际商事仲裁员，如1972年比利时《司法法典》第1680条“永久或暂时无选举权的人都不能充当仲裁员”的规定排除了外国人担任仲裁员。

在国际商事交往范围日益扩大、专业化日益深入的今天，国际商事仲裁中外国人担任仲裁员成为国际商事仲裁的发展趋势之一。(1)国际商事仲裁案件包含有涉外因素，最为常见的是有关当事方具有不同的国籍，在此情形下，如果独任仲裁员或几位仲裁员的国籍为内国国籍，难免会使另一方对仲裁员的独立公正和价值倾向产生怀疑，仲裁裁决的结果难以令人信服。(2)国际商事仲裁案件中支配仲裁程序和实体问题所适用的法律有时是他国的法律，当事人愿意选择精通此法律的外国籍仲裁员来进行仲裁。(3)外国人担任仲裁员也符合国际商事仲裁的民间性、国际性的特点。在有关仲裁国际条约或公约中，各国基于合作的宗旨也支持外籍仲裁员的任职。1961年《欧洲公约》第3条规定：“本公约项下之仲裁，外籍人可担任仲裁员。”在著名国际商事仲裁机构中，仲裁员的国籍更是多样化。据伦敦国际仲裁院的统计，在2006年6月，该仲裁院1500名仲裁员分别来自79个国家。[2] 中国海事仲裁委员会2005年起施行仲裁员名单中来自香港、台湾地区的仲裁员和外国籍仲裁员比例为1/5，[3] 中国国际经济贸易仲裁委员会2005年5月1日起施行的国际(涉外)争议仲裁员名册中，外国籍仲裁员的比例达到1/5以上。[4] 在这两个仲裁机构2008年的仲裁员换届中，虽然中国国际经济贸易仲裁委员会仲裁员的总人数有所减少，但外籍仲裁员的人数增加到280多人，占仲裁员总人数的29%，与上届相比人数有了较大幅度的提高，这些仲裁员分别来自38个国家。[5] 外国籍仲裁员人数的增加，反映了我国国际商事仲裁机构吸引力的增加和实力的增强，同时外国籍仲裁员国别的多样化折射出我国仲裁机构业务日益外张，国际化

---

〔1〕 谢石松主编：《商事仲裁法学》，高等教育出版社，2003年版，第188页。

〔2〕 http://www.lcia-arbitration.com/，2006年3月14日访问。

〔3〕 在这个名单中，共有199位仲裁员人选，其中，来自中国香港、台湾地区的仲裁员有12人，外国籍仲裁员有28人，分别来自英国、瑞士、荷兰、德国、比利时、意大利、希腊、西班牙、美国、加拿大、澳大利亚、日本、新加坡等十几个国家。参见《中国海事仲裁委员会仲裁员名单》，http://www.cmac-sh.org/zcy/zhong caiyuan.htm，2008年3月10日访问。

〔4〕 在这个名册中，共有737位仲裁员人选，其中，来自中国港澳台地区的仲裁员有38人，外国籍仲裁员有163人，分别来自英国、爱尔兰、瑞士、瑞典、荷兰、德国、法国、比利时、奥地利、意大利、西班牙、波兰、俄罗斯、美国、加拿大、巴西、澳大利亚、新西兰、日本、韩国、新加坡、泰国、印尼、马来西亚、菲律宾、文莱、印度、巴基斯坦、伊朗、阿联酋、埃及、尼日尼亚等三十几个国家。参见《中国国际经济贸易仲裁委员会国际(涉外)争议仲裁员名册》，http://www.cietac.org.cn/Query/zhongcaiyuannew.asp?type=sy，2008年3月10日访问。

〔5〕 http://www.cietac.org.cn/NewsFiles/NewsDetail.asp?NewsID=678，2008年3月25日访问。

程度越来越高的发展趋势。我国仲裁员也开始走出国门,在国外的仲裁机构中担任仲裁员。以国际商会仲裁院为例,在过去的十年中,中国籍仲裁员数量稳步增多,相当数量的中国法方面的专家被聘为处理涉及中国仲裁案件的仲裁员、首席仲裁或独任仲裁员。[1]

二、国际商事仲裁员的责任

仲裁员的责任,是指在仲裁中仲裁员因行为不端或出现过失而必须承担的责任。仲裁员责任可分为道德责任、纪律责任、法律责任。道德责任是指仲裁员受到当事人或社会舆论的谴责,自己良心的内省等;纪律责任是指仲裁员受到所属仲裁机构或本行业协会的纪律处罚,如警告、记过、罚款、除名;法律责任是指仲裁员因过错在法律上必须承担的责任。以上三种责任中法律责任形式复杂,最具有强制性,仲裁员承担的后果最严重,争议也最大。通常意义上的仲裁员责任是指其法律责任。仲裁员在履职中因失职造成当事人损失,是否应当承担责任,主要有以下三种观点。

(一)仲裁员责任豁免论

"仲裁员责任豁免论"认为仲裁员不承担法律责任,这一观点来源于普通法系国家法官"司法豁免权论"。

英美等国认为,为了保证诉讼程序的完整和司法的权威,法官不对其司法程序中的行为向当事人负民事责任,即使法官在履职中有不当行为,也可以免于任何赔偿责任,这称为法官的"司法豁免权"。仲裁在这些国家被视为是带有"准司法"性质的解决纠纷的方式:仲裁和诉讼都有解决争议、实现公正的目的和作用;仲裁与诉讼在遵循程序的要求上有共通之处;仲裁裁决和法院裁判都是案件审理后对当事人的权利义务进行规定的、具有权威性执行力的结果。唐纳森(Donnaldson)法官认为仲裁员与法官的工作性质是一样的,区别仅在于其履行职能的领域不同,"法院(法官)与仲裁员的业务相同,他们都是在执行法律,二者之间的唯一区别是:法院在公共领域执法,而仲裁员则是在私营工业领域执法。"[2]法官"司法权豁免论"的影响渗入仲裁领域,认为仲裁员应该如法官一样享有豁免权。

在英国,1996年《仲裁法》施行前,仲裁员豁免问题由普通法调整,仲裁员享有全面的豁免权。根据普通法,即使仲裁员有违反公平、公正、谨慎、勤勉等职业操守的行为,给当事人造成损失,仲裁员也无须进行损害赔偿。当事人权利的救济方式是向法院申请赶走(remove)仲裁员、将裁决书发回给原先作出裁决的仲裁员重新裁决,或当事人向法院申请撤销仲裁裁决书。但1996年《仲裁法》施行后,仲裁员

---

〔1〕 http://www.ccarb.org/news_detail.php? VID=5375, 2008年3月25日访问。

〔2〕 [英]施米托夫:《国际贸易法文选》,赵秀文译,中国大百科全书出版社,1993年版,第188页。

的豁免权受到某些事项的限制，仲裁员不再享有全面的豁免权。

目前，美国是规定仲裁员享有完全豁免权的代表国家，其理由是：第一，仲裁具有“准司法性”，仲裁员履行类似法官的职能，法官享有的司法豁免权应该给予仲裁员，保护仲裁员不受当事人的威胁作出违心的裁决或因心存顾虑而不愿担任仲裁员；第二，给予仲裁员完全豁免权是支持、促进仲裁发展的公共政策的需要。美国联邦最高法院认为，给予仲裁员豁免权是一项“意义深远的国家行为”和一项“有利于争议解决的联邦政策”，因为这种豁免不仅以保护仲裁员为目的，更重要的是，它保护和推进了仲裁这种争议解决机制的发展。〔1〕 联邦上诉法院认为，要使决策者和决策机制免受来自败诉一方以诉讼相威胁的不当影响，就有必要给予仲裁员豁免权；只要仲裁员在其职权范围内行事，这种豁免就是适当的，对推进联邦政策也是必要的。〔2〕 在晚近的一些案例中，联邦最高法院表示对仲裁无条件地支持，同时表示，对仲裁的不信任或者怀疑是没有根据的，事实证明，仲裁是足够公正和可靠的。法院甚至认为，在一定层面上，豁免对仲裁员的意义要比对法官的豁免大得多。〔3〕

美国法院坚决支持仲裁员责任豁免的态度，使其在当事人起诉仲裁员的案件中法官判决仲裁员因享有豁免权而免责。受豁免的范围非常广泛，包括：仲裁员没有得到当事人授权、仲裁员行为超越职权、仲裁员在程序上犯错，仲裁员存在偏见、违反公平公正原则。仲裁员违约甚至违法、与一方当事人存在密切的业务联系或有其他不良行为都属于豁免的范围。〔4〕 在立法上，以前的仲裁员豁免制度是通过适用普通法的案例来得到确认并加强的，成文法的规定几乎没有，1955 年美国《统一仲裁法》中没有仲裁员豁免的明确规定。但 2000 年该法修订中增加了关于仲裁员豁免权的条款。2000 年美国《统一仲裁法》第 14 条 a 款规定：仲裁员或仲裁机构在履行其职能时，如同本州法院法官行使其司法职能时一样享有相同的豁免，不负民事责任。该条 c 款规定，即使仲裁员未根据法律规定进行披露，也不影响其按照该条规定享有的豁免。〔5〕 总之，在美国，由于被上升到必须以公共政策来进行保护的高度和得到法院强有力的支持，仲裁员的责任豁免是绝对和全面的。

(二)仲裁员责任论

持仲裁员责任论者主要是大陆法系的学者，认为仲裁员应当承担法律责任，其依据有二：其一，契约责任论，即认为仲裁是建立在契约基础上的，当事人通过直接

---

〔1〕 刘亚玲：“小议国际商事仲裁员民事责任豁免问题——从美英德法四国的立法和实践谈起”，http://www.cietac.org.cn/TheoryResearch/readbookcontent.asp? cgid = 101，2008 年 3 月 13 日访问。

〔2〕 同上注。

〔3〕 同上注。

〔4〕 同上注。

〔5〕 宋连斌、林一飞：《国际商事仲裁资料精选》，知识产权出版社，2004 年版，第 441 页。

或间接方式指定仲裁员来解决争议可看成是当事人和仲裁员达成约定,由仲裁员提供服务并收取报酬。在这种情况下,仲裁员的行为是一种专业行为,应同律师、会计师、审计师、工程师、医生等专门职业人员一样,尽专业小心责任来履行职务。否则,由于过错或过失给当事人造成损失,仲裁员应承担法律责任并进行赔偿。其二,公正行为原则,即认为仲裁员处于居中裁判者的地位,要求仲裁员在履行职责时应当公正行事、平等对待当事人,不得欺诈、受贿、或滥用职权等,否则,当事人可以对仲裁裁决提出异议,向法院申请撤销裁决或申请不予执行,并可要求仲裁员承担个人责任。

这两个原则解释了仲裁员责任的构成基础,也提供了反对"仲裁员责任豁免论"的理由。首先,仲裁员职权和法官职权具有不同性质。仲裁员的权力来自当事人的授权,更多地体现了私法性质;法官的职权来源于国家任命授权,公法赋予司法行为的豁免权不应及于私法契约性质的仲裁员。法官虽然享有司法豁免权,但这种豁免权是相对的。法官在执行职权时,如因过错或犯罪行为给当事人造成损失时,同样应负民事责任,应给予赔偿,只不过追究法官的民事责任前,必须用尽其他法律方法方可。[1] 除承担民事责任外,法官还受选举、弹劾等制度的束缚,这些制度的存在一定程度上控制了法官豁免权带来的权力失衡。相比之下,仲裁员和仲裁机构之间有相对的独立性,仲裁员所受的组织管理和拘束比法官弱得多,其更多依赖于仲裁员的自我约束,如道德品格重视和社会声誉的维护。诉讼案件除法律特别规定外,一般是公开审理,法官的审理活动应严格按照程序法和实体法的规定进行。而仲裁案件因要尊重当事人的保密性要求和意思自治,原则上不公开审理,其程序进行、法律适用具有灵活性,没有定制,仲裁员所受的监督和制约比法官少。

其次,一般情况下,对仲裁当事人提供的权利救济程序属于事后救济措施,而非事前预防。在仲裁裁决已经作出,当事人已经遭到损害后才运行的救济程序除了要制止不公正外,还应对无过错遭到损害的当事人赔偿,而赔偿应由失职的仲裁员负责。

最后,实行仲裁员责任制度不必然阻碍仲裁的良好发展。实践中还没有出现当事人频繁起诉仲裁员而影响仲裁程序正常进行的情形,也没有仲裁员因为害怕被起诉而辞职或推卸担任仲裁员的情形。

仲裁员责任的绝对豁免或者不予豁免都走了极端,上述论证仲裁员应承担民事责任的论据,也是反对"仲裁员责任豁免论"的理由。法国是采用"仲裁员责任论"的代表国家。法国学者们认为,仲裁员应对其行为承担完全责任,法国的相关法律规定对给予仲裁员豁免权设置了许多前提条件,即使当事人和仲裁员在合同

---

[1] 詹礼愿:"试评中国内地与港澳台仲裁员责任制度",《仲裁研究》,2004 年第 1 期,第 32 页。

中有约定仲裁员得被豁免的条款,该约定也可能以当事人意思自治不能超越公共政策的理由而归于无效。瑞典也采用严格的仲裁员责任制,认为仲裁员与当事人之间是合同关系,对仲裁员责任的追究依照一般专业人员的民事责任标准进行。从整体上看,仲裁员承担责任是大陆法系国家普遍的看法,但不同于法国、瑞典的做法,很多国家将责任的承担仅限于某些方面,换言之,在宏观把握上,仲裁员应承担责任是各国的共识;但在具体的立法和司法实践中,采用最多的是"有限的仲裁员责任豁免论"。

(三)有限的仲裁员责任论

"仲裁员责任豁免论"与"仲裁员责任论"分别产生于具有不同文化传统和法律制度背景的国家,各自有不同的操作方式。虽然这两种关于仲裁员责任制度的针锋相对的观点都有其合理性,但也存在不足。前者只看重仲裁的"准司法性",后者只强调仲裁的"契约性",二者仅对仲裁性质的某个方面进行取向,只走向一个极端,缺乏对仲裁性质全面的理解,难免有失偏颇,在实践中产生了很多弊端。因此有学者提出"有限的仲裁员责任豁免论"。

该学说认为,仲裁员对一定范围的事由承担责任,对其他范围的事由享有豁免权。其基本观点是,仲裁员既不像"仲裁员责任豁免论"规定的那样享有完全绝对的豁免权,也不像"仲裁员责任论"规定的那样极易被课以责任承担,而是在一定条件下和一定范围内享有豁免权,如果仲裁员违反条件或超出这个范围,其个人应当承担赔偿责任。仲裁员责任豁免的条件有二:其一,仲裁员必须是真正的行使仲裁权的仲裁员,不是调解人和一般的专业人员,这个条件反映了仲裁的司法性;其二,仲裁协议、仲裁员的指定和任命必须有效。有效的仲裁协议是进行后续仲裁程序的基础,仲裁契约性的反映。仲裁员的指定或任命必须有效,仲裁员才能合法地取得仲裁权,获得法律规定的豁免权。

仲裁员责任豁免的范围有如下两个方面:

1. 程序性范围

仲裁员的仲裁活动必须遵循正当的程序,但如果由于过失违反了程序,仲裁员可以享有豁免权。仲裁员有如下情形之一,故意违反程序给当事人造成损失的,应当承担责任:

(1)应当回避而不回避。仲裁员明知自己与案件有利害关系或与案件当事人存在应回避事项时,不实行回避而继续仲裁的,则他必须对因此产生的仲裁时间过长、花费增加或当事人的其他损失承担责任。

(2)无正当理由提前退出仲裁程序。仲裁员没有正当理由不完成仲裁或退出仲裁程序违反了其接受任命时承诺的将完成裁决的义务,也破坏了仲裁的目的-解决当事人的争议。对当事人因迟延仲裁或重新仲裁产生的损失和额外的花费,仲裁员不能享有责任豁免。

(3)裁决不及时。裁决不是及时作出的,败诉方如果以此为理由申请法院撤销仲裁裁决,前期仲裁的所有努力无异于付诸东流。即使迟延的仲裁裁决有效,当事人因裁决时间拖长遭受不应该的损失,仲裁员不能免责。

2. 契约性范围

仲裁员接受任命时,即明示或默示地对当事人作出了将公正、及时、勤勉仲裁的承诺,以下行为将视为仲裁员对自己承诺的义务的违反,不应享有豁免权:(1)违反保密义务。当事人不愿商业秘密为外界知晓选择仲裁,要求仲裁员保守当事人秘密的,而仲裁员违约泄密。(2)未尽专业小心责任。仲裁员疏于注意,出现重大过失给当事人造成损失。(3)存有恶意信念。如欺诈当事人,使其多付费用、受贿索贿,作不公正的裁决,使当事人遭受损失。

可见"有限的仲裁员责任豁免论"是"仲裁员责任豁免论"和"仲裁员责任论"的折衷,它吸收了后两种理论的合理之处,抛弃了其一些单方面取向的观点,具有一定科学性,实践中运用具有可行性。当今大部分国家采用"有限的仲裁员责任豁免论"规定仲裁员的责任承担。

英国以前根据普通法的规定实行的是仲裁员责任豁免制,1996 年《仲裁法》有了变化。该法第 29 条规定:"仲裁员不对其在履行或试图履行其职权过程中的任何作为或不作为承担责任,除非该作为或不作为表明其违反了诚信原则;本条第 1 款之规定如同适用于仲裁员本人一样适用于其雇员或代理人;本条不影响因仲裁员辞职而产生的责任(除外情况见第 25 条)。"[1] 依照该条规定,仲裁员承担法律责任的前提条件是其在履行职权时违背诚信原则,包括作为与不作为;法律责任承担者范围不仅包括仲裁员,还扩展到行使仲裁职能的雇员和代理人。可见 1996 年英国《仲裁法》在仍然坚持仲裁具有准司法性的观点时开始重视仲裁的契约性,将仲裁员违背诚信的作为或不作为行为列入承担责任的范围。

大陆法系国家从另一个方向进行转变。德国是由"仲裁员责任论"向"有限的仲裁员责任论"演进的代表国家。以前,对法官和仲裁员职责完全不具有等同性的看法反映在立法上是按照不同的性质进行规制,法官是按照违反职务义务来承担责任,仲裁员的地位等同于一般专业人士,对其按照归责于自己的原则追究责任。但后来,德国学者和司法界转变观念,认为仲裁具有准司法性,仲裁员的地位和法官相似。法院开始给予仲裁员比较宽泛的豁免权,除有关程序的违法行为外,仲裁员不因过失而对其履行职责过程中的违约或侵权行为承担任何民事责任。

其他国家有类似转变过程。2002 年泰国《仲裁法》第 23 条规定,仲裁员在履行仲裁员职责时予以责任豁免,除非他们因故意或严重过失给当事人造成了损害而被起诉。该条还规定,如果仲裁员索要、接受或同意接受贿赂,将被处以罚款或

---

[1] 宋连斌、林一飞:《国际商事仲裁资料精选》,知识产权出版社,2004 年版,第 353 页。

最高可达十年的监禁。[1] 1983 年奥地利《民事诉讼法》第 584 条第 2 款规定："不及时履行或完全不履行接受职务而产生的义务的仲裁员应向当事人承担由于他的错误拒绝或迟延而造成的损失，同时不妨碍当事人要求废除仲裁协议的权利。"1971 年希腊《民事诉讼法典》[2] 规定，在执行职责时，仲裁员仅就欺骗或重大过失负责。1986 年葡萄牙《仲裁法》第 9 条第 3 款规定："已接受任命，无正当理由不执行职务的仲裁员应对他造成的损失负责。"

各国虽然给予仲裁员责任豁免的范围、程度不同，但都体现了支持仲裁良好发展的愿望和宗旨。要使仲裁员不受干扰或威胁，维护其独立性，给予仲裁员豁免权是很有必要的。但为了保证仲裁的质量，维护当事人的利益，规范仲裁员能公正负责地履行职责，应该对责任豁免的范围给予一定的界限，仲裁员超出界限之外的行为不享有豁免权，如故意不负责任地敷衍、拖延行事、无正当理由中途辞职、串通一方当事人损害另一方当事人的利益、欺诈、受贿索贿等行为。

(四) 中国仲裁员责任制度

在 1996 年之前，我国香港地区《仲裁条例》没有对仲裁员责任进行明确规定，1996 年仲裁法对此进行了增补，其第 2GM 条第 1 款规定："仲裁庭在法律上须为其或其雇员或代理人在行使或执行或在宣称行使或执行该仲裁庭仲裁职能方面作出的或不作出的作为负法律责任，但只在已证明该作为是不诚实地作出或不作出的情况下，该仲裁庭方须如此负法律责任。"该条第 2 款规定："仲裁庭的雇员或代理人在法律上须为其在行使或执行或在宣称行使或执行该仲裁庭仲裁职能方面作出的或不作出的作为负法律责任，但只在已证明该作为是不诚实地作出或不作出的情况下，该雇员或代理人方须如此负上法律责任。"[3] 该条规定和 1996 年英国《仲裁法》的规定几乎完全相同，这是受法律文化、法律制度影响的结果。

中国内地、澳门地区、台湾地区虽然同属于大陆法系，但规定各不相同。我国台湾地区仲裁法对仲裁员责任未作规定。《澳门本地仲裁法》第 13 条第 5 款规定：接受仲裁员职务之人无合理理由推迟担任职务时，应对由此造成之损害负责。其含义是：承担责任的主体是仲裁员，不包括其他有关人员；承担责任的事由是"无合理理由推迟担任职务"；承担责任的范围是因上述事由对当事人造成的损失。该法条的立法精神是在尊重仲裁员是否接受任命拥有意志自由权的基础上，对仲裁员接受任命后滥用自由权怠职的限制。

---

〔1〕［泰］提摩西·沃斯："仲裁在泰国的最新发展"，寇立耘译，http://www.cietac.org.cn/TheoryResearch/ readbookcontent.asp? cgid=81，2008 年 3 月 13 日访问。

〔2〕［英］施米托夫：《国际贸易法文选》，赵秀文译，中国大百科全书出版社，1993 年版，第 682 页。

〔3〕宋连斌、林一飞：《国际商事仲裁资料精选》，知识产权出版社，2004 年版，第 346 页。

中国内地以前的仲裁法律没有规定仲裁员是否应该承担法律责任,原因在于立法不成熟,仲裁委员会的行政归属。中国内地各仲裁委以前挂靠行政机构,具有很大的行政依附性,仲裁机构及其仲裁员不独立。后来,仲裁委员会脱离行政机构的管辖,仲裁的行政色彩逐渐褪去,走上民间化的道路。尤其是1995年中国内地《仲裁法》的施行,极大地促进了我国仲裁事业的发展。《仲裁法》立法思想是支持仲裁独立自主发展,在内容上新增规定,填补以前立法空白,其中有对仲裁员责任的规定,仲裁员具有下列情形之一的,应当依法承担法律责任,仲裁委员会应当将其除名:(1)仲裁员私自会见当事人、代理人,或者接受当事人、代理人请客送礼,情节严重的;(2)仲裁员在仲裁案件时有索贿受贿,徇私舞弊,枉法裁决行为的。[1] 可见,责任承担的主体为仲裁员;责任承担的事由为仲裁员违反廉洁、公正的某些行为;责任承担的后果是仲裁员既要承担法律责任,也要承担仲裁机构给予的纪律处分。《仲裁法》的上述规定是合理的,但2006年《中华人民共和国刑法修正案(六)》在刑法第399条后增加一条:"依法承担仲裁职责的人员,在仲裁活动中故意违背事实和法律作枉法裁决,情节严重的,处三年以下有期徒刑或者拘役;情节特别严重的,处三年以上七年以上有期徒刑。"这一规定是阻碍我国仲裁发展的不当规定。相比之下,该条规定的责任主体范围大于《仲裁法》的规定;对承担责任事由的规定"故意违背事实和法律作枉法裁决"显示了立法者背离仲裁、尤其是国际商事仲裁的法理与实践;而"情节严重和情节特别严重的"表述模糊不清。该条所确立的"枉法仲裁罪",遭到仲裁理论界和实务界的强烈质疑和批判。

从各国商事仲裁法的规定看,仲裁员责任制度或豁免制度的宗旨是支持仲裁发展,一方面维护仲裁的独立性,应当给予仲裁员必要的豁免权;另一方面保证仲裁的公正性,应当让仲裁员对其故意不诚信行为给当事人遭受的损失承担责任。

仲裁员承担责任的根本目的在于警示仲裁员应公正、勤勉履行职责,而不是要仲裁员对当事人的全部损失予以赔偿。在国际商事仲裁中,当事人涉案所受损失通常金额很大,如果要仲裁员承担全部损失,实质是让作为社会纠纷解决机制之一的国际商事仲裁因承担过高责任而成为高风险行业。这既不现实也不公平。仲裁员承担的责任应当与职权的行使和报酬所得相匹配,而不是将仲裁员直接置换为纠纷当事人。对此,2006年意大利《民事诉讼法》体现了这一考虑,其第813条第3款规定:"如果责任并非由仲裁员的故意欺诈所引起的,则损害赔偿的数额不得超过约定报酬的三倍,或无此约定时,依所适用费率确定的报酬的三倍。""在仲裁员须承担责任的情况下,仲裁员不应得到报酬或费用补偿。如果裁决部分无效,此类

〔1〕 中国内地《仲裁法》第34、38、58条。

报酬或费用补偿应予减少。”“每个仲裁员仅对其自己的行为承担责任。”[1]

第二节　国际商事仲裁庭的组成

一、仲裁庭的类型

(一)独任仲裁庭

独立仲裁庭是指由一名仲裁员组成的仲裁庭。独任仲裁庭曾经是最古老的仲裁庭组成形式,迄今仍是各国仲裁立法和仲裁实践允许采用的组成仲裁庭的方式之一。相比较,英美法系国家比其他国家更倾向适用独任仲裁庭。1996 年英国《仲裁法》第 16 条第 3 款规定当事人“如对仲裁员人数没有约定,仲裁庭应由独任仲裁员组成。”[2]1997 年《美国仲裁协会国际仲裁规则》第 5 条规定:“如当事人未就仲裁员人数达成一致,仲裁员人数为一人,除非因案件金额巨大、案情复杂或其他情况需要采用三人仲裁庭。”[3]1998 年《伦敦国际仲裁院仲裁规则》第 5 条第 4 款也规定采用独任仲裁庭,除非当事人另有约定或仲裁院认为必要采用三人仲裁庭。1984 年澳大利亚新南威尔士《商事仲裁法》第 6 条规定:“除非仲裁协议当事人另有书面约定,仲裁协议没有规定根据该协议进行仲裁所要指定仲裁员人数,则应视为规定指定独任仲裁员。”[4]

许多仲裁机构为满足当事人对仲裁效率和成本的要求,在标的额小或争议比较简单而适用简易程序的案件中,只采用独任仲裁员组成仲裁庭。原因在于,这类案件性质比较简单,独任仲裁员足以胜任案件的审理,且独任仲裁庭案件审理和裁决的效率高于多人仲裁庭,可以为当事人节省时间和费用。《伦敦海事仲裁协会快速和低成本仲裁规则》规定,由当事人选定或由仲裁院指定一名仲裁员组成仲裁庭。[5]《中国国际经济贸易仲裁委员会仲裁规则》规定,适用简易程序的案件,成立独任仲裁庭审理案件。[6] 1995 年《斯德哥尔摩商会仲裁院加速仲裁规则》第

---

[1] 林一飞:“2006 年意大利新仲裁法”,《中国国际私法与比较法年刊(第十卷)》,北京大学出版社,2007 年版,第 492 页。

[2] 宋连斌、林一飞:《国际商事仲裁资料精选》,知识产权出版社,2004 年版,第 346 页。

[3] http://www.adr.org/sp.asp? id=22440, 2008 年 3 月 14 日访问。

[4] http://cietac.chinalawinfo.com/Newlaw2002/SLC/SLC.asp? Db=iel&Gid=67109139, 2008 年 3 月 31 日访问。

[5] 参见 2006 年《伦敦海事仲裁员协会快速和低成本仲裁规则》第 2—5 条, http://www.Lmaa.org.uk/terms.asp? iprocedure=3, 2008 年 3 月 14 日访问。

[6]《中国国际经济贸易仲裁委员会仲裁规则(2005 年)》第 52 条。

1 条规定："仲裁庭由一名独任仲裁员组成。"[1] 2001 年日本《东京海事仲裁委员会小额争议仲裁程序规则》第 8 条规定，小额争议案件由从该会仲裁员名册中指定的独任仲裁员来审理。[2] 香港国际仲裁中心的小额索偿程序也实行独任仲裁员制。

（二）两人制仲裁庭

两人制仲裁庭，是指由两名仲裁员组成的仲裁庭。该仲裁庭一般被少数国家采用，主要存在于某些特殊行业。1877 年德国《民事诉讼法》1028 条曾规定，如果仲裁协议中没有指定仲裁员的规定，由双方当事人各指定一名仲裁员组成两人仲裁庭。1996 年英国《仲裁法》第 22 条第 1 款规定："当事人约定有两名或两名以上仲裁员但不设首席仲裁员或公断人的，亦可自由约定仲裁庭如何作出决定、裁定和裁决。"[3] 1999 年日本《仲裁法》第 788 条规定，如当事人未在仲裁协议中规定如何指定仲裁员，每一方当事人应各自指定一名仲裁员。

实践中，有采取由两名仲裁员组成仲裁庭的方式。在某些行业（如谷物和饲料协会）成立了国际性的商人组织或协会，这些组织或协会内部成立了仲裁机构，通常用行业惯例来解决纠纷。仲裁庭的组成依照惯例做法，在争议产生后，双方当事人各指定一名仲裁员（通常是对该行业有丰富业务经验的人士）组成贸易庭进行仲裁。如果该贸易庭的两位仲裁员对争议解决达不成一致，则争议将被提交给一位公断人来解决，此时，前两名仲裁员身份转变，不再是仲裁员，他们各自以先前指定他们的当事人的辩护人的身份参加公断人主持的仲裁。这种做法是把仲裁作为"友好"解决争议的方法，具有迅速方便的特点。[4] 虽然两人仲裁庭在某些行业中运作得不错，但这不意味它是在国际商事仲裁中值得推广的仲裁庭组成方式。

在两人制仲裁庭中，两位仲裁员的地位、作用相同。在仲裁审理中，如果两名仲裁员之间配合缺乏默契，会存在由谁来主持庭审或决定某些事务的分工、一方作出的安排另一方不同意时该怎么办的问题。这些问题无疑会影响案件程序的正常进行。在进入裁决阶段，如果两位仲裁员对仲裁案件事实和裁决结果各有所见、不能达成一致，仲裁员须通知当事人。如 1983 年奥地利《民事诉讼法典》第 591 条第 1 款规定："如果不能达到作出决定所需的多数意见，或有两名仲裁员时，不能达成一致意见，仲裁员必须通知当事人。" 该条没有释明这些问题：该由一位仲裁员还是由两位仲裁员通知当事人；如果由一位仲裁员通知，应由哪位仲裁员通知；如果

---

〔1〕 宋连斌、林一飞：《国际商事仲裁资料精选》，知识产权出版社，2004 年版，第 74 页。

〔2〕 蔡鸿达："简评日本东京海事仲裁委员会两个简易仲裁程序规则"，http://www.cietac.org.cn/TheoryResearch/readbookcontent.asp? cgid = 104，2008 年 3 月 13 日访问。

〔3〕 宋连斌、林一飞：《国际商事仲裁资料精选》，知识产权出版社，2004 年版，第 349 页。

〔4〕 韩健：《现代国际商事仲裁法的理论与实践（修订版）》，法律出版社，2000 年版，第 155 页。

他仅通知一方当事人,该如何保护另一方当事人的被及时告知权。在具体案件,尤其是在当事人争议激烈的案件中,两名仲裁员之间很有可能因意见分歧产生懈怠、互相抵触的情绪,而他们在仲裁庭中的平等地位,均衡权威成了彼此牵制的工具。有些国家规定此时可由一名公断人介入来审理案件,公断人的裁决为仲裁庭的裁决,但如何选择和选择何种公断人又会拉长仲裁的时间;公断人介入时,通常证据展示、调查取证、庭审阶段已过,其进行的审理大多情况下是书面审。有时候,进行书面审理不如开庭审理可以询问、了解更多的情况。鉴于这些不足,由两名仲裁员组成仲裁庭的情形比较少见,大多数国家的仲裁立法和实践倾向于规定仲裁庭由奇数人数的仲裁员组成。例如1972年比利时《司法法典》第1681条第2款规定:"如果仲裁协议规定偶数数目的仲裁员,则应指定另外一名仲裁员。"1986年荷兰《民事诉讼法典》第1026条第1款规定:"仲裁庭应由奇数仲裁员组成。如果当事人已协议偶数仲裁员,该仲裁员应指定另外一名仲裁员作为仲裁庭的首席仲裁员。"

(三)三人制仲裁庭

三人制仲裁庭,是指由三名仲裁员组成的仲裁庭,是当今国际商事仲裁中最常见的仲裁庭组成方式。1969年瑞士《联邦仲裁协约》第10条第1款规定,除非当事方达成一致,仲裁员为独任仲裁员或其他奇数的仲裁员,则仲裁庭人数为三人。《示范法》第10条第2款规定,如当事人未确定仲裁员人数,则仲裁员人数为三人。其他国家,如德国、瑞典、奥地利、葡萄牙、泰国、韩国、比利时、意大利、保加利亚、中国内地有类似规定。

一般而言,三名仲裁员组成的仲裁庭所花的费用高于独任仲裁庭和两人制仲裁庭;三名仲裁员要协调时间进行案件审理,由于身处各国各地,其作出裁决的时间长于独任仲裁庭,但很多当事人愿意用这种方式组成仲裁庭。原因有二:首先,在国际商事仲裁中,能够跨越种族、国籍、文化背景差异的鸿沟,找到一个让当事人各方都满意和信任的仲裁员不容易;其次,三人仲裁员组成的仲裁庭中至少有一名仲裁员是当事人自己选择的,有利于增强当事人对仲裁庭的信心,仲裁庭作出的裁决结果易于被当事人接受。

二、仲裁庭的组建方式

(一)当事人选定

在仲裁中,当事人可以挑选仲裁员来审理和裁决案件,甚至一些当事人选择仲裁解决其纠纷的重要原因是对某位仲裁员的道德品质和专业素质的信任。这是仲裁充分尊重当事人意思自治的体现之一。1998年德国《民事诉讼法典》第1035条第1款规定:"当事人可以约定指定几名或一名仲裁员的程序。"[1]当事人选定仲

[1] 谢怀栻:《德意志联邦共和国民事诉讼法》,中国法制出版社,2001年版,第277页。

裁员的情形在三人仲裁庭中最为常见。一般而言,双方当事人会分别先选定一名自己满意的仲裁员,第三名仲裁员的产生也会先尊重当事人的意愿,但如果当事人不能就第三名仲裁员达成一致,则会采取其他的产生办法。1988 年保加利亚《国际商事仲裁法》第 12 条第 2 款规定:"如果仲裁庭由三名仲裁员组成,各方当事人应指定一名仲裁员。"1986 年荷兰《民事诉讼法典》第 1027 条第 1 款规定:"仲裁员应按照当事人协议的方式指定。当事人可以委托第三人指定仲裁员。如果指定方式未达成协议,仲裁员应按照当事人的共同意愿指定。" 1999 年韩国《仲裁法》第 12 条第 3 款第 2 项规定:"在三名仲裁员的情况下,每一方当事人均应当指定一名仲裁员。"

但是当事人选定的人选并非都能成为仲裁员,原因是有些人选因某些原因推辞选任,如工作繁忙不能兼顾、健康状况不允许或与案件有利益关系需要回避。在当事人选定仲裁员方式中,对意思自治的尊重不仅体现在当事人对仲裁员的选定中,也体现在被选择的人接受当事人的选定中,这是当事人选定成功的必要条件。因此当事人在仲裁协议中预先选定仲裁员的方法不太可取,原因是当事人之间的合意并不能保证争议发生后被选定的人能够或愿意成为他们的仲裁员,而且即使被选定的人能够或愿意成为仲裁员,争议问题的不可预知性难以保证预先选定的仲裁员能胜任工作。例如,预先选定的仲裁员为实务专家,但争议内容属于法律方面的问题,预先选定的仲裁员不是适宜的人选。

在实践中,当事人各自选定一名仲裁员容易,但对第三名仲裁员或独任仲裁员人选达成共识较难。在此情形下,需要通过其他的方式产生仲裁员。

(二)二级推选

二级推选方式通常为三人制仲裁庭的组建方式。在由三名仲裁员组成仲裁庭的情况下,当事人在各自选定一名仲裁员后(一级推选),第三名仲裁员由被选定的两名仲裁员选定(二级推选)。这种组建方式为各国立法、国际条约和国际法律文件所确认。1983 年奥地利《民事诉讼法典》第 580 条规定:"如果仲裁协议内既无仲裁员姓名也无仲裁员人数和指定的规定,各方当事人应指定一名仲裁员,仲裁员应指定仲裁庭的首席仲裁员。"1988 年埃及《国际商事仲裁法案》第 16 条第 2 款第 2 项规定:"如果当事人没有约定选择仲裁员的期限和指定方式,当仲裁庭由三名仲裁员组成时,每一方当事人指定一名仲裁员,这两名仲裁员应选出第三名仲裁员。"1999 年瑞典《仲裁法》第 13 条规定:"仲裁员应为三人。双方当事人各应委任一名仲裁员,第三名仲裁员由当事人委任的仲裁员委任。"[1]德国、保加利亚、罗马尼亚、韩国、我国台湾地区仲裁立法的规定与上述类似。联合国《示范法》第 10 条规定,第三名仲裁员由当事人各自指定的两名仲裁员指定。1969 年瑞士《关于仲

---

〔1〕 宋连斌、林一飞:《国际商事仲裁资料精选》,知识产权出版社,2004 年版,第 409 页。

裁的州际条约》第11条规定,当事人各选定一名仲裁员后,如对第三名仲裁员人选不能达成一致,由被选定的两名仲裁员指定一名公断人。

由两名仲裁员选定产生的仲裁员立场比较中立,道德品质足以信任,其能力、经验为两名仲裁员肯定,并通过两名仲裁员的认可得到当事人的信任和同意。因此第三名仲裁员通常成为仲裁庭的首席仲裁员。如1997年《新加坡国际仲裁中心仲裁规则(国际规则)》第8条规定:“如果将指定三名仲裁员,当事各方应各指定一名仲裁员,并由该两名仲裁员选定第三名仲裁员。该第三名仲裁员将担任仲裁庭的首席仲裁员。”[1]但是,如果两名仲裁员互不满意对方提出的人选,不能就第三名仲裁员人选达成意见一致;或者在选择仲裁员的过程中,两名仲裁员中的一位或两位不愿或拖延提出人选,导致第三名仲裁员不能尽快确定,需要仲裁机构和法院介入指定仲裁员。

(三)仲裁机构指定

常设仲裁机构备有自己的仲裁员名册。在当事人就仲裁员人选不能达成一致时,有的仲裁机构仲裁规则规定,仲裁员由仲裁机构指定,被指定的仲裁员一般是名册上的人选。当事人有时委托仲裁机构帮其选定仲裁员。《中国国际经济贸易仲裁委员会仲裁规则(2005年)》规定,双方当事人应当各自在一定期限内选定一名仲裁员或者委托仲裁委员会主任指定,如在期限内未能选定或委托仲裁委员会主任指定的,由仲裁委员会主任指定。首席仲裁员、独任仲裁庭仲裁员及多方当事人对仲裁员的选定的方式也是如此。[2] 上述规定和我国内地《仲裁法》第31条相同。1998年《国际商会仲裁规则》第8条规定,如当事人未在规定期限内选定仲裁员,该仲裁员由仲裁院指定;三人仲裁员组成仲裁庭时,首席仲裁员应由仲裁院指定。1998年《伦敦国际仲裁院仲裁规则》第5条第6款规定,由三人组成仲裁庭的,首席仲裁员应由仲裁院指定。[3] 2001年《东京海事仲裁委员会简易仲裁规则》第7条规定:“东京海事仲裁委员会在被申请人提交答辩书之日起10天内,应从本会仲裁员名册中指定一个奇数的或独任的仲裁员名单,这些仲裁员与争议事项的任何一方当事人均无利害关系。”《东京海事仲裁委员会小额争议仲裁程序规则》第8条规定:“东京海事仲裁委员会在被申请人提交答辩书之日或应提交之日起(以先到之日为准)10天内,应从本会仲裁员名册中指定一名独任仲裁员,该仲

---

〔1〕《新加坡国际仲裁中心仲裁规则》(第二版,1997年10月22日起实施),http://www.sealaw.cn/gb/371.html,2008年3月13日访问。

〔2〕参见《中国国际经济贸易仲裁委员会仲裁规则(2005年)》第21—24条。

〔3〕参见《伦敦国际仲裁院仲裁规则》第5条,http://www.lcia-arbitration.com/,2008年3月14日访问。

裁员与争议事项的任何一方当事人均无利害关系。"[1]1995年《斯德哥尔摩商会仲裁院加速仲裁规则》规定由仲裁机构指定独任仲裁员。

在实务中,有些当事人试图通过不指定仲裁员来拖延时间,尤其是在简易仲裁和小额争议仲裁中,案件性质较为简单,但如果因为仲裁庭迟迟不能组成,导致仲裁程序进行受阻,无疑会增加争议解决的时间和各方当事人的成本,实现不了快速解决争议的目的。由上观之,仲裁员直接由仲裁机构指定,虽然使当事人的意思自治受到限制,但防止了某些当事人的懈怠或拖延,实现了仲裁方便快捷的要求。

(四)法院或其他机构指定

法院或其他机构介入仲裁程序指定仲裁员的方式,一般适用于当事人选定和仲裁机构指定相关仲裁员失败的情况,目的是促使仲裁庭成功组成。1998年德国《民事诉讼法典》第1035条第3款规定,如果当事人对指定仲裁员没有约定,也不能就独任仲裁员的指定达成一致时,法院依一方当事人的请求指定仲裁员。由三名仲裁员进行仲裁时,一方当事人拖延指定仲裁员或已指定的两名仲裁员就第三名仲裁员不能达成一致,由法院依一方当事人的申请指定仲裁员。[2] 1981年法国《民事诉讼法典》第1444条规定:"如在发生争议后,仲裁法庭之成立因一方当事人所为而遇到困难,或者在实施指定仲裁员之方式时遇到困难,由大审法院院长指定一名仲裁员,或者指定各仲裁员。但是,如协定有明确规定,指定仲裁员由商事法院院长为之"[3] 1989年瑞士《联邦国际私法法规》第179条规定,在当事人之间不存在指定仲裁员的协议时,仲裁员的指定由法院进行。2002年我国台湾地区"仲裁法"、1999年日本《仲裁法》、2000年美国《统一仲裁法》,以及荷兰、意大利、比利时、瑞典等国的有关法律也作了相似的规定。

指定仲裁员的机构除了仲裁机构和法院外,还有其他机构。1988年保加利亚《国际商事仲裁法》第12条规定,如果一方当事人在收到另一方当事人请求后三十天内未指定其仲裁员或者如果两位仲裁员在其指定后三十天内未能就第三名仲裁员达成协议,保加利亚商工会主席应根据一方当事人的请求指定该仲裁员。保加利亚商工会主席根据该法规定作出的指定是终局的。联合国《示范法》的规定更为灵活,第11条规定,在当事人不能就独任仲裁员或其指定的两名仲裁员都无法就第三名仲裁员人选达成一致时,则独任仲裁员或第三名仲裁员可由法院或其他机构指定。

---

[1] 蔡鸿达:"简评日本东京海事仲裁委员会两个简易仲裁程序规则",http://www.cietac.org.cn/TheoryResearch/readbookcontent.asp?cgid=104,2008年3月13日访问。

[2] 参见《德国民事诉讼法典》第1035条第3款。引自谢怀栻:《德意志联邦共和国民事诉讼法》,中国法制出版社,2001年版,第277页。

[3] 罗结珍:《法国新民事诉讼法典》,中国法制出版社,1999年版,第305页。

综上所述，除了在简易仲裁、小额仲裁等对程序快速推进要求较高的案件中，由仲裁机构选定仲裁员外，各国或地区的仲裁立法、各仲裁机构仲裁规则的总体原则是尊重当事人行使意思自治权选定仲裁员。只有在当事人不能达成合意，为了仲裁的顺利进行，仲裁机构、法院或其他机构才介入指定仲裁员。

三、仲裁员的回避

国际商事仲裁员的回避，是指国际商事仲裁中仲裁员被选定或被指定后发现其存在不宜、不能在该案中担任仲裁员的情况，该仲裁员退出案件，不再在该案中担任仲裁员的制度。仲裁员回避的方式有两种：主动回避和被动回避。主动回避是指某个特定案件中的仲裁员在认为自己与该案件有利害关系或与该案当事人存在其他关系，不适合担任该案仲裁员时，主动向当事人或仲裁机构提出回避请求。被动回避是指当事人发现仲裁员与该案件有利害关系或与该案当事人存在其他关系，不适合担任该案仲裁员时，向仲裁机构提出回避申请。如果仲裁庭由多人组成，被动回避的提出者还有可能是该仲裁庭的其他仲裁员。[1]

（一）仲裁员回避的理由

1. 不符合当事人的要求

仲裁员不具备当事人在仲裁协议中所载明的要求，应该回避。在国际商事仲裁中，当事人一般会根据他们之间业务交往、争议性质等情况对仲裁员提出具体要求，如仲裁员所擅长的专业领域、从业年限、经验和技能、是否某专业协会会员等。有的当事人约定发生争议后，挑选"商人"为仲裁员，当事人此种约定应当得到尊重。如果担任的仲裁员（无论其是选定还是指定）不是该类人士，败诉方极有可能以仲裁员不具备约定资格为由申请不予执行或撤销仲裁裁决。有的国家或地区明确规定，仲裁员不符合当事人约定的要求是当事人提出异议的事由。如 1987 年瑞士《联邦国际私法法规》第 180 条第 1 款规定："仲裁员可被提出异议，如果其不符合当事人协议的要求。"有的国家或地区规定，仲裁员不具备当事人约定的资格属于回避的事由。1992 年韩国、1992 年我国台湾地区"仲裁法"、1988 年保加利亚《国际商事仲裁法》、1988 年埃及《国际商事仲裁法案》、1998 年德国《民事诉讼法典》、2006 年意大利《民事诉讼法》有类似规定。

2. 仲裁员不公正、不独立

（1）仲裁员的独立性和公正性

仲裁员的独立性，是指仲裁员和当事人之间不存在经济上或其他方面的利益关系。经济上的利益关系指诸如在当事人一方企业担任职务、持有当事人一方企

[1] 1998 年《伦敦国际仲裁院仲裁规则》第 10 条第 1 款 b 项规定，对仲裁员的异议可由一方当事人提出或其余仲裁员提出。参见《伦敦国际仲裁院仲裁规则》（适用于 1998 年 1 月 1 日后开始的仲裁），http://www.lcia-arbitration.com/，2008 年 3 月 14 日访问。

业大量股票、和当事人一方企业有业务合作关系等。其他利益关系指诸如与当事人具有亲属关系或其他社会关系。仲裁员公正性是指仲裁员处事不偏不倚,其判断的依据可以是仲裁员的言行、思想状态、奖惩情况等。

在早期,由于仲裁机构的制度不够健全,当事人不按照仲裁机构的指导指定仲裁员,结果给仲裁庭的独立性和公正性带来了问题。1920 年由国际商会主持的一起仲裁案件颇为典型。该案中,争议一方当事人是一位法国工业家,他指定他的总工程师为仲裁员;另一方当事人是一位英国制造商,他指定的仲裁员是其在法国某地的商业代理人。在这种情况下,只可能指望第三位仲裁员即一位比利时公民具有独立性。[1] 这种做法既不利于仲裁案件的顺序进行,又不利于仲裁的发展,故遭到多方的批评和反对。后来的《国际商会仲裁规则》明确规定仲裁员应具有独立性,将缺乏独立性作为仲裁员回避的事由之一,被指定或确定的仲裁员必须提交无保留的独立声明书或当事人未反对的有保留的独立声明书。[2]

与一方当事人有利益关系的仲裁员在被选定或被指定任职时,应该尽快公布这些情形。在仲裁过程中,在知道这些情形后应立即告知各方当事人。如果当事人因这些情形要求仲裁员辞职或回避,仲裁员应退出仲裁庭。如果当事人无异议,仲裁员仍可接受任命或继续仲裁。这被称为仲裁员披露制度。披露制度提供了一个回旋的余地,使与一方当事人有一定利害关系的仲裁员在另一方当事人知情后不反对的情况下仍然可以担任仲裁员。

另一个问题是,虽然具有独立性但对当事人有倾向性的人士能否担任仲裁员。在仲裁实务中,当事人在指定仲裁员时,会就仲裁员人选进行询问、商谈等,仲裁员就任后很有可能会倾向于指定自己的当事人。这在美国被称为"预先倾向于当事人"。对这种预先倾向性,有的国家予以认可,如美国纽约州法院曾承认,当事人可以"选择由两名有倾向的仲裁员和一名中立的第三仲裁员组成的合议庭解决争议,这是他们的事务,我们不能重新起草他们的合同。"[3] 但预先倾向性并不意味仲裁员可以带着偏见偏袒行事。美国律师协会/美国仲裁协会 2004 年《仲裁员道德守则》中规定,非中立仲裁员虽然可以预先倾向于委任他们的当事人,但是在所有其他方面,他们均应善意、正直和公平行事。[4]

纠纷的解决者应当居中裁断,方能使当事人信服。选择以仲裁方式解决纠纷的当事人不愿意得到一个有偏见的审理和裁决,公正是仲裁的生命。而仲裁的公

---

〔1〕 韩健:《现代国际商事仲裁法的理论与实践(修订版)》,法律出版社,2000 年版,第 172 页。

〔2〕 参见 1998 年《国际商会仲裁规则》第 9 条第 2 款、第 11 条第 1 款。

〔3〕 Astoria Medical Group v. Health Insurance Plan of Greater New York, *Arbitration Journal*, 1962, p. 215.

〔4〕 [英]艾伦·雷德芬、马丁·亨特等:《国际商事仲裁法律与实践》,林一飞、宋连斌译,北京大学出版社,2005 年版,第 216 页。

正在很大程度上取决于裁员的独立性与公正性。当今大多数仲裁立法和仲裁规则将二者同时规定。《示范法》第12条规定:"某人被询有关他可能被指定为仲裁员的事情时,他应该将可能会对他的公正性或独立性引起正当的怀疑的任何情况说清楚。仲裁员从被指定之时起以至在整个仲裁程序进行期间,应不迟延地向当事各方说清楚任何这类情况,除非他已将这类情况告知当事各方。[1]《联合国国际贸易法委员会仲裁规则》第9条的规定类似。在各国立法中,如1998年德国《民事诉讼法典》、1988年保加利亚《国际商事仲裁法》,有类似规定。《中国国际经济贸易仲裁委员会仲裁规则(2005年)》第25条也规定:"被选定或者被指定的仲裁员应签署声明书,向仲裁委员会书面披露可能引起对其公正性和独立性产生合理怀疑的任何事实或情况。"

在国际商事仲裁庭的组庭过程中,当事人在选定仲裁员时,对其独立性和公正性的衡量中添加了对其国籍的考虑。虽然仲裁员大多希望能公正合理解决纠纷,但不同国籍的仲裁员会基于种族价值观、文化背景的差异或对他国国情的了解程度不同等因素导致每个人对案件事实有不同的认识,对当事人的所作所为有不同的看法,有的是同情,有的则不理解、不相信甚至产生恶感,这些因素有时事关案件的输赢。在一件中方船东与欧洲承租人间"滞期费"争议案中,由于中方保存证据的时限规定比较短,导致该证据因销毁而不能提交仲裁庭,不了解中方情况和惯常做法的西方仲裁员怀疑这是中方当事人故意不提交证据,仲裁的结果是中方当事人败诉。[2] 所以在国际商事仲裁中,不同国籍的当事人在选定仲裁员时虽不一定要选择更具有亲切感和理解力的本国籍人士担任仲裁员,但委任一名下述情况的仲裁员是合适的:该仲裁员因文化或背景原因可能对案件有广泛的同情,但在认定、评估事实和发表法律观点时,将严格保持公正。[3] 在仲裁员由仲裁机构指定的情况下,该仲裁机构会考虑仲裁员的国籍。1998年《国际商会仲裁规则》第9条第1款规定:"仲裁院在确认或指定仲裁员时,应考虑各位仲裁员的国籍、居住地、与当事人或其他仲裁员国籍国的其他关系以及该仲裁员是否有时间和能力在本规则下进行仲裁。"[4]

由于独任仲裁员或第三名仲裁员(通常是首席仲裁员)在仲裁庭中起领导作用,基于公正考虑,各国或地区的仲裁立法和各仲裁机构仲裁规则要求国际商事仲裁庭独任仲裁员或首席仲裁员的国籍一般为非当事人国籍。例如,1998年德国

---

〔1〕 赵秀文、谢菁菁:《国际商事仲裁法参考资料》,中国人民大学出版社,2006年版,第51页。

〔2〕 杨良宜、莫世杰、杨大明:《仲裁法－从1996年英国仲裁法到国际商务仲裁》,法律出版社,2006年版,第137～138页。

〔3〕 [英]艾伦·雷德芬、马丁·亨特等:《国际商事仲裁法律与实践》,林一飞、宋连斌译,北京大学出版社,2005年版,第214页。

〔4〕 赵秀文、谢菁菁:《国际商事仲裁法参考资料》,中国人民大学出版社,2006年版,第281页。

《民事诉讼法典》第1035条第5款规定："在指定独任仲裁员或首席仲裁员的情形下，法院应同时考虑指定当事人国籍之外其他国籍仲裁员的适当性。"[1] 1987年《阿拉伯商事仲裁公约》、1998年《伦敦国际仲裁院仲裁规则》有类似规定。[2]

(2)因欠缺公正性或独立性而回避

各国仲裁立法、相关仲裁规则和有关国际法律文件一致确认，欠缺公正性和独立性属于仲裁员应回避的事由。原因在于，仲裁争端解决方式的追求目标是公正，而仲裁员的公正性和独立性是实现该目标的关键因素。

中国内地《仲裁法》第34条规定：仲裁员有下列情形之一的，必须回避，当事人也有权提出回避申请：是本案当事人或者当事人、代理人的近亲属；与本案有利害关系；与本案当事人、代理人有其他关系，可能影响公正仲裁的；私自会见当事人、代理人，或者接受当事人、代理的请客送礼的。联合国《示范法》第12条第2款规定："只有存在对仲裁员的公正性或独立性引起正当的怀疑的情况或他不具备当事各方商定的资格时，才可以对仲裁员提出异议。"[3] 1998年德国《民事诉讼法典》[4]、1998年《国际商会仲裁规则》[5]、2008年《美国仲裁协会国际仲裁规则》[6]、《联合国国际贸易法委员会仲裁规则》[7]均有类似规定。

3. 其他理由

仲裁员回避的理由还包括仲裁员不具备完全的民事行为能力、行使职责不勤勉等。由于仲裁具有诉讼不具备的弹性化特征，为仲裁员充分发挥自己的才智提供了更为广阔的空间，同时也为仲裁员课以更大的责任，要求仲裁员更为勤勉地发挥自身的主动性。如果仲裁员缺乏勤勉等责任感的，也可以作为回避的法定理由。仲裁员缺乏完全行为能力而不具备胜任仲裁职务的，也是被要求回避的正当理由。如1999年日本《仲裁法》第792条第2款规定，除非仲裁协议另有规定，当事人可以申请不适当拖延履行职责的仲裁员回避。该条第3款规定，当事人可申请仲裁员回避，如果该仲裁员是完全无行为能力人、限制行为能力人，或存在该仲裁员被剥夺、被暂停行使其民事权利的情况。1969年瑞士《联邦仲裁协约》第18条第2款规定，仲裁员如果是无行为能力人，或者由于犯了不名誉的轻重罪行而受到自由刑的处分者，也可以被要求回避。

---

[1] 赵秀文、谢菁菁：《国际商事仲裁法参考资料》，中国人民大学出版社，2006年版，第191页。

[2] http://www.lcia-arbitration.com/，2008年3月14日访问。

[3] 赵秀文、谢菁菁：《国际商事仲裁法参考资料》，中国人民大学出版社，2006年版，第51页。

[4] 谢怀栻：《德意志联邦共和国民事诉讼法》，中国法制出版社，2001年版，第278页。

[5] 赵秀文、谢菁菁：《国际商事仲裁法参考资料》，中国人民大学出版社，2006年版，第282页。

[6] http://www.adr.org/sp.asp? id=28998，2008年3月14日访问。

[7] 赵秀文、谢菁菁：《国际商事仲裁法参考资料》，中国人民大学出版社，2006年版，第83页。

（二）提出回避的方式和时限

1. 提出回避的方式

提出回避一般采用书面方式。提出回避的一方当事人将回避请求提交给仲裁庭或仲裁机构后，应尽快将此情况告知另一方当事人，告知时宜采用书面形式。1995 年瑞典《斯德哥尔摩商会仲裁院加速仲裁规则》第 3 条第 1 款规定："拟对仲裁员提出回避的任一方当事人应书面提出并附具相应理由，并应将此情况通知仲裁院及另一方当事人。"〔1〕2008 年《美国仲裁协会国际仲裁规则》第 8 条第 2 款规定："回避要求应书面陈述理由。"〔2〕《联合国国际贸易法委员会仲裁规则》第 11 条第 2 款规定，当事人对仲裁员的异议通知书"应通知另一方和仲裁庭其他成员。通知应以书面为之，并应说明提出异议的理由。"〔3〕上述规定的相同之处是，在书面提交的回避申请时只要陈述理由即可。而 1998 年《国际商会仲裁规则》的规定略有不同，即提出回避的书面陈述中应指出回避所依据的事实和情况。《中国国际经济贸易仲裁委员会仲裁规则（2005 年）》第 26 条第 2 款规定："当事人对被选定或者被指定的仲裁员的公正性和独立性产生具有正当理由的怀疑时，可以书面向仲裁委员会提出要求该仲裁员回避的请求，但应说明提出回避请求所依据的具体事实和理由，并举证。"依据该规则规定，当事人提出回避申请不仅要陈述对仲裁员公正性和合理性的怀疑的具体事实和理由，还必须有确切的证据支持。

2. 提出回避的时限

为了仲裁程序不被过多拖延有必要对提出回避申请进行时间限制。当事人提出回避请求的，应当尽快在规定的期限内提出，否则，即使当事人提出回避请求，会被视为因自己不当因素放弃了提出回避请求的权利，他方当事人和仲裁员可以此为理由抗辩。一般情况下，如果当事人在仲裁协议中对仲裁员提出回避的时间达成一致，提起回避的期限按照当事人的约定，但为了仲裁的效率，这个期限不宜过长。

各国仲裁立法和仲裁规则，对提出回避请求的期限作了规定，但在具体期限上不尽相同，一般是在 10 天至 30 天内。2006 年意大利《民事诉讼法》规定，提出回避申请的时限为通知仲裁员委任之日起 10 天内或在此后知悉回避理由之日起 10 天内。联合国《示范法》、《联合国国际贸易法委员会仲裁规则》、《美国仲裁协会国际仲裁规则》、1999 年瑞典《仲裁法》，以及韩国、保加利亚、埃及等国仲裁立法，中国国际经济贸易仲裁委员会、伦敦国际仲裁院、斯德哥尔摩商会仲裁院等仲裁机构的仲裁规则将当事人提出回避请求的期限规定为，其知道仲裁员被委任、仲裁庭组

---

〔1〕 宋连斌、林一飞：《国际商事仲裁资料精选》，知识产权出版社，2004 年版，第 74 页。

〔2〕 http://www.adr.org/sp.asp? id = 28998，2008 年 3 月 14 日访问。

〔3〕 赵秀文、谢菁菁：《国际商事仲裁法参考资料》，中国人民大学出版社，2006 年版，第 83 页。

成,或知道仲裁员具有不公正不独立等回避事由后15日内。1998年《国际商会仲裁规则》、1995年《斯德哥尔摩商会仲裁院加速仲裁规则》规定,知道仲裁员委任后或知悉仲裁员具有应回避事由后30天内提出回避请求。前者第11条第2款规定:"要求仲裁员回避的申请,提出申请的当事人必须在其收到指定或确认该仲裁员的通知之后三十天内发出,或者,如果该当事人在收到仲裁员指定或确认通知之后才得知申请回避所依据的事实或情况,他必须在其得知之日起三十天内发出。"[1]后者第3条规定:"回避请求应在该方当事人知悉其所声称之不称职情事后立即提出,但是在任何情事下都不得超过30天。未根据本条提出回避请求的当事人应视为放弃提出回避的权利。"[2]

中国内地立法规定较为特殊,回避申请的提出时限是在首次开庭前或最后一次开庭终结前。中国内地《仲裁法》第35条规定:"当事人提出回避申请,应当说明理由,在首次开庭前提出,回避事由在首次开庭后知道的,可以在最后一次开庭终结前提出。"《中国国际经济贸易仲裁委员会仲裁规则(2005年)》第26条第3款的规定原则上将对仲裁员的回避请求规定为收到组庭通知之日起15天内以书面形式提出,但如果该回避事由的得知是在上述15日之后,则提出回避请求的期限可以宽限至最后一次开庭终结前。

3. 决定回避的机构

(1) 司法监督下由仲裁庭决定

仲裁庭有决定权仲裁员回避。如当事人对仲裁庭的决定不服,可向法院起诉,法院或其他机构拥有最终决定权。这种方式最常见,为大多数国家或地区仲裁立法、有关仲裁规则和国际法律文件采用。

1998年德国《民事诉讼法典》第1037条规定,如果当事人向仲裁庭"要求仲裁员回避而不成时,要求回避的当事人可以在收到驳回回避的通知后一个月内,申请法院作出裁判;当事人双方可以约定另一个期间。这一申请系属于法院后,仲裁庭,包括被要求回避的仲裁员在内,可以继续仲裁程序,并且可以作出仲裁裁决。"[3]韩国、瑞典、我国台湾地区等的仲裁立法中有相同的规定。

根据联合国《示范法》第13条规定,一方当事人向仲裁庭提出对仲裁员的回避请求后,如果该仲裁员没辞职或另一方当事人不同意对该仲裁员的异议,仲裁庭对该仲裁员是否回避作出决定。如果仲裁庭驳回当事人的回避请求,提出回避请求的当事人可以在收到驳回请求通知书的30日内请求有关法院或其他被授权的机构就仲裁员的回避作出决定,该决定是终局的。在该决定未决期间,仲裁庭,包

---

〔1〕 赵秀文、谢菁菁:《国际商事仲裁法参考资料》,中国人民大学出版社,2006年版,第282页。

〔2〕 宋连斌、林一飞:《国际商事仲裁资料精选》,知识产权出版社,2004年版,第74页。

〔3〕 谢怀栻:《德意志联邦共和国民事诉讼法》,中国法制出版社,2001年版,第278页。

括被要求回避的仲裁员可继续仲裁程序和作出仲裁裁决。

1988年埃及《国际商事仲裁法》第19条的规定略有不同,当事人“如果没有要求回避程序的约定,回避请求应……向仲裁庭提交,……如果被要求回避的仲裁员不放弃其职位,或另一方反对,仲裁庭应作出决定。如果回避请求被驳回,提出请求的一方可以……请求法院就回避请求作出决定。在法院就回避请求作出决定以前,仲裁庭,包括被要求回避的仲裁员,可以决定继续仲裁程序并作出裁决,除非第7条所述法院以有力的理由决定暂停程序。”该条规定与前述国家的规定的差别在于:在当事人的回避请求被仲裁庭驳回后再向法院请求就仲裁员回避作出决定时,如果存在有力的理由,法院可以决定暂停仲裁程序。1986年荷兰《民事诉讼法典》第1035条规定,对仲裁员的异议及其理由被通知后,仲裁庭可在收到通知之日起中止仲裁程序。如果被异议的仲裁员在收到通知之日后两周内不回避,地方法院院长应根据任何一方当事人请求,就异议作出决定。1988年保加利亚《国际商事仲裁法》第15、16条规定:“除非仲裁员自行回避或者另外一方当事人同意回避,仲裁庭应就回避作出决定。回避请求被驳回的,提出回避的一方当事人可以在被告知驳回回避后的三十天内,请求索非亚市法院就回避作出决定。法院的决定是终局的,不得以任何监督的方式复审。当该请求提出时,仲裁庭应中止其程序。”

(2)仲裁机构或其负责人作出决定

采用这种方式的主要是一些仲裁机构。如1998年《伦敦国际仲裁院仲裁规则》第10条第4款规定,在当事人发出对仲裁员的异议书后,除非受异议的仲裁员退任或其他所有的当事人一致同意该异议,否则该项异议得由仲裁院作出裁定。[1] 1999年瑞典《仲裁法》第11条规定,当事人可以约定回避请求由仲裁机构作终局性决定。[2] 1996年《国际商会仲裁规则》第11条第3款规定:“仲裁院应对是否接受回避申请,以及必要时,在秘书处给予该仲裁员、其他当事人和仲裁庭其他成员在合理时间内提出书面评论的机会后,对是否支持回避申请作出决定。”[3] 1995年《斯德哥尔摩商会仲裁院加速仲裁规则》第3条第3款规定:“回避与否之决定由仲裁院作出。”[4] 上述规定没有说明仲裁机构的决定是否具有终局性,而有些仲裁机构明确该仲裁院的决定具有终局性。如1999年《斯德哥尔摩商会仲裁院仲裁规则》第18条第4款规定:“仲裁院应对回避事宜作出终局决定。”[5] 1997年《美国仲裁协会国际仲裁规则》采纳的方式是由仲裁机构负责人作

---

〔1〕 参见《伦敦国际仲裁员仲裁规则》第10条第4款, http://www.lcia-arbitration.com/, 2008年3月14日访问。

〔2〕 宋连斌、林一飞:《国际商事仲裁资料精选》,知识产权出版社,2004年版,第409页。

〔3〕 赵秀文、谢菁菁:《国际商事仲裁法参考资料》,中国人民大学出版社,2006年版,第282页。

〔4〕 宋连斌、林一飞:《国际商事仲裁资料精选》,知识产权出版社,2004年版,第74页。

〔5〕 宋连斌、林一飞:《国际商事仲裁资料精选》,知识产权出版社,2004年版,第168页。

出决定。该规则第 9 条规定,如另一方当事人或其他各方当事人不同意回避申请或被要求回避的仲裁员不辞职,行政负责人应自行决定该仲裁员是否回避。[1] 中国内地《仲裁法》第 36 条规定:"仲裁员是否回避,由仲裁委员会主任决定;仲裁委员会主任担任仲裁员时,由仲裁委员会集体决定。"《中国国际经济贸易仲裁委员会仲裁规则(2005 年)》第 26 条第 6 款规定,除仲裁员主动辞职或双方当事人都同意仲裁员回避的情形外,仲裁员是否回避,由仲裁委员会主任作出终局决定并可以不说明理由。

(3)法院决定

2000 年我国台湾地区"仲裁法"第 17 条规定:"当事人请求独任仲裁人回避者,应向法院为之。"法国《民事诉讼法》第 1463 条规定,对仲裁员的回避的执行如果有困难,提交给有管辖权的法院的院长处理。[2] 2006 年意大利《民事诉讼法》规定,回避申请向有关法院的院长提出,该法院院长应听取仲裁员和当事人的意见,如有必要,取得简要的信息,并应以裁定的形式作出决定,该裁定不得上诉;申请回避期间仲裁程序不中止,继续进行,除非仲裁庭另有决定;但是如果回避申请得到支持,被回避的仲裁员进行的或其参与进行的活动无效。

(4)原委任仲裁员的机构决定

按照有关国家和仲裁机构的相关规定,除了当事人之外,仲裁机构、法院、某些专业协会或工商联合会都具有委任仲裁员的权利。当仲裁员由此类机构委任的,其回避申请应向它们提出。

《联合国国际贸易法委员会仲裁规则》第 12 条规定,如果一方当事人对仲裁员的异议不被另一方当事人接受,且该仲裁员不辞职,则回避决定由最初指定仲裁员的机构作出;如果仲裁员的任命不是由指定机构作出的,但先前曾指定过有关机构,则回避决定由该机构作出。按照以上规定,回避决定是由原委任仲裁员的机构作出,如果原先指定仲裁员的是法院,则回避决定应由法院作出,该决定具有终局性;如果原指定仲裁员的是仲裁机构、工商会、专业协会或其他机构,则回避决定应由它们作出,它们的决定也是终局的。

(5) 当事人可约定由第三方作出决定

如 1999 年瑞典《仲裁法》第 10 条规定:"一方当事人要求仲裁员回避,……除非当事人约定由第三方作出决定,仲裁员们应对回避请求作出决定。"[3] 从条文规定看,瑞典《仲裁法》赋予了当事人可以约定由第三方对回避请求作出决定的权利。

---

〔1〕 http://www.adr.org/sp.asp? id = 28998,2008 年 3 月 14 日访问。

〔2〕 罗结珍:《法国新民事诉讼法典》,中国法制出版社,1999 年版,第 309 页。

〔3〕 宋连斌、林一飞:《国际商事仲裁资料精选》,知识产权出版社,2004 年版,第 409 页。

(三)对己方选定的仲裁员和其他人员的回避请求

当事人回避请求针对的是对方选定或机构指定的仲裁员。各国立法或仲裁机构仲裁规则一般不允许当事人对己方选定的仲裁员提出回避请求,除非仲裁员具有应回避的情形是当事人在选定或参与选定仲裁员后才得知。

1969 年瑞士《关于仲裁的州际条约》第 18 条第 3 款中规定,一方当事人不能对其指定的仲裁员提出异议,除非支持该异议的理由是在被提出异议的仲裁员任命后出现的,或者当事人证实其在任命时不知道该仲裁员具有异议情形。1969 年瑞士《联邦仲裁协约》有相同的规定,一方当事人对于他自己所选任的仲裁员,只能基于选任以后所发生的原因而要求其回避,但当事人如能释明他在选任时不知道有回避原因的除外。1998 年德国《民事诉讼法》、2006 年意大利《民事诉讼法》〔1〕、1998 年《伦敦国际仲裁院仲裁规则》〔2〕均有类似规定。

除了仲裁员的回避外,有些国家还规定了其他仲裁工作人员的回避。如 1986 年荷兰《民事诉讼法典》第 1033 条规定,对仲裁员的异议理由可同样适用于对仲裁庭的秘书的异议。在国际商事仲裁实务中,参与特定案件仲裁活动的除了仲裁员外,还有办案秘书、书记员、翻译、鉴定人、勘验人等人员,他们有的经手管理案件的文书、资料,有的从事证据的鉴定工作,虽然不直接审理和裁决案件,但他们的工作与案件程序进行和裁决结果有密切的联系,仲裁机构和仲裁庭在任用工作人员时应当考虑这些工作人员参与案件是否适宜,对他们的回避由仲裁庭或仲裁机构决定。

第三节　国际商事仲裁庭的重组

仲裁庭重组是针对组建的仲裁庭存在瑕疵进行的救济。仲裁庭重组有两种情况,一是仲裁庭由于缺员而必须进行补充,二是司法机关撤销仲裁裁决之后通知重新仲裁而必须重组仲裁庭。第二种情况事实上是重新开启一个新的仲裁程序,此处专论第一种重组情形。

一、国际商事仲裁庭重组的原因和方式

(一)仲裁庭重组的原因

国际商事仲裁庭组成后,进入案件的审理程序。在此过程中,该庭中可能有仲

〔1〕 林一飞:“2006 年意大利新仲裁法”,《中国国际私法与比较法年刊(第十卷)》,北京大学出版社,2007 年版,第 493 页。

〔2〕 http://www.lcia-arbitration.com/,2008 年 3 月 14 日访问。

裁员因某些情况导致不能或不被允许参加该仲裁程序。成员不完整的仲裁庭不仅有违当事人的初衷，也对案件的公正审理和裁决不利，须重新选定或指定新的仲裁员，新任命的仲裁员和先前仲裁庭保留的仲裁员一起重新组成仲裁庭，以继续仲裁。此为国际商事仲裁庭的重组。故国际商事仲裁庭重组的原因是仲裁庭缺员。

导致仲裁庭缺员的因素很多，诸如仲裁员在仲裁活动中生病、死亡无法继续履行职责，不可抗力或意外事故使仲裁员履职不便，仲裁员辞职、仲裁员被回避等情形导致仲裁员的任命终止。如联合国《示范法》第 15 条规定，仲裁员任命终止的情形有：当事人对仲裁员提起的回避请求被接受、仲裁员在法律上或事实上不能履行职责、由于某些原因仲裁员过分迟延行事、仲裁员辞职、当事人协议解除仲裁员的任命等。1996 年英国《仲裁法》第 24 条规定："基于下列理由，仲裁程序的一方当事人（经通知另一方当事人、当事仲裁员和其他仲裁员后）可申请法院撤换仲裁员：a. 存在当事人对该仲裁员的公正性产生具有正当理由的怀疑的事由；b. 该仲裁员不具备仲裁协议所要求的资格；c. 该仲裁员身体或心智上不能进行仲裁程序或对其进行仲裁程序的能力产生具有正当理由的怀疑；d. 该仲裁员拒绝或没有：(i)适当进行仲裁程序；或(ii)合理迅捷地进行仲裁程序或作出裁决。且已经或将对申请方产生实质性地不公正。[1] 依照该法规定，仲裁员在具有上述情形时可被撤换，但撤换的方式是由一方当事人在通知另一方当事人、当事仲裁员和其他仲裁员后申请法院撤换。《中国国际经济贸易仲裁委员会仲裁规则（2005 年）》第 27 条，就替换仲裁员的事由作了类似规定。

斯德哥尔摩商会仲裁院有关规则规定，更换仲裁员情形是仲裁院认定仲裁员不称职、仲裁员事实上已经不能履行职责或不能充分履行职责。该仲裁院还可因法律上的缘由或未充分履行职责为由决定仲裁员的解职。[2] 2008 年《美国仲裁协会国际仲裁规则》第 10 条规定，如果仲裁员因回避辞职、或协会行政管理人决定仲裁员应当回避、或协会行政管理人认为存在充足的理由决定接受仲裁员辞职、或仲裁员死亡，除非当事人另有约定，否则，应指定一名替换的仲裁员。除了上述原因，该规则第 11 条规定，在三人仲裁庭中，如果一名仲裁员因上述第 10 条中列举以外的原因未参加仲裁，……而另外两名仲裁员决定，如无第三名仲裁员参与，则仲裁程序将不再进行时，行政管理人将指定一名替换仲裁员，除非当事人另有约定。2002 年泰国《仲裁法》第 22 条规定，如果在仲裁协议中被指定为仲裁员的一人或数人，或者如果规定仲裁员由第三方指定一名仲裁员，而该人或数人拒绝接受指定，在接受指定或被指定前死亡、被处以破产管理、或被宣布为无法律行为能力或准无法律行为能力，则对仲裁员的指定或对第三方的指定应视为不存在。如果

---

〔1〕 宋连斌、林一飞：《国际商事仲裁资料精选》，知识产权出版社，2004 年版，第 350 ~ 351 页。

〔2〕 参见 1998 年《斯德哥尔摩商会仲裁院仲裁规则》第 18 条第 1 款、第 19 条第 1 款。

一名仲裁员在接受指定后死亡、被处以破产管理、或被宣布为无法律行为能力或准无法律行为能力,应以指定原仲裁员的方式指定一名新的仲裁员。

(二)仲裁庭的重组方式

1. 按照原委任方式重组

原有仲裁员退出仲裁而仲裁庭必须重新组成时,新仲裁员产生的最常见做法是,参照前任仲裁员的任命方式。《联合国国际贸易法委员会仲裁规则》第13条规定,在仲裁程序进行中,如仲裁员死亡、辞职、未能履行职责或由于法律上或事实上的原因无法执行其职责,应按照指定或选择被更换仲裁员的程序指定或选择一名替换的仲裁员。《示范法》第15条规定,应按照原来适用于被替换的仲裁员的规则指定替代仲裁员。[1] 1987年《阿拉伯商事仲裁公约》、1986年葡萄牙《仲裁法》、1973年韩国《仲裁法》均有类似规定。[2]《中国国际经济贸易仲裁委员会仲裁规则(2005年)》第27条第2款规定:"仲裁员因死亡、除名、回避或者由于自动退出等其他原因不能履行职责时,应按照原选定或者指定该仲裁员的程序,在仲裁委员会规定的期限内选定或者指定替代的仲裁员。"

2. 按照原委任方式或当事人之约定重组

另外一种做法是,既可以按照前任仲裁员的任命方式进行重组,也可以依照当事人的约定进行重组。1998年德国《民事诉讼法典》第1039条规定,仲裁员被决定回避、或其未能、不能履行职责、或因其他缘故而辞职、或因当事人协议撤销指定而导致仲裁员任职的终止,则应指定一名替代的仲裁员。此项指定根据适用于被替换仲裁员的指定规则进行,但当事人可以另有约定。[3] 1988年埃及《国际商事仲裁法》第21条有类似规定:"如果仲裁员的职责因回避、撤换、撤销或其它任何理由而终止,应以指定他的方式指定另一名仲裁员以替换他,但当事人另有约定时除外。" 1999年日本《仲裁法》第791条规定,如仲裁员死亡、被撤职或辞职,任命该仲裁员的一方当事人可以应另一方当事人的要求,在7天之内重新指定一名仲裁员。如在该期限内上述指定失败,则由有关法院根据当事人的请求指定仲裁员。依据该规定,替换仲裁员的指定有两种方式,首先是先由当事人指定,如果当事人的指定在规定期限内没有完成,才由法院根据当事人的申请进行指定。

3. 由法院或原委任机构重组

瑞典的做法代表了第三种方式,即仲裁庭的重组是由法院或原委任机构负责。1999年瑞典《仲裁法》第16条规定了两种任命仲裁员的方式:"如某仲裁员辞职或解职,经一方当事人请求,地区法院应委任新的仲裁员。如某仲裁员因其委任后的

---

[1] 赵秀文、谢菁菁:《国际商事仲裁法参考资料》,中国人民大学出版社,2006年版,第52页。

[2] 宋连斌、林一飞:《国际商事仲裁资料精选》,知识产权出版社,2004年版,第88页。

[3] 赵秀文、谢菁菁:《国际商事仲裁法参考资料》,中国人民大学出版社,2006年版,第192页。

事由而无法履行职责，则原委任该仲裁员者应另行委任一名仲裁员以替代之。"[1] 依据该规定，如果仲裁员辞职或被解除职务后，应当事人请求，由法院委任新的仲裁员；如果是仲裁员因为某些事由无法履行职责时，则由原委任该仲裁员的人员或机构重新委任一名仲裁员来代替。1969 年瑞士《联邦仲裁协约》第 23 条规定的任命新任仲裁员的方式是，如仲裁员死亡、回避、辞职或被解职时，应按选任或任命该仲裁员的程序，予以替换；如不能按此程序替换时，新仲裁员由有关法院任命，但仲裁协议未失效并对此已有规定的除外。依照该规定，新任仲裁员应以被替换的仲裁员的任命程序来任命；但如果该程序现在不能运用，则由有关法院任命新仲裁员；当事人的仲裁协议另有约定的，按仲裁协议的约定任命新仲裁员。

4. 由法院或当事人重组

意大利采取的方式是由当事人和法院重组仲裁庭。2006 年意大利《民事诉讼法》第 813 条规定，如果仲裁员因某些原因不能履行职责，则应根据仲裁协议的约定进行替换；如果负责委任的当事人或第三人未能进行该项委任，或者仲裁协议中在此方面没有约定，则由有关法院的院长委任新仲裁员；如果仲裁员疏忽或拖延履行职责，当事人各方可以协商撤换仲裁员，该撤换权可在仲裁协议中授权第三人行使，否则当事人可向法院院长提出撤换申请，由法院院长作出决定，其决定不得上诉。[2]

（三）重组的例外

仲裁庭缺员有时产生的后果是解散该仲裁庭而不是通过前述各种方式重组。有的国家规定，如果在仲裁协议中提名的仲裁员因某些原因退出仲裁，则仲裁协议终止。仲裁协议终止后，依据该协议组建的仲裁庭随之解散。如 1985 年比利时《司法法典》第 1687 条第 1 款规定，如果仲裁员死亡或者由于法律上或事实上的原因不能履行职务，或者他拒绝接受或履行职务，或者他的职务根据当事人的共同协议而终止，他应按照他的指定或提名时适用的规则予以替换；但是，如果仲裁员是在仲裁协议中提名的，该协议依法当然终止。这种做法的合理性值得商榷。当事人选择仲裁方式解决他们之间的纠纷，仅因协议中指定的仲裁员不能上任就使整个仲裁协议终止，于理不符；而且仲裁庭缺员的时间有可能是在仲裁程序已经进行一段时间之后，如果终止仲裁协议，仲裁庭前期的工作或努力和当事人为此付出的成本无异于付诸东流。采用这种做法的国家很少。

比利时《司法法典》第 1687 条又规定，产生于前款任何情况的不同意见，应根据一方当事人的申请提交第一审法院；如果法院决定有替换仲裁员的理由，它应在

---

〔1〕 宋连斌、林一飞：《国际商事仲裁资料精选》，知识产权出版社，2004 年版，第 410 页。

〔2〕 林一飞："2006 年意大利新仲裁法"，《中国国际私法与比较法年刊（第十卷）》，北京大学出版社，2007 年版，第 490 ~ 491 页。

考虑当事人表现于仲裁协议中的意愿后，指定该仲裁员的继任者；当事人可以不遵守本条规定。

仲裁庭缺员后可能不涉及重组的另一种情形是，由剩下的多数仲裁员继续进行仲裁程序，作出裁决。但这种方式适用的合适情形是：审理程序已经终结而进入合议和裁决阶段，并且当事人也同意不再任命另一名仲裁员。如《中国国际经济贸易仲裁委员会仲裁规则(2005 年)》第 28 条规定了多数仲裁员继续仲裁程序的情形："在最后一次开庭终结后，如果三人仲裁庭中的一名仲裁员因死亡或被除名而不能参加合议及/或作出裁决，另外两名仲裁员可以请求仲裁委员会主任按照规定替换该仲裁员；在征求双方当事人意见并经仲裁委员会主任同意后，该两名仲裁员也可以继续进行仲裁程序，作出决定或裁决。仲裁委员会秘书局应将上述情况通知双方当事人。"此规定的处理方式比较灵活，如果情况显示确无必要进行重组，且当事人、仲裁庭和仲裁机构无异议，则仲裁程序由仲裁庭剩下的仲裁员继续进行。但如果上述仲裁员的裁决意见不一致，无法做到多数裁决，则有必要再任命一名替换仲裁员。

二、国际商事仲裁庭重组的效果

国际商事仲裁庭重组打断了原仲裁庭将要进行或正在进行的程序，造成仲裁程序的暂时中止，重组过程所花费的时间延长了仲裁的时间，但更为重要的影响是，先前进行过的审理程序有可能被废弃，仲裁庭可能要重新进行审理，造成审理程序的重复。如果仲裁庭重组发生在首次开庭前，因审理程序未进行，重组后的仲裁庭所有成员有完整参加所有庭审程序的机会，不存在审理程序重复。如果仲裁庭重组发生在首次开庭后，新任仲裁员在审理程序已进行了一部分甚至审理程序已经结束的阶段介入仲裁，就会产生如下问题：未完整参加审理程序的仲裁员，特别是被替代的独任仲裁员或首席仲裁员，在没有当面目睹证据展示、亲自听取证人证言、当事人陈述和辩论、询问当事人的情况下，是否能真正熟悉案件、对案件事实有正确的判断、作出正确的裁决。

就程序的正当性而论，每位当事人都有权得到充分陈述和辩论的机会，其陈述的事实和辩论的意见应被每位仲裁员知晓，每位仲裁员有平等知悉案件事实的权利，包括听取当事人陈述和辩论，以及就案件事实询问当事人和证人。如果就职的替代仲裁员因程序已过而失去听取陈述及辩论、询问当事人和证人、释明疑问或检验证言真伪的机会，其对案件只能做形式上的审理，作出的裁决容易被当事人以程序不正当为由提起异议。基于此，重组后的仲裁庭有必要根据程序进行情况和案件的要求考虑并决定先前仲裁庭进行过的审理程序是否应该重新进行。审理程序的重新进行包括全部审理程序从头再来和部分审理程序的重新进行。前者对新任仲裁员充分了解案情有利，但对当事人和其他仲裁员不利，原因是：国际商事仲裁庭成员和当事人可能分处各国，全部审理程序从头再来，耗时费力。因此只要不是案情迫切需要或替换仲裁员为独任仲裁员、首席仲裁员，仲裁庭经与当事人协商，可以选择部分审理程序重新进行，这种方式既有助于替换仲裁员了解案情，又节省了仲裁时间。《联合国国际贸易法委员会仲裁规则》第14条规定："如按照第11条至第13条的规定，更换独任仲裁员或首席仲裁员，先前进行过的任何开庭均应重新进行。如更换任何其他仲裁员，仲裁庭可以斟酌决定重新进行这种先已进行的开庭。"[1]1997年《新加坡国际仲裁中心仲裁规则》第16条规定："如根据规则13至15替换独任仲裁员或首席仲裁员，则除非当事人另有约定，此前所进行的任何庭审均应重新进行。如替换其他仲裁员，仲裁庭可以酌定是否重新开庭。"[2]

中国内地的做法集中体现在《仲裁法》和涉外仲裁机构仲裁规则中。《仲裁法》第37条规定："重新选定或者指定仲裁员后，当事人可以请求已进行的仲裁程序重新进行，是否准许，由仲裁庭决定；仲裁庭也可以自行决定已进行的仲裁程序是否重新进行。"《中国国际经济贸易仲裁委员会仲裁规则（2005年）》第27条第3款规定："替代的仲裁员选定或者指定后，由仲裁庭决定以前进行过的全部或部分审理是否需要重新进行。"《仲裁法》和上述仲裁规则未规定当被替换的仲裁员为独任仲裁员或首席仲裁员时应该如何处理。这是立法和仲裁规则的缺陷。上述仲裁规则没有规定当事人具有仲裁程序重新进行的请求权。基于仲裁程序的进行与当事人利益相关且离不开当事人的配合、尊重当事人意思自治的考虑，全部或部分审理程序是否重新进行的问题可采取下列方法解决：经当事人请求或征求当事人意见后由仲裁庭决定。

仲裁程序重新进行的程度除了由仲裁庭决定外，有的国家规定法院有最后的决定权。这种方法是为了防止重组后的仲裁庭成员间或仲裁员与当事人间如不能取得一致意见而出现仲裁程序的严重拖缓或停顿。1969年瑞士《联邦仲裁协约》第23条第3款规定："关于被替换的仲裁员所参与的仲裁行为继续有效到何种程序，双方当事人就此不能取得一致意见时，由第三条所定的司法官厅于讯问仲裁员后裁判之。"

第四节 国际商事仲裁庭管辖权自治原则

一、国际商事仲裁庭管辖权异议

在国际商事仲裁中，当一方当事人申请仲裁或执行仲裁裁决书时，另一方当事

[1] 赵秀文、谢菁菁：《国际商事仲裁法参考资料》，中国人民大学出版社，2006年版，第84页。

[2] 宋连斌、林一飞：《国际商事仲裁资料精选》，知识产权出版社，2004年版，第88页。

人质疑仲裁庭的管辖权,认为争议的案件或案件中的某些事项不应通过仲裁解决或不由仲裁庭审理和裁决,并向有关机构提出申请确认仲裁庭对争议案件或案件中的某些事项无管辖权,或申请撤销或不予执行仲裁裁决书。这种情形即为国际商事仲裁庭的管辖权异议。

(一)管辖异议的类型

管辖权异议按照其针对的对象,可以分为两类:针对仲裁机构提出的管辖异议,针对仲裁庭提出的管辖异议。

1. 对仲裁机构的管辖异议

此种异议认为仲裁机构对争议案件没有管辖权。这类管辖权异议只发生在机构仲裁中。针对仲裁机构提出管辖权异议的理由一般是当事人在仲裁协议中对争议提交仲裁的机构约定不明,例如,没有约定通过仲裁机构来解决纠纷;或只约定了在某个地方进行机构仲裁但未指明具体仲裁机构,而该地有多家仲裁机构;或只约定采用某机构的仲裁规则进行仲裁但未约定由该机构仲裁。

2. 对仲裁庭的管辖异议

这类异议既有可能发生在机构仲裁中,也有可能发生在临时仲裁中。如仲裁协议中对仲裁员的资格作了某些特殊的要求,而组成仲裁庭的一部分或全部仲裁员没有满足这些要求,当事人(尤其是败诉的当事人)会以仲裁庭组成不当或不符合当事人约定为理由申请有关机构认定仲裁庭无管辖权。按照仲裁庭管辖权存在是否有无的标准划分,对仲裁庭管辖权的异议可分为完全异议和部分异议。完全异议一般是对整个仲裁协议的有效性提出异议,认为基于仲裁协议的无效性,争议案件不应通过仲裁解决。这种异议从根本上否定了仲裁这种纠纷解决方法在该争议案件中的运用。部分异议有两种情形,一是针对仲裁协议中部分条款所涉及的内容、范围的有效性提起异议,认为仲裁庭对涉及该内容、范围内的争议没有管辖权。二是针对仲裁协议中未约定的而仲裁庭超越权限进行仲裁的事项提出管辖权异议。

(二)提出管辖异议的时限

当事人提出管辖权异议主要有两种意图,一是作为当事人保护自己权益的一种方法,即当事人基于确有依据的质疑以保护自己权益;二是被当事人用作拖延时间的战术之一。无论当事人意图如何,管辖权异议的提起无疑会影响仲裁程序的推进。为保证仲裁程序顺利进行,免受管辖权异议的干扰,有必要对管辖权异议提起时间进行限制。各国仲裁立法、有关国际法律文件规定了管辖权异议的期限。1969 年瑞士《关于仲裁的州际条约》第 8 条规定:"对仲裁庭管辖权的异议须在提交答辩前提出。"《示范法》规定,管辖权异议提出的时间是在提交答辩书前;如果对仲裁庭超越权限提出异议,应在仲裁程序中仲裁庭越权情况出现后立即提出;如果上述两种情况下，异议逾期提出确系有正当理由，也可以之后提出异议。[1] 受《示范法》的影响，许多国家的立法作了类似规定。如1988年保加利亚《国际商事仲裁法》第20条、1987年瑞士《联邦国际私法法规》第186条、1986年荷兰《民事诉讼法典》第1052条、2006年意大利《民事诉讼法》第817条有类似规定。[2] 除了上述期限规定外，有的规定在首次开庭审理前提交管辖权异议。如1987年《阿拉伯商事仲裁公约》第24条规定，对仲裁管辖权的异议应同其他异议一样在首次庭审前提出。

中国内地《仲裁法》对仲裁庭管辖权提起异议的期限没有规定，只在第20条规定："当事人对仲裁协议的效力有异议，应当在仲裁庭首次开庭前提出。"但《中国国际经济贸易仲裁委员会规则（2005年）》第6条第3款规定："当事人对仲裁协议及/或仲裁案件管辖权的异议，应当在仲裁庭首次开庭前书面提出；书面审理的案件，应当在第一次实体答辩前提出。"依照该款规定，如果是书面审理的案件，当事人应在第一次实体答辩前提出管辖权异议；如果是开庭审理案件，当事人应在首次开庭前提出管辖权异议。

当事人了解仲裁中所适用的仲裁法律或规则对管辖权异议期限的规定，按照规定期限提起管辖权异议，具有重要意义，尤其是当准据法不是当事人所熟悉的本国法时应更加注意。以1996年英国《仲裁法》为例。该法分别在第30条和第67条对提起管辖权异议作了详细、复杂的规定，对此要注意区分不同的情形提出异议的时间差异。

需要指出的是，当事人指定仲裁员或参与指定仲裁员的行为并不丧失提起管辖异议的权利。仲裁庭组建与仲裁庭管辖权异议是两个完全不同的概念和制度。将当事人指定仲裁员或参与指定仲裁员的行为视为是对仲裁员管辖权的承认，混淆了二者的区别。提起管辖权异议的理由很多，有的理由是在仲裁庭组成后才出现或为当事人知晓，如果因当事人先前指定或参与指定仲裁员的行为而剥夺其之后提起管辖权异议的权利，于情理不符。更重要的是，如果当事人可能因指定或参与指定仲裁员而丧失提起管辖权异议的权利，不仅会加大仲裁庭的组建难度，也难以在仲裁庭的权力行使和当事人的权利保护之间维持平衡。联合国《示范法》第16条第2款规定："当事一方已指定或参与指定仲裁员的事实，不得阻止该当事一方提出这种抗辩。"[3] 1998年我国《澳门涉外商事仲裁专门制度》第16条第2款

---

〔1〕 参见《国际商事仲裁示范法》第16条第2款。

〔2〕 参见林一飞："2006年意大利新仲裁法"，《中国国际私法与比较法年刊（第十卷）》，北京大学出版社，2007年版，第496页。

〔3〕 赵秀文、谢菁菁：《国际商事仲裁法参考资料》，中国人民大学出版社，2006年版，第52页。

规定:“一方当事人已指定或参与指定仲裁员,并不剥夺其提出抗辩之权利。”[1] 1996年英国《仲裁法》第31条第1款规定,当事人已指定或已参与指定仲裁员的事实不得妨碍其提出对仲裁庭缺乏实体管辖权的异议。1988年埃及《国际商事仲裁法案》第22条第3款规定:“仲裁协议的一方不因指定或参与指定了仲裁员而失去抗辩仲裁庭管辖权的权利。”1999年瑞典《仲裁法》第34条第2款有相似规定。在仲裁实践中当事人参与组建仲裁庭的行为不妨碍其提出管辖权异议。

二、国际商事仲裁庭管辖权自治原则

(一)管辖权自治的理论依据

当事人提出管辖权异议后,传统的观点和做法是由法院对此异议作出决定。自20世纪80年代,出现一种新的观点和理论,即仲裁庭有权对自身管辖权异议作出决定,被称为国际商事仲裁庭管辖权自治理论或原则,并逐渐被国际商事仲裁理论和实务界、各国仲裁立法、有关国际法律文件所接受。按此原则,仲裁庭不受法院意见或诉讼程序影响,有权决定自己对案件的管辖权;如果仲裁庭决定自己对案件有管辖权,则将开始或继续进行仲裁审理程序直至作出裁决;如果仲裁庭决定自己对案件没有管辖权,除非当事人另外达成仲裁协议,否则仲裁程序将终止。

仲裁庭管辖权自治原则的主要依据有二:合同授权说与法律授权说。

1. 合同授权说

合同授权说认为,仲裁作为一种纠纷解决机制,其采用是当事人合意的结果,仲裁庭管辖权来源于当事人仲裁协议中的授权。持此观点的著名学者的施米托夫认为,仲裁庭的管辖权自治权来源于当事人的授权,没有理由说明当事人不能将仲裁庭自己决定自身管辖权的权力赋予仲裁庭,也没有理由说明法院不承认仲裁庭该决定的效力,仲裁庭没有滥用其权力,即便是仲裁庭滥用了权力,这也可以在仲裁裁决承认及执行阶段予以解决。[2] 有的学者还认为,在合意仲裁中,仲裁庭的权力或能力来自当事人的协议;事实上除此之外不能有其他来源,正是当事人给予了私人仲裁庭对当事人之间的争议作出裁决的权力。[3] 但上述观点存在如下缺陷:如果仲裁协议的效力受到质疑或其无效性已经被认定,仲裁庭的管辖权就不再来自仲裁协议的授权。一个无效的仲裁协议说明当事人之间没有达成仲裁的合意,当然就没有仲裁协议对仲裁庭授权,仲裁庭也就没有权力审查仲裁协议的有效性或其他的仲裁请求,仲裁庭对仲裁协议无效性的决定和宣布应相应地无效。如果仲裁协议无效,那它始终就没有法律效力,因此仲裁庭的管辖权基础从来都不存

---

〔1〕 宋连斌、林一飞:《国际商事仲裁资料精选》,知识产权出版社,2004年版,第274页。

〔2〕 王瀚、李广辉:“论仲裁庭自裁管辖权原则”,《中国法学》,2004年第2期,第167页。

〔3〕 [英]艾伦·雷德芬、马丁·亨特等:《国际商事仲裁法律与实践》,林一飞、宋连斌译,北京大学出版社,2005年版,第266页。

在。基于此,合同授权说容易受到反对仲裁庭管辖权自治者的攻击,如反对者认为,仲裁庭的管辖权必须来自当事人的合意,法院的管辖权不需要当事人的授权,一旦当事人声称他们之间的合意存在瑕疵,或当事人根本否认存在类似的合意时,仲裁庭管辖权应被排除,法院成为当然的裁断者,仲裁协议的效力自然应由法院而不是仲裁庭认定。

2. 法律授权说

法律授权说认为,仲裁庭管辖权自治的基础不在于当事人达成的仲裁协议,而在于仲裁地国家仲裁法的规定和承认仲裁裁决(包括对仲裁庭管辖权的决定)的国家的法律规定。在一个承认仲裁庭对管辖权拥有决定权的国家,如果仲裁庭以缺乏有效的仲裁协议为理由作出自己没有管辖权的决定,那么作出这一决定的基础不是那个被判为无效的仲裁协议而是仲裁地国家的法律的规定。同样地,在其他承认仲裁庭管辖权自治的国家寻求仲裁裁决的承认与执行是没有问题的。反对法律授权说者认为,该学说过分强调了法律的强制性,忽视了仲裁作为非强制的解决争议机制的特点。[1]

事实上,正如仲裁来源于当事人的合意一样,仲裁庭的管辖权自治是来自当事人的授权,特别是存在有效仲裁协议、仲裁协议中当事人明确约定由仲裁庭决定其自身管辖权时,仲裁庭的管辖自治权毋庸置疑。在这一点上,合同授权说有其合理之处。仲裁来源于当事人合意的这一特点并不会成为排斥由法律赋予仲裁庭某些权力的理由。相反,由于一个实体法律关系原则上不能同时设立两个程序法上的效力,而只能通过一种程序方法来解决。在这种情况下,请求仲裁权与诉权有可能发生竞合,法律对仲裁庭管辖权自治的授权使仲裁庭管辖权成为一项法定的权力,具有对抗程序法上诉权的效力。在这一意义上,法律授权说有可取之处。

(二)管辖权自治的历史演变

国际商事仲裁庭管辖权自治原则是从欧洲大陆发展起来的,发端于德语中的kompetenz－Kompetenz这一概念,英语为competence－competence,中文译为管辖权/管辖权原则。有学者又将其称为权限/权限原则、仲裁庭自裁管辖权原则。国际商事仲裁庭管辖权自治原则是古老的国际商事仲裁中一个新兴的概念,在20世纪80年代兴起和被广泛接受。但这一概念可追溯至20世纪50年代甚至更远,被认为出自前联邦德国的一场争论,即当事人可否通过协议赋予仲裁员对其管辖权作出有拘束力决定的权力。1955年联邦德国高等法院一个法庭认定,仲裁员对作为其权限基础的仲裁协议的范围有作出最终决定的权力。但这一裁定受到广泛批评。1977年该院另一个庭持不同的立场,认为当事人只能另行签订独立的协议赋

---

〔1〕 冯克菲:“管辖权/管辖权理论及其在我国的实践”,《仲裁与法律》,2002年第1期,第101页。

予仲裁员自裁管辖权的权力，且该协议的效力需接受法院审查。[1]

上述高等法院对仲裁庭是否拥有管辖权异议的最终决定权的不同认定，反映了 kompetenz – Kompetenz 这一概念在德国的演进。仲裁庭有权对其管辖权作出终局决定，无须法院的审查，是 kompetenz – Kompetenz 最初的意思，与今天人们理解的仲裁庭管辖权自治原则有较大不同。其实，该高等法院的立场转变并不奇怪，在这之前的 1961 年《欧洲公约》就已经采用了仲裁庭管辖权自治原则并对该原则作了新的阐释。该公约第 5 条第 3 款规定，受法院地法随后的司法监督，被认为管辖权有问题的仲裁员有权继续进行仲裁程序、对自己的管辖权作出决定，仲裁员还有权决定仲裁协议及包含仲裁协议的合同的存在与否或其效力的有无。该公约第 6 条规定，在仲裁协议的一方当事人已经提请仲裁但随后向法院起诉的情形下，被请求审理与仲裁相同的当事人之间同样的事项或决定仲裁协议是否存在或无效或失效的缔约国的法院，在仲裁裁决作出前将暂停对仲裁员管辖权的决定，除非其有相反的正当和重大的理由。随后，1966 年《欧洲统一仲裁法》和 1969 年瑞士《关于仲裁的州际条约》中有类似的规定。这些公约或法律对仲裁庭管辖权自治原则的明确规定显示了该原则在欧洲大陆已经渐渐得到承认和支持，其主要内容已经基本形成。

值得一提的是 1965 年《华盛顿公约》，其第 41 条规定，仲裁庭是其本身权限的决定人；争端一方提出反对意见，认为其争端不属于 ICSID 的管辖范围，或因其他原因不属于法庭的权限范围，应由仲裁庭考虑，并决定是否将其作为先决问题处理，或与该争端的实质问题一并处理。该项规定标志着该公约成为首个采纳仲裁庭管辖权自治原则的国际性公约。及至制定 1976 年《联合国国际贸易法委员会仲裁规则》时，虽然还有反对采纳仲裁庭管辖权自治原则的意见，但该反对意见未获接受。该规则第 21 条规定，仲裁庭应有权就该庭管辖权所提出的异议，包括对仲裁条款或单独的仲裁协议的存在和效力所提出的任何异议，作出决定。并且仲裁庭还有权对仲裁条款为其组成部分的合同的存在和效力作出决定。[2] 当 1985 年《示范法》在制定过程中斟酌条文的拟定时，对第 16 条内容的争议已经不是是否采用仲裁庭管辖权自治的问题，而是集中于法院是否应该干预仲裁庭管辖权及何时进行干预的时间规定上。联合国《示范法》第 16 条第 1 款规定："仲裁庭可以对它自己的管辖权包括对仲裁协议的效力的存在或效力的任何异议，作出裁定。为此目的，构成合同的一部分的仲裁条款应视为独立于其他合同条款以外的一项协议。仲裁庭作出关于合同无效的决定，不应在法律上导致仲裁条款的无效。"[3]

---

〔1〕 宋连斌：《国际商事仲裁管辖权研究》，法律出版社，2000 年版，第 209 页。

〔2〕 赵秀文、谢菁菁：《国际商事仲裁法参考资料》，中国人民大学出版社，2006 年版，第 86 页。

〔3〕 赵秀文、谢菁菁：《国际商事仲裁法参考资料》，中国人民大学出版社，2006 年版，第 52 页。

国际性仲裁法对仲裁庭管辖权自治原则的确立具有重大和广泛的影响。在它们的推动和示范效应下,很多国家的仲裁立法先后确立了仲裁庭管辖权自治原则。有的国家立法条文采用了《示范法》的措词。如1998年德国《民事诉讼法典》第1040条规定:"仲裁庭决定其自身的管辖权以及与之相联系的仲裁协议的存在或效力。此时,仲裁条款视为与合同中的其他条款相互独立的一项协议。"[1]另外一些国家的仲裁立法也表达了类似的意思,只是在措词的使用上和《示范法》有异。

在没有完全接受《示范法》的国家,经历了从否认、排斥到承认、支持仲裁庭管辖权自治的变化。以英国为例,虽然曾经在一些案件[2]中有过类似kompetenz - Kompetenz做法的先例,[3]但以前的普通法不承认仲裁庭有权力决定自身的管辖权,如果当事人对仲裁员管辖权提起异议,一般是向法院申请,由法院作出裁决。这不仅是"司法管辖权不容剥夺"观念给法院插手管辖权之争的理由,也和长期以来对仲裁所持的保守观念有关。长期以来仲裁协议被认为是依附于主合同的,对其适用范围的法律解释非常有限。在1925年的Hirji Mulji v. Cheong Yue Steamship Co., Ltd. 案[4]中,Summer勋爵认为,仲裁条款为合同的一部分,除非当事人特别写明,如果合同受阻,则仲裁条款也将告终。1942年的Heyman v. Darwins一案[5]中,Viscount Simon, L. C. 认为,如果争议为包含仲裁条款的合同是否存在,在此条款下的问题不能被提交仲裁,原因是当事人否认合同存在,也就否认仲裁条款的存在;同理,如果当事人声称合同无效(比如,无效原因为合同的成立是非法的),仲裁条款不能生效,原因在于,按照上述观点,该条款本身是无效的。[6]

随着时间推移,仲裁庭对因主合同的存在或效力而被提出的异议无管辖权的做法有了变化。在1953年Christopher Brown Ltd. v. Genossenschaft Oesterreichischer Waldbesitzer一案中,Devlin法官认为:任何一个仲裁开始时,任何一方当事人都有可能对仲裁员的管辖权提出异议;法律并未要求在当事人对仲裁员的管辖权提出异议时仲裁员应立即拒绝或停止仲裁直至有权作出最终判决的法院作出裁定,但法律也未要求仲裁员必须继续对争议事项作出裁定,不对管辖权异议作出实质性调查和裁定,而是把这个问题留给有权对此作出判决的法院解决;如果这样做,他

---

〔1〕 谢怀栻:《德意志联邦共和国民事诉讼法》,中国法制出版社,2001年版,第192页。

〔2〕 如Christopher Brown Ltd. v. Genossenschaft Os terreichischer Waldvesitzer,(1954) I *QB* 8; AktibolagetLegis v. Berg & Sons,(1964) 1*Lloyd' s Rep.* 203.

〔3〕 杨良宜、莫世杰、杨大明:《仲裁法—从1996年英国仲裁法到国际商务仲裁》,法律出版社,2006年版,第457页。

〔4〕 (1924) 23*L. L. Rep.* 82.

〔5〕 (1942) *Lloyd' s Rep.* 65(HL).

〔6〕 杨良宜、莫世杰、杨大明:《仲裁法—从1996年英国仲裁法到国际商务仲裁》,法律出版社,2006年版,第437页。

们就会白白浪费自己和他人的时间,因此不应采取上述任何一种做法;仲裁员有权就自己对审理的案件有无管辖权的问题进行调查,这样做不是为了能够得出对双方当事人产生约束力的任何结论,因为他们并无此权限,而是为了解决他们是否应该把仲裁继续下去的先决问题。[1] Devlin 法官的上述观点给仲裁员一个新的思路,即他们不必像以往被动等待法院对管辖权的决定,可以先审查自己是否有管辖权。

英国普通法对仲裁庭管辖权的放权通过先例的确认继续发展,在 Ashville Investments Ltd. v. Elmer Contractors Ltd. (1983)、Smith Ltd. v. H & S International (1991)和 Harbour Assurance v. Kansa (1993)等案件中,先后确立了仲裁协议的独立性原则,仲裁协议不再因主合同的中断、受阻、无效而归于无效,仲裁庭具有管辖权,其中包括决定自身管辖权的权限。英国普通法通过先例发展虽然缓慢但对仲裁庭管辖权的限制越来越松动的发展趋势是明显的。[2] 有些需要清楚解释的细节问题随着 1996 年《仲裁法》制定出来而得到进一步解决。1996 年《仲裁法》第 30 条规定,除非当事人另有约定,仲裁庭可裁定其实体管辖权,亦即关于:a. 是否存在有效的仲裁协议,b. 仲裁庭是否适当组成,及 c. 按照仲裁协议何等事项已提交仲裁。其第 31 条第 4 款规定,对仲裁庭实体管辖权的异议如系正当提出,仲裁庭有权裁定其管辖权。[3] 上述规定标志着英国在仲裁庭管辖权自治方面的立法技巧已经成熟。

仲裁实务界对仲裁庭管辖权自治原则持欢迎态度。当今几乎所有常设性国际商事仲裁机构的仲裁规则采纳了仲裁庭管辖权自治原则。1998 年《国际商会仲裁规则》第 6 条规定,在仲裁的被申请人不按照规定要求提交答辩或任何一方当事人对仲裁协议的存在、效力或范围提出异议的情形下,仲裁院认为从表面上看,仲裁协议可能存在,则仲裁院可以决定仲裁程序继续进行,不影响实体主张及其是否应予采纳;在这种情况下,任何有关仲裁庭管辖权的决定均由仲裁庭自己作出。[4] 1998 年《伦敦国际仲裁院仲裁规则》第 23 条第 1 款规定:“仲裁庭有权对其本身的管辖权作出决定,包括对仲裁协议最初的或继续的存在、有效性和效力的任何异议作出决定。就此目的,构成或拟构成另一协议的一部分的仲裁条款,应视为独立于该另一协议的一个仲裁协议。仲裁庭裁定该另一协议不存在、无效或不具有效力

---

〔1〕 [英]施米托夫:《国际贸易法文选》,赵秀文选译,中国大百科全书出版社,1993 年版,第 646 ~ 647 页。

〔2〕 杨良宜、莫世杰、杨大明:《仲裁法—从 1996 年英国仲裁法到国际商务仲裁》,法律出版社,2006 年版,第 440 ~ 443 页。

〔3〕 宋连斌、林一飞:《国际商事仲裁资料精选》,知识产权出版社,2004 年版,第 353 ~ 354 页。

〔4〕 赵秀文、谢菁菁:《国际商事仲裁法参考资料》,中国人民大学出版社,2006 年版,第 279 页。

不应在法律上导致该仲裁条款不存在、无效或不具有效力。"[1]

(三)管辖权自治的运作

1. 仲裁庭自裁管辖

仲裁庭在行使自裁管辖权时,可视情况采取如下三种做法:

(1) 无管辖权时直接作出不予受理或无管辖权的裁定

仲裁一开始,在有明确证据支持当事人提出的管辖权异议的情形下,仲裁庭在查明情况后迅速作出其不具有管辖权的决定。在某些情形下,不具有管辖权的决定有可能不是由仲裁庭作出,而是由仲裁机构作出的。如1999年《斯德哥尔摩商会仲裁院仲裁规则》第7条规定:"如仲裁院对争议明显缺乏管辖权或立案费未能及时缴纳,申请人的仲裁申请应不予受理。"[2]依据1997年《国际商会仲裁规则》第6条规定,如果表面依据显示,依该商会规则,仲裁协议并不存在,则仲裁院将通知当事人仲裁不予进行;在此情形下,当事人仍有权再向法院提出申请,请求确认有拘束力的仲裁协议是否存在。一般而言,在仲裁初始阶段,仲裁机构或仲裁庭的不予受理或没有管辖权的决定迅速作出后,仲裁程序即行结束,仲裁庭解散。这样做对当事人而言既省时省力,又有利于其尽早寻求其他救济方式。

(2) 单就管辖权问题作出初步裁定

在仲裁程序进行中,当事人提出管辖权异议后,仲裁庭审查后仅就其自身的管辖权问题作出决定。如1987年瑞士《联邦国际私法法规》第186条第3款规定,仲裁庭应以一个初步决定决定其管辖权。1998年德国《民事诉讼法典》第1040条第3款规定:"仲裁庭认为自己有管辖权时,……在一般情形可以作出中间裁决裁判之。此时,任何一方当事人在收到裁决后一个月内可以申请法院裁判之。在这种申请尚属未决时,仲裁庭可以继续进行仲裁程序并作出仲裁裁决。"[3]先以初步裁定决定管辖权是仲裁庭处理管辖权争议最常见的方式,其好处是当事人可以及早知道仲裁庭对其管辖权的处理结果和自己在仲裁中的地位,仲裁庭在作出决定后安排下一步工作。

(3) 和争议的实体问题一并在裁决书中作出决定

采用这一方式的情形一般为当事人对管辖权的争议与对实体问题的争议紧密联系在一起,不考虑实体问题的解决就无法解决管辖权问题。联合国《示范法》第16条第3款规定,仲裁庭可以根据案情需要将对仲裁庭管辖权的异议作为一个初步问题裁定或在裁决中裁定。伦敦国际仲裁院、美国仲裁协会、新加坡国际仲裁中

---

〔1〕 http://www.lcia-arbitration.com/, 2008年3月14日访问。

〔2〕 宋连斌、林一飞:《国际商事仲裁资料精选》,知识产权出版社,2004年版,第164页。

〔3〕 谢怀栻:《德意志联邦共和国民事诉讼法》,中国法制出版社,2001年版,第279页。

心等仲裁机构的仲裁规则中也有类似规定[1]。如1998年《伦敦国际仲裁院仲裁规则》第23条第3款规定:"仲裁庭可以出于适合案情的考虑,在管辖权的裁决中或在以后有关争议实体的裁决中对其管辖权或权限的抗辩作出裁定。"[2]

解决管辖权异议的上述方式,由仲裁机构或仲裁庭在特定的案件中根据案情需要予以采用。《解决投资争端国际中心仲裁程序规则》第41条规定,管辖权异议正式提出后,仲裁庭经过商议,可将该异议作为一项先决问题加以解决,也可将其并入争端的实质事项一并审理;如果仲裁庭裁定争端不属于该中心管辖范围或不属于仲裁庭职责范围,它应就此作出裁决。[3] 仲裁机构或仲裁庭的决定并不是终局的,须受到法院的监督,但这并不说明仲裁庭决定自己管辖权没有必要,相反,它有助于加快仲裁程序的进行、提高仲裁的效率。

2. 法院的控制

国际商事仲裁庭管辖权自治原则赋予仲裁庭决定自己管辖权的权力,并不意味着完全排除法院在这方面的管辖权和司法监督,相反,该原则的内容既包括仲裁庭的管辖权,也包括法院对仲裁庭管辖权的最终决定权、甚至包括在某些情形下对仲裁庭管辖权的直接受理权。在解决仲裁庭管辖权问题上,法院仍起着重要作用。

(1) 法院直接受理仲裁庭管辖权争议

在国际商事仲裁庭管辖权自治原则已被各国仲裁立法和有关各仲裁规则认同的大环境下,司法一般对仲裁庭决定自己管辖权予以尊重,一律由法院先进行干预决定仲裁庭管辖权的做法现在已经少见。但如果仲裁庭有权决定自己的管辖权而完全剥夺法院的直接受理权,则不现实。在某些特定情形下,由法院而不是仲裁庭来直接受理、决定仲裁庭管辖权争议,对当事人可能会更适宜、效果更好。如1996年英国《仲裁法》第32条中规定:"(1)应仲裁程序一方当事人的申请(经通知对方当事人),法院可决定有关仲裁庭实体管辖权的任何问题。……(2)本条所指的一项申请不应考虑,除非:a. 经程序的其他当事人一致书面同意提出,或b. 经仲裁庭许可提出,且法院认为:(i)对问题的决定很可能实际上节省费用,(ii)申请未经迟延地提出,且(iii)该事项由法院决定具有合适的理由。"[4]可以看出,法律规定法院有直接决定仲裁庭管辖权的权力,但这些权力行使的目的不是抢管辖权,而是更好地支持和协助仲裁并降低当事人的费用,而且法院在优先行使管辖权时受到严格的条件的限制,一定要尊重当事人的意思自治和考虑仲裁庭的意见。为了防

---

〔1〕《美国仲裁协会国际仲裁规则》第15条第3款,《新加坡国际仲裁中心仲裁规则》第26条第4款。

〔2〕http://www.lcia-arbitration.com/, 2008年3月14日访问。

〔3〕韩健:《现代国际商事仲裁法的理论与实践(修订版)》,法律出版社,2000年版,第212页。

〔4〕宋连斌、林一飞:《国际商事仲裁资料精选》,知识产权出版社,2004年版,第354页。

止有的仲裁当事人利用先向法院提出管辖权异议的机会拖延时间阻碍仲裁程序进行，该条第4款规定："除非当事人另有约定，依据本条向法院提出的申请未决时，仲裁庭可以继续程序并作出裁决。"[1]

(2) 对仲裁庭决定的审查权和对管辖权争议的最后决定权

虽然有些国家的仲裁立法和判例支持了仲裁庭对其管辖权的终局决定权利，[2]但这些特例在今天已经少见，法院仍然保留对仲裁庭决定的审查权和对管辖权争议的最后决定权。实践中，仲裁庭对管辖权异议作出决定后，当事人如有不服，可以根据情况在提起仲裁申请、仲裁进行中和仲裁裁决书作出后三个阶段向有管辖权的法院起诉，要求法院裁决，法院对仲裁管辖权的决定为终局决定。

在仲裁申请和仲裁裁决两个阶段，当事人一般是直接诉诸法院。例如，一方当事人提起仲裁时，另一方当事人不愿参加仲裁转而向有管辖权的法院提起仲裁庭管辖权异议。又如，在仲裁申请提起阶段或仲裁审理阶段，当事人对仲裁庭管辖权虽然存有异议，但出于观望心理或其他原因未提出异议，待到对其不利的仲裁裁决书作出后，向法院提出对仲裁庭的管辖权异议。在这两个阶段向法院提起异议，如果符合受理条件，法院将对当事人的请求进行审理，并作出决定。

在仲裁进行阶段，当事人先向仲裁庭提出管辖权异议，仲裁庭一般会以某种方式作出其自身管辖权的决定，当事人如有不服，则向法院申请予以审查，这就是所谓的仲裁庭和法院的"并存控制"(concurrent control)制度。1964年《欧洲公约》中有类似"并存控制"制度的规定，其第5条规定，当事人对仲裁庭管辖权异议应在发出仲裁申请书或提交实体答辩前提出，对仲裁员超越权限的异议，应在仲裁程序中尽快提出，不按时提出异议的当事人不得在以后再向法院和仲裁院提出；仲裁员对逾期异议的裁决，须受司法监督。依该规定，当事人应在仲裁程序进行中按时提出管辖权异议，才能得到法院或其他机构的同意受理。联合国《示范法》是采用"并存控制"制度的典型，其第16条规定：仲裁庭可以根据案情将对管辖权的异议作为一个初步问题裁定或在裁决中裁定；如果仲裁庭作为一个初步问题裁定它有管辖权，当事任何一方均可以在收到裁决通知后30天内要求有关法院对这一问题作出决定；该决定不容上诉，在等待对这种要求作出决定的同时，仲裁庭可以继续

---

[1] 宋连斌、林一飞：《国际商事仲裁资料精选》，知识产权出版社，2004年版，第354页。

[2] 如1987年《阿拉伯商事仲裁公约》第24条规定，对仲裁管辖权的异议应同其他异议一样在首次庭审前提出。仲裁庭必须在实体审理之前解决异议，仲裁庭的决定为终局决定。美国First Options v. Kaplan一案，法院的判决暗示，如果当事人约定仲裁庭的管辖权为终局决定，仲裁庭的决定将得到法院的尊重。参见金曦：《论国际商事仲裁中的独立性原则与自裁管辖权原则》。德国在1998年《民事诉讼法典》修订前，根据判例，若当事人在独立的仲裁条款中授予仲裁庭管辖权决定终局的效力，则仲裁庭的决定不仅对当事人，对法院也有拘束力。参见翁国民、黄子凯："仲裁的自裁管辖及其与仲裁管辖权司法监督的程序竞合"，《法学论坛》，2001年第11期，第28页。

进行仲裁程序和作出裁决。[1] 可见,仲裁庭决定管辖权异议时可以采取初步裁定和仲裁裁决书裁定两种方式进行。如果仲裁庭采用初步裁定的方式,则当事人可在仲裁进行中向法院起诉,但向法院的起诉不影响仲裁的进行;如果仲裁庭采用的是在仲裁裁决书中裁定的方式,则法院只可能进行事后的司法监督。在《示范法》的带动下,德国、瑞典、加拿大、苏格兰、韩国等国家的仲裁立法也采用了"并存控制"制度。

对"并存控制"制度中法院对仲裁庭初步决定的审查,有人提出反对意见,认为:法院的决定不应在仲裁程序进行中介入,以确保仲裁程序尽可能在无"干预"的情况下顺利进行;允许在仲裁程序进行中诉诸法院的做法会被某些当事人恶意利用来拖延、阻碍仲裁。因此有些国家在仲裁立法中规定当事人不得在仲裁程序进行中向法院提出管辖前异议。例如,法国[2]、比利时[3]、意大利[4]等国的做法是,将法院介入决定仲裁管辖权的时间定在仲裁庭作出裁决之后,在此时间之前,即使当事人向法院提出申请,法院也会拒绝对仲裁庭管辖权作出决定。荷兰的做法是:当事人应在提交答辩前以没有有效的仲裁协议为由抗辩仲裁庭没有管辖权,提交答辩后当事人不得在仲裁程序或法院程序中提出此类抗辩;对仲裁庭宣称其有管辖权的终局决定,当事人可以向法院申请撤销;对仲裁庭宣称自己没有管辖权的决定,当事人不可向法院申请撤销,强迫仲裁员进行仲裁有违仲裁的宗旨,在这种情况下,法院有权审判,除非当事人另有协议。[5]

对"并存控制"制度中法院对仲裁庭初步决定的审查或决定的不同规定反映了各国对仲裁庭管辖权决定的司法监督介入时间不同的立法取向。法院在仲裁进行中介入仲裁,会对仲裁的进行产生影响;法院的监督太晚,在某些方面又不利于保护当事人的权利,所以孰优孰劣,要根据各国的情况进行取舍。

(四) 我国管辖权自治原则的完善

我国没有完全采纳仲裁庭管辖权自治原则。中国内地《仲裁法》第 20 条规定:"当事人对仲裁协议的效力有异议的,可以请求仲裁委员会作出决定或者请求

---

[1] 参见《国际商事仲裁示范法》第 16 条第 3 款。

[2] 《法国民事诉讼法典》第 1458 条规定:"在仲裁法庭依据仲裁协议而受理的争议被提交至国家法院时,该法院应当宣告无管辖权。如仲裁法庭尚未受理案件,除仲裁协议明显无效之外,法院亦应当宣告无管辖权。"罗结珍:《法国新民事诉讼法典》,中国法制出版社,1999 年版,第 308 页。

[3] 1985 年比利时《司法法典》第 1697 条第 3 款规定,仲裁庭关于它有管辖权的裁定不得提交司法当局进行抗辩,除非在同一程序中对主要问题也同时作出了裁决。司法当局可以根据一方当事人的请求决定关于仲裁庭无管辖权的裁定是否有理由。

[4] 2006 年《民事诉讼法》第 819 条之三规定,"在仲裁程序尚未结束前,关于仲裁协议无效的任何申请不得提交给司法机关。" 林一飞:"2006 年意大利新仲裁法",《中国国际私法与比较法年刊(第十卷)》,北京大学出版社,2007 年版,第 497 页。

[5] 参见 1986 年荷兰《民事诉讼法典》第 1052 条、第 1064 条。

人民法院作出裁定。一方请求仲裁委员会作出决定,另一方请求人民法院作出裁定的,由人民法院裁定。当事人对仲裁协议的效力有异议,应当在仲裁庭首次开庭前提出。"剖析该条规定,当事人能够提起异议的范围仅限于对仲裁协议效力有无的质疑,对此作出决定的有权机构为仲裁机构和法院,不是仲裁庭;当各方当事人分别向仲裁机构和法院提起异议时,法院拥有优先的决定权。虽然仲裁协议的独立性和仲裁庭管辖权具有紧密联系,但二者不具有完全的等同性。对管辖权异议除包括对仲裁协议的异议外,还包括对可仲裁性、仲裁庭组成、仲裁庭超越权限行使职权的异议,即管辖权异议的范围大于对仲裁协议异议的范围。由仲裁机构而不是仲裁庭决定仲裁协议的效力的规定不符合现代国际商事仲裁实践。仲裁机构是对与仲裁有关的事务进行程序性组织和管理的机构,不直接负责仲裁案件的审理和裁决。对管辖权作出决定需要听取当事人意见,审阅当事人提交的有关证据和其他材料,在管辖权问题和实体争议纠缠在一起时,同时进行二者的处理,是仲裁庭的工作。

《仲裁法》第 20 条的另一个不合理是,在当事人分别各自向仲裁机构和法院提出管辖权异议时,法院具有优先决定权。这种做法在 1998 年 10 月 21 日《最高人民法院关于确认仲裁协议效力几个问题的批复》中又一次得到确认。该《批复》第 3 条规定:"当事人对仲裁协议的效力有异议,一方当事人申请仲裁机构确认仲裁协议效力,另一方当事人请求人民法院确认仲裁协议无效,如果仲裁机构先于人民法院接受申请并已作出决定,人民法院不予受理;如果仲裁机构接受申请后尚未作出决定,人民法院应予受理,同时通知仲裁机构中止仲裁"。第 4 条进一步规定:"一方当事人就合同纠纷或者其他财产权益纠纷申请仲裁,另一方当事人对仲裁协议的效力有异议,请求人民法院确认仲裁协议无效并就合同纠纷或者其他财产权益纠纷起诉的,人民法院受理后应当通知仲裁机构中止仲裁。人民法院依法作出仲裁协议有效或者无效的裁定后,应当将裁定书副本送达仲裁机构,由仲裁机构根据人民法院的裁定恢复仲裁或者撤销仲裁案件。人民法院依法对仲裁协议作出无效的裁定后,另一方当事人拒不应诉的,人民法院可以缺席判决;原受理仲裁申请的仲裁机构在人民法院确认仲裁协议无效后仍不撤销其仲裁案件的,不影响人民法院对案件的审理。"从该批复的规定中可以看出,在当事人对仲裁协议效力提出异议的情况下,即使仲裁机构已经受理当事人的申请,只要其未作出决定,法院就可介入裁定仲裁管辖权异议,并要求仲裁机构中止仲裁。而在当事人就实体问题分别各自向仲裁机构和法院起诉的情况下,无论谁先受理,法院都有权通知仲裁中止,由自己来对仲裁协议效力有无进行裁定,甚至当法院作出仲裁协议失效的裁定后,即取得该案件的管辖权,即便另一方当事人不应诉,法院也可缺席判决。这种做法实际上是剥夺了当事人另行寻求其他解决争议方法的权利。

在立法的影响下,我国仲裁机构的仲裁规则难以在管辖权异议解决方式上有突破性。以《中国国际经济贸易仲裁委员会仲裁规则(2005 年)》为例,该规则第 6 条对仲裁协议及/或管辖权的异议解决的规定为:“1. 仲裁委员会有权对仲裁协议的存在、效力以及仲裁案件的管辖权作出决定。如有必要,仲裁委员会授权仲裁庭作出管辖权决定。2. 如果仲裁委员会依表面证据认为存在由仲裁委员会进行仲裁的协议,则可根据表面证据作出仲裁委员会有管辖权的决定,仲裁程序继续进行。仲裁委员会依表面证据作出的管辖权决定并不妨碍其根据仲裁庭在审理过程中发现的与表面证据不一致的事实及/或证据重新作出管辖权决定。3. 当事人对仲裁协议及/或仲裁案件管辖权的异议,应当在仲裁庭首次开庭前书面提出;书面审理的案件,应当在第一次实体答辩前提出。4. 对仲裁协议及/或仲裁案件管辖权提出异议不影响按仲裁程序进行审理。5. 上述管辖权异议及/或决定包括仲裁案件主体资格异议及/或决定。”从中可以看出,虽然该规则比《仲裁法》和《批复》有所改进,给予仲裁庭一定的情形下对管辖权异议的决定权,但不能说明实现了仲裁庭管辖权自治,因为即便是有变通,仲裁机构在管辖权问题上的权限仍然大于仲裁庭。

综观世界各国的规定,我国这种严重背离仲裁庭管辖权自治原则的立法罕见。为顺应现代仲裁的发展潮流,提高仲裁的效率,扶持我国仲裁事业的发展,应该将仲裁庭管辖权自治原则引入我国的仲裁立法。在这方面,可以将联合国《示范法》的有关条文作为参考,建议在《仲裁法》修改时规定仲裁庭可以对仲裁管辖权异议作出决定,包括对仲裁协议的效力、可仲裁性、对仲裁庭超越权限行使职权的范围的异议。仲裁庭的决定可以以初步裁定或根据情况以裁决书形式作出。当事人如对该裁定不服,可在规定的时间内向法院起诉,法院的裁定为终局决定。仲裁庭和法院在对管辖权异议裁定期间,仲裁庭可以继续进行仲裁程序并可作出裁决。

一些国家立法还接受仲裁庭优先原则。仲裁庭优先原则是指,在仲裁庭和法院决定仲裁管辖权异议的先后顺序上,让仲裁庭成为决定其管辖权的第一位裁断者。即使在当事人首先向法院提起管辖权异议的情况下,只要有表面的证据显示存在仲裁协议,法院应让当事人去仲裁,让仲裁庭先行决定管辖权异议。采用优先权原则可以有效防止当事人拖延仲裁程序,既支持了仲裁,又无损法院的司法监督权。在我国当前法院对仲裁的干预需要进一步弱化的局势下,优先权原则的采用显得尤为必要。

第七章　国际商事仲裁的审理程序

国际商事仲裁案件的审理是国际商事仲裁的重要环节，与之相关的审理程序制度是国际商事仲裁制度的重要内容，是实现仲裁基本价值目标的基础和保障。审理程序有普通审理程序、简易审理程序、加速审理程序三种，审理方式有开庭审理与书面审理。普通审理程序中的开庭审理一般包括开庭前准备、开庭、核对当事人身份、宣布仲裁庭的组成和当事人的权利义务、当事人陈述主张、庭审调查、辩论、当事人最后陈述、调解、合议、闭庭等程序。在审理程序制度中，审理方式、合并仲裁、证据及临时性措施和保护性措施等方面的制度，对保障国际商事仲裁程序的规范、可靠、高效运行，具有重要的意义。一些国际性商事仲裁机构为使国际商事仲裁具有更强的适应力和竞争力，开始致力于修正与完善传统仲裁规则，形成了调解、简易程序、加速仲裁等多种灵活、高效的审理程序制度。

第一节　国际商事仲裁的审理方式

一、仲裁审理方式的种类

仲裁审理是指仲裁庭依法组成以后，采取一定的方式和程序调查事实，收集和审查证据，询问证人、鉴定人，并对仲裁事项进行实质性的全面审查的仲裁活动。仲裁审理是案件裁决的基础，在整个仲裁程序中居于关键地位。

仲裁审理方式是指仲裁庭审理有关争议事项时可以或必须采取的方法和形式。

仲裁审理方式多种多样，无固定程式，较之于法院诉讼程序具有较大的灵活性。综观各国立法与实践，除英国等少数国家以外，大多数国家允许仲裁当事人双方通过协议确定仲裁的审理方式，只有在当事人没有就审理方式问题约定时，才授权有关的仲裁庭依法做出决定。如《中国国际经济贸易仲裁委员会仲裁规则(2005 年)》第 29 条第 1 款规定："除非当事人另有约定，仲裁庭可以按照其认为合适的方式审理案件。在任何情形下，仲裁庭均应公平和公正地行事，给予各方当事人陈述与辩论的合理机会。"1969 年瑞士《联邦仲裁协约》第 24 条第 1 款规定："仲裁法院的程序,由当事人约定,无约定时,由仲裁法院以裁定规定之。"《日本民事诉讼法》第794条第2款规定:"关于仲裁程序,如果当事人没有签订协议,仲裁员可以根据自己的意见决定程序。"

仲裁庭审理案件的方式主要有书面审理和开庭审理(即口头审理)两种。在英国,尽管不允许当事人约定审理方式,但仍允许书面审理和口头审理两种方式。1992年《伦敦海事仲裁协会仲裁规则》中专门规定小额索赔程序可以进行书面审理。[1] 大多数国家仲裁立法和仲裁规则规定,当事人双方可以通过协议约定选择书面审理或开庭审理。当事人没有约定的,有些仲裁立法和仲裁规则规定,原则上采用开庭审理的方式,如中国《仲裁法》第39条规定:"仲裁应当开庭进行。当事人协议不开庭的,仲裁庭可以根据仲裁申请书、答辩书以及其他材料作出裁决。"《中国国际经济贸易仲裁委员会仲裁规则(2005年)》第29条第2款规定:"仲裁庭应当开庭审理案件,但经双方当事人申请或者征得双方当事人同意,仲裁庭也认为不必开庭审理的,仲裁庭可以只依据书面文件进行审理。"有些规定由仲裁庭决定或仲裁庭依当事人请求确定,如《示范法》第24条规定:"除当事各方有任何相反协议外,仲裁庭应决定是否进行口头审理,以便提出证据或进行口头辩论,或者是否应以文件和其他材料为基础进行仲裁程序。"1998年德国《民事诉讼法典》第1047条规定:"除非当事人另有约定,仲裁庭应决定是否进行开庭审理或仅依据文件或其他材料进行仲裁。如当事人没有同意不进行开庭,经一方当事人请求,仲裁庭应在程序进行的适当阶段举行开庭。"但是,在简易程序中,仲裁庭可以根据案件实际情况自行决定是否开庭审理,如《中国国际经济贸易仲裁委员会仲裁规则(2005年)》第54条规定:"仲裁庭可以按照其认为适当的方式审理案件;可以决定只依据当事人提交的书面材料和证据进行书面审理,也可以决定开庭审理。"

二、开庭审理

(一)开庭审理的含义与意义

开庭审理,又称听审(聆讯)、口头审理,是指仲裁庭在仲裁当事人及其他仲裁参与人的参加下,对案件的事实情况当面进行审理,并作出裁决的一种审理方式。开庭审理与书面审理的根本区别在于仲裁当事人和其他仲裁参与人是否需要直接到仲裁庭参与庭审程序。开庭审理有助于全面调查案件事实和审核证据,充分发挥当事人的积极性和主动性,也有利于发挥当事人的监督作用。

(二)开庭审理的一般程序

仲裁庭开庭审理具有严格的程序限定,包括开庭准备阶段、调查阶段、辩论阶段、合议阶段、裁决阶段等。具体言之,开庭审理的一般程序是:首先由首席仲裁员宣布仲裁庭的组成人员,如果双方当事人对组成仲裁庭的仲裁员没有异议,再由仲

〔1〕 屈广清主编:《国际民事程序与商事仲裁法》,法律出版社,2006年版,第223页。

裁员宣读双方当事人出庭人员名单,双方当事人对对方出庭人员的身份如有异议,可以提出。如果没有异议,首席仲裁员宣布庭审开始。先由申诉人陈述案情,讲明事实,然后由被诉人答辩,再由仲裁员提问。事实调查结束后,由当事人进行辩论。最后,由仲裁庭总结开庭情况。如果认为案情清楚,可以进行裁决,仲裁庭就在闭庭前宣布审理终结;如果认为还需双方当事人提交材料及有关证据,也应在闭庭前向双方当事人提出,并规定提交材料的日期;如果认为还需要再次开庭审理,也可以向双方当事人宣布。在开庭时,仲裁庭应做好开庭记录和录音,如有必要,可令当事人或代理人以及证人在开庭记录上签字。

(三)不公开审理原则

开庭审理不是公开审理,与诉讼的以公开审理为原则不同,各仲裁规则一般规定除当事人双方同意公开审理外,仲裁审理应不公开进行。如1998年《伦敦国际仲裁院仲裁规则》第19条第4款规定:“除非当事人另有书面约定或仲裁庭另有决定,所有会议及庭审均应非公开进行。”1997年《美国仲裁协会国际仲裁规则》第20条第4款规定:“除非当事人另有约定或者法律有相反的规定,开庭是不公开的。”《联合国国际贸易法委员会仲裁规则》第25条规定:“除当事人另有相反意见外,开庭应秘密进行。”《中国国际经济贸易仲裁委员会仲裁规则(2005年)》第33条规定:“仲裁庭审理案件不公开进行。如果双方当事人要求公开审理,由仲裁庭作出是否公开审理的决定。”我国《仲裁法》第40条规定:“仲裁不公开进行。当事人协议公开的,可以公开进行,但涉及国家秘密的除外。”

(四)缺席审理

开庭审理中的缺席审理问题,即在开庭审理时,当事人或者其代理人接到开庭通知,没有正当理由不到庭或者未经仲裁庭许可而中途退庭,仲裁庭在该当事人或其代理人不出席的情况下进行审理。各仲裁规则对于开庭审理都有明确的规定,如《联合国国际贸易法委员会仲裁规则》第28条第2款规定:“如当事人一方,经按照本规则如期、合法通知后,无充分理由而不出席开庭时,仲裁庭得继续进行仲裁程序。”《中国国际经济贸易仲裁委员会仲裁规则(2005年)》第34条明确规定:“申请人无正当理由开庭时不到庭,或在开庭审理时未经仲裁庭许可中途退庭的,可以视为撤回仲裁申请;如果被申请人提出了反请求,不影响仲裁庭就反请求进行审理,并作出裁决。被申请人无正当理由开庭时不到庭的,或开庭审理时未经仲裁庭许可中途退庭的,仲裁庭可以进行缺席审理,并作出裁决。”

三、书面审理

书面审理是指仲裁庭根据当事人提交的有关书面材料和证据,对案件的事实情况进行审理的一种仲裁审理方式。[1] 根据目前各国商事仲裁立法和各有关商

---

〔1〕 谢石松:《国际民商事纠纷的法律解决程序》,广东人民出版社,1996年版,第43页。

事仲裁规则的规定,商事仲裁的书面审理程序可以基于当事人的约定或授权,也可以基于仲裁庭的提议,征得各仲裁当事人的同意后启动。

在书面审理中,仲裁庭仅根据仲裁机构转来的由双方当事人提交的材料进行审查,并可随时要求双方当事人在限定的期限内提交必要的解释或答辩文件、证据等。如果仲裁庭认为材料已经足够时,可以结束其审理,并通知双方当事人。在裁决作出以前,仲裁庭一般会确定一个期限,给双方当事人陈述意见、提交材料的最后机会。

在仲裁实践中,书面审理的比率较高,如伦敦海事仲裁中的80%案件是依照文件和书面意见进行书面审理的。[1] 据香港仲裁员统计,在英国、香港海事仲裁中约五件中有四件是采取书面审理方式,只有一件是开庭审理。[2] 书面审理可以缩短周期,快速结案,提高仲裁效率,还可以节约当事人的时间和费用。

第二节 国际商事仲裁中的合并仲裁

一、合并仲裁的含义

合并仲裁(Consolidation of Arbitration)是指在仲裁过程中,将两个或两个以上存在相互关联的仲裁程序合并审理的仲裁制度。合并仲裁的实质是仲裁程序的合并。[3] 随着经济全球化的迅速发展,国际经济交往愈来愈频繁,专业化水平不断提高,社会分工越来越精细,国际商事纠纷不仅数量日益增多且日趋复杂,还涉及多方当事人之间的争议。在此背景下,合并仲裁成为有效解决当事人之间存在若干关联仲裁程序的商事纠纷、提高仲裁效率的一种方式。

合并仲裁与国际商事仲裁第三人制度是既相互区别又互相联系的两个概念。仲裁第三人,是指在仲裁过程中,因与案件的处理结果存在法律上的利害关系而加入到仲裁程序的第三方。二者的区别在于:仲裁第三人制度是程序外的第三人主动或被动加入到仲裁程序,并不一定存在多个仲裁程序,合并仲裁是指两个或多个相互关联的仲裁程序的合并,存在多个仲裁程序是其最主要的特征。二者的共同点是:存在合并仲裁情况时一般会相应地引入仲裁第三人;有关合并仲裁的理论争

---

[1] 邓杰:《伦敦海事仲裁制度研究》,法律出版社,2002年出版,第271页。

[2] 杨良宜:《国际商务与海事仲裁》,大连海事大学出版社,1993年版,第50页。

[3] “合并仲裁是指将两个或两个以上已经开始、相互独立且具有联系的仲裁程序加以合并审理。”莫鲁·鲁比诺—萨马塔诺:《国际商事仲裁法律与实践》(英文影印本),中信出版社,2003年版,第297页。

议在某种程度上是关于仲裁第三人的争论,赞成或支持合并仲裁的主张和观点在某种程度上是仲裁第三人制度应该存在的论据;合并仲裁和仲裁第三人具有共同的理论基点和价值目标,即实现仲裁程序的效益和避免仲裁裁决的不一致。[1]

根据是否以当事人一致同意为基础,合并仲裁分为合意合并仲裁和强制合并仲裁两种。合意合并仲裁是指基于当事人各方明示或者默示的共同意思表示,将仲裁程序予以合并的仲裁制度。强制合并仲裁是指法院或仲裁庭强制性地将两个或多个仲裁程序进行合并、无须取得当事人同意的仲裁制度。

在国际商事仲裁中,合并仲裁通常是基于各方当事人签订同一合同或多个关联合同,由于该合同引发若干相互联系的仲裁程序而产生。合并仲裁问题可以在双方或多方当事人之间产生,当事人各方基于同一合同对各种争议提起相互独立的仲裁或基于不同但彼此关联的合同发生纠纷提请仲裁,都可能导致合并仲裁的问题。[2]

二、合并仲裁的理论分歧

关于合并仲裁制度,学界存在理论纷争,看法不一,主要有赞成和反对两种对立的观点。

(一)赞成合并仲裁

赞成合并仲裁的观点认为,在国际民商事交往中,各方当事人签订同一合同或数个关联合同已是普遍现象。在仲裁过程中,将相互联系的仲裁程序合并在一起,在一个仲裁程序中一并解决争议,具有明显的合理性。主要理由如下:

1. 合并仲裁可以避免相互矛盾的仲裁裁决,实现仲裁的实质正义

仲裁即"公断",要求中立的裁决者须依据事实和证据作出公正的裁决,维护当事人的合法权益和仲裁的公正性。由于当事人举证能力的差别、仲裁机构不同等原因,若干相互有联系的仲裁程序有可能产生互相矛盾的裁决。合并仲裁将彼此相互联系的多个仲裁程序合并成一个程序,一并解决当事人之间的争议,可以避免相互矛盾的仲裁裁决,保障仲裁的公正性和严肃性。

2. 合并仲裁有利于提高仲裁效率

灵活、便捷、高效解决当事人纠纷是仲裁解决纠纷机制的基本特征,也是当事人选择仲裁的重要原因。合并仲裁将多个仲裁程序合并在一起进行,不仅有利于一次性解决争议,而且显然能够降低当事人解决纠纷的成本。合并仲裁的好处是能够避免第二、第三个仲裁庭的组成,降低当事人的仲裁成本并能使仲裁程序更加

---

[1] 石育斌:《国际商事仲裁研究(总论篇)》,华东理工大学出版社,2004 年版,第 302 页。

[2] Rona G. Shamoon & Irene M. TenCate, Absence of Consent Trumps Arbitral Economy—Consolidation of Arbitrations under U. S. Law, 12 *Am. Rev. Int'l Arb.* 335.

快捷、高效。[1]

3. 合并仲裁有利于全面、公正举证,方便举证程序

在多个关联合同或多方当事人的案件中,索赔或抗辩所需要的证据可能都由首尾两头的当事人掌握,处于中间地位的当事人则无法全面收集证据,致使无法有效举证,在仲裁中难免处于不利的地位,难以公正有效地解决争议。通过合并仲裁,把案件的证据材料汇集在一起,不仅可以减少中间当事人的举证困难,而且仲裁庭可以对争议的事实和证据进行全面的了解,避免裁决不公的结果。

4. 合并仲裁并不否定作为仲裁制度基础的当事人意思自治

仲裁遵循当事人意思自治原则,体现了对当事人的尊重。合意合并仲裁本质上是当事人意思自治的表现,没有违背意思自治原则。同时,当事人意思自治不是绝对的,意思自治并不意味着当事人可以恣意行使权利,也不存在绝对自由的契约原则。在当事人意思自治影响纠纷及时、公正解决和仲裁价值的实现时,则有必要对意思自治进行适当干预,法院或仲裁机构可以强制合并仲裁。

(二)反对合并仲裁

反对合并仲裁的学者认为,仲裁和诉讼是不同的纠纷解决方式,不能贸然搬用诉讼的方法解决仲裁程序问题。合并仲裁违反了仲裁的基本原则,冲击了仲裁制度的基础。主要理由如下:

1. 合并仲裁违背当事人意思自治原则

当事人自愿原则是仲裁制度的基石。仲裁庭的管辖权来自于当事人的仲裁协议,是当事人共同意思表示的结果。如果是当事人合意合并仲裁,在意思自治原则上不会有太大障碍;若是缺乏当事人合意或当事人明确表示不同意合并仲裁的情形下,法院或仲裁机构强制合并仲裁,则严重违背了意思自治原则。

2. 合并仲裁有悖于仲裁秘密性原则

秘密性是仲裁的重要优点。在仲裁过程中,除非当事人达成协议,否则仲裁不公开审理,仲裁机构和仲裁员负有保密义务。一旦把第三方(其他当事人)拖进来,即失去秘密仲裁的仲裁优点。[2]合并仲裁将多个仲裁程序合并起来一同审理,把第三方一并纳入仲裁,必然使第三方获悉其他案件的案情、证据或商业信息等情况,违背了秘密性原则和程序正义的要求。

3. 合并仲裁导致增加仲裁成本和延误仲裁程序

例如中间当事人要先由最后被申请人的抗辩才能够提出自己对申请人的抗辩,或一方当事人在仲裁中仅有小额的请求,因合并仲裁,不得不承受冗长的仲裁

---

〔1〕 Jane Jenkins, Simon Stebbings, *International Construction Arbitration Law*, Kluwer Law International, 2006, p. 155.

〔2〕 杨良宜:《国际商事仲裁》,中国政法大学出版社,1997年版,第455页。

程序和高昂的仲裁成本。

4. 合并仲裁影响仲裁裁决的执行

根据《纽约公约》第5条第1款第4项的规定,仲裁庭的组成或仲裁程序同当事人间的协议不符,或者当事人间没有这种协议时,同仲裁地所在国法律不符时,一项仲裁裁决可以根据当事人的请求被拒绝承认和执行。因此在强制合并仲裁的情形下,仲裁裁决可能无法得到承认和执行。

三、合并仲裁的立法与实践

(一)美国

美国《联邦仲裁法》对合并仲裁的问题没有规定,司法实践对合并仲裁裁决不尽一致。在Nereus[1]案中,纽约地方法院和第二巡回上诉法院同意了当事人合并仲裁程序的申请。上诉法院认为,联邦仲裁法的目的要求应该把它解释为在适当情况下允许并且鼓励合并仲裁程序,不仅当多个仲裁程序存在相同的法律和事实问题时应该允许仲裁程序的合并,而且在存在作出冲突裁决风险的情况下,也应该允许合并仲裁。在Weyerhaeuser[2]案中,地方法院和第九巡回上诉法院否决了当事人提出合并仲裁程序的请求。第九巡回上诉法院认为,按照联邦仲裁法的规定,法院的权力是非常有限的,除非当事人明确同意,否则法院没有权力合并仲裁程序。联邦最高法院在Moses H . Cone Memorial Hosp v. Mercury Construction Corp一案中也否决了合并仲裁的请求,指出美国《联邦仲裁法》的宗旨是保证法院执行当事人之间关于仲裁的约定,不在于如何推进仲裁、如何便捷地解决纠纷。[3] 但是,近年来美国联邦法院的判例有了新的发展,在Howsam[4]案和Green Tree[5]案中,都表明这样的观点,即:除非当事人明确将合并仲裁问题排除在可提交仲裁事项外,否则合并仲裁问题应由仲裁员决定。

尽管合并仲裁在理论和实践中存在争议,但整体上美国的立法和实践对合并仲裁日益持支持和鼓励的态度。2000年修订的美国《统一仲裁法》第10条规定:"除非仲裁协议禁止合并,一旦仲裁协议或仲裁程序的一方当事人提出动议,则法院可以就所有的或部分的仲裁请求命令独立的仲裁程序合并。"《统一仲裁法》系示范法,由各州自由采用。内华达州、新墨西哥州、犹他州等已采用了修订后的《统一仲裁法》。2006年12月1日修订生效的《美国联邦民事程序规则》第42条

---

〔1〕 Compania Espania Espanola de Petroleos S. A. v. Nereus Shipping S. A. , 527 F. 2d 966 (2d Cir. 1975) cert . denied , 426 U. S. 936 (1976) .

〔2〕 Weyerhaeuser Co. , v. Western Seas Shipping Co. , 743 F. 2d 635 (9th Cir.) Cert . denied , 469 U. S. 1061 (1984) .

〔3〕 杨良宜:《国际商事仲裁》,中国政法大学出版社,1997年版,第458页。

〔4〕 Howsam v. Dean Witter Reynolds, Inc. , 210 F. 3d 771 (7th Cir . 2000).

〔5〕 Gree Tree Financial Crop. v. Bazzle , 539 U. S. 444(2003).

第1款规定："如果未决的多个程序中包含共同的法律或事实问题，法庭可以决定对所有程序中部分或全部问题进行合并审理；也可以决定对所有程序予以合并；它可以是为了避免出现不必要的费用或迟延而作出这样的决定。"

在各州中俄亥俄州、北卡罗来纳州和得克萨斯州规定在当事人达成合意的情况下，法院可命令合并仲裁。加利福尼亚州则规定，国内案件不需要当事的合意法院即可强令合并仲裁，国际案件则必须有当事人的合意才能合并。[1]

（二）英国

英国关于合并仲裁的问题，完全尊重当事人的意思自治。1996年《仲裁法》第35条规定："（1）当事人得自由约定，以按其可能达成一致的条件：a. 合并两个仲裁程序；或b. 同时举行庭审。（2）除非当事人同意将此种权力授予仲裁庭，仲裁庭无权命令程序合并或同时举行庭审。"

在The Eastern Saga案中，大法官Leggatt明确表示，仲裁的秘密性、当事人意思自治和仲裁协议的相对性仍是仲裁不可超越的原则，在没有所有当事人完全同意的情况下，不能进行合并仲裁。[2] 这是英国立法与司法实践对于合并仲裁的基本态度和立场。但英国仲裁机构的仲裁规则肯定了合并仲裁的做法，如2000年《英国特许协会仲裁规则》规定，两个或两个以上的仲裁案件在符合一定条件时，仲裁员可以决定合并仲裁。

（三）澳大利亚

澳大利亚《国际仲裁法》第24条对仲裁程序中合并仲裁问题作了详尽的规定。根据该法规定，当事人和仲裁庭都可以启动合并仲裁。就当事人而言，第24条第1款规定："仲裁程序的一方当事人可以依据如下理由，向仲裁庭提出申请，请求仲裁庭作出合并其他仲裁程序（无论该仲裁程序是否由该仲裁庭审理）的决定：（a）在所有程序中存在共同的事实或法律问题；或（b）在所有程序中提出的仲裁请求都是基于或出于同一个交易或同一个连续的交易；或（c）在申请书中明确指明的其他合理原因。"当事人可以通过协议等方式进行合并仲裁，该条第8款规定："本条款并不阻止相关程序的当事人采取必要措施以促成仲裁程序的合并。"对仲裁庭而言，其可以依据一定的事实和理由合并仲裁。根据该条第2款规定，对两个或多个仲裁程序，仲裁庭可以在决定书中明确规定仲裁程序的合并。其第4款规定："如果所有相关程序都由一个仲裁庭审理，那么该仲裁庭有权按照其认为合适的方式作出合并仲裁程序的决定，之后按照该决定的内容处理所有相关程序。"

该法规定了合并仲裁的具体程序。如果有两个或多个仲裁庭审理相关程序，

---

〔1〕 Rona G. Shamoon & Irene M. TenCate, Absence of Consent Trumps Arbitral Economy—Consolidation of Arbitrations under U. S. Law, 12 *Am. Rev. Int'l Arb.* 335.

〔2〕 [1984] 2 Lloyd's Rep. 373.

接到合并仲裁申请的仲裁庭应该就该申请的实质内容与其他相关的仲裁庭进行磋商,且所有的仲裁庭应该尽快地对该申请作出共同决定。经磋商后,如果仲裁庭作出合并仲裁审理相关仲裁程序的决定,所有仲裁庭应该共同作出该决定且所有相关程序应该按照该决定的内容予以审理。如果决定相关程序予以合并,则根据《示范法》的规定从所有相关程序的仲裁庭人员中指定审理合并仲裁程序的人员。在没有作出合并仲裁的决定时,相关程序仍然按照原来的程序继续审理。

(四)加拿大

加拿大各省有自己的国际商事仲裁法,其内容基本一致。1991 年安大略省《国际商事仲裁法》第 7 条规定了合并仲裁,与该条款相似的还有加拿大其他省的立法,如 Albera、Manitoba、New Btunswick、Nova Scotia、Prince Edward Island、Saskatchewan、Yukon 和 Northwest Territories 的国际商事仲裁法。[1]

安大略省《国际商事仲裁法》第 7 条规定,在多个仲裁程序的所有当事人的共同申请下,法院可以按照其认为公正的方式作出合并仲裁程序的决定。如果法院决定合并仲裁,法院可以为合并之后的仲裁程序指定仲裁员。如果当事人对如何指定仲裁员达成一致意见,法院按照该意见指定仲裁员,不阻止多个仲裁程序的当事人采取必要措施促成仲裁程序的合并。根据该条款,合并多个仲裁程序一并仲裁,需要所有当事人共同申请并且由法院决定。法院掌握合并仲裁的决定权,而不是仲裁庭或仲裁员。当事人可以达成一致意见,就多个仲裁程序进行合并仲裁。

(五)荷兰

荷兰是支持合并仲裁的典型代表。1986 年荷兰《民事诉讼法》第 1046 条第 1 款规定:"如果在荷兰境内已经开始的一个仲裁庭仲裁程序的标的,与在荷兰境内已经开始的另外一个仲裁庭仲裁程序的标的存在联系,任何当事人都可以请求阿姆斯特丹地方法院院长发布合并程序的命令,而当事人另有协议的除外。"该条第 2、3、4 款规定了阿姆斯特丹地方法院院长决定合并仲裁的具体程序和步骤,第 6 款规定:"依据上述第 3 款和第 4 款作出的仲裁裁决,可以上诉到另外一个仲裁庭,但是仅当所有参与合并程序的当事人都同意该上诉决定才可以提起该上诉程序。"

荷兰《民事诉讼法》对合并仲裁的规定有明显的特点:合并仲裁的条件是仲裁程序须发生在荷兰境内且仲裁程序的标的存在关联;阿姆斯特丹地方法院院长拥有合并仲裁的决定权和决定是否全部或部分合并,实质上是一种司法权力;对合并仲裁程序所作出的仲裁裁决,经所有参与合并程序的当事人同意,可以向另外一个仲裁庭上诉。

---

〔1〕 石育斌:《国际商事仲裁第三人制度比较研究》,世纪出版集团、上海人民出版社,2008 年版,第 81 ~82 页。

(六)中国香港

我国香港地区将仲裁分为本土仲裁和国际仲裁。本土仲裁适用1982年修订《香港仲裁条例》第II部分的规定,国际仲裁适用该条例第IIA部分关于联合国《示范法》的规定。《香港仲裁条例》第6B条"仲裁的综合处理"规定:"凡在两项或以上的仲裁程序中,法院认为有如下情形:a. 该等仲裁程序均产生于共同的法律或事实问题,或b. 该等仲裁程序所申索的济助权利出自同一宗或同一系列的交易,或c. 由于其他原因适宜根据本条作出命令,法院可命令将该等仲裁程序按其认为公平的条款综合处理,或可命令该等仲裁程序同时或一项紧接一项地聆讯,又或可命令将其中任何仲裁程序搁置,直至其余任何的仲裁程序作出裁定为止。"可见,《仲裁条例》规定了合并仲裁,合并仲裁的决定权在法院。在1987年Shui on Construction Co. Ltd v. Moon Yik Company & Others案件中,应一方当事的请求,法院下令合并仲裁。[1] 但是国际仲裁适用的联合国仲裁示范法对合并仲裁并没有作出明确的规定。当事人可以自由约定一项仲裁是否为本地仲裁或国际仲裁。现在香港的法律立场是:国际仲裁适用示范法不能去申请法院下令合并,但本地仲裁适用香港仲裁法则可以申请法院下令合并。[2]

四、仲裁规则对合并仲裁的规定

(一)《英国特许仲裁员协会仲裁规则》

2000年《英国特许仲裁员协会仲裁规则》(适用于英格兰、威尔士和北爱尔兰)第6条第1款规定:"在不违背当事人有权商定任何事项和本规则1.2条规定的前提下,仲裁员得决定所有程序。"仲裁员在仲裁过程中对仲裁程序享有较大的权力。关于合并仲裁,该规则第7条第3款规定:"当依据本规则委任的同一仲裁员参与两个或以上有共同事实或法律争议点的案件裁决时,无论案件的当事人是否相同,仲裁员都可以指令将仲裁案件或由其引发之特殊请求或争议合并审理或同时庭审。"该仲裁规则对合并仲裁的基本要求是:(1)两个或以上的仲裁案件选定了相同的仲裁员;(2)合并仲裁的案件须存在共同事实或法律问题;(3)仲裁员决定合并仲裁。

关于合并仲裁的裁决问题,第7条第5、6款规定:"当若干仲裁案件的程序合并时,仲裁员可以作出一个统一裁决;或者就程序性事项作出对所有当事人均有拘束力的裁决,当事人另有协议的除外。当仲裁员命令不同的案件同时进行庭审时,应就不同的案件分别作出裁决,当事人另有协议的除外。"合并仲裁的命令可以撤

---

〔1〕 *Revue de l' Arbitrage* 1987, p. 364; Isaak I. Dore, *Theory and Practice of Multiparty Commercial Arbitration—with special reference to the UNCITRAL Framework*, Graham & Trotman/ Marinus Nijihoff, 1990, p. 17. 转引自赵健:《国际商事仲裁的司法监督》,法律出版社,2000年版,第142页。

〔2〕 杨良宜:《国际商事仲裁》,中国政法大学出版社,1997年版,第461页。

回，第7条第7款规定："当仲裁员命令案件合并审理或同时进行庭审时，仲裁员可随时撤回该命令，并作出进一步的命令和指令以分别审理和裁决案件。"

（二）《瑞士国际仲裁规则》

2004年《瑞士国际仲裁规则》是在统一瑞士各商业与工业协会仲裁规则的基础上制定的。在此前，瑞士六家商业与工业协会各自拥有不同的用于解决国际商事纠纷的仲裁规则。为了促进瑞士的机构仲裁统一仲裁规则，巴塞尔、伯尔尼、日内瓦、提契诺、沃州和苏黎世商业与工业协会均已采纳现行的统一规则，即《瑞士国际仲裁规则》，并由其取代各商会以往的国际仲裁规则。

《瑞士国际仲裁规则》第4条规定了合并仲裁。该条第1款"仲裁程序的合并（合并审理）"规定："正在依照本规则进行其他仲裁程序的当事人之间又有仲裁通知提出，商会经过与所有仲裁程序的当事人及特别委员会协商后，可以决定将新的仲裁案件交由为正在进行的仲裁程序而组成的仲裁庭予以审理。当提出仲裁通知的当事人与正在进行的仲裁程序的当事人不一致时，商会依然可以作出类似决定。"该款规定了合并仲裁的两种情形，即相同当事人之间的仲裁程序和不同当事人之间仲裁程序。依据该规定，是否合并仲裁由商会决定，在作出决定时，商会须综合考虑所有情形，包括两桩案件的联系和现有的仲裁程序已经取得的进展。

（三）《日本商事仲裁协会商事仲裁规则》

《日本商事仲裁协会商事仲裁规则》（2008修订）第44条第1款规定："多个仲裁申请的请求事项相互关联，协会或者仲裁庭认为有必要的，经过各仲裁申请的全体当事人的书面同意，可以在一个程序下进行审理。但多个仲裁申请是基于同一个仲裁协议的，无须当事人的同意。"

《日本商事仲裁协会商事仲裁规则》对合并仲裁的基本要求是：（1）多个仲裁申请的请求事项之间存在相互关联；（2）协会或仲裁庭认为有必要合并审理，并且经全体当事人书面同意；（3）多个仲裁请求都是基于同一个仲裁协议的，不必取得当事人的同意。

（四）《中国海事仲裁委员会仲裁规则》

《中国海事仲裁委员会仲裁规则》（2004年）第46条规定："两个或两个以上仲裁案件涉及共同的事实问题，仲裁庭认为适当时，在征得所有当事人的同意后，可以进行合并审理，由各案首席仲裁员推选一人主持开庭，但裁决书应分别作出。"依据该条规定，仲裁庭决定合并仲裁须取得所有当事人的一致同意，对合并仲裁的案件要分别作出仲裁裁决。

第三节　国际商事仲裁中的证据

一、国际商事仲裁证据的含义与特征

国际商事仲裁证据是指在国际商事仲裁中能够证明案件事实的一切材料。证据是仲裁庭认定案件事实、据以作出仲裁裁决的根据。在国际商事仲裁中,对证据的收集、审查、认定等是审理程序的重要环节。

国际商事仲裁证据具有以下特征:合法性、客观性、关联性。[1] 合法性是指国际商事仲裁中的证据具有证据资格,为所适用的法律允许,可以用于证明案件的待证事实。客观性是指国际商事仲裁中的证据是客观存在的事实,证据要经过当事人的质证和仲裁庭的认证。关联性是指国际商事仲裁中的证据与待证事实有联系,通过证据可以证明另外一个事实是否存在或者存在的可能性。

二、国际商事仲裁证据的种类

(一)文件证据

文件证据是指以其表达的内容证明案件事实的证据。文件证据范围广泛,根据1999年《国际律师协会关于国际商事仲裁的取证规则》(以下简称《IBA取证规则》)第1条的规定:"'文件'是指各类书面材料,无论其记录于纸张、电子方式、录音或录像或任何其他机械或电子方式储存或记录的资料。"

一般言之,文件证据应提交给其他当事人和仲裁庭。《示范法》第24条规定:"当事人一方向仲裁提供的一切陈述书、文件及其他资料均应送交当事他方。"《IBA取证规则》第3条规定:"在仲裁庭规定的时限内,各方当事人均应向仲裁庭及其他当事人提交其可获得并依赖的所有文件资料,包括公开文件和公共领域的问题,但一方当事人已经提交的文件除外。"仲裁庭在仲裁过程中可要求当事人提交文件证据。《联合国国际贸易法委员会仲裁规则》第24条第2款规定:"仲裁庭倘认为适当,得要求一方当事人在规定的限期内将其拟提出支持申请书或答辩书内所陈述的争议事实的有关文件摘要或其他证据提交该庭和另一方当事人。"1998年《国际商会仲裁规则》第20条第5款规定:"仲裁庭可以在程序中进行的任何阶段通知当事人补交证据。"

当事人之间有关争议的文件证据可分为对当事人有利的文件和不利的文件。此外,在国际商事仲裁中,当事人提交的文件证据极有可能涉及商业秘密和保密信息。这关系到文件证据的披露问题,通常需要在仲裁的公正性、效率和成本之间作

---

〔1〕 参见赵秀文主编:《国际商事仲裁法》,中国人民大学出版社,2007年版,第222页。

合理平衡。在英国仲裁程序中,争议双方当事人必须披露他所依赖的并处于其控制下的所有文件,无论对他有利还是不利。当事方不能依赖根据仲裁庭强制披露命令披露的任何文件,仲裁庭可以视情况进行不利的推论,可以根据已有材料做出裁决。[1] 1999年《IBA取证规则》的做法是:在仲裁庭规定的期限内,任何一方当事人都可以向仲裁庭提交出示请求。如果被请求出示文件材料的当事人提出合理异议,仲裁庭经与各方当事人商议后,可以指定一名独立公正、负有保密义务的专家审核该文件材料并提出专家意见。

(二)证人证言

证人证言是指证人就其所了解的案件事实所作的陈述。证人证言包括非专家证人证言和专家证言,前者是关于事实方面的证言,后者是关于意见的证言。证人证言可以通过庭审的方式提供,也可以通过书面的证人证言形式提供给仲裁庭。如《联合国国际贸易法委员会仲裁规则》第25条第4款规定:"证人证词亦得以提供经其签署的书面方式为之。"1998年《伦敦国际仲裁院仲裁规则》第20条第4款规定:"除非仲裁庭另有指示,证人证言可由当事人以书面形式提交,签字文书或宣誓书均可。"书面形式的证人证言应该包括以下内容:(1)证人的姓名全称和地址,其与任何一方当事人现在和过去的关系(若有),如果与争议或其证人陈述的内容具有相关性和重要性,还应说明其背景、资格、所受培训和经历;(2)对事实完整、详细的描述,以及证人获知该事实的信息来源,以使之足以成为争议事项的证人证据;(3)对所作陈述内容真实性的确认;(3)证人签字及签字的日期和地点。[2]

(三)专家证据

专家证据是指专家就仲裁案件的特定专门问题所作的解释、说明。在国际商事仲裁中,专家的选任有当事人委任和仲裁庭指定两种方式。

《联合国国际贸易法委员会关于组织仲裁程序的说明》指出,很多仲裁规则和仲裁程序法律涉及专家参与仲裁程序,常见的规定是,仲裁庭有权聘任专家就仲裁庭待决问题提出报告,可允许当事人就争议问题提供专家证人。《IBA取证规则》第5条规定:"当事人可依赖其委任的专家就特定问题作证。当事人委任的专家应在仲裁庭规定的时限内提交专家报告。"当事人自行委任的专家就案件专门问题提出的报告或者出庭时所作的陈述,应视为是专家证人证言。仲裁庭可以就案件的专门问题向专家进行咨询或者指定鉴定人鉴定。《示范法》第26条规定:"除非当事人另有协议,仲裁庭可以指定一名或一名以上的专家就仲裁庭要确定的具体

---

[1] 杨良宜、杨大明:"国际商事仲裁中的证据——问题领域及最新发展",《中国海商法年刊》第13卷,2002年,第87页。

[2] 《IBA证据规则》第4.5条。

问题向仲裁庭提出报告。”1998 年《国际商会仲裁规则》第 20 条第 4 款规定:“仲裁庭经与当事人协商可以聘请一名或数名专家,明确其权限范围并接收其作出的报告。”1997 年《美国仲裁协会国际仲裁规则》第 20 条第 1 款规定:“仲裁庭可指定一名或多名独立专家对其提出的特定问题作出书面报告,并送交各方当事人。”

根据仲裁法和仲裁规则,当事人有义务向专家或鉴定人提供或出示有关的资料、文件或物品,以供查验。当事人可以对专家提供的报告提出意见、质疑。经仲裁庭同意,当事人也可以要求专家参加庭审,接受询问或对报告作出解释说明。

(四)现场勘验

一般情况下,仲裁庭有权决定进行现场勘验,除非当事人另有协议。查验标的物通常是现场勘验,多半是因建筑合同和加工设备性能之类的争议引起。查验争议标的物可用于其他案件。例如,在商品仲裁中,如果争议关系到所提供货物的指令,由仲裁员去查验商品或交付的货物是很普遍的。[1]《IBA 取证规则》第 7 条规定:“在不违反(本规则)第 9 条第 2 款的情况下,仲裁庭可应一方当事人的请求或自行决定,以其认为适当的方式,勘验或要求仲裁庭指定的专家勘验任何场所、财产、机械或任何其他物品、工艺及文件。仲裁庭经与各方当事人协商,决定勘验的时间和安排。各方当事人及其代理人有权参与任何此类勘验。”

三、国际商事仲裁的证据规则

(一)国际商事仲裁证据规则的含义与特征

证据规则是指在举示证据、收集证据、核实证据、采用证据、运用证据时必须遵循的准则,包括举证规则、取证规则、质证规则和认证规则等。

与诉讼中的证据规则相比,国际商事仲裁的证据规则在遵循自然、公正原则的前提下,具有明显的灵活性,其特征如下:

1. 尊重当事人意思自治

仲裁权不同于司法权,仲裁权源于当事人之间意思一致的仲裁协议。仲裁本质上具有契约性质,表现在证据规则方面,即尊重当事人的意思自治,允许当事人自由约定证据规则。在国际商事仲裁中,当事人可以选择仲裁适用的程序法,其中包括了仲裁适用的证据规则。如《示范法》第 19 条第 1 款规定:“在不违反本法规定的前提下,各方当事人可以自由地就仲裁庭进行仲裁所应遵循的程序达成协议。”

2. 仲裁庭具有广泛的权力

仲裁庭对仲裁程序的确定和案件事实认定来源于当事人的授权,如果当事人没有约定,仲裁庭可以按照其认为适当的方式进行仲裁。1996 年英国《仲裁法》第 34 条规定,在不违背当事人有权确定任何事项的前提下,仲裁庭得决定所有程序

---

〔1〕 韩健:《现代国际商事仲裁法的理论与实践(修订版)》,法律出版社,2000 年版,第 246 页。

及证据事项,证据事项包括当事人就事实或意见的任何事项所提交的材料(口头、书面或其他形式)的可采性、相关性或重要性是否适用严格证据规则,此类材料相互交换和出示的时间、方式和形式。《美国统一仲裁法》第15条规定:"仲裁员可按其认为适当的有利于与程序的公平和迅速进行的方式仲裁。该权限包括在庭审前和仲裁程序当事人召开会议以及确定证据的可采性、相关性、重要性及分量等。"相关仲裁立法和仲裁机构仲裁规则也有类似规定。

3. 遵守正当程序要求

恪守正当程序要求、公平公正解决纠纷是仲裁遵循的基本价值,也是仲裁作为纠纷解决机制的重要基础。在仲裁中,当事人应受到平等、公正的对待。仲裁庭须公平和公正地行事,确保当事人享有陈述和辩论的合理机会。

(二)国际商事仲裁证据规则的内容

1. 举证

举证责任是指当事人对自己主张的事实和仲裁请求必须提供证据予以证明以及事实存在真伪不明时,由负举证义务一方承担不利的法律后果。在国际商事仲裁中,"谁主张、谁举证"是仲裁审理的基本原则,当事人应当对其申请、反请求和答辩所依据的事实提供证据证明。如《联合国国际贸易委员会仲裁规则》第24条第1款规定:"当事人各方对其申请或答辩所依据的事实应负举证之责。"1997年《美国仲裁协会国际仲裁规则》第19条第1款规定:"每一方当事人应对其援用以支持其请求或答辩的事实,负举证责任。"

举证有期限的限制,当事人可以自行约定提交证据的期限,仲裁庭可以规定期限。当事人没有合理理由未能在规定的期限内举证,其迟延提交的证据可能不被接受,仲裁庭可以继续进行仲裁程序并根据已有的证据作出裁决。《中国国际经济贸易仲裁委员会仲裁规则(2005年)》第36条规定:"仲裁庭可以规定当事人提交证据的期限。当事人应当在规定的期限内提交。逾期提交的,仲裁庭可以不予接受。当事人未能在规定的期限内提交证据,或者虽提交证据但不足以证明其主张的,负有举证责任的当事人承担因此产生的后果。"但是基于合理理由,当事人迟延提交的证据,仲裁庭可以考虑接受。

2. 取证

根据各国仲裁法和仲裁机构仲裁规则,取证的主体主要包括当事人、仲裁庭和法院。

(1)当事人取证。当事人对其主张的事实和仲裁请求负有举证责任,当事人举证不能或不足时将承担不利的后果。因此当事人应享有收集证据的权利。

(2)仲裁庭查证。仲裁庭取证权分为两种:一种是仲裁庭自行取证,另一种是根据当事人的申请,仲裁庭考察证据的关联性和重要性后决定采取必要的措施收集相关证据。1998年德国《民事诉讼法典》第1042条第4款规定:"仲裁庭有权决定取证的可采纳性,有权取证并自由裁量此类证据。”我国内地《仲裁法》第 43 条第 2 款规定:“仲裁庭认为有必要收集的证据,可以自行收集。”《IBA 取证规则》第 3 条第 8 款规定:“如一方当事人拟向仲裁当事人之外的个人或组织获取文件但不能自行获取,则其可在仲裁庭规定的时限内,请求仲裁庭采取法律上可行的任何步骤,以取得所要求的文件。”仲裁庭协助取证目的在于查明事实,公正合理地解决纠纷,而不是为某一方当事人提供服务,否则就失去了仲裁庭中立的立场。

(3)法院协助取证。在仲裁程序中,法院应仲裁庭或者当事人的申请可以协助强制证人出庭或者询问证人或者调取其他证据。如《示范法》第 27 条“在获取证据方面的法院协助”规定:“仲裁庭或当事一方在仲裁庭同意之下,可以请求本国主管法院协助获取证据。该法院可以在其权限范围内并按照其获取证据的规则的规定执行上述请求。”1996 年英国《仲裁法》第 44 条规定,除非当事人另有约定,为仲裁程序之目的,法院有权就获取证人的证据作出命令,就如同诉讼目的对与诉讼有关的事项作出裁定。1999 年韩国《仲裁法》第 28 条“法院在取证方面的协助”第 1 款规定:“仲裁庭可以自行或经一方当事人申请,请求获得管辖法院在取证方面的协助。”

3. 质证

质证是指在庭审过程中由案件当事人和其他仲裁参与人对证据采取辨认、询问、质疑、解释、辩论等形式进行审核,以确认其证明力的活动。直接询问、交叉询问、公开质证是质证的基本形式。无论采取何种形式,质证应围绕证据的资格和证明力展开。

质证的环节一般包括庭前证据交换中的质证、开庭审理中的质证和书面质证。当庭进行质证是主要形式。但是根据当事人的约定,或者在当事人没有约定时,出于快速、节省费用地解决争议考虑,仲裁庭可以主持书面质证。无论是口头质证还是书面质证,仲裁庭都应平等对待各方,为各方陈述案情、对对方提交的证据发表意见的提供机会。

质证的内容包括当事人提交的书面证据、证人证言和其他形式的证据。

4. 认证

认证是仲裁庭对当事人提交的证据进行审查、判断,确认其证据资格和证明力的活动。仲裁庭对证据的可采性、关联性、重要性和证明力具有决定权。《美国仲裁协会仲裁规则》第 8 条第 6 款规定:“仲裁庭应决定当事人提供的证据的可接受性、关联性、实质性和重要性。”《联合国国际贸易委员会仲裁规则》第 25 条第 6 款规定:“仲裁庭应就所提出的证据是否可以接受以及其相关性、实质性和重要性作出决定。”《示范法》第 19 条规定:“授予仲裁庭的权力包括确定任何证据的可采性、相关性、实质性和重要性的权力。”

第四节 国际商事仲裁中的临时性与保护性措施

一、含义、特点与类型

关于临时性与保护性措施，各仲裁立法和有关仲裁规则有不同的称谓。《示范法》称为临时保全措施（Interim Measure of Protection），《国际商会仲裁规则》称为临时性措施或保全措施（Conservatory or Provisional Remedies），英国称为玛瑞瓦禁令（Mareva Injunction），我国一般称为财产保全和证据保全。

国际商事仲裁中的临时性与保护性措施是指在国际商事仲裁程序开始前、进行期间或者仲裁裁决执行前，为保证仲裁程序顺利进行和仲裁裁决得以执行，经当事人申请，由法院或仲裁庭对争议标的物、财产、证据或行为等采取的具有临时性和强制性的措施。2006 年修订的《示范法》第 17 条第 2 款规定："临时措施是以裁决书为形式的或另一种形式的任何短期措施，仲裁庭在发出最后裁决争议的裁决书之前任何时候，以这种措施责令一方当事人实施以下任何行为：(a)在争议得以裁定之前维持现状或恢复原状；(b)采取行动防止目前或即将对仲裁程序发生的危害或损害，或不采取可能造成这种危害或损害的行为；(c)提供一种保全资产以执行后继裁决的手段；或(d)保全对争议可能具有相关性和重要性的证据。"

临时性与保护性措施具有以下特点：(1)是在仲裁裁决之前采取的，包括在仲裁程序开始之前或者在仲裁程序进行过程中。(2)具有应急性、临时性和强制性，不采取这些措施可能致使仲裁程序难以进行或者给当事人造成损害。(3)临时性与保护性措施的目的在于保证仲裁程序顺利进行、仲裁裁决有效执行和保障当事人的合法权益。

临时性与保护性措施的内容广泛。一般言之，国际商事仲裁中常见的临时性与保护性措施有以下几类：(1)为索赔（包括反索赔）取得的担保及费用担保；(2)维持现状的措施；(3)与证据保全有关的措施，如指令协助取证、保存证据、对仲裁标的物或与争议有关的物品进行检验、保存、储存或扣留；(4)与财产有关的临时措施，如变卖、冻结或者扣押财产等；(5)与行为有关的临时措施，如临时禁令，指令不得实施某种行为。

二、决定机构

根据各仲裁立法和仲裁规则的规定，法院或仲裁庭有权依法决定采取临时性与保护性措施。在仲裁实践中，当事人可以向仲裁庭或法院提出临时性与保护性措施的申请，但由于各国立法和仲裁所适用仲裁规则的差异，有权决定实施该措施的主体有所不同。

（一）由法院决定

一些国家的仲裁法或仲裁规则规定，只有该国法院有权决定和实施当事人提出的临时保护措施。如奥地利、日本、新西兰、丹麦、芬兰、希腊、意大利、摩洛哥、巴西、土耳其、新加坡、泰国等。我国内地《仲裁法》第 28 条、29 条规定，当事人申请财产保全或证据保全的，仲裁委员会应当将当事人的申请依照民事诉讼法的有关规定提交人民法院。《中国国际经济贸易仲裁委员会仲裁规则（2005 年）》第 17、18 条也规定，当事人申请财产保全或证据保全的，仲裁委员会应当将当事人的申请转交被申请财产保全的当事人住所地、财产所在地或证据所在地有管辖权的法院作出裁定。

（二）由仲裁庭决定

凡是采纳了《示范法》的国家，均在本国国内法中明确规定了仲裁庭有权发布临时措施令。《示范法》第 17 条第 1 款规定："除非当事人另有约定，仲裁庭经一方当事人请求，可以准予采取临时措施。"1988 年保加利亚《国际商事仲裁法》第 21 条、1993 年俄罗斯《国际商事仲裁法》第 17 条、1998 年德国（《民事诉讼法典》（第十编））第 1041 条第 1 款，均作了与《示范法》第 17 条相同的规定。此外，许多仲裁机构的仲裁规则有同样的规定，如 1997 年《美国仲裁协会国际仲裁规则》第 21 条第 1 款规定："应任何一方当事人要求，仲裁庭可采取其认为必要的任何临时性措施，包括禁止性的救济和保护性或保存财产的措施。"

（三）由仲裁庭和法院决定

美国、爱尔兰、加拿大、瑞典、瑞士等国的法律规定：在规定法院拥有绝对的保全措施决定权的前提下，如果符合法律规定的条件，仲裁庭有权决定采取保全措施。这就是"并存的权力"。但是大部分国家的法律对仲裁庭决定保全措施作出各种限制性条件。如 1986 年加拿大《国际商事仲裁法》第 17 条规定，仲裁员仅有权对争议标的物决定采取保全措施，或者要求为保全措施提供担保，仲裁员不得采取任何其他的保全措施。

在国际商事仲裁程序中，关于由法院决定并执行临时性保护措施的问题，一直存在激烈的争议。一种观点认为，仲裁协议仅剥夺了法院对实体争议事项的管辖权，未排除法院对临时性措施的管辖权。另一种观点认为，当事人约定将争议交付仲裁，意在排除法院的管辖，不仅排除法院对案件实体问题的管辖，且排除了法院对临时性保护措施的管辖，当事人向法院申请采取措施，属违反仲裁协议。在各国实践中，法院对此的判决亦大相径庭。各国法院对自己作出临时性保护措施的决定的意见相左。考虑到仲裁的民间性质，仲裁机构制定的仲裁规则不可能与本国法律抵触，即使仲裁规则规定仲裁庭有权采取临时性保护措施，若这一规定与本国法律不符，就没有实际意义。故仲裁庭在此问题上一般倾向于不采取与法院不一致的行动。

就仲裁的性质看，如果仲裁庭的临时性保护措施专门针对仲裁的一方当事人，因为当事人交付仲裁的约定并不能排除仲裁庭采取此类行动的权力；若牵涉到对第三方发布禁止令等决定，要求有关的第三方作为或不作为，该第三方与仲裁庭没有任何约定或授权，这种要求本身超出了当事人仲裁协议授权仲裁庭管辖的范畴，强调仲裁庭作出决定的观点难以成立。

弱化法院的监督作用和审查作用，强化法院对仲裁的支持和协作作用是当前国际商事仲裁的发展趋势。由法院决定并执行临时性保护措施，是法院对仲裁的强有力支持和协助，是与国际商事仲裁发展趋势并行不悖。故不能机械地从弱化法院的监督和审查作用出发，反对法院采取保全措施。

基于上述理由，当事人在仲裁程序中提请法院对诉讼或（仲裁）的财产或证据采取临时性保护措施，不应视为对仲裁协议的违背。《联合国国际贸易法委员会仲裁规则》第26条第3款规定："当事人中任何一方向司法机关要求采取临时措施不得被认为与仲裁协议的规定有抵触或认为是对该协议的摒弃。"《示范法》第9条规定："仲裁程序进行前或进行期间，当事人一方请求法院采取临时保护措施和法院准许采取这种措施，均与仲裁协议不相抵触。"

三、英美的立法与实践

（一）美国

美国的典型案例是1974年美国第三上诉巡回法院在橡胶轮胎公司案（McCreary Tire & Rubber Co. v. Ceat S. p. A）[1]作出的裁定。在该案中，美国马克利公司与意大利的奇特公司订立了在美国销售橡胶轮胎的合同，该合同中含有仲裁条款。双方在履行合同的过程中发生争议，马克利公司向地方法院申请冻结奇特公司在美国匹兹堡银行的账户，地方法院予以准许，奇特公司拒绝执行并要求将争议提交仲裁解决。上诉到美国第三巡回上诉法院，上诉法院裁定：解除冻结的银行账户，将争议提交仲裁解决。上诉法院作出此项决定的理由是：马克利公司将争议提交诉讼违反了与奇特公司之间所订立的仲裁协议，在执行裁决时扣押外国财产是可能的，但本案对外国财产的扣押并非执行仲裁裁决，而是超越了当事人事先约定的解决争议的手段，此项超越为公约所禁止，公约禁止法院受理当事人提起的此类诉讼，原因是提起诉讼本身违反了当事人之间订立的仲裁协议。

另外一个有代表性的案件是1982年纽约州上诉法院对库波案（Cooper v. Ateliers de la Motobecane S. A.）作出的裁定：《纽约公约》项下的事项在作出裁决之前，不宜实施扣押。该案中，库波是纽约公民、另一方当事人为法国公司，双方当事人订立协议在纽约注册一家负责在美国销售该法国公司产品的公司。为了吸引库波加入这个合资企业，协议授权库波按照协议中规定的固定价格将其在合资企

[1] McCreary Tire & Rubber Co. v. Ceat S. p. A, 501 F. f. 2d 1032 (3d Cir. 1974).

业的利益出售给法国公司的期权。协议还规定争议将在瑞士解决，法国公司还与其他一些投资者订立了类似的协议。其后，库波欲将其在该美国公司的股份转让给该法国公司，但双方不能就该股票的价格达成一致，于是该法国公司请求通过仲裁解决他们之间的争议。库波则向纽约高等法院提起诉讼，要求永久性地终止仲裁，库波的请求被法院驳回，但该高等法院的第一上诉庭准许了其诉讼请求。该法国公司又上诉到上诉法院。上诉法院裁定：上诉法院一致驳回第一上诉庭作出的关于终止仲裁的裁定。在库波的诉讼请求在纽约法院审理期间，库波又向纽约高等法院对该法国公司提起了第二次诉讼，并得到了法院签发的单方面扣押合资企业欠该法国公司的债务的命令。当库波要求法院予以确认时，法国公司请求法院撤销此项诉讼并废除该扣押令。第一上诉庭准许库波的诉讼请求后不久，高等法院裁定解除在第二次诉讼中的扣押令，理由是《纽约公约》禁止在裁决作出之前的扣押。但在上述期间，第一上诉庭推翻了高等法院的裁定。库波又上诉到上诉法院，上诉法院推翻了第一上诉庭的裁定。

多数意见认为，仲裁的性质是在没有司法程序干预的情况下解决争议，在涉及国际贸易时，为了避免对外国法的不熟悉，这一性质更加明显；《纽约公约》考虑到这一问题并提出了解决方案，即司法干预只能等到裁决作出之后；公约的目的和政策贯彻实施的最好方法，就是限制开始仲裁之前提出的关于是否应当强制仲裁的司法诉讼。[1]

反对者的意见认为，鉴于对外国仲裁裁决的执行条件与国内裁决相同，国内裁决作出之前可以依法采用保全措施，而公约规定的只是裁决后的执行问题，并没有专门就裁决前的措施作出规定，因此不能认为公约默示地禁止此项措施。

由上可见，美国司法实践中，在当事人订有仲裁协议的情况下，法院一般不愿意作出采取临时性保护措施的裁定，即便在仲裁过程中也是如此，因为当事人已经将争议解决的权力交给了仲裁庭。但是有些法院可以允许当事人在仲裁程序开始前或进行中向法院申请保全措施。这些法院认为，法院采取的临时性保护措施并非对仲裁的干预，而是对仲裁的支持。理由是法院在采取这样的措施时，解决这些措施所涉及的争议的权力仍然控制在仲裁庭，而不是由法院解决这些争议所涉及的问题。因此有学者建议，在那些允许采取保全措施的法律涉诉时，当事人可在仲裁条款中作出如下规定：当事人在向法院申请保全措施时，应当首先得到仲裁员的准许，或者只能由仲裁员代表该申请方向法院申请保全措施。[2]

---

〔1〕 Curtis E. Pew and Robert M. Jarvis, Pre - Award Attachment in International Arbitration - The Law in New York, *J. Int' Arb.* No. 3. 1990, pp. 32 - 33.

〔2〕 Neli E. McDonell, The Availability of Provisional Relief in International Commercial Arbitration, *Journal of Transnational Law*, vol. 22, 1983 - 84, p. 302.

(二)英国

在1996年英国《仲裁法》生效前,仲裁员不享有作出财产保全决定的权力,除非有双方当事人对仲裁员的特别授权。伦敦海事仲裁协会仲裁规则(LMAA terms)未对仲裁员的这种权力作出规定。因此仲裁当事人只能根据1950年《仲裁法》第12条第6款和1981年最高法院第37条的规定,申请英国法院命令实施一定的救济措施。法院为支持仲裁程序采取的保全措施与诉讼保全措施相同或类似。在没有当事人明确协议授权时,仲裁庭可以采取的唯一办法是作出一个能间接产生财产保全效力的决定——中间裁决。但是除非当事人提供担保,否则仲裁庭有权拒绝。但这类保全措施只在特定的情况下才启用。在实践中,伦敦海事仲裁程序中的申请人更愿意去法院寻求玛瑞瓦禁令、扣船、争议财产保全、特定基金保全、费用保全等临时性保护措施。

1996年英国《仲裁法》在一定程度上加强了仲裁庭作出临时性保护措施的权力。

1. 仲裁庭的权力

该法第39条第4款规定,仲裁庭(若无相反的书面协议存在)在一定范围内有权命令查封、扣押或保管仲裁中的争议财产。但仲裁庭没有强制执行这些命令的权力。该法第39条允许双方当事人以书面协议授予仲裁庭作出财产保全命令的权力,这些保全命令包括:关于当事人之间的金钱支付或财产处分的命令、对仲费用一部分进行中间支付的命令。

2. 法院支持仲裁程序的命令

该法第44条规定,除非当事人之间另有约定,法院有权对下列与仲裁程序有关的问题作出命令,如同它对与诉讼程序有关的事项作出裁定一样:(1)证据保全;(2)对该财产进行检验、拍照、保全、保管或扣押,从财产中提取样品,对之进行观察或实验;并以此为目的,授权任何人进入一方当事人所有或控制的场所;(3)出售任何作为程序标的之货物;(4)发出临时禁止令或指定财产管理人;(5)如情况紧急,经仲裁程序的当事人或拟提起仲裁的当事人申请,法院认为确有必要,可以作出证据保全或财产保全的命令。该条第7款还规定,对法院依该条作出的决定提起上诉,必须先取得法院的准许。

3. 法院中止海事诉讼程序后的权力

海事诉讼程序中止后,法院是否有权决定继续保持临时性保护措施的效力问题。该法第11条以1982年《民事管辖权和判决法》第26条为基础作出规定:"(1)海事诉讼程序因提交的争议应提交仲裁而中止,如果在诉讼程序中财产已被扣押或保释或提供了其他担保以获得或阻止船舶释放,同意中止的法院可以:(a)命令该被扣押财产留作担保以有利于执行对有关上述争议之仲裁所作的裁决,或(b)命令提供相当的担保作为中止诉讼的条件以有利于对上述裁决的执行。

第五节　国际商事仲裁中的调解

国际商事仲裁和调解是解决国际商事争议的两种常用方式。国际商事仲裁中的调解将二者有机地结合起来,发挥两种争议解决方式的优势。国际商事仲裁中的调解已逐渐为许多国际商事仲裁机构所认可和适用。中国国际经济贸易仲裁委员会等机构[1]的仲裁规则对调解的有关事项进行了规定。联合国国际贸易法委员会在2003年制订了《国际商事调解示范法》,鼓励国际商事关系中发生争议的当事人适用调解规则友好解决其争议。

一、国际商事仲裁调解的含义和特征

(一)国际商事仲裁调解的含义

人们根据解决商事争议的不同需求,将国际商事仲裁和国际商事调解制度进行了各种创造性的结合,产生了诸多复合式的争议解决办法。广义的国际商事仲裁调解泛指国际商事仲裁与调解相结合而演变出来的各种形式,主要有三种类型:一是先调解后仲裁(Med - Arb);二是先仲裁后调解(Med - post - Arb);三是调解与仲裁相结合(Arb - Med)。狭义的国际商事仲裁调解只限于国际商事仲裁审理程序中的调解(Arb - Med),这是国际商事仲裁调解中使用最早、频率最高的方式。本节的调解即指此义。

国际商事仲裁中的调解,是指在国际商事仲裁程序中,根据双方当事人的申请或者仲裁庭的自行决定,在仲裁庭的主持下,双方当事人就争议的实体权利义务在自愿的基础上协商一致,达成调解协议以解决彼此之间的商事法律争议的一种活动和方式。

国际商事仲裁中的调解在性质上仍然是一种仲裁活动,属审理程序中的一个重要环节。争议的双方当事人在仲裁庭的主持下,对实体的权利义务进行协商。如果调解成功,仲裁庭可以根据双方当事人的调解协议作出裁决书,解决争议。若无法达成调解协议,则由仲裁庭继续进行仲裁审理并作出仲裁裁决。但调解又不同于其他国际商事仲裁方式,它是在双方当事人平等自愿的基础上所进行的友好协商的争议解决方式。它虽然是在仲裁庭的主持下进行的,但由于调解在本质上是当事人意思自治原则在争议解决领域的延伸和拓展,当事人的意思自治在调解

---

[1] 如国际商会仲裁院、世界知识产权组织仲裁与调解中心、印度仲裁院、克罗地亚商会常设仲裁院、瑞士日内瓦工商会、加拿大不列颠哥伦比亚国际商事仲裁中心、日本国际商事仲裁协会、新加坡国际仲裁中心、瑞典斯德哥尔摩商会仲裁院、伦敦国际仲裁院以及美国仲裁协会等。

过程中处于绝对的控制地位，而非完全取决于仲裁庭的仲裁权。正如联合国贸易法委员会秘书长赫尔曼(Gerold Hernman)所言，"调解的目的是使争议双方在第三者的协助下友好地解决他们之间的争议。第三者的建议只有在双方当事人采纳时才对他们有拘束力"。[1]

(二)国际商事仲裁调解的特征

从以上对国际商事仲裁调解概念的界定可以看出，国际商事仲裁调解具有以下特征：

1. 国际商事仲裁调解是一种复合式的争议解决方式

国际商事仲裁调解是将国际商事仲裁与调解结合起来的具有较强兼容性的争议解决方式。调解既可以单独进行，也可以与仲裁程序同时进行。仲裁庭根据当事人的意愿，对调解结果既可以制作调解书，也可以制作裁决书。

2. 国际商事仲裁调解具有较强的契约型和自治性

国际商事仲裁调解的首要条件是双方当事人的合意，是私法自治原则在国际商事仲裁中的延伸。国际商事仲裁中当事人之间的仲裁协议是实现仲裁的首要和必要条件，而在国际商事仲裁调解中，当事人意思自治一直处于控制地位，仲裁庭必须以当事人之间的意思表示为条件进行调解。

3. 国际商事仲裁调解具有可选择性和灵活性

国际商事仲裁中的调解程序并非国际商事仲裁的必经程序。设置该程序的重要目的是在常规的仲裁程序之外为当事人提供一种通过友好协商解决商事争议的可能性，赋予当事人自由选择的权利，由当事人根据自己的判断，选择对其最有利的争议解决方式。这种方式不受仲裁程序规范的严格限制，只要双方当事人在仲裁庭的主持下达成调解协议，商事争议就得到了终局的解决。

4. 仲裁员的身份具有双重性

国际商事仲裁调解中，在采用独任仲裁庭进行仲裁的场合，由独任仲裁员主持；在采用合议仲裁庭进行仲裁的场合，则由合议仲裁庭的全体仲裁员来主持。实践中也可以由合议仲裁庭委托其中的一名仲裁员以仲裁庭的名义单独主持。因此，一旦启动调解的程序，仲裁员就由单一的仲裁员身份转变为仲裁员、调解员双重身份；若调解失败，则回复到仲裁员的单一身份。

二、国际商事仲裁中调解与和解的关系

国际商事仲裁中的和解是指，在仲裁机构受理案件后，仲裁庭作出仲裁裁决之前，双方当事人在自愿的基础上经协商一致，达成和解协议，以解决彼此之间的商事法律争议，从而终结国际商事仲裁程序的活动。国际商事仲裁中的调解与和解

---

[1] [英]施米托夫：《国际贸易法文选》，赵秀文译，中国大百科全书出版社，1993年版，第663～669页。

都是基于争议双方当事人的自愿，体现了自主和平等协商的精神，具有较大的自治性。但国际商事仲裁中的调解与和解存在较大区别：

（一）参与的主体不同

调解是双方当事人在仲裁庭的主持下，对彼此间发生的争议进行协商的活动。国际商事仲裁中的和解是双方当事人以口头或书面的方式直接交涉以解决争议，没有仲裁庭的介入。需要特别说明的是，在仲裁庭进行调解的过程中，双方当事人在仲裁庭之外达成和解的，应视为是在仲裁庭调解下达成的和解。[1]

（二）和解协议与调解书的法律效力不同

国际商事仲裁中的调解与裁决具有同等的法律效力。仲裁庭依据调解协议制作调解书或裁决书，与经过常规仲裁审理作出的裁决具有同等的法律效力。如果一方当事人不履行调解书中规定的义务，另一方当事人可以向有管辖权的法院申请强制执行。而和解协议本身不具有确定的法律效力，如果当事人请求仲裁机构依照和解协议的内容作出裁决书，则该裁决书应与仲裁庭根据案情作出的任何其他裁决具有同等的地位和法律效力。[2]

三、国际商事仲裁调解的原则和程序

（一）国际商事仲裁调解的原则

1. 自愿合法原则

调解并非国际商事仲裁的必经程序，只有当双方当事人都有调解的愿望，或者一方当事人有调解的愿望并经仲裁庭征得另一方当事人同意的，仲裁庭才可以在仲裁程序进行过程中对其审理的案件进行调解。[3] 当任何一方当事人提出终止调解的要求时，仲裁庭应停止调解。国际商事仲裁调解是规范的程序，调解虽无须进行严格的举证质证，但调解的结果不能违背法律的基本原则，且不得损害第三人的利益。国际商事仲裁中的调解与法治具有内在的一致性，“所有的调解都或多或少地处于法律的阴影之下。”[4]

2. 公平合理原则

国际商事仲裁中的调解是国际商事仲裁的有机组成部分，追求公平和合理是国际商事仲裁中调解的直接目的。按《联合国国际贸易法委员会仲裁规则》第33条规定，仲裁员作为调解人应按照公平合理原则进行调解。这就要求国际商事仲裁调解应充分考虑案情，公平、合理地在当事人之间分配具体的权利和义务。虽然

---

〔1〕《中国国际经济贸易仲裁委员会仲裁规则(2005年)》第40条第5款。

〔2〕1998年德国《民事诉讼法典》(第十编)第1053条规定，根据和解协议作出的裁决和其他就案件实体作出的裁决具有同等效力。

〔3〕《中国国际经济贸易仲裁委员会仲裁规则(2005年)》第40条。

〔4〕Laurence Boulle and Miryana Nesic, *Mediation—Principles, Process, Practice*, Butterworths, 2001, p. 467.

国际商事仲裁中的调解是在双方当事人的相互妥协、折中的基础上达成调解协议，但不能将其理解为”和稀泥“。仲裁员应本着客观、公正、合理的原则，帮助和引导当事人达成公平合理的解决方案。

3. 效率原则

国际商事仲裁调解本身的优势在于其程序简便、灵活，能够显著降低国际商事纠纷的解决成本、提高纠纷的解决效率。因此应本着效率的原则，在合理的时间内进行调解，不能久调不决，更不能将调解无休止的进行。我国《仲裁法》第51条规定，调解不成的，应当及时作出裁决。

(二)国际商事仲裁调解的程序

国际商事仲裁程序在具体程序和期限方面一般比较灵活，仲裁庭可以按照其认为适当的方式进行调解。各国仲裁法和有关仲裁规则未明确规定国际商事仲裁调解应遵循的程序。根据调解的原则，结合相关实践，国际商事仲裁调解一般有如下过程：

1. 国际商事仲裁调解的启动

国际商事仲裁调解程序一般由两种事由启动：(1)仲裁庭自行调解。仲裁庭在取得对争议商事案件的审理和裁决权后，为了尽快处理争议、取得良好的纠纷处理效果，可以根据案件的实际情况，自行采用其认为合适的方式先行调解。美国仲裁协会在仲裁程序开始的初级阶段，通常会主动召集当事人开行政管理性的电话会议，由仲裁程序管理人员和当事人及其代理人讨论调解的可能性。(2)当事人申请调解。国际商事仲裁中的调解在本质上是一种基于双方当事人合意的争议解决方式，是当事人私法自治原则在国际商事仲裁领域的延伸，体现较为鲜明的"当事人主义"，当事人双方可以就其争议的实体权利义务和程序行使处分权。如果双方当事人均有调解愿望，或一方当事人有调解愿望并经仲裁庭征得另一方当事人同意的，仲裁庭可以在仲裁程序进行过程中进行调解。当事人可以在有关争议提交仲裁委员会之后，直至仲裁庭作出仲裁裁决以前的任何阶段提出调解的申请。

2. 国际商事仲裁调解的进行

根据各国仲裁立法和实践、有关仲裁规则和通行做法，国际商事仲裁中的调解一般由具体负责审理有关争议的仲裁庭来主持进行。如前所述，在采用独任仲裁庭中，由独任仲裁员主持；在采取合议仲裁庭中，则由合议制仲裁庭主持，实践中由其中一名仲裁员以仲裁庭的名义单独主持。调解的具体程序和期限有灵活性，一般不受仲裁法或仲裁规则其他条款的制约。仲裁庭可按其认为适当的方式进行调解，但应尊重当事人的处分权，不得进行强制调解。

3. 国际商事仲裁调解的终结

有两种情况会终结仲裁调解程序：(1)当事人达成调解协议。双方当事人在仲裁庭的主持下就有关国际商事争议的实体权利义务的确定达成一致协议的，双方当事人应签订书面调解协议。根据我国《仲裁法》第51条第2款的规定，仲裁庭应根据调解协议制作调解书，或者根据调解协议的具体内容制作裁决书。一旦达成调解协议就会发生终结仲裁程序的效果。(2)双方当事人没有达成调解协议。在合理的时间内，双方当事人经充分协商，仍因分歧过大，无法达成调解协议或者在调解过程中，任何一方当事人提出终止调解或仲裁庭认为已无调解成功的可能时，仲裁庭应终结调解程序，继续进行仲裁程序，并作出仲裁裁决。

四、国际商事仲裁调解的效力

上述国际商事仲裁调解结束的两种不同情况，对应国际商事仲裁调解的两种效力。

(一)达成调解协议后的效力

1. 终结仲裁程序

国际商事仲裁审理程序在调解成功后即告结束，仲裁庭应发出终止仲裁的命令。调解是国际商事仲裁程序的组成部分，但调解具有一定的独立性，一旦达成调解协议，就以调解方式结束仲裁程序。它与以其他方式结束仲裁程序一样，都是规范的商事争议处理方式，具有同样的效力。达成调解协议后，仲裁庭和双方当事人受调解协议效力的约束：一是仲裁庭尊重双方当事人私法自治，不能再继续审理或另行作出裁决；二是任何一方当事人均不得再以同一事由、以同一方当事人为被申请人，要求仲裁庭继续调解或另行裁决。

2. 调解书一经生效具有终局性效力

仲裁庭依据当事人之间达成的调解协议制成的调解书或仲裁裁决书一经生效就成为解决有关争议的权威性的法律文件，具有排他的终局性。裁决书或调解书对具有争议的国际商事关系的实体权利义务进行了确认，当事人应按法律和法律文书的规定全面履行义务，当事人不可撤销地放弃了他们向任何国家法院或其他司法机关提起任何形式的上诉权、请求再审权和其他追诉措施。[1] 在这里，有必要区分两种情况：一是达成调解协议后，仲裁庭根据当事人的请求制作仲裁裁决书，裁决书自作出之日起发生法律效力；[2] 二是当事人没有要求仲裁庭制作裁决书时，国际商事仲裁调解书当事人签收之日起发生法律效力。[3]

3. 调解书或裁决书具有法律强制性

调解作为国际商事仲裁程序的组成部分，属法律手段解决争议的范畴，因此仲裁中达成的调解协议不同于仲裁程序之外达成的调解协议，除具有高度的灵活性

---

〔1〕《伦敦国际仲裁院仲裁规则》第26条第9款。

〔2〕我国内地《仲裁法》第57条规定，裁决书自作出之日起发生法律效力。

〔3〕我国内地《仲裁法》第52条第2款规定，调解书经双方当事人签收后，即发生法律效力；第3款规定，在调解书签收前当事人反悔的，仲裁庭应当及时作出裁决。

和自主性外，尚有法律强制性。有关调解书或裁决书一经生效，就可以作为强制执行的依据。如果一方当事人拒绝履行裁决书或调解书所规定的义务，另一方当事人有权向有关仲裁机构所在地法院或该方当事人住所地或财产所在地法院提出申请，要求法院强制执行。[1]

（二）调解未达成协议的效力

导致国际商事仲裁调解未达成协议的情况有两种：（1）当事人经充分协商但因分歧过大不能达成调解协议。（2）仲裁调解书送达当事人时反悔，视为仲裁当事人未达成调解协议。对前一种情况，仲裁庭应在合理的时间内终结调解程序，继续仲裁审理程序，及时作出仲裁裁决；对后一种情况，仲裁庭应当及时作出裁决。《中国国际经济贸易仲裁委员会仲裁规则（2005 年）》第 40 条第 8 款规定，如果当事人未能就商事争议达成调解协议，任何一方当事人均不得在其后的仲裁程序、司法程序和其他任何程序中援引对方当事人或仲裁庭在调解过程中曾发表的意见、提出的观点、作出的陈述、表示认同或否定的建议或主张作为其请求、答辩或反请求的依据。

第六节　国际商事仲裁中的简易审理程序

一、简易程序的含义和特点

（一）简易程序的含义

简易程序（Summary Procedure）又称小额仲裁程序，是在普通程序的基础上，对某些程序进行简化，使之适合于特定类型争议的仲裁程序。国际商事仲裁中的简易程序是国际商事仲裁普通程序的一种简化。简易程序作为解决国际商事纠纷的有效程序之一，以其高度的自治性和快速灵活的审理过程，在世界范围内被广泛应用。目前我国《仲裁法》只对独任仲裁员和书面审理作出规定，没有明确规定简易程序。《中国国际经济贸易仲裁委员会仲裁规则（2005 年）》在第四章以专章的形式对国际商事仲裁中的简易审理程序作出较为详细的规定，其他仲裁委员会仲裁规则通常规定有简易程序。[2]

（二）简易程序的特点

与普通程序相比，简易程序具有以下特点：

1. 由独任仲裁庭审理案件

---

〔1〕 黄进主编：《国际私法》，法律出版社，1999 年版，第 849 页。

〔2〕 如《北京仲裁委员会仲裁规则》第七章简易程序。

适用简易程序时，仲裁庭的组成比较简便。简易程序一律采用独任仲裁庭的形式审理案件，即由双方当事人共同选定或共同委托仲裁委员会指定一名仲裁员组成仲裁庭对国际商事争议进行审理。

2. 审理方式灵活

适用简易程序审理案件，仲裁庭可以根据案件的实际情况，按照其认为适当的方式审理案件，既可以决定只依据当事人提交的书面材料和证据进行书面审理，也可以决定采用开庭审理的方式。

3. 简易程序各阶段的期限较短

适用简易程序时，程序中各种期限的规定相对较短。不论是提交答辩书和其他材料的期限，还是提出反请求的期限；不论是指定仲裁员的期限，还是将开庭日期通知当事人的期限，抑或作出仲裁裁决的期限，较普通程序中的期限短。

二、简易程序的适用条件

简易程序作为国际商事仲裁普通程序的一种简化，其适用必须符合如下条件：

（一）争议金额在规定数额以下

仲裁立法和仲裁规则中一般会对适用简易程序处理的争议标的金额作出要求，即争议金额应在一定的数额以下。《中国国际经济贸易仲裁委员会仲裁规则（2005 年版）》第 50 条第 1 款规定争议金额不超过 50 万元人民币的案件才能适用简易程序。《北京仲裁委员会仲裁规则》第 47 条规定，简易程序适用于争议金额不超过 100 万元人民币的案件。

但在某些特殊案件中，案件没有争议金额或者争议金额不明确的，由仲裁委员会根据案情的复杂程度、涉及利益的大小和其他因素进行综合分析、判断，决定是否适用简易程序，以弥补单一的金额标准的不足。这种在仲裁规则中明确规定争议金额与仲裁委员会视案件情况决定相结合的做法，更为合理、更具实效。

（二）案情简单

案情简单是适用简易程序的要件之一。案情简单意味着对该纠纷易于查清事实和分清是非，即易于审理。在仲裁实践中，有些案件的争议金额虽然超出了仲裁规则所规定的适用简易程序的争议标的额，但由于案情简单、权利义务关系明确，可以适用简易程序进行审理。

（三）经双方当事人默示或明示同意

前述两个条件是适用简易程序的两个客观条件，双方当事人默示或书面同意是适用简易程序的主观条件，体现简易程序对当事人意思自治原则的尊重和强调。双方当事人默示同意是指双方当事人没有明确约定排除适用简易程序，在符合仲裁规则规定的适用简易程序的标的金额时，即适用简易程序。书面同意是指争议金额超过仲裁规则所规定的适用简易程序的范围，经一方当事人书面申请，在征得另一方当事人书面同意的情况下，可以适用简易程序。明示同意实际上是对金额标准的补充。在有些案件中,虽然争议标的的金额超过简易程序规定标准额,但是案情简单、权利义务关系较为明确,可由当事人合意适用仲裁程序审理。但我国在这方面有较严格的限制,要求当事人的合意必须以书面的形式作出,排除口头形式的合意。[1]

三、简易程序中的审理

简易程序虽然是普通程序的简化,但各个必要的程序仍应进行。[2] 简易程序与普通程序中的相同部分,不再赘述,以下介绍简易程序审理过程的特殊规定。

(一)简易程序的启动

商事仲裁申请人向仲裁委员会提出仲裁申请后,经审查可以受理并适用简易程序的,仲裁委员会秘书局或秘书处应立即向双方当事人发出仲裁通知。是否启动简易程序的确定权在于争议的双方当事人。国际商事仲裁中设立简易程序的前提是假定当事人有简化纠纷解决程序的要求。若当事人没有这种要求或是当事人拒绝适用简易程序的,仲裁委员会应尊重当事人的处分权。

(二)独任仲裁庭的组成

适用简易程序的案件,一律由独任仲裁员审理。双方当事人在简易程序规定的期限内,共同选定或者共同委托仲裁委员会指定一名独任仲裁员组成仲裁庭审理案件。但在具体期限的规定上,不同仲裁规则有所差别。《中国国际经济贸易仲裁委员会仲裁规则(2005 年)》将该期限规定为 15 天,《北京仲裁委员会仲裁规则》则规定为 10 天。

(三)当事人提供答辩和反请求

在简易程序中,当事人提交答辩和反请求的期限较短。《中国国际经济仲裁贸易委员会仲裁规则(2005 年)》规定,简易程序的被申请人应在收到仲裁通知之日起 20 天内提交答辩书及有关证明文件和反请求,而普通程序中为 45 天。《北京仲裁委员会仲裁规则》将此期限确定为 30 日。需要特别指出的是,仲裁请求的变更或反请求的提出,原则上不影响简易程序的继续进行,但是如果经变更的仲裁请求或反请求所涉及争议的金额超过规定限额的,除非当事人约定继续适用简易程序,否则由简易程序变更为普通程序。

(四)审理

简易程序的审理方式比较灵活。目前在我国,简易程序的当事人对案件审理方式没有选择权,由独任仲裁庭从案件的实际情况出发,采用其认为适当的方式审

---

[1] 《中国国际经济贸易仲裁委员会仲裁规则(2005 年)》第 50 条规定,除非当事人另有约定,凡争议金额不超过人民币 50 万元,经一方当事人书面申请并征得另一方当事人书面同意的,适用本简易程序。

[2] 林一飞:《国际商事仲裁法律与实务》,中信出版社,2005 年版,第 404 页。

理案件。独任仲裁庭既可以决定只依据当事人提交的书面材料和证据进行书面审理,也可以决定开庭审理。仲裁规则一般对开庭审理的次数作出限制性规定。如果独任仲裁庭决定开庭审理的,仲裁庭只开庭一次;确有必要的,可以决定再次开庭。

(五)作出仲裁裁决

1. 作出仲裁裁决的期限

仲裁庭作出裁决书的期限根据审理方式的不同而有所区别。开庭审理的案件,仲裁庭应当在开庭之日起30天内作出仲裁裁决书。书面审理的案件,裁决书应自仲裁庭成立之日起90天内作出。在审理过程中,如果发现案件事实比较复杂,有些证据难以在短期内调取,仲裁委员会可以在仲裁庭的请求下,审查确定是否对裁决书的作出期限予以延长。

2. 简易程序中仲裁裁决的效力

简易程序中作出的仲裁裁决具有终结国际商事仲裁程序、解决双方当事人国际商事争议、确定双方当事人权利义务关系的效力。简易程序虽然是国际商事仲裁普通程序的简化,但仍是规范的仲裁程序,其适用得到双方当事人默示或明示的同意。因此这种简化在程序上是正当的,不会减损仲裁裁决的效力。简易程序中所作的裁决与普通程序中所作的裁决在效力上相同。

第七节　国际商事仲裁中的加速仲裁

一、加速仲裁的含义

快速高效是国际商事仲裁追求的重要目标之一,快速解决争议对多数当事人至关重要。在许多商事争议中,当事人对争议解决速度的要求居于首要地位。[1]快速解决争议本是国际商事仲裁最突出的优势,但随着国际商事仲裁程序向规范化、正式化方向发展,这一优势逐渐消弱。[2] 当事人很难通过国际商事仲裁普通程序获得低廉、快速的裁决,甚至有时仲裁同诉讼一样昂贵、耗时。当事人迫切需要一套能够快速、方便、经济、高效地解决国际商事争议的规则。加速仲裁的出现

---

〔1〕 Alessandro L. Celli and Nicola Benz, Arbitration and Intellectual Property, *European Business Organization Law Review*, Vol. 3, No. 3, 2002, p. 603.

〔2〕 Robert H. Smit, General Commentary on the WIPO Arbitration Rules, Recommended Clauses, General Provisions and the WIPO Expedited Arbitration Rules, *The American Review of International Arbitration*, vol. 9, 1998, p. 26.

和发展为当事人提供了一套能够快速、方便、经济、高效地解决国际商事争议的规则。

加速仲裁(Expedited Arbitration),又称"快速低费程序",是指为高速、经济地解决特定类型的国际商事争议,在国际商事仲裁普通程序的基础上进行限制和简化而形成的一套简易快捷、费用低廉的仲裁方式。

目前很多仲裁机构专门针对仲裁费用和仲裁期限的缩减制定了加速仲裁规则,以增强国际商事仲裁的吸引力和竞争力。目前已经制订了快速仲裁规则的仲裁机构有:世界知识产权组织仲裁中心(WIPO)、日本商事仲裁员协会(JACC)、中国国际经济贸易仲裁委员会(CIETAC)、中国海事仲裁委员会(CMAC)、美国仲裁员协会(AAA)和斯德哥尔摩商会仲裁院(SCC)等。[1]

二、加速仲裁的特点

加速仲裁受到各国仲裁机构和当事人的广泛应用,取决于其简洁、方便、经济、高效的特点,具体表现在以下方面:

(一)仲裁庭由一名仲裁员组成

加速仲裁程序中的仲裁庭由一名独任仲裁员组成[2],有利于节省当事人的费用支出、提高仲裁程序的效率。争议标的的金额较小的当事人承担合议制仲裁庭昂贵费用显然不经济,其选择适用加速仲裁不仅可以节省费用,且显著缩短仲裁庭的组成时间。对仲裁庭而言,独任仲裁员在作出任何命令或终局裁决书时,无须与他人磋商以求得一致意见,有利于避免因意见分歧导致的延误。

(二)严格限制仲裁各阶段的期限

加速仲裁程序中一般对仲裁程序的各个阶段设置了严格的期限。经常采用的"提速"做法是缩短从仲裁程序开始到作出终局裁决的各个阶段的期限。加速仲裁规则不仅缩短了被申请人提交答辩书和陈述书的时间,还明显缩短了指定仲裁员的时间、对仲裁员异议的期限、听证时间,特别是大大缩短了程序终结时间和作出仲裁裁决时间。

(三)对当事人提交书面材料进行限制

这种限制主要表现在如下方面:(1)要求当事人的材料尽量简明,列明争议的要点。当事人双方通常仅提交一份简要的书面说明书(包括证据说明书)。(2)当事人只能通过相关的副本交换书面材料,且交换副本的次数受到严格控制。这有利于提高当事人提供书面材料的质量和效率。(3)当事人在陈述期限届满后,不

---

[1] 郑远民、吕国民、于志宏:《国际私法》,中信出版社,2002 年版,第 293 ~ 294 页。

[2] 在这方面也有例外情形,如日内瓦商工会(CCIG)加速仲裁规则并没有要求只能采用独任仲裁庭的形式,但是同样缩短或授权仲裁庭缩短各个阶段的期限,并且对当事人提交书面材料进行举证和听证进行了限制性的规定。参见《CCIG 加速仲裁规则》第 31 条。

可修改其寻求救济的请求、或援引额外的事实和证据。

（四）独任仲裁员享有较广泛的权力

为确保仲裁程序在预定的期限内高效、紧凑地进行，避免不必要的延误和花费，加速仲裁规则比普通仲裁程序需要赋予独任仲裁员更广泛的权力。从更深层次看，独任仲裁员的权力并非源于仲裁规则，而是基于加速仲裁双方当事人的授权。独任仲裁员在加速仲裁中享有的权力主要有：（1）有权按照其认为适当的方式审理案件，既可以依据当事人提交的书面材料和证据进行书面审理，也可以采用开庭审理方式。（2）如认为当事人修改或补充书面材料会造成程序的迟延，或对其他当事人产生偏见，有权拒绝当事人修改或补充其请求、反请求、答辩或撤销请求。（3）有权决定证据的可采纳性、相关性、实质性和重要性等问题，且可以要求当事人对书面证明进行鉴定、详细列明证据所证明事项。

（五）显著降低仲裁成本

加速仲裁程序的收费标准较普通程序显著降低，主要体现在如下方面；（1）降低加速仲裁中的注册费和管理费。有些仲裁机构还规定对一定金额标准以下的争议收取固定管理费。（2）仲裁员费用大幅度的缩减。在加速仲裁中，一般是以案件为单位收取固定的仲裁员费用。为更清晰、直观地说明，特将世界知识产权组织仲裁中心的普通仲裁程序和加速仲裁程序的收费标准进行对比（详见下表），从中可以看出，同一案件，适用 WIPO 加速仲裁程序的费用仅为普通仲裁程序的 1/2。

WIPO 普通仲裁与加速仲裁收费标准比较（单位：美元）

收费类别	争议金额	普通仲裁程序	加速仲裁程序
登记费	任意金额	2000	1000
管理费	2500000 及以下	2000	1000
	2500000 以上至 10000000	10000	5000
	10000000 以上	10000 + 10000000 以上金额的 0.05%，但最高不超过 25000	5000 + 10000000 以上金额的 0.05%，但最高不超过 15000
仲裁员费用	2500000 及以下	中心征求当事人的意见后与仲裁员协商确定 指导性费率：300－600/小时	20000
	2500000 以上至 10000000		40000
	10000000 以上		中心征求当事人的意见后与仲裁员协商确定

三、加速仲裁的适用条件

尽管各仲裁机构对加速仲裁程序的适用条件有不同规定,但总体上符合下列两种条件的争议案件,可适用加速仲裁程序:

(一)经当事人明示同意

世界知识产权组织仲裁中心和斯德哥尔摩商会仲裁院的加速仲裁规则中规定,加速仲裁程序的适用必须有当事人的明示同意。

(二)争议金额未超过一定标准

《美国仲裁协会商事仲裁规则(2003 年修订版)》Section E-2 规定,加速仲裁程序只适用于争议金额不超过 75000 美元的案件。日本商事仲裁员协会采用的也是争议金额标准。金额标准中一般规定,如果当事人共同约定遵守这些机构的仲裁规则,在争议金额未超过一定标准时,这些仲裁机构的加速仲裁程序就能自动适用于争议的处理,无须再取得当事人的同意。[1]

上述两种方式都采用单一标准,加速仲裁适用于某一种情况,是不周全的。例如,在小金额争议中,未经当事人明示同意而自动适用加速仲裁程序,能使当事人受益,但争议金额不大、案情十分复杂的案件,自动适用加速仲裁,会使当事人失去充分陈述案情的机会,当事人可能会认为,他们在仲裁协议中约定遵循有关仲裁机构的仲裁规则时并未预见到加速仲裁规则的适用,难以接受程序的简易性和限制性。当事人会以对加速仲裁程序中的诸多限制不了解、这种程序未经其明示同意不得适用为由提出异议。与此相对应,在当事人明示同意的情形下适用加速仲裁程序,当事人也面临棘手的问题,即当他发现自己的合法权益在限制性的仲裁程序中没能获得充分有效保障时,难以提供证据推翻以前的明示同意、使法官采信其就裁决正当性所提出的异议。

加速仲裁在本质上是一种快速、灵活的商事争议解决方式,仲裁机构可根据不同类型案件的具体需要,灵活规定适用加速仲裁程序的条件。无论采取当事人明示同意的标准,还是采取金额标准,都应赋予仲裁机构一定的自由裁量权,克服上述标准的不周全性。对争议金额未超过一定标准、但案情复杂的案件,仲裁机构有权决定不适用加速仲裁,选择其他更为合适的程序。对案情较为简单、权利义务关系明确的案件,如果当事人未明确反对适用加速仲裁,仲裁机构根据案件实际情况认为加速仲裁更为合适,则有权决定适用加速仲裁。

四、加速仲裁审理程序的特殊性

(一)书面材料的提交和修改

在加速仲裁程序中,对当事人提交和修改书面材料设置了诸多限制,不仅缩短了当事人提交书面材料的期限,还对当事人提交书面材料的质量有较高的标准,当

[1] 邓杰:"论加速仲裁",《法制与社会发展》,2000 年第 1 期,第 85 页。

事人应尽量保证一次性准确、全面地提供书面材料和相关证据和说明。2007 年斯德哥尔摩商会仲裁院《加速仲裁规则》第 19 条规定，除仲裁申请书和答辩书外，任何一方当事人仅可提交一份书面说明书，其中包括证据说明书；说明书必须简单明了；提交书面材料的期限不得超过 10 个工作日。日本商事仲裁员协会（JACC）在限制书面材料的提交方面的规定更加严格，如当事人不得对已提交的申请书或答辩书再行修改和补充。

（二）庭审

在加速仲裁程序中，为真正实现快速与低费，比较费时和昂贵的程序都受到了严格限制。庭审本身是一种较昂贵的程序，会导致仲裁程序的延迟和拉长，仲裁费用随之攀升，违背了加速仲裁的初衷。大多数加速仲裁规则都从庭审的时间或庭审条件方面对庭审进行限定。只有经一方当事人请求或独任仲裁员认为必要时，才举行庭审，且多数加速仲裁规则严格限定了庭审的时间和次数。美国仲裁员协会和日本商事仲裁员协会规定加速仲裁的庭审必须在一天内结束。

（三）作出裁决的期限

仲裁机构对仲裁速度的追求主要体现在仲裁程序的终结期限或裁决的作出期限上。对此问题，不同仲裁机构的快速仲裁规则有不同的期限规定。美国仲裁员协会《加速仲裁规则》第 57 条规定，裁决须在庭审结束后 14 天内作出，但对庭审持续的时间未作具体规定。2001 年《南非仲裁基金会加速仲裁规则》第 10 条规定，独任仲裁员应在庭审结束后 30 天之内作出仲裁裁决，非经争议双方当事人同意或仲裁委员会批准，不得延长作出裁决的期限。[1] 2007 年斯德哥尔摩商会仲裁院《加速仲裁规则》第 36 条对终局裁决的期限作出严格限定，终局裁决应自案件移交独任仲裁员之日起最迟 3 个月内作出；只有当理事会认为有必要，或经独任仲裁员的合理要求，理事会才可延长该期限。世界知识产权组织仲裁中心《WIPO 加速仲裁规则》56 条规定，仲裁程序应在被申请人提交答辩书之日起或仲裁庭成立之日起不超过 3 个月的时间内结束，独任仲裁员应在庭审结束后一个月内作出仲裁裁决，但是这一期限经仲裁庭向仲裁中心报告批准后可以延长。[2]

五、加速仲裁的完善

加速仲裁在解决特定类型的国际商事争议中具有快速低费的优势，但目前理论界和实务界对加速仲裁适用的可靠性和公正性存在质疑。质疑者认为，加速是以减少公正听审的机会和降低法律上的安全性为代价获得的；加速仲裁程序的各个阶段期限过短，并对当事人作出陈述和提供书面材料进行严格限制。这些限制

---

〔1〕 http://china.findlaw.cn/info/zhongcai/fa/40200_9.html，2009 年 12 月 18 日访问。

〔2〕 http://www.wipo.int/amc/en/arbitration/expedited-rules/index.html，2009 年 12 月 18 日访问。

性有可能导致当事人承担不能充分展开案情、无法在短期内提出大量的必要的证据或传唤证人的风险，仲裁员没有充足的时间审查案情，最终导致当事人获得的是"大致的正义"（a rougher justice）。因此有学者认为，加速规则是以降低法律上的安全性来换取更快的速度和更低的成本。

对加速仲裁质疑的根源在于加速仲裁制度目前尚不完善、处在发展之中。如果对加速仲裁的性质和适用的案件范围、仲裁庭的职能和权限等问题有清晰的界定，加速不会对仲裁裁决在法律上的安全性产生实质的影响，当事人仍可获得一个具有终局性、约束力和可执行性的仲裁裁决，只是更快、更便宜而已。因此欲使加速仲裁得到更广泛的应用，保证加速仲裁裁决得到更可靠的结果，有赖于以下几个方面的完善：

（一）进一步明确加速仲裁的性质和受案范围

无论是仲裁理论还是仲裁实践，目前在讨论加速仲裁时，通常将其与普通程序进行比较，并没有将其作为一种独立的仲裁方式加以讨论。这种做法虽然在一定程度上能深入了解加速仲裁的特点，但因缺乏加速仲裁的性质和定位的清晰界定，所得出的关于加速仲裁的结论是零散的、缺乏体系性的。加速仲裁的意义在于为那些小型的、简单的、当事人特别强调时间因素的案件提供额外的选择机会，如果能对加速仲裁的适用范围和特点予以清晰的界定，可以增强当事人的可预见性，有利于指导仲裁员的操作。如 WIPO 中心建议："加速仲裁可能特别适合于下列案件：争议标的不大，不足以提交法院或者常规仲裁解决的案件；可能支付不起昂贵的诉讼费用或者常规仲裁费用的小型企业作为当事人的案件；当事人迫切希望快速解决的案件。[1]

（二）正确处理加速仲裁程序中的限制性规定与尊重当事人意思自治的关系

如前所述，基于加速仲裁程序具有简易型和限制性，当事人常以未获充分陈述案情的机会为由就仲裁裁决提出异议，导致加速仲裁程序被延误，无法实现裁决的效率。因此加速仲裁规则应明确允许当事人在加速仲裁程序中实施的行为、期限、次数。对未按照仲裁庭的要求和指示实施行为的当事人，如果该行为对裁决结果具有实质性的影响，应允许其做出必要的补救措施。在适用加速仲裁规则时，仍需尊重当事人意思自治，即便是小金额、案情简单的情形，也要赋予当事人自由选择仲裁方式的权利。实践中不乏当事人以加速仲裁程序未经其明示同意为由对仲裁裁决提出异议的情况。在尊重当事人意思自治的基础上，才能确保当事人的合法权益在限制性的仲裁程序中得到充分有效的保障。

---

〔1〕 Robert H. Smit, General Commentary on the WIPO Arbitration Rules, Recommended Clauses, General Provisions and the WIPO Expedited Arbitration Rules—Articles 1 to 5, Articles 39 and 40, 9 *Am. Rev. Int' l Arb.* 3 (1998), p. 94.

(三)赋予仲裁庭一定自由裁量权

效率是加速仲裁追求的重要价值,但加速仲裁还要保证仲裁程序和裁决的公正性。效率和公正的要求本身存在一定的价值冲突,需要仲裁庭从个案实际情况出发,采用灵活的程序和方式审理案件。例如,有的案件虽然争议金额较小,但是案情比较复杂,需要广泛调查、取证和长时间听证,在加速仲裁的期限内可能无法使案件得到公正裁决,仲裁庭应有权选择其他适合的方式。赋予仲裁机构和仲裁庭一定自由裁量权是实现加速仲裁效率、公正、良好平衡的内在要求。

加速仲裁在国际商事争议的解决中具有越来越重要的地位,随着网上仲裁的发展,在加速仲裁案件中采用网上仲裁的方式,无疑将进一步扩大加速仲裁解决争议的范围、提高解决争议的效率、进一步降低当事人解决国际商事争议的成本。

第八章　国际商事仲裁的裁决

作出仲裁裁决是仲裁庭在仲裁中不同时间阶段就各种事项(包括程序性事项和实体争议事项等)予以裁判和解决的一种方式。仲裁庭作出终局裁决后,整个仲裁程序即告终结。仲裁裁决作出后即产生相应的法律效力,但各国允许当事人基于特定理由就裁决提出异议。国际商事仲裁中就实体争议作出裁决,还需根据相应的原则或规则确定所适用的实体法或实体规则。

第一节　国际商事仲裁裁决的概念和种类

一、国际商事仲裁裁决的概念

目前各国仲裁立法、有关国际条约和国际法律文件,基本上未对仲裁裁决作出明确界定,其中一个重要的原因是各国在这一概念的理解和使用上分歧较大。例如,在联合国《示范法》起草阶段,曾经提出一个关于仲裁裁决的定义,但由于各国分歧大,尤其是在关于仲裁庭就其管辖权问题及有关的程序事项作出的决定是否属于仲裁裁决的问题上分歧太大,《示范法》的起草者最终放弃对仲裁裁决统一定义的努力。〔1〕 在实践中,关于仲裁裁决的使用很不一致。在学理上,学者们对仲裁裁决的理解和界定见仁见智,主要有狭义和广义之分。持狭义理解者认为,仲裁裁决是指仲裁庭就当事人提交的实体争议事项所作出的有最终法律约束力的书面的结论性判定。〔2〕 持广义理解者认为,仲裁裁决是指仲裁庭就其管辖权问题或任

---

〔1〕 See M. Holtzmann and E. Neuhaus, *A Guide to the UNCITRAL Model Law on International Commercial Arbitration — Legislative History and Commentary*, Kluwer, 1989, p. 154.

〔2〕 李双元、谢石松:《国际民事诉讼法概论(第二版)》,武汉大学出版社,2001 年版,第 557 页;唐德华、孙秀君主编:《仲裁法及配套规定新释新解》,人民法院出版社,2003 年版,第 493 页。

何其他程序问题及任何实质问题所作出的决定。[1] 本书取广义理解，认为仲裁裁决是仲裁庭就当事人依仲裁协议提交的任何实质问题、仲裁过程中产生的仲裁庭管辖权问题及其他程序问题进行调查和审理后作出的裁判和决定。

二、国际商事仲裁裁决的种类

根据不同标准，可将仲裁裁决分为以下几种主要类型：

（一）对席裁决和缺席裁决

以仲裁当事人及其代理人是否出席仲裁庭的仲裁审理程序和行使了辩论权为标准，可将仲裁裁决分为对席裁决和缺席裁决。对席裁决，是指仲裁庭在仲裁双方当事人或其代理人都依法出席了整个庭审程序，行使了辩论权的基础上所作出的裁决。缺席裁决（default award），是指仲裁庭在被诉人（包括反请求中的被请求人）及其代理人都没有依法出席庭审程序或没有出席整个庭审程序、没有行使辩论权的情况下所作出的裁决。

缺席裁决一般须具备两个条件：（1）仲裁机构已就开庭事宜对双方当事人或其代理人给予了适当的通知。（2）被诉人（包括反请求中的被请求人）及其代理人无正当理由不到庭，或未经仲裁庭许可中途退庭。在双方当事人协议只进行书面审理的情况下，被诉人（包括反请求中的被请求人）及其代理人未按仲裁庭要求提出答辩书或提交书面证据或材料时，仲裁庭也可作出缺席裁决。

从各国仲裁立法和有关仲裁规则看，一般都承认在一方当事人没有参加或拒绝参加仲裁程序时，仲裁程序仍可继续进行而不受影响，仲裁庭可缺席审理并作出缺席裁决。例如，1996 年英国《仲裁法》第 41 条第 4 款规定：如果一方当事人没有充分理由而经适当通知后没有出席或委托代理人出席庭审，或在书面审理中经适当通知其提供书面证据或书面材料后未按要求提供，仲裁庭在该方当事人缺席的情况下可以继续仲裁程序，或视情况在该方当事人未提供任何书面证据或材料时，基于已有的证据作出裁决。1998 年德国《民事诉讼法典》第 1048 条第 3 款规定，如果任何一方当事人未出席开庭或在规定的期限内提供证明文件，仲裁庭可继续进行程序并根据已有的证据作出裁决。中国内地《仲裁法》第 42 条第 2 款规定："被申请人经书面通知，无正当理由不到庭或者未经仲裁庭许可中途退庭的，可以缺席裁决。"《中国国际经济贸易仲裁委员会仲裁规则（2005 年）》第 34 条规定，申诉人无正当理由开庭时不到庭或在开庭审理时未经仲裁庭许可中途退庭的，如果被诉人提出了反请求，不影响仲裁庭就反请求进行审理并作出裁决；被诉人无正当

---

〔1〕 郑远民等：《国际私法——国际民事诉讼与国际商事仲裁法》，中信出版社，2002 年版，第 331 页。See *Report of the Working Group on International Contract Practices on the Work of its Seventh Session*, UN Doc. A/CN. 9/246, Mar. 6, 1984; Emmanuel Gaillard and John Savageed, *Fouchard, Gaillard, Goldman on International Commercial Arbitration*, Kluwer Law International, 1999, p. 737.

理由开庭时不到庭或在开庭审理时未经仲裁庭许可中途退庭的，仲裁庭可以进行缺席审理并作出裁决。

（二）中间裁决、部分裁决和终局裁决

以裁决内容和作出裁决的时间为标准，可将裁决分为中间裁决（interlocutory award）、部分裁决（partial award）和终局裁决（final award）。

中间裁决，是指仲裁庭在仲裁程序进行过程中，就某一方面的问题所作出的临时性裁决，故又称临时裁决。在一些国家的仲裁实践中，中间裁决只涉及程序事项，如仲裁庭的管辖权、仲裁中的财产保全或证据保全、仲裁可适用的法律等。部分裁决，也称初步裁决（preliminary award），是指仲裁庭在仲裁审理过程中认为案件的部分事实已经查明且有必要先行作出裁决时就该部分事实所作出的裁决。部分裁决具有以下特征：（1）部分裁决是就实体争议的某一方面或某几方面所作出的实体性裁决。（2）部分裁决是终局裁决，一经作出即对双方当事人产生约束力。（3）部分裁决具有强制执行力。部分裁决和中间裁决的主要区别在于：中间裁决一般是就有关程序问题和证据问题所作出的裁决，具有程序性的特点，部分裁决通常是就整个争议中的部分实体问题所作出的判定，具有实体性的特点。

终局裁决，又称最终裁决或最后裁决，是指仲裁庭在仲裁审理终结后就争议的全部问题所作出的最后裁决。终局裁决一经作出即具有终局效力，整个仲裁程序即告结束，任何当事人不得就终局裁决中的实体问题向法院上诉，也不得申请其他机构进行审查或变更。终局裁决和部分裁决都是实体性裁决，都具有终局效力和强制执行力。两者的区别是：（1）部分裁决是仲裁庭在仲裁审理过程中，为及时保护当事人的利益或有利于继续审理其他问题，而对已经审理清楚的一部分实体争议先行作出的裁决；终局裁决是仲裁庭在就所有问题全面审理清楚之后，针对全部的实体争议作出的最后的结论性决定。（2）部分裁决是整个仲裁审理程序中的阶段性裁决，并不影响其作出后仲裁审理程序的继续进行；终局裁决一经作出，仲裁庭的职责即告终止，仲裁程序即告结束。

为使仲裁庭能在不同时间阶段就不同问题的处理及时作出裁决，有关国家仲裁立法、仲裁规则承认仲裁庭享有先后作出多项不同裁决的权力。例如，1996 年英国《仲裁法》第 47 条第 1 款规定，除非当事人另有约定，仲裁庭可以在不同时间就待决事项的不同方面作出一个或多个裁决。1999 年瑞典《仲裁法》第 29 条规定，除非双方当事人均反对，对争议的解决具有重要意义的部分争议或事项可作出单独裁决；如果当事人对请求的全部或部分予以承认，可就该承认部分的请求作出单独裁决。1998 年《伦敦国际仲裁院仲裁规则》第 26 条第 7 款规定，仲裁庭可就不同事项分次作出独立的裁决，此种裁决与仲裁庭所作任何其他裁决具有同等地位和效力。《联合国国际贸易法委员会仲裁规则》第 32 条第 1 款更明确和具体地规定，除作出终局裁决外，仲裁庭亦有权作出临时裁决、中间裁决或部分裁决。中国内地《仲裁法》第 55 条规定，仲裁庭仲裁纠纷时，如果其中一部分事实已经清楚，可就该部分先行裁决。《中国国际经济贸易仲裁委员会仲裁规则（2005 年）》第 44 条规定，如果仲裁庭认为必要或者当事人提出请求经仲裁庭同意时，仲裁庭可以在作出最终裁决之前的任何时候，就案件的任何问题作出中间裁决或部分裁决。

（三）合意裁决和非合意裁决

以裁决是否反映双方当事人的合意为标准，可将裁决分为合意裁决（consent award）和非合意裁决。合意裁决，是指仲裁庭依照双方当事人达成的和解协议所作出的裁决。非合意裁决，指仲裁庭非依双方当事人达成的和解协议所作出的裁决。

在仲裁审理过程中，双方事人通常通过自行和解或在仲裁庭主持的调解下达成和解解决有关的争议。由于和解是一种更为快捷、经济和友好的争议解决方式，仲裁庭总是鼓励和帮助当事人达成和解，以尽早结束仲裁程序。实践中，当事人在仲裁审理过程中达成了和解，为保证和解协议能得到切实履行，请求仲裁庭依照和解协议内容作成裁决书，从而形成合意裁决。

依双方当事人的和解协议作出合意裁决的做法是非常积极可取的。首先，有助于鼓励当事人通过自行协商或仲裁庭主持的调解达成和解，来实现对争议更加快捷、经济、友好的解决。其次，能赋予当事人和解协议以强制执行的效力。通过裁决书的形式将当事人和解协议的内容记录下来后，和解协议即转化为一项有强制执行力的仲裁裁决，从而使在和解协议形式下一方当事人可随意反悔的情形得以避免。

各国仲裁立法、仲裁规则都承认仲裁庭有权依当事人之间的和解协议作出裁决。例如，1996 年英国《仲裁法》第 51 条第 1 款和第 2 款规定，在仲裁程序进行中，如果当事人达成和解，除非当事人另有约定，仲裁庭应将和解以和解裁决的形式予以记录。1998 年德国《民事诉讼法典》第 1053 条第 1 款规定，在仲裁程序中，如果当事人达成和解，仲裁庭经当事人请求应按当事人达成一致的条款以仲裁裁决的形式记录当事人的和解，除非和解的内容有悖公共秩序。1999 年瑞典《仲裁法》第 27 条第 2 款规定，如当事人达成和解协议，经当事人请求，仲裁庭得以裁决书的形式确认之。1998 年《伦敦国际仲裁院仲裁规则》第 26 条第 8 款规定，仲裁庭可根据当事人的书面请求，作出记录和解协议的裁决书。联合国《示范法》第 30 条第 1 款、《联合国国际贸易法委员会仲裁规则》第 34 条第 1 款均有类似规定。

（四）补充裁决和被补充裁决

以裁决之间的补充与被补充关系为根据，可将裁决分为补充裁决和被补充裁决。通常情况下，仲裁庭会在案件审结前就当事人交付仲裁的全部争议事项作出裁决，不存在补充裁决的问题。但是由于仲裁庭的疏忽，会出现漏裁的现象，从而使补充裁决成为必要。确立补充裁决制度,既可有效补救仲裁中可能出现的的漏裁,又可有效防止和减少仲裁中不必要的司法干预。如果没有补充裁决制度,仲裁庭在作出终局裁决之后即宣告解散,其职责也宣告终止,当事人就不能再请求且原仲裁庭也无权应当事人的请求就漏裁事项作出追加裁决,漏裁事项通常只能提交给法院或通过另外指定仲裁员组建新的仲裁庭予以解决。这不仅为法院介入仲裁创造了机会,也导致争议解决成本增加、效率降低。

各国仲裁立法、有关仲裁规则中一般确立了补充裁决制度。例如,1996 年英国《仲裁法》第 57 第 1 款、第 2 款和第 3 款第 2 项规定,当事人可自由约定仲裁庭补充裁决的权力,如无此约定,仲裁庭可主动或经当事人申请就任何已向其提出但未经裁决处理的请求作出补充裁决。1998 年德国《民事诉讼法典》第 1058 条第 1 款第 3 项和第 3 款则规定,任何一方当事人均可请求仲裁庭就仲裁程序中提出但在裁决中遗漏的请求作出补充裁决,仲裁庭应在两个月之内作出补充裁决。1999 年瑞典《仲裁法》第 32 条第 1 款规定,仲裁庭如果发现因其疏忽对应在裁决中处理的事项未作裁定,可在裁决书作出之日起 30 日内决定作出补充裁决;如果当事人在收到裁决书后 30 日内提出要求,仲裁庭也可以对裁决书进行补充。1998 年《伦敦国际仲裁院仲裁规则》第 27 条第 3 款规定,在收到最终裁决书后 30 日内,当事人可书面通知登记员(抄送所有其他当事人),要求仲裁庭对仲裁中提出而未在任何裁决书中裁决的请求或反请求,作出补充裁决;如果仲裁庭认为当事人的要求具有正当理由,应在收到要求后 60 日内作出补充裁决书。联合国《示范法》第 33 条第 3 款、《联合国国际贸易法委员会仲裁规则》第 37 条也作了类似规定。中国内地《仲裁法》第 56 条规定,仲裁庭已经裁决但在裁决书中遗漏的事项,仲裁庭应当补正,当事人自收到裁决书之日起 30 日内也可请求仲裁庭补正。《中国国际经济贸易仲裁委员会仲裁规则(2005 年)》第 48 条有更详细的规定:“如果裁决有漏裁事项,任何一方当事人可以在收到裁决书之日起 30 天内以书面形式请求仲裁庭就裁决中漏裁的仲裁事项作出补充裁决;如确有漏裁事项,仲裁庭应在收到上述书面申请之日起 30 天内作出补充裁决。仲裁庭也可以在发出裁决书后的合理时间内自行作出补充裁决。该补充裁决构成原裁决书的一部分。”

第二节　国际商事仲裁裁决的作出

一、作出仲裁裁决的依据

以仲裁庭是否必须依据法律作出裁决为标准,可将仲裁分为友好仲裁(amiable compostion)和依法仲裁两种。

（一）友好仲裁

友好仲裁，是指仲裁庭经双方当事人授权，在认为适用严格的法律规范会导致不公平结果的情况下，不依法律规范而依它所认为的公平标准作出对双方当事人均有约束力的裁决的一种仲裁方式和裁决方式。[1] 友好仲裁这一概念最早起源于法国，现已为许多国家尤其是大陆法系国家所接受。友好仲裁常常与依公允善良原则裁决结合使用，有的法律体系对这两个概念有所区分，有的法律体系则将之互换使用。

当事人授权仲裁庭友好仲裁，意味着仲裁庭被解除了严格适用法律规则解决争议的责任。在依严格的法律规则作出裁决可能造成不公平的结果时，仲裁庭即可依公平、正义理念作出裁决，而当事人愿意接受这种并非适用实体法规则解决争议的后果。仲裁庭获得友好仲裁的授权，并非承担了完全不考虑法律规则而对仲裁中的每一问题都仅依公允善良原则裁决的义务。当事人授权友好仲裁的目的，不在于剥夺仲裁庭接受法律规则帮助的权利。相反，在友好仲裁中，仲裁庭常常援引法律规则，只是仲裁庭需根据案件的具体情况，正确判断适用法律规则的后果：如果遵循特定的法律规则能够得到公平的结果，仲裁庭应适用这些法律规则；如果遵循特定的法律规则，将给当事人造成不公平的后果，仲裁庭可以拒绝适用这些规则，即使这些规则的适用在一般情况下是公平的。

授权仲裁庭友好仲裁无疑赋予了仲裁庭广泛的自由裁量权。为保证裁决的有效性和避免出现专断的裁决，有些国家通过国内立法对仲裁庭施加了某些限制。但是，有不少学者主张，不应对友好仲裁作任何限制，否则就会削弱此种仲裁的优点，违反当事人授权友好仲裁的本意和初衷。原因在于：当事人作出这种授权，即表明当事人已有充分的心理准备，愿意接受仲裁庭不依严格法律规则或背离法律规则，而依一种抽象的、主观的公允善良原则作出裁决的结果。但仲裁庭出于保证仲裁裁决有效性和尊重当事人意思自治的考虑，在进行友好仲裁时，有必要注意以下几个问题：(1)不应违反有关国家（如仲裁地国、裁决执行地国等）的强制性规定或公序良俗；(2)应依照或考虑当事人之间的合同条款；(3)应考虑可适用的有关国际贸易惯例。

在仲裁实践中，友好仲裁还与商事习惯法的适用联系在一起。有学者认为，由于商事习惯法的不确定性，可能会导致允许仲裁庭适用商事习惯法与允许仲裁庭依公允善良原则仲裁之间的界限变得混淆不清，依法仲裁的可预见性也将失去。有学者甚至认为，当事人授权仲裁庭友好仲裁，即表示授权仲裁庭适用商事习惯法。当事人授权仲裁庭可以不依严格法律规则裁决，为商事习惯法的适用打开了方便之门。但严格意义上，友好仲裁与援引商事习惯法（非国内法规则）并非同一

---

〔1〕 韩健：《现代国际商事仲裁法的理论与实践（修订版）》，法律出版社，2000年版，第26页。

概念。友好仲裁只表明仲裁庭在适用严格法律规则可能造成不公平后果时,解除了仲裁庭适用法律规则解决争议的义务,并不必然意味着仲裁庭应当或必须适用商事习惯法;非国内法规则仅表明它不属国内法的范畴,而不能简单将之归入公平或正义的理念。[1]

从各国仲裁立法和仲裁规则看,友好仲裁已得到广泛接受和认可。1998 年德国《民事诉讼法典》第 1051 条第 3 款规定,仲裁庭仅在当事人明示授权时,按照公允及善良原则裁决争议或充任友好仲裁员;直至仲裁庭作出裁决前,当事人可以作此授权。1999 年韩国《仲裁法》第 29 条第 3 款规定,仅在当事人明确授权的情况下,仲裁庭方应依公允善良原则或作为友好仲裁员裁决争议。2003 年《美国仲裁协会国际仲裁规则》第 28 条第 3 款规定,除非当事人明示授权,仲裁庭不得充任友好仲裁员或按照公允及善良原则作出裁决。联合国《示范法》第 28 条第 4 款、《联合国国际贸易法委员会仲裁规则》第 33 条第 2 款作了类似规定。从上述规定看,仲裁庭进行友好仲裁具有以下特点:一是需得到双方当事人的明确授权,二是需以善意、诚信、友好的方式灵活、公平、合理地解决争议。

(二)依法仲裁

依法仲裁,是指仲裁庭严格依照法律规则作出裁决的一种仲裁方式和裁决方式。仲裁作为解决争议的一种法律制度,在一般情况下(如当事人没有协议授权仲裁庭进行友好仲裁),仲裁庭应严格遵循法律的规定作出裁决。

在仲裁早期,许多国家的法律不承认友好仲裁,要求仲裁员必须同法官一样严格依照法律作出裁决。比较典型的当属英国。英国早期反对友好仲裁的主要理由是,其法律制度使得法官没有可能根据当事人的请求依公允善良原则作出判决,英国法官只能按照法律(被推定为在任何时候都能提供正确的解决方法)作出判决,这条规则同样适用于仲裁;仲裁员在应适用的实体法是英国法的情况下,必须严格适用法律。英国法院在 20 世纪五、六十年代有关的判例中曾阐述了以下观点:仲裁员和法官不能有两套不同的法律;仲裁员的职责是根据当事人的法律权利处理提交给他的争议,而不是依据他认为的公平和公正的标准来处理争议;不能允许仲裁员适用不同的标准,例如仲裁员或公断人个人对于抽象的公平或公正原则的理解。[2] 可以看出,英国当时十分强调仲裁中的司法因素以及仲裁员所应具备的司法精神。最重要的是,要求仲裁员必须严格依法仲裁,可以有效维护英国法院对仲裁的实体监督,即对裁决中的法律事项进行实体审查。因为如果允许仲裁庭进行友好仲裁,裁决中不涉及或不包含法律问题,法院的实体审查就被排除或规避了,

---

〔1〕 朱克鹏:《国际商事仲裁的法律适用》,法律出版社,1999 年版,第 194 ~200 页。

〔2〕 郭玉军:"国际商事仲裁中的友好仲裁问题",《武汉大学学报》(哲社版),1999 年第 6 期,第 11 页。

这与早期英国法院严格控制仲裁的政策是相悖的。但是自1979年英国《仲裁法》废除“案件陈述”制度[1]、允许当事人订立排除协议(exclusion agreement)[2]使仲裁裁决免受英国法院实体审查之后,只要当事人同意,仲裁庭应可以不严格依法仲裁,而英国法院也应予以承认。例如,在1988年的一个判例中,Selborne大法官指出,在面对使仲裁员有权作为友好公断人去漠视所有法律的问题上,法官会相当的犹豫不决。友好公断人这一身份可以至少被合理地赋予如下权力:可以不严格遵守法律规则,并因而作出了裁决,这最多只不过是导致不规范。但在1978年以前,英国法院曾多次撤销基于“公平”(equity)作出的裁决。[3] 在1978年的一个判例中,英国法院指出,当事人授权仲裁员以友好公断人的名义处理他们之间争议的条款是完全合理的,并没有剥夺法院的权力,但其有效性仅限于技术性和严格解释方面的漠视法律。[4]

1996年英国《仲裁法》最终明确认可了友好仲裁。该法第46条第1款第2项规定,如果当事人同意,仲裁庭可以根据当事人所约定的或仲裁庭所决定的其他方式考虑对争议作出裁决。对此,英国仲裁法律咨询委员会(the Departmental Advisory Committee on Arbitration Law,缩写为DAC)[5]的解释是,该项规定实际上是承认双方当事人可以约定对他们之间的争议不必依某一公认的法律制度来裁决,而可以依在这个国度中被视为“衡平条款”或“友好和解”等类的公平正义(Justice

[1] 即英国《1950年仲裁法》第21条中确立的一项制度。该制度最初主要是针对仲裁庭不附裁决理由以逃避法院实体审查的做法而确立的。根据该制度,仲裁员或公断人受英国高等法院的指示应当陈述:(1)审理中发生的任何法律上的问题;(2)裁决或裁决的任何部分,并以特殊案件的形式送请高等法院决定。由此,即使仲裁庭不附裁决理由,裁决中不含法律事项,英国法院仍可通过要求仲裁庭对案件进行陈述的方式实现对裁决的实体审查。总之,该制度赋予了英国法院对仲裁进行实体监督的广泛权力,一度严重阻碍了英国仲裁的健康发展。

[2] 1979年英国《仲裁法》最重要的改革之一是赋予当事人订立排除协议的权利,以限制法院对仲裁的司法监督尤其是实体监督。通过排除协议,当事人通常约定在裁决作出后不就裁决中的法律问题向法院上诉,从而排除了法院对裁决的实体审查。当事人之间关于免除裁决理由的协议通常也被认为属于排除协议的范畴。邓杰:《伦敦海事仲裁制度研究》,法律出版社,2002年版,第66页、第405页、第420页。

[3] 韩健:《现代国际商事仲裁法的理论与实践》(修订版),法律出版社,2000年版,第322页。

[4] 郭玉军:“国际商事仲裁中的友好仲裁问题”,《武汉大学学报》(哲社版),1999年第6期,第11页。

[5] 英国仲裁法律咨询委员会(DAC)是英国贸易与工业部(DTI)于1985年3月成立的研修仲裁法的专门机构。DAC的成立在很大程度上是受到了欧洲大陆仲裁法改革风潮的影响。这股风潮发端于法国,自法国于1981年修订民事诉讼法,奠定法国现行国际商事仲裁制度的基础之后,欧洲各国如德国、荷兰、瑞士、西班牙、意大利等纷纷跟进,参考法国仲裁法的形式与内容,相继修订其本国仲裁法,掀起了欧陆仲裁法改革的热潮。DAC成立后,致力于英国新仲裁法的准备与酝酿,为新仲裁法的顺利出台作出了巨大贡献。

and fairness)原则来裁决。一旦当事人约定了此种解决争议的方法,他们就排除了向法院上诉的权利,原因是裁决中不存在“法律问题”。显然,1996年《仲裁法》第46条中的变化反映了英国普通法和制定法都极力限制和削弱法院在仲裁中的作用这一普遍性趋势。它认可了这样的情形:如果双方当事人约定解决彼此间的纠纷而不需要提交法院决定任何问题,那么他们享有这种自由。这实际上是当事人意思自治原则的延伸。

当事人授权仲裁庭友好仲裁,为了最大限度地实现仲裁实体上的公平和公正。虽然法律规则的客观公正不容怀疑,但所有的法律都是针对社会的一般状况规定的,所追求的是一种普遍的、整体的公正,因而它不可能涵盖社会生活中纷繁复杂的所有问题,也无法一劳永逸地适应变动不断的实践。赋予仲裁员友好公断人的身份,解除其严格适用法律规则解决争议的责任,允许其在严格的法律规则可能造成不公平的结果时根据公平、正义的理念作出决定,矫正和弥补法律的普遍性和高度的概括性所导致的偏差和失误以实现个案的实质公正,无疑是当事人最明智的选择。况且,它还有助于减少仲裁中时间和金钱的浪费,从而使争议得到快捷、经济的解决。因为仲裁庭依公允善良原则而不是严格的法律规则解决争议,一方面有利于限制和减少仲裁中法律顾问和律师的参与和介入,[1]另一方面可使裁决避免卷入昂贵、耗时的上诉程序。

根据中国内地《仲裁法》第7条关于“仲裁庭应当根据事实,符合法律规定,公平合理地解决纠纷”的规定,我国尚不承认友好仲裁,仲裁庭只能严格依据法律规定作出裁决。这不仅阻碍了当事人自主利用另一种更为自由、公平的仲裁方式,也不利于我国仲裁制度的完善及仲裁业的进一步发展。作者认为,我国立法有必要引入友好仲裁,允许仲裁庭根据当事人的协议授权,在严格依法仲裁会出现不公平后果时依公平正义原则作出裁决。

二、作出仲裁裁决的地点和期限

(一)作出仲裁裁决的地点

在国际商事仲裁中,确定裁决作出地意义重大,因为这直接关系到裁决国籍的认定[2]以及裁决的承认与执行。但是,在许多国际商事仲裁程序中,往往先后涉及到多个地点,如仲裁地、审理地、裁决书作成地或签字地等。这些地点有时是一致的,有时是不同的。在后一种情况下,有必要依一定的原则或方式对裁决作出地

---

[1] 许多学者认为,法律顾问和律师的参与和介入,往往使争议的解决不是变得简单、快捷,而是变得更为复杂和缓慢,并由此导致仲裁中出现不必要的延误和花费。See Alec Kazantzis, Progress with the New English Arbitration Act, *Conference Papers to ICMA* XI ,1994, pp. 7 – 8.

[2] 根据《关于承认和执行外国仲裁决的公约》第1条第1款中确立的领土标准和非内国裁决标准,裁决地是决定裁决国籍的一个重要因素。

加以确定。严格意义上的裁决作出地一般是指已作裁决中指明的作出该裁决的所在地,而仲裁地则是指仲裁程序进行地[1]。但在实践中,仲裁庭通常将当事人约定的仲裁地,或当事人委托解决争议的仲裁机构指定的仲裁地,或仲裁庭授权指定的仲裁地,作为裁决作出地,很少出现仲裁地与裁决作出地不同的情况。因此,一般认为仲裁地也是裁决作出地,裁决作出地和仲裁地为同一个地点。[2] 1996 年英国《仲裁法》第 53 条、第 100 条第 2 款第 2 项均规定,裁决应视为在仲裁地作出,而无须考虑其于何处签字、发出或向当事人送达。这种规定有效避免了因仲裁地与裁决地不一致而导致对裁决的国籍难以认定的情况。1999 年瑞典《仲裁法》第 52 条更直接规定:"在国外作出的裁决应视为外国裁决。依照本法,裁决应视为在仲裁地所在国作出。"在中国内地,《中国国际经济贸易仲裁委员会仲裁规则(2005 年)》第 31 条作出了类似的规定:"双方当事人书面约定仲裁地的,从其约定。如果当事人对仲裁地未作约定,仲裁委员会或其分会所在地为仲裁地。仲裁裁决应视为在仲裁地作出。"

(二)作出仲裁裁决的期限

仲裁以快捷、经济取胜的一个重要方面是仲裁庭能否在合理的期限内及时作出裁决。各国仲裁立法、仲裁机构的仲裁规则一般都对裁决期限作了规定和要求,当事人也常常就裁决期限作出约定,以防止仲裁案件久拖不决。总体上,关于作出裁决期限的规定,主要有以下几种:

1. 约定期限

约定期限指当事人通过仲裁协议具体约定作出裁决的期限。仲裁庭一般应在当事人约定的期限内作出裁决。否则,任何一方当事人可在裁决送达前,向仲裁庭就裁决期限提出异议。只有当事人就裁决期限提出异议,才对裁决的效力产生影响。否则,裁决仍应为有效裁决。

2. 法定期限

法定期限是指仲裁立法或仲裁规则直接规定的仲裁庭应作出裁决的期限。各国仲裁立法和有关仲裁规则大都对仲裁庭作出裁决的期限作了明确规定。仲裁庭只能在规定期限内作出裁决,否则当事人可就该裁决的效力提出异议。目前,各国就仲裁庭应作出裁决的具体时间及其起算点、计算方法等所作的规定不同。有的国家规定裁决应自当事人提出仲裁申请之日起一定期限内作出;有的国家规定裁决应在指定最后一名仲裁员或组建仲裁庭后一定期限内作出。

---

〔1〕 在国际商事仲裁中,经常会出现仲裁程序或审理程序在不同国家进行的情况,但这一般并不影响对仲裁地的确定。通常,仲裁地是确定的也是唯一的,即双方当事人在仲裁协议中选定,或委托仲裁机构或其他机构或个人指定,或授权仲裁庭指定的地点。

〔2〕 韩健:《现代国际商事仲裁法的理论与实践(修订版)》,法律出版社,2000 年版,第 117 页。

3. 约定期限与法定期限相结合

许多国家采用约定期限与法定期限相结合的方式,即当事人可约定仲裁庭作出裁决的期限,裁决应在此约定期限内作出;当事人没有约定的,裁决应在仲裁立法或仲裁规则规定的期限内作出。

三、作出仲裁裁决的方式

仲裁庭作出裁决的方式,一般可由当事人自由约定。当事人若未作出约定,则可依以下方式作出:

(一)仲裁员独自作出

如果仲裁庭由一名独任仲裁员组成,裁决由该独任仲裁员独自作出。这种方式的裁决重要特点是快捷、高效,免去了仲裁庭多位成员进行讨论和磋商的环节。

(二)依仲裁庭全体一致意见或多数意见作出

如果仲裁庭由二名或二名以上的仲裁员组成,裁决通常应依仲裁庭全体一致意见或大多数意见作出。1996 年英国《仲裁法》第 20 条第 3 款规定,裁决应由全体或多数仲裁员(包括首席仲裁员)作出;第 22 条规定,如果仲裁庭由二名或二名以上仲裁员组成但不设首席仲裁员或公断人的,裁决应依全体仲裁员或多数仲裁员的意见作出。1999 年韩国《仲裁法》第 30 条规定,除非当事人另有约定,在不少于三名仲裁员的仲裁程序中,仲裁庭任何决定均应由多数仲裁员作出。联合国《示范法》第 29 条、《联合国国际贸易法委员会仲裁规则》第 31 条第 1 款、中国内地《仲裁法》第 53 条,也作了类似的规定。《中国国际经济贸易仲裁委员会仲裁规则(2005 年)》第 43 条第 4 款规定,由三名仲裁员组成的仲裁庭审理的案件,裁决依全体仲裁员或多数仲裁员的意见作出。

(三)依首席仲裁员的意见作出

在当事人约定设立首席仲裁员的情况下,一般可以自由约定首席仲裁员作出裁决的职权范围。但如果当事人未作此约定,并且未出现仲裁庭全体一致意见,也未形成大多数意见,则裁决应依首席仲裁员的意见作出。1996 年英国《仲裁法》第 20 条第 4 款规定,如果有关裁决未形成一致或多数意见,则以首席仲裁员的意见为准。1999 年瑞典《仲裁法》第 30 条第 2 款规定,除非当事人另有约定,应以参与决议的仲裁员的多数意见为准,如未能形成多数意见,则以首席仲裁员的意见为准。1998 年《国际商会仲裁规则》第 25 条第 1 款规定,仲裁庭由数名仲裁员组成的,根据多数意见作出裁决,如果不能形成多数意见,裁决将由首席仲裁员独自作出。中国内地《仲裁法》第 53 条、《中国国际经济贸易仲裁委员会仲裁规则(2005 年)》第 43 条第 5 款同样规定,仲裁庭不能形成多数意见时,裁决依首席仲裁员的意见作出。

但是有的些仲裁法和仲裁规则要求裁决一般应依仲裁庭多数意见作出,而首席仲裁员仅可就程序问题单独作出裁决。例如,联合国《示范法》第 29 条规定,如果有当事各方或仲裁庭全体成员的授权，首席仲裁员可以就程序问题作出决定。《联合国国际贸易法委员会仲裁规则》第31条第2款规定，关于程序问题，在未取得多数意见的情况下或由仲裁庭授权时，首席仲裁员得单独作出决定，但仲裁庭可以改变之。1999年韩国《仲裁法》第30条规定，如果当事人同意或仲裁庭所有成员授权，则程序问题可由首席仲裁员单独作出决定。

（四）依公断人的意见作出

如果仲裁庭由二名仲裁员组成，且他们不能就裁决事项达成一致意见，则应由该二名仲裁员立即推举一名公断人继续审理案件，该公断人应像一名独任仲裁员一样作出裁决。这是英国海事仲裁实践中一种较为独特的裁决作出方式。例如，2006年《伦敦海事仲裁员协会仲裁规则》第9条规定，二名仲裁员可以在他们被指定后的任何时间指定且应在实质听审举行之前或者在他们不能就仲裁事项达成一致时，立即指定一名公断人；裁决应由该二名仲裁员作出，除非而且直至他们不能就仲裁事项达成一致，在这种情况下，他们应立即书面通知当事人和公断人，由公断人代替该二名仲裁员行使权力，如同一名独任仲裁员一样作出裁决。这一裁决作出方式为1996年英国《仲裁法》所确认。[1]

（五）依双方当事人的协议作出

即仲裁庭根据双方当事人达成的和解协议的内容作出一项合意裁决。需指出的是，仲裁庭作出合意裁决所依据的和解协议，可以是当事人依仲裁协议提起仲裁后达成的，也可以是提起仲裁前达成的；可以是双方当事人自行协商达成的，也可以是在仲裁庭主持调解下达成的，还可以是在专门的调解机构或调解人的帮助下达成的。在此方面，中国内地相关的立法和实践颇具特色，充分反映了我国传统和解文化对仲裁的积极影响。

1.《仲裁法》的规定

中国内地《仲裁法》第49条至第52条的规定如下：(1)当事人申请仲裁后，可自行和解；达成和解的，可请求仲裁庭根据和解协议作出裁决书。(2)仲裁庭在作出裁决前，可先行调解；当事人自愿调解的，仲裁庭应予调解；调解达成协议的，仲裁庭应制作调解书或根据协议的结果制作裁决书。

2. 仲裁规则的规定

《中国国际经济贸易仲裁委员会仲裁规则(2005年)》第40条作了如下更完整的规定：(1)当事人在仲裁委员会之外(即申请仲裁前)通过(自行)协商或(专门的调解机构或调解人提供的)调解达成和解协议的，可凭当事人达成的由仲裁委员会仲裁的仲裁协议和他们的和解协议，请求仲裁委员会组成仲裁庭，按照和解协议的内容作出仲裁裁决；除非当事人另有约定，仲裁委员会主任指定一名独任仲裁

[1] 1996年英国《仲裁法》第21条。

员组成仲裁庭，按照仲裁庭认为适当的程序进行审理并作出裁决。(2)如果双方当事人有调解愿望，或一方当事人有调解愿望并经仲裁庭征得另一方当事人同意的，仲裁庭可在仲裁程序进行过程中对其审理的案件进行调解。(3)在仲裁庭进行调解过程中，双方当事人在仲裁庭之外达成和解的，应视为是在仲裁庭调解下达成的和解。(4)经仲裁庭调解达成和解的，双方当事人应签订书面和解协议；除非当事人另有约定，仲裁庭应根据当事人书面和解协议的内容作出裁决书。[1]

3. 调解规则的规定

2005 年《中国国际贸易促进委员会/中国国际商会调解规则》第 27 条规定："双方当事人签订和解协议时，可以在和解协议中加入仲裁条款。该仲裁条款的内容如下：本协议书对各方当事人均有约束力。任何一方均可将本和解协议提交中国国际经济贸易仲裁委员会，请求该会按照现行有效的仲裁规则进行仲裁。各方同意由仲裁委员会主任指定一名独任仲裁员，组成仲裁庭，进行书面审理。仲裁庭有权按照适当的方式快捷地进行仲裁程序，仲裁庭根据本和解协议的内容作出裁决书。仲裁裁决是终局的，对各方当事人均有约束力。"

通过上述规定，在中国内地仲裁实践中，仲裁与协商、调解完结合在一起，而当事人之间以仲裁裁决为载体的和解协议的强制执行力有可靠保障。

第三节　国际商事仲裁裁决的形式和内容

仲裁裁决作为仲裁庭处理仲裁中各种问题所作决定的记录、确定双方当事人权利义务的根据、当事人自动履行义务或法院强制执行的根据，须具备合法的形式和内容，否则其有效性和可执行性会受到不利影响。

一、国际商事仲裁裁决的形式

根据各国仲裁立法和仲裁规则的规定，一般要求仲裁裁决以书面形式作成并由全体或多数仲裁员签署认可。1996 年英国《仲裁法》第 52 条第 1 条和第 2 款规定，当事人可自由约定裁决的形式；在且仅在无此约定的范围内，裁决应以书面形式作出，并由所有仲裁员或所有同意该裁决的仲裁员在裁决书上签名。1998 年德国《民事诉讼法典》第 1054 条第 1 款规定，裁决应以书面形式作出，且应由仲裁员签名；在具有一名以上仲裁员的仲裁程序中，如某仲裁员不签署裁决的理由已经注明，则多数仲裁员的签名已经足够。1999 年瑞典《仲裁法》第 31 条第 1 款规定，裁

---

[1] 《中国海事仲裁委员会仲裁规则(2004 年)》第 51 条第 3、4 款，第 53 条至第 57 条作了类似的规定。

决应以书面形式作出，并且由仲裁员签名，如未经全体仲裁员签名的原因已经在裁决书中注明，则多数仲裁员签名的裁决书也是有效的，当事人可自由约定由首席仲裁员单独签署裁决书。1999 年《斯德哥尔摩商会仲裁院仲裁规则》第 32 条第 1 款至第 3 款规定，裁决应由仲裁员签字，如果某一仲裁员不能签字，仍可作出裁决，只要裁决经由多数仲裁员签字且确认该未签字的仲裁员已参与裁决争议；如果仲裁员无任何正当理由而未能参加仲裁庭关于某一问题的合议，并不妨碍其他仲裁员就此作出决定；当事人可以约定仅由首席仲裁员签署裁决。联合国《示范法》第 31 条第 1 款、《联合国国际贸易法委员会仲裁规则》第 32 条第 2 款和第 4 款、1999 年韩国《仲裁法》第 32 条第 1 款的规定与上述相似。可见，除非当事人另有约定，要求仲裁裁决以书面形式作出是各国的普遍规定。至于仲裁员对裁决书的签署问题，大多数国家要求全体仲裁员或多数仲裁员签署，持不同意见的少数仲裁员可以签署也可以不签署。一些国家还要求在少数仲裁员未签署或拒绝签署时，须在裁决书中注明相关情况或理由。

在另外一些国家和地区，裁决除须以书面形式作出外，还须满足其他更严格的要求。例如，在西班牙、波兰、葡萄牙、罗马尼亚等国，仲裁裁决书尤其是临时仲裁裁决书必须经公证登记或在管辖法院存档备案。[1] 美国少数州的法律要求裁决须经备案登记。关于裁决作出后，是否需要公布或公告，绝大多数国家没有规定，并且一般都认为，仲裁是一种民间性的程序，仲裁涉及当事人的隐私或商业秘密，没有必要也不应要求公布或公告仲裁裁决。[2] 在中国内地，裁决书除须由同意裁决意见的仲裁员签署，还须加盖仲裁委员会印章。[3]

二、国际商事仲裁裁决的内容

仲裁裁决的内容是指仲裁裁决书中须载明的事项，包括有关当事人的情况、仲裁程序事项（含仲裁庭受理案件的根据、仲裁庭的组成和仲裁审理的情况）、案情和裁决事项、裁决所依据的理由以及裁决结果等。仲裁裁决作为一种法律文书，不仅应具备特定的内容，而且须遵循特定的格式。

（一）仲裁裁决的一般内容及格式

各国仲裁立法、有关仲裁规则对仲裁裁决的具体内容有不同的规定或要求，但总体上主要包括以下几部分内容：[4]

---

〔1〕 参见 1988 年西班牙《仲裁法》第 33 条第 2 款、1964 年波兰《民事诉讼法典》第 710 条第 1 款、1986 年葡萄牙第 31/86 号法令《自愿仲裁》第 24 条第 2 款、1993 年罗马尼亚《民事诉讼法典》第 3631 条。

〔2〕 韩健：《现代国际商事仲裁法的理论与实践（修订版）》，法律出版社，2000 年版，第 335 页。

〔3〕 参见中国内地《仲裁法》第 54 条，《中国国际经济贸易仲裁委员会仲裁规则（2005 年）》第 43 条第 3、6 款。

〔4〕 谢石松主编：《商事仲裁法学》，高等教育出版社，2003 年版，第 269 ~ 270 页。

1. 首部

应载明仲裁机构的名称和地址、仲裁员的姓名和地址、双方当事人的姓名和住址及代理人和其他参与人的相关情况。

2. 引言

该部分主要有三项内容:(1)仲裁庭受理案件的依据。载明仲裁庭受理案件所依据的合同中的仲裁条款,或争议发生前或争议发生后双方当事人达成的仲裁协议,以及申诉人提出书面仲裁申请的各方面情况。(2)仲裁庭的组成。即说明仲裁庭是独任仲裁庭还是合议仲裁庭,以及独任仲裁员、首席仲裁员和其他仲裁员产生的根据和情况。(3)仲裁审理情况。说明当事人申请、答辩、反请求以及提交书面文件和证明材料的各种情况,并载明何时开庭审理或者书面审理,以及当事人及其代理人出庭或者缺席的情况。

3. 裁决事项

该部分内容主要涉及以下事项:(1)申诉人的仲裁请求及其理由。(2)被诉人的答辩。(3)事实经过。载明仲裁庭认定争议的主要事实和证据,包括仲裁当事人双方合同所约定的、与争议有关的主要内容,争议发生的时间、地点和经过以及双方之间存在的主要争议等。

4. 裁决理由

主要载明仲裁庭根据认定的事实和适用的法律对双方当事人的主张及其理由的看法和意见,对双方当事人责任的分析以及如何承担损失的判断等。

5. 裁决结果

载明仲裁庭对案件的处理决定,以及仲裁费用的数额和负担情况等。

6. 尾部

该部分一般包括三项内容:(1)写明“本裁决为终局裁决”及裁决生效的时间。(2)仲裁员签名。(3)裁决书作出的时间、地点和仲裁机构加盖的印章。

(二)裁决理由

关于裁决书中是否必须包含裁决理由,也就是仲裁庭是否必须就其裁决结果说明理由,各国的立场和态度有所不同。从大多数国家的立法和实践看,一般主张裁决书中应附具裁决理由。原因在于当事人不仅应当有权知道仲裁庭所作出的裁决结果,还应当有权知道该裁决结果是如何作出的。[1] 1961 年《欧洲公约》集中反映了这一普遍趋势。该公约第 3 条规定,应推定双方当事人已经约定须附具裁决理由,或同意采用某一仲裁程序,而根据该程序,裁决通常是不附理由的,并且在这种情况下,任何一方在审理结束前,或在没有审理的情况下于作出裁决前,都未请求附具理由。其后,这一趋势又在《联合国国际贸易法委员会仲裁规则》及联合

---

〔1〕 韩健:《现代国际商事仲裁法的理论与实践(修订版)》,法律出版社,2000 年版,第 336 页。

国《示范法》中进一步得到反映和强化。前者第32条第3款规定,除当事人双方同意无需说明理由外,仲裁庭应说明裁决所根据的理由;第34条第1款规定,仲裁庭对于根据当事人的和解作出的裁决无须附具理由。后者第31条第2款规定,裁决应说明它所根据的理由,除非当事各方协议不要说明理由或该裁决是根据当事人达成的和解条件作出的。

长期以来,大陆法系国家的仲裁法和仲裁规则一般要求裁决书中应附具裁决理由。1990年日本《民事诉讼法典》第801条第1款规定,当事人可在法院就裁决未附具理由提起撤销裁决之诉,除非当事人约定无需附具理由。1998年德国《民事诉讼法典》第1054条第2款规定,除非当事人同意作出不附具理由的裁决或裁决是依当事人的和解协议作出的,裁决应注明其所依据的理由。1999年韩国《仲裁法》第32条第2款规定,裁决应说明其依据的理由,除非当事人同意不说明理由或裁决是依当事人的和解意见作出的。1998年《德国仲裁协会仲裁规则》第34条第3款也有类似规定。

普通法系国家传统上未对附具裁决理由作硬性要求,但晚近已不断改革,即在尊重当事人约定的范围内要求仲裁庭应在裁决书中载明裁决理由。最典型的当推英国。

在英国《1979年仲裁法》实施以前,英国仲裁的普遍实践是不在裁决中附具理由。这无疑可以避免法院对裁决进行实体审查,因为英国一直允许当事人就裁决中的法律问题向法院提起上诉,而法律问题包含在裁决理由中。无需附具裁决理由主要强调的是仲裁庭不负有说明裁决理由的义务,并非在任何情况下仲裁庭都不必说明裁决理由。如果仲裁员接受指定所依据的仲裁规则或适用于仲裁程序的规则规定仲裁庭必须说明裁决理由,仲裁庭就必须这样做。如果一方当事人意图行使其对裁决提起上诉的权利,他可以明确地请求仲裁庭作出附具理由的裁决。仲裁庭通常会满足当事人的请求,除非争议涉及的事实太简单。〔1〕如果当事人没有请求仲裁庭作出附具理由的裁决,仲裁庭一般不会主动在裁决中附具理由。相反,仲裁庭总是在保密的前提下将其裁决依据以书面形式向当事人作一个简要的罗列,并形成一份独立的文件。这份文件不构成裁决书的一部分,也不允许当事人在涉及裁决的任何程序中提及和援引。基于秘密理由的保密性或不公开性,当事人无法依据这些理由对裁决提起上诉,法院也不允许当事人违背默示的约定将秘密理由提交给法院。但是法院在某些情况下仍有权就这些秘密理由进行审查,以确认维护这些理由的秘密性是否的确是出于维护公共利益的需要。在这个问题上,维护公共利益和保障裁决的终局性无疑都是最重要的,除非有证据表明仲裁庭

〔1〕 Warde v Feedex, [1984] 1 *Lloyd's Rep* 310 at 315.

存在不当行为或欺诈行为，法院才能介入并对这些秘密理由进行审查。[1] 对于秘密理由，即使当事人没有提出请求亦应提供给当事人，除非双方当事人均要求仲裁庭不要这样做。由于仲裁庭给予的秘密理由，除了能起到告知当事人仲裁庭作出裁决的有关依据之外，在其他方面所能发挥的作用十分有限，而且要求仲裁庭提供这些理由还要耗费一定的时间，因此如果当事人明确提出裁决须附具理由的要求，仲裁庭应给予充分的尊重。

如果裁决中没有附具理由，或者给予的是秘密理由，或者虽给予了理由但不充分，致使当事人无法就裁决提起上诉时，当事人通常需要采取一定的救济措施。但是在这种情况下，仲裁庭已无权应一方当事人的请求进一步对裁决提供理由，因为它的职责已宣告结束。[2] 1979 年英国《仲裁法》为当事人在裁决作出后获得裁决理由提供了另外一条途径，即依该法第 1 条第 5 款申请高等法院命令仲裁员或公断人充分详细地说明他作出裁决的理由，以便在当事人根据该条提起上诉时法院能够考虑裁决中发生的任何法律问题。但该条第 6 款又规定，高等法院的这种命令只能在当事人曾经通知过仲裁庭要求它作出附具理由的裁决或者因特殊理由未能给予这种通知的情况下作出。

1996 年英国《仲裁法》一改以前实践中的做法，在第 52 条第 4 款科以仲裁庭附具裁决理由的责任，除非所涉及的是根据当事人之间的和解协议作出的合意裁决，或者当事人约定可以省去裁决理由。这一重大改变被认为是体现了公平原则，即“那些收取他人费用而作出确定他人之间权利义务关系的有约束力决定的人，应该阐明其作出决定的理由，除非他人之间另有约定”。[3] 但是，不能因此理解为该款旨在为当事人针对裁决提起上诉大开方便之门。当事人约定省去裁决理由部分可以视为当事人实际上同意放弃对裁决提起上诉的权利。[4] 此外，由于《仲裁法》过多地强调了裁决理由对于当事人据以对裁决提起上诉的重要性，1996 年《仲裁法》对此作了调整，即只要求仲裁庭承担附具裁决理由的表面职责。在 1996 年《仲裁法》下，当事人意欲在裁决作出后获得进一步的裁决理由，唯一的途径是依该法第 70 条第 4 款的规定行事：“在申请或上诉中，如法院认为裁决存在下列事由，则可命令仲裁庭具明裁决所依据的充分详细的理由：(a) 未附具裁决理由，或

---

〔1〕 Mutual Shipping Corporation v Bayshore Shipping, The Montan, [1984] 1 *Lloyd's Rep* 389. 在该案中，上诉法院对裁决的秘密理由进行了审查以决定是否基于仲裁员的错误将其裁决发回重审。See also The “Ross Isle” and “Ariel”, [1982] 2 “*Lloyd's Rep*” 589.

〔2〕 虽然双方当事人可以重新协议授权仲裁庭为裁决出具理由，但是仲裁庭往往对这种以上诉为直接目的的授权十分警惕，因而通常会拒绝接受这种要求裁决理由的”重新指定“。邓杰：《伦敦海事仲裁制度研究》，法律出版社，2002 年版，第 387 页。

〔3〕 DAC 报告第 247 节。

〔4〕 1996 年英国《仲裁法》第 69 条第 1 款。

(b)未叙明仲裁庭的充分详细理由,使得法院不能适当审理当事人的申请或上诉。"为防止当事人利用申请进一步的裁决理由的机会使裁决的终局性遭到减损或破坏,法院在行使这项自由裁量权时一般比较谨慎和克制。[1]

美国传统上受英国影响而不要求仲裁庭在裁决书中附具裁决理由,除非当事人合意要求陈述理由。但这种做法在晚近也有所改变。1997 年《美国仲裁协会国际仲裁规则》第 27 条第 2 款规定,除非当事各方同意无需附具理由,仲裁庭应声明裁决所依据的理由。这一规定在 2003 年修订后的新规则中继续被保留。

在澳大利亚,各州的法律现在也明确规定,除非当事人另有约定,裁决必须包括有作出裁决之理由的陈述。[2] 但在新加坡、印度、香港等其他普通法系国家或地区,要求仲裁庭附具裁决理由已成为一种普遍实践。例如,1997 年《新加坡国际仲裁中心仲裁规则》第 28 条第 1 款规定,除非当事人另有约定,裁决应附具其所依据的理由。1998 年《印度仲裁委员会仲裁规则》第 64 条规定,仲裁裁决应具明其所依据的理由,除非双方当事人约定不附具理由或裁决系依据当事人和解协议作出。适用于香港本土仲裁的 1993 年《香港国际仲裁中心本土仲裁规则》第 16 条第 1 款规定,除双方另行同意外,仲裁员须以书面形式作出裁决,并陈述裁决的理由。而适用于香港国际仲裁的《联合国国际贸易法委员会仲裁规则》第 32 条第 3 款规定,除非当事人双方同意无须说明理由外,仲裁庭应说明裁决所依据的理由。

由上观之,尽管关于裁决书中是否应包含裁决理由曾在两大法系之间存在不同的传统或做法,但各国始终能站稳一个共同的基点,即首先遵循双方当事人的约定。随着各国尤其是普通法系国家和地区对仲裁的信任和支持日益增强,裁决理由为当事人就裁决中的法律问题向法院提起上诉提供依据的功用已大为下降,当事人对仲裁的品质,如裁决结果是否公平合理、裁决理由是否切实、充分等,有了更高的要求和评判能力,因此除非当事人明确约定省去裁决理由,仲裁庭应有义务就其作出裁决所依据的理由予以说明。这既有助于增强当事人对仲裁庭的信任、对裁决的信服以及对仲裁的信心和兴趣,又有助于仲裁制度的完善和仲裁服务品质的提升。因此各国仲裁立法与实践在是否须附具裁决理由问题上呈现目前这种趋同化的发展趋势,是一种历史的必然。

在中国内地,无论是《仲裁法》还是有关仲裁规则中的规定,都要求仲裁庭在裁决书中附具裁决理由,除非当事人作出了相反的约定。这与当前的国际普遍趋势是一致的。中国内地《仲裁法》第 54 条规定,裁决书应写明仲裁请求、争议事实、裁决理由、裁决结果、仲裁费用的负担和裁决日期,但当事人协议不愿写明争议事实和裁决理由的,也可以不写。《中国国际经济贸易仲裁委员会仲裁规则(2005

---

[1] 邓杰:《伦敦海事仲裁制度研究》,法律出版社,2002 年版,第 392 页。

[2] 例如,1984 年澳大利亚维多利亚州《商事仲裁法》第 29 条。

年)》第43条第2款规定,仲裁庭在其作出的裁决中应写明仲裁请求、争议事实、裁决理由、裁决结果、仲裁费用的承担、裁决的日期和地点,当事人协议不写明争议事实和裁决理由的,以及按照双方当事人和解协议的内容作出裁决的,可以不写明争议事实和裁决理由。《中国海事仲裁委员会仲裁规则(2004年)》第41条第2款的规定相同。

第四节　国际商事仲裁裁决的效力

仲裁裁决的效力,是指仲裁裁决生效后所产生的法律后果,主要表现为既判力和执行力。

一、仲裁裁决的既判力

既判力是西方民事诉讼法理论中的一个概念,是指对作为诉讼标的的法律关系作出终局判决后,当事人不得再以该法律关系为标的提起诉讼,在其他诉讼中所运用的攻击或防御方法也不得与该确定的判决相抵触。就法院而言,亦不得再就已裁判的法律关系作出相反的裁判,如果当事人再就已裁判的法律关系提起诉讼,法院应以其诉讼违背一事不再理原则为由裁定驳回其诉讼。以既判力揭示生效仲裁裁决对争议法律关系的确定效力是合适的。尽管仲裁与诉讼之间存在诸多差异,但生效仲裁裁决和生效诉讼判决在确定争议法律关系的效果上是相同的。若不承认生效仲裁裁决的既判力,仲裁裁决的权威性就无以确立和体现,仲裁制度的目标无从实现。关于仲裁裁决的既判力,主要可从以下几方面进行理解和认识。[1]

(一)仲裁裁决既判力的内容

仲裁裁决的既判力生成以后将产生一系列拘束效应,这些拘束效应即为仲裁裁决既判力的内容,主要包括以下几个方面:

1. 稳定性

稳定性,是指仲裁裁决一旦形成既判力,作出该裁决的仲裁庭或仲裁机构就不能再次处理已经审结的案件,也不得重新审查和变更已经作出的裁决。但从有关仲裁立法和仲裁规则的规定看,仲裁裁决的稳定性并不排除仲裁庭或仲裁机构作出裁决后就裁决中的错漏进行补充和更正,或对裁决作出解释。

(1)裁决的补充和更正

许多国家的仲裁立法和有关仲裁规则允许仲裁庭在作出终局裁决后,应一方

〔1〕 谭兵主编:《中国仲裁制度研究》,法律出版社,1995年版,第247~252页。

或双方当事人的请求，或由仲裁庭自行决定，对裁决中印刷、书写或计算上的错误予以更正或就漏裁事项作出补充裁决。1996 年英国《仲裁法》第 57 条规定，当事人可自由约定仲裁庭更正裁决或补充裁决的权力，如无此约定，则仲裁庭可以主动或经当事人申请就消除因失误或忽略而引起的文字错误或者明确或消除裁决书中的含糊不清的内容等，对裁决书作出更正；或者就任何已向仲裁庭提出但未经裁决处理的请求（包括关于利息或费用的请求）作出补充裁决。1998 年德国《民事诉讼法典》第 1058 条规定，任何一方当事人均可请求仲裁庭更正裁决中的计算错误、誊写、打印错误或其他类似性质的错误；就仲裁程序中提出但在裁决中遗漏的请求作出补充裁决。1997 年《新加坡国际仲裁中心仲裁规则》第 29 条规定，除非当事人就期限另有约定，自收到裁决之日起 30 日内，当事人可通知登记员请求仲裁庭更正裁决中的任何计算错误、任何誊写或打印错误或类似性质的错误；除非当事人另有约定，经通知其他当事人，一方当事人可在收到裁决后 30 日内通知登记员，请求仲裁庭对在仲裁程序中提出但未在裁决中处理的请求事项作出补充裁决。中国内地《仲裁法》第 56 条、《中国国际经济贸易仲裁委员会仲裁规则（2005 年）》第 47 条和第 48 条、联合国《示范法》第 33 条、《联合国国际贸易法委员会仲裁规则》第 36 条和第 37 条均作了类似的规定。

（2）裁决的解释

一些国家的仲裁立法和有关仲裁规则还授权仲裁庭在作出裁决后对裁决作出解释。1998 年德国《民事诉讼法典》第 1058 条第 1 款第 2 项规定，任何一方当事人均可请求仲裁庭就裁决中特定部分作出解释。1999 年瑞典《仲裁法》第 32 条第 1 款和第 2 款规定，如当事人在收到裁决书后 30 日内提出要求，仲裁庭可以对裁决书作出解释；如经当事人请求，仲裁庭决定解释裁决书，则应自收到该请求之日起 30 日内作出。1998 年《国际商会仲裁规则》第 29 条第 2 款和第 3 款规定，当事人要求解释裁决书的，必须在其收到裁决书之日起 30 日内向秘书处提出；对裁决书的解释应采用附件形式并构成裁决书的一部分。《联合国国际贸易法委员会仲裁规则》第 35 条规定，在收到裁决后 30 日内，任何一方当事人经通知他方，得要求仲裁庭就裁决进行解释；仲裁庭应于收到要求后 45 日内作出书面解释，此项解释应构成裁决的一部分。联合国《示范法》第 33 条第 1 款第 2 项、1998 年《德国仲裁协会仲裁规则》第 37 条第 1 款第 2 项、2003 年《美国仲裁协会国际仲裁规则》第 30 条也作了类似的规定。

2. 排他性和预决性

排他性和预决性，是指仲裁裁决一旦形成既判力即产生排他的、不容许任何变更的法律拘束力。这种效力表现为：同一争议的当事人不得就同一标的、同一事实和理由再次提起仲裁或提起诉讼或其他复审程序；任何机构不得就同一争议重新进行审理或复核；已为生效裁决所确认的事实在后发的争议解决程序中属于不需要证明的事实,可直接作为裁判的根据,已为生效裁决所确认的法律关系,其后的裁判也不得与之抵触。[1] 但从各有关仲裁立法和仲裁规则的规定看,仲裁裁决是否以及何时产生排他性和预决性效力,存在两种不同的情况:

(1)排除当事人上诉和其他复审程序的权利

不具有可诉性的仲裁裁决一经作出或送达即产生上述效力,排除当事人就裁决提起上诉或其他复审程序的权利。大多数仲裁立法和仲裁规则即采此立场。1998 年德国《民事诉讼法典》第 1055 条规定,仲裁裁决在当事人间产生的效力等同于终审的、具有约束力的法院判决。1999 年韩国《仲裁法》第 35 条规定,仲裁裁决应与法院的最终及决定性判决一样,对当事人具有相同的效力。1997 年《比利时国内及国际仲裁研究与实务中心规则》第 32 条规定,仲裁裁决是终局的,不能上诉;将争议提交 Cepani 仲裁,意味着当事人承诺将毫不延迟地履行裁决,其在可有效放弃的范围内放弃了任何形式上诉的权利。1998 年《国际商会仲裁规则》第 28 条第 6 款规定:“凡裁决书对当事人均有约束力。将争议按照本规则提交仲裁,各方当事人均负有毫不延迟地履行裁决的义务,并且在能有效放弃的范围内放弃了任何其他形式的追索权。”1998 年《伦敦国际仲裁院仲裁规则》第 26 条第 9 款规定,“所有裁决均是终局并对当事人有拘束力。同意按照本规则进行仲裁,当事人即承诺立即和无拖延地履行裁决(仅受制于第 27 条[2]);且在当事人可以有效放弃其权利的范围内,当事人不可撤回地放弃了向任何国家法院或其他司法机构提出任何形式的上诉、再审或追诉的权利。”《中国国际经济贸易仲裁委员会仲裁规则(2005 年)》第 43 条第 8 款规定,“裁决是终局的,对双方当事人均有约束力。任何一方当事人均不得向法院起诉,也不得向其他任何机构提出变更仲裁裁决的请求。”

(2)不排除当事人上诉和其他复审程序的权利

具有可诉性的仲裁裁决在最终产生上述效力之前还需经受诉讼或其他复审程序的挑战和审查。少数仲裁立法或仲裁规则仍坚持这一传统做法。1996 年英国《仲裁法》第 58 条规定:除非当事人另有约定,依据仲裁协议作出之裁决系终局的,对当事人及通过当事人或以其名义提出请求者均有约束力;本条不影响任何人依据可资利用的仲裁上诉或复审程序或本编之规定,对裁决书提出异议之权利。该法第 69 条第 1 款又规定,除非当事人另有约定,仲裁程序的一方当事人(经通知其他当事人和仲裁庭)可就仲裁程序中所作的裁决中的法律问题向法院上诉;当事人约定仲裁庭作出不附具理由裁决的,应视为约定排除法院根据本条所具有的管辖权。1999 年瑞典《仲裁法》第 34 条第 3 款规定,从当事人收到裁决书或根据

---

[1] 谭兵主编:《中国仲裁制度研究》,法律出版社,1995 年版,第 249 页。

[2] 即关于仲裁庭更正裁决和补充裁决的规定。

第32条予以更正、补充或解释后的最终裁决书文本之日起的3个月内，当事人必须提起诉讼；超过上述期限，当事人不得依据任何新的理由提出异议。1998年比利时《司法法典》第1703条第2款规定，对仲裁裁决之上诉仅可在当事人于仲裁协议中明确规定了此种可能性时提出；除非当事人另有约定，上诉必须在裁决被通知之日起1个月内提出。可见，根据该规定，当事人可在其仲裁协议中约定保留对裁决提起上诉的权利。而根据2006年《伦敦海事仲裁员协会仲裁规则》第22条第2款的规定，当事人可通过约定不要求裁决附具理由而放弃依1996年英国《仲裁法》第69条第1款对裁决中的法律问题提起上诉的权利。也就是，如果当事人没有授权仲裁庭省去裁决理由，就享有在裁决作出后就裁决提起上诉的权利。晚近，随着支持和鼓励仲裁发展的政策在国际社会普遍确立，有关国家已日益收紧对裁决的上诉，但保留法院对裁决中的实体问题进行审查的管辖权仍是一个有待最终改变的事实。

3. 强制性

仲裁裁决既判力的强制性，是指当事人对既判力不得自由处分，抛弃既判力或合意变更既判力均属无效。例如，由某一仲裁机构对甲、乙两公司之间的契约争议作出裁决后，除非该裁决的既判力为法院所推翻，否则，甲、乙两公司都不得抛弃该裁决的既判力，转而签订向其他仲裁机构申请仲裁同一争议的又一仲裁协议。这表明产生既判力的仲裁裁决具有国家法律所赋予的强制性，不允许双方当事人以个人意志废弃或违反，反映了仲裁同其他民间性争议解决机制的不同。

（二）仲裁裁决既判力形成的根据

仲裁裁决的既判力必须基于一定的因素才能形成，这些因素即为仲裁裁决既判力形成的依据。一般言之，民间性的国际商事仲裁裁决的既判力形成主要来源于以下两个方面：

1. 双方当事人的合意

仲裁裁决的既判力首先来源于双方当事人在争议发生前或发生后以仲裁协议形式表达的将争议提交仲裁解决并服从终局裁决的共同意愿。质言之，有效仲裁协议的存在是仲裁裁决对双方当事人产生既判力的根本原因。

2. 国家法律的规定

各国仲裁立法关于仲裁裁决效力的规定是仲裁裁决产生既判力的又一重要来源。只有仲裁协议而没有相应的法律规则对仲裁裁决的终局效力或既判力予以确认和肯定，仲裁裁决不会形成具有强制性的拘束力，至少不会对当事人以外的其他主体形成拘束力。原因在于，仲裁协议只是双方当事人之间一项约定争议解决方式的合同，只能作为仲裁裁决约束双方当事人的依据，而不能成为仲裁裁决产生超出双方当事人的普遍效力的依据。双方当事人的合意构成仲裁裁决既判力的内部要素,有关仲裁裁决效力的法律规定构成仲裁裁决既判力的外部要素。[1] 在实行仲裁裁决司法确认制度的国家,司法机关对仲裁裁决有效性的确认实际上也是仲裁裁决形成既判力的原因。例如,2000年美国《统一仲裁法》第22条规定,仲裁程序的一方当事人在收到裁决通知后,该方当事人可以向法院提出动议,要求裁定确认该裁决,法院应发出确认令,除非裁决被修改或撤销。

(三)仲裁裁决既判力形成的时间

关于仲裁裁决何时产生既判力的问题,世界各国仲裁立法和有关仲裁规则的具体规定不同,大体上可归纳为以下几种情形:

1. 产生于仲裁裁决作出之日

许多仲裁立法和仲裁规则规定,仲裁裁决自作出之日起即产生既判力。1981年法国《民事诉讼法典》第1476条规定:"仲裁裁决自其作出之日起对于它决定的争议具有既判力。"1986年荷兰《民事诉讼法典》规定:"只有终局裁决或部分裁决才能获得既判力。裁决自其作出之日起具有既判力。"1997年《新加坡国际仲裁中心仲裁规则》第28条第8款规定,自作出之日起,裁决即是终局的,对各方当事人具有约束力。1998年《荷兰仲裁协会仲裁规则》第51条规定,仲裁裁决应自作出之日起对当事人产生约束力,当事人约定由NAI仲裁或根据NAI规则进行仲裁的,应视为其同意毫不延迟地履行因此而作出的裁决。1999年《斯德哥尔摩商会仲裁院仲裁规则》第36条规定,裁决一经作出即为终局且对当事人均有拘束力。中国内地《仲裁法》第57条也规定,裁决书自作出之日起发生法律效力。《中国国际经济贸易仲裁委员会仲裁规则(2005年)》第43条第7款同样规定,作出裁决书的日期,即为裁决发生法律效力的日期。

2. 产生于仲裁裁决送达之日

有些仲裁立法和仲裁规则规定,仲裁裁决自送达之日起产生既判力。例如,1987年瑞士《联邦国际私法法规》第190条规定:"裁决自送达之日起即为终审的。"葡萄牙《仲裁法》第26条第1款也规定:"将仲裁裁决通知当事人,并且如果需要,根据第24条的规定存放法院之后,仲裁裁决获得了既判力,并从那时起不再可以上诉。"

二、仲裁裁决的执行力

仲裁裁决的既判力虽然能够防止重复裁决和作出相互矛盾的裁决,但没有提供实现仲裁裁决的根据。仲裁裁决的实现有两条途径,一是由当事人自觉履行,二是当事人拒不履行时由法院强制执行。因此仲裁裁决的执行力既包括其作为当事人履行根据的效力,也包括其作为法院强制执行根据的效力。[2]

---

〔1〕 谢石松主编:《商事仲裁法学》,高等教育出版社,2003年版,第280页。

〔2〕 谭兵主编:《中国仲裁制度研究》,法律出版社,1995年版,第252~255页。

(一)仲裁裁决作为当事人履行根据的效力

仲裁裁决作为当事人履行根据的效力与其既判力同出一源,即两者的形成原因是一致的。但两者的内容和形成的时间不一致。

1. 仲裁裁决作为当事人履行根据的效力内容

基于仲裁所具有的契约性,当事人自觉履行裁决,可视为当事人在签订仲裁协议时即默示承担的一项合同义务。在此意义上,作为当事人履行根据的仲裁裁决类似于一项生效的契约,其效力体现在以下三个方面:第一,义务主体应当自动履行裁决所确定的义务,否则将承担延迟履行的责任。第二,除非纯粹因为放弃了自己的权利,权利主体不得拒绝接受义务主体的履行,权利主体不得为义务主体履行义务设置障碍,否则将承担因此而产生的法律责任。第三,其他机构或个人都不得否认履行的有效性,不得妨碍履行,否则也将承担相应的法律责任。

2. 仲裁裁决作为当事人履行根据的生效时间

仲裁裁决作为当事人履行根据的生效时间,是指当事人应自何时起开始履行仲裁裁决。只有明确了这一点,才能进一步认定裁决的履行期限是否已经届满、义务主体是否存在延迟履行以及延迟履行期的长短等问题。

仲裁裁决何时产生当事人据以履行的效力,与仲裁裁决何时产生既判力密切相关。理由是,没有既判力的仲裁裁决是不确定的仲裁裁决,尚不具有法律约束力,不能成为当事人履行的合法根据。当事人履行仲裁裁决还需以知悉裁决内容为前提。在法律上,认定当事人知悉裁决内容的形式标志只能是仲裁机构已经向当事人送达裁决书,而不仅仅是作出裁决书。但由于具有可诉性和不具有可诉性的仲裁裁决产生既判力的具体时间不同,其作为当事人履行根据的生效时间也不相同,并非都始于向当事人送达裁决书之日。首先,就不具有可诉性的仲裁裁决而言,仲裁裁决自作出之日起即具有完整的既判力,自送达双方当事人之日起即成为履行的有效根据。其次,就具有可诉性的仲裁裁决而言,虽然此类仲裁裁决自作出之日起即具有部分的既判力,双方当事人在仲裁机构送达裁决书时已知悉了裁决的内容,但由于仲裁裁决此时尚不具有完整的既判力,因而不能要求当事人承担履行仲裁裁决的义务。只有在上诉期届满,当事人双方都没有起诉,或当事人虽然在上诉期内提起了诉讼但被法院驳回,或上诉人撤回了诉讼,仲裁裁决的既判力才最终完全形成。只有在这种情况下,具有可诉性的仲裁裁决才能成为当事人履行的根据。

(二)仲裁裁决作为法院强制执行根据的效力

1. 仲裁裁决作为法院强制执行根据的效力内容

在当事人拒不履行仲裁裁决的情况下,生效的仲裁裁决如同生效的法院判决,其效力内容主要包括以下两个方面:第一,仲裁裁决确定的权利主体可以根据裁决书申请法院强制执行,启动司法强制执行程序;第二,执行机构可以根据裁决书和权利主体的申请采取相应的强制执行措施。

2. 仲裁裁决作为法院强制执行根据的效力来源

对于不同类型的仲裁裁决而言,其作为法院强制执行根据的效力来源有所不同。第一,就外国仲裁裁决而言,其只有经被请求承认与执行地国有管辖权的法院承认或转化为诉讼判决,才能成为形式上的或实质上的强制执行根据。第二,就内国仲裁裁决(包括国内仲裁裁决和涉外仲裁裁决)而言,许多国家认为仲裁裁决作为法院强制执行根据的效力来源于司法机关或行政机关的确认或批准,因为民间性的仲裁机构缺乏强制权,其作出的裁决本身并无强制执行力。1981 年法国《民事诉讼法典》第 1477 条规定,仲裁裁决仅可根据裁决作出地有管辖权的大审法庭出具的执行许可的命令予以强制执行,执行许可应以法庭的执行判决作出。1996 年英国《仲裁法》第 66 条第 1 款规定,仲裁庭依仲裁协议作出的裁决,经法院准许,可按法院作出的具有相同效果的判决或命令之方式予以强制执行。1998 年德国《民事诉讼法典》第 1060 条第 1 款规定,裁决业经宣告为可以执行后予以强制执行。1999 年韩国《仲裁法》第 37 条第 1 款规定,仲裁裁决的执行应通过法院的判决进行。此外,有的国家认为仲裁裁决作为法院强制执行根据的效力来源于国家法律的抽象认可和双方当事人通过签订仲裁协议所表达的承认态度,并不需要另外再得到法院或有关机构的专门认可。中国内地即采此立场。其《仲裁法》第 62 条规定:“当事人应当履行裁决。一方当事人不履行的,另一方当事人可以依照民事诉讼法的有关规定向人民法院申请执行。受理申请的人民法院应当执行。”《中国国际经济贸易仲裁委员会仲裁规则(2005 年)》第 49 条第 2 款规定,一方当事人不履行裁决的,另一方当事人可以根据中国法律的规定,向有管辖权的中国法院申请执行。

3. 仲裁裁决作为法院强制执行根据的生效时间

就此问题而言,不同类型的仲裁裁决的情况也有所不同。第一,就外国仲裁裁决而言,其只有在被请求承认与执行地国法院作出的承认其效力的裁定或据其作出的诉讼判决生效后,才能成为形式上的或实质上的强制执行根据。第二,就内国仲裁裁决而言,在实行仲裁裁决执行认可制度的国家,有关机关颁发准予执行的文件或命令的时间就是该裁决成为法院强制执行根据的时间;在不实行仲裁裁决执行认可制度的国家,裁决的义务主体逾期不履行而在履行期届满的次日即为该裁决成为法院强制执行根据的时间。

第五节　对国际商事仲裁裁决的异议

当事人将争议提交仲裁的目的是要获得一项关于争议解决的有约束力的决定。但一项裁决作出后并不当然就是“终局的”或是对当事人“有约束力”的。裁决的终局性或约束力要取决于可适用的仲裁法。裁决作出后，如果当事人依有关仲裁法可对裁决提出异议，并且所提异议符合仲裁法的规定，能够成立，有关机构将可以撤销该裁决或依法采取其他补救措施。

各国基于维护本国主权和利益的考虑，一般试图对在其领域内开展的仲裁实施一定的控制，允许当事人对仲裁裁决提出异议是实现这种控制的一种方式。但在现阶段，各国对其领域内的仲裁应如何控制，尚无一项国际条约作出统一规定或对其进行调整。[1] 因此各国实际上可自由地将其所希望的司法控制手段适用于其管辖范围内的国际商事仲裁。

一、对仲裁裁决提出异议的目的

对仲裁裁决提出异议通常是由仲裁裁决的义务主体对仲裁裁决的有效性提出质疑，要求有管辖权的法院或其他机构对裁决进行审查。当事人对仲裁裁决提出异议的目的是希望有关机构能改动裁决甚或撤销裁决，从而使自己受益或免遭损害。裁决如果被撤销，就失去了法律效力，对当事人不具备约束力，也就不能成为法院或其他主管机构强制执行的依据。《纽约公约》第 5 条第 1 款第 5 项规定，裁决对当事人尚未发生约束力，或者裁决已经由裁决作出地国或裁决所依据法律的国家的主管机关撤销或停止执行，被请求承认和执行裁决地国的法院可以拒绝承认和执行该裁决。联合国《示范法》第 36 条第 1 款第 1 项第 5 目有类似的规定。

裁决如果未被撤销，只是在某些方面被改动，其法律地位将取决于被改动的方式。如果有关法院将裁决发回仲裁庭重审，重审后被改动的裁决是一项取代原裁决的新裁决，需要承认和执行的是该项新裁决。如果法院通过自己的判决改动了裁决，需要承认和执行的是法院的这项判决，而不是仲裁庭的裁决。[2]

二、对仲裁裁决异议有管辖权的法院

对仲裁裁决有异议，应向何国法院提出，何国法院对此有管辖权，是一个需予

---

〔1〕 1965 年《解决国家与他国国民间投资争端公约》例外，该公约确立了一种“非当地化”的国际仲裁体制，使公约框架下的仲裁可以免受国内法律体系的干预和控制。

〔2〕 Redfern & Hunter, *Law and Practice of International Commercial Arbitration*, 2nd ed., Sweet & Maxwell, 1991, p. 431.

以明确的问题。根据《纽约公约》和联合国《示范法》的规定,[1]对仲裁裁决异议有管辖权的法院为裁决作出地国法院和裁决所依法律之国家的法院。

（一）裁决作出地国法院

一般而言,对仲裁裁决异议有管辖权的法院首先应是裁决作出地国法院,因为裁决作出地国对仲裁和裁决具有最为直接有效的控制权。从各国仲裁立法和实践看,裁决作出地国就是仲裁地国,仲裁地国法院是有权对仲裁实施司法监督的法院,对仲裁裁决提出异议恰是提请法院对仲裁行使司法监督权的一种方式。当事人欲对仲裁裁决提出异议,首先应向裁决作出地国法院提出。这既是裁决作出地国的主权要求,也是方便和有效处理仲裁裁决异议请求的需要。又由于裁决的效力源于裁决作出地国的法律体系,有关裁决的异议由裁决作出地国法院管辖是适当的、符合逻辑的。

（二）裁决所依法律之国家的法院

仲裁当事人享有确定如何进行仲裁的自治权,是国际上普遍承认的一项原则,该原则包括当事人可以约定依非仲裁地国程序法进行仲裁的自治权。《纽约公约》和联合国《示范法》均明确予以承认。两者还进一步承认裁决所依法律之国家的法院享有撤销或停止执行裁决的权力。当事人既然能够约定适用裁决作出地国以外国家的仲裁法,那么裁决作出后,裁决的义务主体根据裁决作出地国以外国家的法律对该裁决提出异议,在理论上是成立的。遵循《纽约公约》,个别国家在法律上曾有这类规定,即只要裁决是依其本国仲裁法作出的,即使裁决作出地国是别的国家,本国法院仍有权撤销该裁决。德国曾采此做法。[2]

其实仅仅因为所适用的仲裁法是仲裁地国以外的国家的法律,便向该仲裁地以外国家的法院提出裁决异议尚属罕见。而且由该仲裁地以外国家的法院对仲裁裁决行使撤销或停止执行的权力,其实际效应令人怀疑。至今未见能够证实曾发生此类实例的资料。1998 德国《民事诉讼法典》颁布后,似乎已摈弃了以往的做法。[3]

三、对仲裁裁决提出异议的途径

当事人对仲裁裁决有异议主要向有管辖权的法院提出,但也可向有关机构提起复审程序。

（一）向法院提出异议的途径

当事人签订仲裁协议选择仲裁排除的只是法院对争议的审理和裁判权,但

---

〔1〕《关于承认和执行外国仲裁裁决的公约》第 5 条第 1 款第 5 项、联合国《国际商事仲裁示范法》第 36 条第 1 款第 1 项第 5 目。

〔2〕1961 年德国《关于 1958 年承认与执行外国仲裁裁决公约的法令》第 2 条规定,如果仲裁裁决属于在另一缔约国内依照德国程序法作出的公约裁决,可以在德国就该裁决提起撤销之诉。

〔3〕韩健:《现代国际商事仲裁法的理论与实践(修订版)》,法律出版社,2000 年版,第 346 页。

法院对仲裁的司法监督权是法定的,不容当事人协议否定或剥夺。因此当事人对仲裁裁决有异议,即可向法院提出,要求法院就裁决本身的问题、影响裁决公正性和有效性的仲裁庭管辖权问题、仲裁程序问题等进行审查。各国为维护仲裁的终局性,支持和鼓励仲裁的发展,日益限制和减少法院对仲裁的司法审查和干预。大多数国家不允许当事人就裁决中的实体问题(无论是事实问题还是法律问题)提出异议,少数国家虽仍保留这一做法但所施加的限制已日趋严格。

(二)向法院以外的有关机构提出异议的途径

根据有关国家的仲裁立法和某些仲裁机构仲裁规则的规定,对仲裁裁决的异议可首先向法院以外的其他机构提出,由其进行复核审查。其主要有以下几种情形:[1]

1. 仲裁上诉庭

在某些行业仲裁或专业性仲裁中,尤其是在商品贸易仲裁中,其仲裁规则通常规定当事人可向由专人组成的仲裁上诉庭上诉。这是一种设在仲裁体系内部的异议程序。当事人可以在仲裁协议中约定就仲裁裁决的实体问题向上一级的仲裁庭或上诉委员会提起上诉程序,要求重新考虑仲裁裁决。这类案件大多发生在商会仲裁和其他行业协会仲裁中。例如,在马来西亚,根据马来西亚棕榈油协会仲裁规则和马来西亚橡胶交易与许可委员会规则,当事人可以在规定的期限内向上诉委员会或仲裁庭提起上诉。波兰格丁尼亚棉花协会仲裁院规则也规定了仲裁二审制度,英国伦敦谷物和饲料贸易协会规则规定了二级仲裁制度(two - tier system)。一般情况下,关于采用这种内部上诉程序的约定或规定,在仲裁协议或仲裁规则中并不多见。因为仲裁的目的是要使当事人之间的争议能够迅速而有效地得到解决,仲裁机构设立这种内部上诉程序显然与这一目的是相违背的。

2. 其他实体机构

在少数国家,对仲裁裁决的异议可向除法院以外的其他实体机构提出。例如,在沙特阿拉伯,当事人可向商事争议解决委员会提出对裁决的异议。

3. 仲裁机构审核程序

在实行机构仲裁的情况下,一些仲裁机构保有对仲裁庭所作裁决进行审核监督的权力。1998 年《国际商会仲裁规则》第 27 条规定,"仲裁庭应在签署裁决书之前,将其草案提交仲裁院。仲裁院可以对裁决书的形式进行修改,并且在不影响仲裁庭自主决定权的前提下,提请仲裁庭注意实体问题。在裁决书形式经仲裁院批准之前,仲裁庭不得作出裁决。"该规定提出了两项不同的审查标准:其一是关于

[1] 宋航:《国际商事仲裁裁决的承认与执行》,法律出版社,2000 年版,第 76 ~ 78 页。

裁决书的形式，仲裁院可对其进行修改和批准；其二是关于裁决中的实体问题，仲裁院可提请仲裁庭注意。这种体制在实践中受到了一些仲裁员和当事人的批评。作为败诉方的当事人担心在法院审查裁决时会因此失去其应有的陈述案情的机会，使自己对裁决提出异议的目的落空。瑞士联邦法院曾在一宗案件中认为，国际商会仲裁院的这一做法并不与瑞士的法律相抵触，因为既然当事人在仲裁协议中约定采用国际商会仲裁规则，就表明当事人已经同意国际商会仲裁院可对裁决书的形式进行修改以及为仲裁庭就实体问题的裁判充当顾问的角色。[1] 国际商会的这一做法，其动机无疑是值得称道的。它对于仲裁裁决的形式及其可执行性进行了一定程度的优先控制，可以避免程序上的欠缺和失误，使裁决在作出前便能得到有效补救，有利于胜诉方当事人寻求裁决的承认与执行。这一做法在中国内地仲裁实践中被肯定和确认。例如，《中国国际经济贸易仲裁委员会仲裁规则（2005 年）》第 45 条规定："仲裁庭应在签署裁决书之前将裁决书草案提交仲裁委员会核阅。在不影响仲裁庭独立裁决的情况下，仲裁委员会可以就裁决书的有关问题提请仲裁庭注意。"《中国海事仲裁委员会仲裁规则（2004 年）》第 63 条第 1 款也规定："仲裁员应在签署裁决书前将裁决书草案提交仲裁委员会，在不影响仲裁员独立裁决的情况下，仲裁委员会可以就裁决书的形式问题提请仲裁员注意。"

四、对仲裁裁决提出异议的理由

对仲裁裁决提出异议须有合法的理由。各国仲裁立法大多以列举的方式明确规定可对仲裁裁决提出异议的各项理由。综观各国仲裁立法和实践，可对仲裁裁决提出异议的理由主要有以下几种：

（一）裁决本身的问题

仲裁裁决作出后，当事人有可能以仲裁裁决本身不符合仲裁地法有关要求为由对裁决提出异议。这既可能涉及裁决在法律或事实上的错误，也可能涉及裁决在形式或内容上不符合法律规定的要求。例如，在裁决中未写明当事人和仲裁员的姓名或仲裁机构的名称，或者裁决中未附具理由或裁决未采用书面形式等。

一些国家尤其是普通法系的某些国家允许当事人就仲裁裁决中的法律或事实上的问题提起上诉的做法，已日益受到批评。诸多学者认为，当事人将争议提交仲裁解决，并承认仲裁庭作出的裁决是"终局的"或"有约束力的"，如果又允许他们违背其仲裁协议向法院上诉，是令人费解的，并存在诸多弊端：第一，即使上诉没有完全成功，也可能使裁决有所变动。在其中任何一种情况下，法院的决定都将完全或部分替代由当事人专门选择的仲裁庭所作出的裁决。第二，当事人约定仲裁的原因是仲裁作为一种民间性的争议解决方式，具有不公开性的优点，而提起

---

〔1〕 Syrian Petroleum v. GTM - Entrepose SA, decision of July 16, 1990, 58/1990.

上诉将使当事人不得不出庭,接受公开审理。第三,允许上诉将使仲裁失去"能够迅速最终解决争议"的特点,达不到以国际商事仲裁方式快捷、经济地解决争议的目的。[1] 正如英国学者雷德芬(Redfern)和亨特(Hunter)所言,国家既要对仲裁实行司法控制,又要在这种控制之下使仲裁的保密性、快捷性和终局性同广泛的公共利益达到一种平衡,是很不容易的。[2] 但随着近几十年国际商事仲裁的发展,这种力图达到的平衡已逐步向裁决的终局性倾斜。在此方面英国是典型的例子。

在英国《1979 年仲裁法》生效以前,法院对仲裁裁决的实体审查十分严格。为能逃避这种审查,仲裁庭曾一度尽量避免在裁决中附具理由。为针对这种情况,英国《1950 年仲裁法》在第 21 条出台了一项强有力的对策——"案件陈述"制度。法院积极主动地对仲裁进行过多、过严的实体监督对英国仲裁业造成了十分不利的影响。1979 年《仲裁法》专门针对上诉制度作出了重大改革,首先是废除了"案件陈述"制度;其次是允许当事人以协议排除法院的实体审查,即使当事人未能有效签订这种排除协议,法院对裁决的实体审查也被严格限制。

根据 1979 年英国《仲裁法》第 1 条第 3 款和第 4 款规定,任何一方当事人提起上诉,除须征得所有其他当事人的同意外,还须在高等法院考虑全部情况后认为所涉及的法律问题对当事人一方或数方的权利有重大影响时才会得到准许。高等法院还可以给予有条件的准许,以使上诉申请人进一步满足法院认为适当的条件。是否批准当事人提起的上诉,高等法院拥有较大的自由裁量权。但在实践中,高等法院在决定是否批准当事人提起的上诉申请时,通常会考虑以下几方面的因素:(1)当事人未达成有效的排除协议。(2)裁决中存在法律问题。(3)实质性地影响了一方当事人的权利。当事人必须能证明裁决中的法律问题实质性地影响了他的权利,法院才可能批准他提起上诉,即使他提起的问题可能涉及公共利益的维护,或者仲裁庭对这个问题作出的决定明显存在错误。(4)Nema 原则的遵循。为了限制和指导高等法院对其批准上诉的权力的行使,英国上议院还制定了一些指导

---

〔1〕 韩健:《现代国际商事仲裁法的理论与实践》(修订版),法律出版社,2000 年版,第 348 ~ 349 页。

〔2〕 A. Redfern & M. Hunter, *Law and Practice of International Commercial Arbitration*, 2nd ed., Sweet & Maxwell, 1991, p. 421.

性原则,如在 The "Nema"案〔1〕中确立的 Nema 原则。根据该原则,高等法院仅在仲裁庭所犯错误十分明显或纠正裁决中的法律错误是出于维护公共利益的需要时,才会批准当事人的上诉申请。此外,在某些案件中,如果当事人明示或默示地约定了裁决是终局的,高等法院一般会据此拒绝批准当事人的上诉。例如,双方当事人未要求裁决附具理由而仲裁庭主动出具了裁决理由,可能会导致高等法院不批准当事人对裁决提起上诉,因为当事人未要求裁决理由应视为当事人对支持裁决终局性的默示选择。〔2〕

1996 年英国《仲裁法》基本沿袭了《1979 年仲裁法》中确立的上诉制度。该法第 69 条第 3 款明确规定法院批准上诉的四个条件:(1)有关问题的裁决将实质性地影响一方或多方当事人的权利。(2)有关问题是仲裁庭根据请求作出裁决的。(3)根据裁决中认定的事实,仲裁庭对有关事项作出的裁决明显存在错误,或该事项具有普遍的公共重要性,而且仲裁庭的裁决至少存在重大疑问。(4)尽管当事人约定通过仲裁解决争议,但在各种情况下由法院对此事项作出判决是公平和适当的。总体上,在 1996 年《仲裁法》下,当事人就仲裁裁决提起上诉已十分困难,通常 95% 左右的上诉申请不能获得批准,而获准提起的上诉中一般只有 50% 左右能够获得成功。由此,几乎仲裁庭作出的所有裁决都是终局的。〔3〕

近年来,瑞士对仲裁裁决的审查也有很大的改变和松动。1969 年瑞士《联邦仲裁协约》除允许当事人基于非实质性的程序问题提出撤销裁决之诉外,还允许当事人基于仲裁裁决所依据的事实显然不符合案卷中的记载,或者裁决内容显然违反法律或违反公正原则而提出撤销裁决之诉。〔4〕 但在 1988 年瑞士《联邦国际私法法规》中,有关国际仲裁部分已经对在瑞士所作之国际仲裁裁决的司法审查范围作了重大调整和改动,即摈弃了《联邦仲裁协约》中关于司法审查而提起诉讼

---

〔1〕 *The "Nema"*, [1982] AC 724 at 744. 在该案中,"尼玛号"轮由船东出租给承租人承运货物,往返于加拿大的索罗尔与大西洋彼岸的西班牙之间。"尼玛号"轮经一次往返航运后抵达索罗尔,但由于当地工人罢工无法装船。承租人主张"尼玛号"轮应停在索罗尔港,等待罢工结束后再装船,否则再返索罗尔时将遇封冻期。但是船东主张等罢工结束后再装船必然会超越租期,其保障"尼玛号"轮适航的义务已因意外事件丧失了意义。因此,要么"尼玛号"轮按约驶往西班牙,要么就应提前终止合同。双方遂发生争议。此后,双方当事人协议指定一名仲裁员进行仲裁。裁决结果是:本案尚未履行完的租船合同已没有意义,应提前终止。承租人不服此裁决,向法院申请司法审查并要求上诉。法官审查后认为,原仲裁裁决成立,但同时批准了承租人的上诉。上诉法院判决变更了仲裁裁决,承租人仍不服并上诉至上议院。上议院判决:第一,法官不应准许承租人的上诉申请,也不应准予其上诉至高等法院;第二,本案裁决终止原租船合同是正确的。上议院的判决,已表明了法院的态度,即不鼓励败诉方对裁决提起上诉。参见董安生等编译:《英国商法》,法律出版社,1991 年版,第 572 ~ 573 页。

〔2〕 Kaffeehandels v Plagefim, [1981] 2 *Lloyd's Rep*190 at 191.

〔3〕 邓杰:《伦敦海事仲裁制度研究》,法律出版社,2002 年版,第 421 页。

〔4〕 1969 年瑞士《联邦仲裁协约》第 36 条。

的诸多理由，包括可对仲裁裁决中事实上或法律上的实质性问题进行审查的理由。在美国，仲裁裁决的有效性取决于仲裁程序的公正、标的的可仲裁性以及所裁决事项是否属于仲裁协议范围之内，而不取决于仲裁员对法律或事实问题的裁定。在中国内地，虽然当事人可就裁决所根据的证据是伪造的或对方当事人隐瞒了足以影响公正裁决的证据等实质性问题申请撤销国内仲裁裁决，但不能以相同的理由对涉外仲裁裁决提出异议。[1]

总之，在现代国际商事仲裁领域中，不赞成赋予当事人就仲裁裁决的事实或法律问题向法院提起上诉的权利，是一种占普遍优势的观点。普遍的看法是，不应该允许，至少不应该鼓励已经签订仲裁协议的当事人在仲裁裁决作出后，请求法院再就仲裁裁决中涉及的事实上或法律上的问题作出判决或裁定，以取代由当事人最初选择之仲裁庭作出的仲裁裁决。[2]

（二）仲裁庭管辖权问题

仲裁庭的管辖权源于当事人之间一项有效的仲裁协议。如果仲裁协议不存在、失效或无效，使得仲裁庭未取得管辖权，或者仲裁协议虽然有效，但仲裁庭超越了仲裁协议的授权范围行使权力，这种情况下仲裁庭就有关争议作出的裁决是无效的。联合国《示范法》和《纽约公约》也将此作为仲裁裁决可被撤销或拒绝承认和执行的理由之一。[3]

在国际商事仲裁实践中，可能导致对仲裁裁决提出异议的仲裁庭管辖权问题主要有以下三种情况：裁决是在仲裁庭完全没有管辖权的情况下作出的；仲裁庭所作裁决超越其管辖权范围；仲裁庭所作裁决没有解决当事人所提交的全部争议问题。

1. 仲裁庭没有管辖权时作出的裁决

仲裁庭是否享有管辖权通常基于当事人之间是否订有仲裁协议、仲裁协议是否有效以及能否执行。这种情况下，根据仲裁庭管辖权自决原则，仲裁庭有权首先就仲裁协议的存在与否、是否有效及其自身的管辖权作出裁定，即仲裁庭对其管辖权问题享有首先的发言权。如果仲裁庭认定其有管辖权，即可继续进行仲裁。但仲裁庭的这种裁定须受法院的监督和审查，即应当事人的请求，法院可对仲裁庭的管辖权问题重新考虑，法院对该问题享有最后的发言权或最终的决定权。一旦仲裁地或裁决作出地法院审查认定仲裁协议无效或仲裁庭没有管辖权，仲裁程序即应终止，仲裁庭已作出的裁决亦可被撤销或宣告无效，而被请求承认与执行裁决地

---

〔1〕 中国内地《仲裁法》第58条、第70条。

〔2〕 韩健：《现代国际商事仲裁法的理论与实践》（修订版），法律出版社，2000年版，第350页。

〔3〕 《国际商事仲裁示范法》第34条第2款第1项第1目、第3目，第36条第1款第1项第1目、第3目，《关于承认和执行外国仲裁裁决的公约》第5条第1款第1项、第3项。

国法院可拒绝承认与执行该无效裁决或已被撤销的裁决。

从各国仲裁立法看,仲裁协议无效、仲裁庭没有管辖权是撤销裁决或宣告裁决无效的理由。1996年英国《仲裁法》第67条第1款第2项规定,仲裁程序的一方当事人经通知其他当事人和仲裁庭后,可基于仲裁庭无实体管辖权而申请法院裁定宣告仲裁庭就实体方面作出的裁决全部或部分无效。1998年德国《民事诉讼法典》第1059条第2款第1项第1目规定,如果申请方有充分理由表明仲裁协议根据当事人约定的法律或无此约定时根据德国法是无效的,裁决可被撤销。1999年韩国《仲裁法》第36条第2款第1项第1目规定,仲裁协议依据当事人同意的法律是无效的,或无此指明时依据大韩民国的法律是无效的,裁决可被法院撤销。根据中国内地《仲裁法》第58条和第70条的规定,无论是在国内仲裁还是涉外仲裁中,没有仲裁协议都属于裁决应被撤销的理由之一。[1]

2. 仲裁庭超越管辖权作出的裁决

仲裁庭的管辖权范围与仲裁协议的范围一致。如果仲裁庭超越仲裁协议的授权范围行事,属于越权仲裁,所作出的裁决可能遭到当事人的异议。一般情况下,应当事人的申请,法院会将仲裁庭越权作出的那部分裁决而不是整个裁决予以撤销,只要该部分裁决能与裁决的其他部分相区分。这样做不仅尊重了当事人仲裁意愿的,而且有助于防止和减少资源浪费。因为仲裁庭在其有权范围内作出的裁决是正当、合法、有效的,一并将其撤销不仅没有根据而且不利于仲裁的健康发展。正是基于这种考虑,各国仲裁立法规定法院只需撤销裁决中的超裁部分。1998年德国《民事诉讼法典》第1059条第2款第1项第3目规定,裁决涉及仲裁协议未规定或涵盖的事项,或者包含超越仲裁协议范围的事项的决定,如果提交仲裁事项的决定可以与未提交仲裁事项的决定分开,则仅包含未提交仲裁事项部分的决定可被撤销。1999年韩国《仲裁法》第36条第2款第1项第3目规定,裁决涉及提交仲裁的条款中未规定或不属于其范围内的争议,或者包括就超越提交仲裁范围的事项作出的决定,如果就提交仲裁事项所作决定可与就未提交仲裁事项所作决定相分离,则只有包含就未提交仲裁的事项所作决定的部分裁决可以被撤销。联合国《示范法》第34条第2款第1项第3目同样持此立场。

在中国内地,《仲裁法》第58条和第70条只笼统规定仲裁庭超越管辖权范围作出的裁决应被撤销。[2] 2006年9月8日起开始施行的《最高人民法院关于适用〈中华人民共和国仲裁法〉若干问题的解释》第19条明确规定只需撤销超裁部分:“当事人以仲裁裁决事项超出仲裁协议范围为由申请撤销仲裁裁决,经审查属实的,人民法院应当撤销仲裁裁决中的超裁部分。但超裁部分与其他裁决事项不可

---

〔1〕 中国内地《仲裁法》第58条第1款第1项,1991年《民事诉讼法》第260条第1款第1项。

〔2〕 中国内地《仲裁法》第58条第1款第2项、1991年《民事诉讼法》第260条第1款第4项。

分的，人民法院应当撤销仲裁裁决。”该规定是对最高人民法院之前处理相同问题的意见的重申，即最高人民法院在1999年6月致广东省高级人民法院的复函中的规定：我国仲裁机构作出的仲裁裁决，如果裁决事项超出当事人仲裁约定的范围，或者不属于当事人申请仲裁的事项，并且上述事项与仲裁机构作出裁决的其他事项是可分的，人民法院可以基于当事人的申请，在查清事实后裁定撤销该超裁部分。[1]

3. 未能处理所有争议问题的裁决

仲裁庭没有充分行使其管辖权，未就当事人约定提交的所有争议事项作出裁决，同样会导致当事人就裁决提出异议。这种情况下，仲裁庭所作出的裁决是否有效，应如何向当事人提供救济，存在两种不同的观点。一种观点认为，这种情况下的裁决应被判定为有效，因为就裁决中已解决的争议事项而言，仲裁庭是有权处理的。另一种观点认为，不应简单地得出以上结论，而应从整体上考虑裁决中尚未解决的争议事项的重要性。如果未得到解决的争议事项一旦解决，将会改变整个裁决的均衡，影响原裁决中所确定的当事人的权利和义务，则当事人应有权诉诸法院，对裁决提出异议。许多国家仲裁立法承认当事人的这种追索权，并采取了与联合国《示范法》第33条第3款相同的立场，允许当事人在裁决作出后提请仲裁庭或由仲裁庭主动就漏裁事项作出补充裁决或追加裁决。这样既为当事人提供了应有的救济，也避免了裁决因此被撤销的命运，是仲裁制度不断趋于完善、仲裁获得更多支持的重要表现。

（三）仲裁程序问题

仲裁作为解决当事人争议的一种法律制度或法律程序，不仅要遵守当事人之间的约定，也要遵守相关法律规定。如果仲裁庭违反当事人的约定或法律规定，不当操作仲裁程序，影响对案件的公正审理和裁判，当事人可就裁决提出异议。法院代表国家行使司法权，是社会公正最后的守望者，保障仲裁程序在公正的轨道上运行是其法定的职责，各国仲裁法明确规定法院享有在程序上指导和监督仲裁的权力。在通常情况下，衡量仲裁程序公正的最低标准是：仲裁庭处于中立地位，不偏不倚、平等对待双方当事人；双方当事人获得了应有的程序保障，包括被给予了适当的仲裁程序上的通知和充分陈述案情的机会。

各国仲裁立法，将仲裁程序不适当或不公正作为当事人对裁决提出异议的重要理由。1996年英国《仲裁法》第68条第1款和第2款规定，仲裁程序的一方当事人（经通知其他当事人和仲裁庭）可在仲裁程序中以存在影响仲裁庭、仲裁程序或裁决的严重不规范性为由就裁决向法院提出异议；严重不规范性是指以下一种

---

〔1〕 参见《最高人民法院关于我国仲裁机构作出的仲裁裁决能否部分撤销问题的批复》（法释〔1999〕16号）。

或几种不规范的行为，且法院认为已对申请方造成或将造成实质性的不公平：仲裁庭违反其法定基本职责，仲裁庭超越其权限，仲裁庭未依照当事人约定的程序进行仲裁，仲裁庭未处理当事人请求的所有事项，由当事人授予有关仲裁程序或裁决权力的仲裁机构、其他机构或个人超越其授权范围，裁决的有效性不确定或模棱两可，裁决因欺诈取得或者裁决本身或取得裁决的方式违背公共政策，裁决形式不符合要求，仲裁程序的进行及裁决中存在不规范且为仲裁庭或当事人授予其相关权力的仲裁机构、其他机构或个人无可否认。1996 年英国《仲裁法》以列举方式对可作为当事人抗辩裁决的仲裁程序不规范性作出明确规定，一方面是为了方便法院在实践中的操作，另一方面是为了将法院干预裁决的权力限定在特定的范围内。正如 DAC 报告中所指出的那样，"该封闭式的不规范性（行为）一览表对法院延伸其权力来说也是封闭的。"同时，就法院只能在严重不规范性给申请方造成了实质性不公平时才有权对裁决进行干预而言，该报告强调指出，对实质性不公平的认定应以支持仲裁而不是干预仲裁为前提，因为不容忽视的事实是当事人约定的是仲裁而不是诉讼，一旦选择了仲裁，双方当事人就不能轻易抗议遭受到了实质性的不公平，除非所发生的一切从任何角度看，都不是当事人选择仲裁所能接受的结果。总之，1996 年《仲裁法》第 68 条的规定如同一长串阻碍物，只有当仲裁庭在仲裁程序中犯如此严重的错误以致该程序需要矫正时，方可资援用。[1]

其他国家也在其仲裁立法中明确列举了法院可应当事人请求对裁决进行程序审查的情形。1998 年德国《民事诉讼法典》第 1059 条第 2 款第 1 项第 2 目和第 4 目规定，申请方有充分理由表明其未得到委任仲裁员或进行仲裁程序的适当通知或因其他缘故无法陈述案情，或者仲裁庭的组成或仲裁程序不符合本编规定或当事人的符合程序法的协议并且确有可能影响此项裁决的，裁决可被撤销。1999 年瑞典《仲裁法》第 34 条第 1 款第 4 项和第 6 项规定，经一方当事人请求，如果仲裁员之委任与当事人的约定或本法的规定不符，或者非因当事人的过错而在仲裁程序上出现了可能影响案件结果的不当情况，则裁决可以全部或部分被撤销。1999 年韩国《仲裁法》第 36 条第 2 款第 1 项第 2 目和第 4 目规定，提出申请的一方当事人未能得到委任仲裁员或仲裁程序的正当通知，或者无法陈述观点；或者仲裁庭的组成或仲裁程序非根据当事人的协议，除非此类协议与本法当事人不得减损之任何规定相冲突，或者如无此类协议，仲裁庭的组成或仲裁程序与本法规定不符，则仲裁裁决可被法院撤销。根据中国内地《仲裁法》第 70 条和 1991 年《民事诉讼法》第 260 条第 1 款第 2 项和第 3 项的规定，被申请人没有得到指定仲裁员或进行仲裁程序的通知，或者由于其他不属于被申请人负责的原因未能陈述意见，或者仲

---

〔1〕 参见 DAC 报告第 280 节；邓杰：《伦敦海事仲裁制度研究》，法律出版社，2002 年版，第 419 页。

裁庭的组成或仲裁的程序与仲裁规则不符等情形,均是当事人可申请法院撤销我国涉外仲裁裁决的理由。

(四)可仲裁性问题和公共政策问题

可仲裁性问题通常被纳入公共政策的范畴。一国对可仲裁性进行界定,将一些争议事项排除在可仲裁范围之外,主要是基于维护其公共政策的考虑。实践中,当事人通常以裁决违反仲裁地国关于可仲裁性的规定及该国公共政策为由对裁决提出异议。但由于可仲裁性问题和公共政策问题关系到一国的主权、安全和重大利益,各国仲裁立法都将其作为法院可主动依职权进行审查的问题。一旦认定裁决存在违反可仲裁性和公共政策的情形,即使当事人未就裁决提出异议,法院仍须采取相应措施进行干预。1998 年德国《民事诉讼法典》第 1059 条第 2 款第 2 项规定,如果法院认为争议事项根据德国法不能以仲裁方式解决,或者裁决的承认或执行导致的结果有悖公共秩序,裁决可被撤销。1999 年韩国《仲裁法》第 36 条第 2 款第 2 项规定,法院自行认定争议标的依据韩国法律不得通过仲裁解决,或者裁决的承认和执行与韩国的公序良俗相冲突,仲裁裁决可被法院撤销。联合国《示范法》第 34 条第 2 款第 2 项有类似的规定。

五、对仲裁裁决提出异议的时限

仲裁庭作出仲裁裁决后,如果裁决作出地国允许当事人对裁决提出异议,其有关法律在承认当事人享有该项权利的同时,一般对当事人提出异议的时间作了限制,以防止当事人恶意或不适当地拖延时间,损害对方当事人的正当权益。

从各国仲裁立法看,有关当事人就裁决提出异议的时限要求或规定不同。有的相对较短,有的相对较长。1996 年英国《仲裁法》第 70 条第 3 款规定,异议申请或上诉必须自仲裁裁决作出之日起 28 日内提出,或者如果已经存在仲裁上诉或复审程序,则自申请人或上诉人接到该程序结果的通知之日起 28 日内提出。1998 年德国《民事诉讼法典》第 1059 条第 3 款规定,除非当事人另有约定,向法院提出撤销裁决的申请必须在 3 个月内提出,该期限应从提出申请的当事人收到裁决之日起算。1999 年瑞典《仲裁法》第 34 条第 3 款规定,当事人必须自收到裁决书或经更正、补充或解释后的最终裁决书文本之日起的 3 个月内提起诉讼,超出此期限后不得再以任何新的理由提出异议。1998 年比利时《司法法典》第 1703 条第 2 款规定,除非当事人另有约定,上诉必须在裁决被通知之日起 1 个月内提出。1999 年韩国《仲裁法》第 36 条第 3 款规定,撤销裁决的申请应在提出该申请的当事人收到经适当证明的裁决之日起 3 个月内提出。联合国《示范法》第 34 条第 3 款规定,撤销裁决的申请只能在提出申请的一方当事人自收到裁决书之日起 3 个月内提出。

相比之下,中国内地《仲裁法》第 59 条规定的允许当事人自收到裁决书之日起 6 个月内申请撤销裁决的期限显然过长。这既不利于尽快确定当事人之间的法律关系,也大大影响了裁决的终局效力,因而宜考虑将此期间缩短。至于缩短至3个月或1个月甚或28日,可根据我国国际商事仲裁的实际发展水平作出合理的选择。

六、对仲裁裁决提出异议的后果

当事人基于不同理由对仲裁裁决提出异议,往往会对裁决产生不同的影响。法院根据其认定的结果,可以对裁决作出不同的处理。在英国1996年《仲裁法》下,法院可针对不同情形的裁决异议作出其认为适当的处理:当事人对仲裁庭作出的关于实体管辖权的裁决提出异议,法院可以确认、修改或撤销或部分撤销裁决;[1]当事人以仲裁庭无管辖权为由对裁决提出异议,法院可以宣告裁决全部或部分无效,[2]如果当事人提出异议的理由不成立,法院亦有权对裁决作出确认;当事人以存在严重的不规范性为由对裁决提出异议,法院可以将裁决发回仲裁庭重审或将裁决全部撤销或部分撤销,或宣告裁决全部或部分无效,但法院不应轻易行使撤销裁决或宣告裁决全部或部分无效的权力,除非法院认为将存在异议的裁决发回仲裁庭重审是不合适的;[3]当事人对裁决提起上诉,法院可以确认或修改裁决,或将裁决发回仲裁庭重审,或将裁决全部或部分撤销。[4]

根据其他国家的仲裁立法,当事人对仲裁裁决提出异议,一旦法院认定异议成立,通常会将裁决全部或部分撤销或将裁决发回仲裁庭重审。根据1998年德国《民事诉讼法典》第1059条的规定,当事人对裁决提出异议,除可被全部或部分撤销外,还可在法院认为适当且当事人提出申请时被发回仲裁庭重审,但一旦裁决经法院宣告可以执行,当事人不得再提出撤销该裁决的申请。根据1999年瑞典《仲裁法》第35条的规定,针对当事人就裁决提出的异议,法院除可确认裁决全部或部分无效或将裁决全部或部分撤销外,还可在一定期限内给予仲裁庭重开仲裁程序或根据其意见采取一些措施消除导致裁决无效或被撤销的理由的机会。联合国《示范法》第34条第4款规定,法院除可应当事人的请求撤销裁决外,还可在其认为适当且一方当事人提出要求时确定在一定期间内暂时停止裁决撤销程序,以便给予仲裁庭一个机会重新进行仲裁程序或采取仲裁庭认为能够消除撤销裁决的理由的其他行动。

由上可见,当事人对仲裁裁决提出异议可能产生两种后果。一种是积极后果,即当事人提出的异议不成立,法院确认裁决有效。另一种是消极后果,即当事人提出的异议成立,法院撤销裁决或宣告裁决无效。但根据国际社会支持和鼓励仲裁

---

〔1〕 1996年英国《仲裁法》第67条第3款。

〔2〕 1996年英国《仲裁法》第67条第1款第2项。

〔3〕 1996年英国《仲裁法》第68条第3款。

〔4〕 1996年英国《仲裁法》第69条第7款。

发展的政策,各国法院在行使撤销裁决或宣告裁决无效的权力时已越来越谨慎和克制,各国仲裁法也确立了部分撤销裁决或部分宣告裁决无效、重新仲裁等制度。这无疑体现了司法对仲裁的宽容和支持、对当事人仲裁意愿的尊重。

第六节　国际商事仲裁实体问题的法律适用

国际商事仲裁中需确定实体问题所适用的法律,作为仲裁庭确定争议双方当事人实体权利义务、判定争议是非曲直的法律依据。在国际商事仲裁中,实体问题所要适用的法律首先是由当事人依意思自治原则协商选择的。当事人未作选择或选择无效时,由仲裁庭根据有关冲突法规则的指引予以确定,或者由仲裁庭直接确定可适用的实体规则。

一、当事人协商选择的实体法

在国际商事仲裁中,允许当事人协商选择解决争议的实体法,是各国普遍一致的做法。随着国际商事仲裁制度的不断发展和完善,当事人协商选择实体法的自主权不断扩大。一般而言,只要不违反与争议有最密切联系国家的公序良俗或其法律中的强制性规定,当事人所选择的法律都可以得到适用。当事人选择法律的范围不限于特定国家的国内法,还可以扩展到非国内法规则,如国际法、跨国法、国际贸易惯例、商事习惯法、一般法律原则,甚至可以是一些包含或体现在国际条约中的宗旨、原则或理念。

(一)当事人意思自治原则的普遍采用

当事人意思自治原则作为仲裁的首要原则,应为国际商事仲裁中确定实体问题准据法的首要原则。仲裁作为一种契约性争议解决机制,仲裁庭的管辖权来自当事人的协议授权,其有义务遵循当事人的约定和选择,包括当事人就实体问题准据法所作的选择。否则,其所作出的裁决的效力和可执行性就会受到挑战。

从各国仲裁立法、有关仲裁规则、国际条约和国际法律文件看,依当事人意思自治原则确定国际商事仲裁中实体问题的准据法,已为国际社会普遍接受。第一,从各国仲裁立法。1996 年英国《仲裁法》第 46 条第 1 款第 1 项规定,仲裁庭应依照当事人所选择的适用于实体问题的法律对争议作出裁决。1998 年德国《民事诉讼法典》第 1051 条第 1 款规定,仲裁庭应根据当事人选择的适用于争议实体的法律规范对争议作出决定。1999 年韩国《仲裁法》第 29 条第 1 款规定,仲裁庭应根据当事人选择适用于争议实体的法律规则对争议作出决定。第二,从有关仲裁规则看。1998 年《国际商会仲裁规则》第 17 条第 1 款规定,当事人得自由约定仲裁庭处理案件实体问题所应适用的法律规则。1999 年《斯德哥尔摩商会仲裁院仲裁规则》第24条第1款规定，仲裁庭应当根据当事人约定的法律或法律规则决定争议的实体问题。《联合国国际贸易法委员会仲裁规则》第33条第1款规定，仲裁庭应适用当事人双方预先约定的适用于争议实体的法律。第三，从有关国际条约和国际法律文件看。1961年《欧洲公约》第7条第1款规定，双方当事人应自行通过协议决定仲裁员适用于争议实质的法律。1965年《华盛顿公约》第42条第1款规定，仲裁庭应依照双方可能同意的法律规则判定一项争议。联合国《示范法》第28条第1款规定，仲裁庭应按照当事各方选定的适用于争议实体的法律规则对争议作出决定。

(二)当事人选择法律的范围

按当事人意思自治原则，当事人有权自主选择适用于实体问题的准据法，但其选择法律的范围如何界定，如只能选择实体法还是包括冲突法，选择国内法还是可以扩展至非国内法规则，只能选择与争议有实际联系的法律还是可以选择与争议无任何联系的法律。根据当今国际商事仲裁的立法和实践，上述问题的答案是：其一，当事人只能选择实体法而不包括冲突法；其二，当事人既可选择国内法也可选择非国内法规则；其三，当事人可任意选择与争议无实际联系的法律。

1. 当事人只能选择实体法而不包括冲突法

对当事人选择适用于实体问题的法律是仅指有关的实体法还是包括了冲突法规则的问题，如果答案是肯定的，就可能出现法律适用上的反致问题。在当事人意思自治原则适用的范围内排除反致是国际私法上一项公认的原则。当事人就实体问题选择特定的法律，通常是基于其对有关实体法的熟悉或认同，并愿意以该实体法来支配他们之间的权利义务关系。如果所选择的法律还包括有关的冲突法规则，可能导致根据冲突法规则的指引最终适用的是另外的实体法，从而违背了当事人选择法律的初衷。因此就适用于实体问题的法律而言，仅允许当事人在实体法中进行选择而不包括冲突法，在国际上已达成广泛共识，国际商事仲裁中亦不例外。

(1)从各国仲裁立法看。1996年英国《仲裁法》第46条第2款规定，当事人对一国法律之选择，应视为对该国实体法而非冲突法规则之选择。1998年德国《民事诉讼法典》第1051条第1款规定，除非当事人另有明文约定，其对一个国家的法律或法律制度的选定应认为指的是该国的实体法而非其冲突法。1999年韩国《仲裁法》第29条第1款也规定，除非当事人另有约定，其指定某个国家的任何法律或法律制度应解释为直接指定该国之实体法，而非其冲突法规则。

(2)从有关仲裁规则及国际法律文件看。1999年《斯德哥尔摩商会仲裁院仲裁规则》第24条第2款规定，当事人选择的某个国家的法律应视为指的是该国的实体法而非冲突法。2003年《美国仲裁协会国际仲裁规则》第28条第1款规定，仲裁庭应适用当事人选定的适用于争议的实体法或法律规则。联合国《示范法》

第28条第1款规定,除非当事人另有表明,否则规定适用某一国的法律或法律制度应认为是直接指该国的实体法而不是指该国的法律冲突规则。

2. 当事人既可选择国内法也可选择非国内法规则

当事人选择适用于实体问题的法律,能否超越国内法律体系而扩展至非国内法规则,是国际商事仲裁领域久有争议的问题。从国际商事仲裁实践看,多数当事人习惯于选择某特定国家的法律,理由是国内法具有系统、完备、明确、易于适用、可预见性强等特点。但这不表明当事人只能在国内法中进行选择。相反,允许当事人选择非国内法规则已日益被现代国际商事仲裁制度所确认。例如,在20世纪80年代,法国、荷兰、瑞士等国率先在其仲裁立法中规定仲裁庭应根据当事人选择的"法律规则"(rules of law)判定争议,而未将当事人的法律选择限定在"法律体系"(system of law)的范围内。瑞士学者认为,1987年瑞士《联邦国际私法法规》第187条第1款使用了"rules of law",意味着除允许适用国内法外,还允许适用跨国法、贸易惯例、商事习惯法规则以及具有补充或修正性质的跨国公共秩序规则。[1] 1965年《华盛顿公约》第42条第1款同样使用了"法律规则"一词,以表明公约意在给予当事人在选择法律方面更大的自主权,使当事人不仅可以选择特定国内法如东道国法、投资者本国法或第三国法,还可以选择国际法和一般法律原则。

从联合国《示范法》有关条文采用的措辞及其制定过程看,倾向于赋予当事人更多的法律选择自由的立场十分明显。在《示范法》的起草过程中,各国代表对赋予当事人法律选择的完全自由没有任何异议,有的代表甚至提出应允许当事人选择尚未生效的规则体系,认为这与允许当事人选择与争议毫无联系的国内法无本质区别。工作组采纳了这种意见,并在草案中使用了"法律规则",意图允许当事人选择不止一个法律体系的规则,包括在国际层面上发展的法律规则。工作组的这一做法得到了多数国家代表的赞同,有的代表甚至提出了更为宽泛的表述,或对"法律规则"作更广泛的解释,例如包括一般法律原则或仲裁裁决发展起来的判例法。美国和前联邦德国政府均提交了书面意见,支持给予当事人更广泛的选择自由。前苏联和塞浦路斯反对使用"法律规则"这一措辞,认为会在实践中产生相当大的困难。在讨论会上,大多数国家的代表欢迎或愿意接受使用"法律规则"。印度、法国、匈牙利、阿根廷等国代表,均主张赋予当事人更大的选择自由。前苏联代表则主张沿用《联合国国际贸易法委员会仲裁规则》第33条第1款中的措辞。[2] 最初,委员会决定用传统的"法律"表述取代"法律规则",但仍倾向于解释为:允许

---

〔1〕 M. Blessing, The New International Arbitration Law in Switzerland, (1998) 5 *J. I. A.*, No. 2, p. 62.

〔2〕 A. Broches, *Commentary on the UNCITRAL Model Law on International Commercial Arbitration*, Springer, 1990, pp. 144 – 146.

选择不同法律适用于争议不同方面并允许选择尚未生效的公约。最后,委员会决定保留"法律规则"的表述。委员会报告表明,《示范法》所使用的"法律规则"措辞,不仅允许当事人选择任何国家的国内法,而且允许当事人排除其中的有关规定。此外,当事人的选择并不限于"法律",当事人可以选择国际条约或类似法律文件中的规则,即使这些规则尚未生效。〔1〕

对赋予当事人广泛的法律选择自由,各国学者的态度十分明朗。雷德芬和亨特主张,当事人选择法律的范围应包括国内法、国际公法、国际发展法、一般法律原则、并存法(concurrent law)、竞争性法律(competing law)、国际贸易法(商事习惯法)、公允善良原则等。卢尤(J. Lew)也认为,在国际商事仲裁中,当事人意思自治是没有限制的,没有理由拒绝当事人选择国内法以外的法律或非法律标准,如国际贸易法的一般原则、特定贸易的一般惯例甚至非法律标准等。其他学者也赞同允许当事人选择适用非国内法规则。〔2〕 我国学者也承认,当事人在某些情况下,会不倾向于选择特定国内法律体系,而选择非国内法规则。〔3〕

综上观之,承认当事人享有广泛的法律选择自由,是当代国际商事仲裁法律适用理论和实践的重要发展趋势。根据当事人意思自治原则,当事人既可要求仲裁庭严格依照法律规则作出裁决,也可授权仲裁庭充当"友好调停人(amiable compositeur)"或"社会工程师(social engineer)"基于公允善良原则作出裁决;既可选择特定国家的法律体系,也可选择非国内法体系或同时选择两种法律体系;既可选择适用特定法律体系,也可选择具体法律规则或一套法律规则甚至非法律规则。

3. 当事人可选择与争议无实际联系的法律

对于当事人能否任意选择与争议无实际联系的法律,存在两种不同的观点。占优势的观点认为,应赋予当事人选择实体法的完全和无限制的自由,无论其选择的法律与合同或争议有无客观联系,仲裁庭均应尊重和承认当事人的选择。持此观点者主要是基于仲裁的契约性和仲裁员不同于法官的特殊地位,认为不同的国内法律体系对当事人选择法律所施加的种种限制只对该国法院有约束力,仲裁庭不受其限制或约束;仲裁庭须对当事人及其提交的争议负责,对于当事人选择的法律,仲裁庭有义务遵守。另一种观点认为,当事人选择法律的权利并不是毫无限制的,这种限制主要表现为当事人的选择必须是"善意"的,且不能违反有关国家的强制性规则和公共政策,否则仲裁裁决的有效性和可执行性值得怀疑。

在国际商事仲裁中,当事人选择法律的自由应受到何种程度的限制,还应充分

---

〔1〕 M. Holtzmann and E. Neuhaus, *A Guide to the UNCITRAL Model Law on International Commercial Arbitration – Legislative History and Commentary*, Kluwer Law International, 1989, pp. 766 – 768.

〔2〕 朱克鹏:《国际商事仲裁的法律适用》,法律出版社,1999 年版,第 127 ~ 128 页。

〔3〕 韩健:《现代国际商事仲裁法的理论与实践(修订版)》,法律出版社,2000 年版,第 288 页。

考虑国际商事仲裁的性质和特点，并与国内法院诉讼中对当事人法律选择的限制区别开来。首先，基于仲裁裁决的可执行性和仲裁制度的有效性考虑，当事人的法律选择不得违反有关国家的强制性规则和公共政策，这些国家包括仲裁举行地国、裁决所依据法律的所属国、裁决承认与执行地国以及其他与合同或当事人有重要联系或有重大利益的国家。其次，不应限制当事人选择与争议无实际联系的法律，理由如下：其一，限制当事人选择与争议无实际联系的法律，必将缩小当事人选择法律的范围，不利于当事人就法律的选择达成一致。与争议有实际联系的法律相比较，当事人更愿意选择与争议无实际联系的中立的第三国的法律，或选择虽与争议无实际联系但更先进、完备的有关国内法或非国内法规则。其二，随着各国仲裁制度的现代化、国际化和趋同化发展，以及支持和鼓励仲裁发展的政策在国际社会的普遍确立，各国已逐步取消或放弃对仲裁的不必要的限制。在起草《示范法》时，各国代表对于允许当事人选择与争议无实际联系的法律已形成广泛共识。其三，在当今网络时代，将电子商务争议提交仲裁解决，若要求当事人选择与争议有实际联系的法律显然行不通。因为电子商务争议发生于虚拟网络空间，无法在物理空间进行定位，其与哪一国家存在实际联系无从判定。即使能确定争议与特定国家之间的联系，但若该国并无相应的电子商务立法，当事人的选择最终将落空。如果取消上述限制，当事人选择实体法的范围可大大拓展，当事人不仅可以选择有关国家的电子商务立法，也可选择有关电子商务的国际规则（包括有关的国际条约或有关国际组织推出的示范法），甚至可以选择关于电子商务的网络自治规则（例如网络礼节或网络惯例）等。这样，既可使电子商务争议通过仲裁方式得到顺利解决，又可有效克服当前电子商务立法的严重滞后。

二、依冲突法规则确定的实体法

当事人未作法律选择或选择无效时，仲裁庭须承担确定实体法的任务。通情况下，仲裁庭是依据一定的冲突法规则来确定所要适用的实体法。但是仲裁庭不同于法院，不具有适用仲裁地冲突法规则的义务，可在包括仲裁地冲突法在内的多个冲突法体系中进行选择，因而承担了解决“二级冲突”的任务。[1] 实践中，可供仲裁庭选择的冲突法规则主要有：(1)仲裁地国家的冲突法规则；(2)仲裁员本国的冲突法规则；(3)裁决执行地国家的冲突法规则；(4)与争议有最密切联系国家的冲突法规则。

(一)仲裁庭选择适用冲突法规则的权力

基于仲裁的契约性和仲裁员不同于法官的特殊地位，赋予仲裁员在当事人未

---

[1] 一般认为，法院只需解决“一级冲突”，即解决不同国家实体法之间的冲突，因为各国法院只需（也有义务）依法院地国家的冲突法规则确定实体法即可；而仲裁庭还需解决“二级冲突”，即解决不同国家冲突法之间的冲突，因为仲裁庭还需确定依何国冲突法指引所要适用的实体法，而不是简单地（也无义务）依仲裁地国家的冲突法规则确定实体法。

作法律选择时适用其认为适当的冲突法规则的广泛自由裁量权，已为国际社会广泛认同。这在有关国际条约、国际法律文件和国内仲裁立法、仲裁规则中都有反映。1961 年《欧洲公约》第 7 条第 1 款规定，当事人没有指定适用的法律时，仲裁员应适用其认为可以适用的冲突法规则所规定的准据法。《联合国国际贸易法委员会仲裁规则》第 33 条第 1 款、联合国《示范法》第 28 条第 2 款规定，当事人未约定时，仲裁庭应按照其认为可适用的冲突法规则决定应适用的法律。引领当代仲裁法改革潮流的英国 1996 年《仲裁法》第 46 条第 3 款同样规定，在且仅在当事人未作选择或约定的情况下，仲裁庭应适用其认为可适用的冲突法规则所确定的法律。

（二）可供仲裁庭选择的冲突法规则

1. 仲裁地国家的冲突法规则

根据传统的"领域"理论（territorial theory），在当事人未作法律选择时，仲裁庭应适用仲裁地国家的冲突法规则。该理论强调仲裁地与仲裁之间的有机联系，要求仲裁庭像法院那样，承担适用仲裁地冲突法规则的义务。该理论的优点在于：第一，可以保证法律适用的可预见性和统一性。因为仲裁地通常确定不移且容易辨识。第二，有利于当事人的意愿获得尊重和满足。因为当事人能够自由选择仲裁地，也就间接地选择了可适用的冲突法规则。

实践中，"领域"理论表现出一些难以克服的缺陷而遭到了不少学者的批评和反对：(1)过分夸大了仲裁地与实体争议之间的联系和仲裁地法的重要性。由于仲裁具有民间性、自治性，仲裁庭不同于法院，它行使的是当事人协议授予的权力，主要是对当事人及其商事交易负责，而不是对任何主权国家或国内法负责，[1]因而仲裁庭没有适用仲裁地冲突法规则的义务。当事人或仲裁庭对仲裁地的选择或确定多是出于中立或便利的考虑，具有很大的偶然性，通常与争议没有实际联系。依此偶然因素确定冲突法规则，并据以确定实体法显然缺乏合理性。(2)依仲裁地冲突法规则确定实体法存在各种实际困难。如，仲裁先后在不同国家进行时，仲裁地难以确定；仲裁地发生变更时，仲裁地难以识别。(3)依仲裁地决定所要适用的冲突法规则，不能保证实体法适用的可预见性。因为在仲裁地确定之前，当事人无法预知将要适用哪里的冲突法规则，也不知道将依冲突法规则指引何种实体法。

2. 仲裁员本国的冲突法规则

有的学者主张，在当事人未作法律选择时，可以适用仲裁员本国的冲突法规则，理由是仲裁员比较熟悉其本国的法律。

反对者指出，国籍是一个可变的连结点，此种方法太不确定，实际运用起来非

---

〔1〕 A. Redfern & M. Hunter, *Law and Practice of International Commercial Arbitration*, 2nd ed., Sweet & Maxwell, 1991, p. 73.

常麻烦。理由如下:首先,仲裁员自身的国籍往往存在冲突,无论是积极冲突还是消极冲突,都可能对确定冲突法规则造成困难;其次,如果仲裁员的国籍改变或仲裁员被撤换,意味着所要适用的冲突法规则随之改变;再者,在国际商事仲裁中,仲裁庭通常由不同国籍的仲裁员组成,以哪一位仲裁员国籍所属国的冲突法规则为准,也是一个棘手的问题。最后,如果将仲裁员在法律方面的学识作为适当解决争议的相关因素来考虑,其目的应是对实体法作出选择而不是对冲突法作出选择。以对法律的熟悉程度和学识多少为由,要求仲裁员适用其本国的冲突法规则,似乎是认为仲裁员不能理解和正确适用外国冲突法规则,有低估仲裁员能力之嫌。基于上述原因,在立法和实践中以仲裁员本国的冲突法规则确定实体法的做法十分少见。

3. 裁决执行地国家的冲突法规则

还有学者主张,保证仲裁裁决的可执行性,应依裁决执行地国家的冲突法规则确定解决争议的实体法,否则仲裁庭适用依其他方式确定的实体法作出的裁决可能会面临被拒绝承认和执行的危险。反对者指出,此主张既不成立也不符合实际,理由是:第一,根据《纽约公约》的规定,各缔约国在承认和执行裁决时,对仲裁庭适用的冲突法规则并不作审查。是否适用裁决执行地国家的冲突法规则,并不影响裁决的可执行性。第二,要求仲裁庭在确定解决争议的实体法时就考虑裁决执行地国家的冲突法规则是不现实的。在此阶段,仲裁实体法尚未确定,仲裁庭尚无法预知裁决是否需要到外国去执行以及需要到哪一外国去执行。如果仲裁裁决需要若干国家强制执行,会遇到适用哪一执行地国家冲突法规则的困难。

4. 与争议有最密切联系国家的冲突法规则

实践中,依与争议有最密切联系国家的冲突法规则确定解决争议的实体法。如,在巴黎依国际商会仲裁规则进行仲裁的一宗案件中,仲裁庭以意大利法律体系与争议有最密切联系为由,适用了意大利的冲突法规则。[1]

但是最密切联系原则作为当今各国用来确定实体问题准据法的一般原则,被用作国际商事仲裁中确定冲突法规则的方法未必合理。理由为:第一,依与争议有最密切联系国家的冲突法规则确定的实体法并不一定与争议有最密切的联系,如果出现这种情况,则有违最密切联系原则的本意。第二,在众多可供选择的冲突法体系中,哪一冲突法体系与争议有最密切联系,仲裁庭缺乏统一、确定的判断标准。

传统的依冲突法规则确定解决争议的实体法的方法,虽已为世界各国所普遍采用,但其缺陷十分明显:(1)依冲突法规则确定解决争议的实体法,首先须对冲突法规则本身作出选择,无疑会增加仲裁庭的负担。(2)对怎样选择冲突法规则,不存在可资依据的统一标准,因而难以避免仲裁庭主观臆断及由此造成的不确定、

---

〔1〕 韩健:《现代国际商事仲裁法的理论与实践(修订版)》,法律出版社,2000年版,第296~297页。

无法预见等不合理性。(3)世界各国在仲裁实践中提出的以上几种适用冲突法规则的方法,各自存在不足,难以实际操作和满足实践的需要。(4)依冲突法规则确定实体法,会排除“非法律性”实体规则的适用,原因是,没有哪一国家的冲突法规则会指向适用“非法律性”实体规则。这会缩小国际商事仲裁中可供适用的实体规则的范围,从而难以适应国际商事仲裁实践发展的需要。

三、直接确定的实体规则

最近几十年里,国际商事仲裁实践中出现了直接确定实体规则的方法,即仲裁庭无需确定和依赖冲突法规则,只需根据案件的实际情况,直接确定所应适用的实体规则。这种方法既省去了仲裁庭确定和适用冲突法规则的麻烦,又拓展了国际商事仲裁中可供适用的实体规则的范围。直接确定实体规则方法的确立,是国际商事仲裁实体规则适用方法上的一大进步和突破。许多仲裁立法、仲裁规则及有关国际条约,都对这一方法予以肯定。1998 年德国《民事诉讼法典》第 1051 条第 2 款规定,当事人如对适用法律规范未作选择,仲裁庭应适用与争议事项有最密切联系国家的法律。1999 年《斯德哥尔摩商会仲裁院仲裁规则》第 24 条第 1 款规定,如果当事人未作约定,仲裁庭应适用其认为最为合适的法律或法律规则。1965 年《华盛顿公约》第 42 条第 1 款规定,当事人如未约定可适用的法律,仲裁庭应适用争议一方的缔约国的法律和可适用的国际法规则。

仲裁庭直接确定实体规则的方法被国际社会广泛接受,主要在于其具有两个方面的优点:第一,简化了仲裁中实体法确定的方法。直接确定实体规则的方法赋予了仲裁庭根据案件实际情况直接确定实体法的权力,使其摆脱了确定和适用冲突法规则的麻烦,简化了选择仲裁实体规则的程序,有利于仲裁争议及时有效解决。第二,拓展了仲裁实体法的范围。传统依冲突法规则确定实体法的方法,将可供选择的实体法限定在国内法规则的范围内,难以满足审理国际商事仲裁案件的实际需要,也常常使仲裁争议无法得到合理的解决。引入直接确定实体规则的方法,使选择法律的狭隘界限被打破,仲裁庭除可直接适用国内法中的实体规则外,还可直接适用许多“非国内法”和“非法律性”的实体规则,如国际贸易惯例、商事习惯法、一般法律原则等,拓展了国际商事仲裁中可供适用的实体规则的范围。仲裁庭也可针对不同个案的实际情况,灵活适用各种实体规则,从而保证仲裁争议得到公平、合理的解决。这方面的优点在仲裁庭解决电子商务争议时尤其如此。[1]但是直接确定实体规则的方法有不合理性,主要表现在:(1)赋予了仲裁庭在确定仲裁实体法方面过大的自由裁量权,难免造成仲裁庭在法律适用上的主观随意性;(2)仲裁庭直接确定实体规则缺乏客观、统一的标准,使当事人无法预知仲裁中可能适用的实体规则,进而使裁决结果缺乏明确性和可预见性。

---

〔1〕 谢石松主编:《商事仲裁法学》,高等教育出版社,2003 年版,第 286 ~288 页。

第九章　国际商事仲裁裁决的承认与执行

国际商事仲裁实行一裁终局制，仲裁协议范围内的争议事项一经仲裁庭作出裁决，仲裁程序即告终结，当事人在该争议事项上的权利和义务即得到确定。但是这种确定不意味着其权利和义务已经实现，其权利和义务的实现，有赖于仲裁裁决的履行和执行。

第一节　国际商事仲裁裁决的履行与执行

一、国际商事仲裁裁决的履行

国际商事仲裁裁决的履行(Performance of International Arbitral Award)是指在仲裁庭对国际商事争议作出裁决后当事人自觉履行该裁决所确定的义务的行为。当事人自觉履行国际商事仲裁裁决，既是其服从仲裁裁决的表现，也是实现仲裁裁决确定的权利义务的重要保证。

国际商事仲裁裁决能够得到当事人的履行，主要由以下两方面的因素所决定：(1)当事人友好解决纠纷的愿望，促成了当事人对国际商事仲裁裁决的自觉履行。从双方当事人选择纠纷解决方式看，双方约定以仲裁方式解决纠纷并约定服从仲裁庭对纠纷的裁决的一个重要原因是为了维持彼此间的友好合作关系。在约定的纠纷已由仲裁庭作出裁决后，当事人自觉履行该仲裁裁决，表明了当事人友好解决纠纷的诚意，且有利于维持双方以后的友好合作关系。这种关系的维持，对双方当事人谋求更大利益具有重要意义。(2)仲裁裁决所具有的法律效力是当事人自觉履行仲裁裁决的法律基础。当代立法普遍赋予仲裁裁决法律效力。这种法律效力体现在两个方面：一是要求仲裁协议当事人必须履行仲裁裁决；二是强制履行，即在一方当事人不自觉履行仲裁裁决时法院可以根据另一方当事人的申请，对仲裁裁决予以强制执行。仲裁裁决所具有的强制执行效力，对试图拒绝履行仲裁裁决的当事人具有震慑作用。为免受法院强制执行，多当事人愿意自觉履行仲裁裁决。

实践表明，大多数当事人订立仲裁协议时约定了国际商事仲裁裁决具有约束力,大多数国际商事仲裁裁决得到了当事人自动履行。[1]

二、国际商事仲裁裁决的执行

国际商事仲裁裁决的执行(Enforcement of International Arbitral Award)是指在当事人未自觉履行国际商事仲裁裁决时有关国家或地区的法院根据另一方当事人的申请依法采取强制措施以实现该仲裁裁决所确定的事项的行为。

国际商事仲裁裁决的执行在性质上是一种司法行为。因国际商事仲裁机构为民间组织,其本身不能采取任何强制措施,在仲裁庭就争议事项作出裁决以后,如果一方当事人未自觉履行该仲裁裁决,另一方当事人只能依法请求有关国家或地区的法院予以强制执行。被请求法院可以采取法律规定的多种强制措施,如查封财产、拍卖财产、冻结银行账户甚至在特殊情况下限制被执行人的人身自由等,使仲裁裁决确定的事项得以实现。

国际商事仲裁裁决的执行作为法院对仲裁给予的一种协助,通常需要具备以下条件:

(一)仲裁裁决具有可执行性

通常只有那些要求义务人为一定给付行为的仲裁裁决,如要求义务人支付一定金额或交付某项财物的仲裁裁决,才具有可执行性,当事人才可以申请法院强制执行。单纯确认某种事实状态是否存在或法律关系是否有效的仲裁裁决,因其不具有执行的内容,无须法院采取强执行制措施。

(二)义务人未自觉履行仲裁裁决

应当履行仲裁裁决的一方当事人在仲裁裁决规定的期限内未履行或未完全履行仲裁裁决所确定的义务。如果仲裁裁决规定的履行期限尚未届满,或者仲裁裁决所确定的各项义务已全部履行,无须法院予以执行。

(三)由权利人提出执行申请

应当履行仲裁裁决的一方当事人未自觉履行仲裁裁决时,必须由相对人(即权利人)向有管辖权的法院提出执行申请,法院才可能采取强制措施执行该仲裁裁决。如果没有权利人的申请,法院不会主动采取执行措施。实践中,如果权利人申请执行的仲裁裁决是外国仲裁裁决,内国法院接受权利人的执行申请,还需以内、外国之间存在相互执行仲裁裁决的条约或互惠关系为前提。目前,大多数国家据以执行外国仲裁裁决的国际条约主要是1958年《纽约公约》,外国仲裁裁决的当事人大都以该公约为根据向内国法院提出承认和执行申请。

(四)仲裁裁决不具有法律规定的不予执行或拒绝执行的情形

各国仲裁立法和有关仲裁公约均规定了法院可以不予执行或拒绝执行仲裁裁

---

[1] 据国际商会仲裁院统计,90%以上的仲裁裁决得到了败诉方的自动履行。Hans van Houtte, *The Law of International Trade*, Sweet & Maxwell,1995, p. 413.

决的情形。1958年《纽约公约》第5条第1款规定,作为裁决执行对象的当事人提出证据证明有下列情形之一时,被请求承认和执行地国的主管机关可以根据该当事人的请求,拒绝承认和执行外国仲裁裁决:(1)仲裁协议双方当事人,根据对他们适用的法律,当时处于某种无行为能力的情况之下;或者根据双方当事人选定适用的法律,或在没有这种选定时根据仲裁地国的法律,仲裁协议无效;(2)作为裁决执行对象的当事人没有被给予指定仲裁员或者进行仲裁程序的适当通知,或者因其他情况未能对案件提出意见;(3)裁决涉及仲裁协议没有提到的或者不包括在仲裁协议规定之内的争执;或者裁决内含有对仲裁协议范围以外事项的决定;(4)仲裁庭的组成或仲裁程序与当事人之间的协议不符,或者当事人之间没有这种协议时与仲裁地国的法律不符;(5)裁决对当事人还没有拘束力,或者裁决已被裁决地所在国或据其法律作出裁决的国家的主管机关撤销或停止执行。该公约第5条第2款规定,被请求承认和执行地国的主管机关查明有下列情形之一时,可以拒绝承认和执行外国仲裁裁决:(1)依照该国法律,争执的事项不可以用仲裁方式解决;(2)承认和执行该项裁决将与该国公共秩序相抵触。据此当事人申请执行的仲裁裁决,只有在不具有法律规定的不予执行或拒绝执行的情形时,才能得到执行。

三、国际商事仲裁裁决的履行与执行的关系

仲裁较发达的国家和地区的立法通常规定当事人对国际商事仲裁裁决应当履行,不履行时法院可依当事人的申请对仲裁裁决予以强制执行。国际商事仲裁裁决的履行和执行虽然在行为主体、行为方式等方面有所不同,但其作为实现国际商事仲裁裁决的保障,有着内在的逻辑联系。

国际商事仲裁裁决的履行是当事人必须承担的一项基本义务。该项义务的产生主要有两方面的根据:(1)承诺必须遵守。双方当事人选择以仲裁方式解决纠纷,即表明双方彼此承诺服从仲裁庭对纠纷的裁决。按照承诺必须遵守的原则,在仲裁庭对纠纷作出裁决后,当事人即应自觉履行仲裁裁决确定的义务,以保证对方当事人享有的权利得以实现。(2)仲裁裁决的终局性。国际商事仲裁实行"一裁终局"制,仲裁庭审理有关纠纷后作出的仲裁决,具有确定的法律效力,当事人无权寻求其他途径加以改变,因而当事人对仲裁裁决确定的义务必须严格履行。

国际商事仲裁裁决的执行是针对当事人不履行仲裁裁决的行为进行的司法救济。尽管当事人应当承担履行仲裁裁决的义务,但现实生活中当事人违反该义务的情形时有发生。当一方当事人(义务人)不履行仲裁裁决确定的义务时,如果没有相应的救济手段,另一方当事人(权利人)依仲裁裁决享有的权利无法实现,仲裁裁决的法律效力无从体现。为了实现权利人依仲裁裁决所享有的权利,有关国家和地区对义务人不履行仲裁裁决的行为,在立法上确立了仲裁裁决的执行制度,以此作为权利人可以获得的司法救济。国际商事仲裁裁决执行制度的存在,意味着当事人不自觉履行仲裁裁决时法院可以依法采取适当的强制措施,实现国际商事仲裁裁决所确定的事项。

古老法律谚语“无救济即无权利”体现了司法救济对权利的重要性。国际商事仲裁裁决的执行作为一种司法救济手段,其作用和意义主要在于:(1)在特定仲裁案件中,国际商事仲裁裁决的执行可以实现当事人依该仲裁裁决所享有的权利,防止发生权利“落空”现象。(2)国际商事仲裁裁决执行制度对企图不履行仲裁裁决的当事人具有震慑作用。现实生活中,有些当事人履行仲裁裁决并非情愿,但不得不履行,原因在于他们知晓不履行仲裁裁决的后果是司法机关强制执行仲裁裁决。在此意义上,仲裁裁决执行制度是促使当事人自觉履行仲裁裁决的重要措施。(3)国际商事仲裁裁决执行制度促进国际商事仲裁发展。越来越多的当事人选择仲裁方式解决争议,不仅基于友好、快捷、费用低廉等方面的考虑,也基于仲裁裁决可以强制执行的考虑。仲裁裁决可以强制执行使国际商事仲裁在保持民间纠纷解决机制的优势同时具备诉讼机制的优点,具有旺盛的生命力。

第二节　国际商事仲裁裁决的承认与执行

一、承认与执行国际商事仲裁裁决的含义

在有关国际仲裁公约中,国际商事仲裁裁决的“承认”和“执行”经常被一起使用,如1958年《纽约公约》采取了“承认和执行”的提法。国际商事仲裁裁决的“承认”和“执行”密切相关,但两者是有区别的、可分的,其法律意义不同。承认和执行国际商事仲裁裁决,包含了“承认国际商事仲裁裁决”和“执行国际商事仲裁裁决”两方面的内容。

(一)承认国际商事仲裁裁决的含义

承认国际商事仲裁裁决是指法院对国际商事仲裁裁决的法律效力予以认可的司法行为。国际商事仲裁机构是民间性组织,其对当事人提交的争议进行审理后作出的仲裁裁决,只有得到代表国家行使司法权的法院的承认,才具有法律上的效力,当事人之间的纠纷才能得到最终解决。仲裁裁决能否得到承认,是仲裁能否有效解决纠纷的关键所在。

国际商事仲裁裁决有本国仲裁裁决和外国仲裁裁决之分。对本国仲裁裁决,当今各国大都通过仲裁立法普遍地赋予其法律效力,法院对本国仲裁裁决的承认,通常不需启动特别的司法程序,而是依法自动给予承认。基于此,当今许多国家的仲裁立法没有专门规定本国仲裁裁决的承认问题。但是对外国仲裁裁决,各国仲裁立法大都专门规定了承认制度。外国仲裁裁决只有在经过内国司法审查程序得

到内国法院承认后，才能在内国具有法律效力。从当今各国审查外国仲裁裁决的方式看，除极少数国家对外国仲裁裁决认定事实或适用法律等实体问题进行审查外，绝大多数国家只对外国仲裁裁决的程序事项进行审查。[1]

国际商事仲裁裁决一旦得到法院承认，即具有和生效法院判决同等的法律效力，当事人的权利和义务应依照仲裁裁决予以确定。如果当事人就已获得承认的仲裁裁决所确认的事项重提是非，承认地的法院和仲裁机构应当不予受理。

（二）执行国际商事仲裁裁决的含义

执行国际商事仲裁裁决是指法院在承认国际商事仲裁裁决的基础上，采取法律规定的强制执行措施实现权利人依国际商事仲裁裁决所享有的权利的司法行为。对已获得承认的国际商事仲裁裁决，当今各国仲裁立法均普遍赋予了执行力，因此如果一方当事人不自动履行仲裁裁决所确定的义务，另一方当事人可以申请有管辖权的法院强制执行。

本国仲裁裁决和外国仲裁裁决的执行，在具体程序上有所不同。如上所述，当今各国法院大都依法自动承认本国仲裁裁决的法律效力，本国仲裁裁决通常无须经过特别承认程序，就可以得到执行。但外国仲裁裁决只有在经过特别审查程序得到内国法院承认以后，才能在内国得到执行。

（三）承认仲裁裁决和执行仲裁裁决的关系

承认国际商事仲裁裁决和执行国际商事仲裁裁决，是既有联系又有区别的两个问题。

1. 二者的联系

（1）承认国际商事仲裁裁决是执行国际商事仲裁裁决的前提

任何一项国际商事仲裁裁决，只有在获得承认的基础上，才能获得强制执行力，才能予以执行。如国际商事仲裁裁决不能得到承认，就不可能得到执行。根据当今各国立法和实践，法院对外国仲裁裁决的执行，首先要经过裁定承认外国仲裁裁决效力的程序，如果法院裁定对外国仲裁裁决不予承认，法院对该外国仲裁裁决不能予以执行。法院执行本国仲裁裁决，同样是以承认本国仲裁裁决的效力为前提，这种承认通常不需要经过特别的程序，而是依法自动承认。

（2）执行国际商事仲裁裁决是已获得承认的国际商事仲裁裁决得以实现的保障

被承认的国际商事仲裁裁决虽然具有法律效力，但如果当事人不自觉履行，该仲裁裁决所确定的权利义务不能实现。当一方当事人不履行被承认的国际商事仲裁裁决时，需法院采取强制措施予以执行，该裁决才能得以实现，法院对国际商事仲裁裁决的承认才具有实际意义。

---

[1] 郭寿康、赵秀文：《国际经济贸易仲裁法》，中国法制出版社，1995年版，第149页。

2. 二者的区别

承认国际商事仲裁裁决和执行国际商事仲裁裁决是两种不同的司法行为，其主要区别如下：

(1)条件不相同

执行国际商事仲裁裁决除需满足承认国际商事仲裁裁决的条件外，还需以当事人在国际商事仲裁裁决确定的履行期限内不自觉履行为条件。如果被承认的国际商事仲裁裁决已由当事人自觉履行，则无需法院强制执行。

(2)承认与执行具有可分性

承认国际商事仲裁裁决和执行国际商事仲裁裁决的可分性，决定了当事人可以只请求承认而不请求执行国际商事仲裁裁决。在下述情形下，当事人通常只需寻求国际商事仲裁裁决的承认：①国际商事仲裁裁决作出后，一方当事人就该仲裁裁决已经解决的争议事项提起诉讼的，另一方当事人为使法院驳回该起诉，可以请求法院承认该仲裁裁决。在此情形下，法院一旦承认了仲裁裁决的效力，就将驳回当事人的诉讼，但此时仲裁裁决不需要执行。②国际商事仲裁裁决解决的争议与正在进行诉讼的另一争议相关联时，仲裁裁决可以作为一个证据并入一方当事人的诉讼请求。如果有关可适用的程序法允许，承认裁决可以作为一个附带承认问题提起，此时仲裁裁决只需要法院承认而不需要法院执行。

(3)承认国际商事仲裁裁决是确认裁决效力的一种静态行为

承认国际商事仲裁裁决是确认裁决效力的一种静态行为，属防御程序。[1] 执行国际商事仲裁裁决是一种采取主动、积极的强制性措施强制义务人履行仲裁裁决所确定的义务的动态行为，是裁决书所确定的权利义务付诸实现的过程。

对承认仲裁裁决和执行仲裁裁决的关系，有外国学者曾经作过精辟的阐述："承认就其本身目的而言其作用如盾。它被用以阻止试图就原仲裁中已解决的纠纷在新的程序中被再次提起。原仲裁裁决便因此而寻求承认。相比之下，强制执行的作用如矛而不像盾。它是在败诉方不愿主动执行裁决时用以迫使其执行裁决的正面措施。强制执行裁决意味着实施裁决之所裁，实行法律制裁以期确保裁决为败诉方所执行。"[2]

二、承认与执行国际商事仲裁裁决的法律依据

承认和执行国际商事仲裁裁决的法律，既有国内立法，也有国际条约。一国法院在承认和执行国际商事仲裁裁决时，通常要区分本国仲裁裁决和外国仲裁裁决，分别以不同的法律为依据。

---

〔1〕 A. Redfern & M. Hunter, *Law and Practice of International Commercial Arbitration*, 2nd ed., Sweet & Maxwell, 1991, p. 448.

〔2〕 乔欣：《比较商事仲裁》，法律出版社，2004年版，第382页。

（一）内国仲裁裁决和外国仲裁裁决的区分标准

需要承认和执行的国际商事仲裁裁决，有内国仲裁裁决和有外国仲裁裁决。由于内国仲裁裁决和外国仲裁裁决的承认与执行往往受制于不同的法律体系，如何确定仲裁裁决的国籍，亦即如何判定一项仲裁裁决是内国仲裁裁决还是外国仲裁裁决，是一个必需讨论的问题。

相对于内国判决和外国判决的区分，内国仲裁裁决和外国仲裁裁决的区分更为复杂。法院判决是由某个国家的法院依据本国法律赋予的司法审判权而作出的，故内国法院判决和外国法院判决的区分，只能以作出判决的法院所属国为标准，即内国法院作出的判决均为内国判决，外国法院作出的判决均为外国判决。但仲裁机构不是任何国家司法机构的组成部分，作出仲裁裁决的仲裁庭的组成人员通常由当事人自己指定，有时仲裁庭的组成人员来自不同国家，内国仲裁裁决和外国仲裁裁决的区分不能以仲裁机构所属国为标准。

综观承认和执行国际商事仲裁裁决的立法与实践，区分内国仲裁裁决和外国仲裁裁决，主要有以下几种标准：

1. 裁决作出地标准

该标准又称为“领域标准”，即以仲裁裁决在何国领土范围内作出为标准区分内国仲裁裁决和外国仲裁裁决。按此标准，在内国领土范围内作出的仲裁裁决即为内国仲裁裁决，在外国领土上作成的仲裁裁决为外国仲裁裁决。目前，大多数国家的立法和有关国际公约采取此标准。例如，1976 年瑞典《关于外国仲裁协议和裁决的法律》第 5 条规定，在国外作出的仲裁裁决，为外国仲裁裁决；在适用本法时，仲裁程序在某国进行，即认为该国为作出仲裁裁决的国家。[1] 1995 年瑞典《仲裁法》第 53 条亦有同样的规定。关于承认和执行外国仲裁裁决的 1958 年《纽约公约》，虽然没有直接宣称按裁决作出地区分内国仲裁裁决和外国仲裁裁决，但该公约第 1 条第 1 款前半句规定：“仲裁裁决，因自然人或法人间之争议而产生且在申请承认与执行地所在国以外之国家领土内作成者，其承认与执行适用本公约。”此规定，实际上间接地采纳裁决作出地标准，即一个缔约国被请求承认和执行在其他国家领土上作成的仲裁裁决时，应将该仲裁裁决视为公约规定的“外国仲裁裁决”，并依公约规定予以承认和执行。

2. 仲裁程序法标准

按此标准，如果仲裁适用的程序法为外国法，仲裁裁决即使在内国领土内作出，也被视为外国仲裁裁决。法国等国家采用此标准。例如，根据法国法律，依法国法以外的程序法所作出的仲裁裁决，不论其在法国还是外国作出，属于外国仲裁

---

〔1〕 中国社会科学院法学研究所民法研究室：《外国仲裁法》，中国社会科学出版社，1982 年版，第 311 页。

裁决。[1] 采用仲裁程序法标准的国家一般将该标准作为认定“外国仲裁裁决”的补充标准，也就是，这些国家不仅将在其领土之外作出的裁决认定为外国仲裁裁决，还将在其领土内依外国仲裁程序法作出的裁决认定为外国仲裁裁决。但这些国家不将依内国仲裁程序法在外国领土上作出的裁决视为内国仲裁裁决，仍将其作为外国仲裁裁决对待。

3. 仲裁机构所属国标准

该标准亦称“仲裁机构国籍标准”，即根据仲裁机构的国籍确定仲裁裁决的国籍。按照该标准，内国仲裁机构作出的裁决属于内国仲裁裁决，外国仲裁机构作出的裁决属外国仲裁裁决。中国是采用此标准的典型代表。根据中国现行立法，需要承认和执行的国际商事仲裁裁决有“中国涉外仲裁机构的裁决”和“国外仲裁机构的裁决”之分。其中，中国涉外仲裁机构作出的发生法律效力的仲裁裁决，与人民法院作出的生效民事判决具有同等效力，其在中国的执行仅适用中国法律，故此类裁决属于中国的内国仲裁裁决；国外仲裁机构的裁决被视为外国仲裁裁决，其在中国的承认和执行，应当依照有关国际条约或者按照互惠原则办理。

4. 混合标准

混合标准是指同时采用两种标准作为区分内国仲裁裁决和外国仲裁裁决的依据。1958 年《纽约公约》采取此标准，其第 1 条第 1 款前半句采用了裁决作出地标准，后半句又兼采比较笼统的“非内国裁决”标准，即“本公约对于仲裁裁决经申请承认与执行地所在国认为非内国裁决者，亦适用之。”就“非内国裁决”的认定而言，该公约没有规定具体的认定标准，而是将该问题交由各国自行决定。根据有关国家的立法和实践，认定裁决为“非内国裁决”的具体标准，既可能是仲裁程序法标准，也可能是仲裁机构所属国标准。公约采用裁决作出地标准和非内国裁决标准相结合的混合标准的原因，是为了使公约与有关国家国内法的要求保持一致，以吸引更多的国家参加该公约。

（二）承认和执行国际商事仲裁裁决的法律依据

1. 承认和执行本国仲裁裁决的法律依据

法院对本国仲裁裁决的承认和执行，仅以法院地国的有关国内法为依据，不适用国际条约的规定。此类国内立法，主要是指法院地国的《仲裁法》和《民事诉讼法》。《仲裁法》通常对国际商事仲裁裁决的承认和执行作一般性规定，不规定承认和执行仲裁裁决的具体措施。如中国内地 1994 年《仲裁法》第 62 条规定：“当事人应当履行裁决。一方当事人不履行的，另一方当事人可以依照民事诉讼法的有关规定向人民法院申请执行。受申请的人民法院应当执行。”第 63 条规定：“被

---

[1] 赵秀文：“论国际商事仲裁裁决的国籍及其撤销的理论与实践”，《法制与社会发展》，2002 年第 1 期，第 65 页。

申请人提出证据证明裁决有民事诉讼法第二百一十七条第二款规定的情形之一的,经人民法院组成合议庭审查核实,裁定不予执行。"第64条第1款规定:"一方当事人申请执行裁决,另一方当事人申请撤销裁决的,人民法院应当裁定中止执行。"其第2款规定:"人民法院裁定撤销裁决的,应当裁定终结执行。撤销裁决的申请被裁定驳回的,人民法院应当裁定恢复执行。"由于承认和执行仲裁裁决是司法行为,法院对本国仲裁裁决的承认和执行,还应遵守本国《民事诉讼法》的有关规定,尤其是在执行仲裁裁决的措施方面,多数国家准用《民事诉讼法》中规定的强制执行措施。

2. 承认和执行外国仲裁裁决的法律依据

法院对外国仲裁裁决的承认和执行,除适用法院地国有关国内立法外,还要以国际条约为依据,其原因是,在承认和执行外国仲裁裁决问题上,世界各国普遍要求以"互惠"为前提,法院地国和有关外国缔结或共同参加的关于相互承认和执行仲裁裁决的国际条约,是法院地国和有关外国之间存在此种"互惠"的重要体现。在国际上,有关承认和执行外国仲裁裁决的国际条约较多,其中大多数为双边条约。主要多边国际公约是:

(1)《关于仲裁条款的议定书》

该议定书于1923年9月24日签订于瑞士日内瓦,是世界上第一项关于仲裁问题的专门国际公约,参加的国家有美国、法国、西班牙、意大利、比利时、挪威、日本、印度、新西兰等。该议定书要求各缔约国承认契约当事人签订的仲裁条款的效力,并规定了仲裁裁决的执行,即:"缔约各国对于依照议定书的规定,在本国境内作出的仲裁裁决,负责保证由本国有关机关依照本国法律的规定予以执行。"[1]可见,该议定书要求各缔约国承认和执行的仲裁裁决仅限于在其领土范围内作出的仲裁裁决,不包括在其领土范围之外作出的仲裁裁决。

(2)《关于执行外国仲裁裁决的公约》

该公约签订于1927年9月26日。它在肯定1923年议定书所规定的仲裁条款效力的基础上,进一步明确了外国仲裁裁决的执行问题。该公约规定,缔约国在其领土内对属于1923年议定书范围的仲裁申请所作出的裁决,应当被认定具有约束力,并应按照被请求执行该裁决的国家当地程序法予以执行,但必须符合下列条件:(1)裁决系根据仲裁申请书作出,该仲裁申请书在有关法律之下是有效的;(2)裁决的事项在请求承认或者执行裁决地国法律之下可以用仲裁方式解决;(3)作出裁决的仲裁庭是按照申请书所规定的,或者按照当事人所同意的方式组成,并且与有关仲裁程序的法律相符;(4)裁决在作成地国内已成为终局;(5)裁决

[1] 1923年《关于仲裁条款的日内瓦议定书》第3条。

的承认或者执行,与被请求承认或者执行裁决地国的公共秩序不相抵触。[1]

该公约还规定,在任何缔约国领土内作出的仲裁裁决,尽管符合上述条件,但如有下列情形之一的,被请求执行该裁决的国家仍然可以拒绝承认和执行:(1)该裁决在作成地国已被撤销;(2)仲裁进行的情形未及时通知请求执行裁决的被诉人,以致被诉人无充分的时间陈述其意见,或者被诉人在法律上无行为能力而没有适当的代表出庭;(3)裁决不是处理仲裁申请所设想的或在仲裁申请范围内的争议,或者裁决中有对仲裁申请范围以外事项的决定。[2]

上述两项公约为承认和执行国际商事仲裁裁决的统一国际法律制度的建立奠定了基础,但尚有诸多不足。如,在公约的适用范围方面,两项公约均仅适用于在缔约国领土范围内作出的仲裁裁决,对在非缔约国领土内作成的仲裁裁决,无法依公约的规定予以承认和执行;在申请执行的程序方面,后者规定,申请执行的一方必须证明仲裁裁决在作成地国已成为终局,执行申请人必须事先取得裁决作成地国司法机关的执行许可证,再请求执行地法院发出执行裁决的裁定,仲裁裁决才可能得到执行,这种"双重执行许可证"制度,妨碍了外国仲裁裁决的迅速执行;在承认和执行的条件方面,按1927年公约,外国仲裁裁决是否符合该公约列举的必备条件,完全由申请人证明和法院认定,被执行一方不负任何举证责任,这种制度设计不恰当地加重了执行申请人的负担,不利于外国仲裁裁决的承认和执行。

(3)1958年《纽约公约》

第二次世界大战以后跨国商业活动日益频繁,导致国际商事争议大量增加,国际商事仲裁随之得到了迅速发展,并对各国承认和执行外国仲裁裁决提出了新的要求。

为了克服1923年议定书和1927年公约的缺陷,尽量消除一国仲裁裁决在另一国寻求承认和执行的法律障碍,联合国经济和社会理事会于1954年4月6日通过第520号决议,决定成立由英国、前苏联等8国代表组成的特别委员会,授权其拟定一份关于承认和执行外国仲裁裁决的新公约草案,供各国讨论。1958年5月20日至6月10日,来自世界各地54个国家的代表及有关国际性研究机构和常设仲裁机构的代表,在美国纽约召开的联合国国际商事仲裁会议上讨论并通过了《承认和执行外国仲裁裁决的公约》(即1958年《纽约公约》)。该公约于1959年6月7日生效。

《纽约公约》既吸收了1923年议定书和1927年公约基本内容,又对外国仲裁裁决的承认和执行制度有重大发展。该公约规定了承认和执行外国仲裁裁决的范围、拒绝承认和执行外国仲裁裁决的条件、承认和执行外国仲裁裁决的程序等事

---

[1] 1927年《关于执行外国仲裁裁决的公约》第1条第2款。

[2] 1927年《关于执行外国仲裁裁决的公约》第2条第1款。

项。与以往有关公约相比，该公约适用范围更广、更有利于外国仲裁裁决的承认和执行。

《纽约公约》缔结时，仅有24个缔约国。经过半个多世纪的发展，该公约已在全球范围内产生广泛影响。迄今为止，该公约的缔约国（地区）已达140余个，大量国际商事仲裁裁决已依该公约得到了承认和执行。在国际公约中，《纽约公约》是为缔约国（地区）普遍认可的，执行情况最好的国际公约之一。

三、内国国际商事仲裁裁决的承认与执行

如前述，内国通过立法普遍赋予内国仲裁裁决与其法院判决一样的效力，内国仲裁裁决在内国的承认不需要启动特别的程序，而是自动获得主管机关的承认。但内国仲裁裁决在内国的执行，须严格遵守内国法律所规定的程序和条件。

内国仲裁裁决在内国的执行，通常经过以下步骤：

（一）申请

内国仲裁裁决在内国的执行，首先应当由一方当事人根据内国法律规定向有管辖权的法院提出执行申请。此程序在一些大陆法系国家称为提交法院注册。例如，根据1994年意大利《民事诉讼法》第825条第2款规定，意欲强制执行仲裁裁决的当事人，必须在收到裁决书正本或经核证的副本后，将裁决书正本或经核证的副本，连同仲裁协议或含有仲裁条款的文件或同类有关文件的正本或经核证的副本一起，送交仲裁所在地区的司法行政官登记处。[1] 英美法系国家对执行仲裁裁决的申请也有相应的规定。[2] 1990年美国《联邦仲裁法》第9条规定，如果当事人在仲裁协议中订有裁决转化为判决的条款（the entry of judgment clause），任何一方当事人都可以在裁决作出之日起1年内向仲裁协议中指定的法院申请裁定确认裁决，使裁决取得执行的效力；如果当事人未在仲裁协议中明确管辖法院，当事人可以向仲裁裁决地所属地区内的任何美国法院提出申请确认裁决。

当事人向内国法院申请执行内国仲裁裁决，除应提交仲裁裁决书外，还应按照内国法律规定提交申请书、仲裁协议等相关材料。

（二）审查

内国法院收到申请书和其他有关材料后，应对仲裁裁决进行审查。法院对仲裁裁决的审查通常是形式审查，即主要审查有无仲裁协议、仲裁程序与仲裁协议的约定或法律的规定是否相符、仲裁庭的组成是否符合仲裁协议的约定或法律规定、裁决事项是否超出仲裁协议规定的范围、裁决是否依法定形式作出、裁决是否违反公共政策或善良风俗、裁决书是否经仲裁员签署等，但对裁决所依据的事实和证据、裁决结果、裁决理由等实质内容，一般不予审查。

---

〔1〕 谢石松主编：《商事仲裁法学》，高等教育出版社，2003年版，第315页。

〔2〕 谢石松主编：《商事仲裁法学》，高等教育出版社，2003年版，第317页。

一方当事人申请执行仲裁裁决，另一方当事人以仲裁裁决存有法定应予撤销的情形为由请求法院撤销仲裁裁决时，法院还应审查另一方当事人请求撤销裁决的理由是否成立。如果另一方当事人请求撤销裁决的理由成立，法院应当裁定撤销仲裁裁决，驳回执行申请；反之，另一方当事人请求撤销裁决的理由不成立的，法院应当驳回另一方当事人提出的撤销裁决的请求。

(三)执行

内国仲裁裁决经法院审查认为符合执行条件的，即由法院予以强制执行。但在执行内国仲裁裁决的具体方式上，各国的做法存在差异。

大陆法系国家对内国仲裁裁决的执行，通常采取强制执行许可的方式。例如，根据德国法，所有在德国境内作成的裁决均被视为德国的内国仲裁裁决，此类裁决只有在获得强制执行许可声明(a declaration of enforceability)后，方可得到强制执行。在荷兰，仲裁裁决的执行须由裁决正本存档注册的地区法院院长签发强制执行许可令。在意大利，仲裁裁决的执行须由仲裁地所在区的地方法官签发强制执行许可令。[1]

在英美法系国家，仲裁裁决通常需经法院确认转化为法院判决才能强制执行。根据1996年英国《仲裁法》，经法院签发执行许可的裁决可以转化为判决，并可以依照执行法院判决或裁定的方式强制执行。[2] 根据美国1990年《联邦仲裁法》第9条，如果当事人在仲裁协议中约定了将裁决转化为判决的，自裁决作出之日起1年内，任何一方当事人可以向有关法院申请裁定确认裁决，法院在此情况下应当签发裁定确认裁决，除非裁决被撤销、更改或补正；如果仲裁协议中未明确管辖法院，当事人应将确认裁决的申请提交给裁决作出地的地区法院，由该法院签发裁定确认裁决。该法第13条规定，仲裁裁决经法院裁定确认后，即具有法院判决的性质，与法院判决一样强制执行。

四、外国国际商事仲裁裁决的承认与执行

对外国仲裁裁决的承认和执行，当今大多数国家要求以条约或互惠为前提，即有关外国须与内国存在相互承认和执行仲裁裁决的条约或互惠关系，该外国的仲裁裁决在内国方能得到承认和执行。

目前国际上关于承认和执行外国仲裁裁决的条约有双边条约(如双边司法协助协定)、国际公约(如1958年《纽约公约》)。其中1958年《纽约公约》所确立的承认和执行外国仲裁裁决的国际制度，在世界范围内影响最为广泛。该公约的主要内容有：

---

〔1〕 谢石松主编：《商事仲裁法学》，高等教育出版社，2003年版，第314～315页。

〔2〕 1996年英国《仲裁法》第66条第1、2款。

(一)公约的适用范围

《纽约公约》不仅适用于对外国仲裁裁决的承认与执行,也适用于非本国裁决的承认与执行。公约对承认和执行裁决的范围的认定,在一定程度上考虑了各国法律间的分歧,最终兼容了两种不同的认定标准。互惠保留和商事保留条款为缔约国限制公约的适用范围提供了可能性。

1. 外国裁决的承认与执行

根据该公约第1条第1款前句的规定,《纽约公约》项下的外国裁决,是指"在申请承认与执行裁决地国家之外的国家领土内就自然人或法人之间的争议而作出的裁决"。该项规定可从两个方面予以把握:

第一,公约采用了地域标准确定外国裁决,即凡在被申请承认与执行国以外的国家作出的裁决,均为外国裁决。认定裁决国籍的关键在于裁决作出地,至于仲裁当事人的国籍、惯常住所或者营业所、仲裁员的国籍以及仲裁机构所在地等对裁决国籍的认定无影响。《纽约公约》只限于外国仲裁裁决的承认和执行,在被请求承认和执行国领土范围内作出的裁决不是外国裁决,原则上应作为国内裁决,依该国国内法予以承认和执行。

第二,公约适用于外国仲裁裁决的承认和执行,而不仅仅限定于缔约国的裁决,但缔约国可对此作出保留。只要裁决是在任何一个不同于被请求承认和执行国的"外国"作出,不论该国是否是公约缔约国,都属于公约调整的范围。公约第1条第3款允许各国在加入公约时作出互惠保留,即任何国家于签署、批准或加入本公约时,或于公约第10条通知扩展适用时,可以在互惠的基础上声明本国只对另一缔约国领域内作出的仲裁裁决的承认及执行适用公约。接近一半的缔约国作出了互惠保留声明。[1] 作出互惠保留的后果是:这些国家只按照公约规定的条件承认与执行在缔约国国家领土内作出的仲裁裁决,对在非缔约国境内作出的裁决的承认与执行,不适用《纽约公约》。未作出此项保留的国家应当根据公约规定承认与执行在其本国境外作出的所有外国裁决,无论该裁决是否在公约缔约国境内作出。由于大多数国家都已成为公约的缔约国,这一保留条款已逐渐失去意义,在一国境内作成的仲裁裁决在外国寻求承认和执行已不存在实质性障碍。

2. 非内国裁决的承认与执行

《纽约公约》第1条第1款后句规定:"对于承认与执行地国认为不属于其本国裁决的,本公约同样予以适用。"据此,某一裁决尽管在被请求和执行国作出,但被请求国不认为该裁决具有该国国籍,该裁决即可作为非内国裁决(awards not considered as domestic)在《纽约公约》框架内得到执行。非内国裁决这一标准的采

---

〔1〕 提出保留的国家清单,参见 http://www.uncitral.org/uncitral/zh/uncitral_texts/arbitration/NYConvention_status.html,2009年1月26日访问。

用,主要是一些大陆法系国家如德国和法国等大力倡导的结果,其目的在于扩大公约的适用范围。[1] 非内国裁决包含两层意思:

第一,非内国裁决的认定在地域上有严格限制。被请求承认和执行国与裁决作出国应为同一国家,只有被请求国认为在其领域内作出的裁决不是其内国裁决时,才有非内国标准适用的可能。

第二,如何认定裁决为非内国裁决,取决于被请求国法律的规定。《纽约公约》没有规定非内国裁决的判断标准,但其第5条第1款第(5)项规定:"……或者裁决已经由作出裁决的国家或裁决所依据法律的国家的主管机关撤销或停止执行,被请求承认或执行裁决的主管机关可拒绝承认和执行该项裁决。"从中可以推定,仲裁所适用的法律可以作为认定非内国裁决的基本标准。德国和法国的有关立法也曾以裁决所依据的法律来认定非内国裁决。[2] 在一些缔约国的实践中,在认定本国领域内所作裁决是否为内国裁决问题上,不仅考虑了所适用的仲裁法是否为外国法,还考虑了其它与争议有实质联系的因素。[3]

3. 商事保留条款

根据第1条第3款,缔约国有权声明只对根据本国法律属于商事的法律关系(不论是否为契约关系)所引起的争议适用公约。《纽约公约》授权各国依据自己的国内法自行决定商事关系的范围。在国际上缺乏何为商事关系的统一定义的情况下,各国可能作出宽窄不一的解释。商事保留条款在一定程度上缩小了公约的适用范围。

(二)申请执行的程序方式

《纽约公约》未统一规定裁决执行的程序规则,其第3条授权各缔约国适用自己国家的程序规则承认或执行公约裁决;但在承认或执行公约裁决时,不应规定比承认或执行国内仲裁裁决实质上更为苛刻的条件或收取更多的费用。

综观各国立法,承认和执行公约裁决的程序大致有三种模式:

1. 对公约裁决的执行采取与国内裁决相同的程序

日本是采取这种做法的少数国家之一。日本东京上诉法院在一宗执行判决中明确表明,只要裁决符合公约规定的条件,日本作为《纽约公约》的签署国有义务

---

〔1〕 Report of Working Party No. 1, UN DOC F/CONF, 26/L. 42; UN DOC E/CONF. 26/SR. 16.

〔2〕 例如:联邦德国在加入《纽约公约》后,在其颁布的《关于实施〈纽约公约〉的法律》第2条中规定:"如果《纽约公约》项下的仲裁裁决在另一缔约国境内作出时所适用的是德国的程序法,当事人就可以在联邦德国申请撤销此项仲裁裁决。撤销的程序适用民事诉讼法第1041、1043、1045(1)和1046条的规定"。See Law on the Convention on the Recognition and Enforcement of Foreign Arbitral Awards, March 15, 1961.

〔3〕 宋航:《国际商事仲裁裁决的承认与执行》,法律出版社,2000年版,第37~38页。

给予公约裁决以国内裁决同等的待遇。[1]

2. 将公约裁决作为一般的外国裁决执行

有些缔约国对公约裁决适用与外国裁决相同的承认和执行规则。例如,1996年新西兰《仲裁法》规定,无论在哪一国作出的仲裁裁决,应当被承认是有约束力的;一项裁决,无论是在哪一国家作出,法院都应当承认其具有约束力,可以通过在高等法院登记为一项判决或在高等法院提起诉讼的方式得到执行。[2]

3. 对公约裁决的执行进行特别立法规定

一些缔约国针对公约裁决的承认和执行,在立法上规定了不同于一般外国仲裁裁决的较为简易的程序。在美国,公约裁决可以直接请求联邦法院执行,非公约裁决需向州或联邦法院根据《联邦仲裁法》提起普通合同之诉才能得到执行。[3]

(三)承认和执行裁决的程序条件

根据《纽约公约》第4条的规定,为获得对仲裁裁决的承认和执行,申请承认和执行裁决的当事人应该在申请时提供:(1)经正式认证的裁决正本或经过正式证明的副本;[4](2)公约规定的仲裁协议正本或经过正式证明的副本;(3)如果仲裁裁决或仲裁协议不是用被请求承认和执行裁决地国的官方文字作成,申请人应该提供这些文件的官方文字译本,译本应由官方的或宣过誓的译员或外交或领事人员证明。

承认和执行裁决的程序条件具有以下特点:

1. 手续简化,申请人负担减轻

与1927年公约相比,《纽约公约》为裁决执行提供了更为便利和简单的条件。依据1927年公约,申请执行的当事人除需提供裁决的正本或副本外,还必须提交能够证明裁决在其作出地国已成为终局裁决的证据材料。在必要时,申请人还需提供证据证明以下事项:裁决是根据仲裁协议作成,该协议依其适用的法律是有效的,作成裁决的仲裁庭是依照仲裁协议的规定或者当事人所同意的形式组成的且符合有关仲裁程序的法律规定。[5] 在《纽约公约》框架下,申请人只要呈交经正

---

[1] A. J. Van den Berg, *The New York Arbitration Convention of* 1958—*Towards A Uniform Judicial Interpretation*, Kluwer Law and Taxation Publishers, 1981, pp. 237 – 238.

[2] 1996年新西兰《仲裁法》(附则一)第35～36条。

[3] Howard M. Holzmann and Donald Francis Donovan, *Intl Handbook on Comm. Arb.*, Suppl. 28, United States, January 1999, p. 68.

[4] 认证正本裁决与证明裁决的副本都是用来证实文本真实性的正式手续,两者之间的不同主要体现在所要证实的内容上。认证裁决的正本要证实裁决正本上的署名签字是真实的,而证明文件的副本则是要证实该副本确为正本的真实副本。也就是说,认证是对文件署名签字的真实性的认证,证明则是从整体上证实文件的真实性。参见韩健:《现代国际商事仲裁法的理论与实践(修订版)》,法律出版社,2000年版,第400页。

[5] 1927年《关于执行外国仲裁裁决的公约》第4条。

式认证的裁决正本或经正式证明的副本、仲裁协议或经正式证明的副本等文件，便满足使裁决能够获得执行的初步证据要求。[1] 被申请人如果反对执行该裁决，必须提交证据证明存在公约规定的据以拒绝执行裁决的一项或数项理由。由此，在申请执行裁决的问题上，公约将举证责任由执行裁决的申请人一方转移到反对执行裁决的被申请人一方。

2. 申请执行条件具有唯一性

《纽约公约》的规定是当事人申请执行公约裁决时应遵循的唯一程序条件。除非其国内法规定的条件比公约规定更为简单和便利，缔约国不得就公约裁决的承认和执行设置其他条件。墨西哥法院作出的两个判决较明确地反映了公约的意图。在这两宗案件中，申请人分别请求执行在巴黎和纽约作出的裁决。被申请人援引墨西哥《联邦地区民事诉讼法典》第302条第1款的规定提出反对意见，认为墨西哥法院只有在收到由裁决作出地国法院以挂号方式寄出的裁决书后才能执行裁决。审理案件的两个墨西哥法院一致判定，裁决的执行应由《纽约公约》调整，《纽约公约》并未要求裁决书必须经过裁决作出地国法院以挂号方式寄出，申请人所提供的文件已经符合《纽约公约》第4条的要求，被申请人提出的抗辩无效。[2]

第三节 国际商事仲裁裁决的不予执行

在国际商事仲裁裁决的承认和执行中，申请人向法院提交裁决执行申请后，被申请人为阻止裁决的承认和执行，有可能呈交证据证明所涉裁决不符合强制执行条件。受理申请的法院可能依职权主动审查仲裁裁决的可执行性。国际公约和各国国内法通常以否定方式规定仲裁裁决承认与执行的实质条件，即规定法院不予执行仲裁裁决的理由。鉴于《纽约公约》已构成外国仲裁裁决承认和执行制度的基石，本节主要讨论《纽约公约》规定的不予执行仲裁裁决的理由。

一、《纽约公约》规定的特点

《纽约公约》第5条将拒绝承认与执行仲裁裁决的理由分为两类。一是由被申请人证实的理由，包括当事人无行为能力或仲裁协议无效；仲裁违反正当程序；仲裁员越权；仲裁庭的组成或仲裁程序不当；裁决不具约束力以及裁决已经被撤销

---

〔1〕 P. Sanders, *The New York Convention in International Commercial Arbitration*, Vol. 2, 1960, p. 313.

〔2〕 Presse Office S. A. v. Centro Editorial Hoy S. A. ,4 *Yearbook Commercial Arbitration*, 1979, p. 301; Malden Mills Inc. v. Hilaturas Lourdes S. A. ,4 *Yearbook Commercial Arbitration*, 1979, p. 302.

或停止执行。二是法院主动依职权审查可以不予执行的理由，包括争议事项不具有可仲裁性以及承认和执行裁决将违反法院地的公共政策。

《纽约公约》对仲裁裁决不予执行的理由的规定具有以下特点：

（一）穷尽性

公约第5条对拒绝执行的理由的规定是穷尽的（exhaustive），缔约国不得以未予规定的事由拒绝承认和执行裁决。1927年公约第3条规定，如果裁决经对其不利的一方当事人证明，根据有关仲裁程序的法律，在公约规定之外有其他理由使他可以对仲裁裁决的效力向法院提出抗辩，如果法院认为适当，可以拒绝裁决的承认或执行。该项规定为缔约国国内法的适用打开了方便之门，当事人可以援引相关缔约国的法律，受理法院也享有是否接受当事人抗辩的自由裁量权。这可能损害公约统一仲裁裁决承认和执行条件的努力。但依据《纽约公约》，被申请人只有在证明存在第5条第1款的情形，法院只有根据第5条第2款认定争议不具有可仲裁性或者执行裁决会违反法院地的公共政策，才能作出不予执行裁决的决定。简言之，公约不支持被申请人以公约未曾列举的理由提出抗辩，也不允许法院依职权任意审查仲裁裁决。

（二）赋予缔约国法院自由裁量权

仲裁裁决存在公约规定的不予执行的事由时，缔约国法院享有是否承认和执行裁决的自由裁量权。根据公约第5条，裁决存在该条列举的不予承认和执行的情形时，被请求国法院“得”（may）而非必须（should）拒绝承认和执行。因此公约第5条被认为受制于法院的自由裁量权，如果执行地法院确信执行该裁决是适当的，即使存在第5条规定的不予执行的事由，法院也可以执行。[1] 公约第7条第1款规定：“本公约的规定不影响缔约国参加的有关承认和执行仲裁裁决的多边或双边协定的效力，也不剥夺任何利害关系人在被申请承认和执行地国的法律或条约许可的方式及范围内，可能就仲裁裁决享有的任何权利。”该款被称为“更优权利条款”，即当事人在向《纽约公约》缔约国申请承认和执行裁决时，既可选择公约作为请求依据，也可选择该国有关国内立法或该国缔结的有关其他条约作为请求依据。换言之，在被申请承认执行地国境内有效的国内法或加入的其他条约提供了比《纽约公约》在执行上更为有利和优惠的规定时，申请人可据此替代《纽约公约》提出申请。[2] 综合公约第5条和第7条的规定，即使裁决存在公约规定的不予执行的事由，被请求国法院在理论上仍有可能执行裁决。

---

〔1〕 A. J. Van den Berg, *The New York Arbitration Convention of* 1958—*Towards A Uniform Judicial Interpretation*, Kluwer Law and Taxation Publishers, 1981, p. 265.

〔2〕 杜新丽：“论外国仲裁裁决在我国的承认与执行———兼论〈纽约公约〉在中国的适用”，《比较法研究》，2005年第4期，第102页。

（三）非实质审查

被请求国法院原则上不对仲裁裁决进行实体审查。《纽约公约》列举的不予执行的理由原则上涉及仲裁管辖权和仲裁程序中的缺陷，包括作为仲裁管辖权基础的仲裁协议的无效、违反正当程序、超越仲裁权限和仲裁程序不当等。仲裁庭认定事实和适用法律的错误不构成拒绝承认和执行裁决的理由。

（四）举证责任由被申请人承担

不予承认和执行仲裁裁决的举证责任主要由反对承认和执行仲裁裁决的一方当事人承担。与1927年公约相比，《纽约公约》有作了明显的改进。1927年公约规定，申请人在提出执行请求时，须证明裁决已满足公约所规定的条件，[1]裁决可能因申请人举证困难而不能顺利执行，被申请人则可轻而易举地阻碍裁决的执行。《纽约公约》变更了举证责任的承担，被申请人如果反对裁决的承认和执行，必须举证证明存在公约第5条第1款的情形。公约的规定还意味着法院不能越俎代庖，即在被申请人没有举证证明的情况下法院不得主动审查裁决是否具有公约第5条第1款规定的不予执行的事由。如果被执行人怠于行使权利提出抗辩，应承担由此而产生的不利后果，法院没有必要主动介入。

公约的规定为裁决的执行创造了便利的条件，反映了国际社会对承认和执行国际商事仲裁裁决的态度发生了根本性的变化，采取了积极支持国际商事仲裁的立场。

二、被申请人举证证明不予执行的理由

（一）当事人无行为能力和仲裁协议无效

根据《纽约公约》第5条第1款第1项的规定，仲裁协议的当事人根据对其适用的法律，没有行为能力的，或者，根据当事人约定的仲裁协议应予适用的法律，或在当事人没有约定时按照裁决地法，仲裁协议无效的，承认及执行地国法院可以根据被申请人的请求，拒绝承认和执行仲裁裁决。公约将“对其适用的法律”作为判断当事人有无行为能力的根据，未确定应当适用哪一国家的实体法，缔约国法院应当适用本国的冲突规则指向的准据法判断当事人是否具有行为能力。仲裁协议的效力首先依据当事人选择的法律确定，在当事人未作约定时依据裁决地法确定。

（二）违反正当程序

《纽约公约》第5条第1款第2项一般被称为正当程序条款。如果作为裁决执行对象的当事人没有得到关于指派仲裁员或进行仲裁程序的适当通知，或由于其他情况不能陈述案情，法院可应被申请人的请求拒绝承认和执行裁决。对当事人而言，正当程序抗辩是保障自身权利，防止仲裁庭裁判不公的重要手段。国际商事仲裁程序应以公正的方式进行，且是看得到的公正，才能维持当事人对仲裁作为一

---

〔1〕 1927年《关于执行外国仲裁裁决的公约》第4条。

种有效争议解决方式的信心。[1]

1. 违反正当程序的判定标准

公约没有规定正当程序的具体判断标准。有学者认为,《纽约公约》第5条第1款第2项的规定与任何国内法都无联系,构成一条国际规则。但实践表明,法院对违反正当程序的认定不能完全脱离国内法。由于各国法律对程序正当的理解存在差异,完全依据法院地的法律判断裁决是否违反正当程序,可能会阻碍裁决的承认和执行。因此应考虑对法院地法作严格限制,主要审查仲裁活动是否显失公平和公正,只有严重的不当行为才构成公约规定的违反正当程序。[2]

2. 违反正当程序的具体内容

在国际商事仲裁中,仲裁程序一般依据当事人的约定,或者在没有约定时依照仲裁地法进行,违反正当程序的情形可能千差万别。《纽约公约》规定的"适当通知当事人"和"给予当事人对案件提出意见的机会"通常被认为是正当程序的最低要求。[3]

(1)未给予适当通知

当事人应被给予关于指定仲裁员和进行仲裁的充分通知,不论当事人选择的仲裁规则或达成的协议是否排除或放弃了此项权利。例如,德国法院在一宗案件中指出,《纽约公约》的规定意味着应将仲裁员的任命通知有关的当事人。不将仲裁员人选告知当事人,被申请人将无从判断他所持有异议的候选人是否已被有效地排除在仲裁之外或者仲裁员名册上未提及的有偏见的仲裁员是否参加了仲裁。对仲裁员提出异议的权利是公平审理的基本权利,不能因为当事人选择的仲裁规则有不同规定而放弃。法院最终以被申请人未能得到关于仲裁员的任命通知而拒绝执行仲裁裁决。[4] 通知是否充分,是一个事实问题。仲裁作为一种替代性纠纷解决方式,所涉及的通知无须采用国内法中针对诉讼文书作出的特别规定。[5]

(2)未能提出申辩

正当程序条款要求,应给予当事人平等的陈述案情的机会;仲裁员必须把一方当事人的观点和证据告知另一方当事人,并允许另一方当事人就这些论点和证据

---

〔1〕 [英]艾伦·雷德芬、马丁·亨特等:《国际商事仲裁法律与实践》,林一飞、宋连斌译,北京大学出版社,2005年版,第480页。

〔2〕 宋航:《国际商事仲裁裁决的承认与执行》,法律出版社,2000年版,第157页。

〔3〕 Maureen A. Weston, Universes Colliding—The Constitutional Implication of Arbitral Class Action, 47 *Wm & Mary L. Rev.* 1711, 1770, (2005-2006).

〔4〕 Oberlandesgericht of Cologne, June 10, 4 *Yearbook Commercial Arbitration*, 1979, p. 258.

〔5〕 A. J. Van den Berg, *The New York Arbitration Convention of* 1958—*Towards A Uniform Judicial Interpretation*, Kluwer Law and Taxation Publishers, 1981, p. 304.

发表自己的看法。[1] 但是,如果被申请人已经收到适当通知,但拒绝参加仲裁或在程序中消极作为,可以被认定放弃了自己的权利。被申请人无故拒绝参加仲裁时作出的缺席裁决将可以得到承认和执行。

在实践中,各国法院一般对国际商事仲裁裁决违反正当程序的情形作出较之国内法更为严格的认定,同时,由于仲裁庭在审理过程中对程序的公正性要求比较重视,以违反正当程序作为抗辩理由成功的案例较为少见。[2]

3. 正当程序和公共政策之间的关系

由于程序公正对于保障仲裁当事人的基本权利具有重要意义,正当程序一般被纳入公共政策的范畴。正当程序和公共政策之间的密切关联可以从两个方面把握:(1)被申请人可以获得抗辩权,就违反正当程序的事实提出证据阻止裁决的承认和执行。同时,在审理案件的过程中,法院发现裁决存在违反正当程序的情形而当事人未主动提出时,可以违反公共政策为由依职权不予执行。(2)依照公约的规定,正当程序包括给予当事人有关指定仲裁员和进行仲裁程序的适当通知以及保证当事人有机会能够提出申辩。实践中,违反正当程序的行为并不局限于公约规定的情形,法院可以针对违反正当程序的其他问题以违反公共政策为由拒绝仲裁裁决的承认和执行。[3]

(三)仲裁员超越权限

根据《纽约公约》第5条第1款第3项的规定,仲裁员超越权限是指仲裁员所作的裁决涉及仲裁协议没有提到的,或者不属于仲裁协议规定的争议,或者裁决含有超出仲裁协议范围的裁定。仲裁庭审理当事人争议的权力源于当事人达成的仲裁协议,仲裁庭作出的裁决受仲裁协议的限制。仲裁庭就当事人未曾约定提交的争议或提交的不属于仲裁协议规定的争议所作出的裁决、作出的超出当事人要求仲裁庭解决争议范围的裁决,因缺乏当事人的授权而缺乏执行力。

在缔约国的司法实践中,法院不倾向于支持被申请人就仲裁员越权提出的抗辩。例如,美国法院曾指出,从严控制仲裁员超越权限的抗辩符合《纽约公约》便利仲裁裁决执行的宗旨。在国际商事仲裁中存在着强有力的推定,即仲裁庭是在其权限范围内行事的,如果被申请人对此持有异议,应提供充分的证据予以

---

〔1〕 韩健:《现代国际商事仲裁法的理论与实践》(修订版),法律出版社,2000年版,第418页。

〔2〕 有关统计显示,将正当程序作为拒绝承认与执行外国仲裁裁决的抗辩理由的136件案件中,最终为法院接受的只有14件。H. Verbis, Challenges on Grounds of Due Process Pursuant to Article V(1)(b) of the New York Convention, E. Gaillard & D. DiPietro, edited, *Enforcement of Arbitration Agreements and International Arbitral Awards – The New York Convention in Practice*, 2008, p. 692.

〔3〕 赵健:《国际商事仲裁的司法监督》,法律出版社,2000年版,第161页。

证明。[1]

公约第5条1款第3项还规定,如果仲裁协议范围以内的事项可以和仲裁协议范围以外的事项分开,裁决中关于提交仲裁事项部分的决定可以得到承认与执行。这种“分割法”的采纳有利于裁决的承认和执行。

(四)仲裁庭的组成或仲裁程序不当

根据《纽约公约》第5条第1款第4项的规定,仲裁庭的组成或仲裁程序不当是指,仲裁庭的组成或仲裁程序与当事人的协议不符,或者当事人之间没有协议时与仲裁地国的法律不符。该条规定可以从两个方面加以把握:

1. 强化当事人意思自治原则

1927年公约规定,如果仲裁庭的组成与当事人之间的协议或仲裁地的法律不符,裁决可被拒绝执行。[2] 该规定实际上设置了双重要求。即使当事人就仲裁庭组成达成协议,《日内瓦公约》仍然要求在裁决执行程序中考虑仲裁地国法律是否得到遵循。如果仲裁庭组成违反了仲裁地法的规定,法院可以忽略当事人之间的协议,拒绝承认和执行裁决。在《纽约公约》框架下,当事人之间的协议可以成为相对独立的判断标准,并具有优先地位。当事人基于双方的合意将争议交由仲裁庭裁决,如果仲裁庭的组成或仲裁程序不符合当事人的约定,就背离了当事人意思自治原则,被申请人可以提出抗辩,要求法院拒绝承认与执行裁决。

2. 仲裁地法发挥辅助和补充作用

在当事人没有约定仲裁庭的组成和仲裁程序时,应适用仲裁地法决定相关事项。如果当事人已作出约定,但未就所有方面的问题作出安排,需要仲裁地法填补当事人约定的漏洞和空白。值得注意的是,当事人的协议具有优先地位并不意味着当事人可以漠视仲裁地法规定的强制性规则。如果当事人在协议中规定,仅一方当事人可指定仲裁员或排除一方当事人申辩的机会,法院可以根据正当程序或公共政策条款拒绝承认和执行裁决。[3]

(五)裁决不具约束力或已被撤销或停止执行

依据《纽约公约》第5条第1款第5项,裁决如对当事人尚无约束力,或已经由作出裁决的国家或由据其法律作出裁决的国家的有权机关撤销或者停止执行,可不予执行。

1. 裁决不具约束力

---

〔1〕 Parsons Whittemore Overseas Co. Inc. v. Societe General de l' Industrie du Papier(RAKTA),508 F. 2d 969(2nd Cir. 1974) 969.

〔2〕 1927年《关于执行外国仲裁裁决的公约》第1条。

〔3〕 P. Sanders, The New York Convention, *International Commercial Arbitration*, vol. 2, 1960, p. 317.

公约未规定裁决的“约束力”的具体含义,亦未规定判断裁决是否具有约束力应予适用的法律。通过《纽约公约》与1927年公约的比较、《纽约公约》起草的历史考察,可以了解约束力的含义。

《纽约公约》放弃了1927年公约中对裁决“终局性”的要求。1927年公约规定,为获得承认和执行,裁决在作成裁决的国家应已成为终局裁决。“终局性”被理解为不能对裁决再可以提出异议、上诉或请求撤销,或者针对裁决效力提出异议的任何程序而使裁决处于悬而未决的状态。[1] 依该公约,申请人只有提供由裁决作出地国法院发出的执行许可令,才能证明裁决具有终局性。但《纽约公约》用“约束力”替代了终局性要求,并将裁决不具约束力的举证责任转移给作为裁决执行对象的被申请人。

对《纽约公约》框架下裁决约束力应予适用的法律存在两种观点:(1)依裁决作出地国法或作出裁决所依据的法律确定。(2)采用自治性解释方法。后者认为,依据缔约国的国内法判断裁决的约束力并不妥当,公约未要求裁决的约束力必须依裁决作出地国法或裁决所依据的法律。只要裁决作出后,不存在可向二审仲裁庭或法院就裁决实质问题提出上诉的情况,该裁决可被视为具有约束力。如果当事人针对其他非实质性问题,特别是程序方面的问题向法院提出异议,请求撤销裁决,裁决仍将发生约束力,除非经当事人申请,法院确已撤销或停止执行裁决。该观点体现了便利仲裁裁决承认和执行的取向,也没有剥夺被申请人寻求司法救济的权利。[2]

2. 裁决已被撤销或停止执行

根据《纽约公约》的规定,裁决作出地国或裁决所依据法律所属国的主管机关有权撤销裁决,裁决撤销后,被请求承认和执行国法院可以不予承认和执行。同样地,裁决地国或者裁决所依据法律所属国的主管机关作出停止执行裁决的决定后,被请求国法院可应被申请人的请求不予执行仲裁裁决。根据《纽约公约》第6条规定,如果被执行一方当事人向有权机关提出撤销或停止执行仲裁裁决的申请,并不自动导致裁决执行中止的法律后果,被请求承认和执行裁决地国法院仅可延期作出执行裁决的决定,或依申请执行裁决一方当事人请求,要求被申请人提供适当的担保。

---

〔1〕 1927年《关于执行外国仲裁裁决的公约》第1条。

〔2〕 针对公约起草过程中就裁决约束力问题展开的争论,可参见韩健:《现代国际商事仲裁法的理论与实践(修订版)》,法律出版社,2000年版,第427~436页。

三、法院依职权主动援引的理由

(一)争议不具有可仲裁性

根据《纽约公约》第5条第2款第1项,如果争议事项依据承认和执行裁决地国法律不能用仲裁方式解决,被请求承认和执行地法院可以拒绝承认与执行裁决。这就意味着,承认和执行地国法院可以依职权主动审查仲裁裁决的可仲裁性,不需被申请人提出抗辩。

可仲裁性问题不仅关系到仲裁裁决的承认和执行,且与仲裁协议的效力密切相关,但在仲裁程序的不同阶段,判定可仲裁性所依据的法律不同。在执行仲裁协议时,应适用仲裁协议的准据法确定争议事项能否通过仲裁方式解决;在承认和执行仲裁裁决时,需依据承认和执行地法律予以判定。

(二)裁决违反公共政策

依据《纽约公约》第5条第2款2项,被请求承认和执行国的主管机关如果发现承认或执行裁决违反该国公共政策的,可以拒绝承认和执行。该条将违反公共政策作为法院主动审查并拒绝承认和执行裁决的依据。作为一条普遍接受的规范,一国享有在其境内以“公共政策”为由拒绝执行仲裁裁决的最终权力。如果外国裁决的承认和执行与法院地国的重大利益、基本政策、道德和正义的基本观念或法律的基本原则相抵触,被请求国可以不予执行。

1. 公共政策条款的特点

(1) 公共政策具有不确定性

因各国宗教信仰、政治制度、伦理道德和经济发展状况的不同,公共政策在不同国家被赋予不同的内容;即使在同一个国家,公共政策的内涵会随着社会的变迁而发生变化。《纽约公约》没有明确规定公共政策的具体含义、适用标准,将裁决是否违反公共政策的决定权赋予被请求承认与执行国法院。

(2)公共政策与其他不予执行的事由存在联系

在《纽约公约》中,公共政策既是一项独立的不予执行裁决的理由,又与公约规定的其他抗辩事由存在着密切联系。例如,国际商事仲裁应遵守一些根本性的程序原则,包括自然正义或正当程序的基本要求、仲裁员公正不偏、对仲裁员的指定和仲裁程序的进行予以适当通知、双方当事人享有对案件平等发表意见的机会等。当裁决违反了以上程序原则时,法院可以违反公共政策为由拒绝承认与执行。[1] 因此,《纽约公约》第5条第1款第2项的正当程序与第5条第2款2项的公共政策条款会出现适用上的重叠。同样,争议事项的可仲裁性,也被认为构成公

---

〔1〕 Nina Gumze, Global Development – New York Convention Reconsidered: Contribution to the 45th Anniversary of the Convention – Certain Aspects of Public Policy in Enforcement of Foreign Arbitral Awards, 10 *Croat. Arbit. Yearb.* 39, 43 – 44 (2003).

共政策一般概念的一部分。[1]

(3)公共政策条款构成兜底条款

《纽约公约》以列举的方式明确了可以拒绝承认和执行的所有事由,但是公约起草者不可能毫无遗漏地规定仲裁实践中裁决可能具有的所有瑕疵。被请求承认和执行国需有某种形式的"安全阀"抵御有其他缺陷的外国裁决的侵入。有人认为,公约第5条第2款2项已被定位为包罗万象的抗辩,即裁决中存在其他所有不包含在公约第5条之下6项抗辩适用范围内的实体和程序缺陷,都可以用该条款提出抗辩。[2] 这意味着,公共政策发挥着兜底条款的功能,保护未能被第5条其他条款所涵盖、对一国又十分重要的基本的道德和正义观念或法律基本原则,避免外国仲裁裁决的承认与执行危害一国的重大和根本的利益。

2. 公共政策条款的适用

公共政策条款赋予被请求承认和执行国法院审查裁决的权力。有学者认为,公约的成功在很大程度上应归功于这一条款,它使各国保留了对国际商事仲裁裁决的最终控制权,从而消除了某些国家参加公约的顾虑,并最终扩大了公约的适用范围。[3] 但是,各国国内法对公共政策的理解各异,仲裁裁决的执行可能受到国内法以公共政策为由施加的不当干涉和控制,损害《纽约公约》促进外国裁决承认和执行的宗旨。为促进国际商事仲裁的发展,很多国家在适用公共政策条款时持谨慎态度。这可从公共政策条款的司法适用和公共政策内涵的确定两个方面得到体现:

(1)在适用时采用结果标准

被请求承认和执行国不能仅因仲裁裁决不符合法院地法律,就直接以违反公共政策为由作出不予执行的决定。依结果标准,只有仲裁裁决确实会产生违背法院地国法律基本原则、危害国家根本利益、损害公序良俗的实际结果时,才可依据公共政策条款拒绝承认和执行。例如,在一些普通法系国家,仲裁员作出裁决无须附具理由,但在许多大陆法系国家,仲裁裁决须附具理由是一项基本要求。[4] 在前一类国家作成的国际商事仲裁裁决在后一类国家请求承认和执行时,就会遇到当事人以违反公共政策为由提出的抗辩。未附具理由的裁决依据某些国家的法律

---

〔1〕 P. Sanders, The New York Convention, *International Commercial Arbitration*, vol. 2, 1960, p. 323.

〔2〕 Joel R Junker, The Public Policy Defense to the Recognition and Enforcement of Foreign Arbitral Awards, 7 *Cal. W. Intl. L. J.* 228, 231, 234, 245 (1977).

〔3〕 朱克鹏:"论公共政策在国际商事仲裁中的运用",《安徽大学学报(哲社版)》,1997年第2期,第46~50页。

〔4〕 Holzmann, National Report United States in *Yearbook*, vol. IV, 1984, p. 62; Derains, National Report France 21, *International Handbook of Commercial Arbitration.*

不符合程序公正的要求，但其承认和执行对被请求国的公共政策未必会产生直接、根本的损害。在意大利法院受理的一宗案件中，当事人请求执行一项在英国伦敦根据《谷物和饲料贸易协会规则》作出的未附具理由的裁决。法院在判词中明确指出，英国法律允许裁决可以不附具理由而《纽约公约》并未作出规定，裁决须附具理由只是意大利国内程序法的一个基本要求，不能强加给外国立法及司法机构。[1] 意大利法院在很大程度上采用了结果标准，认为裁决未附具理由并不会产生危害本国公共政策的直接结果，因此允许执行裁决。

（2）将公共政策分为不同类型，严格解释公共政策条款

《纽约公约》采用了“该国公共政策”（the public policy of that country）的措辞，即当仲裁裁决与被申请和执行地国家的公共秩序相抵触时，可以不予执行。从字面分析，公约的起草者似乎并不试图建立国际统一标准，而是允许缔约国借助公共政策保护各自国家的利益。但是，如果任由各国按照本国的法律阐释公共政策，因不同国家的法律存在着巨大差异，一国不认为违反公共政策的裁决可能在另一国被拒绝承认和执行，《纽约公约》促进仲裁裁决得到承认和执行的目的就可能落空。为减少公共政策对裁决执行的消极影响，国际商事仲裁的理论和实践倾向于对公共政策作限制性解释，将其界定为跨国公共政策或国际公共政策。

跨国公共政策是指对整个国际社会至关重要而具有普适性的政策，主要由自然法的根本规则、普遍正义原则、国际公法中的强行性规定和文明国家所接受的普遍道德原则所组成，它因此被称为“以国际法和国际惯例为基础的公共政策”，或“真正的公共政策”，如禁止奴隶制和种族歧视的规定。[2] 跨国公共政策具有超越单一国家国内法的属性，旨在维护整个国际社会的共同价值和基本原则，要求各国为保障国际商事关系的稳定和发展而密切合作。但跨国公共政策将国际社会和人类的共同利益置于国家利益之上，脱离了主权国家林立的现实，具有浓厚的理想主义色彩，在现阶段很难得到各国的普遍接受。

国际法协会下的国际商事仲裁委员会通过考察有关承认和执行裁决的立法和实践[3]，更倾向于接受“国际公共政策”的概念。2002 年新德里会议上通过的《关于以公共政策为由拒绝执行国际仲裁裁决的最终报告》对国际商事仲裁中的“国际公共政策”作出界定，它是为一国所承认的、依其性质可以拒绝对国际商事

---

〔1〕 S. A. Tradax Export v. S. P. a Carapelli, Judgment of 22 October 1976, *Y. C. A.* vol. III, 1978, p. 279.

〔2〕 Julian Lew, *Applicable law in Commercial Arbitration—A Study in Commercial Arbitration Awards*, Ocean Publications, 1978, pp. 534 – 535.

〔3〕 为了更有利于对外国仲裁裁决的承认与执行，委员会从 1996 年开始关注公共政策问题，并在 2000 年伦敦会议上提交了《关于以公共政策为由拒绝执行国际仲裁裁决的中期报告》、在 2002 年新德里会议上通过了《关于以公共政策为由拒绝执行国际仲裁裁决的最终报告》。

仲裁裁决进行承认和执行的原则和规则的总体。这一定义仍然模糊抽象,该《报告》进一步采取了列举的方式,认为国际商事仲裁中的国际公共政策包括以下三个部分:(1)国家希望保护的、有关正义和道德的基本原则;(2)旨在维持国家基本政治、社会或经济利益的规则,这些规则被称为"直接适用的法"或"公共政策规则";(3)国家对其他国家或国际组织承担的国际义务。[1]

根据这种界定,在国内法中属于公共政策的事项在国际商事仲裁中并不必然被认为属于公共政策范畴。由此,即使一国国内法要求仲裁员人数须为奇数或裁决须附具理由,但该国法院仍可强制执行那些来自于允许偶数仲裁员或裁决无须附具理由的国家的仲裁裁决。1981 年法国《民事诉讼法典》第 1502 条明确接受了国际公共政策的概念。在法国的司法实践中,只有以下几种违反国家经济秩序、法律基本原则、根本价值观的裁决才会被法院认为违背国际公共政策而不予执行:建立在种族歧视之上;拒绝宣告以腐败方式获得的合同为无效;与基本经济政策相悖;违反在破产案件中应当中止程序的原则;认为合同中改变成文法规定对进口商的补偿支付条款有效的裁决;违反投资法规的裁决。[2] 可见,国际公共政策仍然植根于国内法律,而非追求在现阶段难以企及的全人类利益和国际社会的普适利益;国际商事仲裁中违反公共政策的标准不同于纯粹国内案件的公共政策标准,其"国际性"更多着眼于对国内公共政策的限制,只有当裁决具有极端或无法容忍的情节时才认为违反了公共政策。

3. 违反公共政策的后果

依据《纽约公约》第 5 条,当执行地法院认定仲裁裁决违反公共政策时,可以拒绝承认和执行。如果仲裁裁决只有部分内容违反公共政策,执行地法院是否可以执行未违反公共政策的那部分裁决。在此情况下,国际商事仲裁委员会支持对裁决进行分割:"如果一个裁决只有部分内容违反了'国际公共政策'且这部分可被分离出来,未违反'国际公共政策'的那部分仍可以承认和执行"。[3] 在司法实践中,有些国家和地区的法院已采取了这种做法。香港特别行政区终审法院在一宗执行案件中决定"切割"违反公共政策的那部分裁决内容,执行了裁决的另外

---

〔1〕 Committee on International Commercial Arbitration, *Final Report on Public Policy and Enforcement of Arbitral Awards*, available at http://www·ila-hq·org/en/committees/index·cfm/cid/19. 中译文可参见鲍冠艺、黄伟译:"国际法协会 2002 年新德里大会国际商事仲裁委员会以'公共政策'拒绝执行国际仲裁裁决的最终报告",《仲裁研究》(第 7 辑),2006 年,第 88 ~97 页。

〔2〕 Philippe Fouchard, Emmanuel Gaillard, Berthold Goldman, *Fouchard, Gaillard, Goldman on International Commercial Arbitration*, 中信出版社,2004 年影印版,第 961 页。

〔3〕 国际商事仲裁委员会 2002 年新德里大会"以'公共政策'拒绝执行国际仲裁裁决的最终报告"第 37 部分。

部分。[1]

第四节 国际商事仲裁裁决的撤销

一、国际商事仲裁裁决撤销的含义与内容

国际商事仲裁裁决的撤销是指,对存在法定可撤销事由的国际商事仲裁裁决,经当事人在一定期间内提出申请,有管辖权的法院在审查核实后裁定撤销仲裁裁决的司法行为。它包含以下内容:

(一)撤销仲裁裁决是一种司法行为

撤销仲裁裁决是具有管辖权的法院行使的司法行为。某些特定类型的商品仲裁或行业协会的上诉程序不属于行使司法权撤销裁决的范畴,而是民间机构内部的审查机制。例如,依据谷物饲料贸易协会(GAFTA)仲裁规则,对初裁裁决不满的当事人有权向协会内部的上诉委员会提出上诉,上诉委员会可"撤销"初裁仲裁庭的裁决并相应作出"终局的、结论性的、有约束力的"裁决。当事人此时仍可对裁决进一步提出异议,向仲裁地国法院寻求法律救济。[2] 不难看出,撤销仲裁裁决是专属于法院的司法权,而非民间组织内部的监督权。

(二)撤销程序由当事人申请启动

法院不能依职权自行启动裁决撤销程序。有管辖权的法院只能根据当事人提出的申请,经审理后作出撤销裁决的决定。仲裁的胜诉方和败诉方,如果对仲裁裁决有异议,都可以向法院提起撤销之诉。在当事人未提出请求时,即便裁决存在可撤销的法定事由,法院也不得依职权审查和撤销。

(三)限制撤销权

法院撤销仲裁裁决的权力受到严格限制,体现在两个方面:(1)并非所有的法院都享有仲裁裁决的撤销权。一般而言,一国法院只能对本国领域内作出的仲裁裁决行使撤销权。例外情况下,仲裁所依据法律所属国法院能对仲裁裁决的撤销行使管辖权。(2)法院在受理案件后只有经过审查、确认仲裁裁决存在可予撤销的法定事由时,才得宣告撤销。

(四)裁决失去法律效力

仲裁裁决被撤销后原则上丧失法律效力。仲裁裁决的国籍国的撤销行为具有

---

[1] (1993) XV III ICCA Yearbook 396.

[2] [英]艾伦·雷德芬、马丁·亨特等:《国际商事仲裁法律与实践》,林一飞、宋连斌译,北京大学出版社,2005 年版,第 435 ~436 页。

对世性,该项仲裁裁决因在来源国失去效力难以在其他国家得到承认和执行。[1]就此而言,仲裁裁决的撤销与裁决的执行在效力上是不同的。撤销仲裁裁决一般具有普遍效力,已撤销的仲裁裁决丧失效力,其他国家一般不会承认和执行;仲裁裁决的承认和执行只具有域内效力,不影响其他国家对该仲裁裁决的态度。[2] 一项仲裁裁决在一国被拒绝承认或执行,并不使其丧失法律效力,当事人仍可能在其他国家寻求承认或执行,实现裁决所赋予的权利。

(五)撤销之诉具有期限性

当事人须在一定期间内提起仲裁裁决撤销之诉。为尽快稳定当事人之间的权利义务关系,采用裁决撤销制度的国家,通常对当事人行使裁决撤销权的时间予以限制。当事人在规定的期间内没有行使撤销权的,仲裁裁决即使存在法律规定的瑕疵,也不能获得法律救济。例如,1998 年德国《民事诉讼法典》第 1059 条第 3 款规定,除非当事人另有约定,必须在 3 个月内向法院提出撤销裁决的申请;该期限应从提出申请的当事人收到裁决之日起算;如果涉及裁决的更正、解释、补充问题,从收到相关请求的决定之日起算,期限的延长不应超过 1 个月。联合国《示范法》第 34 条规定,当事人不得在收到裁决书之日起三个月后申请撤销裁决;如已根据第 33 条提出请求,则从该请求被仲裁庭处理完毕之日起三个月后不得申请撤销。

二、国际商事仲裁裁决撤销制度存废之争

国际商事仲裁的基本特征之一是仲裁裁决的终局性。仲裁裁决一经作出,理论上便对当事人具有法律上的约束力。有些仲裁裁决可能因各种原因出现瑕疵或错误,为给当事人提供必要的司法救济并对国际商事仲裁予以适当监督,一些国家在规定仲裁裁决具有强制执行力的同时确立了国际商事仲裁裁决的撤销制度。

对国际商事仲裁裁决的撤销制度有存废两种不同看法。

(一)废除论

主张废除国际商事仲裁裁决撤销制度的主要理由如下:

1. 撤销程序会导致双重司法监督

各国法律已经规定了仲裁裁决的承认与执行程序,再规定撤销程序,会导致对仲裁的双重监督和控制。仲裁程序的目标是保证仲裁裁决得以实现,只有在裁决的执行阶段,法院的司法监督才是必要的和可以接受的。[3] 国际商事仲裁裁决在申请强制执行之前,不受任何国家法院的监督,任何国家的法院都不能行使撤销仲裁裁决的权力。对国际商事仲裁裁决唯一的补救办法是,承认该裁决的效力并予以强制执行,或者不承认该裁决的法律效力并拒绝执行。

---

〔1〕 赵健:《国际商事仲裁的司法监督》,法律出版社,2000 年版,第 239 页。

〔2〕 赵秀文:《国际商事仲裁及其适用法律研究》,北京大学出版社,2002 年版,第 250 页。

〔3〕 郭玉军:“论国际仲裁中的“非国内化”理论”,《法制与社会发展》,2003 年第 1 期,第 108 页。

2. 减少仲裁地国干预

国际商事仲裁应避免受到仲裁地国过多干涉。当事人选择某一地点作为仲裁地，通常属偶然或出于中立的考虑，并非意图适用该地的仲裁法。例如，在国际商会仲裁或国际临时仲裁中，仲裁地的选择一般是基于平等、方便、有利于裁决的执行等因素。[1] 如果适用纯粹因偶然或中立目的而选择的仲裁地的法律撤销仲裁裁决，会产生不合理、不公平的结果。

3. 防止拖延裁决的执行

撤销程序给不自觉履行仲裁裁决的恶意当事人提供了拖延裁决执行程序的机会，损害了国际商事仲裁快捷、高效和经济的优点。废除仲裁裁决撤销制度，有利于防止当事人恶意拖延仲裁裁决的执行。

（二）存在论

现代国际商事仲裁的理论和实践认为有必要设立撤销仲裁裁决程序，主要理由如下：

1. 国际商事仲裁裁决的效力源自特定国家的法律

国际商事仲裁不存在于法律真空，没有特定国家法律对裁决效力的认可，仲裁裁决就不能得到其他国家法院的承认与执行。在由主权国家组成的国际社会中，要让一国完全放弃对其境内的仲裁活动的监督和管理，放弃对已经作出的裁决行使依法撤销的权力，是不可能的。[2]

2. 撤销程序是必要的司法救济程序

撤销仲裁裁决程序不同于不予承认和执行程序，它为仲裁双方当事人提供了必要的司法救济。败诉方不必等到胜诉方申请承认和执行时才能对仲裁裁决提出异议。胜诉方如果对仲裁裁决不满，也可以依法提起撤销仲裁裁决之诉，不因胜诉失去对仲裁程序提出异议的权利。仲裁地国和仲裁裁决被请求承认和执行地国法院均可对仲裁裁决进行必要的司法监督。

3. 撤销程序的弊端可以避免

撤销程序可能造成的拖延可以通过多种方式克服或避免。例如，提出撤销仲裁裁决之诉的较短期限，将有权受理撤销仲裁裁决之诉的法院限制在较高的审级等。[3]

1985 年比利时《司法法典》第 1717 条第 4 款规定，只有当仲裁裁决所决定争议的一方当事人是具有比利时国籍或是居住在比利时的自然人或者是在比利时成

---

[1] 韩健：《现代国际商事仲裁法的理论与实践（修订版）》，法律出版社，2000 年版，第 268 页。

[2] 赵秀文：《国际商事仲裁法》，中国人民大学出版社，2008 年第 2 版，第 404 页。

[3] A. J. van den Berg, *The New York Arbitration Convention of* 1958, Kluwer Law and Taxation Publishers, 1981, pp. 157 – 159.

立或有分支机构或有营业处所的法人时,比利时法院才能受理撤销申请。换言之,如果仲裁协议双方均不是比利时的国民或者在比利时境内没有居所、住所或营业所时,如果仲裁裁决在比利时作出,比利时法院不受理当事人提出撤销裁决的诉讼。上述规定的意图之一是,利用比利时优越的地理位置和国民的良好语言能力,通过创造宽松的司法监督环境吸引更多的外国国民到比利时进行仲裁。但在实践中,该项规定未能达到立法者的预期目标。出于对仲裁裁决无法获得有效司法救济的担心,国际商事交易的当事人或国际商会国际仲裁院在选择仲裁地点时对比利时望而却步。自比利时法律作出以上规定后,在比利时进行仲裁的数量减少了。[1]

概言之,当事人选择仲裁解决争议,不仅因为其快捷和高效,还在于仲裁程序本身对公平公正等基本价值的保障。国际商事仲裁裁决撤销制度既符合仲裁地国实施合理司法监督的需要,又满足当事人在特定情形下寻求司法救济的愿望。

三、国际商事仲裁裁决撤销的具体问题

(一)仲裁裁决撤销的管辖法院

一项国际商事仲裁裁决通常涉及仲裁机构所在地国、仲裁程序进行地国、当事人国籍国、住所地国、争议标的所在地国、被请求承认和执行地国等不同国家,但不是所有与仲裁裁决有关联的国家的法院都享有撤销仲裁裁决的权力。《纽约公约》虽然调整的是外国仲裁裁决的承认和执行问题,但第5条第1款第5项间接规定了撤销裁决的管辖法院,反映了国际商事仲裁立法和实践的普遍做法。该项规定,裁决已经由作出裁决的国家或由据其法律作出裁决的国家的有权机关撤销时,被请求国法院可以根据被申请人的请求拒绝承认和执行。据此,裁决地国法院和裁决所依据法律所属国法院享有撤销仲裁裁决的管辖权。

1. 裁决地国法院

裁决地国法院享有撤销裁决的管辖权,很少引起争议。《纽约公约》中"作出仲裁裁决的国家"(the country in which the arbitral award was made)一般被理解成为仲裁地国。1985年联合国《示范法》第31条第3款规定,裁决应被视为是在仲裁地作出的。这一规定可被视为对《纽约公约》规定的"裁决地国"概念的解释。

2. 裁决所依据法律国法院

《纽约公约》中"裁决所依据法律国"的法院有权撤销仲裁裁决。裁决所依据之法律,一般指进行仲裁程序和作出仲裁裁决的程序所依据的法律,而不是对争议的实体问题作出决定所依据的法律。缔约国的司法实践也支持这种观点。在美国

---

〔1〕 A. J. van den Berg, Annulment of Award in International Arbitration, Richard B. Lillich and Charles N. Brower edited, *International Arbitration in the 21st Century – Towards "Judicialization" and Uniformity*, Transnational Publishers, Inc. ,1994, p. 144.

审理的一宗案件中,法院认为,《纽约公约》第5条第1款5项"裁决所依据的法律的国家的主管机关"中的"法律"只能是程序法,而不是实体法,更为确切地,是指进行仲裁所依据的关于仲裁程序的法律制度,而不是合同所适用的实体法。该案中,仲裁程序在墨西哥进行,支配仲裁程序的法律只能是墨西哥法,因此只有墨西哥法院享有撤销该裁决的管辖权。[1]

在国际商事仲裁实践中,裁决地国和裁决所依据的法律所属国通常是一致的,但也有例外情况,如果当事人就仲裁程序应当适用的法律作出专门约定,选择了不同于仲裁地法的其他国家的法律,此时仲裁程序所适用法律所属国的法院即有权撤销该仲裁裁决。

(二)撤销仲裁裁决的依据

仲裁当事人提起裁决撤销之诉后,管辖法院必须审查是否存在可撤销裁决的法定情形。法院撤销裁决的依据具有以下特点:

1. 一般由管辖法院的国内法确立

目前,撤销裁决的依据大都规定在各国国内法中,国际社会尚不存在针对撤销仲裁裁决的具有广泛性的专门公约。《纽约公约》第5条只规定,如果裁决被撤销,执行地法院得拒绝承认与执行该裁决,未规定撤销裁决的理由和撤销裁决的程序,将裁决的撤销留给管辖法院的国内法调整。

2. 撤销的法律依据一般涉及程序性事项

尽管各国国内法和有关国际公约对仲裁裁决撤销的条件有不同规定,但撤销依据一般集中在程序性事项上,较少涉及仲裁裁决法律适用或事实认定的错误。根据1981年法国《民事诉讼法典》第1504条第1款的规定,在法国作出的国际仲裁裁决可按第1502条规定的理由提起撤销之诉。第1502条规定的理由有:当事人之间不存在有效的仲裁协议,仲裁员根据无效或者失效的仲裁协议作出裁决,仲裁庭的组成或者独任仲裁员的指定不当,仲裁员超出了其权限范围,未能遵守正当程序的要求,与国际公共政策相抵触。《欧洲公约》第9条第1款规定撤销仲裁裁决有四项条件。这四项条件与《纽约公约》第5条第1款规定的前四项条件相同,即仲裁协议无效、违反正当程序、仲裁庭越权和仲裁庭组成不当,不涉及仲裁庭适

〔1〕 United States District Court, Southern District of New York, (1990), 745 F. Supp. 172, *International Commercial Arbitration*, West Group, 1999, pp. 631 - 636.

用法律和认定事实等实体问题。[1] 在这四项撤销仲裁裁决的理由中,不包括“裁决违反公共政策”。公共政策作为一个弹性概念,各国法院均可根据本国的法律作出不同的解释,《欧洲公约》的起草者有意将其排除,以防止缔约国借助公共政策条款对裁决进行不当审查。[2]

尽管一些国家仲裁法规定,法院可以仲裁裁决适用法律错误为由而撤销裁决,但又对此规定了严格的限制性条件。例如,1996 年英国《仲裁法》第 69 条规定,当事人在就仲裁中所涉及的法律问题提起诉讼时必须满足两个条件:第一,经过仲裁所有当事人的同意,包括仲裁协议各方和仲裁庭的同意。第二,经过法院的准许。法院作出准许的裁定时,按照该条第 3 款的规定,必须符合如下条件:(1)对所涉及的法律问题的决定对一方或多方当事人的权利产生实质性的影响;(2)该问题是仲裁庭根据当事人的请求作出的;(3)按照仲裁裁决中所查明的事实,仲裁庭对此问题作出的认定显然是错误的,且此问题对一般公众具有重要影响,而仲裁庭对此问题作出的认定至少是值得质疑的;(4)尽管当事人就此问题提交仲裁解决作出了约定,但在所有情况下,由法院对此问题作出认定是公正的和适当的。只有在满足上述条件的情况下,法院才会受理由于仲裁程序中所涉及的法律问题而提起的诉讼并作出裁定。

(三)申请撤销裁决的法律后果

仲裁当事人提起仲裁撤销之诉后,法院经审查认为存在法律规定可撤销的事由,可以撤销裁决,该项裁决在法院地国不具有法律效力。法院审理后如果认为裁决不具有可以撤销的情形,应驳回申请人的请求。一般而言,仲裁地国作为仲裁裁决的来源国,具有对仲裁裁决撤销的管辖权,如果该国法院裁定撤销仲裁裁决,该仲裁裁决便丧失效力。当事人在不同于仲裁地国的其他国家寻求承认和执行时,该仲裁裁决因不再具有效力而无法获得被请求国法院的支持。《纽约公约》第 5 条第 1 款第 5 项规定,当裁决已经由作出裁决的国家或由据其法律作出裁决的国

---

[1] 《关于国际商事仲裁的欧洲公约》第 9 条规定:一缔约国按本公约作出的仲裁裁决,只有在下列情况下,才构成另一缔约国拒绝承认与执行裁决的理由,即裁决是由在该国或按该国法律作出裁决的国家撤销的,并且具有下述理由之一:(1)仲裁协议的当事人,按对其适用的法律规定,是无行为能力人;或者按当事人所依据的法律,协议是无效的,如协议中未规定此项法律,依裁决地国的法律规定,这项协议无效;(2)请求撤销裁决的当事人,没有得到关于仲裁员指定或仲裁程序的正式通知,或者不能陈述其案情;(3)裁决所处理的争议不属于提交仲裁的事项或没有处理当事人提交仲裁的事项,或者超出了仲裁协议的范围。如果裁决所处理的提交仲裁的事项可以与未提交仲裁的事项区别开来,则属于提交仲裁范围之内的裁决部分可以不予撤销;(4)仲裁机构的组成或仲裁程序与当事人之间的约定不符;如无此项约定,与本公约第 4 条的规定不符。

[2] Jacques Werner, Where Do You Come from, Arbitration? Some Reflections on Quo Vadis Arbitration? in Pieter Sanders, Sixty Years of Arbitration Practice, *Journal of International Arbitration*, No. 4, 1999, p. 156.

家的有权机关撤销或停止执行时，被申请承认和执行地法院可以拒绝承认和执行。

仲裁当事人提起仲裁撤销之诉后，还有可能产生下列法律后果：

1. 重新仲裁

在管辖法院受理撤销仲裁裁决的申请后，如果认为作出裁决的仲裁程序存在瑕疵，但由仲裁庭补救更为合适时，可以通知仲裁庭在一定期限内重新仲裁。重新仲裁给予仲裁庭弥补程序性瑕疵的机会，使当事人将争议提交仲裁的初衷得以实现，能最大限度地促进争议经济和快速地解决。

1985 年联合国《示范法》确立了重新仲裁制度，其第 34 条第 4 款规定："向法院申请撤销裁决时，如果适当而且当事人一方也提出要求，法院可以在其确定的一段时间内暂时停止进行撤销程序，以便给予仲裁庭重新进行仲裁的机会或采取仲裁庭认为能够消除撤销裁决理由的其他行动。"《示范法》出台后，许多国家，包括大陆法系国家，在国内立法中接受了重新仲裁制度，如 1999 年瑞典《仲裁法》第 36 条，1993 年俄罗斯联邦《仲裁法》第 34 条，1998 年德国《民事诉讼法》第 1059 条第 4 款和第 5 款等。

1996 年英国《仲裁法》第 68 条规定，如果严重不规范性影响仲裁程序或裁决的，法院可以发回裁决，要求仲裁庭对裁决全部或部分重审，法院不应行使撤销裁决或宣布裁决全部或部分无效的权力，除非法院认为将有异议的裁决发回仲裁庭重审是不合适的。该条进一步规定属于严重不规范性的情形："严重不规范性是指法院认为的下列一种或几种不规范已造成或将对申请人造成实质性的不公平：(a)仲裁庭不符合第 33 条仲裁庭的一般义务的规定；(b)仲裁庭超出其权力范围；(c)仲裁庭未根据当事人同意的程序进行仲裁；(d)仲裁庭未审理当事人请求的所有事项；(e)由当事人授予仲裁机构、其他机构或个人所适用的仲裁程序或作出裁决的权力超出授权的范围；(f)裁决的有效性不确定或模棱两可；(g)裁决因欺诈行为作出、所作出的裁决或作出裁决的方式违背公共秩序；(h)裁决形式不符合条件；(i)进行仲裁程序及裁决中存在不正常行为，且为仲裁庭或当事人授予其相关权力的仲裁机构、其他机构或个人无可否认。"

在实践中，法院发回重审的情形有：(1)仲裁员有不良行为，但程度不严重，可以不必撤销裁决书；(2)裁决书有明显错误。例如，当事人身份错误、裁决有矛盾之处和漏判利息等；(3)仲裁员自己承认裁决书有错，比如漏看一些文件就作出裁决；(4)在开庭或作出裁决书后，出现新的重要证据，而且申请发回重审的一方能予以证明：(a)他无法在较早时间内合理取得该新证据；(b)他无法拖延仲裁等待该新证据；(c)该新证据对案情有重大影响，如果新证据被采纳会带来极不相同的裁决结果。[1]

---

〔1〕 杨良宜：《国际商务仲裁》，中国政法大学出版社，1997 年版，第 267 页。

重新仲裁制度体现了对仲裁给予更多司法支持的趋势,反映出在解决社会纠纷时追求效率和防止浪费社会资源的理念。[1]

2. 已撤销仲裁裁决的执行

仲裁裁决撤销后即丧失效力,被请求国法院可拒绝承认和执行。这一原则受到晚近仲裁实践的挑战,以法国为代表的少数国家在一些案件中执行了已撤销的仲裁裁决。目前至少已有法国、美国、奥地利、比利时四国法院表示准备承认和执行此种仲裁裁决,即使其已被仲裁地的法院撤销。[2]

执行被撤销仲裁裁决的理由主要有:

(1)《纽约公约》第5条第1款5项授权被请求国法院自由裁量决定是否执行已撤销裁决。公约第5条第1款5项使用了"得"("may"),而非"必须"("should"、"will"或"must"),赋予执行地国法院自由裁量权,即执行地国法院拒绝承认与执行外国裁决的义务是选择性的。换言之,公约的语言是"伸缩性的",而非强制性的。[3]

(2)《纽约公约》第7条为裁决的承认和执行提供了更为优越的条件。在执行公约范围内的某一裁决时,当事人既可以选择公约作为请求的依据,也可以选择被申请执行地国家的国内法或执行地国家缔结的其他公约作为依据。如果在被申请承认执行地国家境内有效的国内法或其他条约提供了比《纽约公约》更为有利和优惠的规定,可以此取代《纽约公约》提出申请。[4] 缔约国法院因此可以不受该裁决已被裁决地所在国法院撤销这一事实的约束而执行该裁决,实现《纽约公约》鼓励和促进仲裁裁决在世界范围内得到承认与执行的目标。

(3)以非内国仲裁理论作为依据。按非内国仲裁理论,国际仲裁裁决没有国籍,执行地法院有权根据自己的法律对其有效性作出认定,并赋予该裁决以法律效力。该裁决与裁决地法院的法律秩序没有关联,而是执行地法律秩序的组成部分。即使裁决被裁决地国法院撤销,执行地国法院也可以根据本国法律,承认该仲裁裁决的效力并予执行。[5]

有人认为裁决撤销后不应予以承认和执行,理由如下:

---

〔1〕 赵健:《国际商事仲裁的司法监督》,法律出版社,2000年版,第257页。

〔2〕 [英]艾伦·雷德芬、马丁·亨特等:《国际商事仲裁法律与实践》,林一飞、宋连斌译,北京大学出版社,2005年版,第486页。

〔3〕 [英]艾伦·雷德芬、马丁·亨特等:《国际商事仲裁法律与实践》,林一飞、宋连斌译,北京大学出版社,2005年版,第477页。

〔4〕 杜新丽:"论外国仲裁裁决在我国的承认与执行———兼论〈纽约公约〉在中国的适用",《比较法研究》,2005年第4期,第102页。

〔5〕 Emmanuel Gaillard, Enforcement of Awards Set Aside in the Country of Origin – The French Experience, *International Council for Commercial Arbitration Congress*, No. 9, Kluwer Law International, 1999.

(1)公约第5条未赋予缔约国法院执行已撤销裁决的自由裁量权。曾经参加《纽约公约》起草工作的学者指出,公约第5条第1款所使用的"may",事实上是指"shall",对于执行地国法院可以拒绝执行外国仲裁裁决的理由,没有给当地法院的法官留下任何自由裁量权;人们对"may"或"shall"的争议是因在校对英文的最后文本时的疏忽所引起。[1]

(2)被请求国法院没有理由执行已丧失效力的裁决。裁决地国法院依其法律撤销了在其境内作出的仲裁裁决,则该裁决已经从法律上不复存在,无执行资格。在国际商事仲裁中,裁决的效力来自仲裁地的法律[2]。如果某一裁决在裁决地被宣布无效,此项无效宣告应剥夺该裁决在其他所有国家的有效性。虽然不能排除仲裁地国法院以某些国内法上的特殊理由来撤销一项仲裁裁决,但这一风险应被视为是在采用传统理论所带来的简捷化、可预见性的同时所必须付出的代价。[3]

(3)执行已撤销裁决将损害公约适用的统一性和可预见性。如果被请求承认和执行国的法院可以根据其本国法决定是否执行已撤销仲裁裁决,被撤销裁决的仲裁当事人可以到《纽约公约》各缔约国四处寻求承认与执行,直至找到承认与执行该裁决的国家。这可能导致被请求承认和执行的不同缔约国对相同争议事项和相同当事人之间的裁决作出相互抵触的决定,违反《纽约公约》试图建立的执行仲裁裁决的统一机制。

对已撤销裁决是否应予执行的不同观点实际揭示出《纽约公约》未能统一裁决撤销程序的缺憾。《纽约公约》致力于统一外国裁决的承认和执行,将仲裁裁决的撤销留给各国国内法调整。但是缔约国关于撤销仲裁裁决的国内法可以在其他缔约国产生域外效力,也就是,如果某一缔约国承担拒绝执行已被另一缔约国撤销的裁决的义务,就意味着它间接采用了后者有关撤销裁决的国内法规定,将其作为裁决承认和执行的标准。裁决的撤销与裁决的承认和执行构成了国际商事仲裁程序不可分割的有机组成部分,要真正实现裁决的统一承认和执行,缔约国还需努力就国际商事仲裁裁决的撤销事由达成一致意见。

四、中国内地涉外仲裁裁决的撤销

在我国内地涉外商事仲裁中,当事人可以向有管辖权的法院申请撤销仲裁裁决。[4]

---

[1] 赵秀文:《国际商事仲裁及其适用法律研究》,北京大学出版社,2002年版,第244页。

[2] F. A. Mann, Lex Facit Arbinun, in P. Sanders (ed.), International Arbitration – Liber Amiconom for Martin Domke, 1967, quoted in William W. Park, The Lex Loci Arbitri and International Commercial Arbitration, 32 *International and Comparative Law Quarterly* 21, 23 (1983).

[3] A. J. Van den Berg, Enforcement of Annulled Awards? *ICC Intl. Ct. Arb. Bull*, Nov. 1998, p. 15.

[4] 关于我国涉外仲裁裁决的定义,见本章第五节。

（一）撤销涉外仲裁裁决的程序性规定

1. 撤销程序的当事人

涉外仲裁的当事人包括胜诉方当事人和败诉方当事人，均可申请撤销裁决。一方当事人向人民法院申请撤销仲裁裁决的，人民法院在审理时，应当列对方当事人为被申请人。[1]

2. 管辖法院

当事人申请撤销涉外仲裁裁决，应向仲裁机构所在地的中级人民法院提出。人民法院应当组成合议庭审理，并询问当事人。

3. 申请期限和审理期间

依据《仲裁法》第59、60条规定，当事人申请撤销裁决应当自收到裁决书之日起六个月内提出。人民法院应当在受理撤销裁决申请之日起两个月内作出撤销裁决或者驳回申请的裁定。根据最高人民法院关于撤销涉外仲裁裁决的报告制度[2]，如果人民法院经审查认为涉外仲裁裁决具有可撤销的法定事由，在裁定撤销裁决或通知仲裁庭重新仲裁之前，须报请本辖区所属高级人民法院审查。如果高级人民法院同意撤销裁决或通知仲裁庭重新仲裁，应将其审查意见报最高人民法院。待最高人民法院答复后，方可裁定撤销裁决或通知仲裁庭重新仲裁。受理裁决撤销申请的法院应在受理申请后三十日内将拟作出的撤销或重新仲裁决定，报其所属的高级人民法院，该高级人民法院如同意撤销裁决或通知仲裁庭重新仲裁的，应在十五日内报最高人民法院。[3]

（二）撤销涉外仲裁裁决的理由

根据1994年《仲裁法》第70条，当事人提出证据证明涉外仲裁裁决有1991年《民事诉讼法》第260条第1款规定的情形之一的，经人民法院组成合议庭审查核实，裁定撤销。2007年《民事诉讼法》第258条规定的情形是：(1)当事人在合同中没有订有仲裁条款或者事后没有达成书面仲裁协议的；(2)被申请人没有得到指定仲裁员或者进行仲裁程序的通知，或者由于其他不属于被申请人负责的原因未能陈述意见的；(3)仲裁庭的组成或者仲裁的程序与仲裁规则不符的；(4)裁决的事项不属于仲裁协议的范围或者仲裁机构无权仲裁的。与撤销国内仲裁裁决的理

---

〔1〕 最高人民法院《关于审理当事人申请撤销仲裁裁决案件几个具体问题的批复》（法释［1998］16号）。

〔2〕 关于报告制度的评论，参见第五节。

〔3〕 最高人民法院《关于人民法院撤销涉外仲裁裁决有关事项的通知》（法［1998］40号）。

由相比,对涉外仲裁裁决进行司法监督的范围明显减小,[1]显示我国对国际商事仲裁的支持态度。

有学者认为,法院如果认为裁决违背了社会公共利益,可以裁定撤销该仲裁裁决。[2]

(三)申请撤销涉外仲裁裁决的后果

法院受理当事人提出的撤销仲裁裁决申请后,经审查视不同情况可作出如下处理:

1. 中止或终止执行程序

一方当事人申请执行裁决,另一方当事人申请撤销裁决的,人民法院应当裁定中止执行。人民法院裁定撤销裁决的,应当裁定终结执行。撤销裁决的申请被裁定驳回的,人民法院应当裁定恢复执行。[3]

2. 通知仲裁庭重新仲裁

法院受理撤销裁决的申请后,认为可以由仲裁庭重新仲裁的,通知仲裁庭在一定期限内重新仲裁,并裁定中止撤销程序。仲裁庭拒绝重新仲裁的,人民法院应当裁定恢复撤销程序。[4]

3. 撤销仲裁裁决

法院认为申请撤销仲裁裁决的理由成立,或者仲裁庭拒绝依照法院的要求重新仲裁,经所属辖区高级人民法院并报最高人民法院同意,裁定撤销仲裁裁决。依据最高人民法院的司法解释,我国仲裁机构作出的仲裁裁决,如果裁决事项超出当事人仲裁约定的范围,或者不属于当事人申请仲裁的事项,并且上述事项与仲裁机构作出裁决的其他事项是可分的,人民法院可以基于当事人的申请,在查清事实后裁定撤销该超裁部分。[5]

法院认为申请撤销仲裁裁决的理由不能成立,裁定驳回撤销仲裁裁决的申请。

---

[1] 我国内地《仲裁法》第58条是针对撤销国内仲裁裁决的规定,其内容为:当事人提出证据证明裁决有下列情形之一的,可以向仲裁委员会所在地的中级人民法院申请撤销裁决:1. 没有仲裁协议的;2. 裁决的事项不属于仲裁协议的范围或者仲裁委员会无权仲裁的;3. 仲裁庭的组成或者仲裁的程序违反法定程序的;4. 裁决所根据的证据是伪造的;5. 对方当事人隐瞒了足以影响公正裁决的证据的;6. 仲裁员在仲裁该案时有索贿受贿,徇私舞弊,枉法裁决行为的。人民法院经组成合议庭审查核实裁决有前款规定情形之一的,应当裁定撤销。人民法院认定该裁决违背社会公共利益的,应当裁定撤销。

[2] 赵秀文:《国际商事仲裁法》,中国人民大学出版社,2008年第2版,第421页。

[3] 中国内地《仲裁法》第64条。

[4] 中国内地《仲裁法》第61条。

[5] 最高人民法院《关于我国仲裁机构作出的仲裁裁决能否部分撤销问题的批复》(法释[1999]16号)。

第五节 中国内地承认与执行国际商事仲裁裁决的立法与实践

根据我国内地现行立法和实践,国际商事仲裁裁决是指在我国境内作出的涉外仲裁裁决和在外国作出的外国仲裁裁决。从广义理解,涉外仲裁裁决还包括中国领土范围内涉及不同法域的仲裁裁决。本节将分别讨论不同类型的国际商事仲裁裁决在我国的承认和执行问题、内地较有特色的国际商事仲裁裁决不予执行的报告制度。

一、涉外商事仲裁裁决的承认与执行

(一)涉外仲裁裁决的定义与特点

1. 涉外仲裁裁决的定义

涉外仲裁裁决是在我国境内作出的具有涉外要素的裁决。根据对涉外要素外延的不同理解,涉外仲裁裁决有狭义和广义之分。狭义的涉外仲裁裁决是指含有涉及外国要素的仲裁裁决。广义的涉外仲裁裁决包括涉及外国的仲裁裁决和涉及中国领土范围内除内地外的其他法律区域的裁决,即香港特别行政区、澳门特别行政区和台湾地区的裁决。内地、香港、澳门和台湾虽同属中国,但由于历史的原因,分别在各自范围内实施不同的法律制度,即在中国领域内部,存在四个具有独特法律制度的法律区域。以内地为视角,凡涉及除内地之外其他法律区域诸如香港、澳门和台湾的仲裁裁决,可以被理解为具有涉外要素的仲裁裁决。中国各法域间仲裁裁决的承认和执行将在下文专门论述,此处讨论的是狭义涉外仲裁裁决。

2. 涉外仲裁裁决的特点

(1)涉外仲裁裁决是具有涉外要素的裁决

按照国际私法的一般理论,涉外要素是指构成法律关系的主体、客体和内容三个要素中,至少有一个或一个以上要素与外国有联系。[1] 1992年最高人民法院《关于适用〈中华人民共和国民事诉讼法〉若干问题的意见》第304条规定:“当事人一方或双方是外国人、无国籍人、外国企业或组织、或者当事人之间民事法律关系的设立、变更、终止的法律事实发生在外国,或者诉讼标的物在外国的民事案件,为涉外民事案件。”由此,涉外仲裁裁决是指当事人一方或双方是外国人、无国籍人、外国企业或其他组织,或者当事人之间民事法律关系的设立、变更或终止的法律事实发生在外国,或者仲裁标的物在外国的仲裁裁决。

---

〔1〕 韩德培:《国际私法新论》,武汉大学出版社,1997年版,第3页。

(2)涉外仲裁裁决是内地仲裁机构在我国境内作出的具有涉外要素的裁决

内地仲裁机构曾被划分为涉外仲裁机构和非涉外仲裁机构。涉外仲裁机构或涉外仲裁委员会是由中国商会组织成立的,专门受理国际商事仲裁案件。在1996年国务院办公厅发布《关于贯彻实施〈中华人民共和国仲裁法〉需要明确的几个问题的通知》后,如果涉外案件的当事人根据他们之间订立的仲裁协议,约定将争议提交非涉外的国内仲裁委员会解决的,该仲裁委员会可受理,其就此类案件作出的仲裁裁决,应该属于涉外仲裁裁决。因此,在内地可以作出涉外仲裁裁决的仲裁机构,既可以是涉外仲裁机构,如中国国际经济贸易仲裁委员会和中国海事仲裁委员会,也可以是根据《仲裁法》组建的国内非涉外仲裁机构,如北京仲裁委员会、重庆仲裁委员会等。

(二)涉外仲裁裁决的承认和执行

1994年《仲裁法》、2007年《民事诉讼法》、最高人民法院有关司法解释,构成了涉外仲裁裁决在中国内地承认和执行的法律依据,其对当事人申请执行裁决的期限、管辖法院、申请执行的手续、人民法院不予执行的条件等作出了较全面的规定。

1. 申请执行的期限

1991年《民事诉讼法》规定,当事人请求人民法院执行涉外仲裁裁决,一方或者双方当事人是公民的为1年,双方是法人或者其他组织的为6个月。[1] 有学者认为,与外国规定的申请法院执行裁决的期限相比,我国的规定较短;虽然较短期间能够督促当事人尽快履行权利义务,但有可能导致胜诉一方当事人因不能及时行使权利而无法得到法律保护,不利于创造当事人自动履行、协商履行裁决的良好氛围。[2] 2007年《民事诉讼法》规定,当事人申请仲裁裁决执行的期间为2年。申请执行时效的中止、中断,适用法律有关诉讼时效中止、中断的规定。申请执行的期间,从法律文书规定履行期间的最后1日起计算;法律文书规定分期履行的,从规定的每次履行期间的最后1日起计算;法律文书未规定履行期间的,从法律文书生效之日起计算。[3]

2. 当事人申请执行裁决应提交的文件

涉外仲裁裁决的一方当事人向人民法院申请执行裁决的,应当提出书面申请书,并附裁决书副本和载有仲裁条款的合同书或仲裁协议书;如申请人为外国一方

---

〔1〕 中国内地1991年《民事诉讼法》第219条。

〔2〕 赵健:《国际商事仲裁裁决的承认与执行》,法律出版社,2000年版,第216页。

〔3〕 中国内地2007年《民事诉讼法》第215条。

当事人，其申请书须用中文提出。申请人还需预缴申请执行的费用。[1]

3. 管辖法院

依2007年《民事诉讼法》第257条规定，一方当事人不履行中华人民共和国涉外仲裁机构裁决的，对方当事人可以向被申请人住所地或者财产所在地的中级人民法院申请执行。

4. 不予承认和执行涉外仲裁裁决的理由

根据《仲裁法》第71条和2007年《民事诉讼法》第258条第1款的规定，被申请人提出证据证明仲裁裁决有下列情形之一的，经人民法院组成合议庭审查核实，裁定不予执行涉外仲裁机构作出的裁决：(1)当事人在合同中没有订有仲裁条款或者事后没有达成书面仲裁协议的；(2)被申请人没有得到指定仲裁员或者进行仲裁程序的通知，或者由于其他不属于被申请人负责的原因未能陈述意见的；(3)仲裁庭的组成或者仲裁的程序与仲裁规则不符的；(4)裁决的事项不属于仲裁协议的范围或者仲裁机构无权仲裁的。

根据我国《仲裁法》第63条和2007年《民事诉讼法》第213条的规定，被申请人可以"认定事实的主要证据不足"、"适用法律确有错误"以及"仲裁员在仲裁该案时有贪污受贿、徇私舞弊、枉法裁决行为"作为请求不予执行国内仲裁裁决的理由。可见，法院在执行涉外仲裁裁决时，主要审查程序事项；而对国内仲裁裁决，法院不仅审查程序事项，而且审查仲裁庭认定事实和适用法律等实体事项。与国内仲裁裁决不予执行的理由相比，我国对执行涉外仲裁裁决的执行设置了较为宽松的条件。

依照2007年《民事诉讼法》第258条第2款规定，人民法院可以依职权主动审查涉外仲裁裁决是否违背社会公共利益。

二、外国仲裁裁决的承认与执行

(一)外国仲裁裁决的界定

关于外国仲裁裁决的判断标准，主要存在两种不同观点。

一种观点认为，外国仲裁裁决是由外国仲裁机构作出的裁决。我国法律没有明确规定仲裁裁决国籍如何确定，但2007年《民事诉讼法》第267条规定："国外仲裁机构的裁决，需要中华人民共和国人民法院承认和执行的，应当由当事人直接向被执行人住所地或者其财产所在地的中级人民法院申请，人民法院应当依照中华人民共和国缔结或者参加的国际条约，或者按照互惠原则办理。"从文义看，该条规定的"国外仲裁机构"，可以理解为"外国仲裁机构"，即在中国境外依据当地法律设立的仲裁机构。有人由此认为："作出裁决的仲裁机构是区分我国仲裁裁

---

〔1〕 1992年《最高人民法院关于适用〈中华人民共和国民事诉讼法〉若干问题的意见》第314条，1998年《最高人民法院关于人民法院执行工作中若干问题的规定(试行)》第20条。

决与外国仲裁裁决的标准,即我国仲裁机构作出的仲裁裁决就是我国仲裁裁决,外国仲裁机构作出的仲裁裁决就是外国仲裁裁决。"[1]概言之,一个仲裁裁决是中国的还是外国的裁决取决于它是由中国的仲裁机构作出的还是由外国仲裁机构作出,仲裁机构的所在地决定了裁决的国籍。这一观点在最高人民法院的答复中得到体现。针对一宗由国际商会国际仲裁院作出但仲裁地在香港特别行政区的裁决,最高人民法院认为,由于国际商会仲裁院是在法国设立的仲裁机构,而我国和法国均为《承认及执行外国仲裁裁决公约》的成员国,因此审查本案裁决的承认和执行,应适用该公约的规定。[2] 因此,该案所涉裁决的仲裁地虽然是在香港,但下级法院应以作出裁决的仲裁机构所在地来判断该裁决是否为外国裁决。

另一种观点认为,国外仲裁机构裁决是否就是外国仲裁裁决,需要区分具体情况分别决定。对于那些位于我国境外的仲裁机构作出的裁决。如果仲裁地也在我国境外,仲裁机构管理的仲裁庭作出的裁决就是外国裁决。如果当事人选择了这些仲裁机构所在国以外的国家和地区作为仲裁地,在此情况下仲裁庭作出的裁决,不再具有该特定仲裁机构所在国的国籍,而具有裁决地国的国籍。此时外国仲裁机构裁决就不能等同于外国裁决。[3]

作者认为,对外国裁决的认定,需要结合我国加入的国际公约加以考察。依据2007年《民事诉讼法》第236条,中华人民共和国缔结或者参加的国际条约同该法有不同规定的,适用该国际条约的规定,但中华人民共和国声明保留的条款除外。该条确立了国际公约效力优先的原则。如果我国加入的国际公约识别外国仲裁裁决的标准与我国法律对该问题的理解有差异,除我国声明保留的条款外,应优先考虑该公约确立的标准。鉴于大多数国家已加入《纽约公约》,我国司法实践中遇到的一些难以确定国籍的裁决,通常与《纽约公约》的其他缔约国有关联,此时应首先考虑《纽约公约》关于外国裁决的认定标准。《纽约公约》规定的外国裁决,是指在申请执行地国以外作出的裁决,或者是仲裁程序适用不同于被请求国的其他国家法律的裁决。[4] 其中更具实践意义的是仲裁地标准,即外国裁决主要是指在执行地国之外的国家和地区作出的裁决。我国在加入《纽约公约》的声明中明确表明,中华人民共和国只在互惠的基础上对在另一缔约国领土内作出的仲裁裁决的

---

〔1〕 王天红:"论国际商事仲裁裁决国籍的确定",《人民司法》,2006年第9期,第36页。

〔2〕 最高人民法院[2004]民四他字第6号。

〔3〕 赵秀文:"国外仲裁机构裁决不等于外国仲裁裁决",《法学》,2006年第9期,第129页。

〔4〕《关于承认和执行外国仲裁裁决的公约》第1条第1款,第5条第1款第5项。

承认和执行适用该公约。[1] 在《纽约公约》框架下,外国仲裁裁决主要是指在其它缔约国境内作出的仲裁裁决。

(二)外国仲裁裁决的承认与执行

实践中,我国执行的外国仲裁裁决分为《纽约公约》裁决(以下简称公约裁决)和非《纽约公约》裁决(以下简称非公约裁决)。以下主要讨论公约裁决的执行问题。

1. 公约裁决的范围

根据我国加入公约时所作的互惠保留声明,申请我国法院承认和执行的仲裁裁决,仅限于1958年《纽约公约》对我国生效后在另一缔约国领土内作出的仲裁裁决。根据中国加入《纽约公约》时做出的商事保留声明,中国仅对按照中国法律属于契约性和非契约性的商事法律关系引起的争议适用该公约。所谓"契约性和非契约性商事法律关系",具体是指由于合同、侵权或者根据有关法律规定而产生的经济上的权利义务关系,例如,货物买卖、财产租赁、工程承包、加工承揽、技术转让、合资经营、合作经营、勘探开发自然资源、保险、信贷、劳务、代理、咨询服务和海上、民用航空、铁路、公路的客货运输以及产品责任、环境污染、海上事故和所有权争议等,但不包括外国投资者与东道国政府之间的争端。[2]

2. 当事人申请承认和执行的期限

依照《纽约公约》规定,承认、执行的程序依据被申请地国家的法律。向我国申请的承认和执行案件,适用中国的程序法。依据2007《民事诉讼法》第215条,申请执行裁决的期间为2年。申请执行时效的中止、中断,适用我国法律有关诉讼时效中止、中断的规定。

3. 管辖法院

根据最高人民法院《关于执行我国加入的〈承认及执行外国仲裁裁决公约〉的通知》,[3] 当事人的申请应由我国下列地点的人民法院管辖:被执行人为自然人的,为其户籍所在地或者居住地;被执行人为法人的,为其主要办事机构所在地;被

---

〔1〕 1986年12月2日第六届全国人民代表大会常务委员会第十八次会议决定,中华人民共和国加入《承认与执行外国仲裁裁决公约》,并同时声明:(1)中华人民共和国只在互惠的基础上对在另一缔约国领土内作出的仲裁裁决的承认和执行适用该公约;(2)中华人民共和国只对根据中华人民共和国法律认定为属于契约性和非契约性商事法律关系所引起的争议适用该公约。

〔2〕 1965年《解决国家与他国国民之间投资争端公约》于1993年2月6日对我国生效,据此有关外国投资者与我国政府之间就投资问题产生的争议受该公约调整。依据该公约作出的裁决具有约束力,缔约国不得对裁决进行审查并应将其如同本国法院最终判决一样加以承认和执行。该公约下的裁决常被视作非国内裁决,其执行与一般的外国商事裁决相比有很大差异,本节不作讨论。

〔3〕 1987年4月10日最高人民法院《关于执行我国加入的〈承认及执行外国仲裁裁决公约〉的通知》(法经发[1987]15号)。

执行人在我国无住所、居所或者主要办事机构，但有财产在我国境内的，为其财产所在地。

4. 承认和执行的收费

根据1998年《最高人民法院关于承认和执行外国仲裁裁决收费及审查期限问题的规定》，人民法院受理当事人申请承认和执行外国仲裁裁决的，应按照《人民法院诉讼收费办法》有关规定，依申请执行的金额或标的价额预收执行费。[1]

5. 审理期限

当事人依照《纽约公约》规定的条件申请承认和执行外国仲裁裁决，受理申请的人民法院决定予以承认和执行的，应在受理申请之日起两个月内作出裁定，如无特殊情况，应在裁定后六个月内执行完毕；决定不予承认和执行的，须按最高人民法院《关于人民法院处理与涉外仲裁及外国仲裁事项有关问题的通知》的有关规定，在受理申请之日起两个月内上报最高人民法院。[2]

6. 申请文件

一方当事人在中国申请承认和执行裁决，应该向法院提交申请书，并附具经正式认证的裁决正本或经过正式证明的副本；《纽约公约》规定的仲裁协议正本或经过正式证明的副本。如果上述裁决或协议不是用中文作成，申请承认和执行裁决的当事人应该提交这些文件的中文译本。译本应该由官方或宣过誓的译员或外交或领事人员证明。但是，进行认证和证明的手续在何地办理，依何国法律办理，公约未作统一明确规定。最高人民法院《关于人民法院执行工作若干问题的规定（试行）》第21条第2款规定，“申请执行国外仲裁机构的仲裁裁决的，应当提交经我国驻外使领馆认证或我国公证机关公证的仲裁裁决书中文本”。

7. 不予承认和执行的理由

我国有管辖权的法院接到一方当事人的申请后，应对申请承认及执行的仲裁裁决进行审查，如果认为不具有《纽约公约》第5条第1款、第2款所列的情形，应当裁定承认其效力，并按《民事诉讼法》规定的程序执行；如果认定具有第5条第2款所列的情形之一的，或者根据被执行人提供的证据证明具有第5条第1款所列情形之一的，应当裁定驳回申请，拒绝承认及执行。[3]

申请我国法院承认、执行的仲裁裁决，不是在《纽约公约》缔约国领土内作出，但申请承认和执行仲裁裁决的当事人所属国或者裁决作出地国同中国签订有承认和执行仲裁裁决的双边协定，或者当事人所属国或者裁决作出地国加入了中国业

---

〔1〕 最高人民法院《关于承认和执行外国仲裁裁决收费及审查期限问题的规定》（法释[1998]28号）第2条。

〔2〕 最高人民法院《关于承认和执行外国仲裁裁决收费及审查期限问题的规定》第4条。

〔3〕 最高人民法院《关于执行我国加入的〈承认及执行外国仲裁裁决公约〉的通知》第4条。

已加入的其他相关国际公约,可按照双边协定或其他国际公约的相关规定办理仲裁裁决的承认和执行。如果申请承认和执行仲裁裁决的当事人所属国或者裁决作出地国同中国未订立承认和执行仲裁裁决的双边协定,两国间也没有共同参加相关国际公约,人民法院应当根据互惠原则决定是否承认和执行该项裁决。[1] 实践中,法院参照承认和执行外国法院判决的程序和条件对仲裁裁决进行审查。[2]

三、中国诸法域间仲裁裁决的相互执行

(一)内地与香港间仲裁裁决的相互执行

内地和香港相互执行仲裁裁决可以分为三个阶段:

1.《纽约公约》框架内裁决的承认和执行

中国加入《纽约公约》至香港回归之前,内地和香港之间的仲裁裁决的承认和执行是在《纽约公约》框架内进行的。1977 年,英国作为《纽约公约》的缔约国,依据公约第 10 条的规定,将《纽约公约》延伸适用于香港地区。[3] 中国于 1986 年加入《纽约公约》,次年该公约对中国生效。因此,在内地作出的商事仲裁裁决被视作香港地区《仲裁条例》(Arbitration Ordinance)所规定的公约裁决,可依据《纽约公约》在香港获得承认和执行。[4] 自 1989 年香港地区高等法院首次依《纽约公约》强制执行中国国际经济贸易仲裁委员会深圳分会作出的仲裁裁决,直至 1997 年 6 月 30 日香港回归以前,香港地区法院承认和执行了约 160 余份内地仲裁裁决,中国内地法院按照《纽约公约》执行了 13 件在香港作出的仲裁裁决。[5]

2. 仲裁裁决承认和执行的法律空白阶段

就国际条约自 1997 年 7 月 1 日起在香港的适用问题,中国政府于 1997 年 6 月 6 日向联合国递交《中国政府为香港特别行政区适用有关多边国际条约所作的声明和保留》的照会。该照会声明,《纽约公约》将在互惠保留的前提下于 1997 年 7 月 1 日起适用于香港地区,中国政府确认从该日起对《纽约公约》适用于香港地区所产生的国际权利和义务负责。根据《纽约公约》第 1 条第 1 款的规定,公约适用于在申请承认和执行地所在国以外国家领土内作成的仲裁裁决以及非内国裁决。依此规定,《纽约公约》只能适用于香港地区与外国缔约国之间、不能适用于同属

---

〔1〕 中国内地 2007 年《民事诉讼法》第 267 条。

〔2〕 韩健:《现代国际商事仲裁法的理论与实践(修订版)》,法律出版社,2000 年版,第 480 页。

〔3〕《关于承认和执行外国仲裁裁决的公约》第 10 条第 1 款规定,任何国家于签署、批准或加入时可以声明将本公约推广适用于由其负责国际关系的一切或任何领土;此项声明于本公约对有关国家生效时发生效力。

〔4〕 韩健、宋连斌:"试论 1997 年后内地国际商事仲裁裁决在香港的执行",司法部司法协助局:《司法协助研究》,法律出版社,1996 年版,第 368 ~ 369 页。

〔5〕 郭晓文:"中国内地和香港之间仲裁制度的相互合作",林一飞主编:《商事仲裁法律报告》,中信出版社,2004 年版,第 1 卷。

一个主权国家的内地和香港之间仲裁裁决的相互承认和执行。

在《纽约公约》无法适用的情况下，内地仲裁裁决只能依据普通法的相关规定在香港地区请求承认和执行，但该程序复杂、审查烦琐、成本高昂、耗时冗长，当事人的利益无法得到有效保障。这种困境直接体现在1998年五丰行有限公司（Ng Fung Hong Limited）在香港地区高等法院申请执行内地裁决案中。[1] 香港高等法院在判词中指出，案件所涉裁决在香港地区申请执行时不再是《纽约公约》裁决，该裁决也不是香港《仲裁条例》所定义的香港地区本地裁决。当事人如果希望执行该裁决，只能是在香港法院提起违约之诉，请求法院承认和执行仲裁裁决所确定的未清偿债务。香港裁决在内地的执行同样遇到障碍。1998年7月31日，山西省太原市中级人民法院在RAAB Karcherc Kohle GmbH v. Shanxi Sanjia Coal Chemistry Company Limited申请执行香港地区裁决案中，认为内地法院执行香港裁决缺乏法律依据，裁定无限期搁置申请人关于执行香港国际仲裁中心裁决的申请。其后，北京、安徽、山东和广东等省、市的人民法院相继对多件香港地区仲裁裁决的承认和执行作出了同样的决定。[2] 这段时间，出现了内地和香港的商事仲裁裁决在对方法域不能执行或不能顺利执行的法律"真空期"。

3.《关于内地和香港特别行政区相互执行仲裁裁决的安排》确立的框架

为消除香港回归后两个法域仲裁裁决执行受阻的困境，最高人民法院在1999年6月与香港特别行政区的代表签署了《关于内地和香港特别行政区相互执行仲裁裁决的安排》（以下简称《香港安排》），对两地间仲裁裁决相互执行的条件、程序、费用、期限等作出了规定。

（1）特点

《香港安排》在内容上以《纽约公约》为蓝本，并适应现实需要，尽可能地保留了两地间在香港回归前依据《纽约公约》相互执行裁决的经验。在形式上，两地将《香港安排》转化为各自的域内法。其中，内地由最高人民法院将《香港安排》以司法解释的形式发布，香港特区立法委员会将《香港安排》纳入到2000年《仲裁（修订）条例》。《香港安排》成为两地借鉴国际条约解决区际仲裁裁决执行问题的典范。

（2）主要内容

双方同意参照国际公约和国际惯例，以保持相互承认和执行对方仲裁裁决的连续性和稳定性。为此，香港法院同意执行内地仲裁机构（名单由国务院法制办公室经国务院港澳办公室提供）按《仲裁法》作出的裁决，内地法院同意执行在香

---

〔1〕［1998］1 HKC 213.

〔2〕李剑强：《中国内地与香港地区承认与执行仲裁裁决制度之比较及实例分析》，人民法院出版社，2006年版，第139页。

港地区按照香港特别行政区《仲裁条例》作出的裁决。《香港安排》主要内容如下:

A. 管辖法院

一方当事人可以向被申请人住所地或财产所在地的有关法院申请执行。有关法院,在内地指被申请人住所地或者财产所在地的中级人民法院,在香港指香港特区高等法院。

B. 提交文件

申请人向有关法院申请执行在内地或者在香港特区作出的仲裁裁决的,应提交的文书包括执行申请书、仲裁裁决书和仲裁协议。

C. 程序

申请人向有关法院申请执行内地或者香港特区仲裁裁决的期限、诉讼费用和程序依据执行地法律的规定。

D. 仲裁裁决的不予执行

在内地或者香港申请执行的仲裁裁决,被申请人接到通知后提出证据证明有下列情形之一的,经审查核实,有关法院可裁定不予执行:(1)仲裁协议当事人依对其适用的法律属于某种无行为能力的情形;或者该项仲裁协议依约定的准据法无效;或者未指明以何种法律为准时,依仲裁裁决地的法律是无效的;(2)被申请人未接到指派仲裁员的适当通知,或者因他故未能陈述意见的;(3)裁决所处理的争议不是交付仲裁的标的或者不在仲裁协议条款之内,或者裁决载有关于交付仲裁范围以外事项的决定的;但交付仲裁事项的决定可与未交付仲裁的事项划分时,裁决中关于交付仲裁事项的决定部分应当予以执行;(4)仲裁庭的组成或者仲裁庭程序与当事人之间的协议不符,或者在有关当事人没有这种协议时与仲裁地的法律不符的;(5)裁决对当事人尚无约束力,或者业经仲裁地的法院或者按仲裁地的法律撤销或者停止执行的。

法院依执行地法律认定争议事项不能以仲裁解决的,可不予执行该裁决。内地法院认定在内地执行该仲裁裁决违反内地社会公共利益,或者香港法院认定在香港执行该仲裁裁决违反香港公共政策,可不予执行该裁决。

(二)内地与澳门间仲裁裁决的相互执行

澳门在葡萄牙统治期间,仲裁制度长期处于滞后状态。澳门仲裁制度最早可追溯到1961年葡萄牙《民事诉讼法典》第4章对仲裁的专门规定。1963年该法典延伸适用于澳门,澳门开始有仲裁法律制度。但葡萄牙加入的1927年《日内瓦公约》和《纽约公约》等国际公约没有扩展适用于澳门。在实践中,澳门地区的民商事纠纷除通过中国民间传统方式解决外,主要通过诉讼方式由法院裁判解决,仲裁被长期忽视。

随着澳门回归的日益临近、澳门对外民商事交往的拓展和深化,与澳门有关的各种商事纠纷大量增加,客观上要求发展和健全仲裁制度,以适应社会发展需要。

1996年5月29日经澳门总督核准，颁布了第29/96/M号法令，核准通过澳门地区《自愿仲裁法》，确立了澳门本地仲裁制度。澳门政府于1998年11月23日由澳门总督核准，以第55/98/M号法令公布了澳门地区《涉外商事仲裁法》，建立起澳门涉外商事仲裁制度。该法以1985年联合国《示范法》为蓝本，采纳了《示范法》中的重要制度和规则。依据上述法律，澳门本地裁决依照《自愿仲裁法》，遵循《民事诉讼法典》的有关规定执行。国际商事仲裁裁决依据《涉外商事仲裁法》第35、36条的规定，遵循与《示范法》相同的程序予以承认和执行。

澳门回归后，中国政府在互惠保留的前提下将《纽约公约》扩展适用于澳门。澳门地区和《纽约公约》缔约国之间仲裁裁决的相互承认和执行可以参照公约进行，但是作为一个主权国家领土范围内的两个法律区域，内地和澳门间的仲裁裁决无法依据《纽约公约》承认和执行。最高人民法院与澳门特别行政区协商后，于2007年10月30日达成《关于内地与澳门特别行政区相互认可和执行仲裁裁决的安排》(以下简称《澳门安排》)。《澳门安排》由最高人民法院以司法解释的形式公布，自2008年1月1日起实施。

与《香港安排》相比，《澳门安排》有明显的发展。

1. 明确仲裁裁决的种类

澳门特别行政区的裁决除澳门仲裁机构按照澳门仲裁法规在澳门作出的民商事仲裁裁决外，还包括澳门仲裁员依澳门仲裁法规在澳门作出的民商事仲裁裁决。内地裁决是指内地仲裁机构依据内地《仲裁法》在内地作出的民商事仲裁裁决。就仲裁性质而言，《澳门安排》明确规定为民商事仲裁裁决，而非局限于商事裁决。

2. 扩展管辖法院

除被申请人住所地或者财产所在地的有关法院可以管辖外，被申请人经常居住地的法院可受理认可和执行裁决的申请。其中，内地有权受理认可和执行仲裁裁决申请的法院为中级人民法院，澳门有权受理认可仲裁裁决申请的法院为中级法院，有权执行的法院为初级法院。

3. 强化两地间的司法合作

(1)管辖竞合的协调

被申请人的住所地、经常居住地或者财产所在地分别在内地和澳门的，《澳门安排》赋予仲裁当事人自由选择权，申请人既可以向一地法院提出认可和执行申请，也可分别向两地法院提出申请。但是，如果两地法院分别行使管辖权执行裁决，有可能使执行财产的总额超过裁决所确定的数额，侵害被申请人的权利。在此情况下，《澳门安排》特别规定，仲裁地法院应当先进行执行清偿；另一地法院在收到仲裁地法院关于经执行债权未获清偿情况的证明后，可对申请人未获清偿的部分执行清偿。两地法院执行财产的总额，不得超过依据裁决和法律规定所确定的数额。

(2)资料交换

为保证《澳门安排》顺利有效地实施,促进两地间司法合作,最高人民法院和澳门特别行政区终审法院应当相互提供相关法律资料,且每年应当相互通报执行《澳门安排》的情况。

4. 明确申请撤销裁决的后果

根据《澳门安排》第 9 条,一方当事人向一地法院申请执行仲裁裁决,另一方当事人向另一地法院申请撤销该仲裁裁决,被执行人申请中止执行且提供充分担保的,执行法院应当中止执行。根据经认可的撤销仲裁裁决的判决、裁定,执行法院应当终结执行程序。撤销仲裁裁决申请被驳回的,执行法院应当恢复执行。当事人申请中止执行的,应当向执行法院提供其他法院已经受理申请撤销仲裁裁决案件的法律文书。

5. 强化法院支持

法院在受理认可和执行仲裁裁决申请之前或者之后,可以依当事人的申请,按照法院地法律规定,对被申请人的财产采取保全措施。

6. 简化手续

根据《澳门安排》第 12 条,由一方有权公共机构(包括公证员)作成的文书正本或者经公证的文书副本及译本,在适用本安排时,可以免除在对方使用的认证手续。

(三)大陆和台湾地区间仲裁裁决的相互认可与执行

大陆和台湾地区的司法协助仍处于僵持状态,两岸在相互认可仲裁裁决方面的合作无明显进展,主要原因在于两岸相互认可仲裁裁决的问题具有如下复杂性:(1)彼此给予对方仲裁裁决特殊待遇。在一个中国原则下,海峡两岸均既不将对方仲裁裁决视为本地仲裁裁决也不将其视为“外国仲裁裁决”,而是将其作为特殊类型的仲裁裁决予以特殊对待。(2)无既定的模式可以遵循。海峡两岸相互认可仲裁裁决,属中国内部区际司法协助的范畴。此种司法协助究竟采取何种模式,无成功范例可资借鉴。虽然在中国内部,内地与香港、澳门已通过协商方式对相互执行仲裁裁决作出了适当的安排,但目前还难以被借鉴为海峡两岸相互认可仲裁裁决的模式。由于台湾政治生态的复杂性和对大陆政治上的不信任感,大陆和台湾协商安排相互认可仲裁裁决在现阶段还难以付诸实施。(3)认可的依据缺乏明确性和可操作性。大陆和台湾地区目前认可对方仲裁裁决的依据,均为单方制定的规定。两岸关于认可对方仲裁裁决的规定,在内容上比较原则,明确具体的操作规则较少,实际上将彼岸仲裁裁决放到既可以认可也可以不认可的“两可”位置,使彼岸仲裁裁决在此岸的认可具有极大的不确定性。

1. 海峡两岸相互认可仲裁裁决的现有依据

(1)大陆认可台湾地区仲裁裁决的依据

大陆法院认可台湾地区仲裁裁决的依据主要是1998年1月15日最高人民法院下发的《关于人民法院认可台湾地区有关法院民事判决的规定》(以下简称《规定》)。该《规定》虽然针对的是台湾地区有关法院的民事判决,但根据其第19条,该《规定》亦适用于认可台湾地区的仲裁裁决。按照该《规定》,台湾地区仲裁裁决,当事人的住所地、经常居住地或被执行财产所在地在其他省、自治区、直辖市的,当事人可以依该《规定》向申请人住所地、经常居住地或者被执行财产所在地中级人民法院申请认可。申请认可台湾地区仲裁裁决的,应当在该仲裁裁决作成后一年内提出。申请人应提交申请书,并须附有不违反一个中国原则的台湾地区仲裁裁决书正本或经证明无误的副本、证明文件、仲裁协议等相关文件。申请书应记明以下事项:(1)申请人基本情况;(2)当事人受通知和应诉情况及证明文件;(3)请求和理由;(4)其他需要说明的情况。人民法院收到申请书后,经审查认为符合上述条件的,应在七日内受理;不符合上述条件的,不予受理,并在七日内通知申请人,同时说明不受理的理由。

人民法院审查认可台湾地区仲裁裁决的申请,由审判员组成合议庭进行。按照该《规定》,台湾地区仲裁裁决如有下列情形之一的,人民法院应当裁定不予认可:(1)申请认可的仲裁裁决的效力未确定的;(2)申请认可的仲裁裁决,是在被申请人缺席又未经合法通知或在被申请人无完全行为能力又未得到适当代理的情况下作出的;(3)案件系人民法院已作出判决,或者外国、境外地区法院作出判决或境外仲裁机构作出仲裁裁决已为人民法院所承认的;(4)申请认可的仲裁裁决具有违反国家法律的基本原则,或者损害社会公共利益情形的。[1] 人民法院经审查认为申请符合条件且台湾地区仲裁裁决不具有不予认可的情形的,裁定予以认可;需要执行的,依照《民事诉讼法》规定的强制执行程序予以执行。

该《规定》因其不是针对台湾地区仲裁裁决的认可而发布的司法解释,没有涉及认可台湾地区仲裁裁决所应考虑的特殊问题,如仲裁协议是否有效、裁决事项是否属于仲裁协议的范围、仲裁庭的组成或仲裁的程序与当事人的约定或仲裁规则的规定或仲裁地法的规定是否相符、裁决事项是否具有可仲裁性等。有鉴于此,作者认为,按照仲裁的一般原理、大陆的立法精神和司法实践,对当事人申请认可的台湾地区仲裁裁决,如果被申请人提出证据证明有下列情形之一的,人民法院应当裁定不予认可:(1)仲裁协议的双方当事人,根据对他们适用的法律,当时处于某种无行为能力的情况之下;或者根据双方当事人选择的法律,或在没有选择时根据仲裁地法律,仲裁协议无效;(2)被申请人没有被给予指定仲裁员或者进行仲裁程序的适当通知,或者由于其他非被申请人的原因而未能对案件提出意见;(3)裁决

---

〔1〕 最高人民法院《关于人民法院认可台湾地区有关法院民事判决的规定》(法[1998]54号)第9条。

事项超出仲裁协议的范围;(4)仲裁庭的组成或仲裁程序与当事人的约定不符,或者当事人没有约定时与仲裁适用的仲裁规则不符,或仲裁规则无规定时与仲裁地法律不符;(5)裁决对当事人没有拘束力,或者裁决已被裁决地主管机关撤销或停止执行。此外,人民法院认定台湾地区仲裁裁决所裁决的争议事项依大陆法律不可以仲裁的,应当裁定不予认可。对于不予认可台湾地区仲裁裁决的上述情形,大陆应当以专门规定予以明确。

(2)台湾地区认可大陆仲裁裁决的依据

尽管台湾地区法学理论界对大陆地区仲裁裁决究竟属于何种类型的仲裁裁决有不同看法,但主流观点认为,大陆地区的仲裁裁决,在台湾地区既不属于其"仲裁法"中所称的"外国仲裁裁决",也有别于台湾地区的仲裁裁决。按照台湾地区有关规定,大陆地区的仲裁裁决和"外国仲裁裁决"在台湾地区发生效力的程序不相同。大陆地区的仲裁裁决在台湾地区发生效力系采裁定"认可",以与"外国仲裁裁决"的"承认"程序相区别。〔1〕 有台湾地区学者提出,大陆地区的仲裁裁决应被视为一种特殊的仲裁裁决,以特别法的方式予以认可和执行。〔2〕

台湾地区关于认可大陆仲裁裁决的规定最早见于1992年7月31日颁布的"台湾地区与大陆地区人民关系条例"(以下简称"关系条例")。其第74条第1项规定,在大陆地区作成的民事确定裁判、民事仲裁判断,不违背台湾地区公共秩序或善良风俗者,得申请法院裁定认可。第2项规定,前项经法院认可之裁判或判断,以给付为内容得为执行名义。1997年5月14日台湾地区对"关系条例"进行修正,增加了第3项,即:前两项规定,以在台湾地区作成之民事确定裁判、民事仲裁判断,得申请大陆地区法院裁定认可或为执行名义者,始适用之。由此可见,台湾地区对大陆仲裁裁决的认可,不仅有"公序良俗"的限制,而且有"互惠"的要求。

"关系条例"虽然对认可大陆仲裁裁决作了原则性规定,但其"公序良俗"的限制和"互惠"要求,实际上为大陆仲裁裁决在台湾地区寻求认可设置了严重障碍,尤其是"互惠"的要求,更可能成为台湾地区拒绝认可大陆仲裁裁决的借口。在岛内"台独"势力依然存在的情况下,如果台湾地区仲裁裁决因违反一个中国原则而被大陆法院裁定不予认可,当事人申请台湾地区法院认可大陆仲裁裁决时,台湾地区有关当局也可能以无"互惠"为由,主张不予认可大陆仲裁裁决。由此,两岸相互认可仲裁裁决势必走向僵局。

2. 两岸相互认可仲裁裁决的实践

因受海峡两岸政治对立的影响,两岸在认可对方仲裁裁决方面均采取了较为

---

〔1〕 杨崇森、黄正宗等:《仲裁法新论》,台湾地区中华仲裁协会,1999年版,第359页。

〔2〕 林俊益:"论大陆地区仲裁判断在台湾地区之执行",《商务仲裁》,第21期,台湾地区中华仲裁协会,1989年版,第1~22页。

保守的态度。迄今为止，两岸相互认可仲裁裁决还仅处于“尝试”阶段。

2004 年 7 月 23 日厦门市中级人民法院依法裁定认可台湾地区中华仲裁协会的仲裁裁决，成为大陆首例认可台湾地区仲裁机构仲裁裁决的案件。申请人和华（海外）置地有限公司法人代表翁俊谦与被申请人凯歌（厦门）高尔夫球俱乐部有限公司吴明秀因投资高尔夫球俱乐部发生债权债务纠纷。该债权债务纠纷案业经台湾地区中华仲裁协会作出裁决确定，被申请人应给付申请人 390 万美元及自 1999 年 11 月 29 日起至清偿日止按年利率 5% 计算的利息，并承担 65% 的仲裁费。因被申请人可供执行的财产在厦门，申请人遂申请厦门市中级人民法院认可该裁决的法律效力。厦门市中级人民法院受理该案后，根据最高人民法院《规定》第 9 条和第 19 条，对该裁决内容的效力予以审查，认为该裁决的内容不违反大陆的法律规定，遂裁定对该裁决予以认可。2004 年 7 月 30 日申请人向厦门市中级人民法院申请执行。[1]

台湾地区认可大陆仲裁裁决的案例为“2003 年仲声字第一号”民事裁定。该裁定针对的是中国国际经济贸易仲裁委员会对申请人与相对人因违反工程合约事件所作成的仲裁裁决。该裁定称：本件申请人申请认可之大陆地区中国国际经济贸易仲裁委员会（2003）贸仲裁字第 0015 号裁决书，并经北京市公证处以（2003）京证台字第 0256 号公证属实，并经财团法人海峡交流基金会以（92）核字第 017947 号验证属实。经台湾地区台中地方法院裁定认可本件仲裁判断，经核其仲裁程序即为合法，且查该仲裁判断并无违背台湾地区公共秩序或善良风俗之情事，则申请人请求准予认可，自应予以准许。相对人不服，向台湾地区高等法院台中分院抗告，亦经该院 2003 年度抗字第 1209 号裁定驳回抗告。[2]

海峡两岸认可对方仲裁裁决的事例虽不多见，但毕竟有了开端。此开端无疑为两岸在相互认可仲裁裁决方面的进一步合作奠定了基础。两岸直接“三通”以后，随着两岸经贸交往的日益频繁，由此产生的经贸纠纷将逐渐增多。在现有格局下，两岸经贸纠纷如以诉讼方式解决，此岸法院的判决在彼岸的认可和执行往往十分困难。为使纠纷的解决结果能够得以实现，两岸经贸纠纷当事人，或许更乐于采取仲裁这一民间方式解决他们之间的纠纷。有台湾学者认为，为避免政治上的分歧，仲裁“实为解决海峡两岸人民往来经贸纠纷之最佳途径”。[3] 两岸经贸纠纷仲裁案件的不断增多，意味着要求两岸相互认可仲裁裁决的呼声将不断高涨，海峡两岸在相互认可仲裁裁决方面加强合作，已势在必行。在新形势下，海峡两岸应当

---

〔1〕 梅贤明、郑金雄、周红岩：“厦门中院审结祖国大陆首例认可台湾地区仲裁机构裁决案”，见中国法院网 http://www.chinacourt.org/public/detail.php? id = 125622，2009 年 1 月 26 日访问。

〔2〕 宋锡祥：“海峡两岸司法协助新探”，《政治与法律》，2006 年第 2 期，第 92 页。

〔3〕 林俊益：《仲裁法之实用权益》，永然出版社，2001 年版，第 386 页。

本着有利于保护当事人合法利益、扩大两岸经贸交往、促进两岸关系正常化的宗旨,采取“官方”解禁,民间促进等多种措施,积极推动两岸的司法协助,以改善两岸相互认可仲裁裁决的条件。

从近期看,应当完善两岸认可对方仲裁裁决的依据,即两岸都应当针对认可对方仲裁裁决的问题制定明确具体的、具有可操作性的规定。大陆既已对台湾地区有关法院民事判决的认可出台了专门的规定,理应当对台湾地区仲裁裁决的认可出台专门规定。台湾地区既已在“关系条例”中对认可大陆仲裁裁决作出了原则性规定,理应将其具体化,制定更为详细的规则,以明确申请认可大陆仲裁裁决时当事人和法院的所为。两岸关于认可对方仲裁裁决的规定,至少应明确适用的范围、管辖法院、申请方式、申请人应当提交的文件、审查方式、期限、不予认可的情形等方面的问题。从长远看,在条件成熟时,两岸可以参照内地和香港相互执行仲裁裁决的模式,通过协商就仲裁裁决的相互认可作出安排,以使两岸相互认可仲裁裁决能够得到更有效的保障。

四、拒绝承认与执行国际商事仲裁裁决报告制度

(一)报告制度的特点

中国内地法院裁定不予执行或拒绝承认和执行国际商事仲裁裁决的,应当履行报告制度。报告制度的具体内容为,凡一方当事人向人民法院申请执行我国涉外仲裁机构裁决,或者向人民法院申请承认和执行外国仲裁机构的裁决,如果人民法院认为我国涉外仲裁机构裁决具有2007年《民事诉讼法》第258条规定情形之一的,或者申请承认和执行的外国仲裁裁决不符合我国参加的国际公约的规定或者不符合互惠原则的,在裁定不予执行或者拒绝承认和执行之前,必须报请本辖区所属高级人民法院审查;如果高级人民法院同意不予执行或者拒绝承认和执行,应将其审查意见报最高人民法院。待最高人民法院答复后,方可裁定不予执行或者拒绝承认和执行。[1]

报告制度具有以下特点:

1. 该制度是最高人民法院以通知形式建立,是法院内部的管理制度,在性质上属于人民法院上下级之间的业务监督。

2. 报告制度的对象是下级法院不予执行或拒绝承认和执行我国涉外仲裁机构作出的裁决和外国仲裁机构作出的裁决,不适用于我国非涉外的国内仲裁裁决。由于香港、澳门和台湾地区的裁决在理论和实践上被视作涉外裁决,下级法院不予执行的,也应报告上级法院并接受其监督。

3. 报告制度只适用于下级法院裁定不予执行或拒绝承认和执行国际商事仲

---

〔1〕 最高人民法院《关于人民法院处理与涉外仲裁及外国仲裁事项有关问题的通知》(法发[1995]18号)。

裁裁决,而不适用于下级法院裁定承认与执行国际商事仲裁裁决,即下级法院裁定承认和执行国际商事仲裁裁决的,无须向上级法院报告。由此,拒绝承认和执行国际商事仲裁裁决的最终决定权归属于最高人民法院。

(二)报告制度的意义

在我国内地司法实践中,一些法院不能准确理解和适用有关国际商事仲裁的立法和国际条约,任意扩大法院的监督权,随意否定仲裁裁决的效力,从而损害了仲裁当事人的合法权利和法律的权威性。我国《民事诉讼法》和《仲裁法》未对当事人就法院的错误裁定提供救济手段。依照2007年《民事诉讼法》第140条规定,人民法院不予执行仲裁裁决,应当以“裁定”的形式作出;当事人对此不服的,不能提起上诉。当事人对法院的裁定不能申请再审。[1] 在此背景下,最高人民法院建立报告制度,对下级法院不予执行国际商事仲裁裁决的裁定进行监督。

中国内地不同审级和不同地区的法院审判水平参差不齐,最高人民法院通过报告制度掌握不予执行国际商事仲裁裁决的最终决定权,以此控制和规范下级法院对国际商事仲裁裁决的司法审查标准,督促其严格执行和正确适用国际公约和国内有关法律,抑制地方保护主义,在一定程度上保障了国际商事仲裁裁决的顺利执行,维护仲裁当事人的合法权利。

(三)报告制度的缺陷

尽管报告制度体现我国内地法院对国际商事仲裁的大力支持,但被认为是“叠床架屋,是一项本不该有,然而目前实在不可没有的权宜之计”。[2] 具体言之,报告制度有以下缺陷:

1. 报告制度缺乏透明度

在具体案件中,下级法院是否履行了报告制度,当事人无法知晓。在下级法院没有履行报告制度而做出了对申请人或原告不利的裁定时,当事人不能上诉和申诉,检察院不能提起抗诉,当事人缺少合理的救济渠道。[3]

2. 报告制度过于抽象

最高人民法院仅规定了受案法院在裁定不予执行国际商事仲裁裁决之前应逐级上报,但对下级法院上报的形式、上报材料应包括的内容、上级法院审查的标准等具体问题没有作出明确规定。在实践中,下级法院一般以请示方式,将案件基本情况和法院的意见上报高级法院或最高人民法院,上级法院根据下级法院上报的材料进行审查。在此过程中,下级法院对案件事实的描述是否具体和准确,将直接

---

〔1〕 最高人民法院《关于当事人因对不予执行仲裁裁决的裁定不服而申请再审人民法院不予受理的批复》(法复[1996]8号)。

〔2〕 赵健:《国际商事仲裁裁决的承认与执行》,法律出版社,2000年版,第221页。

〔3〕 黄进等:《仲裁法学(修订版)》,中国政法大学出版社,2007年版,第212页。

影响上级法院的决定。

3. 报告制度可能减损国际商事仲裁的效率

逐级上报程序有可能因为手续烦琐和耗时冗长,无法有效地和及时地保障当事人的合法权利。如果最高人民法院最终确认了下级法院不予执行的裁定,则层层报告制度可能浪费司法资源,难以实现国际商事仲裁高效、快捷和经济的价值目标。

4. 缺乏对当事人的直接法律救济

报告制度在性质上属于法院系统内部的监督措施,上级法院完全依赖下级法院报送的材料进行审查,当事人缺乏必要的表达自己意见和观点的陈述机会,不利于法院客观、充分和准确地把握案件整体情况。

第十章　国际商事仲裁的司法监督

国际商事仲裁虽具有民间性、自治性，但其作为已制度化的纠纷解决方式在得到国家承认的同时应受到国家的司法监督。司法监督仲裁经历了由不管、严格、适度的过程，即从早期的不受司法监督、后来的受到严格司法监督、当代的适度司法监督，该过程在国际商事仲裁领域中尤为明显。司法监督仲裁涉及司法机关、仲裁庭、当事人之间的复杂关系，司法监督的法律效果直接涉及对整个仲裁活动和作为其结论的仲裁裁决之评价。仲裁的司法监督在整个仲裁活动中是一个总局性和决定性的问题。

第一节　国际商事仲裁司法监督的一般理论

一、商事仲裁司法监督的含义与起源

（一）商事仲裁司法监督的含义

“司法监督”又称为“司法复审”（judicial review）〔1〕、“法院干预”（court intervention）、“法院的协助和监督”（court assistance and supervision）〔2〕等，含义有广狭二义。狭义的司法监督专指法院对仲裁的审查和控制。广义司法监督不仅包括法院对仲裁的审查和控制，还包括对仲裁的支持与协助。〔3〕从语源考察，“监督”一词，本是“督察军事”，次后发展为“监察督促”之意。〔4〕在此意义上，商事仲裁的司法监督应包含有“支持与协助”的含义。当今世界范围内已普遍达成支持仲裁

---

〔1〕［英］施米托夫：《国际贸易法文选》，赵秀文译，中国大百科全书出版社，1993 年版，第 675 页。

〔2〕Andreas Bucher, Court Intervention in Arbitration, in Richard B. Lillich & Charles N. Brower ed., *International Arbitration in the* 21*st Century—Towards "Judicialization" and Uniformity*, Transnational Publishers, Inc., 1994, p. 29.

〔3〕赵健：《国际商事仲裁的司法监督》，法律出版社，2000 年版，第 1 页。

〔4〕辞海编辑委员会：《辞海》，上海辞书出版社，1979 年版，第 3866 页。

发展的共识，[1]将司法监督狭义地理解为“审查和控制”，不能反映仲裁与司法之间关系的全貌。对商事仲裁的司法监督宜从广义上来理解，是指根据一国国内法律或该国参加或缔结的有关国际条约的规定，国家通过法院对仲裁施以审查的方式达到支持仲裁发展的目的的行为。

（二）商事仲裁司法监督的起源

在仲裁发展早期，其发展处于自发状态，免受国家权力的干预。当时仲裁立法尚未出现，仲裁所遵循的和约束当事人的规则仅为道德规范，仲裁裁决没有借助国家司法的强制力，而是凭借仲裁者的公信力和争端方的道德良心来保证执行。

至中世纪，欧洲贸易发展，商业繁荣，适应形势需要，商人们在各主要集市和港口城市设立了处理商事争议的“商事法院”。这些“商事法院”不是现代意义上的司法法院，而是类似于国际商事仲裁机构，是商人为自治解决他们之间商事争议的产物，其运行完全游离于王权及宗教势力之外。[2] 随着教会权力的衰退与王权的崛起，国家法律与其他自治法之间的矛盾日益凸显。国家的世俗统治者认为，商人们行使司法权，自行解决纠纷，是对封建王权的侵犯，于是不允许商人们在他的统治下行使司法权。历史上出现了王权与商人法庭之间的斗争。在这场斗争中，王权最终取得了胜利，但王权也不得不做些让步，商人社会保留了对部分案件的处理权，由王权承认其地位和效力，并对商人的裁判行为进行监督。仲裁方法被国家政权认可并用法律的形式确定下来。法院对仲裁进行监督源始于此。[3]

随着各国对仲裁进行立法规范和司法中的案例裁决的发展，商事仲裁司法监督制度在各国确立，并随着时代的发展经历了从严格监督到适度监督的演变过程。

二、商事仲裁司法监督的正当性

仲裁与诉讼同为两种比肩而立的纠纷解决方式，各国立法、国际法纷纷确认了仲裁的合法性。但是这并不表示仲裁与诉讼是一种平行关系，仲裁活动必须单向地接受司法机关的监督。司法监督仲裁的正当性不仅是出于制衡仲裁权力的需要，而且是司法保障不容剥夺的基本要求，国际商事仲裁正常运转也需要国家司法力量的支持。

（一）权力制衡的需要

仲裁是一种司法外解决争议的制度化形式。虽然在仲裁中的纠纷当事人具有很大的自主性，但最终裁决的作出是仲裁庭行使仲裁权的结果。本质上，仲裁庭所

---

〔1〕 宋连斌：“理念走向规则：仲裁法修订应注意的几个问题”，《中国国际私法学会2004年年会论文集》及 http://rmfyb.chinacourt.org/public/detail.php? id = 72109，2008年4月10日访问。

〔2〕 [美]哈德罗·J·伯尔曼：《法律与革命——西方法律传统的形成》，贺卫方、高鸿钧、张志铭、夏勇译，中国大百科全书出版社，1993年版，第421～423页。

〔3〕 赵健：《国际商事仲裁的司法监督》，法律出版社，2000年版，第8页。

行使的仲裁权属于一种权力。[1] 实践表明,权力容易趋向腐败,绝对的权力导致绝对的腐败,[2]这是一条万古不易的经验,因此权力必须有监督和制约才能免于各方力量的失衡。在现代,"权力制约"成为法治国家所普遍遵循的一条重要原则,有效的监督制约机制通过限制权力的强硬和恣意来保障其得到正确行使。这样,不仅权力相对方的利益受到保护,权力本身的正当性和权威性也得以维持。具体到商事仲裁问题上,仲裁权的行使旨在决定各方当事人之间的利益分配,如果这种利益分配权缺失合适的机制监督,商事仲裁所追求的公正和效率等价值目标可能会落空。

(二)国家权力的延展

从国家的角度看,司法监督实质是国家权力的延展,国家自身的特性决定了其对商事仲裁作用的可能。国家一经产生,便授予自己在社会生活中的正统权威地位,并通过法院、警察和军队等暴力机器来确认这种权威。确认权威的一个目的在于维持秩序,但社会主体间纠纷的出现,势必扭曲既定的秩序。国家的特性决定了其必须以司法制度介入社会纠纷解决领域,并以国家的强力确保其对纠纷的是非判断得以实现。基于此,司法在当今社会"被奉为最为正统、公平和权威的纠纷解决方式"。[3] 此种情况导致了司法必须关注仲裁等其他司法外纠纷解决方法,通过监督这些方法以维护自身的正统地位,进而确保国家在社会生活中的权威地位。

(三)社会自身的诉求

司法监督仲裁不仅是国家权力对私法自治的外部要求,也是私法自治的内部要求。社会生活中,不断涌现的纠纷类型、复杂性加大的争端纠葛、纠纷当事人对自身所得利益的期望值和各自固守利益归属的不同立场等因素,使社会在解决纠纷中有时仅凭其自身力量无法有效化解矛盾,因为社会维护秩序依靠的手段为道德、精神、舆论等非强制性力量。历史的经验证明,当道德的目标异化为强制性制度时,它是一种极为强大的破坏社会正常生活的力量;当它以本来的形式对社会生活起作用时,又是动荡和软弱无力的。[4] 因此在相对柔弱的社会约束机制失灵时借助国家的权威来支持社会就具有了正当基础。

---

〔1〕 关于仲裁权的权力属性,可参见乔欣:《仲裁权研究——仲裁之程序公正与权利保障》,法律出版社,2001 年版,第 11 ~ 15 页。

〔2〕 林喆:《权力腐败与权力制约》,法律出版社,1997 年版,第 72 页。

〔3〕 范愉主编:《ADR 原理与实务》,厦门大学出版社,2002 年版,第 70 页。

〔4〕 杨树明、冯佳:"市民社会视野下的仲裁制度(下)",《仲裁研究》第 7 辑,法律出版社,2006 年版,第 15 页。

三、国际商事仲裁司法监督的模式

（一）商事仲裁司法监督模式的类型

从司法监督仲裁的主题看，司法监督仲裁可分为两种类型。第一种程序性监督。司法监督涉及的问题是“仲裁程序是否遵守了自然正义（natural justice）的要求，以及按照当事人适用的法律，该仲裁协议是否有效。”第二种实体性监督。是“对仲裁裁决的是非曲直的审查，这里的问题是仲裁员是否犯有错误。”〔1〕从司法监督仲裁的实践看，司法监督仲裁包括“双轨制”和“单轨制”两种做法。双轨制是指区分国内仲裁和国际仲裁，采取内外有别的监督机制。单轨制是指对国内和国际仲裁不予区分，采取统一监督机制。以实体监督和程序监督为基础，同时综合考虑国内仲裁和国际仲裁的监督机制问题，司法监督仲裁的模式可分如下四种类型。

1. 单轨全面监督模式

单轨全面监督模式反对区分国内和国际商事仲裁，也反对区分商事仲裁的实体和程序事项，主张对国际仲裁和国内仲裁一视同仁地实行从程序运作到实体内容的全面监督。

该模式认为，中国内地《仲裁法》对内国裁决监督与涉外裁决监督实行“内外有别”的双轨制既不符合中国现实国情，也不符合中国参加的有关国际条约以及当代各国仲裁立法的先进通例。〔2〕 在司法监督的范围上，持单轨全面监督论的学者坚持认为：应对程序问题和实体问题进行全面监督；当事人选择仲裁方式解决纠纷，放弃的只是向一审法院起诉的权利，而不是上诉的权利；除非当事人另有明文协议放弃上诉权，否则，绝不应任意推断：当事人一旦选择仲裁方式之后，即使面临错误的或者违法的涉外终局裁决，也自愿放弃了向法院申诉和请求加以监督和纠正的权利。〔3〕 相反，“从当事人的主观心态分析，任何正派、诚实的当事人，选择仲裁解决争议，其所殷切期盼的理应是既公正公平的又相对简便快捷的终局裁决”，如果对涉外仲裁仅实行程序性监督，将“在涉外仲裁中缺乏对真实性和仲裁员的合法性的监督”。〔4〕 所以，应当在仲裁领域严肃认真地、全面地贯彻“违法必究”和“违法必纠”的基本方针。只要当事人提出确凿证据足以证明某一裁决有重大错误或重大违法情事，则不论其为程序上还是实体上的错误或违法，都属于法院应当依法实行仲裁监督之列。〔5〕

---

〔1〕［英］施米托夫：《国际贸易法文选》，赵秀文译，中国大百科全书出版社，1993 年版，第 675 页。

〔2〕陈安：“中国涉外仲裁监督机制评析”，《中国社会科学》，1995 年第 4 期，第 29 页。

〔3〕同上，第 19 ~ 30 页。

〔4〕陈乃蔚：“论仲裁监督机制”，http://www.chinalawedu.com/news/2004_7%5C20%5C1200023384.htm，2008 年 4 月 10 日访问。

〔5〕陈安：“中国涉外仲裁监督机制评析”，《中国社会科学》，1995 年第 4 期，第 19 ~ 30 页。

2. 双轨程序监督模式

双轨程序监督模式主张区分国际仲裁与国内仲裁，要求对国际商事仲裁进一步区分实体性和程序性事项，将司法监督国际商事仲裁的范围限定在程序性事项。

该模式认为，不仅在仲裁制度的发展过程中，对国内仲裁与国际仲裁作出区分是一个显著的特征，[1]"而且至少截至目前，区分国内仲裁与国际仲裁是一个不争的事实"。[2] 从中国现实情况看，这种区分兼顾了中国国际商事仲裁与国内仲裁的不同特点，有利于保证中国涉外仲裁的国际地位。[3] 关于法院对国际商事仲裁的监督，各国的普遍做法不是扩大法院的监督范围，而是缩小司法监督的范围，弱化法院对仲裁的监督。[4] 实践表明，当事人选择仲裁解决争议，最主要的就是期望获得一份终局裁决，以避免烦琐、漫长的上诉程序。尽管仲裁裁决的终局性意味着当事人丧失了通过上诉程序纠正裁决可能发生的错误、获得公平裁决的权利，但仲裁裁决的终局性能给当事人带来巨大的潜在效益，显然比上诉程序大得多。法律应当对当事人这种谋求裁决终局性的合理期待予以保护。各国立法者的任务，是要在当事人充分的意思自治与适当的司法监督之间寻求平衡。如果法律允许法院对国际商事仲裁进行实质审查，无异于使仲裁程序从属于法院的诉讼程序，不利于维护仲裁裁决的终局性。所以，中国内地法院对国际商事仲裁的监督不应该涉及实体问题。[5]

3. 单轨程序监督模式

单轨程序监督模式对国内仲裁与国际仲裁不加区分，但司法监督的范围限定在程序审查上。

支持该模式的学者认为，国内商事仲裁与国际商事仲裁都是解决纠纷的方式，尽管两者存在差异，但二者间的区别不是仲裁本质上的差异，而只是仲裁形式上的差异，即国际商事仲裁具有国际因素。从仲裁监督角度看，涉外因素并不构成实行"双轨制"的正当理由。就我国内地仲裁立法与实践看，我国不同性质的仲裁机构在案件受理上已无多大区别，各地仲裁机构可以受理涉外仲裁案件，而涉外仲裁机

---

〔1〕 肖永平："也谈我国法院对仲裁的监督范围——与陈安先生商榷"，《法学评论》，1998年第1期，第42~49页。

〔2〕 赵健：《国际商事仲裁的司法监督》，法律出版社，2000年版，第22页。

〔3〕 郭晓文："论《仲裁法》对我国仲裁制度的改革"，《仲裁与法律通讯》，1995年第3期，第21页。

〔4〕 肖永平："也谈我国法院对仲裁的监督范围——与陈安先生商榷"，《法学评论》，1998年第1期，第42~49页。

〔5〕 肖永平："内国、涉外仲裁监督机制之我见——对《中国涉外仲裁裁决监督机制评析》一文的商榷"，《中国社会科学》，1998年第2期，第94~97页；肖永平："也谈我国法院对仲裁的监督范围——与陈安先生商榷"，《法学评论》，1998年第1期，第42~49页；赵健：《国际商事仲裁的司法监督》，法律出版社，2000年版，第20~28页。

构如中国国际经济贸易仲裁委员会、中国海事仲裁委员会等可以受理国内仲裁案件。在这种情况下,若仍采用“双轨制”的监督,会遇到不少问题。[1] 对裁决内容实施实体性审查的结果,一是否定了裁决的法律效力,二是为法院介入、干预仲裁程序做了准备。实体性审查损害了仲裁的‘一裁终局’的优点,是一种与‘裁了又审’、‘一裁二审’类似的制度。授予人民法院对仲裁裁决的实体部分行使司法审查,除直接冲击‘一裁终局’原则外,还会在适用法律方面诱发分歧。[2]

4. 修正的全面监督模式

修正的全面监督模式不区分国内仲裁和国际仲裁,要对程序性事项和实体性事项进行监督,但是不同于单轨全面监督模式,它在监督实体性事项时有所限制。

1996 年英国《仲裁法》中的司法监督采用了这种模式。英国原本是一个对商事仲裁进行严格司法监督的国家,由于受尊重当事人意思自治的思潮影响,1996 年的仲裁法明显弱化了法院对仲裁的干预,修正了过去对仲裁实行严格的司法监督的做法。在国内仲裁与国际仲裁的区分方面,该法修正了 1979 年仲裁法曾采用的二元制,其虽然对两者在若干细节上还略做区分,[3]但在司法监督方面,国内仲裁与国际仲裁已无二致。[4] 并且,该法还立有专条授权英国国务大臣制作行政命令,经国会批准,随时取消关于国内仲裁与国际仲裁的区分。[5] 而英国国务大臣确实根据该条取消了国内仲裁与国际仲裁的区分。[6] 在监督的范围上,该法虽然仍赋予法院对仲裁裁决中的实体问题(如法律问题)进行审查,但同时规定了当事人可以约定排除这种审查。[7] 该法还对当事人提请法院就法律问题进行审查设置了一系列条件。[8] 由此观之,英国 1996 年仲裁法虽然仍坚持全面的司法监督,但对有关实体问题的审查做了相应的限制。从某种意义上,这是对”单轨全面监督模式”的修正。

---

〔1〕 张斌生主编:《仲裁法新论》,厦门大学出版社,2004 年修订版,第 383 ~ 384 页。

〔2〕 同上注,第 387 页。

〔3〕 Arbitration Act 1996 (of England), section 85、section 86、section 87.

〔4〕 Arbitration Act 1996 (of England), section 33、section 68、section 69、section 70.

〔5〕 Arbitration Act 1996 (of England), section 109.

〔6〕 陈安:《英、美、德、法等国涉外仲裁监督机制辨析——与肖永平先生商榷》,《法学评论》,1998 年第 5 期,第 22 ~ 36 页。

〔7〕 Arbitration Act 1996 (of England), section 69.

〔8〕 这些条件包括“(1)有关问题的判决将实质性地影响一方或多方当事人的权利;(2)有关问题是仲裁庭根据请求作出裁决的;(3)裁决所依据的事实基础为:A. 仲裁庭对有关事项的裁决有明显错误,或 B. 该事项具有普遍的公共重要性,仲裁庭的裁决至少有严重的疑问;(4)尽管当事人约定通过仲裁解决争议,但在各种情况下由法院对此事项作出判决是公平和适当的。”张斌生主编:《仲裁法新论》,厦门大学出版社,2004 年修订版,第 455 ~ 456 页。

（二）商事仲裁司法监督模式的反思

1.“单轨”与“双轨”之分

强行区分仲裁的国内性与国际性、并采取内外有别的司法监督模式的做法不合理。国际商事仲裁和国内商事仲裁的司法监督应采用同一标准，实行“并轨制”。理由如下：

（1）商事仲裁作为市民社会中解决当事人纠纷的制度，理应顺应市民社会的基本规则。现代市民社会多以市场经济为经济形式，反映在法律层面上，要求所有的市场行为建立在共同的规则之上，而市场经济的发展势必促成利益的多元化，多元利益间发生冲突和矛盾在所难免。对于这些冲突和矛盾，需要统一、公平的解决机制来确认、保护市场主体的正当利益，从而维护公正合理的市场经济秩序。就商事仲裁作用于市民社会的商事领域而言，商事交往得以进行，在很大程度上仰赖于商事主体在平等协商的基础上达成一致。在商事领域，当事人的地位是平等的，这种平等不仅体现在国内商事交往和国际商事交往中，还体现在国内与国际的对比中。在这样的基本交往规则之下，应当对国内商事交往中产生的纠纷和国际商事交往中产生的纠纷采取相同的判别标准来对待。

（2）国际商事仲裁与国内商事仲裁在性质上是相同的。二者都以契约性为基础性质，并通过契约性构建起其自治性，而这种自治性又外化为其司法性作为本质上是同一类型的事物，在予以规制时不能片面地强调其非本质的个性而人为地割裂它们本质的共性。

（3）国际商事仲裁与国内商事仲裁的价值追求相同。商事仲裁作为解纷机制之一，它的功能在于解决那些适宜由它来解决的社会冲突（如特别看重时间性的商事纠纷）。而对国际商事仲裁与国内仲裁进行区分是以仲裁这一功能机制适用的不同领域为界分标准。适用领域的不同会导致它们在某些外在特征上有所不同，但它们的功能都是解决纠纷，其价值追求是一致的。换言之，它们之间不具有本质差异。商事仲裁司法监督的目的之一是法院通过审查以修正仲裁的某些错误，保障其功能的更好发挥，以促进仲裁发展。因此，不必要、没有理由在司法监督标准上区别对待国际商事仲裁与国内商事仲裁。

（4）对国际商事仲裁和国内商事仲裁实行一视同仁的审查标准已成为世界各国仲裁立法的趋势。“仲裁是一个注重国际化并敏于适应商业变迁的领域。上个世纪最后十几年，源起欧洲并席卷全球的仲裁法改革，使得当代仲裁迈上了前所未有的新高度。”[1] 从各国仲裁法改革的情况来看，其无论是理论界还是司法实践，在司法监督问题上都存在着将国内商事仲裁与国际商事仲裁等而视之的倾向，

---

〔1〕 宋连斌：“理念走向规则：仲裁法修订应注意的几个问题”，《中国国际私法学会2004年年会论文集》及 http://rmfyb.chinacourt.org/public/detail.php? id = 72109，2008年4月13日访问。

“并轨”制是当前国际主流趋势。[1]

2.“程序”与“实体”之分

程序上的监督，意指法院对仲裁裁决过程中是否出现的程序性问题进行监督，如审查仲裁协议是否有效、当事人是否被给予充分陈述意见的机会、仲裁庭是否越权裁决等。实体上的监督，意指法院审查裁决所认定的事实是否确凿、适用法律是否正确。[2] 在这两种监督中，程序上的监督规范的是仲裁的运作，即要求仲裁遵守自然正义的程序公正，对于仲裁裁决究竟是否公正，则由仲裁庭去判断。就仲裁相对于诉讼的效率优势而言，司法监督仲裁应限制在程序事项上。从充分尊重当事人意思自治的角度看，在当事人协议许可的范围内司法监督仲裁可以延伸至实体性事项。

(1)从商事仲裁的性质看“程序”与“实体”之分

商事仲裁基础性质是契约性。这种契约性构建起其自治性，而这种自治性又外化表现为其司法性。商事仲裁的司法性，决定了其必须被监督。但商事仲裁以自治性为根本，决定了司法在对其进行监督时必须尊重其自治性。这同样意味着在司法监督问题上，应以规范商事仲裁的程序运作为主要目标。只要仲裁在程序上符合了公平公正的要求，司法机关就应尊重其在实体问题上的判断。契约性作为商事仲裁的基础性质，当事人间的契约安排成为启动仲裁个案的直接因素，要求在对仲裁个案的司法监督上，应以尊重当事人间的契约安排为首要考量。如果当事人在其自愿达成的协议中希望就将来或已经作出的仲裁裁决中有关实体问题的判断进行审查，司法机关应当依据该契约监督该仲裁个案中的实体性事项。商事仲裁的性质决定了在对其进行司法监督时，应以仅涉及程序性问题的监督为原则，同时应允许当事人通过协议授权法院对裁决中的实体性问题进行监督。这样的司法监督模式同时契合了保障商事仲裁的自治性与尊重商事仲裁的契约性的需要。

(2)从商事仲裁的价值看“程序”与“实体”之分

既然实践中人们通过商事仲裁制度解决纠纷，法律对这一制度予以认可，那在规范该制度的同时就应考虑其固有的优势。在选择纠纷解决的方式时商人们乐意以仲裁为解决其间争议的方式，并不是因为仲裁比法院更加公正，而是其效率价值。仲裁的效率优势主要体现为如下几个方面：

首先，仲裁自主性原则是效率优势的基础。仲裁自主性原则是当事人意思自治在仲裁领域的具体体现。作为一种诉讼外的纠纷解决制度，“商事仲裁法中的

---

〔1〕 陈安：“中国涉外仲裁监督机制评析”，《中国社会科学》，1995年第4期，第19～30页；陈安：“中国涉外仲裁监督机制申论”，《中国社会科学》，1996年第2期，第97～105页；陈安：“美、英、德、法等国涉外仲裁监督机制辨析——与肖永平先生商榷”，《法学评论》，1998年第5期，第42～49页。

〔2〕 胡康生主编：《中华人民共和国仲裁法全书》，法律出版社，1995年版，第61页。

首要原则是当事人意思自治原则。"[1]在一般情况下，商事活动中的当事人在纠纷发生后，会选择解决纠纷最为简便和快捷的方式，因为不论纠纷的解决结果如何，纠纷本身实际上使当事人必然遭受净损失（包括时间、精力、财力的大量损耗等）。当事人应有的最佳选择显然是"两害相较取其轻"，即在保护自己的合法权益的前提下，尽可能地减少费用、降低损耗。仲裁的高效率满足了当事人的这一需要。

其次，仲裁的专业性是效率优势的重要保障。现代商业交往的复杂性对纠纷解决者的专业知识提出了极高的要求。"复杂的商业仲裁不像刑事案件，后者可以用一般市民的普通常识来判决，但前者需要有大量的的专业知识、特殊做法，根本不能用常识可去理解。"[2]基于此，在仲裁员的聘任问题上，各国法律普遍强调其专业素质。[3]而仲裁实行由专家组成仲裁庭进行审理裁决，恰好因应了这类案件对专业技术的要求。这种专家仲裁的方式可以使仲裁在解决纠纷的方面简便、迅捷、低耗，有利于避免其他因素对解决纠纷工作的干预和渗透，[4]同时"选择该专业领域的专家作为仲裁员，为正确合理地解决争议，加快解决争议的速度提供了保障。"[5]

最后，商事仲裁"一裁终局"的裁决形式是其效率优势的直接体现。"仲裁要合法、合情、合理，还要加上合算。到底合算不合算，看看是不是真正省时、省钱、省事。"[6]而商事仲裁所实行的"一裁终局"使仲裁裁决一经作出即具有法律效力，保证了当事人之间的争议能够迅速得以解决，为注重效率的商人们节约了大量时间。这种时间上的快捷性也使仲裁所需的费用大大减少，满足了经济性的要求。因此，"法院对仲裁的监督问题就是如何处理仲裁裁决的终局性和司法审查权之间的关系。"[7]质言之，究竟如何行使法院的司法监督权才可以既达到确保仲裁维护社会正义的价值目标，又无损于仲裁"一裁终局"这种方便快捷的效益优势。关于此，正如施米托夫的精辟论述那样，仲裁最大的好处在于取消了纠正司法错误的

---

〔1〕［英］施米托夫：《国际贸易法文选》，赵秀文译，中国大百科全书出版社，1993年版，第611页。

〔2〕杨良宜：《国际商务仲裁》，中国政法大学出版社，1997年版，第60页。

〔3〕我国内地《仲裁法》第13条规定仲裁员应当至少具备下列条件之一：（1）从事仲裁工作满8年的；（2）从事律师工作满8年的；（3）曾任审判员满8年的；（4）从事法律研究、教学工作并具有高级职称的；（5）具有法律知识、从事经济贸易等专业工作并具有高级职称或者具有同等专业水平的，并且，仲裁委员会要按照不同的专业设仲裁员名册。

〔4〕文正邦："《仲裁法》与市场经济裁判制度的改革"，《中国法学》，1995年第6期，第55～62页。

〔5〕韩健：《国际商事仲裁法的理论与实践（修订版）》，法律出版社，2000年版，第24页。

〔6〕张斌生主编：《仲裁法新论》，厦门大学出版社，2002年版，第4页。

〔7〕刘晓红、李晓玲："对'以不正当方法取得仲裁裁决'之情形应予司法监督"，载丁伟、朱榄叶主编：《当代国际法学理论与实践研究文集（国际私法卷）》，中国法制出版社，2002年版，第277页。

上诉程序,能尽快了结当事人之间的争议,裁决终局性给当事人带来的潜在利益比上诉程序带来的利益大得多。[1] 如果允许法院对仲裁的实体性事项进行审查,在事实上都将造成"一裁一审"的情况,"无异于使仲裁程序从属于法院程序,同仲裁的终局性相抵制",[2]这显然有悖于仲裁的效益价值。

(3)从商事仲裁的实质看"程序"与"实体"分

在市民社会中,商事仲裁实质上是市民社会自我实现、自我维护而保有的一项制度安排。由于市民社会中社会共同体相较于国家而言,是一个更软弱的共同体,没有如国家般的暴力机器来维持自身。司法权通过商事仲裁的司法监督防止仲裁权的滥用并在监督之后协助仲裁权的实现,契合了国家维护、"完善"市民社会的功能。但监督的程度应当如何掌握,历史发展已经证明,市民社会自身对独立性的强烈诉求改变了国家凭借强力压制甚或吞没市民社会的状态。国家与市民社会二元分立,各自保持相对的独立并维持良性的结构性互动关系,对社会的发展颇有裨益。出于尊重并维护市民社会独立性的需要,应当尊重并维护市民社会解决纠纷方式——仲裁的独立性。这就意味着在司法监督问题上,应以规范商事仲裁的程序运作为主要目标。市民社会建于个人自由的基础上,市民社会中的个人对于如何解决他们之间的纠纷具有极大的处分权。同理,他们在选择仲裁解决其纠纷后,应享有如何审查这一解决结果的公平性的决断权。因此,如果他们乐意并且明示对仲裁过程中的实体问题进行司法监督,法律应当予以尊重。

通过上述理论梳理,作者认为,对国际商事仲裁和国内商事仲裁的司法监督应当统一标准,不应区别对待。法院在对商事仲裁进行司法监督时,应以仅涉及程序性问题的监督为原则。同时,应允许当事人通过协议授权法院对裁决中的实体性问题进行监督,只有如此才能使制度安排在符合程序正义的要求的同时满足实体正义的要求,才能使当事人各方的利益保障在制度安排中得到最大程度的体现。

(三)商事仲裁司法监督模式的法例

1. 国际法律文件和各国立法

考察国际上的做法可以为构建我国内地合理的仲裁司法监督模式提供有益参考。目前,无论是各国的国内立法,还是国际条约,或是国际上占主导地位的理论和司法实践,均有缩小法院监督范围,弱化法院干预的倾向。[3]

以《纽约公约》和《示范法》为例。《纽约公约》所规定的可以不予执行的情况

---

〔1〕[英]施米托夫:《国际贸易法文选》,赵秀文译,中国大百科全书出版社,1993年版,第674~675页。

〔2〕[英]施米托夫:《国际贸易法文选》,赵秀文译,中国大百科全书出版社,1993年版,第681页。

〔3〕肖永平:"也谈我国法院对仲裁的监督范围——与陈安先生商榷",《法学评论》,1998年第1期,第48页。

包括:(1)仲裁协议无效;(2)仲裁违反正当程序;(3)仲裁庭越权裁决;(4)仲裁庭的组成或仲裁程序不当;(5)仲裁裁决不具有约束力或已被撤销或停止执行;(6)依法院地法,争议事项不能以仲裁方式解决;(7)承认和执行该裁决有违法院地国的公共政策的。《示范法》所规定的可撤销仲裁裁决的情形包括:(1)当事人欠缺行为能力;(2)根据所使用的法律,仲裁协议无效;(3)没有向当事人发出关于仲裁员的指定和仲裁程序的通知;(4)当事人不能陈述其主张;(5)仲裁庭越权仲裁;(6)仲裁庭组成或仲裁程序不当;(7)依据仲裁地国法,仲裁标的不具可仲裁性或仲裁裁决违反仲裁地国公共政策。由此可见,《示范法》与《纽约公约》的规定在内容上是一致的。《纽约公约》作为在国际上承认与执行商事仲裁裁决方面最有影响力的公约,而《示范法》是许多国家制定或修订仲裁法的参考依据,它们代表着商事仲裁国际法发展方向,从《纽约公约》与《示范法》中关于仲裁司法监督的部分看,其内容除文字表述上略有差异,但实质内容是一致的,即仅限于仲裁中有可能影响裁决公正性的程序性事项,排除了法院对仲裁实体性内容的监督。

中国内地有学者认为,《纽约公约》与《示范法》中有关"公共政策"的规定的实质是授权东道国主管机关对来自外国的仲裁裁决除了可以进行程序方面的审查和监督之外,也可以进行实体内容上的审查和监督。[1] 此观点值得商榷,公共政策保留首先是在国际私法中作为排除外国法适用的一项制度而被提及的,其显著特点是,实际内容的不确定性和含糊性,[2]但公共政策所针对的不是外国法内容本身,而是其适用结果,[3]在其被引入仲裁领域后,公共政策保留制度的实质未改变,法院在援用该制度审查仲裁裁决时,所关注的并非仲裁庭如何认定事实及适用法律,而是倘若承认与执行仲裁裁决是否会为本国的公共政策所不容。从《纽约公约》关于"公共政策"方面与之前的1927年《日内瓦公约》在措词上的差异可以看出,"其意图是对公共政策例外作更为狭窄的理解"。[4] 从实践看,"一般认为'公共政策'应限于'自然公平'等为各国普遍接受的法律原则",[5]并非是为法院监督仲裁的实体内容提供依据。

从目前仲裁较为发达的国家和地区的立法实践看,可以得出法院对仲裁的监督弱化的特点。以美国和德国为例。2000年美国《统一仲裁法》第23条所规定的法院可撤销仲裁裁决的情形包括:(1)裁决以贿赂、欺诈或其他不正当方法取得;(2)指定应公正审理的仲裁员有显失公允、贪污受贿或因失职而损害一方当事人

---

〔1〕 陈安:"中国涉外仲裁监督机制评析",《中国社会科学》,1995年第4期,第23页。

〔2〕 肖永平:《肖永平论冲突法》,武汉大学出版社,2002年版,第245页。

〔3〕 李双元主编:《国际私法》,北京大学出版社,1991年版,第148~149页。

〔4〕 朱克鹏:《国际商事仲裁的法律适用》,法律出版社,1999年版,第322页。

〔5〕 乔欣:《仲裁权研究——仲裁之程序公正与权利保障》,法律出版社,2001年版,第286页。

权利等情形;(3)仲裁员超越其权限;(4)仲裁员违反正当程序;(5)无仲裁协议。1998年德国《民事诉讼法》第1059条中所列举的撤销仲裁裁决的情形限于:(1)当事人缺乏行为能力或仲裁协议无效;(2)申请人未收到指定仲裁员或有关仲裁程序的适当通知,或者因为其他原因没有获得陈述意见的机会;(3)裁决所涉及的事项超越仲裁协议的范围;(4)仲裁庭的组成或仲裁程序不当;(5)争议不具可仲裁性或仲裁裁决违反公共政策。从上述两国的规定看,其对仲裁进行司法监督的事项仅限于程序性问题。而素以法院严格干预仲裁而著称的英国,其1979年和1996年的仲裁法也相继缩小了法院干预仲裁的程度,现在当事人虽仍然可以对仲裁中的法律问题提请法院审查,但其限制已非常严格。以上均从一个侧面反映了目前世界各国在仲裁立法方面减少法院干预的发展趋势。

2. 中国内地立法

我国内地法院对仲裁的司法监督方式,主要表现在不予执行、撤销裁决两个方面。

就目前情况看,我国立法对商事仲裁做了国际与国内的区分,对它们的司法监督问题分别实施不同的标准。对国际商事仲裁,我国规定的撤销与不予执行的标准是一致的。根据《仲裁法》第70条和2007年《民事诉讼法》第260条第1款的规定,法院在下列情况下对于国际商事仲裁裁决可以裁定撤销或不予执行:(1)当事人在合同中没有订有仲裁条款或者事后没有达成书面仲裁协议的;(2)被申请人没有得到指定仲裁员或者进行仲裁程序的通知,或者由于其他不属于被申请人负责的原因未能陈述意见的;(3)仲裁庭的组成或者仲裁的程序与仲裁规则不符的;(4)裁决的事项不属于仲裁协议的范围或者仲裁机构无权仲裁的。2007年《民事诉讼法》第260条第2款规定:人民法院认定执行该裁决违背社会公共利益的,裁定不予执行。

在国内商事仲裁司法监督标准上,根据《仲裁法》第58条的规定,仲裁裁决在下述情况下可由法院予以撤销:(1)没有仲裁协议的;(2)裁决的事项不属于仲裁协议的范围或者仲裁委员会无权仲裁的;(3)仲裁庭的组成或者仲裁的程序违反法定程序的;(4)裁决所根据的证据是伪造的;(5)对方当事人隐瞒了足以影响公正裁决的证据的;(6)仲裁员在仲裁该案时有索贿受贿,徇私舞弊,枉法裁决行为的。另外,人民法院如果认定裁决违背社会公共利益的,应当裁定撤消裁决。而根据《仲裁法》第63条和2007年《民事诉讼法》第217条的规定,如有下列情况之一,法院可以裁定不予执行仲裁裁决:(1)当事人在合同中没有订有仲裁条款或者事后没有达成书面仲裁协议的;(2)裁决的事项不属于仲裁协议的范围或者仲裁机构无权仲裁的;(3)仲裁庭的组成或者仲裁的程序违反法定程序的;(4)认定事实的主要证据不足的;(5)适用法律确有错误的;(6)仲裁员在仲裁该案时有贪污受贿,徇私舞弊,枉法裁决行为的。另外,人民法院认定执行该裁决违背社会公共利益的,裁定不予执行。

由上述立法规定看,我国对国内商事仲裁的司法监督明显严于对国际商事仲裁的司法监督,不仅涉及程序性事项,还将实体性事项规定在内。而国际商事仲裁的司法监督仅限于程序性事项,这种做法与国际上的先进经验接轨较好。但与《纽约公约》相比,我国的有关立法规定仍值得改进,如:我国法律规定了当事人在合同中没有订有仲裁条款或者事后没有达成书面仲裁协议时,对国际商事仲裁裁决可以裁定撤销或不予执行,而对虽有仲裁协议但协议无效的情形缺失相关的立法规定,当事人在合同中没有订有仲裁条款或者事后没有达成书面仲裁协议但一方当事人提出仲裁申请,而另一方当事人未提出异议并参加到仲裁中来的情况下,是否应对该裁决予以撤销或不予执行,有待立法的补漏。

目前,各国商事仲裁司法监督立法的发展趋势是舍弃对国内商事仲裁与国际商事仲裁在司法监督问题上做严格区分、区别对待的做法。从促进我国仲裁事业的发展看,我国内地对仲裁的司法监督应采用将国内商事仲裁与国际商事仲裁统一在仅监督程序性事项的模式上,同时应允许当事人通过协议授权法院对仲裁裁决中的实体性问题进行监督,只有这样,才能真正使仲裁充分发挥其效用并确保我国仲裁制度真正意义上的健康发展。

第二节　国际商事仲裁司法监督的程序

一、司法监督程序的启动主体

(一)法院启动

在审查国际商事仲裁裁决是否违背法院地的公共政策或该国际商事仲裁裁决所裁决事项是否有可仲裁性时,法院会主动启动司法监督程序。1958 年《纽约公约》明确将违反公共政策作为执行国法院拒绝承认和执行裁决的理由之一,但未对公共政策的含义、范围和具体内容作出统一解释。由于各国政治、经济、文化、法律等存在很大的差异,不可能对其进行完整、统一的解释和规范。一般认为,公共政策反映的是一个国家特定时期在特定问题上的根本利益,是各国为保护其基本的社会、经济、法律制度、道德观念和良好社会风尚的一道“安全阀”。即使在同一国家,由于不同的历史时期所奉行的不同制度,其对公共政策的理解也会不同。法院依职权对这些事项进行审查,目的是确保法院地的利益不致受到损害。仲裁事项的可仲裁性问题也是一个因国而异的问题,目前总的趋势是,扩大可仲裁事项的范围。

(二)当事人启动

国际商事仲裁庭一经成立,不仅在管辖权是否成立的问题上,而且在整个仲裁程序的规划和组织实施过程中,仲裁庭都具有相当大的支配力量。这为仲裁庭权力的滥用提供了可能,必须为当事人提供某种救济,赋予当事人启动司法监督程序的权利。在国际商事仲裁活动中,当事人为保护自身利益,在需要法院协助或审查时,通常对仲裁协议的效力、仲裁庭的组成、证据和财产保全、申请撤销或拒绝执行仲裁裁决等事项要求法院司法监督。

二、司法监督程序的启动条件

启动司法监督程序必须满足法定条件,即必须以程序性事项为主、有限制地监督实体性事项。随着国际商事仲裁在解决国际经济贸易争端方面的作用不断加强,各国在承认与执行国际商事仲裁裁决时,大多只对裁决结果或者结论进行审查,而不对仲裁的法律适用等实体问题进行审查,以实现最大限度地承认和执行国际商事仲裁裁决。国际上关于仲裁裁决承认与执行的条约,特别是1958年的《纽约公约》明确突出程序性审查的原则。

(一)程序性事项

1. 管辖权问题

仲裁的管辖权来自于当事人的仲裁协议,是仲裁庭对案件进行裁决的前提。仲裁庭无管辖权或超越管辖权,通常表现为以下三种情况:当事人之间不存在仲裁协议,仲裁协议无效,或仲裁庭裁决了当事人并未提交仲裁的实体法律关系。各国立法和国际仲裁规则都无一例外地规定了仲裁庭在无管辖权或超越管辖权的情况下对当事人的争议所作出的裁决,当事人可以向法院申请撤销或不予执行。如1981年法国《民事诉讼法》第1484条第1款规定,"如仲裁员是在没有仲裁协议的情况下进行仲裁,或者仲裁员进行仲裁所依据的是无效或过期的仲裁协议",当事人可以向法院中请撤销仲裁裁决。《纽约公约》第5条明确规定仲裁协议无效、仲裁庭越权裁决可作为拒绝承认和执行仲裁裁决的理由。

2. 可仲裁性问题

可仲裁性问题限定了仲裁的合法性范围,只有仲裁立法允许采用仲裁方式解决的事项,才能提交仲裁。仲裁解决的争议一旦不具有可仲裁性,那么将导致仲裁协议无效,其裁决也面临被撤销或不予执行的命运。这已成为各国仲裁立法和实践所认可的基本准则。联合国《示范法》第4条B项规定,"如果法院认为根据本国的法律,争议标的不能通过仲裁解决",可以撤销仲裁裁决。

3. 仲裁庭组成问题

仲裁庭组成即仲裁员的产生程序和仲裁庭的形成过程。各国仲裁实践中常见的方式有当事人选定、仲裁机构指定及法院决定。无论采用何种方式确定仲裁员进而组成仲裁庭,都必须符合法定的程序或规则的要求,这是仲裁公正性得以实现的前提。因此将该问题纳入司法监督的范围很有必要。1981 年法国《民事诉讼法》第 1484 条规定,"如仲裁庭的组成不合规定,或者独任仲裁员之指定不符合规则",当事人可以就仲裁裁决向法院提出撤销请求。联合国《示范法》第 5 条规定,仲裁庭的组成与双方当事人的协议不一致,仲裁裁决得以被法院撤销。

4. 强制性程序规则问题

仲裁是在一定程序中进行的,仲裁结果的公正主要取决于程序的公正。仲裁程序一般由当事人选定或者由仲裁规则规定,较诉讼程序具有很大的灵活性。但不能突破保障仲裁公正性的一些强制性规则,"诸如给予当事人以适当、平等的开庭和听审通知、平等对待当事人、公平听证、让双方当事人享有充分和适当的答辩等"[1]。

5. 仲裁员违纪行为问题

仲裁员在处理案件时有索贿受贿、徇私舞弊、枉法裁决行为,对案件的公正裁决会有重大影响。因此包括美国、德国、中国在内的一些国家将仲裁员的违纪行为纳入司法监督的范围。

(二)实体性事项

实体性事项包括证据是否充分、认定事实是否正确和适用实体法是否适当三个方面。是否对仲裁的实体问题进行司法监督,各国态度存在明显差异。一派持否定态度,当前包括美国、法国、瑞典等国在内的世界绝大多数国家不允许法院对仲裁裁决有无实质性错误进行审查。联合国《示范法》在仲裁裁决的追诉方面,也未将实体问题纳入其中。另一派持折衷的态度,即在立法中允许当事人以仲裁裁决存在某些方面的实质性错误为由请求撤销裁决,或是保留当事人就法律问题向法院上诉的权利,但须经仲裁的所有当事人一致同意或经法院批准。从国际商事仲裁实践看,各国法院对国际商事仲裁裁决所涉及的实体问题通常不作监督审查,主要与实体性事项有所关联的问题是公共秩序问题。公共秩序作为一国或一地区法律的基本原则,是在任何情形下都必须被尊重的事项,因此,当事人或者法官都有权以公共秩序之保护为条件来启动司法监督程序。

三、司法监督程序的实施

(一)国际商事仲裁协议的监督

法院对国际商事仲裁协议的监督审查主要包括对仲裁庭的管辖权实施控制,在仲裁协议无效、失效或不能执行时命令仲裁庭中止仲裁程序,由法院审理。当仲裁协议是否有效从而影响争议的管辖权属时,这个问题在仲裁庭和法院之间发生争议,或者一方当事人请求仲裁庭决定仲裁协议的有效性,而另一方当事人请求法院决定时,通常法院的决定要高于仲裁庭的决定,对仲裁庭是否拥有管辖权的问

---

[1] 赵威:《国际仲裁法理论与实务》,中国政法大学出版社,1995 年版,第 227 页。

题,法院拥有最后的发言权。

国际仲裁实践表明,当事人对仲裁庭管辖权的异议,既可能在仲裁开始或进行过程中提出,也可能在裁决作出后提出。在仲裁开始或仲裁裁决作出之后,当事人一般可直接向有关法院提出;而在仲裁过程中,多半是向仲裁庭提出异议而被驳回后再向法院申诉。尽管多数国家立法和有关国际公约规定,仲裁庭有权对当事人提出的管辖权异议及自身权限作出决定,但这种决定不具有终局效力,应受其后的司法监督。《纽约公约》第2条第3款规定,仲裁协议经法院认定无效、失效或不能实行的,法院有权受理。如不存在上述情况,法院应命令当事人提交仲裁。这意味着仲裁庭对自身权限的决定应当服从法院的裁定。

(二)仲裁庭组成的司法监督

一般情况下,仲裁员的指定和仲裁庭的组成无须法院介入,当事人需要法院协助大多数出现在临时仲裁中。大多数国家和有关国际法律文件在协助当事人指定仲裁员以及仲裁庭方面,赋予法院任命仲裁员的权力。联合国《示范法》第11条规定,当事人可以自由约定指定仲裁员的程序,但在下列情况下,则由有关法院或其他机构指定:(1)当事人没有约定指定仲裁员的程序,在仲裁员为三人的仲裁案件中,当事一方在规定期限内未指定仲裁员的,或者双方分别选定的仲裁员在规定的期限内未指定首席仲裁员的,则经一方当事人请求,应由有关法院或者其他机构指定;(2)当事人没有约定指定独任仲裁员的程序,在仲裁程序中,又未对独任仲裁员的人选达成一致的,则由有关法院或其他机构指定;(3)当事各方虽然约定了指定仲裁员的程序,但是当事一方未按该程序的规定行事,或者双方当事人或双方当事人指定的两名仲裁员未能依照此程序达成预期的协议,或者第三者(包括机构)未履行双方当事人在该程序中委托给它的职责的,则任何一方当事人均可请求有关法院或其他机构协助指定仲裁员。法国、英国、美国都有类似的规定。

(三)证据和财产保全的司法监督

1. 证据保全

证据保全是指在仲裁程序终结前,经当事人申请,由法院对那些可能灭失或者以后难以取得的证据所采取的一种临时措施。在仲裁程序开始前,当事人可否申请法院采取证据保全措施,有关国际法律文件和各国的立法规定不一。如:联合国《示范法》第27条规定,仲裁庭或者当事一方在仲裁庭同意之下,可以请求本国之管辖法院协助收集证据;法院可以在其权限范围内并按照其获取证据的规则执行上述请求。1998年德国《民事诉讼法典》有与此相同的规定。由于这些立法要求仲裁庭参与证据保全,意味着它们主要针对的是仲裁程序进行中的保全问题,而对程序进行前可否提起仲裁的证据保全,未明确。另有一些国家对仲裁程序前的证据保全问题持肯定态度,如1988年保加利亚《国际商事仲裁法》第9条规定,当事人可以在仲裁程序之前申请裁定保全证据。瑞士各州的程序法一般规定,在仲裁程序开始之前,只要当事人的申请符合规定的条件,州法院可以批准一项以期取得证据的命令。[1] 无论是何种形式的证据保全问题,由于涉及对被保全证据采取某些强执性措施,因此法院的监督和介入不可避免。

2. 财产保全

国际商事仲裁中财产保全,是指在仲裁庭作出最终裁决之前,为了防止有关当事人的财产被隐匿、转移、变卖,或为了保存争议标的物之价值,保证将来发生法律效力的仲裁裁决得到全面执行,保证申诉方当事人及时获得应有的损害赔偿,经当事人申请,由法院或仲裁庭对有关当事人的财产所采取的一种临时性的强制措施。财产保全措施对保护当事人的合法权益,对案件的公正裁决和裁决的执行有重要意义,对仲裁是必不可少的。财产保全过程中,司法的力量必然存在,甚至有些国家将财产保全的决定权和执行权完全交给司法机关行使。如根据我国《仲裁法》第28条和2007年《民事诉讼法》第92条的规定,只有人民法院做出保全措施决定并实施保全措施,仲裁机构无权做出。在1991年《民事诉讼法》生效前,最先是由仲裁机构决定仲裁案件的财产保全,后来演变成法院和仲裁机构共同行使该职权。在1991年《民事诉讼法》生效后,做出财产保全的权力完全移交给法院。

(四)国际商事仲裁裁决的司法监督

国际商事仲裁裁决的司法监督主要包括两个方面的内容:一是司法监督仲裁裁决的范围;二是司法监督仲裁裁决的效果。

就司法监督仲裁裁决的范围而言,由于国际商事仲裁裁决是对此前一切仲裁活动作出的终局性结论,对国际商事仲裁裁决的司法监督在逻辑上将包括此前一切仲裁行为。就司法监督仲裁裁决的效果而言,这一问题与国际商事仲裁裁决的国籍相关:当司法机关对本国国籍的国际商事仲裁裁决进行司法监督后,视情况可分别作出执行、撤销或不予执行的裁定;当司法机关对外国国籍的国际商事仲裁裁决进行司法监督后,视情况可分别作出承认和执行、不予承认和执行的裁定。

第三节 国际商事仲裁司法监督的内容

一、对国际商事仲裁协议的监督

作为提起仲裁依据的仲裁协议,其产生法律拘束力的前提,是该仲裁协议本身必须合法有效。传统上,法院曾是仲裁协议有效性的唯一确认机构。随着仲裁庭管辖权自治原则日益被接受,各国法律赋予了仲裁庭对仲裁协议是否有效的确认

---

〔1〕 赵健:《国际商事仲裁的司法监督》,法律出版社,2000年版,第127页。

权。但肯定仲裁庭的这些权力目的是将法院介入仲裁的时间后置，而非取消法院的监督权。因此，有权决定仲裁协议效力的机构主要有仲裁庭和法院。虽然在仲裁庭的决定是否具有终局性这一问题上存有分歧，但从大多数国家的仲裁立法、有关仲裁国际公约和仲裁实践看，“司法最终决定原则”仍起作用，当事人可直接向法院提起有关仲裁协议效力的异议，或先向仲裁庭提起异议，如对仲裁庭就仲裁协议效力作出的决定不服，再向法院提起异议，法院的决定为终局决定。对仲裁协议进行司法监督时，法院会从仲裁协议当事人的行为能力、当事人的意思表示、仲裁协议的基本内容、形式要求等方面审查仲裁协议是否依有关法律规定有效成立。

（一）当事人行为能力适格

在涉外商事交易中，从事交易的当事人必须具有法律上的行为能力，这是保证商事交易活动有效性的基本前提。一项仲裁协议也如此，当事人的行为能力将决定仲裁协议的有效性。根据大多数国家的仲裁法和有关国际公约之规定，仲裁协议的当事人一方或双方在订立仲裁协议时如无行为能力，仲裁协议无效。

国际商事仲裁中，对自然人与法人行为能力的法律适用问题，由仲裁庭和有关国家法院决定。在一方当事人以欠缺行为能力为由对仲裁庭管辖权提出异议时，如果是仲裁庭先于法院受理异议，由于仲裁庭不属于国家机关，仲裁员不同于法官，有忠于本国法律秩序的义务，因之仲裁庭无义务适用仲裁地国冲突规则。为此，仲裁员在对适用什么冲突规则决定当事人行为能力的准据法上，享有广泛的自由裁量权。[1] 但这种自由裁量权会受到司法的监督。在仲裁过程中，当事人行为能力可能会受到数个国家法院的审查。在强制执行仲裁协议阶段，受案法院在判定仲裁协议的效力时，首先考察仲裁协议当事人有无行为能力；在申请撤销仲裁裁决阶段，仲裁地国法院必须对当事人行为能力作出判断；在仲裁裁决承认与执行阶段，执行地国法院也要考虑这一问题。如果当事人向一个以上国家的法院申请执行裁决，会有更多国家的法院介入到对当事人行为能力的审查监督中。法院作为一国司法审判机关，应适用本国的冲突规则决定当事人行为能力的法律适用。

（二）意思表示真实

意思表示真实，是指缔约人的表示行为应真实地反映其内心的效果意思，即其效果意思与表示行为一致。它作为合同的有效要件，是意思自治原则的要求。[2] 仲裁协议作为一种合同，必须是双方当事人在平等协商基础上作出的真实意思表示。如果一方以欺诈、胁迫等手段迫使另一方违背其真意订立仲裁协议，那么该仲裁协议即存在效力瑕疵，可被认定为无效。

---

〔1〕 朱克鹏：《国际商事仲裁的法律适用》，法律出版社，1999年版，第28页。

〔2〕 崔建远：《合同法》，法律出版社，1998年版，第79页。

（三）内容合法

仲裁协议的基本内容包括当事人明确的仲裁意愿、争议事项、仲裁地点、仲裁机构、仲裁规则和仲裁的效力等方面的内容。但并非各国仲裁的立法都将这些内容被列为仲裁协议的有效要件。

仲裁意愿的表示必不可少，法院一般会尽可能给予一条不太妥善的仲裁条款或协议有可行的解释，重要是有"arbitration（仲裁）"这个字出现，表示双方确有此意图来解决将来争议。[1]

将争议事项作为仲裁协议的有效要件之一也被广泛接受。1981年法国《民事诉讼法典》第1448条规定，仲裁协议的内容应有确定的争议标的、指定的仲裁员或指定仲裁员的方式，否则仲裁协议无效；如果指定的仲裁员不接受任职，仲裁协议亦失去效力。中国内地《仲裁法》第16条第2款规定，仲裁协议应当具有请求仲裁的意思表示、仲裁事项、选定的仲裁委员会三项内容。

争议事项应当具有可仲裁性。在国际商事仲裁中，确定争议事项的可仲裁性具有十分重要的法律意义。绝大多数国家的仲裁立法和有关国际商事仲裁公约，都承认争议事项不可仲裁将直接导致仲裁协议的无效，当事人可以此为由向有关国家法院提起诉讼，要求仲裁庭终止仲裁程序；在裁决作出后，当事人亦可基于同样的理由，向法院申请撤销裁决或拒绝执行裁决。在国际法上，尽管1923年《仲裁条款议定书》和1958年《纽约公约》都涉及争议事项的可仲裁性问题，但均未明确哪些争议事项具有可仲裁性，而将该问题留给各国国内法解决。争议事项的可仲裁性，与公共政策密切相关。由于各国政治、经济、文化、习俗、法律传统的差异，各国法律对争议事项可仲裁性所施加的限制是不同的。

争议事项的可仲裁性所反映出的一国政策利益并不是一成不变的，各国关于争议事项可仲裁性的规定会随之发生变化。目前各国国内立法的总趋势是，减少对争议事项可仲裁性的限制，对当事人提交仲裁的事项范围持较为宽松的态度。大多数国家对当事人能自行处理的权利争议或通过和解解决的争议，都允许诉诸仲裁，如德国、日本、比利时、瑞典、丹麦、西班牙、芬兰、法国、意大利、英国、希腊、荷兰、葡萄牙等国，均持此种立场。1987年瑞士《联邦国际私法法规》第177条第1款规定："一切具有财产性质的争议均可提交仲裁"，"具有财产性质的争议"是指其价值可以用金钱来衡量的争议，包括一切种类的财产（动产和不动产、有形财产和无形财产）。[2] 其进一步扩大了可仲裁事项的范围，即从当事人能够自由处分的一切权利扩展到任何具有财产性质的争议，包括专利和商标、反托拉斯、破产程

---

[1] 杨良宜：《国际商务仲裁》，中国政法大学出版社，1997年版，第113页。

[2] 陈卫佐：《瑞士国际私法典研究》，法律出版社，1998年版，第230页。

序中的债权求偿、合伙及某些股东争议等国际性质的争议，均具有可仲裁性。[1]美国关于争议事项可仲裁性的司法实践，表明了当代扩大可仲裁性事项范围的发展趋势。长期以来，美国把涉及工业产权、证券交易和反托拉斯的争议排除在可仲裁事项的范围之外，置于法院的专属管辖之下。但到了20世纪70年代，美国的立场发生了重大变化，主要表现为逐渐放松了对争议事项可仲裁性的限制，采取一种更为自由灵活的态度，在涉外工业产权、证券、反托拉斯等传统上不属于提交仲裁的争议事项上有了重大突破。我国2007年《民事诉讼法》第257条、《仲裁法》第65条均规定，涉外经济、贸易、运输和海事中发生的纠纷均可提交仲裁解决。我国于1986年12月在加入1958年《纽约公约》所作的"商事保留"表明，我国仅对按照我国法律属于契约性和非契约性商事法律关系所引起的争议适用该公约。根据最高人民法院1987年4月10日发布的《关于执行我国加入的〈承认与执行外国仲裁裁决公约〉的通知》对"契约性和非契约性商事法律关系"所作的解释，知识产权转让争议、证券交易争议等，均可提交仲裁。但根据我国《仲裁法》第3条规定，涉及婚姻、监护、扶养、继承争议和依法应由行政机关处理的争议，不能交付仲裁。由上可见，我国对争议事项可仲裁性的限制是较少的。

（四）形式合法

一项有效的仲裁协议必须有合法的形式。在仲裁发展初期，对协议的形式没有什么要求，甚至也无须仲裁协议，争议发生后，只要当事人愿意，即可一同去找第三者仲裁。[2] 随着经济贸易的发展，交易复杂程度的增加以及仲裁制度的完善，对仲裁协议的形式提出了新的要求。仲裁协议必须采用书面形式，已成为现代国际商事仲裁制度中的一项统一规则。绝大多数国家的仲裁立法规定，仲裁协议必须以书面形式作成。如2000年美国《联邦仲裁法》第2条规定："在任何海事或者商事契约中，为了用仲裁方式解决可能由于契约引起的或者由于拒绝履行契约全部或者部分引起的争执所作的书面规定，又或者将由于这种契约引起的、或者由于拒绝履行契约引起的现在的争执提交仲裁的书面协议，都是有效的、不可撤销的和有强制性的，但是具有法律或者衡平法所规定撤销契约的理由者除外。"1981年法国《民事诉讼法典》[3]、1998年德国《民事诉讼法典》、1996年英国《仲裁法》、1993年俄罗斯《联邦国际商事仲裁法》、1986年荷兰《仲裁法》[4]、1987年瑞士《联邦国际私法法规》都如此规定。我国内地《仲裁法》第16条第1款明确规定：

---

〔1〕 A. Redfern and M. Hunter, *Law and Practice of International Commercial Arbitration*, 2nd ed., Sweet & Maxwell, 1991, p. 142.

〔2〕 黄进等：《仲裁法学（修订版）》，中国政法大学出版社，2000年版，第81页。

〔3〕 罗结珍：《法国新民事诉讼法典》，中国法制出版社，1999年版，第306页。

〔4〕 韩德培主编：《国际私法新论》，武汉大学出版社，1997年版，第723页。

“仲裁协议包括合同中订立的仲裁条款和以其他书面形式在纠纷发生前和纠纷发生后达成的请求仲裁的协议。”有的国家如西班牙、哥伦比亚等国的仲裁法对仲裁协议的形式要求更为严格，甚至要求仲裁协议必须以公证的方式作成。[1]

现代国际条约和国际性文件为了顺应国际商事仲裁的发展要求，也要求了仲裁协议的形式必须是书面的。1923 年《仲裁条款议定书》和 1927 年《关于执行外国仲裁裁决的公约》均未对仲裁协议的形式作出具体要求，而只是规定依国内法确定。由于 20 世纪前半叶各国对仲裁协议的形式要求存在差异，由此引发了一些冲突。为了克服上述弊端，1958 年《纽约公约》对仲裁协议的形式作了专门规定，其第 2 条第 1 款规定：“当事人以书面协定承认彼此间所发生或可能发生之一切或任何争议，如关涉可以仲裁解决事项之确定法律关系，不论为契约性质与否，应提交仲裁时，各缔约国应承认此项协定。”第 2 条第 2 款对“书面协定”解释是：“称‘书面协定’者，谓当事人所签订或在互换函电中所载明之契约仲裁条款或仲裁协定。”1975 年《美洲国家国际商事仲裁公约》第 1 条规定：“……协议应该用书面订立，并由各当事人签名，或者用交换信件、电报或电传通讯的方式。”1985 年《示范法》第 7 条第 1 款规定：“……仲裁协议可以采取合同的仲裁条款形式或单独的协议形式。”同条第 2 款则进一步规定：“仲裁协议应是书面的。协议如载于当事各方签字的文件中，或载于往来的书信、电传、电报或提供协议记录的其他电讯手段中，或在申诉书和答辩书的交换中当事一方声称有协议而当事他方不否认即为书面协议。在合同中提出参照载有仲裁条款的文件即构成仲裁协议，如果该合同是书面的而且这种参照足以使该仲裁条款构成该合同一部分的话。”

绝大多数国家仲裁法和有关国际仲裁公约要求仲裁协议采取书面形式的主要目的有二。一是证实当事人在主观上确实同意提交仲裁；二是为仲裁协议的形式有效性提供统一的规则。[2]

从总的发展趋势看，现今对仲裁协议进行司法监督的严格态度已改变，而代之以尊重当事人仲裁意愿，放宽对仲裁协议的有效性的限制，尽量将仲裁协议解释为有效。我国内地立法和司法实践对仲裁协议的有效成立进行严格的规定，《仲裁法》第 18 条规定：“仲裁协议对仲裁事项或者仲裁委员会没有约定或者约定不明确的，当事人可以补充协议；达不成补充协议的，仲裁协议无效。“但著名学者施米托夫指出：“在仲裁条款的起草中，完善只是一个相对的概念。法官应该牢牢记住，仲裁条款是合同中的一个特殊种类(sui genceris)的条款，应该首先考虑的总是实施当事人关于通过仲裁解决他们之间的争议的意图。在解释仲裁条款时，这的

---

〔1〕 谭兵主编：《中国仲裁制度研究》，法律出版社，1995 年版，第 188 页。

〔2〕 韩健：《现代国际商事仲裁法的理论与实践(修订版)》，法律出版社，2000 年版，第 62 页。

确是一条重要的规则。对该规则的唯一限制只能是基于公共政策的要求。[1]

二、对国际商事仲裁程序的监督

(一)仲裁庭组成

仲裁的审理和裁决离不开仲裁庭。仲裁庭的组建基于主客观方面的原因,有时需要司法机关进行监督和支持。

没有合格的仲裁员组成的仲裁庭,仲裁无法进行。虽然仲裁协议为当事人各方自愿达成,但争议出现后当事人出于各自的考虑或目的,并非都愿意或积极参与仲裁,会寻找各种理由逃避或拖延仲裁。反映在仲裁庭的组成上为,当事人迟迟不指定仲裁员、当事人对仲裁员提出异议或当事人之间不能就首席仲裁员的任命达成一致而造成仲裁庭无法正常组成。时间拖延丧失的不仅有仲裁的效率优势,还有仲裁的公正。鉴于此,借助法院的权威协助仲裁庭组成为必然之举。1985 年联合国《示范法》第 11 条规定,三人仲裁庭仲裁中,如果当事人或已指定的两名仲裁员就第三名仲裁员的人选不能达成一致,或独任仲裁员仲裁中,当事人就仲裁员人选不能达成一致,一方当事人可向法院或其他机构申请指定仲裁员;法院或其他机构的指定不容上诉。[2] 1996 年英国《仲裁法》第 18 条规定,如果当事人约定指定仲裁员的程序未得到遵守时的补救措施,一方当事人可以请求法院对任何必要的仲裁员委任作出指令,或请求法院指令仲裁庭应由已经委任的仲裁员组成,或请求法院直接任命仲裁员。该法第 21 条规定,如仲裁员对有关仲裁事项不能达成一致,且其未将此情况通报,或其中任何一名仲裁员未参与通报,则一方当事人在通知另一方当事人和仲裁庭后可向法院提出以公断人代替其他仲裁员的申请,对法院决定不服的当事人欲提起上诉,须得到法院的准许。该法第 24 条又规定,如存在对仲裁员的公正性具有正当理由的怀疑的事由、仲裁员不具备当事人约定的资格、仲裁员身体或心智上不能进行仲裁程序或其进行仲裁程序的能力受到怀疑,或仲裁员未适当进行仲裁程序、未合理迅速进行仲裁程序或作出裁决,并对当事人已经或将要产生实质性的不公正,当事人可以申请法院撤换仲裁员,对法院决定不服的当事人欲提起上诉,须得到法院的准许。

从上述规定可以看出,法院对仲裁庭组成进行司法监督既有维护仲裁庭公正组成的意图,更有支持和协助仲裁庭组成的意图。对当事人意思自治给予尊重的精神已经渗透到司法监督中。法院任命仲裁员或决定对仲裁员的异议程序不是由法院自己主动提起,而必须由仲裁当事人向法院提出申请。在法院指定仲裁员时,还会考虑和尊重当事人对仲裁员的资格条件的要求。如 1996 年英国《仲裁法》第

---

〔1〕[英]施米托夫:《国际贸易法文选》,赵秀文译,中国大百科全书出版社,1993 年版,第 626 页。

〔2〕1985 年《国际商事仲裁示范法》第 11 条第 3 款、第 5 款。

19条规定,在任命仲裁员时,法院应充分尊重当事人对仲裁员资格条件所作的约定。该法第24条第2款规定,如果当事人已经授权某个仲裁机构或其他机构或个人撤换仲裁员,则法院不能行使撤换权,除非认为申请方已首先用尽了前述机构或个人的救济。[1]

(二)调查取证和采取保全措施

1. 调查取证

仲裁庭审理案件和作出裁决离不开对证据的掌握。根据"谁主张谁举证"原则,当事人应当对自己的主张提供证据,如果其不能或没有提供充分的证据,仲裁庭可以驳回当事人的主张或对事实作出相反的认定,并据此作出仲裁裁决。但是,如按照程序上的权利义务规定,一方当事人有权要求另一方当事人提供与案件有关的证据,另一方当事人不配合或仲裁审理需要的相关证据不是由当事人而由第三人所持有或控制,当事人提供证据确有困难,而仲裁庭的权力因不能及于仲裁外的第三人而无法强制第三人提供证据时,仲裁当事人和仲裁庭就需要法院的支持和协助,通过法院的强制力获得必需的证据,保证仲裁案件得到公正合理的裁决,维护仲裁当事人的合法权益。

法院对仲裁庭调查取证的支持和协助主要体现在两个方面,即证据保全和命令证人作证。在仲裁过程中可能出现由于当事人一方原因或其他原因而使证据灭失或者以后难以取得的情况,仲裁中的证据保全成为保证程序顺利进行而须采取的一项措施。几乎所有国家都允许法院给予司法支持。[2] 如1988年保加利亚《国际商事仲裁法》第9条规定,各方当事人可以请求法院在仲裁程序之前或其过程中裁定临时措施或者保全证据。中国内地《仲裁法》第68条也规定:"涉外仲裁的当事人申请证据保全的,涉外仲裁委员会应当将当事人的申请提交证据所在地的中级人民法院。"根据上述立法规定可以看出,法院可依当事人或仲裁庭申请进行证据保全是惯常做法,但在采取证据保全的时间规定上有差异。保加利亚《国际商事仲裁法》规定法院采取证据保全的时间既可在仲裁程序中也可在仲裁进行前。而根据我国内地《仲裁法》规定,当事人请求证据保全的申请是通过仲裁委机构向法院提交。此暗示当事人提起证据保全申请的时间会在向仲裁机构提起仲裁申请之后。

采取证据保全措施的目的在于防止证据灭失。有时某些证据在仲裁程序开始之前就有灭失的危险(如证据持有人保管证据不够妥善致使证据遭到损害、有关人员意图毁灭证据等),此时就应及时采取证据保全措施,对证据加以必要的保护。否则,待仲裁程序开始之后,由于时间拖延,证据灭失,必然造成难以弥补的遗

---

〔1〕 宋连斌、林一飞:《国际商事仲裁资料精选》,知识产权出版社,2004年版,第350页。

〔2〕 朱克鹏:"论国际商事仲裁中的法院干预",《法学评论》,1995年第4期,第49页。

憾,也违背了仲裁的公正价值。因此,作者认为,我国《仲裁法》应当允许当事人在仲裁开始前于紧急情况下向法院申请证据保全,并规定在采取证据保全措施后一个期限内,当事人必须向仲裁机构提起仲裁。如果期限届满而当事人未提起仲裁,法院将解除保全,并令证据保全的申请人赔偿被保全证据的持有人因保全证据而遭受的损失。

无论是书面证言,还是出庭陈词,证人作证是仲裁庭获得证据的一种方式。但当证人不愿配合作证,仲裁庭无权强制证人作证。对此,大多数国家的仲裁立法规定,法院可以给予仲裁当事人或仲裁庭必要的协助。1987 年瑞士《联邦国际私法法规》第 184 条规定,仲裁庭应当自行取证;但如其需要国家当局协助取证的,仲裁庭或者征得仲裁庭同意的一方当事人可以请求仲裁庭所在地的法院予以协助。《示范法》第 27 条规定:"仲裁庭或当事一方在仲裁庭同意之下,可以请求本国主管法院协助获取证据。该法院可以在其权限范围内并按照其获取证据的规则的规定执行上述请求。"[1] 1998 年德国《民事诉讼法》第 1050 条规定,仲裁庭或经仲裁庭同意的一方当事人可以请求法院协助获取证据或得到其他司法帮助。即使是在仲裁庭有权进行取证甚至可以要求公共行政部门提供有关书面信息的意大利,也规定了法院在取证上得给予仲裁庭必要的支持。2006 年意大利《民事诉讼法》第 816 条之三规定:"仲裁庭可将取证或为此目的进行的活动,委托仲裁庭的一名成员进行……如果证人拒绝在仲裁庭前作证,如仲裁庭根据各种情况认为适宜,可以申请仲裁地法院院长命令证人在仲裁庭前作证。"[2]美国《联邦仲裁法》第 7 条规定,依照该法所指定的仲裁员全体或多数仲裁员,可以书面传唤任何人出庭作证,并且可以命令其提供被认为是案件重要证据的簿册、记录、证件或者文件。……如果被传唤作证的人拒绝出庭或者拖延出庭,仲裁员全体或多数仲裁员所在的美国地区法院,根据请求,可以强制他出席,或者按照美国法院关于保证证人出席或者处罚拖延、拒绝出庭的规定,给予处罚。[3]

我国内地《仲裁法》没有对法院支持仲裁庭或当事人、命令证人作证进行规定,造成仲裁实践中当事人以外的证人拒不作证而其证言又极为重要时,仲裁庭无法寻求法院的协助以获得必要的证据。仲裁案件审理和裁决的公正因为关键证据缺失受到影响。为支持仲裁发展,应当完善仲裁《仲裁法》,规定仲裁庭或经仲裁庭同意的当事人,可以请求人民法院给予协助,命令有关证人出庭或以其他方式

---

〔1〕 赵秀文、谢菁菁:《国际商事仲裁法参考资料》,中国人民大学出版社,2006 年版,第 55 页。

〔2〕 林一飞:"2006 年意大利新仲裁法",《中国国际私法与比较法年刊》(第十卷),北京大学出版社,2007 年版,第 494 页。

〔3〕 赵秀文、谢菁菁:《国际商事仲裁法参考资料》,中国人民大学出版社,2006 年版,第 135 ~ 136 页。

作证。

2. 采取保全措施

仲裁的裁决结果会对当事人的财产权益产生影响。一些当事人为逃避义务、避免对己不利的仲裁裁决的执行带来财产损失,在仲裁进行前已经开始将其财产转移、出卖、隐匿甚至毁损。对这些行为如不及时制止,此后仲裁裁决书即便作出,也难以保证得到有效执行。如果仲裁案件中的标的物为不易保管、易损易腐的货物,不及时采取保全措施,货物的损耗将使仲裁裁决难以执行。因此,在情况紧急时及时采取保全措施是非常必要的。

财产保全的申请由仲裁当事人向有决定权的机构提出。(1)有些国家将财产保全的决定权赋予仲裁庭。如美国一些法院认为,凡是存在有效的仲裁协议,法院就不得裁定临时措施;一方当事人向法院申请临时措施,是违反仲裁协议,逃避约定的争端解决方式,为《纽约公约》所不许。[1] (2)一些国家规定当事人可以选择由仲裁庭还是由法院来决定财产保全。如 1988 年保加利亚《国际商事仲裁法》第 21 条规定,除非当事人另有协议,仲裁庭可以根据一方当事人的请求,命令另外一方当事人采取适当的临时措施保全申请人的权利;在命令采取这些措施时,仲裁庭可以决定申请人提供担保。1987 年瑞士《联邦国际私法法规》第 183 条规定,除非当事人已另有约定,仲裁庭可以根据一方当事人的请求,作出临时性或保护性措施的裁定;如果当事人不自动按照裁定行事,仲裁庭可以请求主管法院予以协助;该法院应适用自己的法律;仲裁院或者法院可在提供适当担保的条件下发布临时性或保护性措施。《示范法》第 17 条规定:“除非当事各方另有协议,仲裁庭经当事一方请求,可以命令当事任何一方就争议的标的采取仲裁庭可能认为有必要的任何临时性保全措施。仲裁庭可以要求当事任何一方提供有关此种措施的适当的担保。”[2] (3)一些国家采用并存权力制方式,即法律授权仲裁庭可以对由仲裁当事人持有或控制的财产采取保全措施,但如果保全的财产为仲裁当事人之外的人掌握,仲裁庭因其权限的限制,需要法院协助,由法院下令进行财产保全。不少国家,尤其是大多数发达国家,允许法院在后一种情形下进行干预,提供必要的协助和支持,以确保仲裁裁决的顺利执行。[3] (4)有一些国家规定,采取财产保全措施只能由法院作出决定。我国内地《仲裁法》第 28 条规定:“一方当事人因另一方当事人的行为或者其他原因,可能使裁决不能执行或者难以执行的,可以申请财产保全。当事人申请财产保全的,仲裁委员会应当将当事人的申请依照民事诉讼法的

---

〔1〕 笪恺:“论国际商事仲裁中的财产保全——兼论我国的立法和司法实践”,《法学评论》,1995 年第 4 期,第 55 页。

〔2〕 赵秀文、谢菁菁:《国际商事仲裁法参考资料》,中国人民大学出版社,2006 年版,第 53 页。

〔3〕 韩健:《现代国际商事仲裁法的理论与实践》,法律出版社,1993 年版,第 166 ~ 168 页。

有关规定提交人民法院。”1999 年瑞典《仲裁法》第 4 条第 3 款规定:“在仲裁员审理争议之间或之前,法院可以不考虑仲裁协议而依照法院职权就保全措施作出决定。”[1] 1999 年韩国《仲裁法》第 10 条规定:“仲裁协议的当事人可以在仲裁程序开始之前或进行过程中,请求法院采取临时保全措施。”[2] 2006 年意大利《民事诉讼法》第 818 条规定,除该法另有规定外,仲裁庭不得允许采取扣押或者其他临时保全措施。[3]

上述四种保全措施,除第一种外,其余三种都离不开法院的介入。即使法律赋予了仲裁庭权力可作出保全命令,法院在某些情形下的支持和协助仍必不可少。对第一种做法,已经遭到学者们的批判,被认为是对仲裁不受司法干预的误解,也是对《纽约公约》相关规定的误解。法院采取保全措施主要目的在于保护财产不被恶意转移或挪用,而不是干预或打断仲裁的审理或裁决。《纽约公约》第 2 条第 3 款规定,除非法院查明仲裁协议无效、未生效或不可能实行,否则法院应依一方当事人请求,命令当事人去仲裁。该条并没有禁止法院作出财产保全决定的含义。《示范法》第 9 条规定,在仲裁程序进行前或进行期间内,当事一方请求法院采取临时保护措施和法院准予采取这种措施,均与仲裁协议不相抵触。[4] 绝大多数国家的仲裁立法和实践显示,仲裁当事人向法院申请财产保全和法院应当事人申请采取保全措施不应理解为是对仲裁协议的抵触。

(三)合并仲裁

在国际商事仲裁中,可能涉及仲裁程序合并的问题,即在当事人已经达成各自不同仲裁协议的情况下,能否将几个相互关联的争议合并在同一个程序中处理。对此,绝大部分国家的仲裁立法未作明确规定,但有的仲裁立法已有所反映。1986 年荷兰《民事诉讼法典》第 1986 条规定:“如果在荷兰的仲裁庭进行的一个仲裁程序所涉及的主要争议与在荷兰的仲裁庭进行的另一个仲裁程序所涉及的主要争议相关联,除非当事人另有协议,任何当事人均可请求阿姆斯特丹地区法院院长作出合并程序的命令。”美国加利福尼亚州《民事诉讼程序法典》第 1281 条规定,仲裁协议的一方当事人可向法院申请合并各自独立的仲裁程序,法院在某些情况下可命令合并仲裁程序。

合并仲裁程序可以节省时间和费用,防止作出不一致、甚至完全不同的仲裁裁决。但如果由法院命令或仲裁庭决定合并仲裁程序,将限制当事人的自治权,给予

---

〔1〕 宋连斌、林一飞:《国际商事仲裁资料精选》,知识产权出版社,2004 年版, 第 408 页。

〔2〕 宋连斌、林一飞:《国际商事仲裁资料精选》,知识产权出版社,2004 年版, 第 424 页。

〔3〕 林一飞:“2006 年意大利新仲裁法”,《中国国际私法与比较法年刊》(第十卷),北京大学出版社,2007 年版,第 496 页。

〔4〕 赵秀文、谢菁菁:《国际商事仲裁法参考资料》,中国人民大学出版社,2006 年版,第 53 页。

仲裁员和仲裁机构在合并仲裁程序上恣意和武断的空间，也会给法院严格干预仲裁制造机会。如上述荷兰《民事诉讼法典》的规定，虽然预设了两个先决条件即当事人之间没有不得合并仲裁程序的协议和应当事人一方合并仲裁程序的请求，但法院对仲裁的严格干预可以窥见。为防止上述可能出现的弊端，应当尊重当事人意思自治，在合并仲裁程序的途径选择上，采用由当事人之间达成仲裁程序合并的协议或仲裁员和仲裁机构在征得当事人各方同意的前提下对仲裁程序进行合并。

三、对国际商事仲裁裁决的监督

（一）仲裁裁决的形式

仲裁裁决的形式直接关系到裁决的效力和承认与执行。仲裁裁决只有在形式上符合仲裁地法的规定，才被仲裁地国司法机关认为有效，符合执行地国法律的规定，才可能得到该国司法机关的承认与执行。

1. 仲裁裁决的载体形式

绝大多数仲裁立法和仲裁规则表明，仲裁裁决的载体形式必须采取书面形式。1996年英国《仲裁法》第52条规定，当事人可自由约定裁决书的形式，若无此约定，则裁决书应以书面形式作出，仲裁员应在裁决书上签名，并写明裁决作出的地点和日期。1998年德国《民事诉讼法典》第1054条规定，裁决应当采用书面形式作出，并应由一名或多名仲裁员签署，同时应载明作出裁决的日期和地点。1993年俄罗斯《联邦国际商事仲裁法》第31条规定，仲裁裁决应以书面形式作出并应由一名或数名仲裁员签字，应载明裁决作出的日期和地点。《示范法》第31条规定，裁决应以书面作出，并应由一名或数名仲裁员签字，说明仲裁裁决的理由以及裁决作出的日期与地点。1998年伦敦国际仲裁院《仲裁规则》第26条第1款规定："仲裁庭须以书面方式作出裁决，而且应说明其裁决所依据的理由，除非所有的当事人另有书面约定。裁决书还应写明作出裁决的日期和仲裁地，并由仲裁庭或同意裁决的仲裁庭成员签字。"[1]我国内地《仲裁法》第54条明确要求仲裁裁决须以书面形式作出。2005年《中国国际经济贸易仲裁委员会仲裁规则》第43条第2款对仲裁裁决的书面形式要求的规定和我国《仲裁法》的规定一致。

在国际商事仲裁实践中，仲裁员是否在裁决书上签名对仲裁裁决书的效力有影响，并成为司法监督的内容之一。绝大多数国家的仲裁立法规定，仲裁裁决应由全体或多数仲裁员署名，持不同意见的少数仲裁员可以在裁决书上署名，亦可不署名。如我国内地《仲裁法》第54条规定，裁决书应由仲裁员签名，加盖仲裁委员会印章；对裁决持有不同意见的仲裁员，可以签名，也可以不签名。而有的国家规定，在裁决书由多数仲裁员签名的情况下，裁决书中必须载明未签名仲裁员拒绝签名的理由或提及该情况。如1981年法国《民事诉讼法典》第1473条规定："仲裁裁决

---

〔1〕 http://www.lcia-arbitration.com/，2008年3月14日访问。

应经全体仲裁员签字。但是,如仲裁员中有少数仲裁员拒绝签字,其他仲裁员对此应予记明,并且所作裁决同于所有仲裁员均签字的裁决,具有相同效力。"[1] 1998年德国《民事诉讼法典》第1054条第1款规定:"仲裁裁决应以书面作出并由仲裁员署名。在有多数仲裁员的仲裁程序中,由全部仲裁庭成员的多数署名即可,但应说明该未署名的理由。"[2] 从上述法国和德国的规定中可以看出,如果一项裁决既无持不同意见的少数仲裁员署名,裁决书中又无相应说明,则很难证明该仲裁员参与了案件的审理和裁决,因而该裁决有可能由于这种形式的瑕疵而被法院拒绝承认与执行。

2. 仲裁裁决的结构形式

仲裁裁决的结构包括首部、主体和尾部三大部分,其是否详尽、准确、全面,对裁决的效力与执行具有重要意义。各仲裁立法存在较大差异的是在仲裁裁决的主体部分是否需要附具裁决理由。一般而言,大陆法系国家的仲裁规范要求仲裁裁决附具裁决理由,而普通法系国家的仲裁规范没有要求仲裁裁决附具裁决理由。

曾有人认为,仲裁庭无须说明裁决理由,因为在一般情况下,尤其根据《纽约公约》提出执行裁决申请时,执行地国法院不审查裁决的实体性问题。还有人认为,仲裁庭说明理由,将起到鼓励败诉方试图取消裁决,或以其他方式反对执行裁决的作用。因此他们主张,裁决应是简单的最终决定,无需说明裁决理由。[3] 这种观点已为当代仲裁立法所摒弃。当代绝大多数国家的仲裁立法、有关仲裁的国际公约或国际性法律文件、仲裁规则规定,仲裁裁决应说明理由。1996年英国《仲裁法》第52条第4款规定,裁决书应附具理由,除非它是一个依据和解协议作出的裁决书或当事人之间同意省去其理由部分。受英国影响,美国、澳大利亚等国也逐渐改变了不附具理由的规定,转而向着附具理由的方向发展。1961年《欧洲公约》第8条规定,除下列情况外,当事人即被认为已协商同意对裁决应附具理由:(1)当事人明确表示不必附具理由;(2)当事人已赞成采用习惯上不需要裁决理由的仲裁程序,但以在审理结束前或者在裁决作出前(如没有审理程序的话),双方当事人都没有要求附具裁决理由时为限。在英国,自1979年仲裁法颁布后,仲裁裁决已普遍附具理由。《示范法》第31条第2款规定,裁决应说明它所根据的理由,除非当事各方协议不要说明理由或该裁决是根据第30条的规定按和解条件作出的。

在仲裁裁决是否应当附具理由的问题上,我国内地采取了折衷的处理办法,《仲裁法》第54条规定:"裁决应当写明仲裁请求、争议事实、裁决理由、裁决结果、

---

〔1〕 罗结珍:《法国新民事诉讼法典》,中国法制出版社,1999年版,第311页。

〔2〕 谢怀栻:《德意志联邦共和国民事诉讼法》,中国法制出版社,2001年版,第283页。

〔3〕 韩健:《现代国际商事仲裁法的理论与实践(修订版)》,法律出版社,2000年版,第336页。

仲裁费用的负担和裁决日期。当事人协议不愿写明争议事实和裁决理由的,可以不写。”在《仲裁法》的影响下,《中国国际经济贸易仲裁委员会仲裁规则(2005年)》第43条进行了相同的规定。

(二)仲裁裁决的内容

司法监督仲裁通常不会涉及裁决的实质性内容,但有的国家立法允许当事人以仲裁裁决存在某一方面的实质性错误作为请求补救的理由,或是原则上规定当事人可以以仲裁裁决存在实质性错误作为请求补救的理由,但当事人之间事先订有协议排除法院对存在实质性错误的仲裁裁决进行司法审查的除外。在强调绝对司法权的国家,长期的仲裁立法规定和实践是,当事人对裁决的任何不满均可上诉至法院,即法院不仅可以审查仲裁程序是否正当,而且对仲裁中认定的事实和适用的法律进行司法监督。

英国仲裁立法的历史演变具有典型性。1950年英国《仲裁法》对仲裁裁决事实认定上的错误和适用实体法上的错误分别作了规定。仲裁员对事实的认定是终局的,事实认定的错误不能成为当事人请求司法补救的理由。但仲裁员在适用实体法上的错误可以因当事人的请求而成为法院进行司法审查的理由。1979年《仲裁法》在原则上规定适用实体法错误的仲裁裁决可能成为补救对象的同时,又允许当事人之间预先订立排除法院对适用实体法错误的仲裁裁决进行司法审查的协议。如当事人之间存在该项排除协议,则法院不得对适用实体法错误的仲裁裁决进行司法审查。1979年英国《仲裁法》第1条第2款规定,“……任何关于依据仲裁协议所作裁决的法律问题,应向高等法院上诉”。英国法律区别事实问题与法律问题。一般而言,仲裁员对事实问题的认定是终局的,但其对法律问题所作的决定则可能被复审。〔1〕 可见,在英国过去的仲裁制度中,仲裁员几乎只能审理事实问题,除少数例外,仲裁员不能解决法律问题,即使触及了法律问题,也将构成当事人向法院上诉的充分理由。〔2〕

英国法律的规定和法院对裁决进行程序与实体的双重监督做法,在国际上受到了广泛的批评,也使英国在国际商事仲裁中的地位日趋下降。为此,1996年英国的《仲裁法》中尽管保留了1979年仲裁法关于对裁决的法律问题进行上诉的权利,但作了进一步的限制。该法第69条规定:“(1)除非当事人另有约定,仲裁的一方当事人可(经通知其他方当事人和仲裁庭)就所作的裁决的法律要点向法院提起上诉。当事人约定仲裁庭裁决不附具理由的,应视为当事人同意排除法院根据本法所作的管辖。(2)当事人不得根据本条上诉,除非:(a)仲裁的所有其他当

〔1〕 [英]施米托夫:《国际贸易法文选》,赵秀文译,中国大百科全书出版社,1993年版,第682页。

〔2〕 陈治东:《国际商事仲裁法》,法律出版社1998年版,第259页。

事人一致同意,或(b)经法院批准,……(3)法院认为符合下列条件的应准许上诉:(a)有关问题的判决将实质性地影响一方或多方当事人的权利;(b)有关问题是仲裁庭根据请求作出裁决的;(c)裁决所依据的事实基础为:(i)仲裁庭对有关事项的裁决明显错误,或(ii)该事项具有普遍的公共重要性,仲裁庭的裁决至少有严重的疑问;以及(d)尽管当事人约定通过仲裁解决争议,但在各种情况下由法院对此事项作出判决是公平和适当的。(4)根据本条向法院提出准许上诉的申请,应与要判决的法律问题相吻合,并应说明要求准许上诉的理由。"从该条规定可以看出,英国仲裁法的基本精神从法院的广泛监督转变为尊重当事人意思自治和限制司法监督,法院一般不再对仲裁裁决中涉及的法律问题进行干涉,当事人对裁决的实体问题进行上诉,其条件相当严格。

目前,在国际商事仲裁裁决的司法审查上,绝大多数国家的法律不允许法院对仲裁裁决有无实质性错误进行审查,[1]也不允许当事人以仲裁裁决存在实质性错误作为请求补救的理由。1981 年法国《民事诉讼法典》第 1482 条至第 1485 条,1998 年德国《民事诉讼法典》第 1041 条至第 1043 条,1983 年奥地利《民事诉讼法典》第 595 条至第 596 条,1994 年意大利《民事诉讼法》第 829 条至第 830 条,1987 年瑞士《联邦国际私法法规》第 190 条至第 192 条,2000 年美国《统一仲裁法》第 10 条,都是关于错误涉外仲裁裁决及其补救制度的规定。但仔细分析其内容,几乎均属于程序性原因。1958 年《纽约公约》和 1985 年联合国《示范法》规定,只对裁决的程序性问题进行司法审查,对实体问题的司法审查采取否定态度和立场。即使原来允许对仲裁裁决的实质性错误予以补救的国家,也修改了其法律,向不允许补救方向转变。例如,1969 年瑞士《联邦仲裁协约》第 36 条(f)款规定,"由于仲裁裁决所依据的事实显然不符合案卷中记载的事实,或者由于仲裁裁决明显地违反法律或公平原则",当事人可以向法院提起撤销仲裁裁决之诉。但是,1987 年瑞士《联邦国际私法法规》未作这样的规定,只在第 190 条和第 192 条中规定,当事人可以订立协议排除所有异议和撤销程序。瑞士法的变化,反映了国际商事仲裁的发展趋势。

尽管绝大多数国家仲裁法原则上不允许法院对仲裁裁决有无实质性错误进行审查和对有实质性错误的仲裁裁决进行补救,但是,如果仲裁裁决中的实质性错误是在仲裁庭没有保障当事人行使程序权利的情况下形成的,当事人就可以申请补救。例如,仲裁员不顾及当事人尚未提出决定性的证据便作出了裁决,或者裁决所依据的文件被认为是伪造的,或者裁决是一方当事人欺诈或贿赂的结果,则允许当事人提起撤销仲裁裁决的诉讼。如 1983 年奥地利《民事诉讼法典》第 595 条第(2)项第 6、7 目规定,如果裁决是根据伪造文件或证据作出,或

[1] 郭寿康、赵秀文主编:《国际经济贸易仲裁法》,中国法制出版社,1995 年版,第 136 页。

者发现了新的事实或证据，据此能作出对裁决撤销申请人有利的结论，法院可以撤销裁决。[1]

外国仲裁立法对待仲裁裁决实质性错误的上述态度，是立法者尊崇“意思自治原则”的结果。在立法者看来，只要当事人的程序权利得到了保障，就可以推断当事人自愿接受了包含有实质性错误的仲裁裁决。当事人的自愿接受行为，使有实质性错误的仲裁裁决具有了合乎“意思自治原则”的属性，因而不容法院审查和补救。

我国内地现行仲裁立法规定，在涉外仲裁案件裁决实质性错误的司法审查上与国际通行的做法是一致的。但在司法实践中，有的地方法院仍对涉外仲裁裁决进行实体审查。[2] 我国法院对涉外仲裁裁决的严格监督态度，尤其在对仲裁裁决的承认与执行上人为设置障碍的做法应当进行改变，有必要在实践中大力推广对涉外仲裁实行适度的司法监督的理念，提高对我国仲裁立法在涉外仲裁司法监督规定上的理解力，使立法规定在司法实践中能得到正确的理解和适用。

第四节　国际商事仲裁司法监督的法律后果

一、国际商事仲裁协议司法监督的法律后果

在争议发生后，如果双方当事人之间存在有效的仲裁协议，双方应当遵守仲裁协议将争议提交仲裁解决。如果一方当事人向法院提出诉讼，另一方当事人可以向法院申请终止司法诉讼程序，请求法院命令当事人提交仲裁。如果一方当事人依仲裁协议将争议提交仲裁，另一方当事人采取不合作态度，提起仲裁的一方当事人可求助有关法院，强制执行仲裁协议。如果仲裁协议无效，仲裁庭的管辖权、仲裁程序的进行，以及仲裁裁决都将丧失合法效力，当事人可通过诉讼程序解决纠纷。因此，司法监督仲裁协议所产生的不同法律后果，关键取决于仲裁协议的有效与否。关于仲裁协议的有效要件，见第二章第四节。

当法院在对仲裁协议进行司法监督时，经审查，如果认为仲裁协议有效成立，就应当维持仲裁庭的管辖权，或者对当事人回避仲裁而径直起诉的行为予以驳回、不予受理，或者裁定终止正在进行的诉讼程序。如果法院经司法监督认为仲裁协

---

〔1〕 郭寿康、赵秀文主编：《国际经济贸易仲裁法》，中国法制出版社，1995 年版，第 180 ~ 181 页。

〔2〕 这在厦门市中级人民法院受理香港华兴发展公司诉厦门东风橡胶制品厂强制执行仲裁裁决一案中表现得甚为明显。

议无效的,应当裁定仲裁庭管辖权不成立,或者接受当事人的起诉。

二、国际商事仲裁程序司法监督的法律后果

(一)司法协助仲裁庭组建

在当事人选定仲裁员发生困难时,法院有权协助当事人指定仲裁员组成仲裁庭。1981 年法国《民事诉讼法典》第 1493 条的规定:"在法国进行的仲裁,或者仲裁地虽不在法国,但是当事人协商适用法国仲裁法的,如果仲裁庭的组成出现困难,除非有相反规定,任何一方当事人都可以向巴黎大审法院院长申请指定仲裁员。"当事人对仲裁员有异议,可以在规定的期间内提出,要求仲裁员回避。《示范法》第 11 条规定了由法院或其他仲裁机构指定仲裁员的情况。各国仲裁法和国际规范一般赋予法院处理当事人对仲裁员异议的权力。法院对仲裁庭组成的司法监督的法律后果是使仲裁程序能顺利启动。

(二)司法协助仲裁取证和证据保全

证据被认为是诉讼的"脊梁",对仲裁也如此。在仲裁过程中,实行当事人"谁主张谁举证"的原则,且更强调优势证据规则。仲裁庭有权要求当事人提供证据,如果当事人不提供充分的证据,仲裁庭可以驳回当事人的主张,并不影响仲裁庭作出仲裁裁决。由于仲裁机构不像法院那样具有强制性的权力,因此当第三人持有证据而拒绝提供或出庭作证或证据可能灭失或以后难以取得而必须采取强制措施时,仲裁庭只能请求法院强制其提供证据或出庭作证,或进行证据保全,以获得超出仲裁员权力而属法院专属管辖范围的决定。从各国商事仲裁实践看,除意大利外,几乎所有国家都允许法院给予这方面的支持。[1] 国际仲裁规范也如此,如《示范法》第 27 条规定:"只有仲裁庭或者当事人一方经仲裁庭同意,可以请求本国主管法院协助获取证据。"其第 9 条规定:"无论是在仲裁程序前还是在仲裁程序进行过程中,任何一方当事人均可请求法院采取临时措施,如符合条件,法院应予允许。"

(三)司法协助仲裁财产保全

对一方当事人提出保全申请,由哪一个机构决定和采取保全措施,各国作法不一。如前述根据目前各国仲裁法和国际仲裁规范的规定,大致有以下四种情形:一是由法院作出保全措施的决定。在此情形下,只有该国法院才有权力决定是否批准当事人提出的保全申请,并且由法院具体实施保全措施:二是由仲裁庭作出保全措施的决定。在此种情形下,对当事人的财产保全申请作出决定是仲裁庭固有的权限,并且从仲裁协议具有排除法院管辖权的效力出发,主张将决定采取保全措施的权力交给仲裁庭行使;三是权力并存,法院和仲裁庭都有权力作出财产保全的决定;四是当事人选择由仲裁庭或法院决定保全问题。

---

〔1〕 朱克鹏:"论国际商事仲裁中的法院干预",《法学评论》,1995 年第 5 期,第 49 页

三、国际商事仲裁裁决司法监督的法律后果

对国际商事仲裁裁决的司法监督，是整个仲裁程序的最后阶段，也是仲裁对争议处理效果的最终体现。在仲裁程序中，法院更多的是对仲裁程序的支持与协助，在裁决的承认与执行阶段，法院的监督、控制的色彩明显增加。在仲裁裁决的承认与执行的过程中，既体现了国家运用公权力对仲裁的支持，又体现了国家通过拒绝承认与执行仲裁裁决对仲裁予以控制。法院对国际商事仲裁裁决的司法监督，是法院对国际商事仲裁司法监督最集中的体现。对裁决的司法监督产生的法律后果有两方面，一是积极效果，即将导致对有效仲裁裁决的承认和执行；二是消极效果，将导致三种具体后果，即撤销仲裁裁决、拒绝承认与执行仲裁裁决、重新仲裁。

（一）撤销仲裁裁决

撤销仲裁裁决是特定法院依当事人的申请，对仲裁裁决行使司法审查权后作出的裁定之一，其具体含义有以下几方面：第一，撤销仲裁裁决是法院的司法行为，仲裁机构无权撤销已经作出的仲裁裁决。第二，法院撤销仲裁裁决具有被动性，当事人提出的撤销仲裁裁决申请是法院审查是否撤销仲裁裁决的前提，法院无权主动撤销仲裁裁决。第三，法院撤销仲裁裁决的条件非常严格，其对当事人提出的申请必须审查并核实其理由，只有符合法定情形者，才能裁定撤销仲裁裁决。第四，法院只能撤销本国仲裁机构的仲裁裁决，对外国仲裁机构作出的仲裁裁决，当事人不能申请法院撤销，法院对之只能拒绝承认和执行。

仲裁裁决被法院撤销后，该裁决在法院地国即失去法律效力，不能得到该国法院的强制执行，但该仲裁裁决是否在其他国家也失去法律效力，有不同的观点。传统观点认为，仲裁裁决一旦被撤销，不但在本国没有法律效力，在其他国家也是无效的。如《纽约公约》第5条规定，可以拒绝承认和执行被裁决作出国或裁决所依据法律之国家主管机关撤销或停止执行的裁决。当代观点认为，外国仲裁裁决被他国撤销并不影响该裁决在本国被承认和执行。在立法与司法实践中，法国率先突破传统的观点而采取当代观点。1981年法国《民事诉讼法典》第1502条规定，外国仲裁裁决被撤销不是法国不执行的事由。在司法实践中，法国法院已经多次承认并执行了被其他国家法院撤销的仲裁裁决。[1]

对仲裁裁决被撤销是否影响仲裁协议的效力的问题，各国规定不同。我国内地《仲裁法》第9条第2款规定："裁决被人民法院依法裁定撤销或者不予执行的，当事人就该纠纷可以根据双方达成的仲裁协议申请仲裁，也可以向人民法院起诉。"这是属于"严格仲裁制"，不论仲裁裁决基于何种理由被撤销，仲裁协议自然无效。有的国家认为裁决撤销并不影响仲裁协议的效力。如1996年英国《仲裁法》第71条规定，法院作出撤销裁决，当事人仍然可以依据原来的仲裁条款或仲裁

---

〔1〕 赵健：《国际商事仲裁的司法监督》，法律出版社，2000年版，第249～256页。

协议解决争议问题。这是属于"积极仲裁制",即仲裁裁决的撤销不影响当事人对仲裁的选择,当事人之间的纠纷可以通过已选择的仲裁程序予以解决。积极仲裁制是当今国际商事仲裁发展的趋势,更加强调仲裁所具有的独立于诉讼的属性,更加尊重当事人对仲裁的选择。

(二)拒绝承认与执行仲裁裁决

国际商事仲裁裁决一经做出,即对双方当事人产生约束力。一方当事人不主动履行的,仲裁机构无权采取强制措施强制执行裁决,另一方当事人申请法院承认并强制执行可以有效保证当事人实现权利,进而实现裁决的强制力,这是仲裁制度得以存在和发展的最终保障。

仲裁裁决的拒绝承认和执行体现了法院对外国仲裁的监督,是指当事人申请并举证经法院审查核实仲裁裁决有法定情形之一的,可裁定不予承认和执行。《示范法》第36条第1款规定法院拒绝承认或执行仲裁裁决的几种情况,基本上与撤销仲裁裁决的条件相同,但增加了如下事项:裁决尚未对当事各方具有约束力,或作出裁决的国家的法院,或根据其法律作出裁决的国家的法院已将裁决撤销或中止。《纽约公约》第5条关于不予执行仲裁裁决的规定与《示范法》基本一致。各国法律对不予执行仲裁裁决有明确规定。我国内地《仲裁法》第71条、2007年《民事诉讼法》第258条规定,"……申请人提出证据证明仲裁裁决有下列情形之一的,裁定不予执行:(1)当事人在合同中没有订有仲裁条款或者事后没有达成书面仲裁协议的;(2)被申请人没有得到指定仲裁员或者进行仲裁程序的通知,或者由于其他不属于被申请人负责的原因未能陈述意见的;(3)仲裁庭的组成或者仲裁的程序与仲裁规则不符的;(4)裁决的事项不属于仲裁协议的范围或者仲裁机构无权仲裁的。人民法院认定执行该裁决违背社会公共利益的,裁定不予执行"。

(三)通知重新仲裁

通知重新仲裁,是指法院对国际商事仲裁裁决进行审查后认为具有不符合法律或仲裁规则的事由而通知仲裁机构重新启动仲裁程序,对争议事项作出仲裁。它是仲裁裁决的一种救济制度。《示范法》第34条第4款规定:"法院被请求撤销裁决时,如果适当而且当事人一方也要求暂时停止进行撤销程序,则可以在法院确定的一段时间内暂时停止进行,以便给予仲裁庭一个机会重新进行仲裁程序或采取仲裁庭认为能够消除请求撤销裁决的理由的其他行动。"可见,重新仲裁条件比较严格,即必须同时具备法院认为适当和当事人一方要求方可通知仲裁庭重新仲裁。由于通知重新仲裁还暗含相关司法机关具有撤销仲裁裁决的管辖权,因此通知重新仲裁必须是裁决国籍国司法机关才拥的权力。

在实践中,从监督和协助并重的角度出发,法院不会轻易撤销裁决,而在撤销裁决之前考虑能否重新仲裁。对仲裁裁决漏裁、超裁、裁决形式不符合要求等程序上的一些缺陷,均给予仲裁庭重新仲裁的机会。当事人提起撤销裁决申请后,在法院作出撤销仲裁裁决之前,该仲裁裁决的效力是确定的,裁决是有效的。如果一项仲裁裁决在执行后被法院撤销,涉及的问题也只是执行回转问题。原仲裁庭是基于弥补程序缺陷而进行重新审理,所以该审理不影响原裁决的效力,但原仲裁庭可以更改先前的仲裁裁决,修正原仲裁裁决存在的瑕疵。

图书在版编目(CIP)数据

国际商事仲裁法学/邓瑞平等著. -- 北京:法律出版社,2010.4(2019.5 重印)
ISBN 978-7-5118-0622-2

Ⅰ.①国… Ⅱ.①邓… Ⅲ.①国际商事仲裁－法的理论 Ⅳ.①D997.4

中国版本图书馆 CIP 数据核字(2010)第 051007 号

国际商事仲裁法学
GUOJI SHANGSHI ZHONGCAI FAXUE

邓瑞平 等著

责任编辑 刘 琳
装帧设计 乔智炜

编辑统筹 法律教育出版分社

出版 法律出版社
总发行 中国法律图书有限公司
经销 新华书店
印刷 北京虎彩文化传播有限公司
责任印制 沙 磊

开本 710 毫米×1000 毫米 1/16
印张 28.75
字数 535 千
版本 2010 年 4 月第 1 版
印次 2019 年 5 月第 3 次印刷

法律出版社/北京市丰台区莲花池西里 7 号(100073)
网址/www.lawpress.com.cn
投稿邮箱/info@lawpress.com.cn
举报维权邮箱/jbwq@lawpress.com.cn
销售热线/010-83938336
咨询电话/010-63939796

中国法律图书有限公司/北京市丰台区莲花池西里 7 号(100073)
全国各地中法图分、子公司销售电话:
统一销售客服/400-660-6393
第一法律书店/010-83938334/8335
西安分公司/029-85330678
重庆分公司/023-67453036
上海分公司/021-62071639/1636
深圳分公司/0755-83072995

书号:ISBN 978-7-5118-0622-2
定价:58.00 元
(如有缺页或倒装,中国法律图书有限公司负责退换)